The Systematic Design of Instruction

系统化教学设计

ninth edition

第九版

[美] 沃尔特·迪克　卢·凯瑞　詹姆斯·凯瑞　著
Walter Dick　Lou Carey　James O. Carey
楼连娣　刘文令　刘梦蓉　译
庞维国　审校

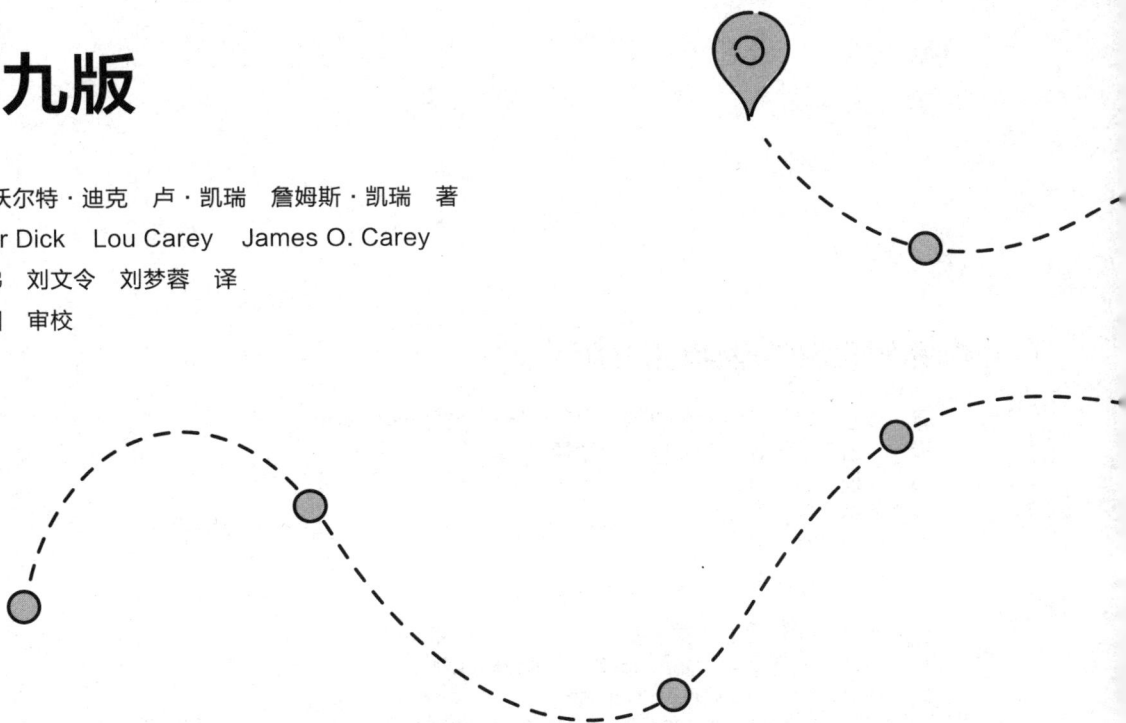

华东师范大学出版社
·上海·

图书在版编目(CIP)数据

系统化教学设计:第九版/(美)沃尔特·迪克,(美)卢·凯瑞,(美)詹姆斯·凯瑞著;楼连娣,刘文令,刘梦蓉译. —上海:华东师范大学出版社,2025.
ISBN 978 - 7 - 5760 - 5707 - 2

Ⅰ. G42

中国国家版本馆 CIP 数据核字第 2025A755H7 号

系统化教学设计(第九版)

著　　者　[美]沃尔特·迪克　卢·凯瑞　詹姆斯·凯瑞
译　　者　楼连娣　刘文令　刘梦蓉
审　　校　庞维国
审读编辑　王丹丹
责任校对　樊　慧
装帧设计　卢晓红

出版发行　华东师范大学出版社
社　　址　上海市中山北路 3663 号　邮编 200062
网　　址　www.ecnupress.com.cn
电　　话　021 - 60821666　行政传真 021 - 62572105
客服电话　021 - 62865537　门市(邮购)电话 021 - 62869887
地　　址　上海市中山北路 3663 号华东师范大学校内先锋路口
网　　店　http://hdsdcbs.tmall.com

印 刷 者　浙江临安曙光印务有限公司
开　　本　787 毫米×1092 毫米　1/16
印　　张　35.75
字　　数　726 千字
版　　次　2025 年 8 月第 1 版
印　　次　2025 年 8 月第 1 次
书　　号　ISBN 978 - 7 - 5760 - 5707 - 2
定　　价　128.00 元

出 版 人　王　焰

(如发现本版图书有印订质量问题,请寄回本社客服中心调换或电话 021 - 62865537 联系)

　　《系统化教学设计》(*The Systematic Design of Instruction*)作为教学设计领域的经典著作之一,凭借其严谨的理论体系、清晰的逻辑架构以及科学实用的设计模型,一直在教育界备受推崇。该书自 1978 年问世以来,始终坚持与时俱进的原则,先后在 1985 年、1990 年、1995年、2000 年、2005 年、2009 年、2015 年和 2022 年出版了它的修订版,持续引领着全球教学设计理论与实践的发展方向。

　　在 2004 年和 2007 年,高等教育出版社和华东师范大学出版社分别出版过该书第五版和第六版的中译本,为广大一线教师、培训者、教育研究者、教育技术开发者、教育管理者以及教育相关专业的学生提供了宝贵的理论指导和实践指南,有力推动了教学设计理论和技术在我国的应用与发展。2010 年,高等教育出版社引进了该书第七版的英文影印本。但遗憾的是,该书第七版、第八版都没有中译本。本书是它的最新版本(即 2022 年第九版)的中译本。

　　近年来,随着信息技术的迅猛发展、学习科学的不断进步以及教育理念的持续更新,教学设计逐渐演变为一门融合多学科智慧的实践科学。然而,教学设计作为连接教育理论与实践的桥梁,也面临着前所未有的挑战。后疫情时代混合式学习成为常态、生成式 AI 技术不断取得突破、元宇宙教育场景不断涌现,这些变化使得教学更加复杂和多样化,如何在数字化时代设计高效的教学也成为广大教育者不得不面对的新问题。在数字化转型重塑教育生态的背景下,本书第九版中译本的出版恰逢其时,它将进一步凸显系统化教学设计方法论的时代价值。

　　本书在继承前作核心理念的基础上,结合近十年教育技术的变革与教学理论的突破,对原有框架进行了迭代与优化,具有以下四个鲜明的特点:

　　(1)系统化方法的深入贯彻。本书以系统观为核心,以系统化设计模型为主线,将教学过程视为一个有机系统,从"确定教学目标"到"设计和实施总结性评价",各个环节紧密相连、环环紧扣,形成一个教学设计的闭环。同时,将学习者、教师、教学材料、学习情境及管理者等成分有机整合,构建一个完整的旨在引发学习的教学系统。这种系统化的设计方法,不仅为教学设计提供了清晰的框架和流程,而且强调各成分之间的相互关联和有效互动,从而使教学设计更具科学性、系统性和可操作性。此外,本书还配备了两个贯穿教学设计各个步骤的完整案例——正文中提及的是团体领导力培训设计案例,附录中是以作文写作为目标的学校课程设计案例。借助这两个完整案例的学习,读者可以系统地经历一个完整的教学设计过程,从而全面地掌握教学设计的基本技能。

　　(2)理论结合实践,注重教学设计技术的应用。本书在深入探讨教学设计理论的基础上,着重介绍了完成设计过程中每一步骤具体的切实可行的操作方法,同时还提供了大量源自不同领域、涵盖不同学习结果类型的教学设计案例,诸如"银行交易""入住酒店""读出刻度值""更换汽车轮胎"以及"打高尔夫球"等。这种安排有助于读者将教学设计的理论知识与教学实践相结合,提升教学设计的科学性与实效性。

(3) 内容组织架构清晰,可读性高。除了作为导论的第 1 章外,本书其余各章均包含以下 11 个模块:(1)目标,(2)概述,(3)概念,(4)评价和修改,(5)实例,(6)案例研究,(7)专业和历史观点,(8)流程图,(9)练习,(10)参考答案,以及(11)参考文献和推荐读物。每章引导读者学习模型中的一个步骤,并借助精心绘制的直观图表呈现学术、商业应用和背景研究,有助于读者理解和总结相关内容。书中所选用的实例均是读者在现实生活中易于接触到的熟悉场景,有助于读者将更多精力专注于教学设计本身。本版的介绍性"概述"有助于读者聚焦于每章的主要观点和关键内容,"评价和修改"模块为教学设计者提供了评价所开发产品的详尽参考标准,设计过程"流程图"模块能够协助读者回顾和总结完成模型中每一步骤相关任务的要点,"专业和历史观点"模块则有助于读者了解相关理论和概念的发展脉络与趋势。

(4) 注重与时俱进的理论融合与跨学科视角。本书广泛吸收了行为主义、认知主义和建构主义三种主要学习理论的精华,对教学设计的理论框架不断进行优化,巩固了教学设计和开发中学习理论的基础,更加重视教学设计的动态性与适应性,强调不同理论流派间的关联与融合。例如,在第 3 章中关联布鲁姆的学习结果领域与加涅的学习结果类型;在第 8 章中关联认知教学设计阶段、迪克-凯瑞教学设计过程与建构主义规划实践,阐述和示范了将建构主义学习环境融入迪克-凯瑞设计模型的方法。此外,本书还融入近年来教育技术、认知科学和学习科学领域的前沿研究成果,增加了对数字化学习环境、个性化学习、混合式学习等新兴领域的讨论,进一步充实了教学设计的理论内涵与实践方法,这为读者形成跨学科视角、积极探索数字化时代的高效教学指明了方向。

教学设计既是一门科学,也是一门艺术,它充满了创造性。教学设计既需要基于实证研究的理论指引,也需要在教学实践中持续反思、评价与修改。正如本书作者所强调的,系统化教学设计并非一成不变的公式,而是一个动态且不断迭代的过程,这一特性在本书新版的迪克-凯瑞模型图中得以充分体现。教师或培训者在阅读本书的过程中不仅需要体悟作者的创造性,也需要在学习过程中充分发挥自己的创造性思维,把书中的基本思想和方法创造性地纳入自己的实践中。

作为译者,我们深感荣幸能将这部凝结了作者半个世纪智慧的名著,以崭新面貌呈现给中文读者。我们期望,本书的翻译出版能为广大教师、培训者、教育研究者及相关专业的学生创造一个全面深入、与时俱进地学习教学设计的机会,推动我国教学设计的理论发展与实践创新,助力教学水平的提升,促进教师的专业成长,更好地落实教育立德树人任务,服务于教育强国建设。

本书的翻译是团队协作的结果。在翻译过程中,我们力求忠实于原著的内容、思想和风格,同时兼顾中文表达的专业性和可读性。全书的翻译经历了三个环节:一是初译。楼连娣负责前言、目录、第1章、第2章、第3章、第12章、第13章、附录、术语表和部分索引;刘文令负责第4章、第5章、第6章、第7章和第8章;刘梦蓉负责第9章、第10章、第11章和部分索引。二是互校和统稿。三位译者首先共同完成本书的第一、第二轮译校,然后由楼连娣完成第三轮译校和全书的统稿工作。三是,本书第六版中译本的主译者庞维国教授完成对本书的审校工作。

值此书稿付梓之际,衷心感谢华东师范大学出版社教育心理分社社长彭呈军先生为本书的引进和出版所付出的努力,感谢编辑王丹丹女士的大力支持和帮助。同时,感谢广大读者对本书的关注与期待,希望本书能为你的教学设计研究和实践提供新的思路与助益。

本书虽经多轮译校和审校,但因译者水平和时间有限,难免存在某些疏漏、不当乃至错误之处。敬请各位专家和读者朋友不吝赐教,多提宝贵意见,以便本书的翻译和出版能够得到不断完善。

译者

2025 年 5 月

简要目录

目 录

第 2 章　　　借助起点—终点分析，确定教学目标　20

第 5 章   分析学习者与情境   114

第 7 章　　　开发评估工具　164

第 8 章　　　规划教学策略：理论基础　208

在不久之前,教学通常由教授或培训者开设,他们基于自己的研究、经验和专业知识,仅仅开发和进行讲授式的教学。但现在,教学已经经历了从专家讲授向互动式教学的巨大转变。这种教学方式聚焦学习的主要目的和预期结果、应用所习得知识和技能的环境特性,以及与学科和环境相关的学习者特征。因此,今天的有效教学需要对影响成功学习的各种相互交织的因素进行细致、系统的分析和描述,并在整个创造过程中进行整体的评价和改进。

通过吸纳新兴的技术、理论、发现或程序,一般的系统化教学设计(instructional design,ID)过程变得更为雅致,这是维持其生命力的内在要求。例如,绩效分析和需求评估可以揭示现在必须纳入教学的新的绩效要求和机构需求;对行为表现(绩效)情境的分析和描述,可以揭示新的限制条件,诱发新技术的产生。同样地,对当前学习者的深入分析可以揭示以往忽视的特征;对新的教学传输选项的分析,能够更加高效、经济地结合媒体和教学/学习方法。系统化教学设计模型的每一个步骤都包含探究和分析阶段,这有助于确保决策和设计的时新性、实用性和有效性。

《系统化教学设计》(第九版)简要介绍了教学设计的基础知识,即教学分析、教学设计、教学开发和形成性教学评价的概念和程序。本书经过精心设计,旨在通过几种方式辅助你的学习。章节组织直观体现了教学设计过程的每个步骤,每一章又由易于理解的模块组成,包括(1)目标,(2)概述,(3)概念,(4)评价和修改,(5)实例,(6)案例研究,(7)专业和历史观点,(8)流程图,(9)练习,和(10)参考答案。每章都会引导你学习模型中的一个步骤,并通过精心绘制的图表展示其学术、商业应用和背景研究。时新的教学设计样例,也有助于你将当前的理论概念与实践应用联系起来。示例的评分细则和练习可以提供教学设计的工具,以便你将理论与自己的现实生活应用联系起来。最后,带注释的参考文献会引导你查阅文献和资源,这将有助于拓展和强化你对教学设计过程中每个概念的认识。

掌握本书所提供的教学设计观点和技能,你创建教学的方式将毫无疑问地发生改变。这并非一本仅供阅读和记忆的教科书,而是用以创建有效教学的宝典。学习一套系统的、有创见的、以探究为基础的创建教学的方法,将有助于确保教学的使用者获得成功。为了达到最佳的学习效果,我们建议你从自己的学科和情境中选择一个相对较小的教学目标,然后在学习每章时,应用模型中的步骤针对你的目标来设计教学。换言之,这是一本在"做中学"的教科书。这将有助于你通过这种学习过程掌握教学设计模型,并将其变为自己教学设计实践中必不可少的一部分。

第九版新增

这一版保留了之前版本中那些对读者来说最重要的特色,并增加了一些新的观点和特色,使本书在学科范围内具备时新性。每章中新增的材料包括:

▶ 介绍性概述,介绍每章所涵盖的主要观点。

▶ 评价和修改部分,包含评价策略以及评价模型中每一步骤产生的教学设计产品的细则。

▶ 一个商业视角的详细实例。

▶ 专业和历史观点。

▶ 模型中每个步骤的设计过程流程图。

除了这些新特色之外,新版还包括:

▶ 额外注意事项:

·   学习和便携式数字设备。

·   学习迁移与行为表现(绩效)情境之间的关系。

·   教学设计和开发中的学习理论基础。

▶ 有助于总结和组织概念的附加表格。

▶ 在商业和教育领域的多个实例中,以及在面向大学情境下成人学习者的系列案例研究中,运用教学设计中的相关概念。这些案例研究围绕每一章所阐述的教学设计模型的各个步骤逐步展开叙述。

▶ 在认知教学设计中使用建构主义学习环境的规划及案例研究实例。

▶ 更新了带有注释的参考文献和推荐读物。

▶ 除了正文中包含的案例研究外,附录中还增加了一个完整的、以作文写作为目标的学校课程案例,该案例详细描述了在模型的每一步骤中设计和开发活动所带来的产品。

教学特色

每章都有许多教学特色,包括:

▶ 每章的步骤都遵循迪克-凯瑞教学设计模型。

▶ 章节概述可以帮助读者聚焦于每章的关键内容。

▶ 通过细致安排标题和从属副标题,来提示内容组织。

▶ 通过图表来阐明或强调每章的内容。

▶ 为读者提供了针对设计模型每一步所开发产品进行自我评价的细则。

▶ 贯穿各章的案例研究和实例。

▶ 每章中主要步骤的任务分析流程图。

▶ 每章中针对主要步骤的练习和参考答案。

本书还包括详细的目录和术语表。

教师资源

有一本完整的《**系统化教学设计教师手册**》。书中包含：

▶ 课程的教学策略和活动。

▶ 针对十周和十五周学期的课程表。

▶ 评价学生产品的策略。

▶ 使用教师手册的策略。

▶ 课程的测验项目库，包括言语信息和智力技能项目。

手册的每一章包含：

▶ 教学导入活动。

▶ 行为表现目标（performance objectives）* 及其与教学设计者的相关性。

▶ 每章的先决信息和技能。

▶ 内容呈现（每章任务的教学目标分析）。

▶ 迪克-凯瑞模型的阶段。

▶ 迪克-凯瑞模型中每一步的输入和输出。

▶ 评价所开发产品的细则。

▶ 一个商业案例研究。

v

---

* "performance objectives"在不同领域有不同的译法。在组织培训领域，通常译作"绩效目标"；在学校教育领域，通常译作"行为表现目标"或"表现性目标"。本书在不同语境中，两种译法兼用。——译者注

《系统化教学设计教师手册》*是一份 Word 文档,可从出版商的教师资源中心下载。如果你使用本书教授教学设计课程,那么你可以将**《系统化教学设计教师手册》**复制粘贴到你的课程管理系统(例如,Compass、Blackboard 教学平台)中。如果你不知道如何通过在线访问教师资源中心来获取这些材料,请联系你的 Pearson 客服代表,他们会为你提供相应的指导。

《系统化教学设计教师手册》包含了面向该课程教师的重要信息,包括:

- 针对十周和十五周学期的课程管理计划。
- 针对基于信息或产品的学习体验的建议。
- 基于网络授课的课程管理建议。
- 模型中每个步骤的宏观教学目标和具体教学目标。
- 教学导入材料的说明。
- 模型中每个步骤的目标分析。
- 模型中每个步骤的教学设计和产品开发的评价细则。
- 练习和参考答案,包括书中每一章的概念测验和应用测验。

建设性反馈的精神始终是系统化设计过程的重要组成成分,鉴于此,作者欢迎你就如何改进教材以更好地满足你的需求提出反馈。请将意见和建议通过以下电子邮件地址发送给作者:

沃尔特·迪克(Walter Dick)	wdick@penn.com
卢·凯瑞(Lou Carey)	jim.Lou.carey@gmail.com
詹姆斯·凯瑞(James O. Carey)	jamesocarey@gmail.com

---

* 因版权许可问题,中文版不含该文本。——编辑注

第 1 章

教学设计导论

2

```
                    ┌──────────┐
              ┌─────►│ 进行      │◄─ ─ ─ ─ ─ ─ ─ ─ ─ ─┐
              │      │ 教学分析  │                        │
┌──────────┐  │      └──────────┘       ┌──────────┐    │
│ 确定教学  ├──┤                         │ 书写行为  │    │
│ 目标      │  │      ┌──────────┐       │ 表现目标  ├──────►
└──────────┘  │      │ 分析学习  │       └──────────┘
      ▲       └─────►│ 者与情境  │            ▲
      │              └──────────┘            │
      │                   ▲                  │
      └ ─ ─ ─ ─ ─ ─ ─ ─ ─ ┴ ─ ─ ─ ─ ─ ─ ─ ─ ┘
```

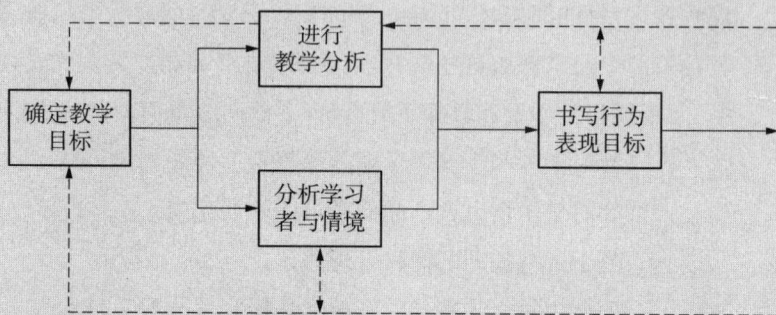

迪克-凯瑞教学设计系统方法模型

　　在当代的数字化学习或远程教育课程中,学生们被集中在一起,可能还有一名教师通过课堂活动(如在线练习、提问/回答/讨论板、项目以及生生互动)指导他们学习课本或在线内容。如果学生的学习态度、成绩和完成率没有达到预期水平,那么可以尝试换一本更有趣的教科书、组建学生工作小组或者加强师生实时互动。如果这些乃至其他解决方案都无法改善课程学习的结果,教师或课程管理者可能会重新组织数字化学习门户上的内容,或者认定"并非所有人都适合数字化学习"而不做任何改变。

3　　通过对课程成分进行修修补补来提高学生成绩,往往会令人感到沮丧,而且会导致教师或课程管理者将学生欠佳的行为表现归因于学生本身的问题——比如学生缺乏必要的背景

```
                                                    ┌──────┐
            ┌ ─ ─ ─ ─ ─ ─ ─ ─ ─ ─ ─ ─ ─ ─ ─ ─ ─ ─ ┤  修改  ├ ─ ─ ┐
            │         ┆              ┆           ┆   └──────┘     ┆
        ┌───┴─────┐ ┌─┴──────┐ ┌─────┴────┐ ┌────┴──────┐        ┆
        │开发标准参 │ │开 发    │ │开发和选择  │ │设计和实施   │        ┆
        │照测验项目 │→│教学策略  │→│教学材料    │→│形成性评价   │        ┆
        └─────────┘ └────────┘ └──────────┘ └───────────┘        ┆
                                              │        ┌──────┐   ┆
            └ ─ ─ ─ ─ ─ ─ ─ ─ ─ ─ ─ ─ ─ ─ ─ ─ ─ ─ ─ ┤  修改  ├ ─ ┘
                                              │        └──────┘
                                              ↓
                                         ┌───────────┐
                                         │设计和实施   │
                                         │总结性评价   │
                                         └───────────┘
```

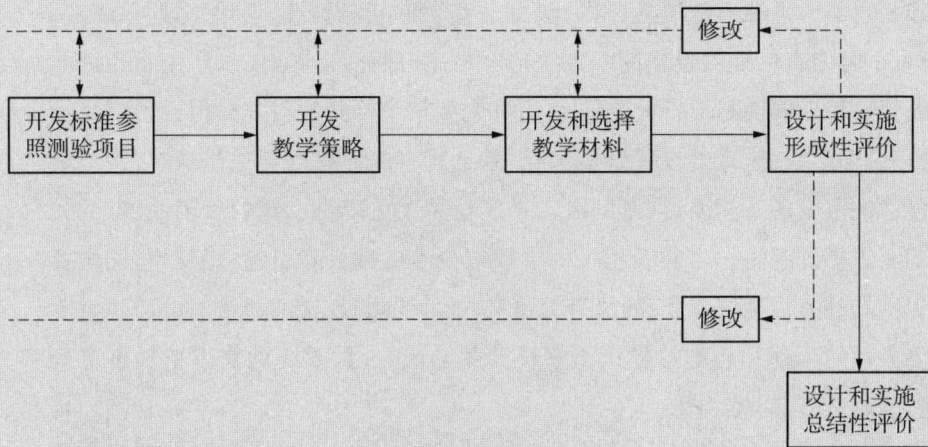

知识、不够聪明、缺乏学习动机或者没有追求成功的习惯和毅力。其实,与上述做法相比,更具创造性的方法是将数字化学习乃至所有有目的的教学和学习视为系统过程,其中的每一个成分都是成功学习的关键。教师、学习者、教学材料、教学活动、传输系统以及学习和绩效环境之间相互影响、相互协作,共同促使产生符合预期的学习结果。每一个成分的改变都可能影响其他成分和最终的学习结果,所以如果不充分考虑单一成分中的各种条件,那么整个教学过程都可能被毁掉。伊斯瑞赖特(Israelite,2004,2006)认为企业培训中数字化学习的不足是缺少**系统思维**导致的,比如往往重视对先进的学习管理系统和传输技术的投入,却没有充分考虑有效学习体验设计等其他教学成分。伊斯瑞赖特的观点通常被称为**系统观点**,其倡导者通常使用系统思维来分析绩效问题和设计教学。

系统观点

4 　　我们先来思考一下什么是**系统**。随着我们的工作与他人的工作之间的相互关联越来越多，**系统**这一术语变得非常流行。从技术层面上讲，系统是若干相互关联的部分所构成的集合，所有的部分协同工作，以实现既定目标。系统的各个部分在输入和输出方面相互依赖，整个系统采用反馈机制来确定是否达成既定目标。如果没有达成，则对系统进行修改，直到达成目标为止。最容易理解的系统不是那些自然出现的系统，而是我们自己创建并且可以控制的系统。例如，你家里可能有一套供暖和制冷系统，其中各种部件协同工作以产生所需的温度。系统通过恒温器这种反馈机制不断检查温度，并在需要调节冷热时发出信号。达到预设温度时，系统会自行关闭。因此，只要设置好恒温器，并且所有部件都处于工作状态，系统就会将温度保持在舒适的范围内。然而，汽车的制动系统使用了更容易出错的反馈系统（驾驶员），因此是一个不太可靠的系统。与制动相关的事故很少由机械故障引起；相反，它们主要是由于人们不能识别和补偿系统的成分，如湿滑的路况、视力受损、在交通繁忙时分心注意手机或收音机等。当人们的生理和心理特征成为系统的关键成分时，系统就变得更加不可预测，并且更难以管理以达到预期的结果。

　　我们以（青少年始发的）Ⅰ型糖尿病的护理为例。人的体内有一个复杂而精细的平衡系统，系统内的成分协同工作以维持健康的血糖水平，具体而言，包括（1）饮食（吃什么、吃多少以及何时吃），（2）体力消耗，（3）情绪消耗，（4）胰岛素（摄入时间及剂量），以及（5）每个人对这些成分的独特代谢过程。该系统的目标是维持稳定的血糖水平，反馈机制是周期性的血糖指标检测。当系统失去平衡时，检测指标就会超出可接受的范围，系统内的某个或多个成分必须进行调整以根据需要升高或降低指标。由于个体差异的存在，控制这个系统似乎是一项艰巨的任务。然而，系统的方法能够帮助专业人员识别出糖尿病护理中相互关联的成分，在护理初期确定每个成分的正常范围，然后根据需要调整和微调护理方案以适应个体差异。因此，糖尿病护理专业人员普遍认可系统是动态而非静态的，随着个体的成长、衰老和生活方式的改变，需要持续进行监测。

教学设计的系统方法

　　教学过程本身也可以被视为一个系统，其目的是引发和促进学习。该系统的成分包括学习者、教师、教学材料和活动、学习环境以及应用新技能的环境，所有这些成分相互作用以实现教学目标。例如，在传统课堂中，教师可能会指导学生解决课本或学生手册中的例题。为了确定学习是否已经发生，在课程结束时要进行测验。在教学系统中，测验相当于糖尿病护理中的血糖指标检测。如果学生的成绩不理想，那么就必须修改系统成分，以便系统更加有效地工作，从而带来理想的学习结果。

5 　　教学的系统观认为，系统过程中的所有成分都非常重要。它们必须有效地相互作用才能产生理想的结果,就像糖尿病护理系统中的各个部分必须有效地相互作用一样。成功与否不取决于系统中的任何单一成分,而是取决于每个成分对预期结果的贡献。系统必须拥有评估学习效果的明确方案,并建立应对学习未能发生的改变机制。与糖尿病护理的例子一样,教学系统包含人的成分,因此是复杂和动态的,需要不断地监测和调整。

至此,我们对教学过程的讨论仅聚焦于**学习时刻**,即教师、教学材料、教学活动以及学习者集中在一起,从而使学习得以发生的时刻。那么,教学过程又该如何准备呢? 教师如何确定该做什么以及何时做呢? 具有系统观的人毫无疑问会把教学的准备、实施、评价和修改视为一个整合过程。从最宽泛的系统意义上讲,各种渠道为教学准备提供输入,系统的输出则是某种产物或产物与教学实施程序的综合体。这些结果将用于确定系统是否需要修改;如果需要修改,该如何修改。

教学设计(ID)模型

本书的目的是描述一种用于教学的设计、开发、实施和评价的系统方法。这不是一个类似家庭供暖和空调的物理系统,而是一个程序性的系统。我们必须强调,教学设计没有单一的系统方法模型。许多教学设计模型被冠以"**系统方法**"的名称,它们所包含的基本成分大致是相同的。这些教学设计模型及其所代表的流程被统称为**教学系统开发**(instructional systems development,ISD)。**教学设计**是一个涵盖性的术语,它包含教学系统开发过程的所有阶段。当你开始使用教学设计流程时,这些术语都会变得清晰起来。

在一定程度上,教学设计模型是建立在对学习过程多年研究的基础之上的。模型的每个成分都建立在理论之上,并且在多数情况下,也建立在证明该成分有效的研究之上。该模型的目的是帮助你学习、理解、分析和改进教学设计的实践,但所有的模型都是高度简化的表征。随着你的理解不断深入,请不要将表征与现实相混淆。例如,方框和箭头的图形排列往往意味着线性流程,但任何有经验的教学设计者都可以证明,在实践中,该流程通常更像图 1.1 中的循环持续改进模型或图 1.2 中的并行流程模型。当规划、

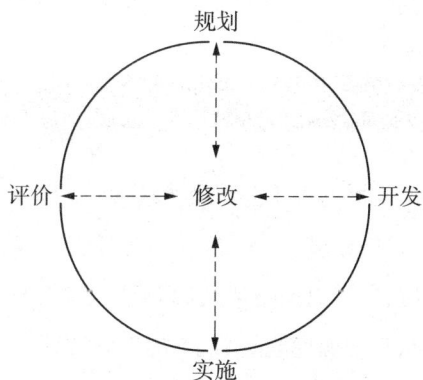

图 1.1 循环持续改进模型

开发、实施和修改同时发生,或在同步进行活动的多个周期中发生时,后一种模型非常有用。如果你是教学设计领域的新手,这些图现在可能不太容易理解,但本书后面的章节将对此进行重点讨论。

跨时间ID项目开发周期 ————————————————————————→

周期1　　　　　　　　　　　周期2　　　　　　　　　　……周期N

开发原型1

规划　　评价
　　　和修改

实施原型1

开发原型2

规划　　评价
　　　和修改

实施原型2

开发原型N

规划　　评价
　　　和修改

实施原型N

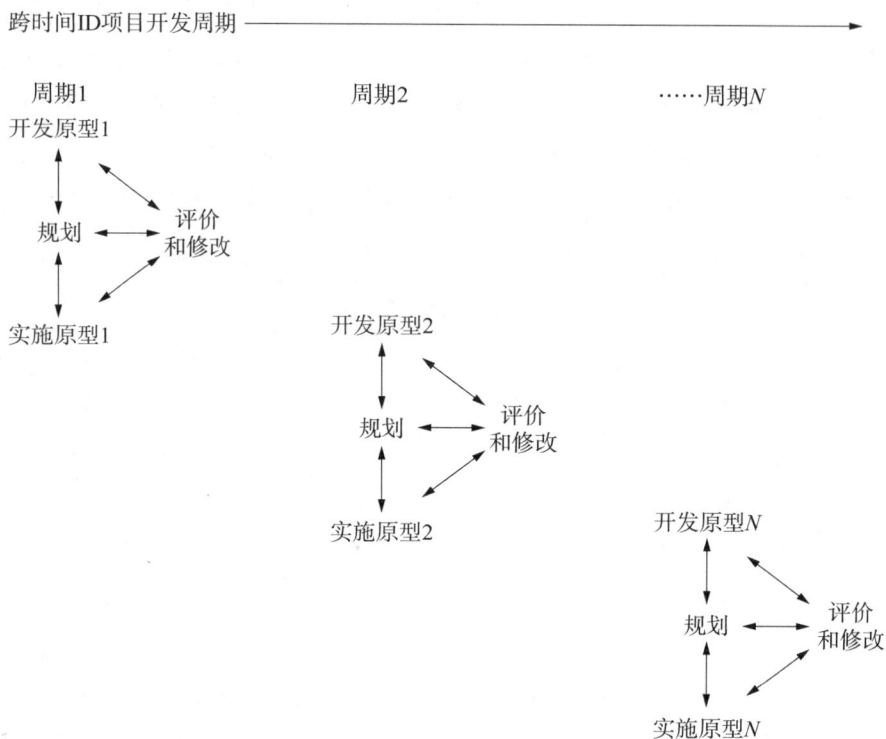

图 1.2　快速原型开发中的并行 ID 过程

迪克-凯瑞教学设计模型

　　本书提出的系统方法模型比一些模型要简单,但它包含了所有模型共有的主要成分,包括分析、设计、开发、实施和评价。我们描述了一系列步骤,所有步骤都从上一步骤接收输入信息,产出的结果又成为下一步骤的输入信息。所有成分协同工作,要么生成有效的教学,要么确定如何改进教学(如果系统评价成分指出教学中某个地方存在问题的话)。

　　本书中所呈现的模型不仅基于理论和研究,而且也基于对其进行应用的大量实践经验。我们将在后续章节呈现一个类似于实用性食谱的通用系统方法模型——告诉你先做什么,再做什么。不过,当你开始在自己的厨房使用食谱时,它就具有了更大的意义。因为在做菜时,你对厨房的使用、你的原料和你的口味将造就你独特的菜品。你可能会更换食谱,减少一些操作步骤,替换一些原料,或者不按照操作顺序来。教学设计者也是如此——在开始时,他们需要以类似本书呈现的教学设计模型为参考框架,来支持他们的分析、设计、开发、实施和评价工作。随着教学设计的学习和实践者变得更有经验和熟练,在教学设计中遇到各种问题时,他们就会用自己独特的解决策略来应对,而不是照搬这一框架。正如从事任何复杂的任务一样,那些不能从依赖走向独立的人永远无法掌握教学设计这门学问,他们充其量只能充当一名好的技工。

1978 年,《系统化教学设计》第一版首次提出迪克-凯瑞模型(Dick and Carey model)。只要在谷歌中搜索"迪克-凯瑞模型",你就可以一窥从首次出版至今该模型在学科中的地位。当你开始设计教学时,请相信这个已经令无数学生和专业人士受益的模型。随着知识和经验的增长,也请相信自己!原创解决方案所需的灵活性、洞察力和创造力存在于经验丰富的用户和专业人士中——而不是在模型中。迪克-凯瑞模型只是教学设计学科实践的一个表征框架。它为我们提供了一种在更广泛的学科中区分实践的方法,类似于区分森林中的单棵树木,但掌握教学设计的学问要求我们"不能只见树木不见森林"。在《第五项修炼:学习型组织的艺术和实践》一书中,彼得·圣吉(Peter Senge, 1990)准确地定义和描述了实践一门学问意味着什么:

> "修炼"一词,我所指的是……一整套必须学习和掌握的服务于实践应用的理论和技术体系。修炼是获得某些技能或胜任力的一条发展路径。学习任何一门学问,无论是弹钢琴还是做电气工程,某些人可能有与生俱来的"天赋",但任何人都可以通过实践而变得精通。实践一门学问意味着要成为一名终身学习者。你"永远不会抵达终点";你需要用毕生时间去掌握这门学问……实践一门学问不同于模仿一个模型。(第10—11页)

迪克-凯瑞模型的构成成分

确定教学目标

该模型的第一步,是以目标的形式确定当学习者完成你的教学后,你希望他们掌握什么新知识和技能。教学目标可以来源于各种渠道,包括教学目标列表、绩效分析、需求评估、对学生学习困难的实践经验、对正在从事某项工作的人的分析,以及对新教学的其他要求等。

进行教学分析

确定教学目标后,你需要逐步明确人们在实现该目标的过程中在做什么,并检查完全掌握该目标所需的子技能。教学分析的最后一步,是确定学习者在新教学中取得成功所必须具备的技能、知识和态度,即**起点技能**。例如,学生需要知道半径和直径的概念,以计算圆的面积和周长,因此这些概念是计算面积和周长的起点技能。

分析学习者与情境

除了分析教学目标,还有一项并行的工作是分析学习者及其学习和运用技能的情境。分析教学情境和技能运用情境的特征时,还需要确定学习者当前已具备的技能、所持的偏好和态度。这些关键信息决定了模型中的许多后续步骤,特别是确定教学策略这一环节。

8

书写行为表现目标

基于教学分析和对起点技能的描述,你可以写出学习者在完成教学后能够做什么的具体表述。这些表述来自教学分析中所识别的技能。它将明确指出要学习的技能是什么,展示技能需要具备什么条件,以及成功的行为表现标准是什么。

开发评估工具

根据已确定的具体教学目标,你就可以开发相应的评估工具,以便测量具体教学目标中所描述的学生应具备的能力。需要强调的是,应该将具体教学目标中所描述的技能的类型与评估要求联系起来。有众多测评方式可用于判断学习者一段时间内在关键技能上的成就,如客观性测验、替代性评估、现场行为表现评估、态度形成的测量以及档案袋评估等。档案袋评估集合了客观评估和替代性评估,能够记录学习者随时间推移的进步。

开发教学策略

基于前面五个步骤得出的信息,设计者可以确定一种基于理论的教学策略,来达成最终的教学目标。教学策略强调激活内部的心理过程,促进学生学习,包括:

- 教学导入活动,如激发动机和集中注意力;
- 用实例和演示来呈现新内容;
- 组织学习者积极参与和练习,并对他们的表现进行反馈;
- 用于评估学生学习情况以及将新技能与现实世界应用联系起来的跟踪活动。

教学策略的开发,要基于当前的学习理论和学习研究的成果,要基于吸引学习者的媒体特征、学习内容以及参与教学的学习者特征。这些特征可用于规划必要的传输和管理,开发或选择教学材料,并规划教学活动。

开发和选择教学材料

在这一步中,教学策略被用来生成教学内容,通常包括编制学习手册、选取教学材料和编制评估工具。(在使用**教学材料**这一术语时,我们泛指所有形式的教学材料,包括教师指南、学生阅读材料列表、PPT 课件、案例研究、视频、播客、基于计算机的多媒体格式文件和远程学习的网页。)是否自己开发教学材料,取决于学习结果的类型、现有相关材料是否可用,以及是否有可用的开发资源。这里也会给出从现有材料中挑选素材的标准。

设计和实施教学的形成性评价

在完成教学初稿后,要开展一系列评价活动,以收集数据,确定教学是否存在问题、是否可以改进。因为这些评价的目的是帮助创建、改进教学过程和产品,所以被称为**形成性评价**。形成性评价通常有三种类型:**一对一评价、小组评价**和**现场试验评价**。每种评价为设计者提供不同的信息,但都可用于改进教学。类似的技术也可用于对现有材料或课堂教学的形成性评价。

修改教学

设计和开发过程的最后一步(也是循环周期的第一步)是修改教学。在这一步,要总结和分析形成性评价所收集的数据,确定学习者在实现具体教学目标过程中遇到的困难,并根据这些困难找出教学中的具体不足。本章开始所呈现的图中的虚线(标有"修改教学")表明,从形成性评价中获得的数据不仅用于修改教学本身,而且还用于重新考察教学分析是否可靠,以及对学习者起点技能和特征的假设是否合理。此外,也有必要根据形成性评价的数据,重新考察行为表现目标和测验项目的表述,并审查教学策略。最后,将所有这些事项整合到教学修改方案中,就可以促成更加有效的学习体验。在实际操作中,教学设计者并不是等到所有的分析、设计、开发、评价工作都完成之后才开始修改;相反,他们会根据在后续步骤中所得到的信息,不断地对前面的步骤进行修改。修改并不是发生在教学设计过程结束时的一个单独事件,而是利用信息重新评估假设和决策的持续过程。如果你以前用过迪克-凯瑞模型,你会注意到本书第九版模型中有一个细微的变化。在目前的模型中,表示修改的虚线一直延伸回"确定教学目标"这一步骤,模型中每个步骤的修改都用双向箭头表示,描绘了贯穿整个设计和开发过程的不可避免的、持续进行的评价和修改活动流程。这个概念以往一直隐含在我们对模型的表述中,但通过这次修订,我们想使其成为模型中更明确的一个部分。

设计和实施总结性评价

虽然总结性评价是对教学有效性的最终评价,但它通常并不是教学设计过程的一部分。它是对教学绝对或相对价值的评价,只在教学经过形成性评价和充分修改以满足设计者的标准后才会进行。由于总结性评价有时是由独立的评价者,而非教学设计者来完成的,因此这一成分本身并不被视为教学设计的过程之一。

与以往相比,如今用于总结性评价的程序受到了更多的关注,因为人们对将培训情境中的知识和技能迁移到工作情境中变得越发感兴趣。这类评价回答了一个问题,即我们所提供的教学是否解决了它旨在解决的问题。此外,人们对跨组织、州和国家的数字化学习的有效性也越来越感兴趣。例如,为犹他州的学习者开发的数字化学习,非常便于网络传输,那么它对于加勒比地区或者中国的学生是否有效?学习专家对"另一个世界"开发的非常有吸引力的材料中的教学策略,会得出什么结论?现在,由于材料的传输变得更加经济便捷,**学习者验证、材料有效性**和**材料有效性保证**等术语正在重新进入人们的视野。

系统方法模型的运用

10   后续章节具体描述的模型,将会在每章前两页以图的形式呈现。十个相互连接的方框代表了教学设计者用于设计、开发、评价和修改教学的一系列理论、程序和技术。虚线表示在模型每一步骤中可能出现的评价和修改的迭代循环。不过,基于教学设计的逻辑和设计过程各步骤之间的输入—输出关系,从左到右的步骤流程确实表明了设计和开发的首选顺序。我们认为,对于那些通过课程或独立学习本书的教学设计新手来说,在开始 ID 项目时遵循模型中的主要流程是非常重要的。如果你要走教学设计这样一条职业道路,那么请放心,你可以对 ID 模型进行任意调整,以适应未来项目中的资源和限制。我们的教学设计模型被称为**系统方法模型**,它将你可能已经在各种教育情境中遇到过的许多概念整合到一个连贯的整体中。例如,你无疑听说过**行为表现目标**,并且可能已经书写过一些目标。你可能也很熟悉诸如**标准参照测验**和**教学策略**这样的术语。该模型显示了这些术语和与之相关的过程是如何相互关联的,以及如何使用这些程序来生成有效的教学。

该模型的教学策略成分描述了教学设计者如何利用对教学内容进行分析所获得的信息来制订规划,以便将学习者与 ID 模型开发的**教学**联系起来。在本书中,我们将**"教学"**一词广义地定义为一种有目的的活动,旨在激发、引导或支持学习。因此,教学可以包括传统的团体讲座/讨论、基于计算机的训练和实践、中等规模的小组在线案例研究分析、个性化的发现式学习,或通过计算机生成的虚拟世界化身进行团体问题解决等活动。教师、设计者和学生的想象力有多丰富,可以被称为教学活动的范围就有多广阔。现在,你已经阅读了迪克-凯瑞模型的介绍,请思考一下有关模型使用的一些重要问题。

为什么要使用系统方法?

经验性和可复制性   使用系统方法最重要的原因可能是,它是一个经验性的、可复制的过程。在系统设计教学的过程中,要收集数据以确定哪部分教学效果不佳,并对其进行修改,直到它达到理想的效果为止。教学既可以为单次授课设计,也可以为不同场合的不同学习者设计,同时还需要预测相应的教学结果。开发、评价和修改教学都是值得花时间和精力的,因为从过程中学到的经验通常可以帮助设计者调整教学,以适应不同情境中的不同学习者,针对不同规模的受众,以及通过不同的媒体进行传授。

问责制   教学设计的系统方法之所以有效,原因之一在于要求设计者关注学习者在教学结束时,应该知道什么或者能做什么。如果未能对其进行精确陈述,那么后续的规划和实施步骤都可能变得含糊不清、缺乏成效。由于当代教育的政治氛围,这种对结果的关注与所有

11   公立学校都息息相关。最近的标准/问责运动始于一些州通过法律建立了测验和行为表现标准,以评判学生、学校和学区的表现,并随着 2001 年美国国会通过《不让一个孩子掉队法案》、

2009 年全美州长协会发出《共同核心标准》倡议和 2015 年公布《每个学生都成功法案》而得到巩固。这些项目要求在选定的年级制定和实施州级的基本技能评估,而一些州和区级管理人员已将这些评估结果作为向学区、学校和一线教师发放绩效奖金的标准。由于学习结果、学生特点、教学活动和评估之间的密切联系,教学的系统方法成了一项强有力的工具,有助于为达成基于标准的教育目标做好规划。

　　成分之间的关联　使用系统方法的另一个原因是每个成分之间的相互关联,特别是教学策略和预期学习结果之间的关联。针对要学习的技能和知识组织专门的教学,有助于为这些学习结果的产生提供适当的条件。换句话说,教学活动的范围必须与要学习的内容紧密关联。

　　结果导向　系统方法是一种基于结果的教学方法,因为它始于对学生将要学习的新知识和技能的清晰理解。虽然各级教育工作者都广泛采用,但系统方法在商业和工业、政府、非营利组织、非政府组织和军队中的应用更多,这些领域更注重教学效率和学习者表现出的素质,二者的回报也都很高。

　　在开始教学前,需要仔细研究学习者必须已经知道什么(先决知识和技能),以及在教学过程中必须学习什么(使能知识和技能)。教学应侧重于在最佳学习条件下呈现要学习的技能,还应针对具体目标中描述的技能和知识构建评估工具,公平地评价学习者,并基于评价结果修改教学,以使得下次的教学更加有效。如果遵循这一过程,教学设计者就能专注于学习者的需求、技能以及运用新技能的环境,从而创建能将所学技能迁移至实际工作应用中的有效教学。

系统方法适用于哪些教学类型和学习者群体?

　　教学类型　教学设计的系统方法包括教学的规划、开发、实施和评价,该过程也包括选择教学类型。在某些情况下,教师传输教学是最适合的;在其他情况下,则可以使用其他多种媒体。不过,在任何情况下,系统方法都是非常有价值的工具,因为它可以帮你确定要教什么,如何教,以及如何评价教学的有效性。

　　学习者群体　本书描述的教学策略开发程序是一个通用程序。虽然系统化教学设计不一定针对个别化的教学,但该方法在教学设计中的一个主要应用依然是自定进度的独立学习。当为个别学生开发简单的辅导性教学时,系统方法非常有用,当然,它同样也适用于小组学生完成问题解决的作业,或者通过网络向大众进行复杂的数字多媒体远程教学。无论选定哪种教学媒体,我们都可以使用系统方法满足其需求,毕竟大多数研究表明,决定教学成败的是分析过程和教学策略,而非传输方式。系统方法是一个通用的规划过程,它可以确保,为任何教学类型或学生群体开发的教学材料都能够响应学习者的需求,使之有效地达成预期的学习结果。

你应该仔细区分教学的设计过程和教学的传输过程。系统方法本质上是一个设计过程，而教学类型、教学媒体以及个别化与小组活动都是在设计过程中作出的决定。在理想情况下，这些决定不应该有预定假设，因为教学设计过程的一个主要任务就是确定如何最有效地传输教学。

谁将使用系统方法?

ID 专业人员　教学系统开发方法使得全职或兼职为特定学习者群体创建有效教学的各方专业人员从中受益。无论是在商业、工业、政府、社会服务、军事或人事部门，还是在初级学院、大学和一些公立学区的教学支持服务中心，这些教学通常都需要经过设计和包装，以便在一段时间内供许多学习者使用。ID 专业人员使用的职业头衔包括**教学设计师**、**教学技术专家**、**人力绩效技术专家**、**教育技术专家**、**培训者或培训专家**，以及**人力资源开发专家**。（2002年，国际绩效改进学会召集了一个特别工作组，为认证 ID 专业人员开发了一套流程和绩效标准。该认证项目已经运行，并向成功申请者授予**认证绩效技术专家**的称号。）

ID 专业人员有时会与一个专家团队协作，一起开发教学。专家团队通常包括内容领域专家、教学技术专家、评价专家和经理人（通常是教学设计者）。团队方法汇集了专家们的专业知识，生成任何人都无法单独完成的产品。在这种情境下，人际沟通能力非常重要，因为几乎每个人对要做的事情怎么做最好，都有自己的看法。

教授和教员　本书适合大学教授、军事教员、企业培训者和任何其他情境中有意提高教学效果的教师。我们相信，该模型和流程既适用于学校情境，也适用于非学校情境。教学设计技能对于那些设计网络教学的人来说是至关重要的。

教师　当你学习教学设计模型并可能用它来设计特定的教学时，你会发现它耗时耗力。如果你是一名教师，你可能会说"我永远也不可能用这个过程来准备我所有的教学"，这可能是对的。由于每个步骤都包含了一定程度的细节，所以对一名负责日常教学的教师而言，在特定的时间内使用这个完整的过程所开发的教学量非常有限。不过，即便只是这样有限的使用，也可以拓展教师的教学技能。此外，教师还可以根据不同的教学规划需求，选择和应用部分步骤，甚至只是单个步骤的一部分。当然，在你阅读本书时，你的目标依然应该是掌握每个步骤包含的细节，因为掌握完整的模型有助于积累经验和提高洞察力，以便根据具体教学需求正确地选择教学设计过程的合适部分。你在本书中学到的是一种基于理论的、系统地看待教与学过程的方式。ID 模型提供了一些工具，这些工具可以与你通过学术培训和实践经验获得的所有其他工具一起，构成一个心理工具箱。使用这些工具可以帮助你更加关注那些指向成功学习的教学实践。

我们发现，几乎每位学过这个过程的教师都会有两种反应：第一种反应是，他们肯定会立即开始使用模型中的某些成分，哪怕不是全部；第二种反应是，他们的教学方法将与以往大不相同,因为他们通过运用这个过程获得了一些深刻的见解。(有些读者可能对此有所怀疑,请务必关注你运用这个方法后的反应。)

在介绍系统化设计过程各个方面的应用时,我们选择了一些实例。这些实例涵盖了从幼儿到成年人所有年龄阶段的教学情境。本书交替使用了**教师**(teacher)、**教学者**(instructor)和**设计者**(designer)这三个词,因为我们确信它们是可以互换的。

当阅读后面的章节时,你会在实例部分看到一个针对退休人员休闲高尔夫球培训的商业计划,案例研究部分则是针对研究生院成人学习者的团体领导技能的教学材料,附录中还有一个针对中学生语言艺术的完整案例研究。这些实例贯穿于设计模型的每个步骤。分析来自不同情境的案例,将促进你将设计技能迁移到自己的教学目标和后续设计工作中。之所以选择这些特定的研究,是因为你将能够"洞察"实例中显而易见的内容,从而看到更抽象的教学设计过程。

专业和历史观点

你已经看到,我们在本书中描述的教学设计过程需要详细的分析(analysis)、设计(design)、开发(development)、实施(implementation)和评价(evaluation)活动。因此,迪克-凯瑞模型属于 ADDIE 家族的众多模型之一。在还没有这样一个专门的教学设计模型时,人们经常在专业文献中提到 ADDIE 教学设计模型;不过,使用这一术语只是因为承认一个特定的 ID 实践涵盖了分析、设计、开发、实施和评价活动。在 20 世纪 60 和 70 年代,随着专业、技术和军事培训中的系统思维引起人们的兴趣,一组共享这些成分的 ID 模型发展了起来。最近关于教学设计者工作内容的研究证实,即便没有明确指出 ADDIE 成分在特定的 ID 过程的位置,这些成分在当代 ID 实践中也具有重要的意义和价值(例如,York & Ertmer,2016)。梅里尔(Merrill,2013)、莫里森等人(Morrison et al.,2019)、罗斯维尔等人(Rothwell et al.,2016)、史密斯和拉根(Smith & Ragan,2020)以及范·梅里恩伯尔和基尔施纳(van Merriënboer & Kirschner,2018)的文章中描述了影响今天 ID 实践的众多 ADDIE 教学设计模型中的一小部分。这些模型与其他当代 ID 模型的一些图示看上去很不一样,但它们都指出或者暗示了 ADDIE 的五个成分。

我们对模型中教学策略这一成分的初始设计方法深受罗伯特·加涅(Robert Gagné)的《**学习的条件**》(1965)一书中观点的影响。该书吸纳了学习的认知信息加工观,认为大多数人类行为非常复杂,主要由个体的内在心理过程而非外部刺激和强化来控制。教学需要组织和提供一系列信息、样例、经验和活动,以此来指导、支持和增强学生的内在心理过程。当学生将新的信息和图式纳入自己的记忆,从而生成新的能力时,学习就发生了。这是学习与教学的**认知主义**观点。加涅在《**学习的条件**》(1970，1977，1985)的后续版本中进一步发展了认知观。里奇(Richey，2000)的著作《**罗伯特·M.加涅的遗产**》讲述了加涅作为教学系统开发学科的创始人之一所产生的影响。

建构主义是一种教育哲学，影响了许多教学设计者的思想。尽管建构主义思想在许多问题上存在广泛的分歧，但其中心思想是：将学习视为一种独特的产物，由每个学习者将新信息和经验与现有知识相结合而"建构"。事实上，所有的认知心理学家都认同这一观点，他们对人类学习和记忆的理解来自信息加工理论，如阿特金森和希夫林(Atkinson & Shiffrin，1960)所描述的理论。**建构主义者**之间的分歧，主要体现在对现实本质的某些本体论问题以及如何获取新知识的某些认识论问题的不同看法上。归根结底，建构主义的教学指导方案(prescriptions)倾向于包含最少的学习指导，而认知主义的教学指导方案通常包含更多的学习指导。我们将在第8章进一步探讨建构主义对教学设计的启示，同时对**学习科学**和**基于设计的研究**作出评论。

在本书中，读者将主要看到教学和学习的认知主义观点，也将看到建构主义思维的元素。这些元素经过调整以适用于我们所讨论的各类学习者、学习结果、学习情境和行为表现情境。

迪克-凯瑞模型包含了一套从主要理论观点中提取的折中的工具，是一个有效的设计框架，可以指导所有基础方向上的教学实践。虽然一些教学理论家可能会质疑该模型，因为模型推荐的实践与他们的教学实践相反，但作者建议采取一种开放的观点，并相信该模型中提倡的大多数教学设计过程在被熟练的专业人员使用时，在本质上是中立的。也就是说，有经验的教师和教学设计者可以根据他们自己对目标、学生和学习情境的判断，将自己对学习理论的观点转化为教学实践。由于该模型描述了一组通用的ID实践，因此它已经被教师、教学设计者、教育技术专家、军事培训者和绩效技术专家在各种情境下成功应用。

如果你想了解更多的历史背景，可以参考瑞泽(Reiser，2001a，2001b)关于教学设计和技术历史的文章，这些文章很好地回顾了教学设计领域的起源和发展。

参考文献和推荐读物

每章结尾都列出了一些精心挑选的参考文献。这些著作和论文或者是对本章内容的补充，或者是对其中某一重要概念的深入论述。

不过，第一章列出的参考文献有些不同。它们有的是教学设计领域中最新的专著或对教学设计实践具有直接指导意义的文献，有的是精选的经典专著和论文。本书所论及的许多主题也出现在这些参考文献中，尽管这些著作所包含主题的广度以及论述的深度各不相同，但它们对于拓展你的知识面、加深你对教学设计领域的理解都很有帮助。

注意：前三个参考书目没有按照字母顺序排列，因为它们是开放访问的在线资源，广泛覆盖了本书中的许多主题，也可以作为相关主题的延伸阅读。

Clark, D. R. *The performance juxtaposition site*. http://nwlink. com/~donclark/index. html.

Culatta, R., & Kearsley, G. Instructional design. org. https://www. instructionaldesign. org.

West, R. E. *Foundations of learning and instructional design technology: The past, present, and future of learning and instructional design technology*. EdTech Books. https://edtechbooks.org/lidtfoundations.

Atkinson, R. C., & Shiffrin, R. M. (1968). Human memory: A proposed system and its control processes. In K. W. Spence & J. T. Spence (Eds.), *The psychology of learning and motivation (Volume 2)* (pp. 89 - 195). Academic Press.

Banathy, B. H. (1968). *Instructional systems*. Fearon Publishers. A classic text placing instruction in a systems context.

Blanchard, P. N., & Thacker, J. W. (Eds.). (2019). *Effective training: Systems, strategies, and practices* (6th ed.). Chicago Business Press. 提供了职业和技术培训中一些理论和实践案例的有用组合。

Branch, R. M., Lee, H., & Tseng, S. S. (Eds.). (2019). *Educational media and technology yearbook: Volume 42*. Springer. 描述教育技术领域中协会、组织和学位课程的最新信息，包括趋势、问题以及虚拟现实和增强现实的部分。

Craik, F. I. M., & Lockhart, R. S. (1972). Levels of processing: A framework for memory research. *Journal of Verbal Learning and Verbal Behavior*, 11, 671 - 684.

Driscoll, M. P. (2005). *Psychology of learning for instruction* (3rd ed.). Allyn & Bacon. 从教的角度介绍当代学习方法。

Duffy, T. M., & Jonassen, D. H. (Eds.). (1992). *Constructivism and the technology of instruction*. Lawrence Erlbaum Associates. 该书对各种建构主义观点作了概括性阐述。

Ely, D. P. (1996). *Classic writings on instructional technology*. Libraries Unlimited. 介绍了对教学技术发展有决定性意义的人物和著作。

Ertmer, P. A., & Newby, T. J. (1993). Behaviorism, cognitivism, constructivism: Comparing critical features from an instructional design perspective. *Performance*

Improvement Quarterly，6(4)，50 - 72. 比较了三种教学设计理论，为教学设计者提供了一些指导原则。

Ertmer, P. A., Quinn, J. A., & Glazewski, K. D.(Eds.). (2019). *The ID casebook: Case studies in instructional design* (5th ed.). Pearson. 该书提供了一系列实例，说明了如何应用教学设计过程解决 K - 12、高等教育和企业情境中的实际问题。

Fleming, M. L., & Levie, W. H. (1993). *Instructional message design: Principles from the cognitive and behavioral sciences* (2nd ed.). Educational Technology Publications. 这本经典著作仍被用于指导当代媒体技术的界面显示设计。

Gagné, R. M. (1985). *The conditions of learning* (4th ed.). Holt, Rinehart and Winston. 这本经典著作的最终版详细介绍了认知学习理论与教学实践之间的联系。

Gagné, R. M. (1977). *The conditions of learning* (3rd ed.). Holt, Rinehart & Winston.

Gagné, R. M. (1970). *The conditions of learning* (2nd ed.). Holt, Rinehart & Winston.

Gagné, R. M. (1965). *The conditions of learning* (1st ed.). Holt, Rinehart & Winston. 最初的加涅理论专著，将学习类型与教学实践联系起来。

Gagné, R. M., & Medsker, K. L. (1996). *The conditions of learning: Training applications*. Harcourt Brace College Publishers. 与加涅最初同名专著中的模型相同，但加了一些商业和工业领域的实例。

Gagné, R. M., Wager, W. W., Golas, K. C., & Keller, J. M. (2004). *Principles of instructional design* (5th ed.). Wadsworth/Thomson Learning. 包括关于技术和在线学习的两个新章节。这是该经典著作自 1992 年以来的第一个新版本。

Hannafin, M. J., Hannafin, K. M., Land, S. M., & Oliver, K. (1997). Grounded practice and the design of constructivist learning environments. *Educational Technology Research and Development*，45(3)，101 - 117. 提出了一个经过仔细论证的论点，即无论一个人所支持的特定实践如何，都应将教学实践建立在理论基础之上。

Hannum, W. (2005). Instructional systems development: A 30-year retrospective. *Educational Technology Magazine*，45(4)，5 - 21.

Israelite, L. (2004). We thought we could, we think we can, and lessons along the way. In E. Masie (Ed.), *Learning: Rants, raves, and reflections*. Jossey-Bass Pfeiffer. 提出了一个人力资源开发主管的系统观点，即对职业和技术培训者而言，在作出技术决策和开发后续培训材料时，把教学设计过程整合起来非常重要。

Israelite, L.(Ed.). (2006). *Lies about learning*. ASTD Press. 第 13 章强调了在选择解决方案之前需要确定目标。

Koszalka, T. A., Russ-Eft, D. F., & Reiser, R. A. （2013）. *Instructional design competencies: The standards* （4th ed.）. Information Age Publishing. 包含国际培训、绩效和教学标准委员会修订的标准和胜任力。

Medsker, K. L., & Holdsworth, K. M. (Eds.) (2007). *Models and strategies for training design*. John Wiley & Sons. 重点介绍了训练情境中的 ID 模型。这是一本按需印刷的书。

Merrill, M. D. (2013). *First principles of instruction*. Pfeiffer. 认为许多教学设计理论都包括五个基本相似的原则。

Morrison, G. R., Ross, S. M., & Kalman, H. K. (2019). *Designing effective instruction* (8th ed.). Wiley. 该书涵盖了许多当代教学设计理念以及项目管理和教学实施的方案。

Newby, T. J., Stepich, D. A., Lehman, J. D., Russell, J. D., & Todd. A. (2010). *Educational technology for teaching and learning* (4th ed.). Pearson. 专注于整合课堂教学和技术，包括规划和开发教学、对学习者进行分组、选择授课形式（包括远程学习）、管理和评价教学。

Piskurich, G. M. (2015). *Rapid instructional design: Learning ID fast and right* (3rd ed.). Wiley. 该书不是一本关于教学设计中快速定型方法的书，而是用大量的技巧和例子描述了教学设计过程该"如何做"。

Reiser, R. A. (2001a). A history of instructional design and technology: Part I: A history of instructional media. *Educational Technology Research and Development*, 49 (1), 53 – 64.

Reiser, R. A. (2001b). A history of instructional design and technology: Part II: A history of instructional design. *Educational Technology Research and Development*, 49 (2), 57 – 67.

Reiser, R. A., & Dempsey, J. V. (Eds.). (2017). *Trends and issues in instructional design and technology* (4th ed.). Pearson.

Richey, R. C. (Ed.). (2000). *The legacy of Robert M. Gagné*. ERIC Clearinghouse on Information and Technology. 加涅的传记和历史回顾，其中包括他的五篇关键研究论文。

Richey, R. C., & Klein, J. D. (2007). *Design and development research: Methods, strategies, and issues*. Routledge. 描述了进行设计和开发研究的方法和策略，包括产品和工具研究以及模型研究。

Rothwell, W. J., Benscoter, G. M., King, M., & King, S. B. (2016). *Mastering the instructional design process: A systematic approach* (5th ed.). Wiley. 描述了教学设计

17

过程,并专注于职业和技术培训。

Senge, P. (1990). *The fifth discipline: The art and practice of the learning organization*. Currency Doubleday. 该书将系统思维作为学习型组织成长和发展所需五项修炼中的第五项。这是一部现代管理经典著作。

Silber, K. H., & Foshay, W. R. (2010). *Handbook of improving performance in the workplace. Instructional design and training delivery*. Pfeiffer. 描述了设计教学和提供培训的标准原则和循证实践。

Smith, P. L., & Ragan, T. J. (2020). *Instructional design* (4th ed.). Wiley. 描述了各种学习结果的教学策略。

Spector, J. M., Merrill, M. D., Elen, J., & Bishop, M. J. (2013). *Handbook of research on educational communications and technology* (4th ed.). Springer. 描述了新兴的教育技术。

Van Merriënboer, J. J. G., & Kirschner, P. A. (2018). *Ten steps to complex learning: A systematic approach to four component instructional design* (3rd ed.). Routledge.

Visscher-Voerman, I., & Gustafson, K. L. (2004). Paradigms in the theory and practice of education and training design. *Educational Technology, Research, and Development*, 52(2), 69-89.

York, C. S., & Ertmer, P. A. (2016). Examining instructional design principles applied by experienced designers in practice. *Performance Improvement Quarterly*, 29(2), 169-192.

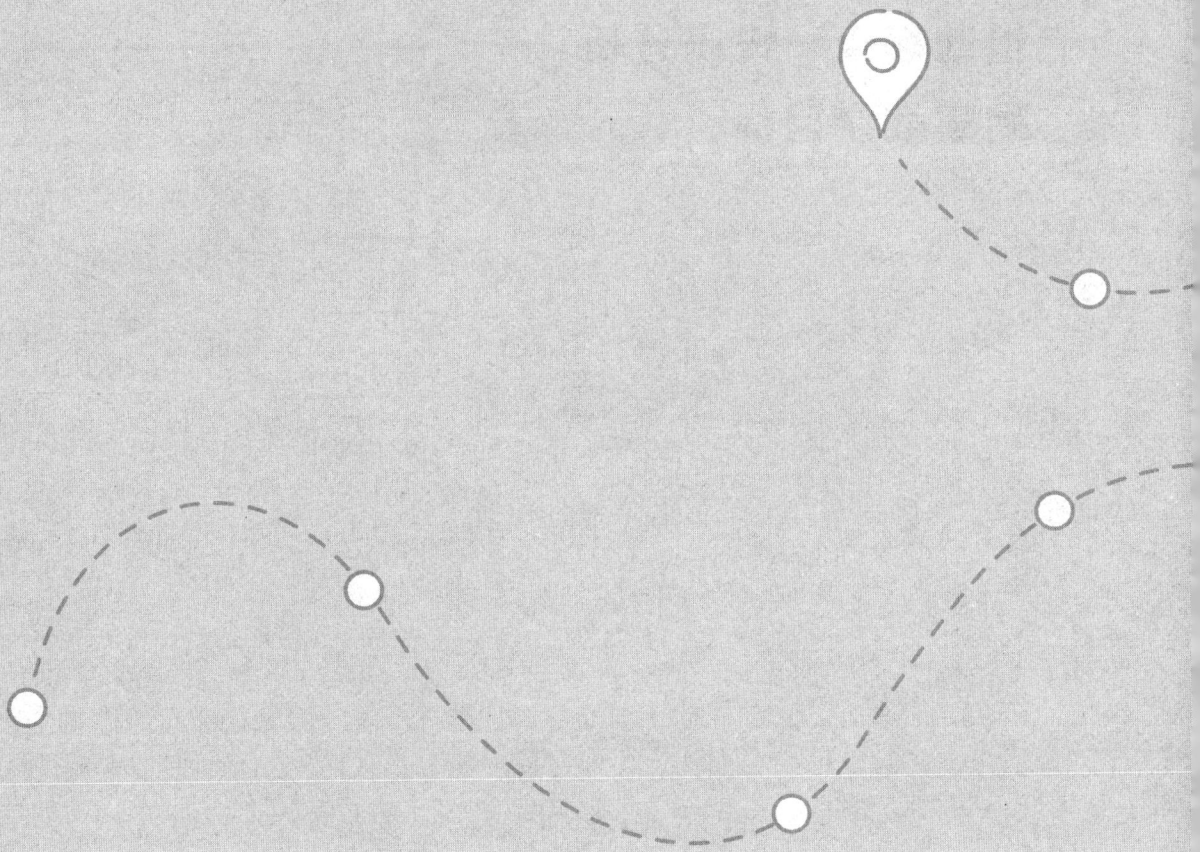

第**2**章

借助起点—终点分析，
确定教学目标

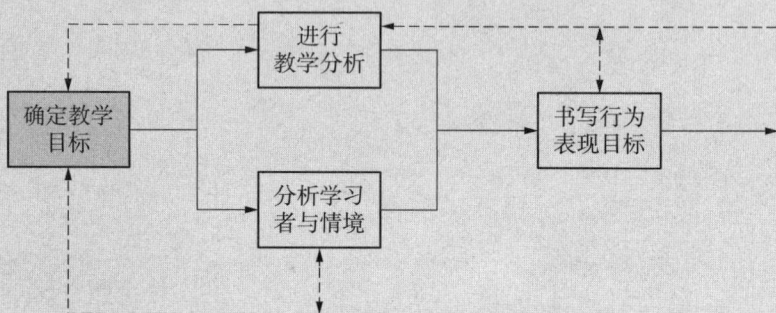

目标

▶ 确定教学目标。

▶ 描述如何通过起点—终点分析、绩效分析、需求评估和工作分析确定教学目标。

▶ 澄清教学目标。

▶ 评价教学目标与组织需求的一致性及其可行性和清晰度。

▶ 书写符合教学材料开发标准的教学目标。

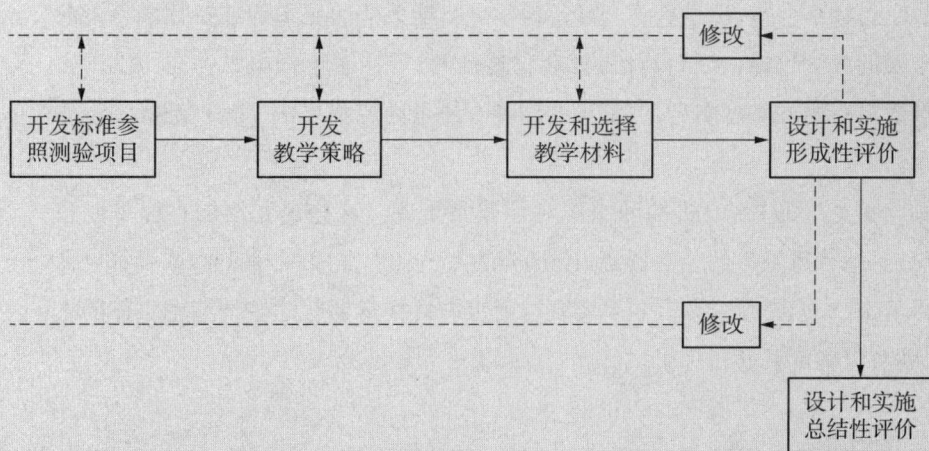

```
                                                          ┌──────┐
            ┌ ─ ─ ─ ─ ─ ─ ─ ─ ─ ─ ─ ─ ─ ─ ─ ─ ─ ─ ─ ─ ─│ 修改 │◀ ─ ┐
            │        ┆              ┆              ┆        └──────┘    │
            ▼        ▼              ▼              ▼                    │
     ┌──────────┐  ┌──────┐  ┌──────────┐  ┌──────────┐               │
     │ 开发标准参 │─▶│ 开发  │─▶│ 开发和选择 │─▶│ 设计和实施 │               │
     │ 照测验项目 │  │教学策略│  │ 教学材料  │  │ 形成性评价 │               │
     └──────────┘  └──────┘  └──────────┘  └──────────┘               │
            ▲                                     │                    │
            │                                     │    ┌──────┐        │
            └ ─ ─ ─ ─ ─ ─ ─ ─ ─ ─ ─ ─ ─ ─ ─ ─ ─ ─│ 修改 │─ ─ ─ ┘
                                                  │    └──────┘
                                                  ▼
                                           ┌──────────┐
                                           │ 设计和实施 │
                                           │ 总结性评价 │
                                           └──────────┘
```

概述

　　教学目标是对学习者接受教学后应展示行为的清晰陈述，通常经由起点—终点分析得出，旨在解决那些通过教学最能有效解决的问题，并为后续所有教学设计活动奠定基础。教学目标是通过理性过程来选择和完善的，在过程中需要回答：特定的问题和需求是什么、问题和需求所在的情境是怎样的、设计和开发教学是否有可用的资源以及目标陈述是否清晰。

概念

确定教学目标

教学目标描述了通过特定的教学,学习者要获得什么能力或者能够做什么。也就是说,这种能力是特定教学活动的预期结果。在教学设计过程中,确定教学目标可能是最为关键的工作。如果所定教学目标不合适,那设计再巧妙的教学也可能无法满足组织或目标学习者的真正需求。没有准确的教学目标,教学设计者就会冒这样的风险:基于根本不存在的需求去设计教学。确定教学目标的方法有多种,但常见的四种方法是内容纲要法、学科专家法、行政命令法和绩效技术法。

区分教学目标与更宽泛的社会、机构和组织目标非常重要。这些更宽泛的目标可能包括:确保所有公民公平地获得城市的公共资源,让 70% 的大一新生在四年内毕业,或者将电话中心的客户好评率从 70% 提高到 90%。如果实现以上组织目标需要在这些情境中工作的人掌握新技能,那么就可以确定教学目标了。

内容纲要法

确定教学目标的一种常见方法是内容纲要法。这种方法适用的条件是:有令人信服的证据表明行为表现问题是学生没有掌握正确或足够的知识导致的。当预设的课程标准和架构、公司政策、设备手册、培训手册等列出"恰当的内容类型和数量"时,往往会采用这种方法确定教学目标。不过,采用这种方法可能面临的一种风险是:受到内容标准的限制,确定的学习内容可能与组织或社会需求无关,或者不足以解决其中的问题。另一种风险则是以为可以通过新教学或更多的教学解决的问题,实际上可能是缺乏问责制、缺乏激励、工具落后、组织文化或其他因素造成的。

学科专家法

每一位本书的读者都可以被视为某个领域的学科专家(subject-matter expert, SME,读作"S M E"或"smee")。因为大多数读者都已经完成了某个领域的本科学习,在该领域的知识远超普通公众,因此可以被视为该领域的学科专家。当 SME 准备在自己的专业领域开发教学时,他们最有可能考虑自己在该学科上学到了什么。基于对自身知识的评价,他们要么把自己的知识直接教给学生,要么加以改进后教给学生。SME 设立的教学目标通常会包含"了解""理解"等内容信息要求。这种教学过程的目标设计方法假设学生需要学习 SME 所拥有的知识,并强调在教学过程中把信息从教师传递给学生。

行政命令法

只是因为行政当局(如某个人、专家咨询组、董事会、机构、工作组、主管或项目经理)发布了一项为了达成某些目标而进行培训的命令,就确定教学目标,启动教学设计过程,这种事情时常发生。如果管理者借助自己的权威推行合适的规划和建议,使培训得以实施;或者教学设计者能够施展自己的政治智慧和谈判技巧在事后确认或调整目标,那么命令中确定的教学目标就是有效的。但不幸的是,这种"准备—开火—瞄准"的方法通常没有多少商量的余地,而且经常偏离原本的方向。请注意,通过命令确定的目标,可能会因联邦或州法律、工会合同、新雇员安全等方面的要求,成为法定内容。这类目标是真实的命令,通常会直接发送到培训部门。公共教育中真实的正式命令的例子有由州立法机构颁布并下达给学区和学校实施的公立学校学生行为表现标准。

绩效技术法

教学设计者更偏好绩效技术法,这种方法所设定的教学目标主要用于应对组织内部的问题或机遇,也称**人力绩效**技术和**绩效改进**。这种方法不会事先规定必须学习什么,教学包(package)将包含哪些内容,或者教学中需要涉及的其他方面。教学设计者要考虑与那些负责组织建设以期达成质量和生产目标的人合作,这适用于任何私人或公共组织。

私人组织的动机是提升生产效率来满足股东的期望以及客户和顾客的需求,公共机构,包括公立学校,也有这种动机,它要努力满足纳税人授权的公共基金使用的需求。如果在这些方面做得不够,组织就必须变革,关键问题在于确定正确的变革方向。德辛格等人(Dessinger et al.,2012)对国际绩效改进协会背书的当代绩效技术模型进行了翔实的概述。

请注意,上述四种方法并不是相互排斥的。也就是说,教学设计者既可以采用绩效技术法,同时也可以研究现有的内容大纲,咨询学科专家,并审查相关的行政命令。

起点—终点分析

贯穿本书的迪克-凯瑞模型,旨在引导教学的设计、开发和修改。长期以来,人们一直认为,在开始设计教学前进行仔细的起点—终点分析是至关重要的。**起点—终点分析**是一个涵盖性术语,是几个过程的总称,指通过评估教学需求和确定满足这些需求的替代方法来实现有效的教学目标。它包括各种活动,包括但不限于绩效分析、需求评估、工作分析和教学目标评价。掌握起点—终点分析技能不是本书的目标;相反,本书假设一个教学系统设计项目应该包括评价、需求评估和绩效分析方面的课程和经验。

图 2.1 有助于你澄清如何将在本书中学到的技能应用于更复杂的大规模培训和课程开发项目的起点—终点分析。对于学校和大学情境中的大多数教学设计工作以及许多职业技术培训项目而言,本章对起点—终点分析方法的概述和样例将使教学设计新手更好地开展自己的工作。

如果你是使用本书的学生,你可能正在设计和开发一个单元或课时的教学以完成课程的要求。如果是这样,你可能会从图 2.1 中的"如果需要,实施需求评估"开始你的项目,然后直接到"为教学设计确定目标 1"。为了在接下来的讨论中给教学设计提供一个更广泛的情境,我们将借助商业和公立学校的例子简要介绍图 2.1 中的起点—终点分析任务。

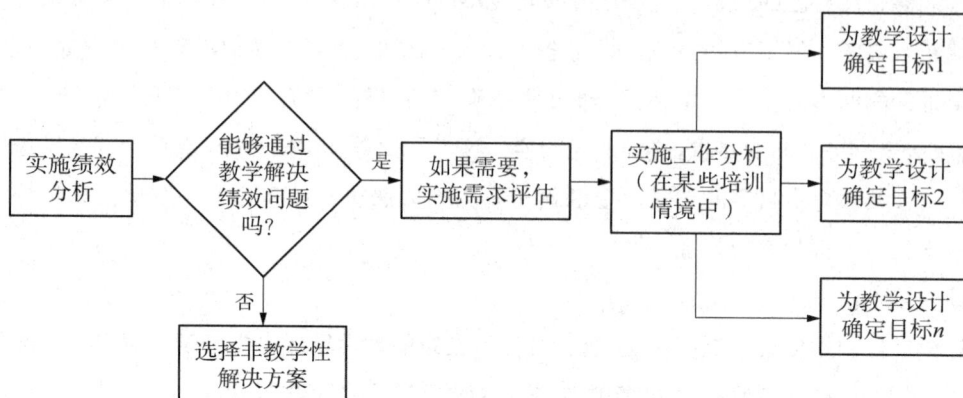

图 2.1　针对复杂的培训与课程开发情境的起点—终点分析

绩效分析

绩效分析被定义为一个分析过程,用于定位、分析和纠正工作或产品的绩效问题。本质上,它是一种科学方法或研究方法,用于确定和澄清问题、问题的原因以及可能的解决方案。这涉及仔细的界定、观察、数据收集和解释。教学设计者主要关心的是,所确定的绩效问题解决方案是否涉及培训或其他操作。图 2.2 是绩效分析的主要步骤流程图。

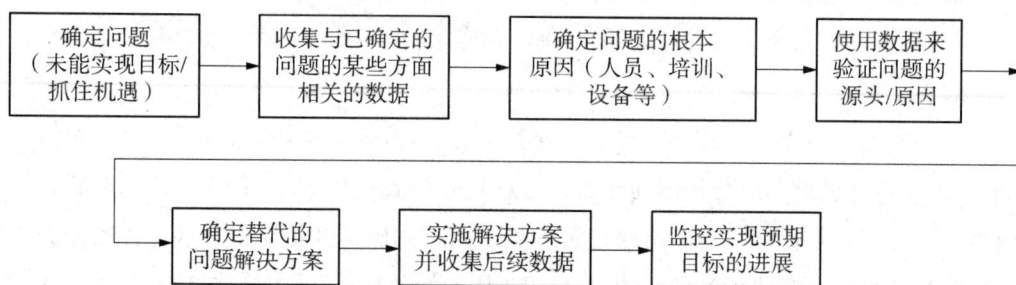

图 2.2　绩效分析的主要步骤

当读者看到图 2.2 中列出的主要步骤时,会立即意识到它们是针对绩效分析的通用问题解决策略的一个版本。无论是公共组织还是私人组织,都会不断面临一些需要高级官员及管理者发现和解决的问题。这些问题体现在未能实现某些组织目标或未能充分抓住机遇,而失败的原因通常被归为缺乏某种技能或技能运用不当。因此,领导们发现问题并认为可以通过培训来解决问题的情况并不罕见。这些问题通常会交给培训部门,并要求他们通过开发培训项目来解决。

即便组织没有直接提出培训要求,当有人说"我遇到问题了!"时,通常的回应也是:"好吧,让我们作一个绩效分析,看看能提供什么培训。"绩效分析是解决问题不可或缺的工具,但在决定提供培训之前,绩效技术专家需要审视问题情境并作出相关分析。用通用术语来讲,这种审视被称为**批判性思维**。做一名批判性思维者,在态度和智力技能方面都是有要求的——也就是说,必须选择像批判性思维者那样行事,并掌握批判性思维者的分析技巧。一些态度和技巧包括:思想开放,评价客观,寻根究底,从多个角度看问题,公平地倾听不同的意见,听取所有相关信息后再作评判,倾听反对意见,以及面对令人信服的信息证据时调整结论等。从组织内部获取批判性思维的态度和技巧要比从外部获取更困难。这就是为什么有时会聘请外部顾问来进行战略规划和绩效分析活动。不过,教学设计者通常情况下是组织的有机组成部分,他们的专业活动本身就是组织工作的一部分,因此要想使他们成为有效的绩效分析者,就必须培养他们的这种批判性思维习惯。

罗宾逊和罗宾逊(Robinson & Robinson, 2008)提出了一个**绩效关系图**,用于组织在绩效分析中收集的信息。请回顾表 2.1 中的问题,并将其与后面商业例子的绩效分析相联系。

表2.1　罗宾逊和罗宾逊提出的在绩效分析中需要考虑的问题

1. 最初提出的问题是什么?
2. 提出的问题与组织核心目标的实现有关吗?
3. 为实现这一组织目标设立操作目标了吗?
4. 具体的操作目标达到了吗?
5. 有操作上的需求吗?
6. 为达成操作目标,制定工作绩效标准了吗?
7. 工作绩效标准达到了吗?
8. 有工作绩效的需求吗?
9. 除了内部管控之外,存在能满足操作和工作绩效需求的外部因素吗(如政府规定、公司招聘冻结、劳动合同、公司与通信服务商的全国性合同等)?
10. 在内部管控之内,存在能够满足工作绩效需求的内部因素吗?
11. 有满足绩效需求的办法吗?

　　商业情境中的绩效分析　为了进一步解释绩效分析,这里举一个来自职业和技术培训领域的例子。在此例中,一个大型信息系统部门的负责人对培训部经理说:“客户服务电话中心的订单增长很快,我们跟不上计算机工作站上所有需要服务的订单。人事部门没有雇更多的技术人员,而是希望我们接受从其他部门转来的六名员工,他们都是因为裁员而终止原先的合同才转岗的。我打算从中选择一些人,但他们肯定不具备我们所需要的技能。希望您来决

定,是我们自己对他们进行电脑故障检测和维修技能的培训,还是把他们送到外面接受培训。"培训部经理答复说:"谢谢您的提醒。我与客户服务部经理谈谈,明早答复您。"当晚,培训部经理做了一些功课,并在第二天早上委婉地建议进行一次绩效分析,而不是立即启动培训计划。信息系统部门的领导同意推迟筛选程序,但只给一周半的时间,并且说:"请继续,看看您能做什么。"在接下来的十天里,培训部经理采取的一些步骤和了解到的信息如下:

- 在客户服务电话中心,计算机故障问题的确存在,并且该中心发展得很快,所以有大量新进的客户代表和新买的计算机。信息系统部的现有人员配置不足以满足工作站故障检测和维修的需求。

- 客户服务部门的商业目标之一是改善公司与客户之间的关系。

- 改善与客户之间关系的一个操作指标,是客户对客服电话的满意度达到 96%。

- 为了达到这一满意度指标,客户服务部设定的绩效标准是:"在接通人工服务之前,最多只能有三次自动转接",以及"在接通人工服务之前,平均等待时间最长为 90 秒"。(还有其他的绩效标准,此处只讨论这一标准。)

- 培训部经理核查最近的客户反馈数据时,发现客户对电话接听的满意度为 76%;核查电话接听日志的跟踪报告时,发现平均等待时间超过 2.5 分钟,17% 的电话等待时间超过 5 分钟。很明显,客户服务部没有达到商业目标和绩效标准。

- 培训部经理核查了信息系统部计算机工作站的问题报告、停机时间和维修日志,发现雇用和培训新的计算机技术人员来尽快修复工作站并使其恢复工作,确实可以减少电话中心的服务中断次数,从而降低来电者的平均等待时间。

但是,还有其他解决方案吗?培训部经理在等待更多信息前暂停判断,开始分析可能导致绩效问题的系统成分以及成分之间的关系,并考虑替代培训解决方案的可能性时,发现了以下情况:

- 她重新查看电话日志,核对交易记录的样本,并抽时间在休息室访谈客服代表,了解他们日常工作中的成功与挫折。她发现,这些受过专业培训、经验丰富的客服代表接到的电话中,大约有四分之一只是简单的信息查询,这让他们感到烦躁。但实际上,这些问题完全可以由一个接待员在没有计算机工作站的情况下进行处理。

- 这些代表还告诉她,他们的工作站软件似乎"有点不稳定",于是她再次审视了工作站的问题报告和维修日志,发现大约 20% 的电脑停机是由简单的配置修复和崩溃重启造成的,但是客服代表没有接受过识别和修复这些问题的培训。

- 她又花时间从电脑维修经理处了解情况,发现电脑的购买量跟不上客服电话中心的发展,而且信息系统部可以随时替换瘫痪电脑的正常电脑库存不多。

在十天的绩效分析后,培训部经理、信息系统部负责人和客户服务部经理一起开了一个会，决定尝试通过以下策略来解决绩效问题，并帮助客户服务部实现其商业目标：

- 培训部经理同意与信息系统部电话系统的人合作，明确自动应答脚本中的菜单选项内容，并在三层菜单中的两层都添加一个新选项，以此改善来电筛选。这些变化将把更多的简单信息需求来电分配给新来的、缺乏经验的客户服务代表。
- 培训部经理同意与信息系统部合作，为每个工作站提供工作辅助。为了给计算机"急救"提供建议，一张印有简单决策树的小卡片将标明"如果发生这种情况，请采取如下做法"。培训部经理还同意，在公司内网进行一个简短的互动式培训，让客服代表逐步熟悉决策树中的术语和过程。
- 信息系统部决定加快计算机采购进度，储存一些电脑，以便在修复损坏的设备时可以进行配置并为客户提供服务。
- 所有人都同意最好留一些时间来实施和评价提出的解决方案，必要时也可以从外部的人才服务机构雇佣一些临时的计算机技术人员。

在我们所描述的解决绩效问题的例子中，培训部经理遵循了罗宾逊和罗宾逊制定的**绩效关系图**，来组织绩效分析工作。使用关系地图的目的是将已经提出的问题与组织或商业的核心结果联系起来，然后再核查那些与结果相关的操作目标和绩效标准。表 2.2 以问答的方式，归纳了绩效分析中关系图的展开过程。

如表 2.2 所示，绩效分析研究的目的是获取信息，以便核实问题并寻求解决方案。绩效分析研究的结果是一份对问题的清晰描述，包括未能实现的预期组织结果、相应的预期员工绩效和实际员工绩效、问题成因的证据、高成本效益的方案建议。请注意，尽管教学设计者可能指导或参与绩效分析研究，但不会假设教学就是解决方案之一。这些研究通常是由团队完成的，其结果反映了利用广泛的组织资源时可能发生的情况。通过这个绩效分析例子，最重要的是认识到该过程不仅涉及对绩效统计数据的审查，还需要深入研究问题的内容，并征求相关人员的意见。选择解决方案的另一个重要因素是成本，而教学通常是更昂贵的替代方案之一。经验表明，经过仔细分析，许多以前通过培训解决的组织问题，现在都可以通过一种综合性的方案来解决，可能包括培训，也可能不包括培训。如果解决方案的一部分是培训新技能或更新现有技能，那就需要规划需求评估和教学设计项目了。

表2.2　罗宾逊和罗宾逊（Robinson & Robinson，2008）绩效关系图的应用

26

绩效分析的问题	绩效分析的答案
1. 最初提出的问题是什么？	1. 对客户服务电话中心六名新的电脑技术人员进行电脑故障检测和维修的培训。

(续表)

绩效分析的问题	绩效分析的答案
2. 提出的问题与组织核心目标的实现有关吗?	2. 是,涉及与客户关系的改善问题。
3. 为实现这一组织目标设立操作目标了吗?	3. 是,96%的客户对电话接听服务感到满意(理想状态)。
4. 具体的操作目标达到了吗?	4. 否,只有76%的客户对电话接听服务感到满意(现实状态)。
5. 有操作上的需求吗?	5. 是,消除理想状态和现实状态之间20个百分点的差距。
6. 为达成操作目标,制定工作绩效标准了吗?	6. 是,在接通人工服务前,最多只能有三次自动转接,平均等待时间最长为90秒(理想状态)。
7. 工作绩效标准达到了吗?	7. 否,平均等待时间超过2.5分钟,17%的电话等待时间超过5分钟(现实状态)。
8. 有工作绩效的需求吗?	8. 是,消除理想状态和现实状态之间60秒的差距。
9. 除了内部管控之外,存在能满足操作和工作绩效需求的外部因素吗(如政府规定、公司招聘冻结、劳动合同、公司与通信服务商的全国性合同等)?	9. 否,操作和工作绩效需求看起来由内部管理人员控制。
10. 在内部管控之内,存在能够满足工作绩效需求的内部因素吗?	10. 是,工作流程、后勤保障、雇员技能、操作时间。
11. 有满足绩效需求的办法吗?	11. 是。工作流程——重新设计电话规程; 后勤保障——加速采购计算机; 雇员技能——通过培训创建工作辅助; 操作时间——从临时雇员机构招聘技术人员。

公立学校情境中的绩效分析 **绩效分析**这个术语在公立学校里很少使用,但同样的批判性思维经常被用于解决有关管理人员、教师和学生表现的问题。举个关注学生成绩的例子,假设一位小学校长在查看州标准测验的结果时,发现五年级学生寻找和使用信息资源的表现远低于州平均水平,而且这部分测验的成绩拉低了五年级学生的整体表现。校长向主管课程的副校长解释了学生的表现问题,并说:"我们需要为五年级的教师和媒体专家提供信息素养技能的在职培训。你可以安排一下吗?"副校长说她会处理好这件事,但在安排在职培训前,她做了一些调查。以下是她采取的一些步骤和了解到的信息:

● 她查阅了州标准,发现**具有信息素养的人**能够识别信息何时有助于解决问题,选择有效和及时信息的最佳来源，组织和综合新信息，并针对问题适当地编写和呈现信息。（**信息素养**是图书检索技能或研究技能的当前术语。）

- 她将信息素养的州基准和技能与测验项目样例以及已向公众公布的历年考题进行了比较。基准和测验项目既要求回忆信息，又要求应用信息和概念来解决不同场景中的问题。这些测验项目似乎能够有效衡量这些技能。

- 她查看了课程表，发现每个班每周轮流在媒体中心上一次课，每次 40 分钟。她与媒体专家交流，并在专家的邀请下在媒体中心旁听了几个五年级的班级上课，她注意到学生在整理和安顿下来、归还书籍、浏览新书、借出新书和参加加速阅读测验之后，只有 15 到 20 分钟的时间学习信息技能。这 15 到 20 分钟的教学时间似乎是与技能相关的；学生专注于任务，但她没有看到学生积极参与解决信息素养问题。当学生回到教室后，她观察到的跟进活动也不多。

调查结束后，副校长向校长简要介绍了初步结论，并决定与五年级的教师和媒体专家见面。在会议上，她确信老师们都很好地掌握了信息素养技能，但他们对自己教授内容的方式都感到不满意。他们都认为自己没有时间超越简单的描述水平，也没时间与学生一起运用所学技能解决州测验中不同的问题场景。教师们承认，出于保持学生阅读、写作和算术考试成绩的压力，他们没有花太多时间在教室里跟进媒体中心的教学，这也证实了副校长在媒体中心和教室里的观察结果。教师们一致认为有必要提高学生在使用信息资源方面的州测验成绩，也同意他们必须改变自己的教学实践，并决定采取以下行动计划：

- 让媒体专家自由参加五年级的教师教研活动，共同规划策略，将信息技能融入课堂语言艺术教学中。
- 让媒体专家自由参与五年级课堂的集体教学。
- 将加速阅读器软件从桌面版升级到网络版，这样学生就可以在自己的教室里参加增强现实（AR）测验并监控进度，从而为媒体中心的教学腾出时间。
- 实施一个集中的学习提升计划，将直接教学、问题解决场景、按需的学习指导、嵌入式评估、辅导和夯实相结合。

副校长向校长报告说，她和老师们相信有解决州测验成绩问题的计划，但这需要一些资源。校长同意了，并表示有可用于软件升级的资金。让媒体专家无偿工作会比较困难，但聘请兼职媒体中心职员的资金可以从家长教师协会、学校改进团队的自主资金中酌情拨款，也可以从用于成绩提升项目的学区预算中拨款，或从这些来源的组合中获得。

尽管副校长不会将她的调查描述为绩效分析，但她所采用的实则是良好且可靠的问题解决方法，旨在探寻学生考试成绩不佳的原因。通过与那些最了解问题的人密切合作，她发现对教师的在职培训不会提高学生的考试成绩。因为媒体专家和教师其实了解内容，也知道如

28

何教授,但学校的课程安排限制了他们这样做。最需要做出改变的事情是,腾出足够的时间来让学生学习信息素养技能的运用。

来自商业和教育领域的例子都说明了有时教学不是问题的主要解决方案。不过,当教学确实是解决方案或者一部分解决方案时,需求评估是使教学设计过程走上正轨以获得有效结果的重要工具。

需求评估

需求评估的逻辑可以被概括为一个简单的等式:

$$理想状态 - 现实状态 = 需求$$

需求评估有时被称为**差异分析**。差异是理想状态和现实状态之间可以观察到的不同。进行大规模需求评估可能涉及非常复杂的过程,但需求评估的逻辑很简单。表 2.2 的绩效分析将需求评估的逻辑作为一项工具来使用。例如,我们可以看第 3 步到第 5 步,然后再看第 6 步到第 8 步。需求评估的逻辑有三个成分。第一个成分是设立标准或目标,这些标准或目标被称作"理想状态"。第二个成分是确定"现实状态",亦即与标准或目标形成对比的现有绩效水平。第三个成分是确定"理想状态"和"现实状态"之间的差距,从而描述需求。这个差距称为**差异**。例如:

理想状态	现实状态	差异
城市公交车准点率达到 90%	77% 的准点率	准点率提高 13 个百分点
学校图书馆小说藏书量达到学生人均 10 本	学生人均拥有 8 本小说	为每位学生再准备 2 本以上小说
硬件销售的毛利率达到 40%	43% 的毛利率	超过理想状态,无差异
95% 的学生通过基本素质测评	81% 的学生通过	通过率提高 14 个百分点

前面已经指出,管理者或行政部门经常用**现实状况**或事情发展的现状来描述问题。例如,"我们的交货时间延迟了""我们参加学区拼写比赛的学生人数不够""我们的销售额在下降""我们有很多学生没能通过基本技能测验"。为了使现实状态和绩效在需求评估中具有意义,调查者必须为理想状态设立标准,然后进一步明确交货时间延迟了多久,参加学区拼写比赛的学生有多少,销售额下降了多少,以及不能通过基本技能测验的学生的百分比。

对理想状态和现实状态进行细致的描述是必需的,因为**差距**或**需求**就是这两者的对比。组织的目标就是最大限度地缩小差距。如果分析表明理想状态和现实状态没有差距,那么就没有需求，无需变革，显然也不需要新的教学或培训。比如，组织的官员（包括学校董事会成员）在调查某一情况后表示满意——理想与现实一致或现实超过理想，那就不需要变革。

　　我们已经看到，需求评估的逻辑是绩效分析的工具之一。如果绩效分析表明培训是解决绩效问题的最佳方案之一，那么就要再次使用需求评估，这时的评估被称为**培训需求评估**或**学习需求评估**。以此为基础，就可以确定教学目标以启动教学设计项目。回想一下客户服务绩效分析的例子，培训部经理注意到，20％的电脑宕机是由于客服代表不熟悉简单的配置修复和崩溃重启。她认为这是一个培训问题，并决定为工作站"急救"开发工作辅助系统和相关的操作培训。此时，她可能会将任务交给教学设计者，而后者首先想到的是"我想通过培训解决的绩效问题的范围和性质是什么？"培训需求评估可以回答这个问题。教学设计者可以应用需求评估逻辑的三个成分：（1）与信息系统部的学科专家合作，制定客服代表进行工作站"急救"时可行的绩效标准（理想状态）；（2）研究工作订单和维修日志，观察、访谈或测试客服代表的当前表现（现实状态）；（3）描述绩效标准与现实绩效水平之间的差距（需求）。通过这些需求评估工作，项目经理可以制定一个用于管理的工作绩效标准，以便为启动教学设计项目而确定教学目标，并评判培训是否成功。工作绩效标准可以是"客服代表能够解决95％的简单的电脑配置和崩溃重启问题"，教学目标可以是"借助决策树工作辅助，客服代表无需同事、主管或信息系统部技术人员的帮助，就能诊断和解决简单的电脑配置和崩溃重启问题"。谢瓦利埃（Chevalier，2010）建议，在陈述教学目标时，有时候不能解决现实与理想绩效水平之间全部差距的临时目标也是合适的。

　　公立学校环境中的需求评估　我们经常听到校长说，教师**需要**更多地了解移动计算。因此他们开设了一个研讨班以提高所有教师的胜任力。在这种情况下，教师的技能应被视为达到目的的一种手段，而目的是培养出更有能力的学生。如果实际的需求评估问题是"学生移动计算技能的理想水平和现实水平各是什么"以及"如果这两者之间存在差距和需求，那么有哪些解决方案可以提高学生的移动计算技能"，那么为所有教师举办研讨班可能并非最佳解决方案。当我们开始分析需求并计划使用组织资源来满足这些需求时，我们不应考虑内部过程，而应该考察组织结果之间的差距。

　　需求评估是整个教学设计过程的关键成分之一。培训者和教育工作者必须认识到，实施不必要的教学会导致巨额费用，还会让参与无意义学习活动的学生和为不能解决问题的培训支付费用的管理者产生消极的态度。因此，要特别重视起点—终点分析、绩效分析和其他可以更精确地确定需求的方法。在过去，调查工具通常是确定和整理培训需求的主要手段。而今天，作为补充甚至取而代之的是与所有在需求情境中的人进行更多沉浸式的合作互动，如深度访谈、焦点小组、直接观察行为表现者，以及分析从正在考虑培训的情境中收集的绩效数据。

工作分析和任务分析

工作分析是起点—终点分析的一个重要成分,是指对人们在工作中所做事情进行汇集、分析和综合描述的过程。工作分析是一种管理活动,在 19 世纪末和 20 世纪初随着时间与动作研究[①]而逐渐流行,几经演变,已在人力资源开发中具有多种功能,包括:(1)人力资源预测和规划;(2)人员征募和选拔;(3)确保就业机会平等;(4)设计绩效考核;(5)制订薪酬计划;(6)工作设计与再设计;(7)对培训、工作辅助、绩效支持系统和员工发展进行规划。在一个技术变革、工作变换频繁而快速的时代,描述人们在工作中需要做什么是特别有用的。因为在决定是否要重新设计有助于提高组织效率、个人生产力以及工作满意度的工作时,它可以作为参考。工作分析的典型过程包括:

- 创建一份初始工作任务清单;
- 对专家和在职人员进行调查,了解任务命名的准确性;
- 总结关键任务;
- 指定高优先级任务以供进一步审查;
- 对被评判为高优先级的任务进行任务分析。

创建初始工作任务清单　在为特定工作创建初始工作任务清单时,首先要根据从业者和工作环境,对该工作的特征进行一般性描述。在描述之后,通常有两种方法可以确定工作的特征:一种是让专家在有经验的工人完成工作时进行实际观察,并列出他们观察到的被完成的任务;另一种则是让该工作的从业者列出他们完成任务时所采取的所有步骤。无论采用何种方法获得初始的任务清单,它们都根据共同的特征被归类为**职责**,然后被用于创建清单。

确定高优先级任务　任务清单编制完成后,需要询问学科专家和在职人员,这些任务是否确实是工作的一部分,并据此对清单进行筛选和修改。修改后的任务清单可以构成一份调查表,加上问答选项和指导语,就可以进行预测试了。高优先级的问题包括"这项任务是你所从事工作的一部分吗?""你从事这项任务的频率是多少?""你每天有多大比例的时间花费在这项任务上?""这项任务对你成功完成工作有多重要?"以及"从事这项任务有多困难?"。在完成最后的审查和修改后,复制调查表并将其分发给在职人员样本。

收回调查表后,就可以总结针对每项任务的各种回答,然后选出高优先级的任务做进一步分析。按照上述常规顺序进行的所有过程被称为**工作分析**。

实施任务分析　任务分析是一项复杂、高劳动强度且耗时的工作;因此,通常只有在工作设计与再设计以及关键培训的设计和开发中特别需要时,才会做这项工作。职业、技术和军事培训情境中的工作分析通常是为了回答"工作绩效到底是什么"的问题,并将培训资源集中

[①] 时间与动作研究指生产管理中的一种对工作程序的研究方法。——译者注

在那些最有可能提升工作效率、效果和满意度的任务上。当新的设备、机械、软件和流程被引入医疗、工业、商业和军事企业时，任务分析通常也是必不可少的。

任务分析的过程还有以下几个步骤，包括：

1. 把被选择作进一步分析的任务分解为成分要素；

2. 详细描述要素之间的关系；

3. 描述完成每个要素涉及的工具和条件；

4. 编写成功表现的标准。

完成以上步骤后，将指定优先级，并开始教学设计过程。

总之，教学目标的理想制定方式应通过绩效分析流程来实现，该流程对可通过教学手段解决的问题给出较为宽泛的指标界定，再通过需求评估确定需要解决的具体绩效缺陷，最后陈述教学目标。有时，在课程开发或工作分析情境下，我们会对这一目标做进一步考察，这样就能得到一个更为精练的对教学目标的具体陈述，陈述的重点在于"学习者将能做什么"和"在什么情境下他们能这样做"。无论通过什么程序提出教学目标，设计者几乎总是需要澄清，有时甚至需要放大教学目标，以将其作为教学设计过程的一个坚实起点。许多教学目标是抽象或含糊的，教学设计者必须学会如何有效地应对这些目标。

澄清教学目标

设计者必须避免书写模糊的教学目标，并在遇到含糊、不明确的目标时加以识别。模糊的**目标**通常是对学习者内部状态的某种抽象陈述，如**欣赏**、**意识到**、**知道如何**和**感觉**等。这类术语经常出现在目标陈述中，但设计者不清楚它们的含义，因为没有指标表明如果学习者达到了这个目标，他们将能做什么。

描述成功学习者的表现

设计者假设，在成功完成教学后，学生应该能够展示出他们已经达到了既定目标，但如果目标过于不明确以致成功的行为表现也不清楚，那就必须作进一步的分析。

在澄清含糊目标时，建议遵循以下五个步骤：

1. 写下教学目标；

2. 生成一份学习者为了展示自己已达到教学目标而应该完成的所有行为的清单；

3. 分析扩展的行为列表，并选择那些最能反映教学目标达成情况的行为；

4. 将选定的行为合并成一个或多个陈述，描述学习者将可以做什么；

5. 检查修改后的目标陈述，判断展示出这些行为的学习者是否已经达到了最初的宽泛目标。

如果对问题 5 给出肯定的回答，就表明你已经澄清了教学目标；因为你制定了一个或多个可以共同表明重要目标达成的目标陈述。设计者应该了解这类目标分析程序,因为许多重要的教育和培训最初都没能清晰、简明地陈述学习者的行为表现目标。这些陈述对目标提出者来说通常很有意义(一般而言),但对设计者而言却缺乏可以用作教学开发的具体细节。这样的教学目标不应该被当作无用的东西丢弃;相反,应该对它作进一步分析,确定它隐含着哪些具体的行为表现结果。邀请经验丰富的人参与这一过程通常是有帮助的,这样你才能澄清含糊目标的含义,并就成功实施教学后学生展示的具体行为达成共识。

描述学习者、情境和工具

虽然教学目标的重点是描述学习者将能够做什么,但没有以下内容的描述依然是不完整的:(1)学习者是谁;(2)他们将运用技能的情境;(3)可用的工具。此处对它们进行初步介绍,第 5 章将进行更充分的讨论。

学习者 设计者必须明确学习者到底是谁,而不是模糊地陈述或暗示学习者群体。因为发现教学没有受众而停止教学设计项目,这种情况并不是没有发生过。从本质上讲,这种教学是没有市场的。有足够的学习者来测试新的教学材料吗? 当设计者开始准确分析教学中必须包含的技能时,这些将参与教学的人员的特征是极其重要的。他们目前的技能水平和能力如何? 他们接受教学的动机是什么?

行为表现情境和工具 同样地,项目设计者从一开始就必须清楚地了解运用这些技能的情境,以及是否有可用的辅助设施或工具。例如,他们是坐在办公桌前工作还是站着与顾客交谈? 他们将在有人监督的办公室工作还是独自在外工作? 他们将独立工作还是在团队中工作?

行为表现情境的一个重要方面是可以辅助工作的工具。例如,建筑估价师在工作场所会见潜在客户时可以使用什么软件? 估价师必须在脑海中记得一些信息,还是说移动应用程序可以提供完成工作所需的一切支持?

包括工具在内的行为表现情境信息对设计者准确分析教学中必须包含的技能是极其重要的。这些信息最终将被用于选择教学策略,使学习者不仅在学习情境,而且在预想的最终工作情境中也能更好地运用所学技能。

一个完整的目标陈述应该包含以下内容:

- 学习者;
- 学习者在行为表现情境中能够做到什么;
- 运用所学技能的行为表现情境;
- 学习者在行为表现情境中可用的工具。

下面是一个完整的目标陈述的例子:"埃克姆呼叫中心的操作员将能够使用'客户助手支持系统'为打进电话的客户提供信息服务。"这个陈述包含了目标陈述应有的四个成分。

评价和修改

评价教学目标

教学目标的设定过程有时并非全然合乎理性；也就是说，它不一定遵循系统的起点—终点分析过程。教学设计者必须明白，教学设计发生在特定的情境中，需要考虑许多政治、经济因素以及技术或学术因素。换句话说，权力拥有者和既得利益者往往具有优先决定权，而财政也会限制一个教学设计项目能够做什么。任何教学目标的选择都必须通过一个迭代的评价过程来完成。仔细的起点—终点分析绝不是一系列线性的活动；相反，它包括一系列的形成性评价和修改。在每个过程进行的时候，都会有新的信息涌现，对绩效问题的理解也会越来越深入，这就需要对教学目标进行再评价和完善。这个迭代周期不断循环，直到设计者确定他们对教学目标的假设，并做好准备转向对学习者和情境因素的深入分析为止。这些分析反过来又可以引发对教学目标的进一步评价和修改。

教学目标的选择和完善通常使用三个主要标准：

1. 教学目标是否与组织的需求相**一致**？

2. **情境因素**是否支持基于该目标的教学开发？

3. 教学目标是否**明确**，并能够被所有的利益相关者理解？

对于将要进行教学开发的机构、组织以及设计者而言，这些标准都至关重要。

与组织需求的一致性　将教学目标与组织记录的绩效差距或者可能使组织受益的机遇以合乎逻辑且令人信服的方式关联起来，这一点非常重要，值得一再强调。为客户开发教学时，你必须使客户相信，如果学习者达到了教学目标，那么新技能的运用将解决组织中的一个重要问题，或者将帮助组织抓住一个新机遇。这种推论适用于商业、军事、非营利组织、政府、公立学校和其他公共机构的教学开发。

情境因素　合理的教学目标可能有助于赢得决策者的支持，但教学设计者和管理者必须确保情境因素可以支持教学的开发和传输。首先要考虑**教学内容的稳定性**。设计者应该确定教学内容是否足够稳定，是否值得花钱去开发。如果在六个月后教学内容可能会过时，那么除非有极其重要的短期需求，否则没必要进行大规模的教学开发。

另外还需要考虑在将要开发教学的领域，**设计者的专业知识**是否充足。如果涉及至少在开始阶段是完全陌生的内容领域，经验丰富的专业教学设计者通常会以团队形式开展工作。在团队中工作的能力和意愿是一名成功的教学设计者最重要的特征之一。在设计者能够有效地开展教学设计工作之前，他必须大量地学习教学内容。对于那些刚刚学习教学设计过程的人来说，最好从他们已经具有一定专业知识的内容领域开始。学习一组新的技能，即教学设计技能，比同时学习两组新技能——教学内容和设计过程，要容易得多。不过，还有一个与设计者相关的问题是，是否有足够多的设计者、技术专家、内容专家和其他团队成员来开发教学。

大多数设计者都认为，缺乏**足够的时间**来开发教学。一个原因是预测项目实施所需的时间很困难；另一个原因则是组织经常想要"明天"就把"活儿"交出来。

不仅开发教学需要的时间很难预测，学习者掌握教学目标需要的时间（即教学将持续多久）也很难预测。教学（或学习）时间与要掌握的技能之间没有简单的换算公式，因为这涉及诸多因素，以致估计教学或学习的时间变得非常困难。

设计者被告知"将用三周时间开发一个四小时的培训项目"这种情况经常出现。在拥有相应的经验之前，组织应该基于工作情境中所具备的直接条件进行决策。为了满足时间要求，设计者当然可以缩短或延长教学，但最应该考虑的是为教授学习者必需掌握的技能而选择最佳的教学策略，然后再确定需要多少时间。当然，在几次试教后，我们可以更精确地估计学习时间。

尽管假设在完成教学开发后将有相应的学习者，但教学设计过程却在很大程度上取决于开发过程中参与试教的**学习者的可获得性**。如果没有获得合适的学习者的渠道，那么设计者将无法完成整个设计过程，因为需要一些学习者来试用教学方案初稿。否则设计者将不得不改变教学设计过程，还可能要重新考虑需求的可靠性。

如果你已经选择（或被要求）在学习本书各章节时设计一个教学包，这个过程将花费你很多时间。在最终确定教学目标之前，回顾下面细则中的标准将很有帮助。

教学目标的评价细则

以下评分细则（rubric，又译作"量规"）总结了你可以用来评价和完善教学目标的标准。它主要包括：与组织需求的一致性、教学目标的可行性及其清晰度。

设计者须知：若某一要素与你的项目无关，请在"否"一栏中标注"**NA**"，表示"不适用"。

否	有些	是	**A. 与组织需求的一致性**　教学目标陈述：
___	___	___	1. 与组织中已确认的问题有明确的联系吗？
___	___	___	2. 与记录的绩效差距有明确的联系吗？
___	___	___	3. 明显是一个解决问题的方案吗？
___	___	___	4. 被那些批准教学工作的人接受吗？
			B. 情境因素　考虑到以下因素，针对目标的教学开发是否可行：
___	___	___	1. 随着时间推移，是否有稳定的内容/技能值得投资/投入资源？
___	___	___	2. 在教学目标领域有足够的设计专家吗？

——　——　——　　3. 有足够的人力来设计/开发/传输教学吗？

——　——　——　　4. 有足够的时间来设计/开发/传输教学吗？

——　——　——　　5. 有足够的预算来设计/开发/传输教学吗？

——　——　——　　6. 有足够数量的学习者来开发/传输教学吗？

C. 清晰度　教学目标陈述是否描述了：

——　——　——　　1. 学习者的行动（他们将能够做什么）？

——　——　——　　2. 清晰的教学内容？

——　——　——　　3. 目标学习者是谁？

——　——　——　　4. 绩效情境是什么样的？

——　——　——　　5. 学习者在绩效情境中有哪些可用的工具？

D. 其他

——　——　——　　1.

——　——　——　　2.

一个适当的、可行的、明确的教学目标陈述应该是这些活动的产物。有了这个有关学习者结果的明确陈述，你就可以进行目标分析了，第 3 章将对此进行介绍。

实例

下文中用于开发教学目标的程序实例可以帮助你制定或评价自己的教学目标。基于确定的问题、需求评估活动和针对性的解决方案，这个例子关注银行如何为客户提供友好的服务。它有自己的场景介绍，可以帮助明确问题情境和目标确定过程。在本章和附录的案例研究中，还有其他实例供你参考。

为客户提供服务

在这个例子中，一家当地的银行注意到其分行存在客户满意度评级较低的问题，并且主要集中在客户与出纳和客服代表在大堂办理业务的过程中。非正式的绩效分析表明，满意度问题确实存在，根源在于客户认为银行工作人员往往不近人情，且时有服务时间过短的情况。但现在无法立即确定银行工作人员是不知道如何礼貌、热情、有条不紊地与客户互动，还是没有时间这样做。进一步的调查发现，其中一个因素是因为他们感到需要尽快结束业务办理，以免让下一位客户等待；而另一个更重要的因素是，许多员工不知道礼貌进行业务互动的简单程序，也缺乏在大堂人流量大时与客户进行个性化交流的策略。此时，培训无疑是有效解决方案的一部分，于是确定了以下教学目标：

员工要懂得礼貌待人、热情服务的重要性。

36

尽管我们都同意这一教学目标具有清晰的意图,但它仍然可以被认为是含糊的,需要加以澄清。不能仅仅因为一个目标含糊,就把它当成是没有价值的。恰恰相反,就像该案例中对许多银行来说是常规要求的目标一样,尽管可能还需要进一步细化,但它可能非常有价值。

首先,可以把"**要懂得……重要性**"改为"**能做到**",以便更好地交代对员工的要求是什么。其次,我们必须指明希望员工做什么。为了做好这一点,我们可以将"**服务**"这个综合性术语细分为几个更容易解释的部分。我们将服务界定为:(1)问候客户;(2)办理业务;(3)结束交易。尽管只做了这两处相对较小的修改,但目标变得清楚多了。

最初的目标	修改后的目标
员工要懂得礼貌待人、热情服务的重要性。	员工在问候客户、办理业务和结束交易时,要做到礼貌待人、热情服务。

尽管修改后的目标在形式上好很多,但"**礼貌**"和"**热情**"两个词仍然有待澄清。通过将这两个概念与前面已确定的三个服务阶段联系起来,我们可以进一步澄清目标。请记住,明晰一个含糊的目标有五个步骤:

1. 把目标写在纸上;

2. 头脑风暴,尽可能多地写出可以反映学习者达成目标的行为;

3. 对写出的行为进行排序,从中选出最能代表目标的行为;

4. 将这些行为归纳为一句陈述性的话,描述学习者能够做什么;

5. 评价陈述性语句的清晰度,以及它与最初含糊表述之间的关系。

需要通过头脑风暴来确定"礼貌"和"热情"蕴涵的行为,为了促进该过程,我们描述了服务三阶段中每个阶段的特有行为。我们还要考虑在银行情境中哪些是"不礼貌""不热情"的行为。表 2.3 列出了银行工作人员**应该**做到的"礼貌""热情"行为,以及**不应**表现出的"不礼貌""不热情"行为。可以将这份对礼貌和不礼貌行为的描述交给银行管理人员,以便补充、删减和进一步澄清。

在尽可能全面地列出所有代表性行为后,接下来就要审视各服务阶段中的行为,并确定最能代表教学目标的关键行为。根据前面例子中的列表,我们将教学目标重新陈述如下。为了方便比较完整性和清晰度,我们将三种形式的目标陈述都写在下面:

原始目标　员工要懂得礼貌待人、热情服务的重要性。

修改后的目标　员工在问候客户、办理业务和结束交易时,要做到礼貌待人、热情服务。

最终的目标

- 员工在问候客户、办理业务和结束交易时，要做到礼貌待人、热情服务，包括：主动交谈、做出个性化解释、专心办理业务、协助填写表格，以及以致谢和祝福结束交易等。
- **学习者、情境和工具**：学习者（人员）都是银行员工，通过面对面、电话或者书面方式直接与客户打交道。最典型的情境是银行员工和与客户自发的互动式交流，但员工没有任何协助他们与客户互动的交流辅助工具。

表 2.3　与客户进行业务交易时的友好礼貌行为

问候客户 应该做的	不应该做的
1. 主动问候客户（如，"您好""早上好"）。	1. 等客户先说话。
2. 对客户说些特别的话，使服务具有个性化。例如：(a) 尽可能称呼客户姓名；(b) 说"很高兴又见到您"或"好久不见"。	2. 对待客户如同陌生人，好像从来没见过。
3. 如果你必须要先完成前一笔交易才能为他服务，要微笑地告诉他原因，并说只要一小会儿就可以完成手头工作。	3. 继续做手头工作，做完后才抬头和客户说话。
4. 询问："我今天能帮您做什么？"	4. 等客户自己主动说需要什么服务。
办理业务 应该做的	不应该做的
1. 注意在你的窗口前排队的客户。如果你必须离开工作台，要告诉新到的客户去别的窗口排队。	1. 让那些已经在你的窗口排了一段时间队的客户去别的窗口。
2. 仔细听客户的问题或服务要求。	2. 打断客户的话，认为自己已经知道他们要说什么，从所填的表上能知道他们需要哪类服务。
3. 办理业务时要专心致志。	3. 与其他员工或客户聊天，延长了对当前客户的服务时间。
4. 填写表格上的漏填项，并向客户解释你都加了什么，以及为什么。	4. 简单告诉客户表格填写不完整、不正确，让他们自己解决。
5. 如果客户还需要填写其他表格，要给予完整、清晰的说明。	5. 简单地说："把这些表填一下，填好后再过来。"

(续表)

结束交易 应该做的	不应该做的
1. 询问是否还需要其他服务。	1. 通过将目光移到下一位客户,把当前客户打发走。
2. 感谢客户光临。	2. 完成交易时,表现得好像是帮了客户的忙。
3. 用言语回应客户的任何评论(如天气、假期或即将到来的度假、您的穿着或发型、新饰品等)。	3. 对客户的评论置若罔闻。
4. 以祝福结束交易(如,"保重""旅途愉快""玩得开心""欢迎再次光临"等)。	4. 任由客户离开,没有任何结束语或祝福。

38 　　虽然最终目标只反映了头脑风暴过程中列出的部分行为,但这些被选中的行为传达了教学目标的基本内涵。应该将完整的礼貌和不礼貌行为列表保存下来,以用于后续的教学分析活动。

　　这个关于如何澄清含糊目标的例子表明,尽管澄清教学目标的第一步能够生成更清晰的教学目标,但教学设计者或教师仍然可以对目标进行个性化的解读。有时,必须通过界定教学目标包含的每个类别要展示的实际行为,来进一步澄清目标。

　　确定教学目标时要考虑的最后一个问题是行为表现情境。为银行工作人员设置的教学目标,意味着最终的行为表现是在银行中与客户打交道。明确目标的行为表现情境,对教学策略的选择具有重要影响。

案例研究:团体领导力培训

　　关于团体领导力培训的案例研究,将作为一个贯穿全书的例子,帮助读者将教学设计过程整合起来。它将放在每章末尾的"实例"与"专业和历史观点"之间。培训高效的团队领导者是教育、商业、工业、军事、政府和社区团体等组织的共同需求。无论在何种情境下,任何依靠富有成效的团队过程的行动,都需要高效的团队领导。本案例研究的背景,是某高校领导力系的硕士学位项目。以下段落分别描述了基于绩效分析、需求评估、教学目标、用于澄清教学目标的信息以及设立教学目标的标准所作的规划决策。

绩效分析

　　一位系主任发现,毕业生访谈和调查的现存数据表明,学生们在引导解决组织问题的团体讨论时感到不自信或不自在。尽管他们认为这是一项重要的专业技能,但这项技能并没有包含在他们的课程中,也不是实习或项目的一部分。项目主任意识到这项技能是该系的主要目标之一,所以肯定包含在项目的某个地方。她不想重复课程或增加课程,于是检查了备案的课程教学大纲,研究了过去两个学期学生自选实习的性质。她采访了系里目前教授这一技能的教师,并了解到系里以前要求学生学习文理学院开设的一门一学期的沟通课程。四年前,为了精简课程,这门课被取消了。当时,教师们同意在领导力系剩余的几门课程中加入一个关于沟通的单元。

而后,项目主任参加了系课程顾问委员会的年度会议,该委员会由来自教育、商业、政府和其他组织机构的专业人士组成。这些机构遍布全州,是该系毕业生们的雇主。这个小组审查了该系当前的教学目标,并推荐了符合组织发展趋势和需求的其他目标。在这次会议前,项目主任向这些专业人士调查了对员工而言"引导旨在确认和解决组织问题的团体讨论"这一技能的重要性。此外,她还想了解他们对员工在组织内展示这项技能的能力的看法。顾问委员会报告说,这项技能对他们的员工至关重要,而新员工往往在这方面有所欠缺。

需求评估

毕业生离校访谈和调查的数据以及系顾问委员会的建议被提供给系里的课程委员会,委员会成员负责分析这些数据,调查在校生,并与传播系的教师讨论这个问题。他们得出的结论是:(1)领导者是决定团体问题解决效率的关键人物;(2)最有效团体的领导者都具备良好的引导团体讨论的技能;(3)在校生中长期缺乏高效的团体领导者。他们开始思考是否要在现有课程的某部分增加一个单元,以便教授学生如何领导问题解决团体会议。最终结论是该目标不值得开设一学期的课程,因此建议改为 1 个学分的微型课程,可与实习同步开设、在常规学期间隙进行,或作为短期的暑期课程。

根据课程委员会的建议,该系申请资金以开发一个混合的、基于网络和课堂教学的微型课程,为期约四周,重点教授引导小组讨论的技能。教学开发还需要学院技术支持部门和计算机学习中心提供支持。此外还申请经费以雇佣一位教师和四位分属于教学设计、沟通、教育技术和领导力领域的研究生助理。该经费已获批准。

澄清教学目标

教学目标是:(1)对学习者学习结果的清晰而概括的陈述;(2)与所确认的问题和需求评估相关;(3)可以通过教学而非其他更高效的手段(例如提高员工的积极性)来实现。

教学目标是什么?　在这种情况下,教学目标是让领导力系的硕士生在问题解决的会议中展示引导团体进行有效讨论的技能。这些讨论应该聚焦于鼓励同事参加会议,帮助他们确定校园和社区中的问题,并规划有助于减少这些问题的项目。

目标和需求评估研究之间有什么关系?　教学目标与需求评估研究以及课程委员会关

于强化校园和社区领导力的建议直接关联。有证据表明组织内的高效团体与引导团体进行有效讨论的技能高度相关,教学目标也与这些证据有直接关联。

教学是达到目标最有效的方式吗? 引导有效团体讨论的技能提升与教学和实践直接相关,而且这些能力不太可能通过粗略的课程或实习活动来提升。

学习者是谁? 学习者是在领导力系注册课程的硕士生。他们的本科学习领域不同;在该系课程序列中的位置不同;拥有的团体领导力也不一样,有人参加过社区组织,有人是高质量工作团队的成员,有人做过正式的经理或主管,还有些人在本科阶段接受过团体领导力相关的教学。不过,因为这些学生都选择了领导力作为主要的学习领域,因此他们有动力学习或提升他们在同事中作为领导者的技能。

所学技能将用于什么情境? 领导者将运用他们的团体讨论技能来规划校园和社区中的会议,并对会议上开展的讨论进行引导。这些会议可能在校园或各种教育、商业、社区、政府组织中举行。

有哪些可以辅助提升学习者在现实情境中行为表现的工具? 除了实践、实践、再实践之外,没有任何正式的支持来帮助他们进一步发展和完善引导团体讨论的技能。一些组织可能有员工发展专员来协助团体领导者,其他组织则没有。

请注意,附录中有另一个案例研究。这些材料之所以有用,在一定程度上是因为它们是集中呈现,而不是在章节中分散呈现的。你可以很容易地从一个设计文档转到下一个设计文档,并看到设计的进展。案例研究从起点—终点分析和教学目标开发的例子开始。需要注意的是,我们使用这些特定案例研究的目的并不是教导如何引导讨论或者写句子。正是因为这些例子的内容一目了然,所以你才可以"透过"熟悉的内容,看到教学设计的概念和技能。因为使用不熟悉的例子来学习不熟悉的内容将会导致学习异常困难。

专业和历史观点

41

关于人们工作内容及工作方式的系统分析,早在 19 世纪晚期商业和制造业的时间与动作研究中就已有所体现,随后在 1915 年泰勒(Taylor)的《科学管理原理》中被正式提出。而对组织效率和生产力进行系统分析的整个想法,引发了一战时期对训练方法的深入研究,以及二战时期军事和私营部门对学习及训练的深入研究。对组织生产力中人力因素的系统思考,促进了吉尔伯特(Gilbert, 1978)在行为工程模型中对人力绩效技术(human performance technology, HPT)的首次收敛性检验。HPT 在过去 40 年中不断发展,现已成为一门成熟的学科,是私营和公共企业大多数人力资源职能的一部分。

与 HPT 一样,确定、澄清和分析目标都是公共教育的一部分。公共教育包括政治、社会和经济目标,但本章感兴趣的目标是那些陈述教学过程预期结果的目标。只要有学校教育,就会有对学习结果进行界定的成就测验。学校的成就测验始于 19 世纪中期,在 20 世纪初作为标准化测验激增,并在 20 世纪 40 年代得到发展,使得爱荷华州基本技能测验在全国范围内普及。标准化成就测验通过报告学生的百分位数排名、年级排名和从学年开始到结束的排名变化,成为一种衡量规范化学习结果的方法。这些测验措施与我们对确定目标的兴趣密切相关。

如果标准化测验是衡量学生成绩的有效方法,那么使用这些方法让学校对学生的成绩负责就很容易了。然而,问责制要求针对学生在学校学习中应该知道和能够做什么设定目标标准。在始于 20 世纪 80 年代后期并在 20 世纪 90 年代初逐渐消失的基于结果的教育运动中,首次出现为各年级的大多数传统学科编写目标和下位能力。随后,基于标准的教育运动兴起,以美国联邦重新授权的《中小学教育法案》(1994)为起点,而后发展为《2000 年目标》(1990)、《不让一个孩子掉队法案》(2001)、《共同核心标准》(2010)和《每个学生都成功法案》(2015)。为了与国家和州的目标相匹配,并能够衡量每个学生在每个目标上的能力,测验公司必须重新配置它们的测验。这些高风险成就测验遇到了社会和政治上的阻力,进而导致地方、州和国家层面评判学生能力的目标和标准也发生了改变。不过,问责制仍然是当今公共教育的指导原则。在第 6 章,我们将探讨如何使用不同类型的测验来衡量学习者对宏观目标和具体目标的掌握程度。

使用本书作为教学系统设计或教学技术研究生课程一部分的读者,可能会发现他们的课程设置包含了评价、绩效分析和需求评估等内容。其他希望深入准备起点—终点分析的人,请参考以下精选资源清单。完整的参考文献信息在本章末尾。

绩效分析 布雷索尔(Brethower,2007),马杰和派普(Mager & Pipe,1997),罗宾逊和罗宾逊(Robinson & Robinson,2008),罗塞特(Rossett,2009),范·蒂姆等人(Van Tiem et al.,2012)。

需求评估 谢瓦利埃(Chevalier,2010),斯里泽等人(Sleezer et al.,2014),考夫曼(Kaufman,1998),考夫曼和格拉-洛佩兹(Kaufman & Guerra-Lopez,2013)。

工作分析 布兰尼克等人(Brannick et al.,2007),乔纳森等人(Jonassen et al.,1999)。

评价 布朗和塞德纳(Brown & Seidner,2012),柯克帕特里克和柯克帕特里克(Kirkpatrick & Kirkpatrick,2006),拉斯-埃夫特和普瑞斯基尔(Russ-Eft & Preskill,2009)。

起点—终点分析中的案例研究 埃特默等人(Ertmer et al.,2019)的《教学设计案例集》,以及马杰和派普(Mager & Pipe,1997)的《分析绩效问题》。马杰和派普的书中描述了一个有用的决策过程,用于确定由教学以外的情况引起的绩效问题。他们的流程被提炼成一个易于理解和应用的直观流程图。伦德伯格等人（Lundberg et al.，2010）描述了一个零售业客户服务情境下绩效分析的案例研究，其中培训被证明是整体绩效解决方案的一小部分。其他希望深入准备起点—终点分析的人，请参考本章末尾的参考文献。

流程图：确定教学目标

42　　　　本节包含图2.3至2.6的流程图，将帮助你回顾确定教学目标所需的任务。流程图还将帮助你总结本章的信息，并为你的设计工作提供指导。

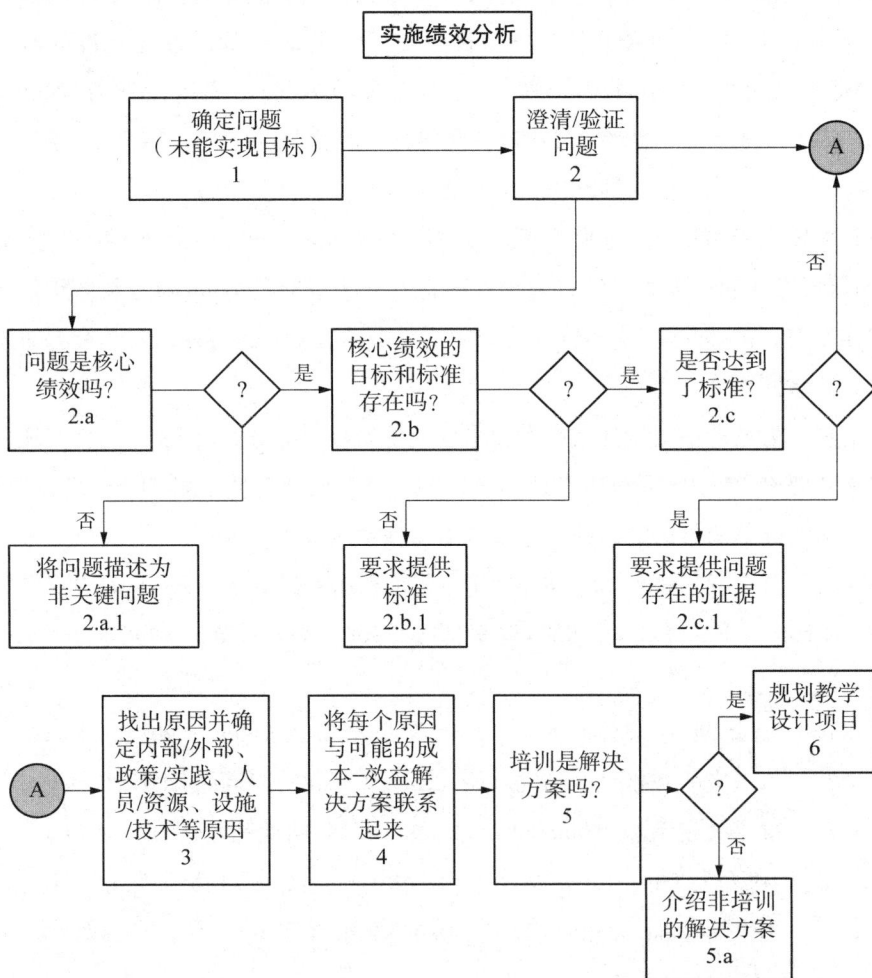

图 2.3　实施绩效分析

43

评估需求以确定教学目标

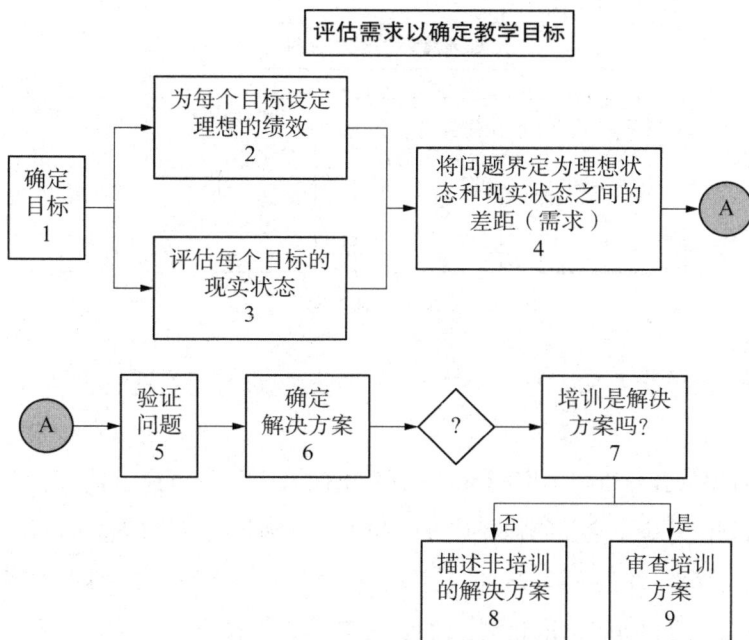

图 2.4　评估需求以确定教学目标

实施工作分析

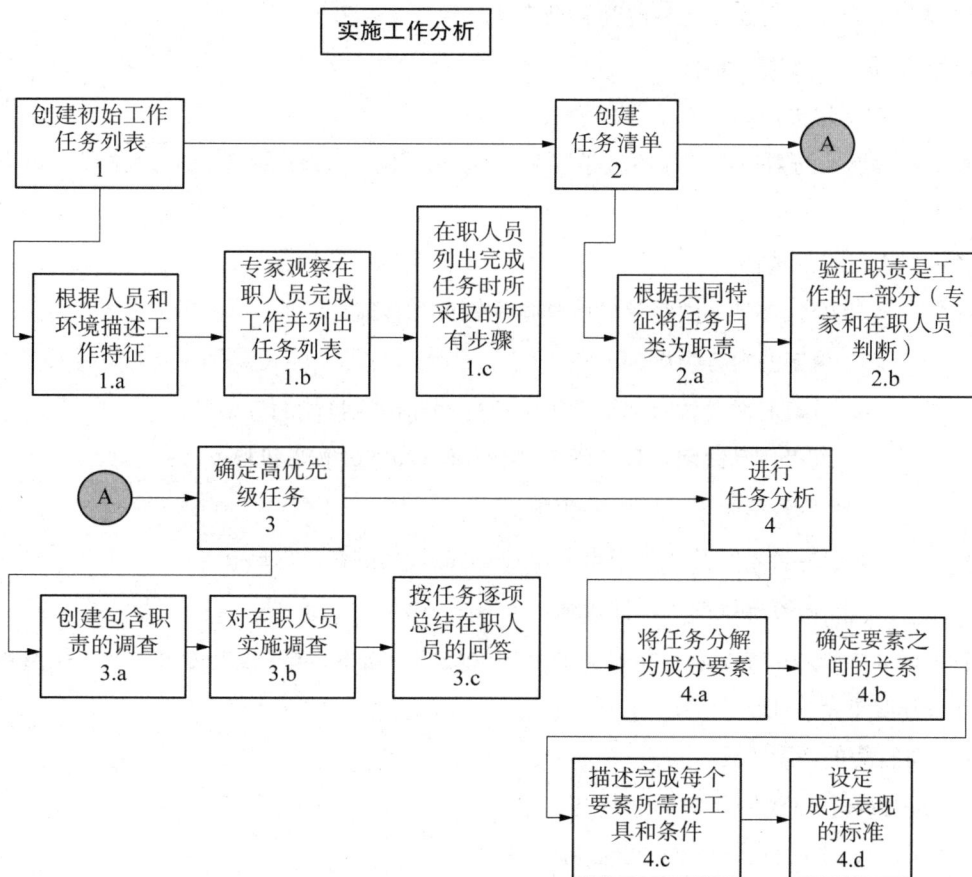

图 2.5　实施工作分析的任务

44

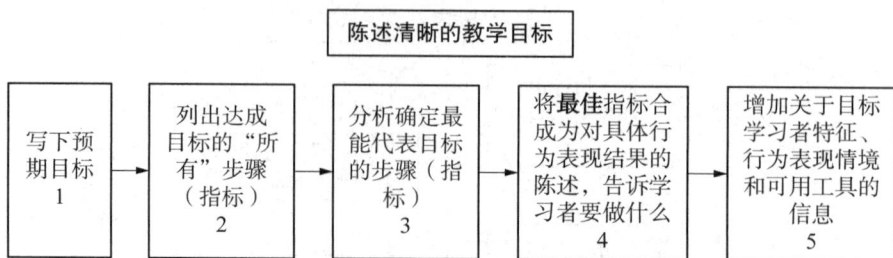

图 2.6   陈述清晰的教学目标

练习

根据本章所述的教学目标书写标准，下面列出的教学目标可能合适，也可能不合适。请阅读每个教学目标，并确定它是否需要修改。如果你认为根据现有信息可以修改其中的某些目标，请对它进行修改，并将你修改过的教学目标与"参考答案"提供的修改方案进行对照。

1. 某区将在实施和解释标准化测验之前，为教师提供在职培训。

2. 学生要理解如何给各类简单句加标点符号。

3. 销售人员要学会运用各种时间管理表格。

4. 老师每周要布置一篇作文。

5. 客户要知道如何结算支票账户余额。

开发教学单元的第一步是陈述教学目标。你可以用几条标准来帮助自己选择一个合适的目标陈述。下面列出的是选择教学目标时要考虑的一些因素，请指出哪些因素会影响教学设计者对教学目标的选择。

_____6. 个人在某一内容领域所具备的知识和技能。

_____7. 稳定的内容领域。

_____8. 写教案需要的时间与学生掌握这些知识或技能的重要性。

_____9. 可以找到试用教材的学生，以便澄清和修改教学目标。

_____10. 导致学生学习困难的领域。

_____11. 尽管教学被认为很重要，但该主题可用的教学材料很少。

_____12. 内容领域的逻辑性较强。

教学目标的陈述必须尽可能清晰。从下面列出的考虑因素中，选出每个部分中所有对书写教学目标起重要作用的选项。

13. 对行为的清晰陈述

　　a. 目标明确说明要求学生做出的行为。

　　b. 目标中的行为可以被观察到。

  c. 目标中的行为可以被测量,以确定学生是否达到了目标。

14. 清晰与含糊的目标

  a. 教学目标包含陈述清晰的行为。

  b. 对行为的任何限制条件都要陈述清楚。

15. 时间

  a. 估计学生达到目标所需的教学时间。

  b. 估计你可以用于开发和修改教学的时间。

16. 在对全区的中学生写作技能进行需求评估后,教师们决定设计专项教学,聚焦于学生以下方面的表现:

- 根据句子的目的写出不同类型的句子。
- 运用不同复杂程度的句子结构。
- 使用与句子类型和复杂程度相匹配的各种标点符号。

  他们希望通过直接针对需求评估中确定的问题进行教学,改变学生作文目前过于简单相似的状况。请为写作文的专题教学单元书写教学目标。

17. 写下你想要开发的教学单元的教学目标,并使用推荐的教学目标评价细则来评价它。

参考答案

  1. 应该修改教学目标,因为它描述的是区里而不是教师想要达成的目标。该目标可以用以下方式重写,以反映学区通常提供的两个教学单元。请注意,其中教师应该展现出的行为已经被陈述清楚了。

- 教师能够按照考试手册中规定的程序,实施选定的标准化测验。
- 教师能够在测验编制者所提供的个体或集体成绩单上,解释学生的表现。

  2. 应该修改目标,因为**理解**这个词太笼统了。需要重写目标,要准确说明学生应该用哪些行为表明自己已经理解了给句子加标点符号。此外,目标中还要说明课上教的、学生要用的具体标点符号是什么。

- 学生会用句号、问号和感叹号给各种简单句加标点。

  3. 目标中**学会运用**指明了预期的教学结果,但用来描述销售人员实际要做什么的行为可以澄清如下:

- 销售人员会使用日表、周表和月表来管理时间。

  4. 这不是一个教学目标,而是关于教师用来促进学生练习写作技能的过程描述;它完全忽略了学生在练习中应该获得什么样的技能。该陈述中所给的信息不足以用来重写教学目标。

5. 目标中的**要知道**一词不够精确。该教学目标可以澄清如下:

- 客户能够根据支票存根或支票使用记录和每月银行对账单,结算支票账户余额。

6—12.应该对所列的标准都选"是"。在开发教学目标时,这些标准都是重要的考虑因素。考虑到自身专业知识的局限,经验丰富的教学设计者在自己不熟悉的情境领域通常会与相关学科专家合作。

13—15.列出的所有因素都很重要。

16. 将你的写作目标与下面的写作目标进行比较:在写作中,学生将:(1)根据句子的目的和语气,使用不同的句型及相应的标点符号;(2)根据句子的复杂程度或结构,使用不同的句型及相应的标点符号。你应该检查所有与附录 A 中学校课程案例研究起点—终点分析相关的信息,它反映了学校情境中一个完整的教学设计案例研究的起点。目前在学校工作或计划去学校工作的读者可以从这个基于学校的例子中受益。

17. 参考前面所示的教学目标评价细则。使用以下标准评价你的主题:

- 你的教学目标是否满足每个标准?
- 如果不满足某个标准,是否可以通过修改来达到标准?
- 如果不满足某个标准,且无法通过修改来达到标准,你可能需要写出另一个教学目标,再看看是否满足标准。

你可能需要与同事和学生进行讨论,以确定你的目标是否符合某些主题的标准,例如需要或兴趣。在确定你的主题相关材料是否可用以及这些材料的性质时,图书馆和互联网是两个很好的辅助工具。为了满足上述标准,必要时需要修改并重写你的教学目标。

为了确定教学目标是否清晰,你可以请同事和目标学习者口头解释你写的教学目标。他们对教学目标及期望行为的解释准确吗? 如果不准确,你就需要修改教学目标。

如果你的教学目标对于可用的教学时间(30 分钟、1 小时、2 小时等)来说设大了,请考虑将目标分为逻辑上相互关联的几个部分,然后将每个部分作为一个教学目标进行陈述,最后从中选择最适合你的需求和时间限制的那一部分作为教学目标。

如果教学目标对于所预想的时间来说设小了,那么就要考虑学生参与你的教学需要哪些技能,以及学生在教学结束时将会习得哪些技能。通过这种方式考虑与你的教学目标相关的技能,你可以确定在特定时间内实施的合适教学是什么样的。当然,也可以修改你的教学目标,使之包含更多要习得的技能或信息。

如果需要的话,重写你的教学目标。在制定出一个清晰的、以行为形式陈述的、符合预想教学实践的教学目标后,就可以开始学习第 3 章了。

参考文献和推荐读物

Barbazette, J. (2006). *Training needs assessment: Methods, tools, and techniques*. Pfeiffer.

Brannick, M., Levine, E. L., & Morgeson, F. P. (2007). *Job analysis: Methods, research, and applications for human resource management* (2nd ed.). Sage Publications. 该书全面介绍了在工作场所开展工作分析的作用和方法。

Brethower, D. (2007). *Performance analysis: Knowing what to do and how*. HRD Press. 在绩效分析中采用系统方法，包括工具和工作辅助。

Brown, S. M., & Seidner, C. J. (Eds.). (2012). *Evaluating corporate training: Models and issues*. Springer. 该书有一节关于评价情境和模型的论述，涉及起点—终点分析。

Chevalier, R. (Ed.). (2010). Gap analysis revisited. *Performance Improvement*, 49(7):5 - 7. 建议设定合理的目标，并使用里程碑措施来评估实现目标的进展情况。

Dessinger, J. C., Moseley, J. L., & Van Tiem, D. M. (2012). Performance improvement/ HPT model: Guiding the process. *Performance Improvement*, 51(3), 10 - 17. 描述了 HTP 模型的历史和使用情况，以及选择干预措施的绩效工具。

Earle, R. S. (1990). Performance technology: A new perspective for the public schools. *Performance Improvement Quarterly*, 3(4):3 - 11. 建议运用人力绩效技术来审查和解决公共教育中的问题。

Educational Technology Magazine, 43(1). (2003). 关于商业培训和绩效改进观点的特刊。

Ertmer, P. A., Quinn, J., & Glazewski, K. D. (Eds.). (2019). *The ID casebook: Case studies in instructional design* (5th ed.). Routledge.

Gagné, R. M., Wager, W. W., Golas, K. C., & Keller, J. M. (2004). *Principles of instructional design* (5th ed.). Wadsworth/Thomson Learning. 教育目标与教学结果相关，特别是与不同类型的学习相关。

Gilbert, T. F. (1978). *Human competence: Engineering worthy performance*. McGraw-Hill.

Jonassen, D. H., Tessmer, M., & Hannum, W. H. (1999). *Task analysis methods for instructional design*. Lawrence Erlbaum Associates. 该书有一章是关于工作任务分析的，并讨论了任务分析对于设定目标的重要性。

Kaufman, R. (1998). *Strategic thinking: A guide to identifying and solving problems* (revised). American Society for Training & Development and the International Society for Performance Improvement.

Kaufman, R., & Guerra-Lopez, I. (2013). *Needs assessment for organizational success*. ASTD Press. 讨论为了取得成功、可衡量的结果而需要的起点—终点分析和工具。

Kirkpatrick, D. L., & Kirkpatrick, J. D. (2006). *Evaluating training programs: The four levels* (3rd ed.). Berrett Koehler. 提出了培训项目的四个评价层级,包括反应、学习、行为和结果,同时包含案例研究。

Lundberg, C., Elderman, J. L., Ferrell, P., & Harper, L. (2010). Data gathering and analysis for needs assessment: A case study. *Performance Improvement, 49*(8), 27 - 34. 描述了商业案例研究中数据分析的数据收集方法及其程序。

Mager, R. F. (1997). *Goal analysis* (3rd ed.). CEP Press. 这本小册子介绍了作者帮助团队澄清教学目标的过程。它已经有二十多年历史了,但为目标分析提供了清晰的逻辑。

Mager, R. F., & Pipe, P. (1997). *Analyzing performance problems* (3rd ed.). CEP Press. 这本经典著作的最新版本,介绍了一种方法,可以判断培训能否解决绩效问题,或者是否应该实施其他解决方案。

Pershing, J. A. (Ed.). (2006). *Handbook of human performance technology: Principles, practices, and potential* (3rd ed.). Pfeiffer.

Richey, R. C., Kline, J. D., & Tracey, M. W. (2010). *The instructional design knowledge base: Theory, research, and practice*. Taylor and Francis. 该书介绍了作为教学设计实践框架的经典和最新理论。

Robinson, D. G., & Robinson, J. C. (2008). *Performance consulting: Moving beyond training* (2nd ed.). Berrett-Koehler.

Rosenberg, M. (1990). Performance technology: Working the system. *Training*, 43 - 48. 早期界定绩效技术的文章之一。

Rossett, A. (2009). *First things fast*. Pfeiffer. 该书介绍了用于确定组织中是否存在绩效问题的若干方法。

Rothwell, W. J., Benscoter, B., King, M., & King, S. B. (2015). *Mastering the instructional design process: A systematic approach* (5th ed.). Wiley. 书中关注了人力绩效技术,涵盖对需求、学习者、工作情境和工作的分析,以及成功管理教学设计项目。

Russ-Eft, D., & Preskill, H. (2009). *Evaluation in organizations: A systematic approach to enhancing learning, performance, and change* (2nd ed.). Basic Books. 介绍了评价项目有效性的评估工具和程序。

Russ-Eft, D. F., & Sleezer, C. M. (Eds.). (2019). *Case studies in needs assessment*.

Sage.

Silber, K. H., & Foshay, W. R.(Eds.).(2010). *Handbook of improving performance in the workplace. Volume one, Instructional Design and Training Delivery*. Pfeiffer.

Sleezer, C. M., Russ-Eft, D. F., & Gupta, K.(2014). *A practical guide to needs assessment*(3rd ed.). Wiley. 提供了一个完整的需求评估模型，包括有关管理和众多工作辅助工具的章节。

Stolovitch, H. D., & Keeps, E. J.(2004). *Front end analysis and return on investment toolkit*. Jossey-Bass/Pfeiffer. 这一工具包涵盖了工作辅助工具和样例，有助于在系统教学设计的起点部分分析组织培训需要做出的努力，以及在教学系统设计的结束部分评价培训的价值和投入回报。

Taylor, F. W.(1915). *The principles of scientific management*. Harper & Brothers.

Van Tiem, D. M., Moseley, J. L., & Dessinger, J. C.(2012). *Fundamentals of performance technology: A guide to improving people, process, and performance*(3rd ed.). Pfeiffer. 介绍了使用人力绩效技术模型影响组织变革的方法，包含案例研究。

Watkins, R., & Leigh, D.(Eds.).(2010). *Handbook of improving performance in the workplace. Volume two, Selecting and Implementing Performance Interventions*. Pfeiffer.

第3章

分析教学目标

48

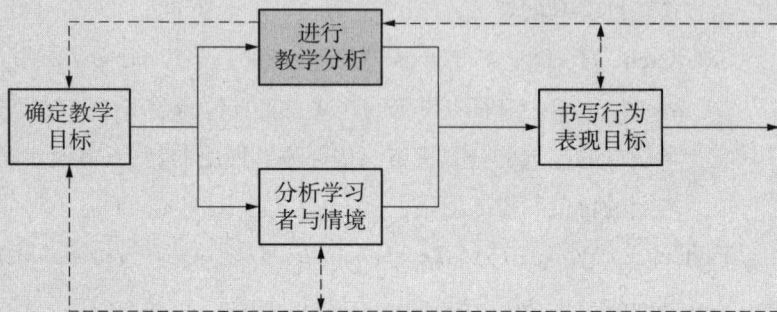

▶ 将教学目标(instructional goals)分类到以下领域：智力技能、心因动作技能、态度和言语信息。

▶ 分析教学目标，以确定达成教学目标所需的主要步骤。

概述

49

只有在教学目标被陈述清楚之后才能进行目标分析。目标分析的第一步，是将目标分类到以下四个学习领域之一：态度、智力技能、言语信息或心因动作技能。

```
                                              ┌──────────┐
                                              │   修改   │◄──────┐
                                              └──────────┘       │
  ┌─────────┐      ┌─────────┐      ┌──────────┐      ┌──────────┐
  │开发标准参 │ ---→ │  开发   │ ---→ │开发和选择 │ ---→ │设计和实施 │
  │照测验项目 │      │教学策略 │      │教学材料  │      │形成性评价 │
  └─────────┘      └─────────┘      └──────────┘      └──────────┘
                                                            │
                        ┌──────────┐                       │
  - - - - - - - - - - - │   修改   │◄──────────────────────┘
                        └──────────┘
                                                      ┌──────────┐
                                                      │设计和实施 │
                                                      │总结性评价 │
                                                      └──────────┘
```

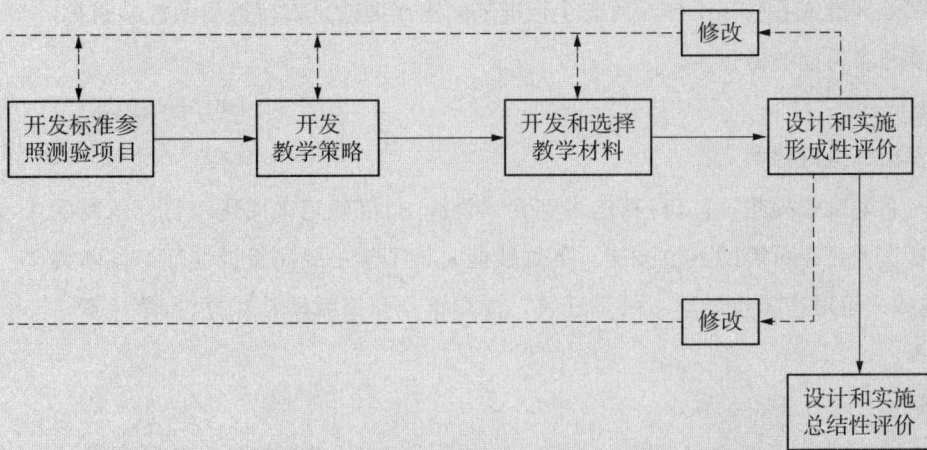

　　目标分析的第二步,是确定学习者为了证明自己已达成目标,他们必须执行哪些主要步骤。这些主要步骤应该包括以最有效顺序排列的执行技能和相关内容。对智力技能、心因动作目标和大多数态度目标,可以采用顺序流程图来展示应该采取的步骤。对言语信息目标,目标分析通常会产生一系列主题,这些主题既可以按照时间顺序进行组织,也可以按照其他内在关系进行组织,如部分到整体、简单到复杂、熟悉到陌生等。请记住,仅凭几次初步尝试很难确定目标所需技能的完美框架,所以最初的产品应该被当作草稿,进行评价和完善。在评价过程中需要找出以下具体问题:过程中不太自然的步骤,太琐碎或太大的步骤,或顺序错误的步骤。

概念

50　　　　请注意本章开头的迪克-凯瑞教学设计模型图。在后续逐章学习我们所介绍的教学设计过程时,每章开头的模型图也同样标注了该章将讨论的步骤。另外,请记住我们只对确定和陈述清楚的教学目标进行目标分析。教学目标可以通过绩效分析和需求评估来确定,也可以通过参考州学校绩效标准或者联邦工作场所安全标准来确定。无论是如何得出的教学目标,都应该陈述清楚学习者将能够做什么。

按学习领域对教学目标进行分类

教学分析是一系列操作程序,可以将其运用到教学目标上,以确定完成这一目标所需的相关步骤和学习者实现目标所需的下位技能。**下位技能**是为了学习更高级技能而必须掌握的技能,可以促进或产生对高阶技能学习的正迁移。本章重点介绍教学目标分析,第 4 章将阐述下位技能分析。

教学目标分析包括三个基本步骤:

1. 根据将要发生的学习类型对目标陈述进行分类。不同的学习类型被称为**学习领域**。

2. 对于智力和心因动作技能,确定完成目标所需的主要步骤并进行排序。

3. 对于言语信息,确定学习者必须回忆的主要信息集群。

加涅(Gagné, 1985)的学习结果领域

四个学习领域分别是智力技能、心因动作技能、态度和言语信息。你需要将教学目标划分到其中一个领域,以便进行目标分析和选择合适的下位技能分析技术(将在第 4 章中讨论)。

智力技能　智力技能是那些要求学习者进行某种独特认知活动的技能,其独特性在于:学习者必须能够利用从未了解过的信息或实例来解决问题或完成某项活动。四种最常见的智力技能是进行辨别、形成概念、运用规则和解决问题。

能够确定不同水平的智力技能非常重要。具备这些技能,学习者就能够根据标签和特征对事物进行分类,能够运用某条规则,或者选择和运用各种规则来解决问题。任何需要学习者以某种方式操作符号信息的目标都属于智力技能。

辨别。　辨别主要是使我们知道事物异同的简单、低级的学习。我们积极地教幼儿区分不同的颜色、形状、质地、声音、温度、味道等。除了特殊情况,如外语和音乐中的声音、化学中的颜色和气味、体育中的动觉"感觉"之外,辨别很少作为大龄儿童和成年人的学习结果。但

51　是,辨别是我们学习概念时的重要基石。你可以试想一下孩子学习热燃烧器的概念以及"如果燃烧器很热,那就不要触摸"的规则时涉及的重要辨别。

概念。　概念的学习本质上意味着能够识别属于某一类别的例子。如果这一概念是棒

球装备,那么学习者必须能够确定给出的各种装备示例是否属于棒球装备。请注意,要求学习者识别的可能是一个实际的物体,也可能是该物体的图片或描述。学习者必须通过学习棒球装备的特征来掌握这个概念,以便将其与所有其他运动装备和物体区分开来。

　　规则。　概念的组合产生规则。"$a^2+b^2=c^2$"就是一条规则。在这一规则中,学习者必须具备 a、b、c、平方、加法和平方根这些概念。规则显示了这些概念之间的关系。通过向学习者提供不同的 a、b 值,要求其解答出 c 的值,就可以测试学习者是否掌握了这一规则的知识。学习者必须遵循一系列的步骤才能获得正确的答案。

　　问题解决。　智力技能的最高水平是**问题解决**。问题解决有两种类型:**结构良好问题的解决**和**结构不良问题的解决**。与结构不良问题的解决相比,结构良好问题的解决更为典型,通常是一个应用性问题。要解决界定良好的问题,学习者需要运用一系列概念和规则。确定解决方案的典型首选方法是:为学习者(或问题解决者)提供有关问题情境的细节,建议可能运用的概念和规则,并指出解决方案的特征。例如,代数问题就是一个具有首选方法的结构良好的问题,涉及各种概念和规则,并有一个"正确"答案。

　　某些问题被研究者称为结构不良的问题。对学习者而言,无法随时获得解决这些问题需要的所有数据,甚至不清楚问题的目标是什么。对于这类问题,虽然可以采用多种方法找到一个解决方案,但没有被认为是完全"正确的"解决方案,就算知道适当解决方案的一般特征,也是如此。教学设计过程本身就是一个再好不过的结构不良问题解决的实例。对于与教学需求表述或者潜在学习者有关的关键因素,我们知之甚少。因此,无论是分析方法、教学呈现策略还是评估教学有效性的方式,都有多种不同的方法。

　　教学设计者所创建的大多数教学都是在智力技能领域。能够根据技能的不同水平对学习结果进行分类,并确定是否可以通过将教学目标提升到更高的智力技能水平来改进教学目标或者使其更适合学习者,这都具有重要的意义。

　　心因动作技能　心因动作技能的特征是学习者在借助或者不借助工具的情况下,通过身体动作来达到特定结果。在某些情境下,心因动作目标中可能存在很多"心理"因素——也就是说,身体动作活动必须伴随大量的心理或认知活动。不过,为了便于进行教学分析,如果学习者必须学习执行新的、重要的动作技能,或者行为表现依赖于身体动作技能的熟练操作,我们就将其称为**心因动作目标**。请思考以下几个例子:投掷棒球是一种心因动作技能,需要反复练习才能掌握。使用摄像机流畅地跟随移动物体进行拍摄,同时保持正确的画面,也需要反复练习才能掌握。但是,在给录像机进行编程来录制一档晚间节目的过程中,按动遥控器上的按钮本质上是一种**智力技能**,只有轻微的动作技能属性。这意味着不断进行按动按钮的练习本身并不是掌握这一技能的要求,也不能提高录制晚间节目的能力。

　　态度　如果目标陈述是让学习者选择做某件事情,那么这个目标应该被分为态度目标。

52

态度通常是指作出特定选择或决定的倾向。例如,我们希望人们选择成为好员工,选择保护环境,选择吃有营养的食物。为了确定态度目标,要确定学习者是否需要作出选择,以及目标是否表明了影响决定的方向。

态度目标的另一个特征是,在教学结束时,态度目标可能尚未达成,因为它们通常是极其重要但在短期内很难评价的长期目标。请注意,在检查态度目标时,唯一可以确定学习者是否"达到"态度目标的方法是让他们做某些事情,比如心因动作技能、智力技能或者言语信息。因此,以态度为重点的教学目标,就是影响学习者在特定情境下的行为选择,即选择执行某种智力技能、心因动作技能或陈述特定的言语信息。这种态度观与当前将教学倾向作为教育目标的想法是一致的。众所周知,知道如何做某事和选择做某事之间有明显的区别。例如,知道如何报告操场上的欺凌行为或抵押贷款处理中的非法行为对于采取行动而言是必要的,但只有这些还不够,还需要有对社会良知、公平竞争和道德行为的倾向(即选择)。

言语信息　对被分类为言语信息的任务,不需要进行符号操作——不需要解决问题或运用规则。本质上,言语信息目标要求学习者对相对具体的问题提供具体回答。通常可以通过所使用的动词来辨别言语信息目标。通常,学习者必须**陈述**、**列举**或**描述**。而要陈述或列举的信息被假设将在教学中教授。因此,学习者的任务是在教学期间将信息存储在记忆中,并为了考试或完成相关任务而记住这些信息。

请审视以下的简要目标陈述:

1. 针对给定的银行对账单和支票簿,结算支票账户余额。
2. 设置并操作数码摄像机。
3. 选择积极健康长寿的生活方式。
4. 针对给定的城市列表,说出它们是哪些州的首府。

这些目标中的每一个都可以作为教学设计的起点,然后问题就变成了"我们如何确定达到这些目标必须习得哪些技能"。第一步是将目标分类到加涅(Gagné,1985)提出的某一学习领域中。

让我们考虑一下目标1——结算支票账户余额。无论在谁看来,这都是一项问题解决任务,因此被分类为智力技能。以下目标也可以被分为智力技能:运用规则计算销售税,以及将各种生物分类为哺乳动物或爬行动物。

目标2是设置并操作数码摄像机,被分类为**心因动作技能**,因为它涉及心理和身体活动的协调。在这种情况下,必须用一种非常特殊的方式操作设备,才能成功拍出高质量的视频图像。其他例子包括打高尔夫球和操作电动喷漆器。

第三个例子中,关于选择健康的生活方式,学习者肯定要作出选择。而且无论他们是否理解健康生活方式的构成因素,他们都可能选择遵循或者不遵循这些因素。其他例子包括选择开车时不发短信、选择向当地的慈善机构捐款等。

最后一个目标样例反映了言语信息，要求学习者说出每个首府城市对应的州名。教授这种技能的方法有很多，学习者可能会尝试其中一些学习方法。言语信息的其他例子有背诵一首诗、回忆一个地址、将物体与它们的名称关联起来等。

认知策略　熟悉加涅著作的读者都知道，他还描述了学习的第五个领域——**认知策略**。认知策略是人们调控对事物的思维方式和管理自己学习的元过程。有些认知策略是直截了当的，比如在脑海中多次重复新认识的人的名字，同时想象他们的面孔，这样就可以在下次见到他们时直呼其名。一种更复杂的认知策略是明确如何组织、分类、记忆和应用考试章节中的新知识。现在，请思考一个非常复杂的组合，即结构不良问题和土木工程师在规划一块用于住房开发的农田时所使用的认知策略。工程师必须：

1. 掌握一系列物理设备和智能工具，如计算机辅助设计、地理信息系统数据库、土地测量、土壤分析、水文数据，以及供水、排水、燃气和电力设施系统，等等。

2. 掌握"教科书"上所介绍的各种工程策略，以应对土地开发项目中可能面临的一系列问题。

3. 在管理内部合作团队的同时，与环境、法律和建筑事务方面的咨询专家磋商合作。

4. 在一个全新的情境中组织、管理和应用所有这些工具、解决策略和协作技能。有些工具是有用的；有些则没用。有些解决方案奏效；其他方案则需要放弃或作出修改。有些项目团队成员可以快速可靠地完成任务；其他成员可能需要更多的指导和监管。最终的现场开发是一个反映工程师协调各种资源以解决特定问题能力的独特产物。

在这个实例中，土木工程师调控内部思考过程，组织、突破和解决住房开发中多方面的问题，同时为完成所分配的工作而学习新策略。土木工程师的工作可以直接与前面描述的教学设计者的工作相类比，它们都是结构不良问题的解决。对于本书所描述的教学设计过程，我们将认知策略和问题解决置于智力技能的最高水平。

我们在这里提到认知策略，是为了叙述的完整性和避免混淆，但在后面的章节中，我们有意省略了这个术语，因为在我们看来，认知策略可以被视为类似结构不良的问题解决，并作为智力技能来教授。

分析教学目标

达成不同教学目标所需的教学量差异很大，认识到这一点很重要。有些目标代表的是能在 1 小时内教授完成的技能，而其他目标则可能需要学生花费很多时间才能达到。目标越小，就越容易精确分析要学习的内容。在我们确定了目标的领域后，必须更具体地指出学习者在达成目标的过程中将做什么。

分析智力和心因动作技能的程序

分析智力技能或心因动作技能目标的最佳技术,是对个体在达成目标过程中所做的事情进行逐步的、精确的描述。不过实际操作并不像最初听起来那么简单。个体所做的事情可能是易于观察的身体活动,如心因动作技能。但在外显行为之前,可能还有必须完成的**心理步骤**,如智力技能。比如,可能很容易就能观察到清洁油漆刷和喷漆设备的心因动作步骤;但几乎不可能直接观察到个体对粉刷一座建筑物所需油漆量进行计算时可能遵循的智力技能步骤。

在描述个体完成目标时可能采取的确切步骤的过程中,你可能会发现,其中一个步骤需要在几个可选(因而也必须学习)的路径之中作出抉择。例如,在清洗油漆刷时,你可能会发现有时候洗不出油漆,因此必须采用其他备选的技术。同样,在试图解决与面积和所需油漆量有关的数学问题中,可能首先必须将问题分类为 **A 型**(需要较少油漆的光滑表面)或 **B 型**(需要更多油漆的粗糙表面)。基于以上结果,可能需要采用两种截然不同的技术中的一种来解决这一问题。关键是,必须教会学习者如何作出决定,以及如何执行达成目标所需的所有可能步骤。

目标分析是学习者在完成教学目标过程中所要执行的具体步骤的直观展示。如下面的流程图所示,每个步骤都陈述在其中的一个方框中:

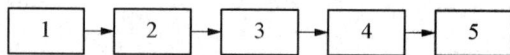

这张流程图表明,如果学习者拥有目标陈述中描述的工具,那么他就可以通过先执行步骤 1 来达成目标。步骤 1 可能是将两个数字相加或者敲击键盘上的某个键。在完成步骤 1 之后,学习者需要依次执行步骤 2、3、4 和 5。在完成步骤 5 之后,整个过程就完成了。如果这些步骤完成得当,则表明已达成目标。

这个过程听起来很简单,但在进行具体的目标分析时,你会发现事实并非如此。随之而来的问题是:一个步骤应该涵盖多大的范围? 一个步骤能包含多少内容呢? 答案主要视学习者而定。如果教学对象是年幼的儿童或尚未"学会如何学习"的年长者,那么步骤应该相当小。如果向年长的、更成熟的学习者教授包含相同技能的相同主题,那么这些技能可以组合成较大的步骤。仔细观察一下本章开头的系统设计模型,你会注意到,我们正在讨论的"进行教学分析"步骤与"分析学习者与情境"这一步骤是平行的活动,而不是在这一步骤之前或之后的活动。虽然分析学习者的过程将在第 5 章中讨论,但认识到构成该步骤的各个要素可以与目标分析同时完成,以及在进行目标分析时掌握详细的关于学习者的知识会使工作更有用、更接近现实,都非常重要。请记住,本书逐章地介绍教学设计过程,只是为了引导读者学习使用系统设计模型。随着对教学设计逐渐变得熟练,你将进一步深入理解模型中各个步骤之间的序列性、平行性和循环性关系,并且将有信心运用自己的策略来对教学设计工作进行组织和排序。

无论一个步骤应该有多大,对每个步骤的陈述都必须包含一个描述可观察行为的动词。在我们的例子中,使用了**相加**和**敲击**这两个动词。这些行为都是我们可以观察到的,或者,例如在相加的情况下,我们可以观察到写下来的答案。还有一些行为,比如阅读或倾听,是我们观察不到的,因为没有直接可见的结果或产物。如果这些是目标的一部分,那么该步骤应该指明学习者将从他们阅读或听到的内容中确认了什么。每个步骤都应该有一个可观察的结果。

另一种我们无法直接观察到的行为是决策。显然,这是一个基于一系列判断标准的心理过程。决策步骤通常对目标的实现至关重要,根据所作的决定不同,可能采用一系列不同的技能。如果达成目标包括决策过程,那么决策步骤应该放在菱形框中,同时呈现从菱形框中引出的可选择的路径。

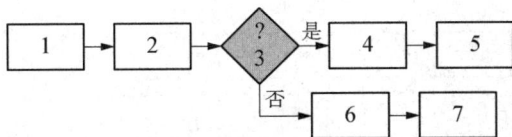

让我们回顾一下整个目标实现过程的流程图。学习者依次执行步骤 1 和 2。然后必须作出一个判断,例如"预算超过 300 美元吗?"或"屏幕上的单词拼写正确吗?"如果回答是肯定的,那么学习者继续执行步骤 4 和 5。反之,如果回答是否定的,那么学习者执行步骤 6 和 7。

请注意与决策相关的一些重要特征。首先,决策可以是目标分析过程中的一个步骤。此时,要用恰当的动词把它写出来,并放在流程图的菱形框中。其次,根据决策的结果,应该至少有两种需要学习和执行的技能。有时候也不需要决策菱形框,例如一个步骤要求学习者"挑选一个苹果",下一个步骤是"削苹果皮"。学习者可能要学习挑选苹果的标准,但是不管选中哪个苹果,下一个步骤都是削苹果皮。这里不存在其他可选的下一个步骤,因此不需要在流程图中使用菱形框。

如果我们改变上述关于苹果的例子,菱形框中的步骤可能是区分成熟与未成熟的苹果。在区分完之后,将以一种方式处理成熟的苹果,而以另一种方式处理未成熟的苹果。显然,学习者必须能够区分这两类苹果,然后能够根据苹果的成熟度进行恰当的操作。请注意,菱形框中的问题是"苹果成熟了吗",这意味着学习者有能力作出这种区分。如果学习者已经能够做到这一点,那么就不需要教学;只需在教学的适当时间点告知学习者这样做即可。尽管如此,在某些情况下,仍然必须将其作为一项技能来对待——"学习者要能够区分成熟与未成熟的苹果"——并最终为这项技能提供教学,就像在目标分析过程中的任何其他步

56

骤一样。

另请注意,框中的数字并不一定表示将要执行的所有步骤的顺序。在这个例子中,如果个体因为在步骤 3 中作出的决定而执行步骤 4 和 5,那就不需要再执行步骤 6 和 7。反之亦然。还要注意,因为步骤 3 在菱形框中,所以它必须是一个问题。对这一问题的回答引向了不同的步骤或技能。

关于通过流程图展示目标的其他一些惯例也值得了解,例如,如果页面空间不够怎么办。假设用完一个页面之后,还需要空间来放置更多的流程框。显然,你可以翻到下一页继续。另一种解决方式,如下图所示,是在该行最后一个框后画一个圆圈来表示过程在此处中断,然后以一个包含相同字母的圆圈开始,并与后面的框相连接。你可以在圆圈中使用任意字母,但应该与分析流程图中其他地方使用的字母区分开来。在我们的例子中使用了字母 M。你不需要把带有字母 M 的圆圈与另一个带有字母 M 的圆圈连起来,因为读者可以很容易地找到下一个带有相同字母的圆圈。

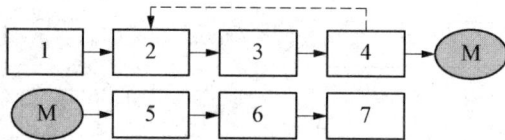

另一种解决空间不足问题的方法是将方框移到下一行,然后从右到左倒着进行描述和编号。只要线条和箭头能够指示流程的方向就是可以的。箭头对图表的解释至关重要。还要注意前面流程图中虚线的使用,这意味着在目标的完成过程中,有可能返回到前面的某一步骤,再次按顺序执行步骤。请仔细考察流程图,以便发现所描述过程蕴涵的逻辑。

随着目标分析的进行,你可能会发现很难切地知道每一个步骤应该包含多少内容。这个阶段的一般规则是,1—2 小时的教学通常包含至少 5 个,但最多不超过 15 个步骤。如果步骤少于 5 个,也许是你在描述这些步骤时不够具体。如果步骤数超过 15 个,那么可能是你选取了太大的组块用于分析,也可能是列出的步骤过于琐碎了。一个普遍使用的经验法则是反复检查、修改这些步骤,直到把 1—2 个小时教学的步骤控制在 5—15 个之间。

分析言语信息目标的程序

对于言语信息教学目标的分析,你可以这样思考以开始分析过程:"现在让我们看看,学生们会做什么? 假设我要求他们列出身体中的主要骨骼,描述骨骼损伤的主要原因等。我只需要在测验中让他们回答这些问题,并写下他们的答案。"在某种意义上说,除了测验问题的呈现和答案的提取外,这里不存在任何智力或心因动作程序。学习者无需用信息解决问题,也无需作出任何决策。分析这种目标可能与准备目标中所包含的主题纲要类似,但这些步骤本身不存在顺序。在流程图中,方框可以用来表示目标中的重要主题,但不存在用来指示要执行的步骤顺序的箭头。

在没有程序可循的情况下,设计者如何对言语信息技能进行排序呢? 在可以确定自然时间顺序的情况下,言语信息技能的最佳顺序就是按时间顺序排列。如果主题之间不存在自然的顺序,那么应当根据它们的内在关系进行排序,如空间顺序、简单到复杂、熟悉到陌生以及常见的内容领域等。

分析态度目标的程序

当教学目标是态度时,有必要确定能表现出态度的行为。这一行为是智力技能还是心因动作技能? 如果是其中一个,那么采用前述的程序性流程图进行分析。不过,如果态度是通过言语信息表现的,那么你的目标分析结果就应该是信息所包含重要主题的列表或纲要。

总之,对智力技能和心因动作技能的目标分析就是对要执行的步骤的分析;而对言语信息目标的分析,就是列举需要学习的重要主题;根据态度目标的性质,态度目标分析可以采用这两种方法中的任意一种。

对确定目标中步骤的其他建议

如果你无法根据步骤序列来陈述目标,也许是因为这一目标未能根据所要求的结果行为陈述清楚。如果已经陈述清楚了,而你仍然不能分析其中的步骤,那么有几种程序可以帮助你确定步骤,包括:

1. 对自己描述用来判断学习者是否达到教学目标的测验项目或评估。

2. 考虑学习者在完成你的评估或测验时必须经历的步骤。

3. 对自己进行“测验”;也就是观察你自己在完成目标过程中的身体和心理状态。

4. 记下你经历的每一个步骤和必须作出的每一项决定。这些就是你要记录的目标分析步骤。

5. 找一些你认识的能够达成目标的人,询问他们会遵循什么步骤。把他们的步骤和你的步骤进行对照。在最终表征目标时,你通常需要考虑这些差异。

6. 观察他人完成你的目标的过程。他们遵循了什么步骤?

58

7. 参考书面材料,如教科书、技术报告、设备使用手册、软件说明书、用户指南、政策和程序手册等,以确定如何描述目标中的技能。

8. 与当前在工作场所执行或管理目标绩效的员工或主管进行交流。

9. 对于选定的技能,你甚至可以在 YouTube 或 VideoJug 等网站上查找“如何做”的视频,当然请记住,要始终质疑这类资源的权威性,不可全信。

在职业和技术培训中,工作场所(我们在第 5 章中称之为**绩效情境**)是观察专家如何达成目标、查找现有的记录工作绩效标准的手册的好地方。回顾一下,在迪克-凯瑞模型中,情境分析是与目标分析并行的活动,而且与目标分析紧密相关。

作为题外话,请参阅第 2 章的图 2.1,你会发现在确定目标之前的那个步骤正是"实施工作分析"。在职业和技术培训情境中,教学设计者可以利用工作分析的结果来进行目标分析。简言之,工作分析结果是在对上一段中描述的各种工作绩效信息进行非常严格、详尽的考察后形成的结果报告。然而,在某些情境下,当你被要求开始教学开发时,可能根本无法获得目标分析所需要的详细信息。例如,新的培训材料和新的机器人设备或软件是同时开发的,以便将产品手册、培训和新产品同时上市。因为上市时间对于获得竞争优势至关重要,所以公司不愿意在培训部门完成全套产品后再进行产品宣传,这样就太迟了。在这种情况下,就需要使用第 10 章中介绍的教学设计方法——**快速定型法**。尽管这些程序产生的一系列步骤对你来说可能非常简单,但请记住这是因为你是学科专家。对于信息不足的学习者来说,它们可能不会那么简单或明显。

评价和修改

评价和修改目标分析

进行目标分析,显然要求设计者要么拥有关于教学目标的丰富知识,要么要与具备这些知识的人合作。如果设计者已经在常规课堂情境中教授过这一主题或目标,那么对知识的这种要求可有所降低。我们经常发现,教学设计新手倾向于列出他们在教授一个目标时会遵循的步骤,而不是学习者在达成目标过程中应该执行的步骤。教授和执行目标是两码事。在目标分析的步骤描述中,要注意使用的动词是**描述**、**列举**、**说出**等。在我们执行心因动作技能、智力技能或态度目标的过程中几乎用不到这些动词,但它们是我们用来描述如何教学的话语。在教学设计过程的后期阶段,我们将讨论这一点;目前,我们仅以图形的形式呈现人们在实现目标过程中可能遵循的步骤。

进行目标分析的另一个问题是,所包含的技能和信息可能只是设计者"亲近和喜欢"的,而并非实现目标实际所需要的。在某一主题领域经验丰富的设计者,可能会遇到这一问题,或者,当设计者与学科专家合作,而学科专家坚持在教学中包含某一特定的主题、技能或信息时,这一问题更有可能出现。这就变成了一个政治性问题,只能通过谈判协商来解决。

目标分析的评价细则

以下评分细则总结了用于评价教学目标分析质量的标准。它包括对几个部分的评分:主要步骤、流程图策略以及你为项目确定的其他标准。

设计者须知：若某一要素与你的项目无关，请在"否"一栏中标注"NA"，表示"不适用"。

否　　有些　　是　　**A. 步骤陈述**

____　____　____　1. 包含动词(行为/动作)吗？

____　____　____　2. 结果可见/可观察吗？

____　____　____　3. 内容聚焦/清晰吗？

____　____　____　4. 步骤聚焦在学习者的行动上，而不是在培训者/教师的行动上吗？

____　____　____　5. 组块大小范围相当且适合学习者吗？

____　____　____　6. 步骤是达成目标的重要/主要步骤吗？

____　____　____　7. 步骤之间的关联清晰吗？

____　____　____　8. 步骤之间的关联在顺序中反映出来了吗？

____　____　____　9. 避免步骤之间的冗余了吗？

____　____　____　10.（其他）

　　B. 流程图

____　____　____　1. 将主要步骤放在方框中，从左到右排列了吗？

____　____　____　2. 用菱形框、问题和分支答案(例如，是、否)来阐明决策点，并用箭头引向下一步了吗？

　　　　　　　　　3. 用_____清楚地阐明排序

　　　　　　　　　a. 步骤之间的箭头？

____　____　____　b. 表示流程中主要步骤的系统编号？

____　____　____　c. 换行时使用的带有相同字母的配对圆圈？

　　C. 其他

____　____　____　1.

____　____　____　2.

目标分析的最终产物是一个技能流程图，它可以概述学习者在实现教学目标时将要做什么。该框架是第 4 章中介绍的下位技能分析的基础。

实例

教学分析的第一阶段包括两个主要步骤：(1)将目标分类到某一学习领域；(2)通过对实现目标所需的主要步骤进行确认和排序来进行目标分析。表 3.1 展示了四个教学目标样例，以及先前描述的四个学习领域。首先,我们将每个目标分类到一个领域,然后确定实现目标所需的主要步骤,并对其进行排序。

表 3.1　教学目标样例与学习领域

目标样例	学习领域
1. 使用频率多边形解释绩效分数分布。	智力技能——进行辨别、运用所学概念、运用规则和解决问题。
2. 将高尔夫球推入洞杯。	心因动作技能——身体活动,通常也包括心理活动。
3. 入住酒店时,最大限度地保证人身安全。	态度——作出特定选择或以某种隐含潜在信念或偏好的方式行事。
4. 描述对工作场所安全来说最为重要的材料安全数据表的五个组成部分。	言语信息——陈述事实,提供具体信息(例如,命名物体)。

智力技能目标

考察表 3.1 中列出的第一个目标"使用频率多边形解释绩效分数分布"。这一目标被分类为**智力技能**,因为在达成这一目标的过程中,需要学习者学习概念、遵循规则和解决问题。这一智力技能目标的主要步骤如图 3.1 所示。

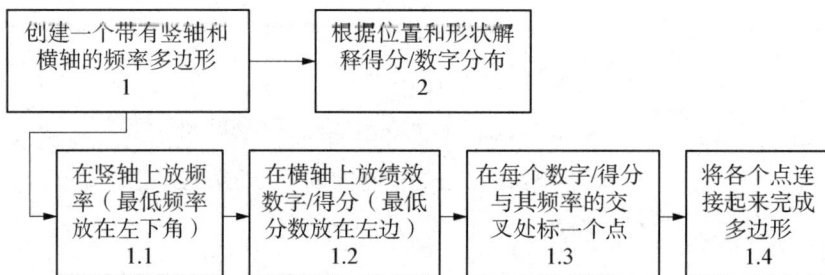

图 3.1　智力技能的目标分析

目标:使用频率多边形解释绩效分数分布。

目标分类之后,我们应该确定实现目标所需的主要步骤及其最佳排序。设计者向前推进的一个好方法是,检查频率多边形以确定其组成成分。从左到右写下创建多边形所需的步骤。毫无疑问,学习者将从创建两个轴(步骤 1)开始,然后在垂直方向上添加频率(1.1),并在水平方向上添加分数(1.2)。随后在图上标出分数和频率的交叉点(1.3),将各个交叉点连接起来(1.4),以使分布的形状清晰。最后,根据形状所示含义描述或评价绩效(步骤 2)。

心因动作技能目标

表 3.1 中呈现的第二个教学目标"将高尔夫球推入洞杯",应该被分类为**心因动作技能**,因为把球推入洞杯既需要心理规划,又需要用身体去执行规划。无论是在果岭上胡乱击球,还是只是祈祷球能进洞,都不能完成任务。相反,心理规划和计算以及建立在心算基础上的准确击球,才能达成这一目标。

既然我们已经将推球入洞杯目标按领域作了分类,接下来就要确定学习者完成目标的主要步骤及其排序,如图 3.2 所示。当我们观察一个高尔夫球手准备推球入洞杯时,会注意到似乎需要发生某些心理规划活动。心理规划之后的步骤,只是粗略展示了从头到尾完成该任务的过程。这里所作的排序可以为我们进一步确定完成每一步骤所需的下位技能提供一个框架。

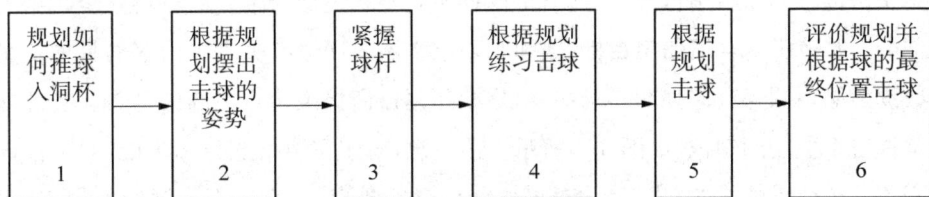

图 3.2 心因动作技能的目标分析
目标:将高尔夫球推入洞杯。

态度目标

表 3.1 中列出的第三个目标"入住酒店时,最大限度地保证人身安全",被分类为**态度目标**,因为它隐含着根据潜在的态度或信念选择行动方案。如果学习者在入住酒店时展现的行为显示出安全防范意识,他们会怎么做呢?为这一目标建立框架的第一步是,访问几家酒店,询问这些酒店的安全防范措施,从而确定以下三个可能需要重点关注的领域:

1. 酒店的消防情况;
2. 酒店房间内的人身安全;
3. 贵重物品的保管。

图 3.3 展示了与酒店消防有关的最大限度地保证人身安全的主要步骤。这一系列步骤,反映了在入住酒店时最大限度地保障消防安全的个体所采取的实际行为。这些主要步骤中的每一个都可以进一步分解。但目前这些步骤显示了个体完成目标的第一部分应该做什么。对于与人身安全和贵重物品保管有关的第 2、3 个目标成分,也应该进行类似的分析。

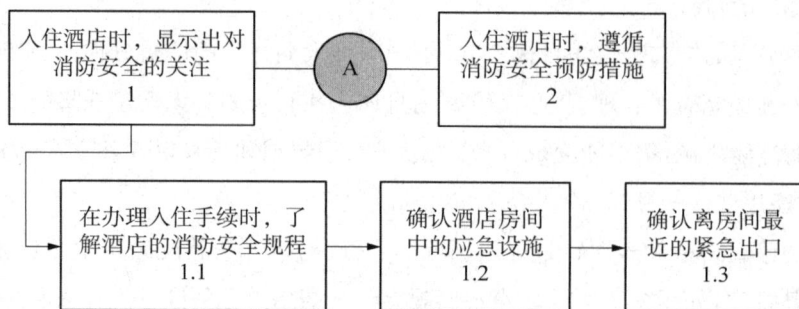

图 3.3　态度技能的目标分析

目标:入住酒店时,最大限度地保证人身安全。

言语信息目标

表 3.1 中的第四个教学目标"描述对工作场所安全来说最为重要的材料安全数据表的五个组成部分",被分类为**言语信息目标**,因为它要求学习者回忆有关文档内容的具体信息。材料安全数据表是由联邦政府强制要求的、由化学品制造商提供给客户的信息表。实现这一目标需要掌握五个主题的知识,如图 3.4 所示。请注意,对于言语信息目标来说,并不存在从一个活动到下一个活动这样的"步骤"。对于这些信息的排序,没有内在的强制性规定,因此目标分析只是按照材料安全数据表上出现的顺序对主要的信息集群进行编号。这可能与在教学过程中涵盖的信息的顺序相同。

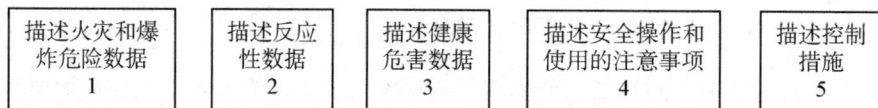

图 3.4　言语信息技能的目标分析

目标:描述对工作场所安全来说最为重要的材料安全数据表的五个组成部分(OSHA 表 174)。

目标分析的典型首选法

当阅读本书这样的文本时,教学目标流程图可能看起来只要简单遵循作者的文字处理过程即可。但当读者最初采用这个过程时,它可能并非那么流畅和容易。展示目标分析中的典型"首选方法",并指出某些可以避免的问题,可能会有所帮助。

请看图 3.5,它展示了与初次使用文字处理程序有关的目标分析,但是比较冗长。看起来,分析者似乎并没有思考"我应该如何实现这一目标",而是在自问"我应该如何教授这一目标"。教师可能想在教学之初解释一些背景信息。但在这里,我们只想列出完成目标的实际步骤。执行图 3.5 中的目标不需要解释操作系统,因此应该删除步骤 1。

步骤 2 看上去好像是启动和运行系统的一般步骤。不过,它应该被修改为表示学习者要做什么,即打开电源并找到开始菜单。步骤 3 应该被删除,因为它是一个针对首次使用者的一般过程,只应作为一个子步骤出现。

对于步骤 4,执行该目标的专家永远不会停下来解释什么是应用程序。这可能是教学中某些环节所需的下位技能,但在这里不属于目标分析的范围,因此也应该被删除。我们要做的全部事情,就是把运行文字处理应用程序的步骤记录下来。步骤 5 让我们回到正轨,但"使用工具栏"是什么意思? 它也应该被删除,因为它要实现的目标包含在步骤 6 中。

最后,步骤 6 包括创建、编辑和打印文档。对于目标分析来说,这个步骤太大了,应该分解为以下独立的步骤:创建文件、输入文字段落、编辑段落和打印段落。

根据这一分析,我们可以以将目标改写为:通过输入、编辑和打印一个简短的文档,操作文字处理应用程序。修改后的步骤如图 3.6 所示。它看起来与图 3.5 的初始分析截然不同。此外,当你检查实现目标所必需的步骤时,请注意,没有一个步骤等同于实现目标;为了显示已具备实现目标的能力,所有步骤都必须依次执行。

63

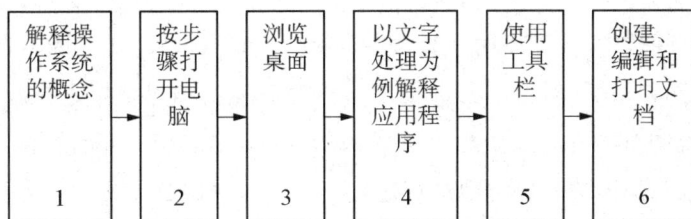

图 3.5　关于文字处理智力技能的不完善的目标分析

目标:启动个人电脑;描述操作系统;用文字处理应用程序创建、编辑和打印文档。

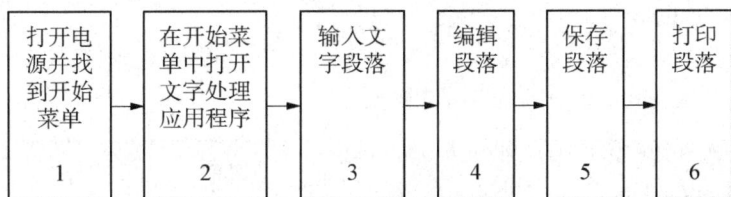

图 3.6　修改后的文字处理目标分析

目标:通过输入、编辑和打印一个简短的文档,操作文字处理应用程序。

案例研究:团体领导力培训

回想一下第 2 章的案例研究,教学设计者选择的教学目标是"展示引导团体进行有效讨论的技能"。本章将对这一目标进行目标分析。它被分类为智力技能,因为它需要学习概念和规则并解决问题。所确定的实现这一目标的 7 个主要步骤及其排序如图 3.7 所示。任务是从左到右自然推进的,因为每一个步骤的产物都是下一个步骤的输入。这样逐步解释一般教学目标可以使后续的教学分析活动变得更加容易。

64

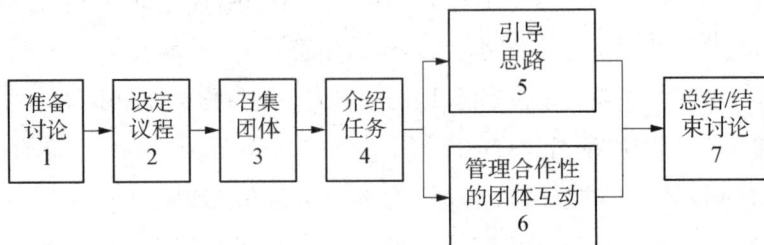

图 3.7　智力技能的目标分析

目标:展示引导团体进行有效讨论的技能。

专业和历史观点

在 20 世纪 50 年代中期,本杰明·布鲁姆(Benjamin Bloom,1956)及其同事根据对不同技能复杂性的观点,出版了《教育目标分类法》,作为对学生学习结果进行分类的参考框架。在学校和商业情境中对学习进行分类时,布鲁姆的分类法非常流行,所以我们将它放在此处,
65　并在表 3.2 中将其与加涅的学习类型进行比较。熟悉布鲁姆分类法的人可能希望运用这一表格将布鲁姆分类转换为加涅分类。我们在整本书中都使用了加涅的方案,因为他的分类能够有效指导目标分析、子技能分析以及实现最有效学习的教学策略开发。最近,安德森等人(Anderson et al.,2001)修改了布鲁姆的一些术语,并将他的分类法设置为一个矩阵,以便直观地将知识水平与认知领域的其他水平关联起来。

表 3.2　布鲁姆的学习结果领域中需要的学习类型

布鲁姆 学习结果的领域	加涅 需要的学习类型
心因动作领域	心因动作技能
情感领域	态度技能
认知领域:知识	言语信息技能
认知领域:理解	智力技能:主要是概念和某些规则
认知领域:应用	智力技能:主要是规则和某些问题解决
认知领域:分析	智力技能:主要是结构良好的问题解决

（续表）

布鲁姆 学习结果的领域	加涅 需要的学习类型
认知领域:综合	智力技能:主要是结构不良的问题解决,包含一些认知策略元素
认知领域:评价	智力技能:主要是结构不良的问题解决,包含一些认知策略元素

注意:布鲁姆的大部分认知领域分类都需要技能的组合。此表旨在说明其中的技能,而不是对其进行界定性陈述。

流程图:确定教学目标

本节包含两个流程图,图 3.8 和图 3.9,它们将帮助你回顾进行教学目标分析所需的任务。这些流程图将帮助你总结本章的信息,并为你的设计工作提供指导。

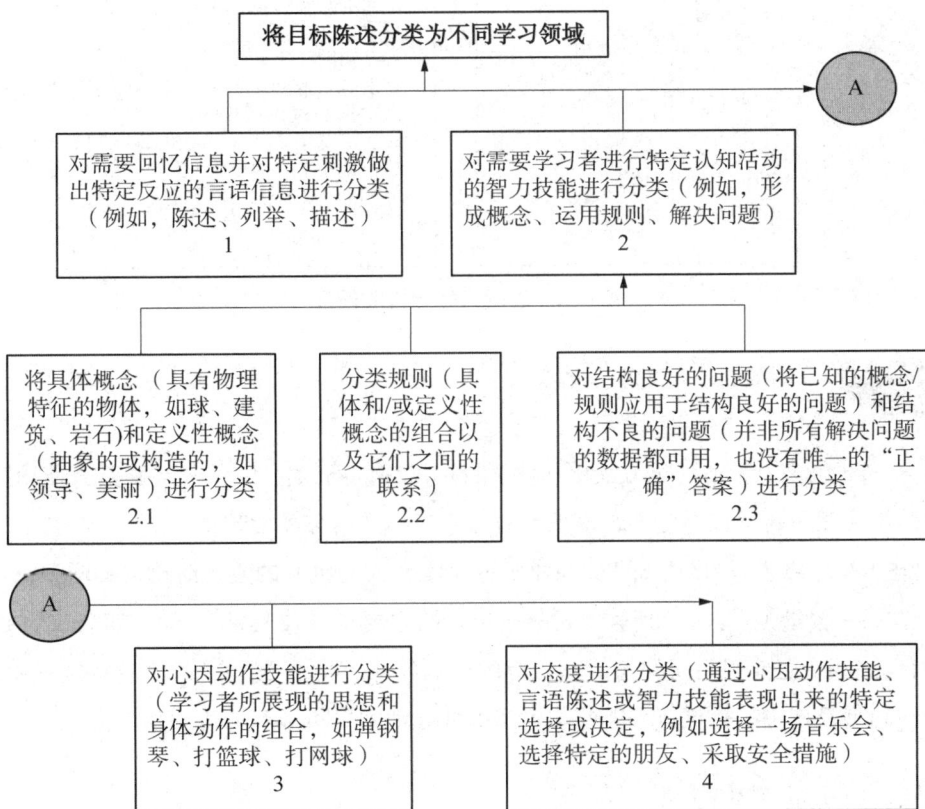

图 3.8　将目标陈述分类为不同学习领域

66

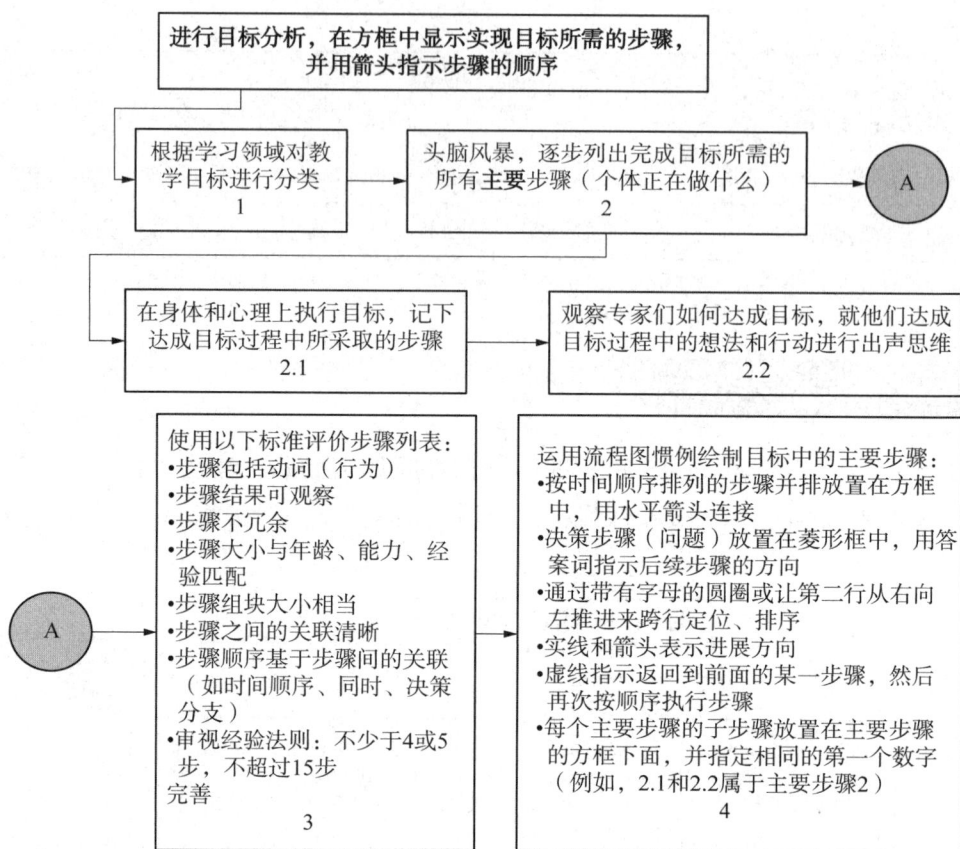

图 3.9   进行目标分析的任务

练习

1. 表 3.3 包含了一系列学习领域和教学目标。阅读第二栏中的每个目标,并使用第一栏中列出的学习领域对其进行分类。写下你对每个目标进行分类的理由。

2. 在另一张纸上,写出表 3.3 中教学目标 1、2 和 3 所包含的主要活动及其顺序。

3. 在另一张纸上,写出下列教学目标所包含的主要步骤及其排序:写一篇作文,(1)根据句子的目的和语气,使用不同的句型及相应的标点符号;(2)根据句子的复杂程度或结构,使用不同的句型及相应的标点符号。使用本章的评分细则来指导和评价你的工作。

67   表 3.3   按学习领域对教学目标进行分类

学习领域	教学目标样例	理由
A. 心因动作技能	_____ 1. 用常用术语说出人体各部位的名称。	
B. 智力技能	_____ 2. 以蛋壳为工具,分离蛋黄和蛋清。	

（续表）

学习领域	教学目标样例	理由
C. 言语信息	_____ 3. 乘坐飞机时采取安全举措。	
D. 态度	.	

参考答案

1. 将你的答案与表 3.4 提供的实例相比较。

2. 将你的答案与图 3.10 到图 3.12 中三个教学目标的主要步骤组成和顺序进行比较。你的分析可能与我们略有不同，因为通常不存在唯一的目标步骤分析方法，措辞也会有所不同。

第一个目标，用常用术语说出人体各部位的名称（图 3.10），不存在可以用来生成逻辑框架的事件时间顺序。必须确定一种组织方法，使我们能够按逻辑归类或分组信息。我们采用"作为同一整体的部分"（即身体的主要部位）来组织内容。然后，选择各部位在空间上从上到下的顺序，例如，头、手臂、手、躯干、腿和脚。注意这些词之间没有用箭头连接，因为它们不是必须执行的有序步骤。

敲开蛋壳，分离蛋黄和蛋清（图 3.11）需要心因动作技能，这项技能有一个自然的事件顺序。在蛋壳破裂之前，不能把蛋壳掰开；在蛋壳掰开之前，不能分离蛋黄和蛋清。与大多数心因动作任务一样，这项任务也需要练习。大脑告诉你的双手用多大的力去敲击蛋壳或用多快的速度倒出蛋黄的唯一方法，就是练习这项技能。错误的估计和转化操作会导致蛋壳被压碎，蛋黄被打破。

关于飞行安全的教学目标（图 3.12），有一系列有助于实现这一目标的步骤。首先要存放好随身携带的物品，然后注意安全通告。安全通告可以帮助你知晓飞机上的安全设施的位置。此后，系好安全带并控制饮酒量，也都是必要的。

3. 将你对句子写作的目标分析与附录 B 中的分析进行比较。

表 3.4   教学目标分类的参考答案

学习领域	教学目标样例	理由
A. 心因动作技能	C 1. 用常用术语说出人体各部位的名称。	身体的每个部位都有其名称，需要把名称与身体的某一部位联系起来。除回忆标签或名称之外不需要其他活动。
B. 智力技能	A 2. 以蛋壳为工具，分离蛋黄和蛋清。	需要心理规划，并将心理规划准确地转化为身体动作。

(续表)

学习领域	教学目标样例	理由
C. 言语信息	___D___ 3. 乘坐飞机时采取安全举措。	行为暗含了对安全的潜在态度。
D. 态度		

68   请说出下列身体部位的名称:

1. 头	2. 手臂	3. 手	4. 躯干	5. 腿	6. 脚

图 3.10 言语信息技能的目标分析

目标:用常用术语说出人体各部位的名称。

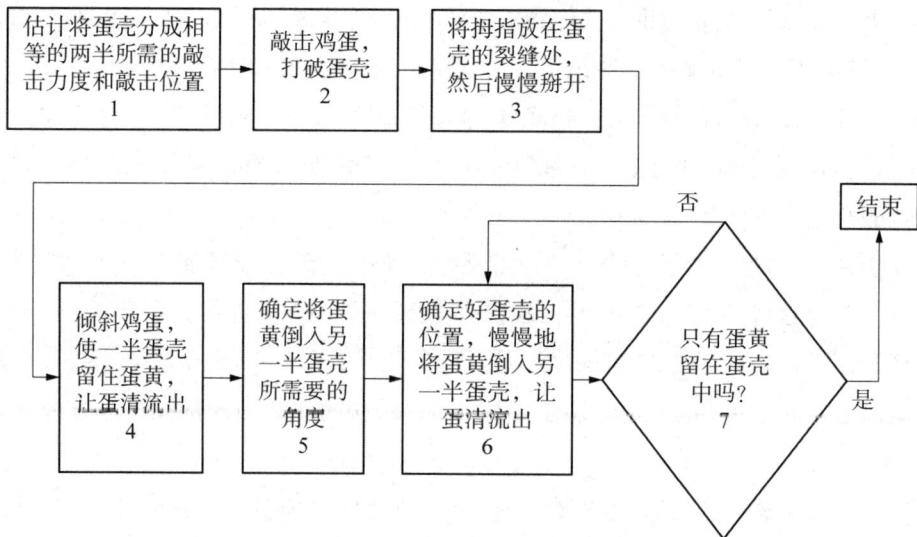

图 3.11 心因动作技能的目标分析

目标:以蛋壳为工具,分离蛋黄和蛋清。

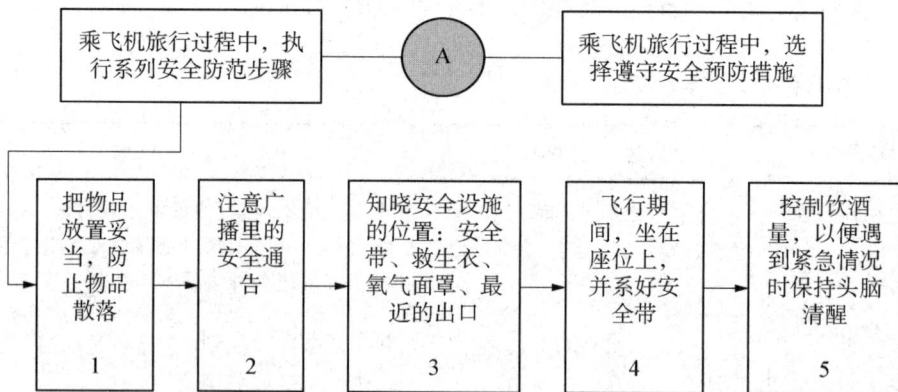

图 3.12 态度技能的目标分析

目标:乘坐飞机时采取安全举措。

参考文献和推荐读物

Anderson, L. W., Krathwohl, D. R., Airasian, P. W., Kruikshank, K. A., Mayer, R. E., Pintrich, P. R., Raths, J., & Wittrock, M. C. (2001). *A taxonomy for learning, teaching, and assessing: A revision of Bloom's taxonomy of educational objectives*. Pearson.

Bloom, B., Englehart, M., Furst, E., Hill, W., & Krathwohl, D. (1956). *Taxonomy of educational objectives: The classification of educational goals: Handbook 1: The cognitive domain*. W. H. Freeman.

Clark, R. C., & Mayer, R. E. (2013). *Scenario-based e-learning: Evidence-based guidelines for online workforce learning*. Pfeiffer. 提供了职业技术培训中认知任务分析的良好范例,包括将教学目标分类到各个学习领域。

Crandall, B., Klein, G., & Hoffman, R. R. (2006). *Working minds: A practitioner's guide to cognitive task analysis*. MIT Press. 该书包含一些方法和工具,用来收集和分析关于人们如何做事的数据。

Gagné, R. (1985). *Conditions of learning* (4th ed.). Holt, Rinehart and Winston. 该书是关于教学设计许多方面的经典之作,包括学习领域和层级分析。

Gagné, R. M., Wager, W. W., Golas, K. C., & Keller, J. M. (2004). *Principles of instructional design* (5th ed.). Wadsworth/Thomson Learning. 该书提供了智力技能教学分析应用的很多实例。

Hackos, J. T., & Redish, J. C. (1998). *User and task analysis for interface design*. Wiley. 该书描述了可直接应用于目标分析的任务分析观察技术。

Jonassen, D. H., Tessmer, M., & Hannum, W. (1999). *Task analysis procedures for instructional design*. Lawrence Erlbaum Associates. 很好地回顾了教学分析的各种技术,介绍了如何用它们来指导教学设计。可通过 netLibrary 网站找到该书的电子版。

Loughner, P., & Moller, L. (1998). The use of task analysis procedures by instructional designers. *Performance Improvement Quarterly*, 11(3),79-101.

Mager, R. (1997). *Goal analysis: How to clarify your goals so you can actually achieve them*. The Center for Effective Performance. 标题准确地描述了这本教学设计经典著作的内容。

Mellon, C. (1997). Goal analysis: Back to the basics. *Tech Trends*, 42(5),38-42.

第 **4** 章

识别下位技能和起点技能

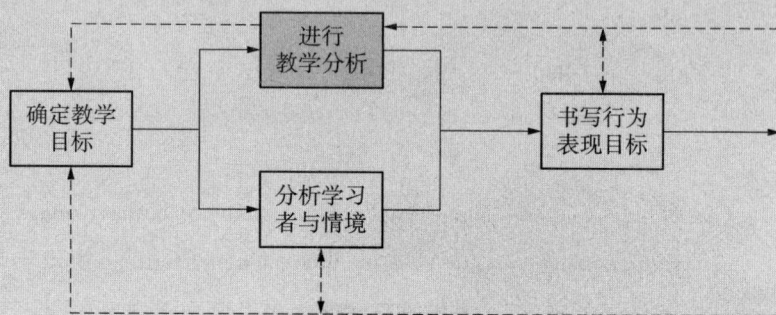

▶ 描述下位技能分析的方法,包括层级分析、程序分析、聚类分析和综合分析。

▶ 描述通过下位技能分析确定的下位技能(包括起点技能)之间的关系。

▶ 在目标分析的步骤中应用下位技能分析技术,并酌情确定起点技能。

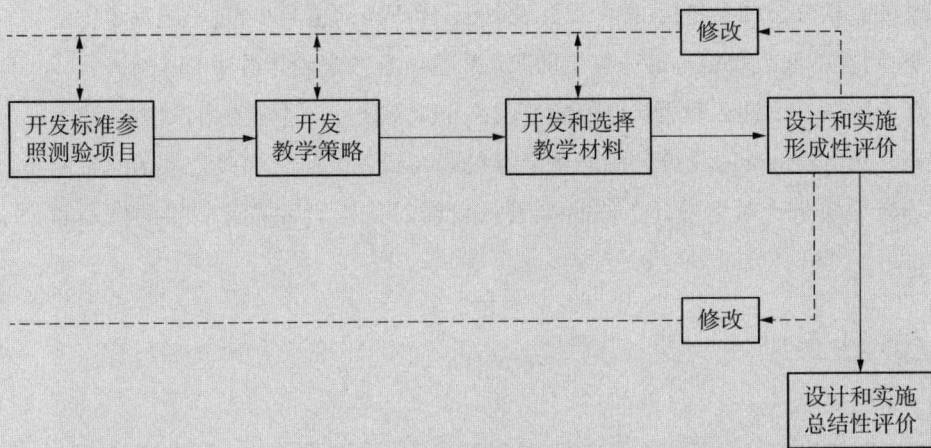

```
                                                              ┌──────────┐
┌ ─ ─ ─ ─ ─ ─ ─ ─ ─ ─ ─ ─ ─ ─ ─ ─ ─ ─ ─ ─ ─ ─ ─ ─ ─┤   修改    │◄─ ─ ┐
│        ↕              ↑              ↑             └──────────┘     ┆
│  ┌──────────┐   ┌──────────┐   ┌──────────┐   ┌──────────┐         ┆
│  │ 开发标准参 │──►│   开发    │──►│ 开发和选择 │──►│ 设计和实施 │─ ─ ─ ─ ─┘
│  │ 照测验项目 │   │  教学策略  │   │  教学材料  │   │ 形成性评价  │
│  └──────────┘   └──────────┘   └──────────┘   └─────┬────┘
│                                                      ┆
│                                               ┌──────────┐
└ ─ ─ ─ ─ ─ ─ ─ ─ ─ ─ ─ ─ ─ ─ ─ ─ ─ ─ ─ ─ ─ ─ ─┤   修改    │◄─ ─ ┘
                                                └──────────┘
                                                     │
                                               ┌──────────┐
                                               │ 设计和实施 │
                                               │ 总结性评价  │
                                               └──────────┘
```

概述

　　为了达成教学目标中的每个主要步骤,下一任务是确定学习者必须**知道**什么和能够 **做**什么,这一过程被称为下位技能分析。在开始下位技能分析前,必须清楚地描述学习 者为达成教学目标而必须完成的主要任务。第 3 章介绍了如何推衍出这些主要步骤。 想要进行下位技能分析,你必须分析目标中的每个主要步骤。

　　不同类型的教学目标分析将使用不同的分析技术。分析智力技能和心因动作技能 目标时采用层级分析和程序分析;分析言语信息步骤时采用聚类分析;分析态度目标时 需要确认持有某种态度的人所展现出的相应行为。

　　针对下位技能分析过程中确定的每项技能,这一分析过程会不断重复;也就是说,需要对每项下位技能进行再分析,以确定它们各自的下位技能。这一逐步细化的过程将不断进行,直到你确信再也无法识别出更下一级的下位技能为止。此时,设计者可以通过画一条虚线来确定学习者所需的起点技能,虚线以上的技能是需要教授的,虚线以下的则不需要教授。通过分析过程确定的不需要教授的技能被称为**起点技能**。

下位技能分析的最终产物,是执行教学目标中每个主要步骤所需的下位技能所构成的框架。完整的教学分析结果包括:教学目标、实现目标所需的主要步骤、完成每个主要步骤所需的下位技能、起点技能。这一技能框架是后续所有教学设计活动的基础。

在进入下一阶段的设计活动之前评价学习任务分析情况是非常重要的,因为后续工作还需要花费很长时间。学习任务分析的质量直接影响到后续执行的设计活动的难易程度和最终的教学质量。对学习任务进行准确且清晰的分析通常需要多次的推敲和完善。

概念

教学分析过程的第二步被称为**下位技能分析**,目的是为每一个步骤确定一组适当的下位技能。如果教学中省略了学生学习所必需的、大部分学生尚未掌握的技能,那么教学将是无效的。不过,如果包含的技能过多,那么教学花费的时间将比预计的更多,而且这些非必要技能的学习可能会干扰必需技能的学习。因此,识别的技能太多或太少都可能导致问题。

下位技能分析

识别下位技能可以应用多种方法。我们将介绍每种方法,并说明如何将其应用于各种类型的目标。我们将从"单一"目标——即目标中的步骤只包含智力技能或心因动作技能——开始。然而,复杂的目标通常涉及多个领域,因此我们也将介绍适用于复杂目标的综合方法。

层级分析

层级分析方法适用于在目标分析中被归为智力技能或心因动作技能的步骤。为了理解层级分析方法,请思考这样一个教学目标,它要求学习者在特定时间内,对某项特定不动产的购买提出合理的建议。这是一个智力技能目标,它要求学习者学习与以下内容相关的众多规则和概念:财产价值评估、通货膨胀对财产价值的影响、买家的财务状况以及买家的短期和长期投资目标。上述每个领域的技能都以金融和不动产领域的基本概念为基础。因此,该实例中,在分析特定不动产购买情况并提出建议的教学步骤之前,识别并教授每个关键规则和概念是极其重要的。

教学设计者如何识别学生为了获得高阶的智力技能而必须学习的下位技能呢? 加涅

（Gagné，1985）提出的层级分析技术包含着这样一个问题："学生必须已经知道什么，才能够在教学量最少的情况下进行这项学习任务？"通过回答这个问题，设计者可以在尝试教学步骤本身前识别学习者必备的一项或多项关键下位技能。在识别这些下位技能后，设计者会对每项技能提出同样的问题，即"为了学习这项下位技能，学生必须先掌握哪些技能"，这又将识别出一项或多项其他下位技能。如果把下位技能的分析不断地向更低水平的技能推进，很快就会达到行为的非常基本的水平，例如能够识别整数或字母。

　　要直观地了解教学设计者如何"建构"层级分析，请参照图 4.1 所示的通用层级结构。在这里，**规则**被视作学习特定问题解决技能所需的直接下位技能。理解代表实现目标步骤之一的方框 2 的内容是十分重要的。在识别规则（方框 2.4）后，设计者随后问："为了学习该规则，学生必须知道什么？"答案是学生必须学习方框 2.2 和 2.3 中的两个概念。当被问到"为了学习方框 2.2 中的概念，学生必须知道什么"时，答案是什么都不需要，因此无需列出其他技能。对于方框 2.3，针对该问题的回答识别出了方框 2.1 中的相关辨别能力。图 4.1 呈现了如何以示意图的方式进行分析，并与加涅的智力技能层级一致。加涅指出，为了掌握问题解决技能，学习者必须首先知道如何应用问题解决所需的规则。因此，教学目标的直接下位技能，是在问题解决情境中必须使用的规则。

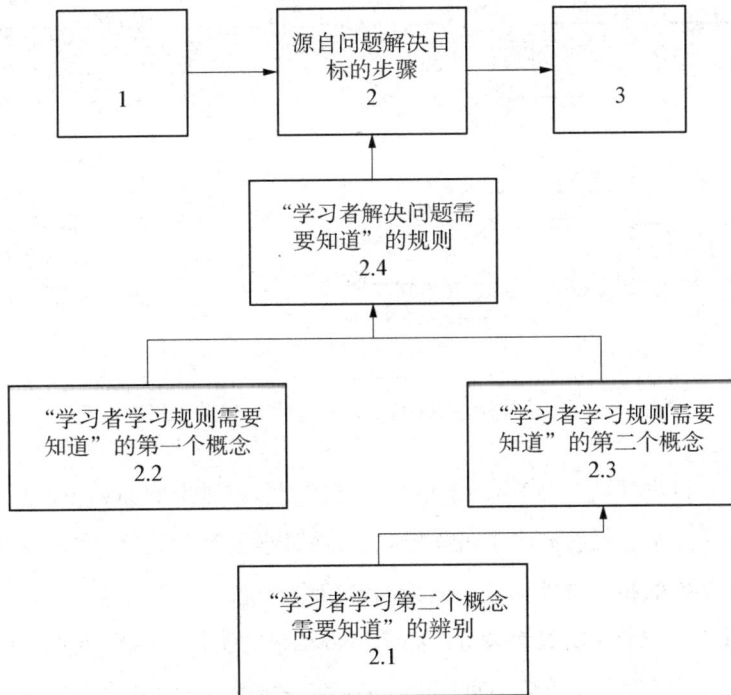

图 4.1　问题解决目标中一个步骤的假设性层级分析

加涅进一步指出,规则学习是建立在识别其构成成分或概念的基础之上的。换言之,为了学习"事物"之间的关联,你必须能够对它们进行分类。对于任意给定的规则,其所需的下位技能通常是对规则中使用的概念进行分类。最后,学习者还必须能够辨别某一特定的实例是否与概念有关。

对教学设计者而言,分析某一技能的层级构成是很有益的,因为它可以用来表明目标中的任何特定步骤所需的特定下位技能的类型。如果某一步骤是问题解决技能(或一系列规则的选择和使用),那么下位技能应该包括相关的规则、概念和辨别。然而,如果正在教授某个单一规则,那么只需要教授其下位概念和辨别即可。

对目标分析所确定的步骤进行层级分析时,教学设计者应将该方法应用于目标中包括决策在内的每个步骤。对教学目标中每个步骤的每一项下位技能提出以下问题:"为了学习执行达成目标中的第一个步骤,学习者必须知道什么或能够做什么?"如果对图 4.1 中假设的问题解决目标使用这种方法,那么其结果可能与图 4.2 相类似。

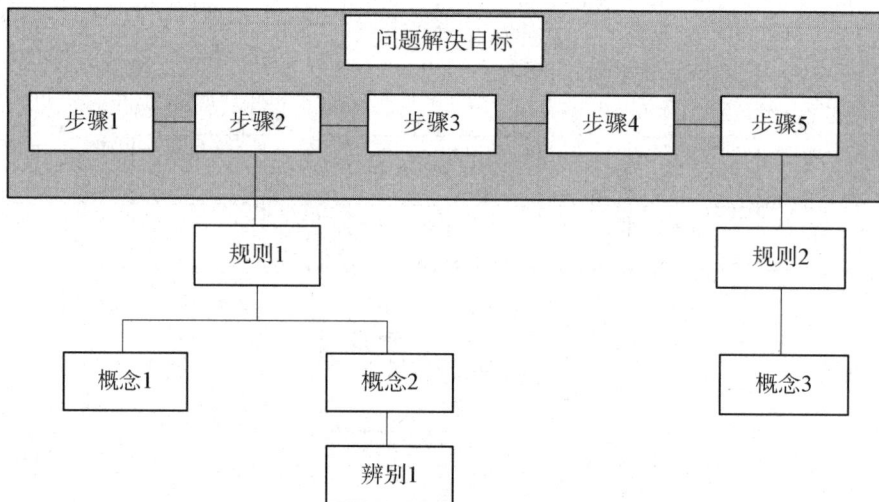

图 4.2　关于问题解决目标中某一步骤的假设性层级分析

观察图 4.2 可以发现,它识别出的下位技能与使用加涅提出的原始方法所识别出的下位技能相同。步骤 1、3 和 4 没有列出下位技能,这表明教学设计者认为,在教授这些步骤之前,学习者没有必须掌握的相关技能。这个假设通常相当合理。

图 4.3 呈现了一个采用层级教学分析技术所得结果的实例。由图可知,目标分析的步骤 8 要求学生在最小刻度为 0.1 单位的直尺上,估计某一指定点的读数,误差在 0.01 单位以内(±0.01)。步骤 8 识别出了三项下位技能:在最小刻度为 0.1 单位的尺子上估计某个点的读数,精确到百分位;将刻度细分为下一级单位;确定特定刻度上指定点的读数。上述每一项技

能又都有被识别的下位技能。

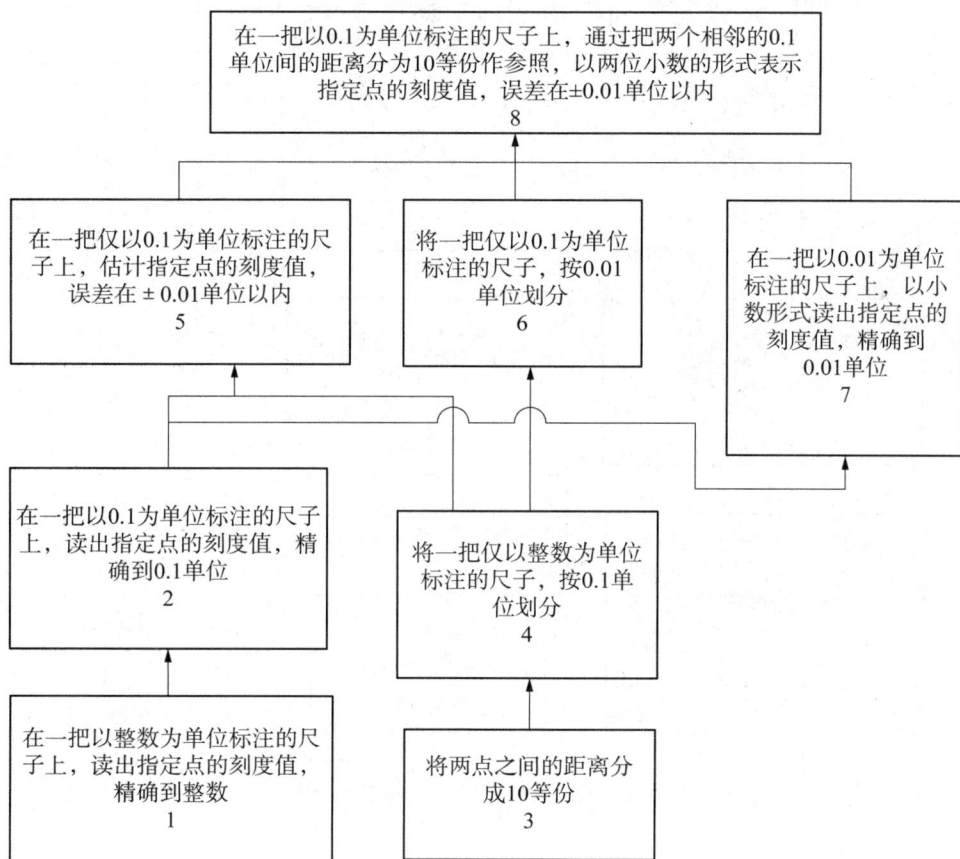

图 4.3 读出刻度值例子的下位技能分析

图 4.4 也呈现了层级分析的使用方法。请注意,学习者所执行的认知任务,是用目标分析的四个连续的子步骤——步骤 1、2、3 和 4 来表示的。本例中的下位技能与图 4.3 中对同一技能所识别的下位技能是相同的;但这里必须指出,它们的组织方式略有不同。

这些分析不是通过一次乃至两三次对该过程的尝试就能够产生的。在满意地识别所有的相关技能并对其进行恰当的陈述之前,需要对垂直的下位技能及其相互关系的确定进行多次尝试。对教学目标进行适当、有效的层级分析,是没有止境的,需要不断尝试。

在满意地识别出学生掌握教学目标所需的所有下位技能后,就可以用图来呈现分析结果了,并遵循以下原则:

1. 将教学目标置于顶部。目标中的所有步骤都呈现在目标下方带数字的方框中。

2. 所有下位智力技能都呈现在方框中,这些方框由其顶部和底部的线条连接。

3. 言语信息和态度技能通过水平线与智力技能和动作技能相连接(如下节所示)。

76

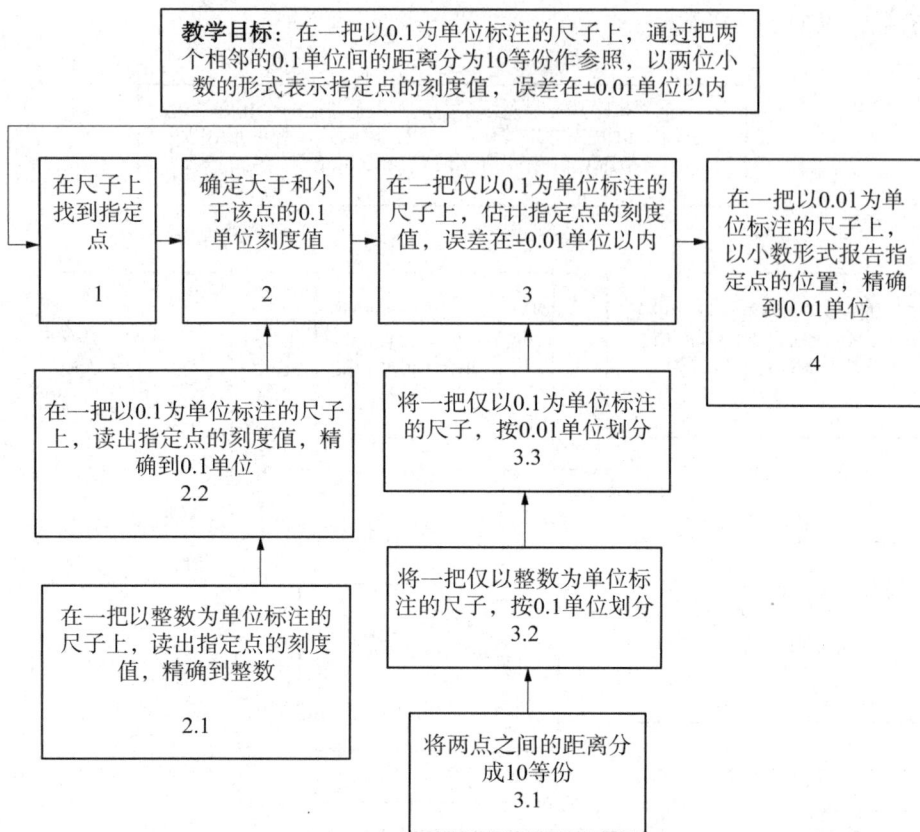

图 4.4　关于目标分析步骤的层级分析

4. 用箭头表示技能流程从下到上达到目标。

5. 如果两条线没有交叉连接,则需要使用弧线,如图 4.3 中方框 2 和方框 7 之间的连线所示。该弧线表明,步骤 5 和步骤 7 需要步骤 2 中的技能,但步骤 6 不需要。

6. 对包括决策在内的所有下位技能的陈述,应该包含指示学生必须能做什么的行为动词。避免方框仅包含名词。

7. 在实际应用中,层级结构不一定是对称的,它们可以呈现各种形状。层级不存在唯一正确的表达形式。

8. 如果目标分析中的某一步骤是一个问题,并且由菱形决策框表示,则必须确定是否存在作决策所需的下位技能。

　对每一步骤进行层级分析并不容易,因为我们不习惯从这个角度思考教学内容。一种推进方法是问:"学生在学习这项特定技能时可能会犯什么错误?"这个问题的答案通常是对问题中特定技能进行下位技能识别的关键。学生可能的错误理解,恰好揭示了他们必须作出什么样的理解,亦即掌握什么**技能**。例如,如果学生可能因无法区分钟乳石与石笋而出错,那么一项重要的下位技能就是对这两种实物样例进行归类的能力。

反复检查你的分析是十分必要的,这可以确保你已经识别出了学生掌握教学目标所需的所有下位技能。此时,你需要再次使用逆推的流程,从层级结构中最高级和最复杂的技能到学习者需要的最低级和最简单的技能进行检查。这可以帮助你确定是否纳入了所有必要的下位技能。另外,从层级结构中最简单的技能开始,逐步向上,经由下位技能达到最复杂的技能,可以确保逆推分析的充分性。你还需要回答以下问题,即是否在分析中包含了这些下位技能:

1. 与基本概念识别相联系的下位技能,如识别物体或物体质量?(例:能够识别四面体吗?)

2. 使学习者能够通过定义来识别抽象概念的下位技能?(例:学生能解释什么是城市吗? 或者学生能够展示什么是乳化剂吗?)

3. 使学习者能够应用规则的下位技能?(例:学生能够做到使句子中的动词与主语保持一致吗? 或者学生能够简化带分数吗?)

4. 使学习者学会解决问题(表明已达成教学目标)的下位技能?

通过以上问题来评价教学分析,可以识别出你可能遗漏的子技能。

进行教学分析时,清楚地了解执行目标的步骤和子步骤以及下位技能之间的区别非常重要。步骤和子步骤是专家或掌握该技能的人描述的行为表现过程的活动。在描述过程时,掌握该技能的人不一定会识别出所有的下位技能。下位技能是学习者在执行目标步骤之前必须学习的技能和知识。

程序分析

当查看智力技能或心因动作技能目标分析中的步骤时,有时会发现目标分析中的一个或多个步骤包含另外的心理或身体活动步骤。碰到这种情况,只需按照与最初的目标分析相同的方式按部就班地从左到右列出技能即可,如下图所示。

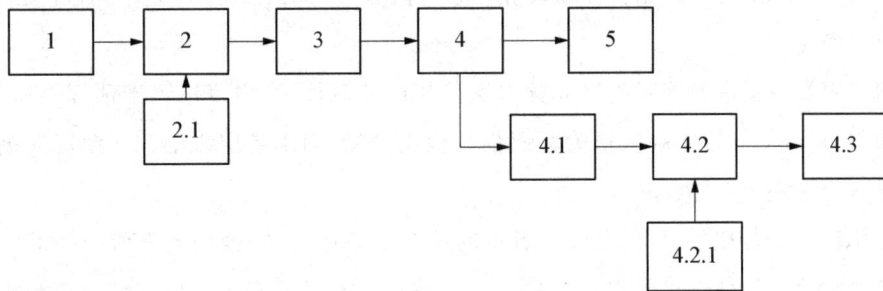

步骤 1 到 5 是目标分析中的原始步骤。与典型的层级关系一样,步骤 2.1 从属于步骤 2。步骤 4.1、4.2 和 4.3 是步骤 4 的子技能,它们是构成步骤 4 的三个具体的程序步骤。步骤

4.2.1 从属于步骤 4.2,并与步骤 4.2 构成常规的层级关系。

考虑以下教学目标中的步骤示例。第一个是"将千斤顶放在汽车保险杠下"。尽管针对成年人群体,它可以被描述为一系列步骤,但是将其描述为更换汽车轮胎过程中的一个步骤可能最为恰当。但对于像"进行需求评估"这样的问题解决步骤呢? 在设计教学时,如果将其作为目标中的一个步骤,那么对于任何受众而言其显然都过于复杂。它应该被分解为"描述目标状态""设计数据收集工具""收集记录当前状态的数据"和"确定目标状态和当前状态之间的差距"等步骤。现在考虑最后这个例子:假设目标分析的步骤之一是"烧开水"。大多数成年人都应该知道怎么做,或者他们可以很快被教会。但对于年幼的儿童,可能需要将子步骤列为"从橱柜里拿出锅""加水""把锅放在灶上""开火""水在冒泡了吗"和"端开锅"。虽然这是一个非常简单的例子,但它很好地说明了应该如何识别子步骤。

言语信息的聚类分析

当教学目标或目标中的主要子技能需要学习言语信息时,可以采用聚类分析方法。我们之前已经证明,尝试对言语信息目标进行目标分析没有什么意义,因为这类目标中没有内在的逻辑程序,只需直接识别出达成目标所需的信息即可。

该如何识别应教授的下位技能呢? 答案几乎总是显而易见地存在于目标陈述本身之中。如果学生必须能识别每个首府城市对应的州,那么就会产生 50 项下位技能,每项子技能对应一个州及其首府。但是几乎没有必要将这些作为分析的一部分写出来,因为这些信息可以从文本中毫不费力地重新获得。不过有时,下位技能并不像"列出通货膨胀的五个主要原因"这一教学目标那样看似明显,因为答案可能取决于某一特定的经济理论。在这种情况下,将五个主要原因列在我们所说的**聚类分析**中就是值得的。

对言语信息目标最有意义的分析是识别目标所隐含的主要信息类别。有对信息进行聚类的最佳方法吗? 对州的首府而言,可以根据地理区域进行聚类;对身体骨骼而言,可以根据身体的主要部位进行聚类,如头部、手臂、腿部和躯干。对于"列出美国职业棒球联赛的所有主办城市"这个目标,可以根据美国联盟和国家联盟对这些城市进行分类,然后再按照不同的赛区进行分类。

如何对聚类分析进行图示呢? 一种方法是使用层级技术,将目标置于顶部,将每个主要类别作为下位技能,并且明确标记为言语信息聚类分析,而不是层级结构。使用大纲格式并简单列出每个类别也一样容易。

在运用教学分析技术时,教学设计者有时候会尴尬地发现,他们通常所教授的以及他们希望进行系统设计的教学目标实际上只是言语信息。他们可能会为自己没有教授规则和问题解决技能而感到愧疚,但这种愧疚有时是没有必要的。有时获取言语信息是至关重要的。例如,外语学习中的词汇作为一种言语信息,是学习一系列复杂沟通技能的基础。儿童或成人必须学习的言语信息,是用来发展更复杂概念和规则的工具。我们不该在识别出言语信息目标时就自动将其舍弃,而应考虑它与其他重要教育目标的相关性。言语信息是我们执行"如何做"的智力技能的知识基础。

态度目标的分析技术

为了确定态度目标的下位技能,设计者应该问"学习者在表现这种态度时必须做出何种行为?"和"他们为什么要表现出这种态度?"。第一个问题的答案几乎总是与心因动作技能或智力技能相关。该目标的目的在于让学习者选择要么执行心因动作技能,要么执行智力技能。因此,态度目标分析的前半部分需要层级分析技术,这有助于确定学习者选择这样做时所需的子技能。如果学习者选择为铁人三项比赛进行训练,那么就必须教授学习者有效的训练程序。如果学习者选择鉴赏某种文体的文学作品,那么学生必须首先学会理解和分析这一文体。

分析的第二部分是"学习者为什么作出这样的选择?",答案通常是言语信息,针对该答案,设计者可以使用单独的聚类分析,也可以将其整合进前半部分已经做过的基本层级分析里。言语信息构成了态度塑造的说服性部分,它与榜样示范、强化相结合,共同促进态度的形成。因此,它在教学分析中不可缺少。

要在教学分析图上表示态度,在要分析的心因动作技能或智力技能目标旁边的方框里写下态度目标即可。用下图中所示的这样一条线连接两个主框:

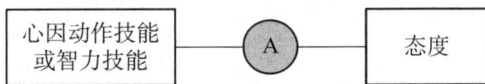

这条连接线表明,心因动作技能或智力技能正在支持态度目标。显然,我们此时需要结合多种分析技术,这些分析技术的综合有时也被称为**信息地图**,下文将对其进行描述。

综合领域的分析技术

我们已经描述了如何使用层级分析对态度目标进行分析。对于一个被归类为单一领域的教学目标,经过教学分析,发现它的下位技能是来自多个领域的综合,这是很常见的。

例如,考虑智力技能和言语信息的综合。进行层级分析常常是为了确定学习者应该知道的知识。根据我们之前的定义,"知道什么"不属于智力技能,那么根据规则,这部分不会出现在智力技能层次结构上。然而,通常重要的是,这些言语信息知识,作为对实现教学目标所需学习内容的分析的一部分而出现。标准做法是,在图表中用一条连接线展示言语信息,如下所示:

这表明右边方框中的言语信息用于支持左边方框中的智力技能。在层级结构中,它看起来可

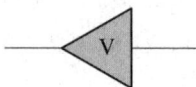

能是这样：

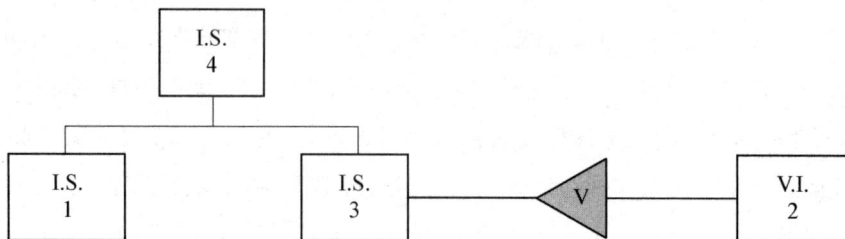

80   方框 1、3 和 4 代表智力技能，方框 2 代表言语信息。

如果把所有的制图技术放在一起会怎么样？可以想象，带有心因动作技能成分的态度目标可能需要智力技能和言语信息相关的下位技能，如下图所示：

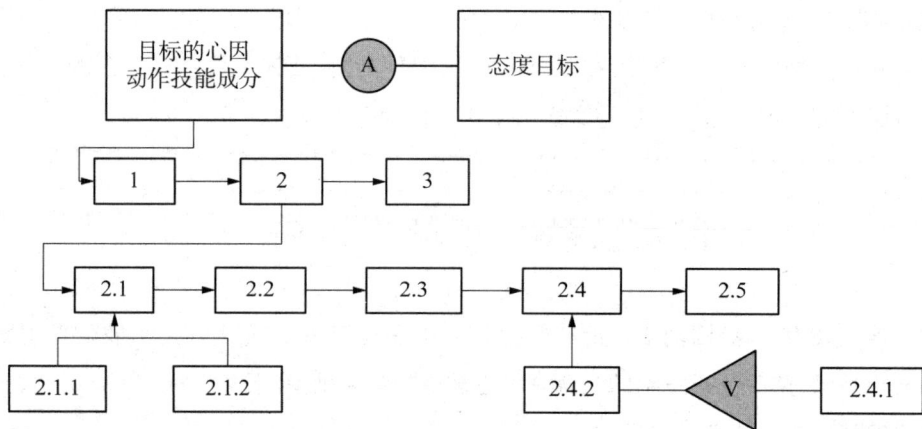

该图表明，教学的主要任务是培养学习者的态度目标，表现为一些心因动作技能的执行。心因动作技能由三个步骤组成——步骤 1、2 和 3。对技能 2 的子技能分析表明，它包括五个步骤，即步骤 2.1 到 2.5。步骤 2.1 又包含 2.1.1 和 2.1.2 两项下位的智力技能。为了支持步骤 2.4，智力技能 2.4.2 需要言语信息 2.4.1 来支撑。

教学分析示意图

到此，让我们回顾一下进行教学分析的图示程序。第一步当然是对你的教学目标分类，并按照第 3 章所述进行目标分析，然后选择适当的技术来识别下位技能。

目标或步骤的类型	下位技能分析的类型
智力技能	层级 *
心因动作技能	层级 *
言语信息	聚类
态度	层级 * 和/或聚类

* 请注意,层级分析可以包含程序性步骤的排序。

随着分析的继续进行,设计者可以通过图表直观地展示下位技能。在绘制示意图时,达到教学目标所需的任何特定子技能都可以具有多种结构形态。下图通常用于展示目标分析。由于没有下位技能,所有的技能在绘图时都被连成一条线。

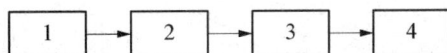

一般将上位技能置于它们所依赖的技能之上,这样读者可以自动识别子技能间隐含的学习关系。下图阐明了这一点。请注意,子技能 1.1、1.2 和 1.3 并不相互依赖,但学习技能 1 前需要先学习 1.1、1.2 和 1.3。目标 2、3 和 4 并不相互依赖,但学习技能 4 之前必须先学习 4.1 和 4.2。

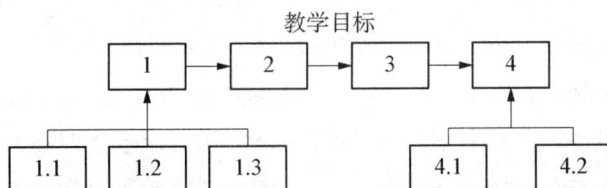

下图阐明了技能之间的先后依赖关系。

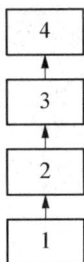

为了学习子技能 2,学生必须先学习子技能 1。同样,在学习子技能 4 之前,必须掌握子技能 1、2 和 3。因此,这些技能形成了一个层级结构。但这并不意味着 1、2、3 和 4 是按顺序进行的。如果是这种顺序,那么它们将是上位技能的子步骤,并绘制如下图:

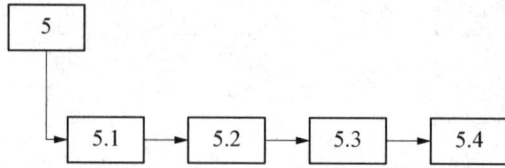

此外，态度目标可以通过以下方式表示：

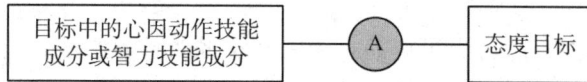

呈现言语信息时，通过连线和包含字母 V 的三角形将其与智力技能相连接。

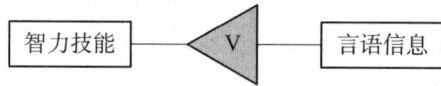

熟练使用这些惯例图示，会有助于你理解教学分析示意图中子技能间的隐含关系。技能的排序也隐含着每项技能的学习顺序。

注意各种下位技能图中出现的数字。不要对数字进行过度解释。在教学设计过程的这个阶段，方框中的数字只是用作指代每个方框的便捷方法；不一定代表教授技能的顺序。利用这些数字，我们可以在不描述所涉及技能的情况下，讨论方框 7 和方框 5 之间的关系。此时，我们不必考虑如何教授这些技能，但应该确保分析中包含了正确的技能。在教学设计过程的后期需要决定技能的教学顺序，在那时，你可能希望对技能重新进行编号。

为什么教学分析过程对教学设计如此重要？因为该过程可以帮助教学设计者识别学习者达成教学目标真正需要的技能，并排除不必要的技能。这对你选定的教学目标似乎并没有什么说服力，因为你可能认为自己非常熟悉学习者所需的内容和技能，以至于这类分析是多余的。但请记住，作为专家，我们在执行技能时经常不需要专门考虑就可以自动完成许多步骤和子技能，所以在为缺乏经验的学习者设计教学时，我们很容易忽略这些步骤和子技能。还要考虑到，在参与各种教学设计项目时，你不可能成为所有领域的学科专家。因此，有必要与不同领域的学科专家一起进行此类分析，以确定有效且高效教学的关键技能。

认知任务分析

回想一下，我们在第 2 章中介绍了工作分析和工作任务分析。其中有一种称为**认知任务分析(cognitive task analysis，CTA)**的方法属于工作分析和工作任务分析的概念，它适合本章关于下位技能识别的讨论。从业者开发 CTA 方法，是因为他们明白，在开展复杂工作时，员工会有很多心理过程，但其中很大部分都无法通过简单观察员工的任务表现来了解。员工甚至完全有可能在大脑中完成一系列具有挑战性的任务,但只输出了一行新代码或言语陈述,如:"在这里插入指针!"

CTA 的早期从业者来自人因分析和人体工程学领域,但这种做法现在也用在教学设计的起点—终点分析中。它特别适用于培训、绩效技术和其他设计场景。CTA 包括观察和访谈过程:前者用以捕获和记录工作程序,后者则用以捕获和记录完成工作所需的概念知识。观察和访谈对象一般是该工作领域的知名专家,并且观察和访谈是结构化和严谨的。

此处讨论 CTA 的一个原因,是它与本章探讨的教学设计过程有相似之处。CTA 中使用的观察和分析技术通常也出现在教学设计(ID)的起点—终点分析、目标分析和下位技能分析中。CTA 的产物是与工作所需技能相关的一系列目标、子目标和任务。正如本章所述,这些系列目标通常有层级结构,或者是程序和层级结构的综合。克拉克等人(Clark et al.,2013)建议,CTA 的其他产物应包括(1)完成技能的情境描述和所需工具注释;(2)对任务表现的准确陈述;(3)对评估任务表现标准的描述。(在阅读第 6 章时你会发现这是三部分目标中的三个成分:条件、行为和标准。)由于 CTA 的目标与 ID 前几个步骤(即工作分析、确定教学目标、目标分析、识别下位技能和书写行为表现目标)的目标相同,因此很容易理解为什么 CTA 和 ID 的流程和产物如此相似。

CTA 最常用于分析需要精确表现的复杂任务。从简单的工作辅助和文本材料到教师主导的学习和在线学习,CTA 的结果可以用于启动许多不同类型培训方案的开发。由于 CTA 价格高昂、耗时巨大,它通常应用于开发更复杂的培训和人因解决方案,如电子绩效支持系统、培训模拟器、人-机器和人-计算机界面设计,以及基于计算机的仿真和专家系统。对 CTA 更多细节感兴趣的读者可以阅读克拉克等人(Clark et al.,2013)所著《教育通信和技术研究手册》的相关章节。想更深入了解的读者可以关注克兰德尔等人(Crandall et al.,2006)的著作。

概念图绘制

与学习任务分析相关的另一个分析程序是**概念图绘制**,也就是用图形表示概念性知识的结构。它可以呈现为流程图、层级结构图、圆圈或蛛网图的形式,并通过概念间的连线来显示它们的关系。此处提到概念图绘制,是因为它与教学分析有关,但我们认为它更适合作为教授智力技能的方法,而非作为教学设计中的分析方法。在教学应用中使用概念图或**网络结构**的一个很好的范例是备受欢迎的 WebQuest 超链接模型。不过,诺瓦克(Novak,2009)在 20 世纪 60 年代规定了概念图绘制的结构,并在最近的著作中描述了其在绩效技术中的应用场景。

84

起点技能

教学分析过程还有另一个重要功能我们尚未讨论:它帮助设计者准确识别在开始教学之

前,学习者必须知道什么或能够做什么。这些技能被称为**起点技能**,因为学习者必须先掌握这些技能,才能学习即将开始的教学中包含的新技能。

起点技能识别程序与下位技能分析过程直接相关。想必你已经知道,在层级分析中我们会问:"在学习这项技能前,学习者必须知道什么或能够做什么?"这个问题的答案是一项或多项下位技能。随着每一组下位技能的相继出现,这些技能将变得更加基本,而层级结构的底部将包含非常基本的技能。

假设你有一个经过充分分析后产生的层级结构,代表学习者从最基础的理解水平提升到教学目标所需的一系列技能。但你的学习者可能已经掌握了其中一些技能,因此没必要教授扩展层级结构中的所有技能。要确定教学的起点技能,请检查层级结构或聚类分析,并确定大多数学习者在开始教学之前已经掌握的技能。在分析图中,你可以在这些技能的上方画一条虚线,虚线上方是你必须在教学中教授的技能,虚线下方则是起点技能。

为什么起点技能如此重要?因为它们是教学最底层的基石,是学习者掌握教学所呈现技能的基础。如果没有这些技能,学习者想从教学中学到新的内容,将经历一个非常艰难的过程。起点技能是教学设计的关键组成部分。图 4.5 呈现了一个如何借助层级分析来确定起点技能的实例,它与图 4.3 中的层级结构基本相同;不过,分析图中又增加了三项技能。横穿页面的虚线显示,虚线以上是将在教学中教授的技能,虚线以下是假定学生在开始学习前已经获得的所有技能。

通过询问"学习者必须能够做什么才能学习这项技能",可以从教学分析图的上位技能直接推衍出虚线以下的每项技能。请注意,即便是图 4.5 中确定的起点技能,彼此之间也具有层级关系。**衍生技能**(为了学习技能 1 和 7 必须掌握的,但本次教学中并不教授的技能)包括解释整数和小数的能力,学生在学习刻度尺读数前必须掌握这些技能。

至此,我们阐述了起点技能与层级教学分析之间的关联。类似地,如果使用聚类或综合方法来识别下位技能和知识,那么该过程将持续到识别出基本技能并用虚线表示为止。

如何为你的教学材料确定特定的起点技能取决于教学分析的程度。如果只分析到计划包含在教学材料中的任务和技能,那么你必须考虑层级中每一个最低级的技能,并确定与它们相关的下位技能。这些技能被列在教学分析图的虚线下方,以便与教学内容中包含的下位技能清楚区分开来。如果下位技能分析已经识别出基本的、低水平的技能,那么只需简单地在你认为大多数学习者已经掌握的技能上方画一条横穿示意图的虚线即可。

你应该知道,我们使用的例子相当清楚地描述了与特定教学目标相关的特定技能。关于学习者的某些描述可以是特定教学单元的起点技能,也可以是对一般目标人群的描述。以学生的阅读水平问题为例。显然,教学材料的选择通常在很大程度上取决于学生的阅读能力;学生必须具备起码的阅读能力水平才能参与学习。那么,所确定的阅读水平是对学习者一般在一把以0.1为单位标注的尺子上，通过把两个相邻的0.1单位间的距离分为10等份作参照，以两位小数的形式读出指定点的刻度值，误差在 ± 0.01单位以内
8

在一把仅以0.1为单位标注的尺子上，估计指定点的刻度值，误差在±0.01单位以内
5

将一把仅以0.1为单位标注的尺子，按0.01单位划分
6

在一把以0.01为单位标注的尺子上，以小数形式读出指定点的刻度值，精确到0.01单位
7

在一把以0.1为单位标注的尺子上，读出指定点的刻度值，精确到0.1单位
2

将一把仅以整数单位标注的尺子，按0.1单位划分
4

将两点之间的距离分成10等份
3

在一把以整数为单位标注的尺子上，读出指定点的刻度值，精确到整数
1

教学中应包含的技能

起点技能线

学生已经学习过的先决技能（起点行为）

解释最接近0.01单位的小数
C

解释最接近0.1单位的小数
B

解释整数
A

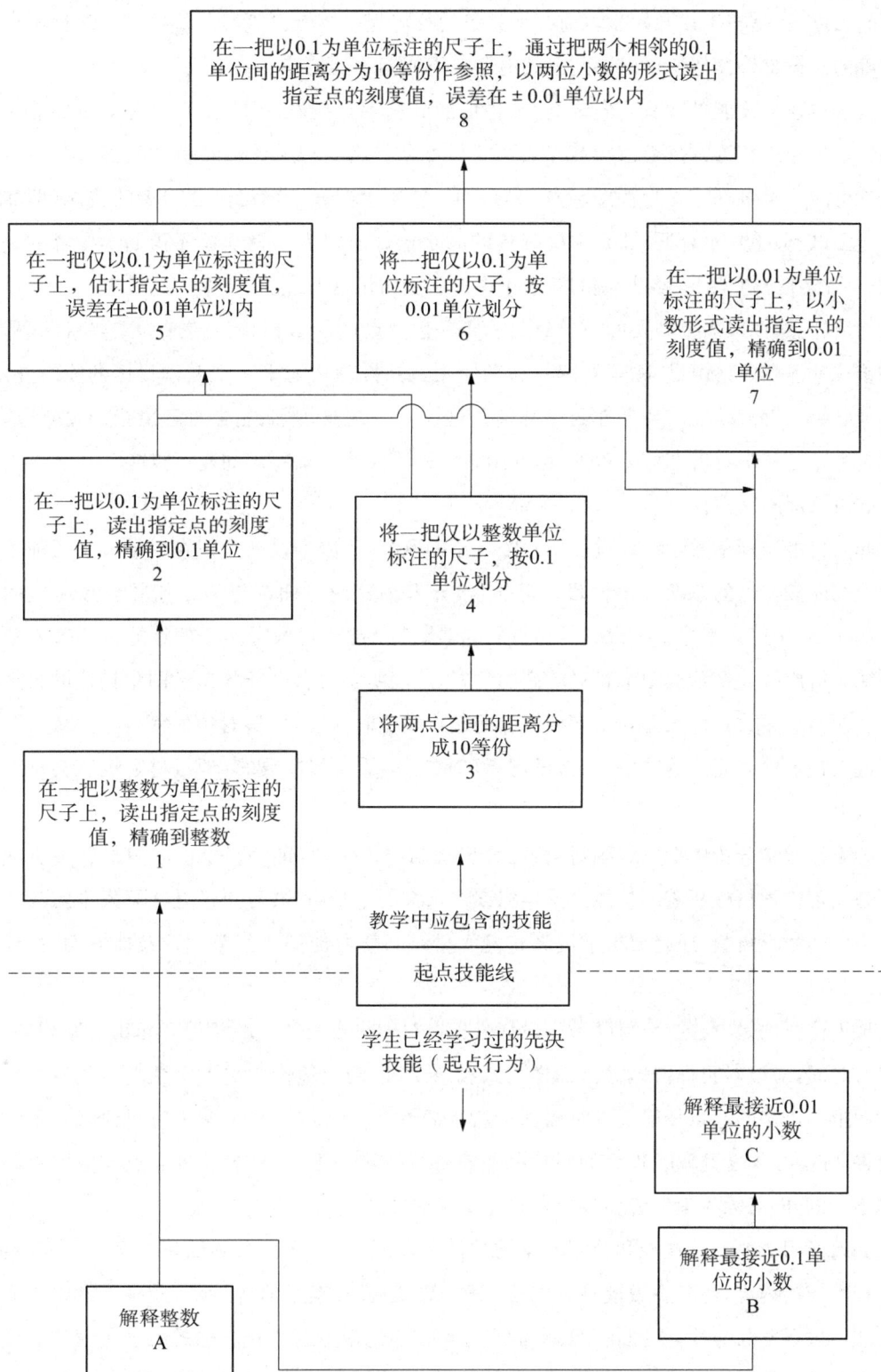

图 4.5　读出刻度值例子的教学分析

86　特征的描述,还是学生在开始学习前必须具备的特定起点技能? 答案是都可以。两种论点都有明确的论据支持。你还可以识别出其他存在类似问题的技能。

为了对这类技能进行适当的分类,一种可能的技术是判断一下,在学习者学习之前对他们的特定技能进行测试是否值得或是否可行。如果答案为"是,值得花费时间测试学习者",那么你可能已经将其定义为特定起点行为。但是,如果在教学前测试学习者的技能(例如进行阅读测试)似乎并不合适,那么你所确定的因素最好被归为本教学单元预期学习者的一般特征。后续在分析学习者与情境的章节中将进一步讨论这一点。

另请注意,如果需要开发的教学材料属于一般兴趣主题且以信息传递为主要目标,那么有时候非常显然的情况是,除了阅读材料和使用适当推理技能来实现教学目标的能力外,没有其他必需的起点技能。如果你已经确定了这样一个领域,那么完全有理由指出,尽管这些材料是为特定的学习者群体准备的,但开始教学并不需要任何特定的起点技能。

起点技能的试探性

起点技能识别是教学设计过程中一个真正的风险点,因为设计者正在对学习者目前不知道和他们应该知道的东西作出假设。显然,设计者在这两方面都可能出错并导致相应的后果。例如,对于仅为天才学生设计的课程材料,将待授技能与假定已知的技能区分开来的下位技能分析虚线放在示意图中相对较高的位置,这表明学习者已经掌握了图中描述的大部分技能。而当大多数目标人群尚未掌握假设的起点技能时,教学材料对他们而言就失效了。如果对起点技能没有充分的准备,那么学习者的努力是低效和挫败的,学习材料也不会产生预期的效果。

如果在教学分析中把虚线画得太低,会出现第二个错误,即假设学习者只具备极少或者不具备实现教学目标所需的技能。这类错误严重抑制了动机,并且无论是在开发学习者并不真正需要的教学材料,还是要求学习者花费大量时间学习他们已经掌握的技能方面,都代价巨大。

值得注意的是,在这个早期阶段,设计者正在对即将参与学习的学习者作出一系列假设。如果有时间,应该对目标群体进行抽样测试和访谈,以确定他们中的大多数是否具备子技能分析中推衍出来的起点技能。这种做法的程序将在第 11 章和第 12 章进行讨论。如果时间

87　不允许,那么必须在开发过程后期对这些假设进行测试。不过,推迟验证起点技能可能导致诸多不当的开发,因为学习者和教学之间并不匹配。

如果学习者的起点技能和计划教学的技能并不匹配,那么就必须回答一个基本问题:是要教授特定的内容,还是要教授特定的目标群体? 如果答案是前者,那么几乎不需要改变起点技能。只要不断寻找,直到找到具有恰当起点技能的学习者为止。你的教学是为他们设计的! 不过,如果你的目标是教授特定的学习者,那么必须对教学进行修改,以匹配学习者群体

掌握的起点技能。对于这个困境,没有一个正确答案,必须根据创建教学目标过程中的需求评估来酌情考虑。

采用同样的方式,人们经常发现只有一部分目标学习者具备起点技能。这种情况该怎么做呢？一个可能的方案是在教学中设置多个"起点",并根据起点技能测试分数将学习者匹配到适当的起点。或者仍然采用之前的解决方案,即该教学内容是为具有特定起点技能的学习者设计的,所以那些未掌握这些技能的学习者必须在开始学习前先在其他地方掌握这些技能。这种情况非常常见,但通常没有一个简单的答案。

评价和修改

评价和修改下位技能与起点技能

在进行下一阶段的设计活动之前,对学习任务分析进行评价是非常重要的,因为还有许多工作有待完成。任务分析的质量将直接影响后续设计活动的执行难度和最终的教学质量。评价分析时使用的具体标准包括：

- 确认所有相关任务;
- 删除多余的任务;
- 通过图表中的任务结构清晰地标识任务之间的关系;
- 通过线条来连接任务。

清晰且准确的任务分析通常需要数次迭代和完善。

在评价为教学目标确定的任务时,你应该思考这些任务是否准确反映了目标。它们是全面反映了目标,还是只局限于概念辨别或识别？这些技能显然都很重要,但可能有必要将目标表述修改为：学生能够利用教学目标中最初提出的概念和辨别去使用规则或解决问题。

你可能还会发现,自己纳入了一些虽然学生们乐于学习,但对于实现教学目标并非真正必要的技能。许多设计者一开始的态度是这些技能很重要,应该包括在内。但是冗余的任务往往会让学习者感到困惑,或增加不必要的教学时间,最终导致时间不足,更重要任务的教学被仓促对待或直接省略。因此,没有必要将与主题有关的一切都包括在内;使用目标分析的意义在于确定什么是学习者必须明确知道的内容——不多也不少。虽然有时不这样做很诱人,但我们的建议是,最好通过分析来确定教学相关技能。这绝对是最好的开始。

88

下位技能和起点技能的评价细则

以下是下位技能和起点技能的评价细则。标准包括三个部分：技能描述、示意图绘制以及为完成目标分析项目而确定的其他标准。

设计者须知:若某一要素与你的项目无关,请在"否"一栏中标注"NA",表示"不适用"。

否　有些　是　　**A. 智力和心因动作技能**　分析是否:

_____　_____　_____　　1. 已经识别教学目标主要步骤中的关键规则和概念?

_____　_____　_____　　2. 通过以下方式说明技能之间的层级关系?

_____　_____　_____　　a. 从问题解决到规则、概念和辨别依次向下?

_____　_____　_____　　b. 使用向上的箭头来连接层级技能?

_____　_____　_____　　c. 使用代码——例如 4.2（第 4 步技能 2）——来连接相关技能?

_____　_____　_____　　3. 使用从左到右的程序框、箭头和技能代码连接流程中的子技能与主要步骤?

_____　_____　_____　　4. 将所需的言语信息与相应的技能相关联?

　　　　　　　　　　B. 言语信息　分析是否:

_____　_____　_____　　1. 使用主要领域的内容作为标题?

_____　_____　_____　　2. 为学习者提供适当大小的组块/深度?

_____　_____　_____　　3. 按逻辑顺序呈现信息（如空间顺序、时间顺序、从熟悉到陌生的顺序）?

_____　_____　_____　　4. 避免呈现非关键信息?

_____　_____　_____　　5. 使用适当的内容表现形式（如矩阵、聚类、方框、大纲）?

_____　_____　_____　　6. 使用标注"V"的三角形将信息直接连接到相关态度或技能?

　　　　　　　　　　C. 态度　态度是否清晰连接到适当的:

_____　_____　_____　　1. 反映态度的行为（积极和消极）?

_____　_____　_____　　2. 需要用来支持态度的言语信息?

_____　_____　_____　　3. 需要以特定方式表现的心因动作技能?

_____　_____　_____　　4. 需要进行恰当推理的智力技能（如做什么、奖励和后果）?

_____　_____　_____　　5. 技能和态度（使用标注"A"的圆圈和横线）?

　　　　　　　　　　D. 其他

_____　_____　_____　　1.

_____　_____　_____　　2.

在本节中,我们将举例说明心因动作技能和态度的综合分析程序。在随后的案例研究中,将会呈现两个对智力技能和言语信息综合分析的流程。

心因动作技能的下位技能分析

教学目标　将高尔夫球推入洞杯。

89

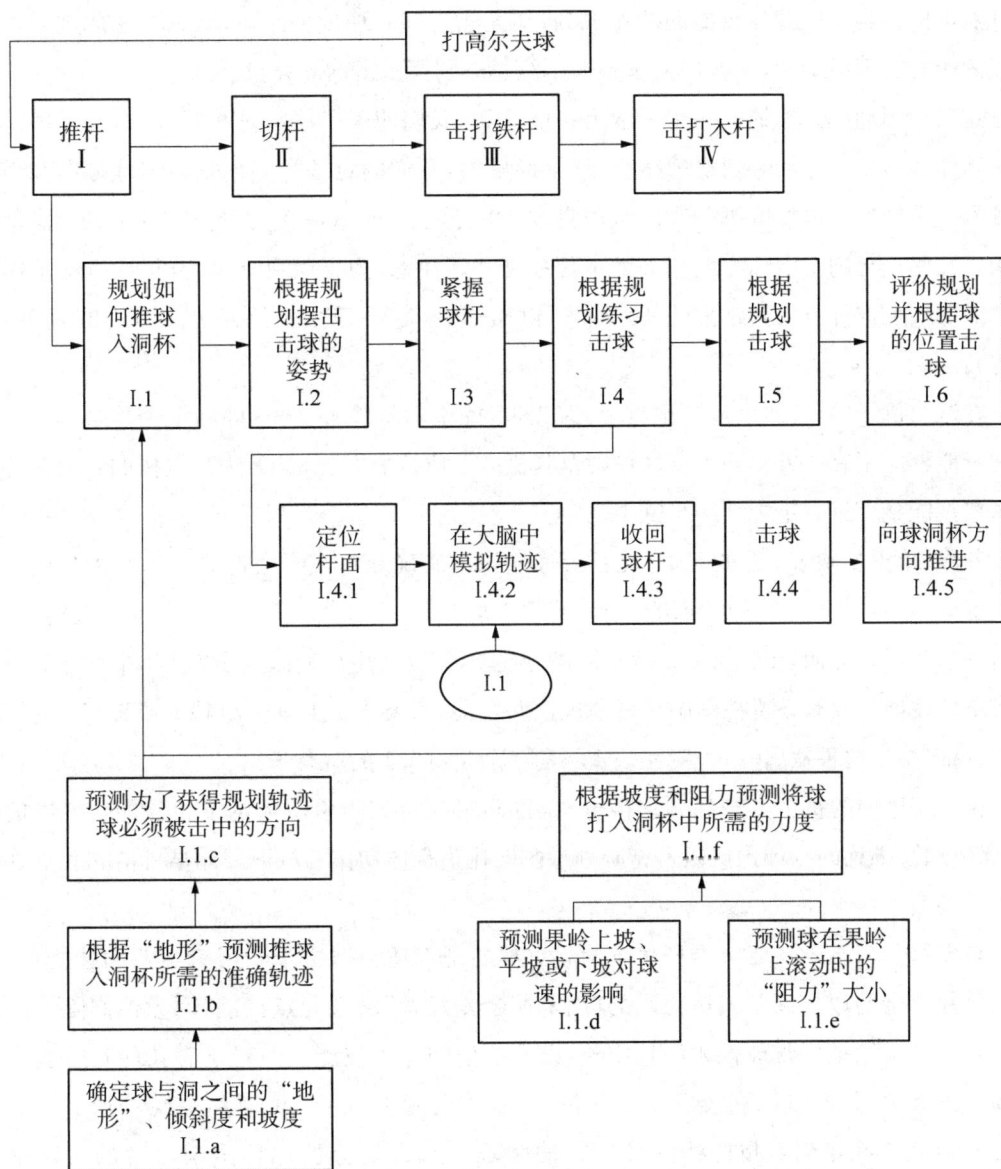

图 4.6　打高尔夫球心因动作技能第一步的层级分析

目标:将高尔夫球推入洞杯。

学习类型:心因动作技能

90

心因动作技能通常需要智力技能和动作技能的综合,而智力技能往往需要支持性的言语信息。图 4.6(3.2 的续图)呈现了打高尔夫球时要遵循的时间顺序。此时,我们必须继续进行教学分析,以确定为了执行先前确定的每个步骤所需的下位技能和信息。作为示例,我们将首先分析为了执行步骤 I.1 所需的下位技能:规划如何推球入洞杯。

请注意,在示意图中,规划如何击球所需的下位技能都是智力技能——心因动作技能的心理成分。当高尔夫球手将规划转化为行动时,就会出现动作成分。通过观察某人的推杆,设计者可以很容易地看到技能的动作成分,却无法看到心理成分。但是,只有完成规划击球路线的所有心理活动后,才能进入步骤 I.2:根据规划摆出击球的姿势。

这项心因动作技能的第一步是智力技能,因此我们使用了层级分析程序。在回答"学习者必须能够做什么才能规划击球路线"这个问题时,我们确定该规划包括对击球方向和力度的预测。选择如何推杆取决于对击球轨迹的了解,这进一步取决于对"地形"的了解。类似的分析已被用于与确定击球力度相关的下位技能。请注意,为了简单起见,分析中排除了影响在特定果岭上推杆方向和距离的其他因素(例如,草的类型、草生长的方向、一天中的时间、湿度等)。

在这个例子中,有两个步骤很重要:首先,目标中的步骤 I.1——即制定击球规划——在学习者能够应用有关方向和力度的规则及其相应下位技能之前,是无法被教授的。因此可以将这些技能整合进制定规划的步骤中。

其次,检查步骤 I.4 下的五个子技能,你应该再次确定每个子技能是否为智力技能。如果是的话,是否需要进一步的层级分析。步骤 I.4.1、I.4.3、I.4.4 和 I.4.5 是动作技能,不需要进一步分析。然而,步骤 I.4.2 是一种智力技能,需要使用规划以及步骤 I.1 中列出的所有相应下位技能。没有必要在图中重复呈现这些技能,只要将 I.1 放在步骤 I.4.2 下面的圆圈中,就可以体现这种从属性,表明在该步骤前必须学习 I.1 的所有步骤。

推杆程序中的每个步骤都必须被分析,以确定执行该步骤所需的下位技能。技能的获得,需要通过准确的心理预测以及将心理预测转化为身体动作的练习。而准确的转化往往需要大量练习。

确定推杆的起点技能 推杆教学的起点技能是否适当取决于学习者当前的技能水平。我们可能不会为以打高尔夫球为乐的"周末业余爱好者"确定起点技能,因为他们除了知道如何得分和连续推杆将球推入洞杯中外,没有任何知识和技能。但对于有技能且经验丰富的高尔夫球手,我们可以在步骤 I 的下位技能(子技能 I.1 到 I.6)和主要步骤 I 间放置起点技能线。确定起点技能线的唯一方法是观察来自目标群体样本学习者的实际推杆情况。

态度目标的下位技能分析

以下示例说明了你可以用来进行态度目标教学分析的一种技术。从目标陈述开始,逐步确定必要的技能和信息。

教学目标　学习者在入住酒店时,选择最大限度地保证人身安全。

在入住酒店时遵守安全预防措施这个选择需要学习者了解自己面临的潜在危险,了解并坚决遵循相应的规程。第 3 章对态度教学目标进行了介绍,初步的分析和系列决策如图 3.3 所示。

为了继续分析,我们将只关注火灾隐患。为了尽量减少在酒店火灾中受伤的风险,酒店住客应该遵循哪些规程?基于自然发生的顺序,我们确定了一个包含三个基本步骤的规程。

1. 入住酒店时,询问酒店的消防安全规则、规程和措施。

2. 检查入住房间的应急设施。

3. 检查离房间最近的紧急出口。

下一步是分析个体完成每一步所需的信息和技能。请记住,态度塑造的一个关键成分,即增加人们表现出理想行为的可能性,就是向他们说明为何应该以某种方式行事。在分析这些任务时,请务必纳入应该完成每个任务的原因。

从第一个任务开始。为什么需要询问消防安全信息?原因包括因酒店火灾而导致伤亡的事实,也包括酒店火灾发生的频率、高层酒店的其他隐患或者每年在酒店火灾中伤亡的人数信息等事实。这些信息的目的是引起学习者的注意,并帮助他们意识到入住酒店时,他们也可能遇到危险。

此外他们还必须能够判断酒店提供的安全预防措施和规程是否充分,这意味着需要了解酒店常规消防安全措施的信息。因此,我们规程中的第一个任务包括支持性的信息,用以描述为什么住客应该收集酒店的消防安全信息,以及他们应该期待得到什么信息。第一项下位技能和支持性信息如下图所示:

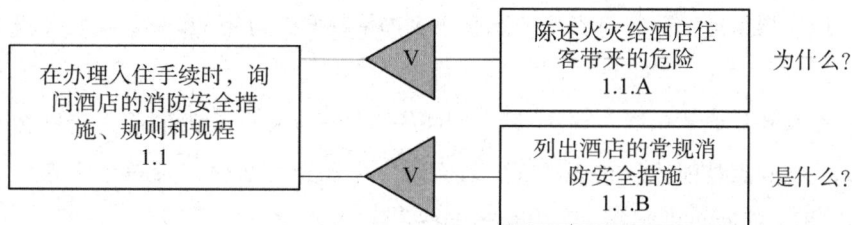

如果我们观察到酒店住客在入住酒店时询问消防安全规程,那么我们可以合理地推断,他们在入住酒店时选择最大限度地保证人身安全(我们最初的态度目标)。

此时可以转到第二项下位技能：检查入住房间的应急设施。类似地，他们必须知道自己为什么要这样做，以及可以期望得到什么，如下图所示：

92

检查入住房间的应急设施 1.2 ◁V— 陈述房间内消防安全规程和设备的目的 1.2.A 为什么？

检查入住房间的应急设施 1.2 ◁V— 列出酒店房间内的常规消防规程和设备 1.2.B 是什么？

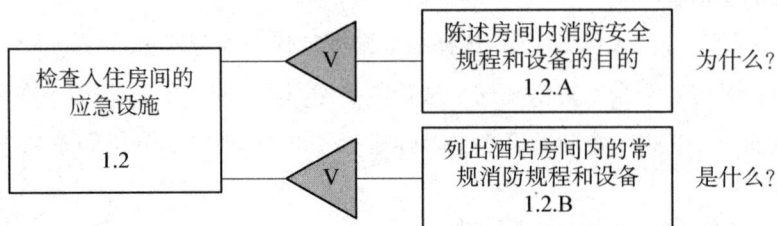

第三项下位技能与为什么酒店客人应该检查入住房间附近的紧急出口以及他们应该看到什么有关，如下图所示：

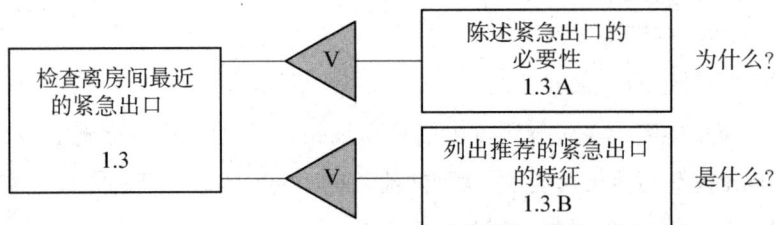

检查离房间最近的紧急出口 1.3 ◁V— 陈述紧急出口的必要性 1.3.A 为什么？

检查离房间最近的紧急出口 1.3 ◁V— 列出推荐的紧急出口的特征 1.3.B 是什么？

对消防措施技能的完整分析如图 4.7 所示。请注意，在示意图中，主要的下位技能是水平放置的。执行程序中每一步骤所需的信息组块，可以用下图所示的符号连接到相应的方框：

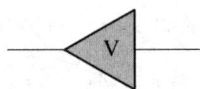

◁V—

完成技能 2 和 3 的分析后，明智的做法是检查每个系列的下位技能，以确定它们是否与最初的态度目标有关。如果住客按照规定执行了任务，那么我们可以推断出他们在入住酒店时表现出了最大限度地保证人身安全的态度吗？如果答案是肯定的，那么我们并没有偏离最初的目标。

人身安全起点技能的识别　现在，我们回顾一下图 4.7 中包含的酒店人身安全态度的教学分析。你会把起点技能线放在哪里呢？假设程序中的所有步骤以及每个步骤所需的信息都是必要的；那么就没必要在示意图中画起点技能线。

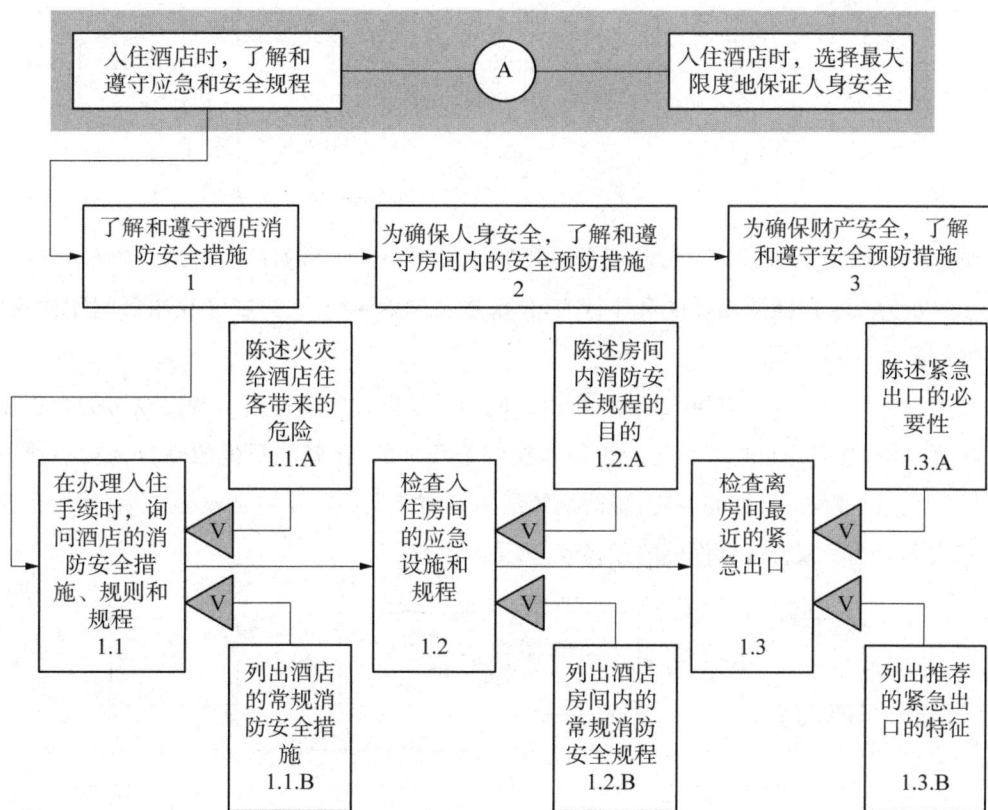

图 4.7 态度教学目标中选定成分的下位技能分析

案例研究:团体领导力培训

我们现在继续讨论为团体领导者进行领导力培训的案例研究。因为对目标中所有步骤都进行完整分析会过于冗长和宽泛,所以此处只选择第 3 章开始的一部分目标分析工作来介绍更详细的子技能分析。我们将展示智力技能和言语信息的子技能分析。

智力技能的层级分析

教学目标 展示引导团体进行有效讨论的技能。

采用层级方法继续对图 3.7 中的主要步骤 6,即管理合作性的团体互动,进行目标分析。回忆一下目标分析的七个主要步骤。

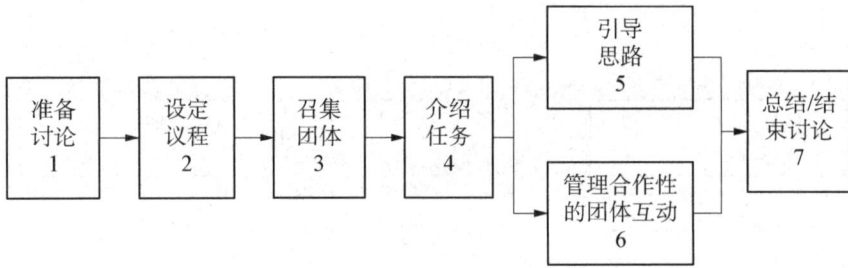

对于主要技能6,教学设计者将三种主要的讨论领导者行为确定为有助于管理合作性团体互动的行为——即**激发成员的合作行为**,**化解成员的阻碍行为**,并**在会议中缓解团体压力**。下图展示了这三种行为的顺序。

因为三种行为之间没有层级关联,所以它们的排序方式比较自由。**激发成员的合作行为**被列在第一位,是因为它是三种行为中最直接和最积极的;**化解成员的阻碍行为**被列在第二位,是因为它是对积极行为的补充;**缓解团体压力**被列在最后。在主要步骤6中,学习者通过整合三项下位技能来管理合作性的团体互动。

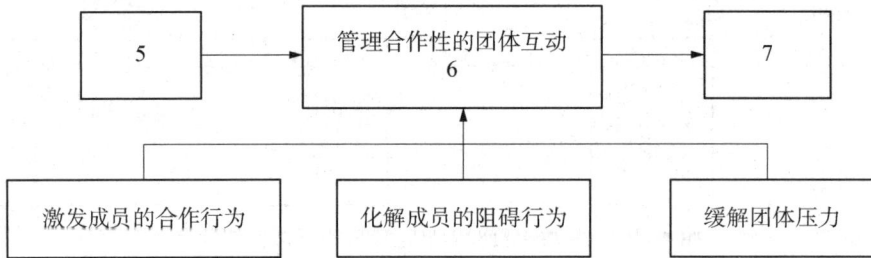

我们继续进行层级分析,从确定每种管理技能的下位技能开始,一次专注于一项技能。第一,领导者要激发成员的合作行为,就必须掌握相应的策略并能够识别团体成员的合作行为。更具体一点,他们必须能够说出鼓励合作性互动的策略,并说出促进合作性互动的成员行为。由于后一项任务是言语信息,因此使用言语信息符号将它们与相应的分类任务相连接,如下图所示:

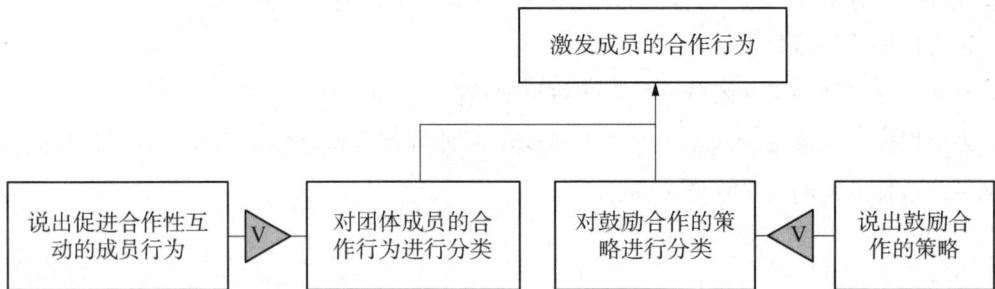

接下来把注意力转向示意图中的第二项任务：化解团体成员的阻碍行为。为了展示这种技能，领导者必须对化解阻碍行为的策略以及阻碍合作互动的团体成员行为进行分类。这些行为都包含有言语信息成分，包括说出阻碍策略和说出阻碍合作性互动的成员行为，如下图所示：

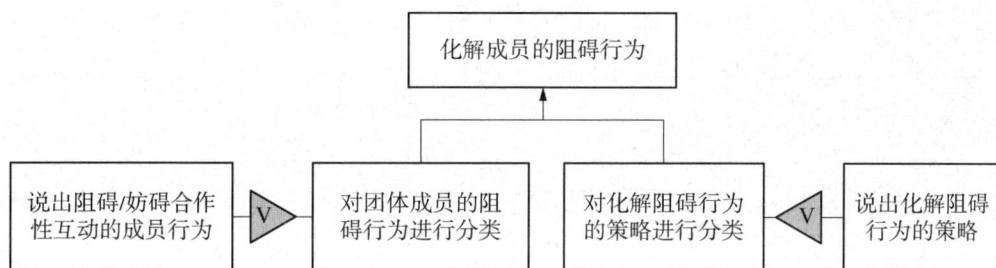

我们现在来看第三项技能：缓解团体压力。与前两项技能类似，领导者必须对缓解团体压力的领导者策略和团体压力的表现进行分类。这两项任务需要与说出策略和说出表现相关的言语信息提供支持，如图所示：

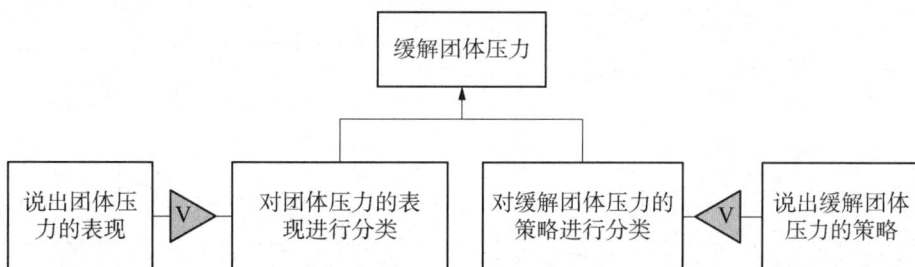

图 4.8 展示了截至目前层级结构中子任务之间关系的完整分析草图。图中有几点需要注意。第一，最初的七个步骤为示意图顶部的教学目标提供了概述和分步顺序。第二，步骤 6 下方的层级结构仅针对步骤 6 层级中确认的下位技能。第三，三个团体管理步骤是横向安排的（下位技能 6.5、6.10 和 6.15），这意味着它们之间不存在层级关系。为了完成教学目标的教学分析，还要确定其他言语信息任务中需要包含的信息，以及教学目标中确定的其他主要步骤的下位技能。正如这个例子所展示的，对智力技能的彻底分析可能相当复杂。

96

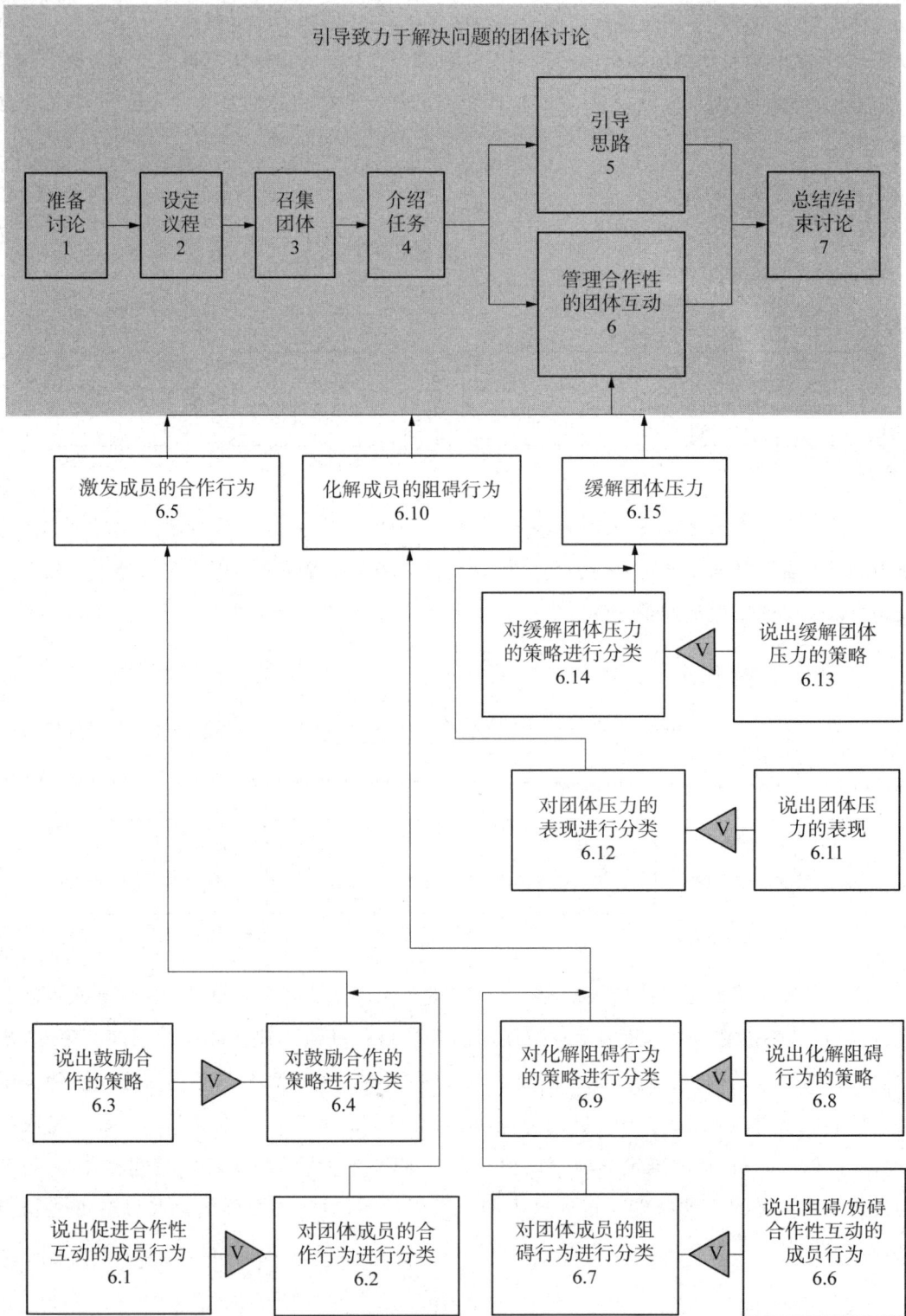

图 4.8   团体讨论目标中合作性互动部分的层级分析

言语信息下位技能的聚类分析

下位技能　说出促进合作性互动的成员行为,以及阻碍/妨碍合作性互动的成员行为。

97

虽然一些教学目标是言语信息任务,但对于嵌入智力技能层级结构中的言语信息,很多时候我们必须进行下位技能分析。表 4.1 包含了针对图 4.8 中两项言语信息下位技能任务的聚类分析,包括子技能 6.1 的言语信息,即说出促进合作性互动的成员行为,以及子技能6.6,即说出阻碍/妨碍合作性互动的成员行为。任务 6.1 包含一组信息:在介绍和回应新想法时的自发行为。任务 6.6 包含两组信息:自发的、无计划的行为,有计划、有目的的行为。在表 4.1 中,这三组信息各占一栏。

起点技能的识别

接下来考虑图 4.8 中领导团体讨论的层级教学分析。你认为哪些任务应该被标记为熟练掌握水平学生的**起点技能**? 对于异质群体,图 4.9 中应该标记两项技能。回想一下,目标群体的本科专业背景不同;大多数人只接受过团体讨论技能的粗略培训,很少有人曾经在工作或社区中担任各种委员会主席。因此,6.5、6.10 和 6.15 下方的所有技能都可能被归类为起点技能;不过,在继续这些更高级别的技能前,教学设计者应该仔细检查这一假设。如果这三项技能下方的所有技能都被归类为起点技能,那么针对这一团体的教学可以聚焦于在互动性团体中练习这些领导技能,并在会议过程中对他们的言语和非言语管理行为提供详细的反馈。

在进行下一阶段的设计活动之前,对学习任务分析进行评价是非常重要的,因为还有许多工作有待完成。任务分析的质量将直接影响后续设计活动的执行难度和最终的教学质量。评价分析时使用的具体标准包括:

- 确认所有相关任务;
- 删除多余的任务;
- 通过图表中的任务结构清晰地标识任务之间的关系;
- 通过线条来连接相应任务。

清晰且准确的任务分析通常需要数次迭代和完善。

98

表 4.1　达成领导团体讨论目标的言语信息任务的聚类分析

说出促进合作性互动的成员行为 6.1	说出阻碍/妨碍合作性互动的成员行为 6.6	
自发的、无计划的行为	自发的、无计划的行为	有计划、有目的的行为
6.1.1　介绍和回应新想法时： 1. 充分考虑所有成员的想法并给予公平（公正）的对待 2. 思想开放 3. 倾听并考虑他人的意见 4. 主动提供信息和想法 5. 期待他人动机真诚 6. 邀请他人参与 7. 总是展示善意 8. 抵制从众的压力 9. 欣赏成员对他人和其他团体的忠诚 **6.1.2　当观点受到团体成员质疑时：** 1. 承认个人观点或判断中有误 2. 抵制过快放弃观点的倾向 3. 进一步解释观点，以获得公平的检验 4. 帮助修改观点，以获得团体的接纳	**6.6.1　介绍和回应新想法时：** 1. 忽略以下同事的意见： a. 很少发言 b. 缺乏影响力 2. 忽视以下评论： a. 措辞不当 b. 不受欢迎 c. 缺乏直接吸引力 3. 因为以下原因而过快接受观点： a. 急于取得进展 b. 由受人欢迎、能言善辩、经验丰富的成员提出（偏袒） c. 希望被认为是善于合作的 d. 新颖性 4. 带着完全成型的结论来 5. 建议和劝诫 6. 只在受邀时发言 7. 误解他人的动机 8. 忽视他人的意见、想法 9. 奖励/惩罚他人的想法 10. 迫使他人顺从 11. 贬低成员对他人的忠诚 **6.6.2　当观点受到团体成员质疑时：** 1. 拒绝承认个人的错误 2. 固执己见 3. 将质疑视为人身攻击（过于敏感） 4. 对质疑做出防御性反应	**6.6.3　试图通过以下方式营造个人形象来控制他人：** 1. 扮演德高望重的角色（"我在这里的时间更长，我知道"）；早期保持沉默，然后用合理的建议拯救团体 2. 炫耀自己认识的名人、去过的地方和有过的经历以自抬身价 3. 串通（向同事提供线索、为彼此创造机会） 4. 比他人行动更快，在他人开始前提出解决方案 5. 先采取极端立场，然后折中以示合作 6. 过度回应（倾听和回应以假装合作） 7. 假装诚恳（"你的想法真好！"） 8. 使用时髦的语言吸引人 **6.6.4　试图通过给他人制造无能感来控制他人：** 1. 使用不必要的术语 2. 不断要求下定义 3. 有意忽视他人的意见（回应前一位发言者，就像刚刚无人发言） 4. 不断篡夺领导者的职能 **6.6.5　试图通过拖延团体工作来控制他人：** 1. 在短时间内作不必要的总结 2. 告诫不要操之过急 3. 假装深思熟虑和做出调整（姿势/手势） **6.6.6　试图通过扰乱他人来控制他人：** 1. 不适宜地改变语音、语调和语速 2. 歪曲他人的观点，让观点显得矛盾、极端、不合理 3. 突然从逻辑转向感情用事 4. 对重要观点反应随意或用言语诋毁 5. 故意歪曲事实

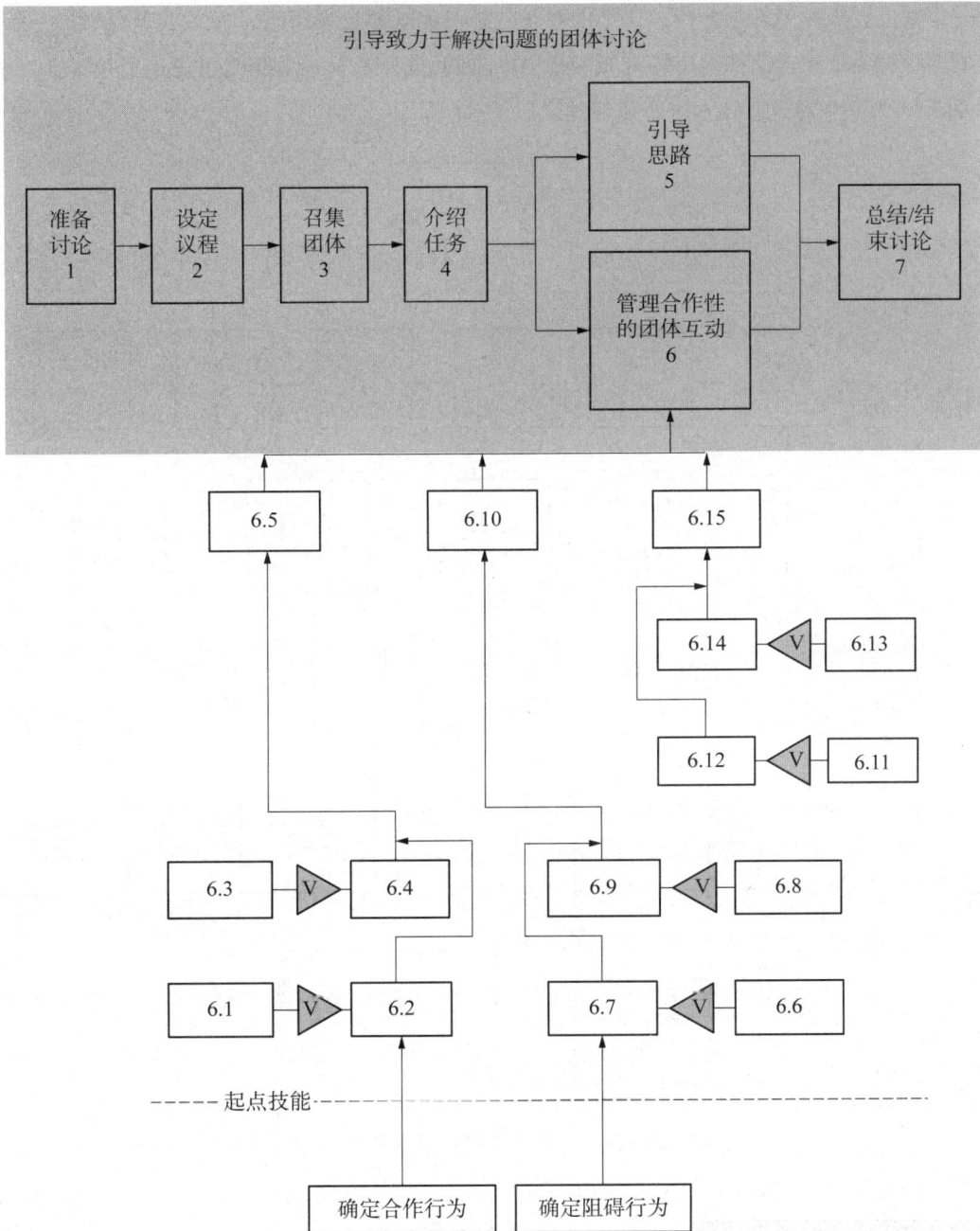

图 4.9 为团体讨论目标的教学分析添加起点技能线

图 4.10 总结了第 3 章和第 4 章的主要概念。通过目标分析过程,目标被转换为一个有关步骤和子步骤的示意图。这些步骤又进一步衍生出完成目标所需的下位技能和起点技能。这一完整过程被称为**教学分析**。详细的教学分析可能既复杂又耗时。在大型 ID 项目中开发新的课程材料或将产品推向市场是充满压力的,因此设计者有时会使用快速定型技术来加快 ID 过程。第 9 章对这些技术进行了概述。

100

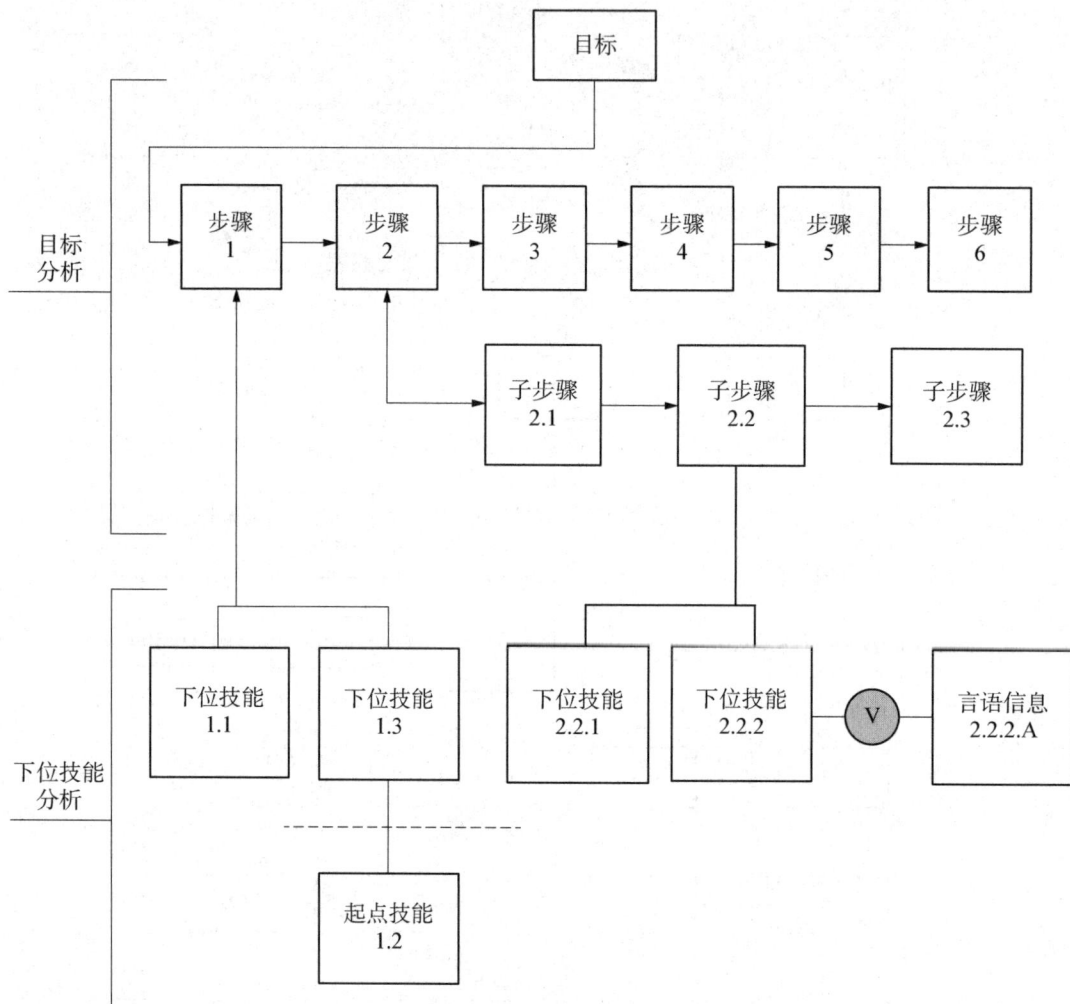

图 4.10　教学分析过程的成分

专业和历史观点

你可能还记得,我们在第 2 章讨论过工作分析和任务分析,即描述一个人在完成工作时产生的心理和身体行动。这些术语在人力绩效技术中具有特定含义,在该技术中,我们需要知道员工的哪些行为可以提高工作效率。随着技术对工作场所的不断改造,工作和任务分析对于设计新工作以及重新设计现有工作中变得至关重要。我们可能认为这场技术革命是 21 世纪的现象,但技术变革早在 18 和 19 世纪就推动了工业革命,使经济从以农业和手工业为基础转型为以制造业为基础。新技术不是数字化的,而是涉及方方面面的革新,包括发电和输电、机械设计、机械化和机械自动化、工厂系统、生产线,以及组织生产和人们工作的新方式。为了帮助管理人员理解和改进生产流程,时间与动作研究以及效率研究蓬勃发展,于是"效率专家"成了当今工业和组织心理学家的先驱。二战期间,任务分析方法被军事心理学家和培训开发者采用,有效地帮助士兵为改变装备、职责和战术做好准备;该方法也被用于工业领域,帮助完成了从和平时期到战时生产的转变。任务分析如今仍然是商业管理、制造业、培训与开发以及高科技行业的核心方法。

　　你在本章中学习的任务分析技术是**学习任务分析**。在使用**工作任务分析**精确描述工作或技能后,我们可以使用学习任务分析来确定为了完成工作或掌握技能,一个人需要学习的技能成分。学习任务分析的结果成为即将开发的教学的内容和过程结构。二战期间的工作任务分析指出,起点行为、下位技能以及子技能之间的层级关系很关键,这些都是教学设计过程的重要组成部分。

101

流程图:识别下位技能和起点技能

　　本节包含三个流程图,图 4.11、4.12 和 4.13。它们将帮助你回顾如何为你的教学目标确定下位技能和起点技能。它们还将帮助你总结本章信息,并为你的设计工作提供相关指导。

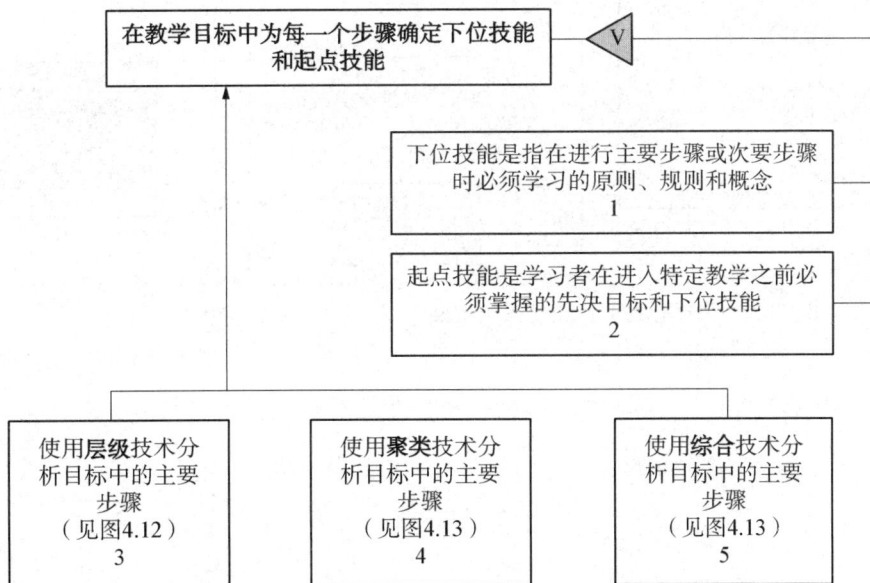

图 4.11　在教学目标中为每一个步骤确定下位技能和起点技能

102

运用层级分析技术确定下位技能和起点技能

将层级分析技术应用于**智力和心因动作技能**：
- 确定执行**每个**步骤所需的关键规则和概念，包括决策步骤。
- 询问学习者为了完成该步骤必须知道或能做什么，并对新确定的任务重复以上问题以"降级"技能层级。
- 从问题解决任务往下到规则、概念和辨别。

1

将层级分析技术应用于**态度**：
- 通过询问"为了表现出这种态度，学习者必须做什么"来降级，通常会带来智力或心因动作技能目标及其下位技能（层级分析）。
- "学习者为什么要表现出这种态度？"通常带来言语信息，也是态度塑造的说服部分(聚类分析)。

2

将层级分析技术应用于**所有类型的学习**：
- 所有下位技能都包含动词或动作，告诉学习者要做什么，以及重点内容。
- 通过自上而下和自下而上的程序对确定的下位技能迭代评估和完善。
- 消除"人尽皆知的"非关键信息。
- 用示意图呈现教学目标分析。

3

层级分析中的绘图技巧遵循以下原则：
- 教学目标在页面顶部。
- 目标中的主要步骤从左至右呈现在带数字的方框中，并用箭头连接，以表明进程。
- 所有下位层级技能通过方框顶部和底部的线条连接智力及心因动作技能。

4

接4：
- 箭头表示该层级向上朝向目标的主要步骤。

- 如果两条线并没有交叉，则需要使用弧线，说明可以绕过路径中的线路。

接4：
- 如果需要作决策，将决策问题放在菱形框中，根据"是"或"否"的答案指明路径。

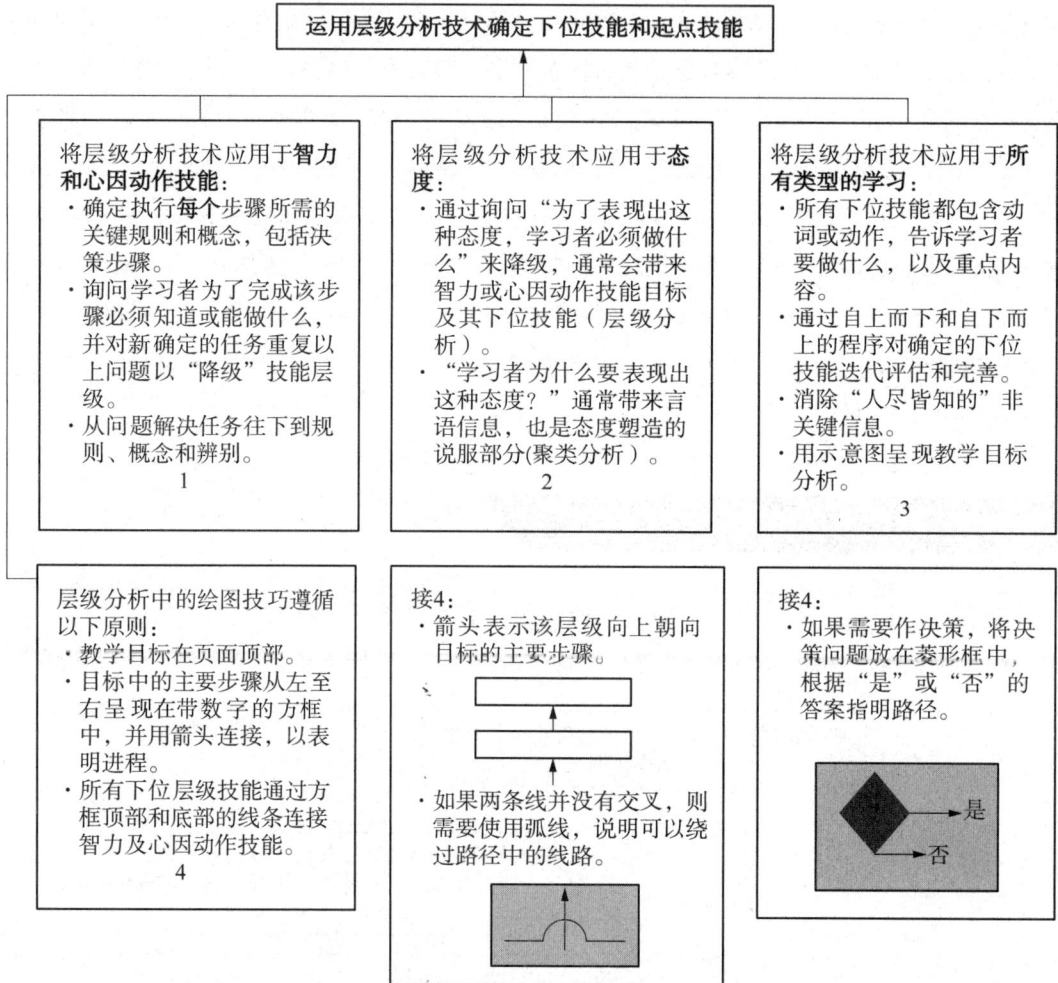

图 4.12　运用层级分析确定下位技能和起点技能

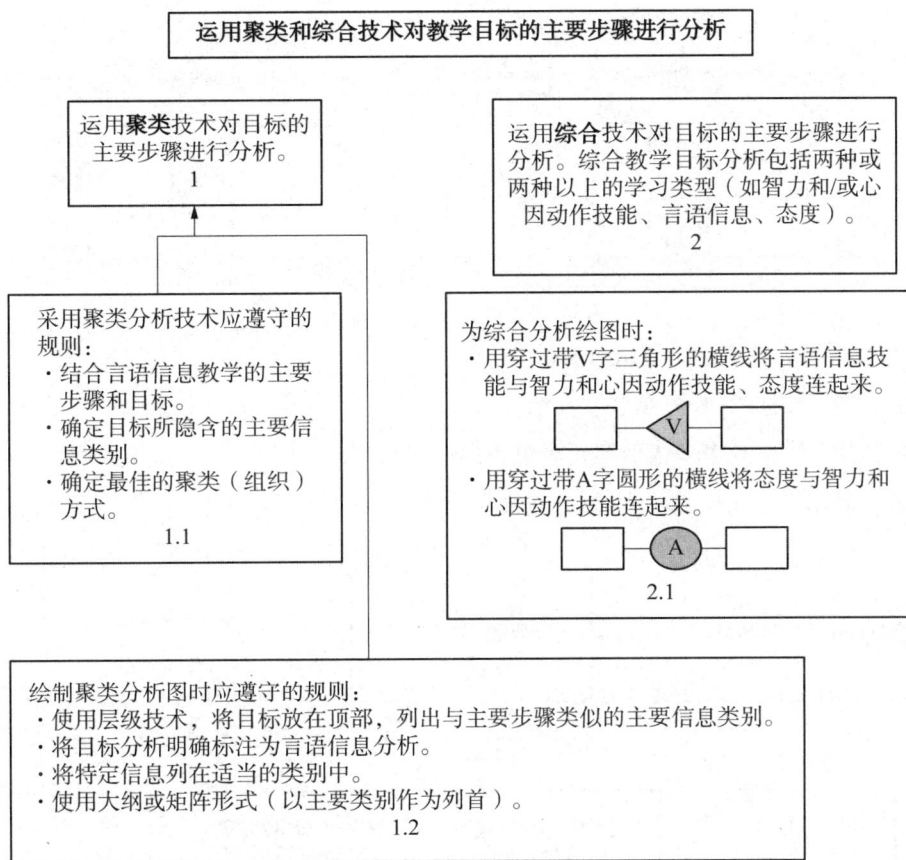

图 4.13　运用聚类和综合技术对教学目标的主要步骤进行分析

练习

在随后的练习中，你需要分别对心因动作技能、智力技能和言语信息目标进行下位技能分析。示例中的主题和目标可能与之前例子中的有些差异。此时，对新目标进行分析，是为了拓展你的目标分析经验，这对你以后自主地选择主题和目标都很有帮助。

完成每个示例，然后将你的分析与参考答案进行对照。如果你的分析与参考答案不同，请找出差异之处，并确定是否要对你的分析进行修改。比起参考答案，也许你更偏爱自己的分析，但你必须能够对这些差异作出合理的解释。

1. 对以下心因动作技能进行教学分析。

主题　更换轮胎。

通过为更换轮胎这一教学目标的步骤 2 确定所需的子技能，展示你进行程序性分析的能力。

教学目标　更换汽车轮胎。

```
                          ┌──────────────┐
                          │  更换汽车轮胎  │
                          └──────────────┘

┌────────┐   ┌──────┐   ┌──────┐   ┌──────┐   ┌──────┐
│准备新轮 │   │ 将车  │   │ 卸下  │   │ 换上  │   │ 放平  │
│胎和工具 │→ │ 举升  │→ │旧轮胎 │→ │新轮胎 │→ │ 汽车  │
│   1    │   │  2   │   │  3   │   │  4   │   │  5   │
└────────┘   └──────┘   └──────┘   └──────┘   └──────┘
```

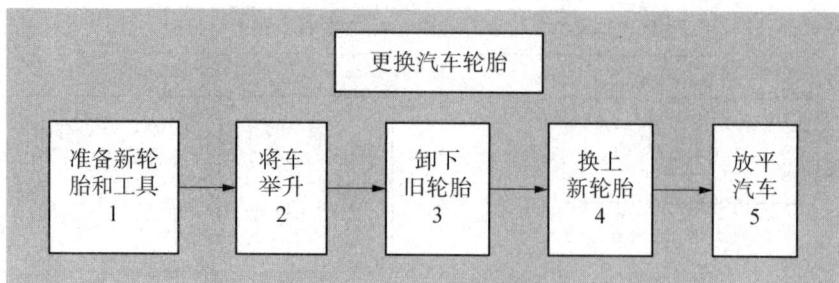

2. 对以下智力技能进行层级分析。

主题　测量数据/得分分布。

教学目标　使用频率多边形解释测量数据/得分分布。

回忆一下，图 3.1 中该教学目标的主要步骤是：

104

```
┌──────────────┐         ┌──────────────┐
│创建一个带有竖轴和│         │根据位置和形状解 │
│横轴的频率多边形 │────────→│释分数/数字分布 │
│      1       │         │      2       │
└──────────────┘         └──────────────┘
       │
       ↓
┌──────────┐   ┌──────────┐   ┌──────────┐   ┌──────────┐
│在竖轴上放频│   │在横轴上放绩│   │在每个分数/数字│   │将各个点连│
│率（最低频率│   │效数字/分数│   │与其频率的交叉│   │接起来完成│
│放在左下角）│   │（最低分数 │   │处标一个点  │   │多边形   │
│   1.1    │   │放在左边） │   │   1.3    │   │   1.4   │
└──────────┘   │   1.2    │   └──────────┘   └──────────┘
               └──────────┘
```

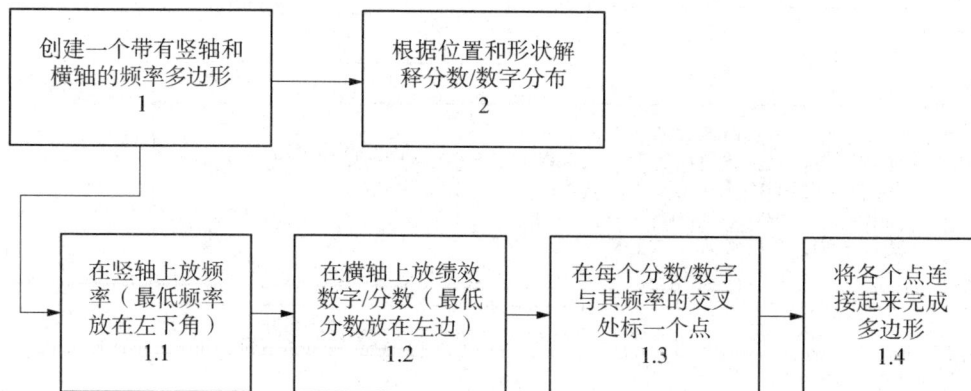

通过确定执行主要步骤 2——根据位置和形状解释某个分布——所需的下位技能，展示你进行层级分析的能力。

3. 对言语信息进行聚类分析。

主题　身体部位。

教学目标　用常用术语说出身体各部位的名称。

一种进行该分析的策略是按照从头到脚的顺序进行。

4. 回顾图 4.14 中更换轮胎的心因动作教学分析，假设目标人群是持有临时驾驶执照的高中生。对于程序中的任何步骤，请确定与之相关的起点技能。通过修改示意图中的程序分析来反映你的想法。

5. 回顾图 4.15 中关于测量数据/得分分布的层级分析。假设目标人群是在阅读和算术技能方面处于和高于平均水平的九年级学生。在分析中，对于该群体，你觉得哪些任务是起点技能，哪些任务应该包含在教学中？对图 4.15 进行修改以反映你的想法。

更换汽车轮胎

| 准备新轮胎和工具 1 | → | 将车举升 2 | → | 卸下旧轮胎 3 | → | 换上新轮胎 4 | → | 放平汽车 5 |

确定如何操作千斤顶 2.1 → 确定千斤顶的安装位置 2.2 → 安放千斤顶 2.3 → 在与地面接触的轮子前后放置障碍块 2.4 → 拧松车轮固定螺母 2.5 → 用千斤顶举起汽车 2.6 → 车和千斤顶都稳固吗？

否

是 ③

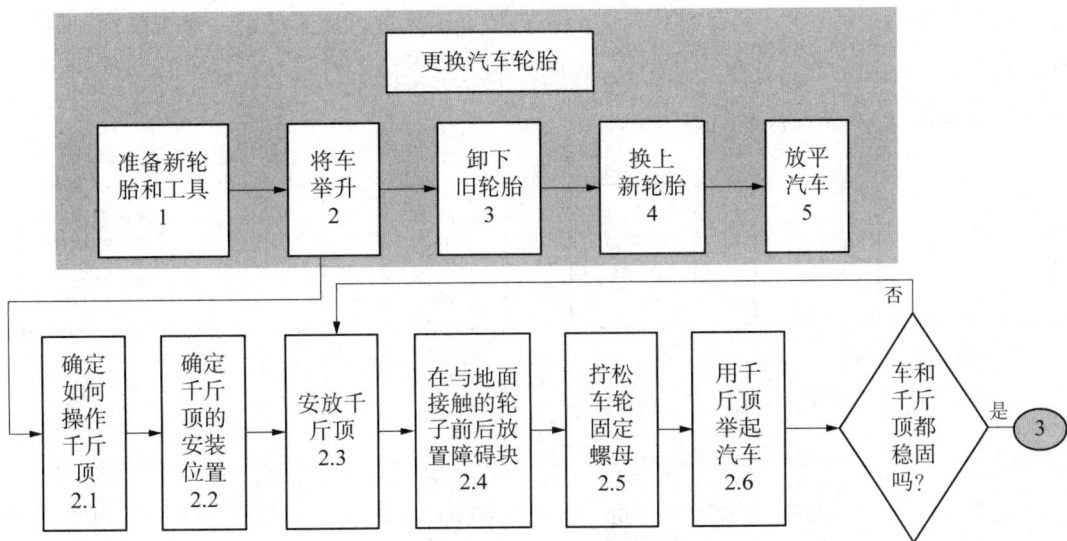

图 4.14　更换汽车轮胎的教学分析

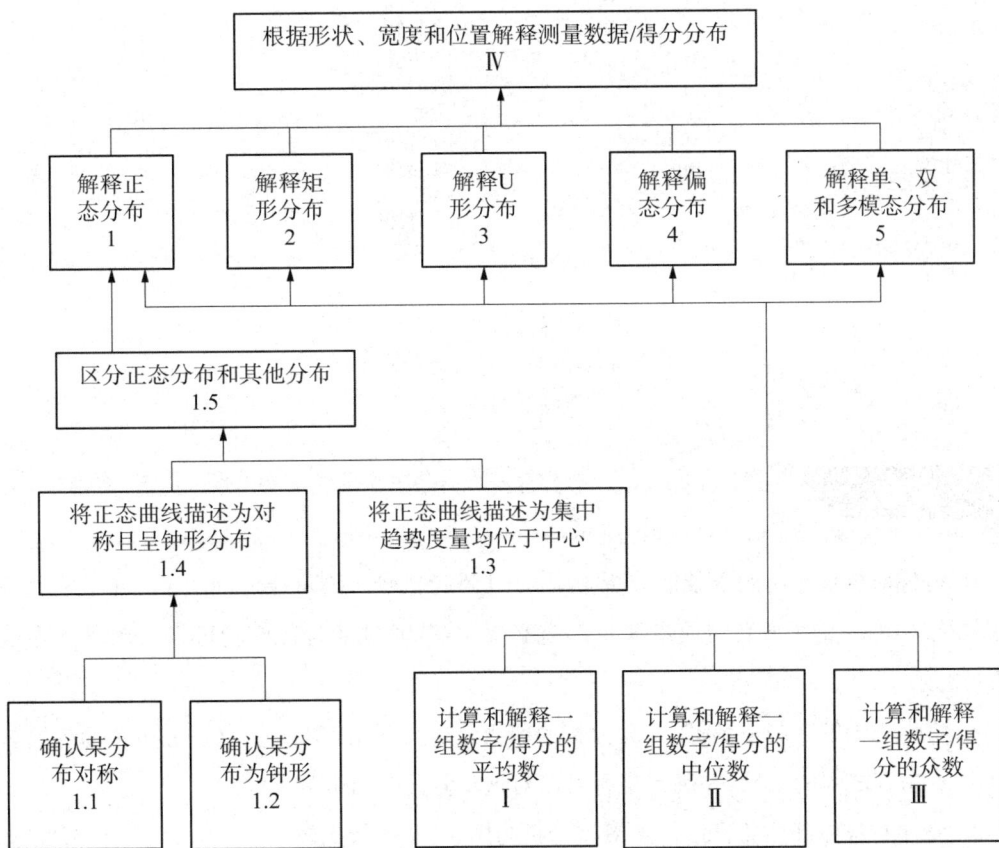

根据形状、宽度和位置解释测量数据/得分分布 IV

解释正态分布 1 ── 解释矩形分布 2 ── 解释U形分布 3 ── 解释偏态分布 4 ── 解释单、双和多模态分布 5

区分正态分布和其他分布 1.5

将正态曲线描述为对称且呈钟形分布 1.4 ── 将正态曲线描述为集中趋势度量均位于中心 1.3

确认某分布对称 1.1 ── 确认某分布为钟形 1.2

计算和解释一组数字/得分的平均数 I ── 计算和解释一组数字/得分的中位数 II ── 计算和解释一组数字/得分的众数 III

图 4.15　智力技能的下位技能分析

教学目标：使用频率多边形解释测量数据/得分分布

主要步骤 IV：根据形状、宽度和位置解释测量数据/得分分布

105

6. 回顾图 4.16 中关于人体部位命名的言语信息。假设目标人群是三年级学生,你认为哪些任务应该被视为起点技能? 请记住,该任务要求学生说出身体部位的名称,这需要拼写技能。修改图 4.16 以反映你的想法。

106

说出头的构成部分 1.0	说出手臂的构成部分 2.0	说出手的构成部分 3.0	说出躯干的构成部分 4.0	说出腿的构成部分 5.0	说出脚的构成部分 6.0
名称:	名称:	名称:	名称: 前面	名称:	名称:
1.1头皮	2.1腋窝	3.1手背	4.1肩膀	5.1大腿	6.1脚后跟
1.2头发	2.2上臂	3.2手掌	4.2锁骨	5.2膝盖	6.2足弓
1.3耳朵	2.3肘部	3.3手指	4.3胸部	5.3小腿	6.3脚底
1.4前额	2.4前臂	3.4拇指	4.4乳房	5.4胫骨	6.4脚趾
1.5眉毛	2.5手腕	3.5指关节	4.5胸腔	5.5脚踝	6.5趾关节
1.6眼睛		3.6指尖	4.6肋骨		6.6趾甲
1.7眼睑		3.7指甲	4.7腰部		
1.8脸颊		3.8指纹	4.8肚脐		
1.9鼻子			4.9髋骨		
1.10鼻孔			4.10髋关节		
1.11嘴			后面		
1.12嘴唇			4.11肩胛		
1.13牙齿			4.12胸腔		
1.14舌头			4.13腰部		
1.15下颌			4.14臀部		
1.16脖子					
1.17喉结					

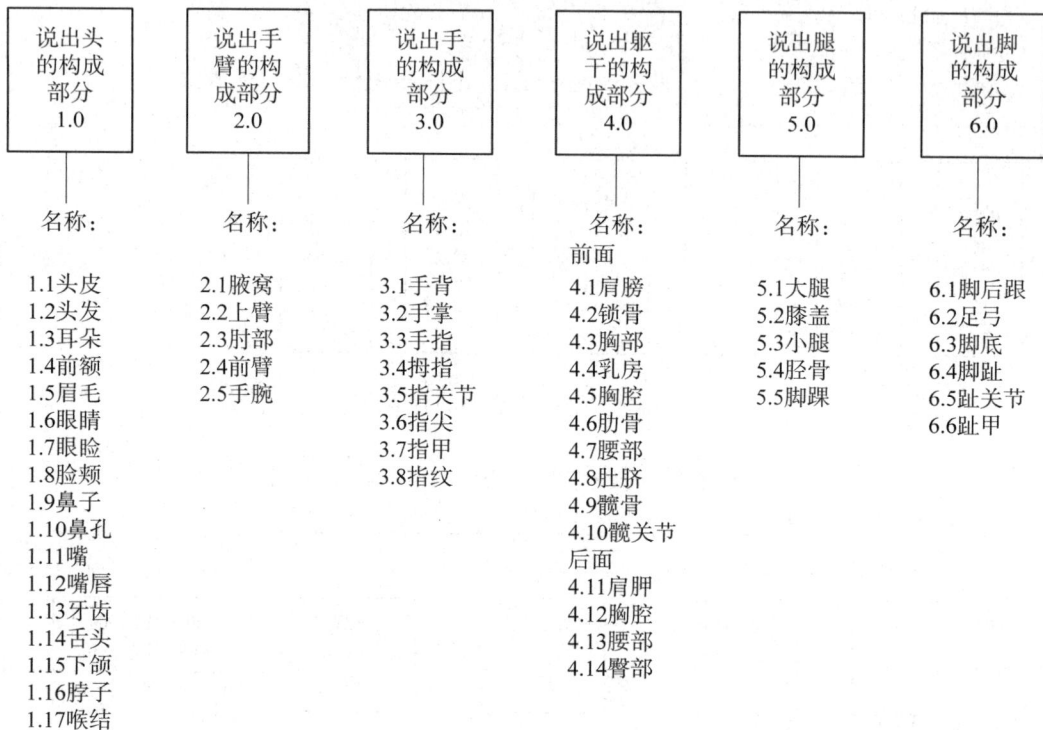

图 4.16　言语信息任务的聚类分析

目标:说出人体不同部位的名称
学习类型:言语信息

参考答案

1. 将你对更换轮胎的子技能分析与图 4.14 进行比较。你可能还确定了 2.1 至 2.6 的一些子技能。例如,为了成功完成步骤 2.5,有必要了解"通过逆时针旋转可以松动车轮固定螺母"的规则。

2. 将你用于解释测量数据/得分分布的层级分析与图 4.15 进行比较,分析你的练习与图 4.15 所示内容之间的差异,并确定是否可以对这些差异作出解释。

3. 将你对身体部位的言语信息聚类分析与图 4.16 进行比较。

4. 在更换轮胎的教学分析中,对于高中学习者群体而言,所有下位技能都不应该被视为起点技能。

5. 在解释绩效分数分布的教学分析中，有五种下位技能可能被视为起点技能：下位技能 Ⅰ.A、Ⅱ.A 和 Ⅱ.A（这些可能在以前的单元中都教过），以及下位技能 2.1.4 和 2.1.5。①

6. 言语信息聚类分析确定的起点技能包括区分头、手臂、手、躯干、腿和脚的能力。

术语的正确拼写也应该包含在教学中；因此，它不应该作为起点技能。

参考文献和推荐读物

Adams, A. E., Rogers, W. A., & Fisk, A. D. (2013). Skill components of task analysis. *Instructional Science, 41*(6), 1009 - 1046. 一份研究报告，探讨了与经验丰富的实践者相比，新手在三种不同条件下进行任务分析的技能和表现。

Annett, J., & Neville, A. S. (Eds.) (2000). *Task analysis*. Taylor & Francis. 作者引入了人体工程学研究中认知任务分析和层级任务分析的许多概念。

Clark, R. E., Feldon, D., vanMerrienboer, J., Yates, K., & Early, S. (2013). Cognitive task analysis. In J. M. Spector, M. D. Merrill, J. J. G. vanMerrienboer, & M. P. Driscol (Eds.), *Handbook of research on educational communications and technology* (4th ed.). Lawrence Erlbaum Associates. 介绍实践和研究中的认知任务分析，并介绍 CTA 问题的有关研究和评论。

Crandall, B., Klein, G., & Hoffman, R. R. (2006). *Working minds: A practitioner's guide to cognitive task analysis*. MIT Press. 介绍收集、总结和交流认知过程数据的工具。

Gagné, R. M. (1962). Military training and principles of learning. *American Psychologist, 17*(2), 83 - 91. 凭借在军队的丰富工作经验，加涅专注于任务分析的重要性、任务排序以及任务间的关系。

Gagné, R. M. (1985). *Conditions of learning* (4th ed.). Holt, Rinehart and Winston. 介绍经典教学设计，包括学习领域和层级分析。

Gagné, R. M., Wager, W. W., Golas, K. C., & Keller, J. M. (2004). *Principles of instructional design* (5th ed.). Wadsworth/Thomson Learning. 提供了一些将层级分析法应用于智力技能的例子。

Gottfredson, C. (2002). Rapid task analysis: The key to developing competency-based e-learning. *The E-Learning Developer's Journal*. http://www.elearningguild.com/pdf/

107

① 练习 5 原书参考答案有误。——译者注

2/062502DST.pdf. 详细介绍了教学分析的程序和示例。

Jonassen, D. H. (1997). Instructional design models for well-structured and ill-structured problem-solving learning outcomes. *Educational Technology Research and Development, 45*(1),65 - 94. 介绍了能够用于教学分析的逐步解决结构良好和结构不良问题的方法。

Jonassen, D. H., Tessmer, M., & Hannum, W. (1999). *Task analysis procedures for instructional design*. Lawrence Erlbaum Associates. 本书对工作和任务分析的各种技术在教学设计中的应用提供了出色的概述和操作指南。本书目前可通过 netLibrary 获取电子书版本。

Lee, J., & Reigeluth, C. M. (2003). Formative research on the heuristic task analysis process. *Educational Technology Research and Development, 51*(4),5 - 24. 描述了复杂认知任务的任务分析方法,并提出对各种访谈策略、专家和熟练任务分析师的需求。

Loughner, P., & Moller, L. (1998). The use of task analysis procedures by instructional designers. *Performance Improvement Quarterly, 11*(3),79 - 101. 为教学设计者提供了任务分析的另一种视角。

Mager, R. (1997). *Goal analysis: How to clarify your goals so you can actually achieve them*. The Center for Effective Performance. 说明了在目标分析之前澄清教学目标的作用。

Novak, J. D. (2009). *Learning, creating, and using knowledge: Concept maps as facilitative tools in schools and corporations* (2nd ed.). Routledge. 说明了教学设计中概念图的作用。

Reigeluth, C. M. (1983). Current trends in task analysis: The integration of task analysis and instructional design. *Journal of Instructional Development, 6*(4),24 - 35. 虽然已经过去了三十多年,这篇文章仍然很好地描述了将任务分析整合进教学设计过程的方法。

Shepard, A. (2000). *Hierarchical task analysis*. Taylor & Francis. 介绍认知任务分析,并重点描述商业和工业情境中工作分析的层级结构配置。

Shipley, S. L., Stephen, J. S., & Tawfit, A. A. (2018). Revisiting the historical roots of task analysis in instructional design. *Tech Trends, 62*,319 - 320. 简述了任务分析的起源和发展方向。

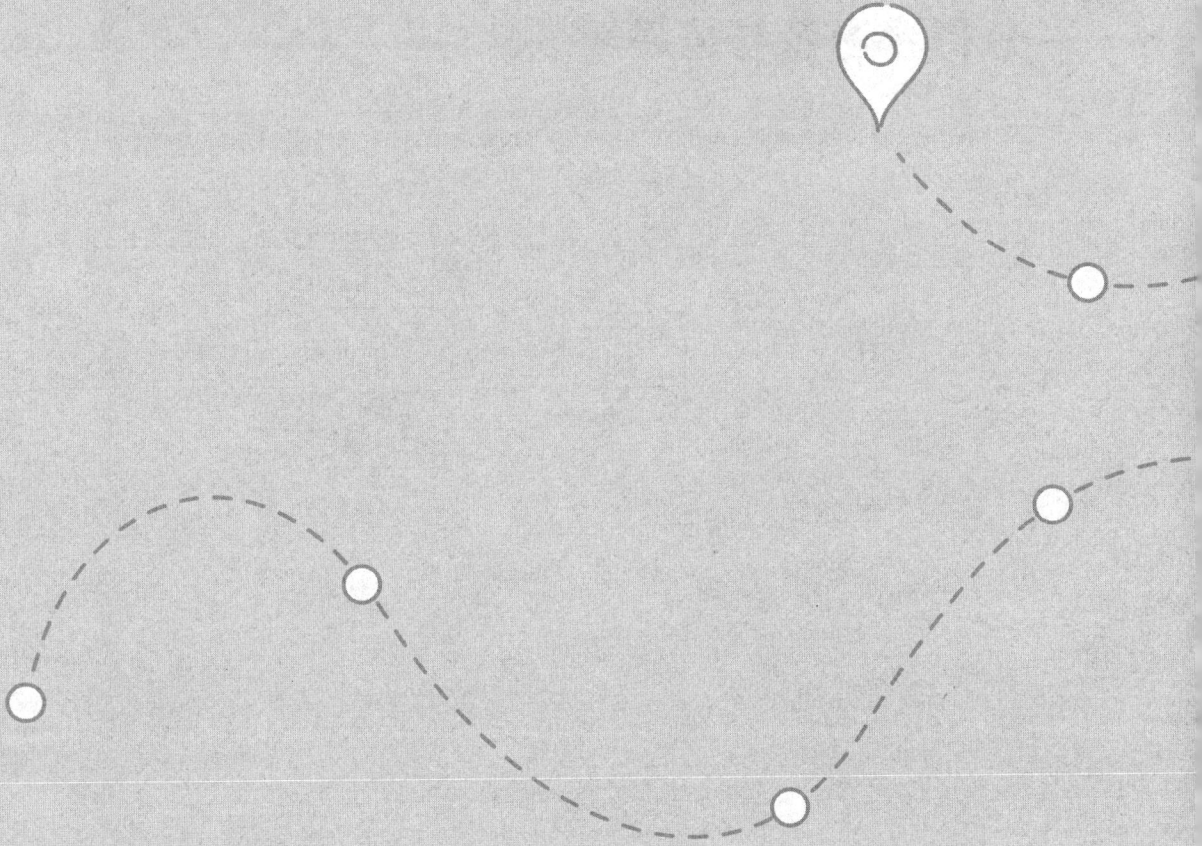

第 5 章

分析学习者与情境

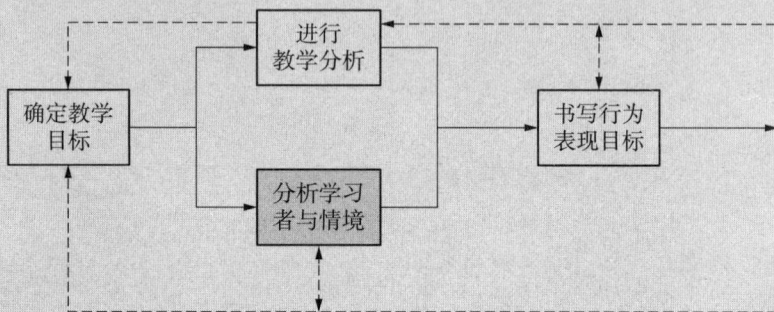

目标

▶ 分析和描述目标人群的一般特征。

▶ 分析和描述绩效情境（展现所习得技能的地方）的情境特征。

▶ 分析和描述学习情境（进行教学的地方）的情境特征。

▶ 根据学习者和情境信息评价教学分析工作，并按提示进行修改。

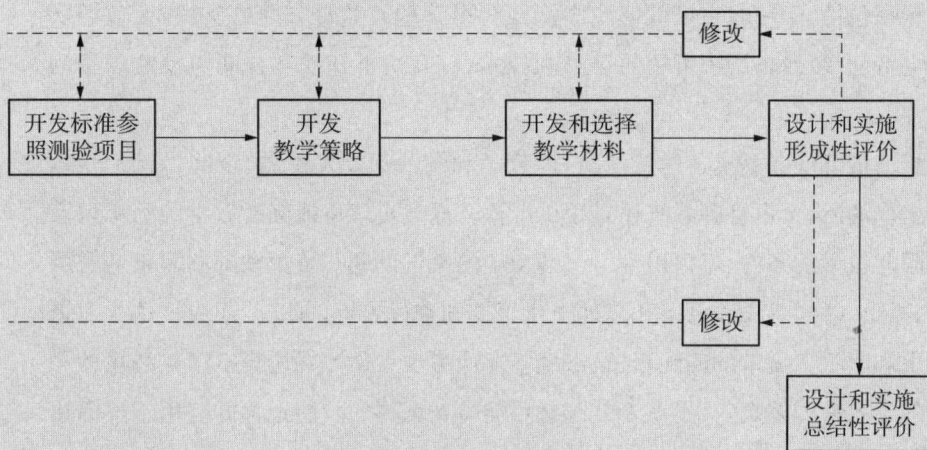

```
                                        ┌──────────┐
              ┌·····················│   修改   │·········┐
              ┊       ┌········┊       └──────────┘         ┊
              ┊       ┊        ┊                            ┊
              ▼       ▼        ▼                            ┊
┌──────────┐  ┌────────┐  ┌──────────┐  ┌──────────┐
│ 开发标准参 │→│  开发   │→│ 开发和选择 │→│ 设计和实施 │
│ 照测验项目 │  │ 教学策略 │  │ 教学材料  │  │ 形成性评价 │
└──────────┘  └────────┘  └──────────┘  └──────────┘
                                                │
              ┌·······················┐    ┌──────────┐   ┊
              ┊                      └····│   修改   │····┘
              ┊                           └──────────┘
                                                │
                                                ▼
                                          ┌──────────┐
                                          │ 设计和实施 │
                                          │ 总结性评价 │
                                          └──────────┘
```

概述

在着手进行教学设计的这一阶段之前,你应当已经完成或者正在进行包括起点技能识别在内的目标分析和下位技能分析。同时,应对所开发教学的目标人群有一个基本的了解,并通过一般性的描述加以界定,例如幼儿园儿童、七年级学生、大学新生、救护车驾驶员,或是因危险驾驶导致严重事故而被定罪的汽车司机。

本章主要聚焦于两项分析:**学习者分析**和**情境分析**。在进行学习者分析时,教学设计者需要识别目标群体成员的一般特征,如阅读水平,注意力持续时间,先前经验,动机水平,对学校、培训或工作的态度,以及在以往教学情境中的行为表现水平。另一个重要特征是目标群体成员已经掌握的相关知识和技能的范围及其应用情境。对目标人群的分析可以形成对学习者特征的准确描述,这些描述有助于后续的教学设计活动,如设置适宜的教学情境、提供激发动机的信息和活动、确定教材的形式以及单次教学中呈现的材料量。

在绩效情境分析中,设计者需要详细描述学习者将在其中扮演现实生活中角色的情境,如学生、员工、公民或客户,并实际运用教学目标中所规定的知识和技能。需要描述的绩效情境特征包括:学习者在绩效情境中能否获得管理或监督方面的支持,绩效场所的物理和社会特征,绩效场所中可用的工具和技术,以及所学知识和技能与绩效场所的相关性。

情境分析的最终任务是描述学习情境,即教学和学习活动发生的"空间",无论是教室、实验室、工作场所、学习管理系统还是手机屏幕。通过审视可能支持教学的资源以及可能抑制或限制教学的条件,可以识别学习情境中的关键问题。资源和限制因素通常可以按照资金、人员、时间、设施、设备和当地文化等类别进行分析。此外,还应评估学习情境与教学需求和学习者需求的匹配程度。最后,还应考虑在学习场所模拟绩效情境的可行性。模拟的绩效情境越真实,学习者就越有可能将新获得的技能迁移并应用于实际情境中。

最终,根据我们的系统化方法,我们将利用学习者和情境信息来评价并尽可能优化我们的教学目标框架。这需要对学习者和情境有深入了解的专家基于你的学习者和情境,判断你的教学分析是否切实可行。

概念

学习者分析

首先,我们要考虑既定教学的目标学习者,即**目标人群**——也称为**目标受众**或**目标群体**——他们是我们要进行适当教学活动的对象。

目标人群

目标人群可以通过年龄、年级、学习主题、工作经验或职位等标识来描述。例如,教学材料可能专为系统程序员、五年级阅读班、中级管理人员或高中校长设计。这些例子代表了教学材料中常用的典型分类描述。然而,教学设计者需要超越这些泛泛的描述,更精确地指明所准备的材料适合拥有哪些必备技能的学习者。

设计者必须了解目标群体的哪些信息?关于目标人群的有用信息包括:(1)起点技能;(2)主题领域的先前知识;(3)对内容和潜在传输系统的态度;(4)学习动机;(5)受教育和能力水平;(6)一般性学习偏好;(7)对提供教学的组织的态度;(8)群体特征,包括多样性(例如性别、种族、文化、健康状况和特殊需求）。下面将详细阐述每种信息类型。

起点技能　在开始大多数学习领域的教学之前，目标人群成员必须已经掌握了特定技能（即起点技能），以便能够达成学习目标。这些技能应当被明确界定，并在教学开发过程中验证学习者实际掌握这些技能的情况。研究文献还描述了可能影响教学结果的其他学习者特征，这些特征可以分为与学习者的知识、经验和态度相关的特定或一般特征。

主题领域的先前知识　当前的许多学习研究都强调了确定学习者对所教授主题的了解程度的重要性；很少有学习者对主题一无所知或完全缺乏相关知识。他们往往对主题有片面的理解或误解。在教学过程中，学习者根据新内容与之前学习的关联来解释新内容，在先前理解的基础上构建新知识；因此，对设计者来说，确定先前知识的范围和性质至关重要。

对内容和潜在传输系统的态度　学习者可能对所教授的主题及其传输方式持有特定的想法或态度。例如，销售人员可能对掌握更新合理数据库所需的规则和技术不感兴趣，因为这要求他们在一天或一周的工作结束后将现场记录手动输入笔记本电脑或台式机中。然而，如果公司提供一个应用程序，使他们能够在平板电脑或智能手机上输入现场数据，并与网络计算机同步，从而实现数据的自动输入，他们可能会对学习新技能产生兴趣。设计者应该从学习者样本中确定先前经验的范围以及对教学所涵盖内容领域的态度。设计者还应该确定学习者对教学方式的期待。如果学习者曾经使用过设计不当、支持不足的学习管理系统，他们可能会对在类似系统中接受更多培训持怀疑态度。

学习动机　许多教师认为，学习者的动机水平是成功教学最重要的因素。当学习者对话题缺乏动机或兴趣时，学习几乎不可能发生。凯勒（Keller，2008）开发了一个模型，描述了成功学习所需的不同类型的动机，并提供了如何利用这些信息来设计有效教学的建议。这个模型被称为 **ARCS 模型**（注意、关联、信心和满意），将在第 8 章中详细讨论。此处提及该模型是为了展示在分析学习者时，应如何从学习者那里获取信息。

凯勒建议向学习者提出以下问题：这个教学目标与你有多相关？你对目标的哪些方面最感兴趣？你对成功实现学习目标有多大信心？实现目标将使你感到多满意？这些问题的答案帮助我们了解目标人群和教学设计中潜在的问题领域。请不要假定学习者对这个主题非常感兴趣，认为学习主题与自己的兴趣或工作有关，相信自己可以学会这些内容，并对这么做感到满意。这些假设几乎总是不成立的。在设计教学之前，了解学习者的感受非常重要，以便在传输之前进行合理的规划。

受教育和能力水平　确定学习者的成就和一般能力水平。与同龄人相比，你的目标人群成员是否同质（相似）地具有高于平均水平、处于平均水平或低于平均水平的成就？他们是有点异质（不同），即跨越两个层次，还是完全异质，即跨越了各个层次？这些信息有助于深入了解他们可能拥有的学习经验，以及他们应对新的和不同教学方法的能力。

112

一般性学习偏好 了解目标人群的学习技能、偏好以及他们探索新学习模式的意愿。换句话说,目标学习者看起来更倾向于讲座/讨论的学习方法,还是已经在研讨式课程、案例研究、基于问题的小组学习或独立学习的在线课程中取得了成功? 有很多关于**学习风格**和评估学生个人学习风格的文章可供参考,便于你调整教学以达到最佳效果。研究表明,个人风格是可以确定的,但这通常来自学习者所表达的对听、考虑、阅读、小组讨论等的个人偏好,而非测量所得到的预测学生最佳学习方式的心理特征。我们将学习风格视为学习偏好的一个方面,直到有一系列研究证据表明,通过基于学习风格识别的个性化教学能够实际提升学习效率、效果和态度。

对培训组织的态度 确定目标人群对提供教学的组织的态度。他们对管理层和同伴都有积极、建设性的看法,还是对高层领导及其提供适当培训的能力持怀疑态度? 研究人员表示,就在工作中运用新学技能的可能性而言,这种态度是教学成功的重要预测因素。那些对组织和同伴持积极态度的人更有可能运用这些技能。

群体特征,包括多样性和特殊需求 对学习者的精确分析提供了另外两种可能影响教学设计的信息。首先是目标人群中重要变量的异质性或多样性程度。这些变量可能包括但不限于性别、种族、文化、健康状况、特殊需求、沟通偏好、母语,也许还有政治信仰、宗教和性取向。当然,设计者在用政治信仰、宗教和性取向来描述学习者时必须谨慎。设计者必须注意只使用对教学目标以及学习和绩效情境具有合理重要性的因素来描述一个群体。如果因敏感性无法收集和使用此类信息,则不应收集。显然,找到适应多样性的方法很重要。

教学设计者必须熟悉有关特殊需求个体的美国法律,并确保自己的绩效和学习情境能够满足这些需求。这些法律包括:

《美国残疾人法案》(ADA)	《残疾人教育法》(IDEA)	《康复法》第504条
这项民权法禁止在学校、工作场所和公共场所歧视残疾。	这项法律要求学校向有需要的儿童提供特殊教育和相关服务。	这项民权法禁止在因残疾而获得联邦资助的学校中存在歧视。

第二类信息是基于与目标人群的直接互动产生的对他们的整体印象。这不仅仅是接受对学习者的刻板描述或管理层面的刻画;还需要与学习者进行互动,以便对他们的认知和感受产生印象。

113

在某些情况下,一些当代在线学习方法对描述群体特征提出了更大的挑战。例如,如何描绘刚刚注册的5 000名大规模开放在线课程(MOOC)学生的特征? 或许可以通过像SurveyMonkey这样的在线工具来收集相关的人口统计学信息、教育水平、职业兴趣和激励因素数据。或者,可以通过群体抽样来构建一个原型学习者的深度画像,这个原型学习者被称为开发中的**人物角色**——一个虚构的角色，代表了预期学习者的主要特征。

无论信息如何收集，这些学习者变量都用于选择和制定具体的教学目标（objectives），它们尤其影响教学策略的各个构成成分。这些变量有助于设计者为教学开发动机策略，选取各种能够阐明观点的实例、确定教学可能（或不可能）采用的传输方式，以及学习者应如何练习相关技能。

试教学习者　区分目标人群和我们所说的**试教学习者**很重要。目标人群是尽可能广泛的用户的抽象表示，如大学生、五年级学生或成年人；而试教学习者是设计者在开发教学过程中可接触的学习者。通常假设试教学习者是目标人群的成员，如果目标人群是大学生、五年级学生或成年人，那么，试教学习者将是特定的大学生、五年级学生或成年人。当设计者为目标人群准备教学时，试教学习者将作为该群体的代表，以规划教学并评估其效果。

用于学习者分析的数据

收集学习者数据的方法多种多样。一种方法是直接到现场，对管理者、教师和学习者进行结构化访谈。这些访谈可能会提供有关学习者的起点技能、个人目标、对内容和培训组织的态度以及自我报告的技能水平的宝贵信息。在现场期间，设计者还可以在绩效和教学情境中观察学习者。无论是在现场还是通过远程技术，设计者都可以管理调查和问卷，以获得有关学习者兴趣、目标、态度和自我报告技能的类似信息。除了自我报告和主管评定外，设计者还可以进行前测，以确定学习者的实际起点技能以及先前的知识和技能。

输出　你的学习者分析活动应该产生什么结果？输出应包括对上述所有类别中学习者的精确总结。你和其他人将在设计过程的剩余环节参考这些信息。

绩效情境分析

在进行情境分析时，设计者应关注最终运用所获得技能的绩效情境的特征。教学至少应当部分地满足需求评估所揭示的需求，而这一评估过程应基于识别那些可以通过教学解决的绩效问题，或者是教学能够为组织带来的机遇。教学必须有助于满足已确定的需求，向学习者传授特定的技能，并培养他们形成特定的态度。至于这些技能和态度的应用场景，不仅包括工作场所，当然还涵盖学习环境之外的其他场合。很少有人学习仅仅是为了在课程结束后的测验中证明自己掌握了某项技能。因此，作为设计者，我们必须了解学习者将在何种情境下运用这些新技能。对于高阶学习而言，细致的情境分析对于帮助设计者在教学中重现绩效情境的真实要素，以及帮助学习者构建最有利于学习和记忆的概念框架，都是至关重要的。精确的绩效情境分析应当使设计者能够开发出更贴近实际的学习体验，这将增强学习者的动机、提高教学内容的相关性，以及促进新知识和技能在工作场景中的迁移。实际上，在分析学习情境之前先对绩效情境进行分析，是为了尽可能确保新技能的学习能够满足其在实际应用

114

中的要求。

通信技术正在改变我们对绩效情境的概念。呼叫中心员工的环境可能与计算机屏幕和耳机更相关,而与其他物理环境关系不大。电力公司的巡线工人可能坐在斗车里,但使用平板电脑来获得绩效支持,以解决发现的问题。员工可能出于偏好、也可能由于短期健康或交通问题而选择居家远程办公的工作方式。对分布式绩效情境进行分析是一件复杂的工作,因为我们必须考虑实际情境(这可能是一个不断变化的目标)、员工最终报告的"居家"情境以及两者之间的动态关系。无论绩效情境是传统的还是物理和智能分布的,教学设计者都应该考虑几个因素:管理或监督性的支持,场所的物理和社会特征,以及所学技能与工作场所的相关性。

管理或监督性的支持

我们必须了解学习者在运用新技能时期望得到的组织支持。研究表明,在新环境中运用新技能(即**学习迁移**)最有力的预测指标之一是学习者所获得的支持。如果管理者、主管或同事对运用新技能的个体不予理会或施加惩罚,那么将不会有人运用新技能。如果人们认可和赞扬那些运用新技能的人,并强调这些技能如何促进组织的发展,那么这些技能将被运用,并有望解决在最初的需求评估中发现的问题。

如果尚未获得管理者的支持,那么设计者(或培训组织)将面临一个与项目相关的额外问题,即取得管理者的支持。通常有用的策略包括:将管理者纳入项目规划、邀请他们担任主题专家,或者邀请他们在学习者培训期间及返回工作岗位后担任学习者的导师或教练。

工作场所的物理和社会特征

情境分析的第二个方面是评估将运用这些技能的物理情境。技能的运用是否依赖于设备、设施、工具、时间安排或其他资源?这些信息可以在设计培训时使用,以便让学习者在尽可能接近工作场所的条件下练习技能。

了解技能应用的社会情境对于设计有效的教学至关重要。在分析社会特征时,需要询问以下相关问题:学习者是独立工作还是团队合作?他们是在现场独立工作,还是在员工会议上提出想法或监督员工?组织中有人已经熟练掌握要学习的技能,还是这些学习者将是第一批运用技能的人?

技能与工作场所的相关性　为了确保新技能能够满足识别出的需求,我们应该评估员工所学技能与当前绩效场所工作的相关性。这是一种基于现实的检验方法,它可以确保教学实际解决或部分解决最初确定的需求。设计者应评估是否存在物理、社交或动机上的限制,阻碍新技能的使用。物理限制可能包括工作空间不足、设备过时、时间或日程安排不足、人员短缺。例如,对于一个客源稳定、四条电话线路都很繁忙、预约的客户要等待30分钟的接线员而言,提供客户服务培训可能并无实际帮助。同样,如果教室配备的计算机过于陈旧,无法运行新软件,那么也没必要培训教师学习新教学软件。

用于绩效情境分析的数据

虽然一些教学分析可以在办公室中进行,但情境分析需要设计者在适当的环境中进行观察。这些观察会影响项目的整个未来进程,因为它们不仅为项目提供了关键信息,而且能提升设计者的知识和技能。

为了开展情境分析,可以进行一次或多次现场访问,并且都应提前计划。理想情况下,这些访问应与教学分析同步进行。访问地点需要根据具体情况确定,其中一些可能在需求评估中已经确定。

现场访问的目的是收集潜在学习者和管理者的数据,并观察新技能将被运用的工作环境。基本的数据收集程序包括访谈和观察。访谈可以围绕本章关注的问题,以书面问题的形式进行。对这些问题的回答,要结合特定的情境或项目,并立足于每种情境的独特性。

输出　本阶段学习的主要产出是:(1)对将运用技能的物理和组织环境的描述;(2)可能促进或干扰学习者运用新技能的任何特殊因素的列表。与学习者分析信息类似,此输出可供教学设计者和其他人在设计项目的其他部分时参考。

学习情境分析

学习情境分析涉及两个方面的内容,即确定学习情境"是什么"和"应该是什么"。"是什么"是对将发生教学的场所的描述。它可能只是一个场所,例如大学教室或企业培训中心,也可能是客户可用的众多场所之一,还可能是工作中的工作辅助工具、辅导或电子绩效支持。事实上,有了移动技术,教学可以随时随地进行。"应该是什么"则是设施、通信、硬件、软件、专业知识、人员、后勤以及充分支持预定教学所需的任何其他资源。

在学习情境分析中,重点关注以下几个方面:(1)教学场所适合教学要求的程度;(2)教学场所适于模拟工作或绩效场所的程度;(3)教学场所适于运用多种教学策略和培训传输方式的程度;(4)可能影响教学设计和教学传输的限制条件。下面简要阐述每个领域。

116

教学场所与教学要求的适配度

教学设计模型第一步准备的教学目标陈述中,列出了实现目标所需的工具和其他支持条件。你正在考察的学习环境包括这些工具吗? 如果提供这些工具,学习环境能容纳吗? 现在最常见的"工具"可能是计算机和智能移动设备。即使与要学习的具体任务无关,计算机、平板电脑和智能手机也经常被用作学习任务、沟通任务和成果展示的媒介,因此学习情境中的技术问题需要仔细分析。

在学术、专业和技术情境中学习和执行任务也可能需要特定的工具。工具可能像木槌和凿子一样简单,也可能像生产线上的计算机控制机器人或医疗诊所的成像设备一样复杂。学习情境中工具的可用性和适配性对有效教学至关重要。我们不禁想起一位同事，她讲述了自己在第二次世界大战期间上钢琴课的经历，当时她所在社区的资源和钢琴都很稀缺。她回忆起自己走路去上课时，腋下总是夹着一个纸板钢琴键盘，用来练习音阶和流行歌曲的弹奏指法。她认为，在学习和绩效情境之间几乎没有发生迁移，而且她的学习动机也出现了严重的问题。

　　教学场所适于模拟工作场所的程度　另一个问题是培训环境与工作环境的适配性。在培训中，必须尝试模拟工作环境中那些对绩效至关重要的因素。在指定的培训情境下这是否可行？需要更改或添加什么？

　　传输方式的适合性　目标陈述中的工具要求列表表明了学习情境和绩效情境"应该是什么样的"。在这一分析阶段，还需要注意组织对教学活动的限制和要求。组织可能已经决定教学必须在美国典型的企业培训中心举行，必须通过网络传送至全球员工的台式电脑，或者教学针对的是"典型的"四年级教室环境。因此，要判断和决定能用于指定教学场所的传输方式。

　　影响设计和传输的学习场所限制　无论出于何种原因，管理层可能已提前决定采用特定的学习技术进行教学，这一决策可能并非基于对教学传输技术能力的分析。在这种情况下，对学习环境的情境分析变得尤为关键。随着越来越多的教育和培训材料基于 HTML 开发或从专业材料开发软件迁移至 HTML，曾经困扰学习环境的数字技术兼容性问题正在逐渐消失。尽管在兼容性方面取得了进展，但在解决场所限制问题之前，不应急于启动教学开发。大多数经验丰富的设计者都有那么一两次经历，后悔在设计过程中没有进行限制条件分析。

117　　在理想情况下，培训的地点和传输方式应基于需求分析来确定，以实现教学目标。在极端情况下，有人认为培训不应在个体产生培训需求之前提供，也不应在教室里以集体方式进行，而应在工作场所按需适时进行。然而，传统实践与这一愿景仍有较大差距。企业培训的主要方式仍然是讲师在课堂上教授 20 到 24 名学习者，公共教育亦然。不过，越来越多的数字化学习正在家里、工作地点或平板电脑上进行。教学可以个性化，也可以在虚拟学习社区中通过与其他学生、组长或教师的实时互动进行。正在学习的新技能甚至可以得到学生台式电脑或工作现场移动设备上的绩效支持软件的支持。这些系统是当前非常真实的培训技术，使得系统设计原则更适用于高效和有效教学的开发。

用于学习情境分析的数据

　　对学习情境的分析在许多方面都类似于工作场所分析。分析的主要目的是确定场所内可用的资源和限制条件。学习情境的分析程序包括对一个或多个培训场所的访问，并酌情安排对教师、场所管理人员和学习者的访谈。与绩效情境分析一样，你需要提前准备好访谈问题。如果学习者与你将教授的人相似，他们可能会提供关于如何使用该场所的宝贵信息。观察正在使用的场所并想象将其用于你的教学也很重要。此外,请确定你使用场所的任何限制条件及其对项目的潜在影响。即使教学不基于线下场所进行,你也应该访谈管理者和学习者,同时审查传输教学所需的学习技术、基础设施和人员。

输出　学习情境分析的主要结果是:(1)说明教学场所在多大程度上适合培训要迁移到工作场合的技能;(2)列出可能对项目产生严重影响的限制条件。这些信息将用于在设计项目的剩余环节中启动、验证或更改决策。

公立学校情境

在总结本节之前,有必要从为公立学校开发教学的设计者的角度,回顾学习者和情境分析。支持学习者和学习情境分析的设计者可能认为,他们在公立学校部门已经非常熟悉这些内容,不需要进一步分析。然而,我们还是鼓励你对学习者、教师和典型的教室场景进行所建议的分析,并据此更新你的经验。

要对课堂上所学技能的最终运用情境进行分析,这一点无论怎么强调都不为过。职业教育工作者往往认为这一步骤与他们的设计工作直接相关。他们希望为职业院校毕业生提供可以在工作场所运用的支持性技能。不过,考虑一下类似五年级科学教学的内容。在这类课程中所学技能的"绩效场所"是什么? 回答这个问题的一种方法是在后续课程中确定将在哪里运用这些技能,并与有关教师讨论运用这些技能的情境,以及过去学生对这些技能的准备程度。

对绩效情境的另一项分析,与知识和技能在校外的运用情况有关。学生为什么要学习这些技能? 他们在家里或社区里应用这些技能吗? 他们的应用是出于爱好、娱乐兴趣还是出于对职业或高等教育的追求? 抑或是为了发展"生活技能"? 如果得到明确的答案,请仔细关注绩效情境应用,并将其引入教学策略设计阶段。这些应用有助于提高学生的学习动机,为新的内容和示例提供情境,以及设计学生认为与自己有关的实践活动。总之,我们认为教学设计模型中的学习者和情境分析步骤,无论是对于公立学校的教学设计者,还是对于那些在各种培训和工作环境下进行成人培训的教学设计者,都是非常重要的。

评价和修改

评价和修改教学分析

在着手撰写教学设计的初稿之前,设计者通常会对设计分析进行审查和修改。在设计流程中,教学分析是可以先进行初步试验的部分。我们选择在本章而不是第 10 章探讨教学试验,是因为这一步骤可以与学习者和情境分析并行进行。这些分析使得设计者有机会与潜在或最近的学习者接触,这些学习者能够与设计者一起审视教学分析。

教学分析图呈现了目标、完成目标所需的步骤、下位技能以及所需的起点技能。为了审查你的分析是否合理,选择几位具有目标人群特征的个体,向他们逐一解释这些分析的含义。你可以陈述目标,并阐释如果某人能够达成这一目标,他将如何表现。可以提供一个完成步骤的实例,然后解释每组子技能是如何支持目标中的一个或多个步骤的。**阐述起点技能**的含义,并询问对方是否知道或能够完成你为教学列出的每项起点技能。

解释的目的何在? 当你解释自己在教学分析中所体现的观点时,你自己也可以听到。有时,仅仅解释分析的行为就能帮助你发现重复、遗漏、不明确的关系、不合逻辑的顺序或多余不必要的信息等问题。即使不考虑学习者在解释过程中的反馈,你也会发现自己想要做出的改动。

当然,除了个人的反应外,你还必须看到目标人群学习者对将教授的技能的反应。你进行的是**解释**而非**教学**,但也应该偶尔停下来询问学习者。他们是否理解你所说的? 他们如何用自己的话来描述它? 他们能否展现出起点技能? 这些问题聚焦于任务,但你也可以引入学习者分析的问题,比如询问学习者是否理解技能的相关性,是否了解主题领域,以及是否明白技能的学习和应用将如何解决问题或满足需求。

如果你与几名学习者一起进行这项审查,他们可能在背景和经验上有所不同,但只要他们仍然是目标群体的成员,你就可以收集到用于完善教学分析的信息。

你也可以在工作情境中向主管解释你的材料,以获取他们的意见。他们可以从内容专家和情境可行性角度提供见解。在进入下一阶段的设计流程之前,来自目标学习者和主管的意见有助于修改教学分析,书写行为表现目标和评估,这些完全取决于来自教学、学习者和情境分析的信息。

对教学分析及早进行审视和修改,充分体现了教学设计(ID)过程具有反复性这一本质特征。请记住,在一个系统中,各构成成分相互作用;系统中任一成分的输入有变化都会影响另一成分的输出结果。在教学设计者设计教学时,他们经常会根据 ID 过程中收集到的新信息,循环往复地完善先前的决策。

学习者与情境分析的评价细则

以下评分细则总结了陈述学习者特征(成就、经验和态度)、绩效情境和教学情境的评价标准。

设计者须知:若某一要素与你的项目无关,请在"否"一栏中标注"NA",表示"不适用"。

Ⅰ. 学习者特征

否	有些	是	**A. 成就和能力** 描述是否包括与教学目标、下位技能和起点行为相关的信息,比如:
___	___	___	1. 年龄?

   ___   ___   ___   2. 年级/教育水平?

   ___   ___   ___   3. 成就水平?

   ___   ___   ___   4. 能力水平?

B. 经验　描述是否包括学习者以下方面的总结:

   ___   ___   ___   1. 目前的工作?

   ___   ___   ___   2. 先前的经验?

   ___   ___   ___   3. 起点技能?

   ___   ___   ___   4. 主题领域的先前知识?

C. 态度　描述是否包括对学习者以下方面的总结:

   ___   ___   ___   1. 对内容的态度?

   ___   ___   ___   2. 对教学传输系统的态度?

   ___   ___   ___   3. 学习动机(注意、关联、信心、满意)?

   ___   ___   ___   4. 对教学的期望?

   ___   ___   ___   5. 学习偏好?

   ___   ___   ___   6. 对培训组织的态度?

   ___   ___   ___   7. 群体特征(总体印象)?

D. 多样性　分析是否描述了学习者的以下方面:

   ___   ___   ___   1. 年龄?

   ___   ___   ___   2. 文化?

   ___   ___   ___   3. 种族?

   ___   ___   ___   4. 性别?

   ___   ___   ___   5. 背景和经验?

   ___   ___   ___   6. 健康状况,特殊情况?

   ___   ___   ___   7. 其他?

E. 特殊需求　描述是否包括学习者以下方面的总结:

   ___   ___   ___   1.《美国残疾人法案》的相关情况?

   ___   ___   ___   2.《残疾人教育法》的相关情况?

   ___   ___   ___   3.《康复法》第 504 条的相关情况?

   ___   ___   ___   4. 身体需求?

   ___   ___   ___   5. 情感需求?

   ___   ___   ___   6. 精神需求?

   ___   ___   ___   7. 特殊设备、设施、时间等的需要?

8. 其他?

Ⅱ. 绩效情境 分析是否包括以下方面:

A. 目标是基于需求评估和识别的问题或机遇吗?

B. 项目得到了管理层的支持吗?

C. 场所的物理特征是积极的还是有限制的(圈出其一)?

D. 场所的社会特征是积极的还是有限制的(圈出其一)?

E. 目标、技能与目标人群和管理者相关吗?

F. 其他?

Ⅲ. 学习情境 分析是否包括场所的以下特征:

A. 与教学要求适配吗?

B. 可以适于模拟工作场所吗?

C. 可以适于规划的传输方式吗?

D. 有影响教学设计和传输的限制条件吗?

E. 可以适应学习者的需求吗?

F. 其他?

实例

　　识别学习者特征以及绩效和学习场所的情境特征是教学设计早期的一个重要步骤。在本节中,我们阐述了如何利用二维矩阵来描述学习者特征、绩效情境和学习情境,这种形式使得设计者能够在有限的空间内记录并轻松检索大量信息,以便在处理教学的各个环节时能够快速找到所需信息。表 5.1 展示了如何分析学习者特征的示例,表 5.2 展示了如何分析绩效情境的示例,而表 5.3 则展示了如何分析学习情境的示例。每个表格的前两列提供了信息类别和数据来源的建议,这些信息类别和数据来源在分析中的重要性会根据具体的学习者和情境而有所不同。关于如何填写这些表格的具体实例,可以参考后续的案例研究以及附录 D 中的案例研究。

表 5.1 学习者特征分析示例表

信息类别	数据来源	学习者特征
1. 起点技能	访谈目标学习者、主管;前测	
2. 主题领域的先前知识	访谈目标学习者、主管;在绩效情境中观察;前测	
3. 对内容的态度	访谈、问卷调查、观察	
4. 对潜在传输系统的态度	访谈、问卷调查、观察	

（续表）

信息类别	数据来源	学习者特征
5. 对教学的动机（ARCS）	访谈、问卷调查、观察	
6. 受教育和能力水平	访谈、问卷调查、观察	
7. 一般性学习偏好	访谈、问卷调查、观察	
8. 对培训组织的态度	访谈、问卷调查、观察	
9. 一般群体特征 　a. 异质性 　b. 规模 　c. 整体印象	访谈、问卷调查、记录	

表 5.2　绩效情境分析示例表

信息类别	数据来源	绩效场所特征
1. 管理/监督性的支持	**访谈：**在职人员、主管、管理者 **组织记录：**	奖励制度（内在的：个人成长机会；外在的：加薪、晋升、表彰） 直接监督的性质和数量（时间） 主管履行职责的证据（时间、资源）
2. 工作场所的物理特征	**访谈：**在职人员、主管、管理者 **观察：**观察一至三个典型相关场所	设施： 资源： 设备： 时间安排：
3. 工作场所的社会特征	**访谈：**在职人员、主管、管理者 **观察：**在选定的场所中观察典型人员的执行技能	监督： 互动： 有效运用技能的其他人：
4. 所学技能与工作中所用技能的相关性	**访谈：**在职人员、主管、管理者 **观察：**在选定的场所中观察典型人员的执行技能	满足所确认的需求： 当前的应用： 将来的应用：

表 5.3　学习情境分析示例表

信息类别	数据来源	学习场所的特征
1. 场所的数量/特征	**访谈：**管理者 **现场考察：** **观察：**	数量： 设施： 设备： 资源： 限制条件： 其他：

(续表)

信息类别	数据来源	学习场所的特征
2. 场所适于教学需求的程度	**访谈**:管理者,教师 **现场考察**: **观察**:	教学策略: 教授方式: 时间: 人员: 其他:
3. 场所适于学习者需求的程度	**访谈**:管理者,教师,学习者 **现场考察**: **观察**:	地点(距离): 便利性: 空间: 设备: 其他:
4. 模拟工作场所的可行性	**访谈**:管理者,教师,学习者 **现场考察**: **观察**:	监督的特征: 物理特征: 社会特征: 其他:

案例研究:团体领导力培训

当教学设计者面对不熟悉的异质性学习者群体,且这些学习者需要在陌生情境中学习,并在自我调节的情境中展现新技能时,对学习者和情境的分析就显得尤为重要。这正是本案例研究中团体领导力培训所面临的情况。回想一下,本案例研究的目标是让领导力系的硕士生在问题解决的会议中展示引导团体进行有效讨论的技能。再回顾一下第 2 章团体领导力场景中的学习者特征,可以发现他们是:

- 同质的(相似的),因为他们都是领导力专业的硕士研究生,并且为了推进自己的领导职业发展,有动力去学习这些策略。

- 异质的(不同或多样的),因为他们在本科专业、年龄、工作经验、职业抱负、性别和文化各方面存在差异。

学习者分析

表 5.4 详细阐述了学习者分析的一般描述。第 1 栏列出了需要考虑的信息类别,第 2 栏指明了获取这些信息的来源,第 3 栏是学生参加团体领导力教学之前的特定信息。当你通读各类信息时,请注意你是如何逐渐构建起学生群体的画像的。

表 5.4 领导力系硕士生的学习者特征描述 123

信息类别	数据来源	学习者特征
1. 起点技能	**访谈和观察**：三位系友雇主、三位系友、各系教师和三位研究生 **测验数据**：毕业调查和去向访谈数据；目前在课程开发之前，没有测验数据	**绩效情境：** 大多数学习者几乎没有担任会议主持人的经验，也没有领导问题解决讨论的经验。 学习者曾在工作或社区相关委员会会议上担任问题解决团体的成员，但大多数人没有受过通过引导互动式讨论解决问题的正式培训。 **学习情境：** 目标学生是成功完成数年高等教育的熟练学习者。他们不仅拥有基于网络和混合式教学的经验，还有小组教学和基于问题的学习课程的经验。
2. 主题领域的先前知识	**访谈和观察**：同上	学习者通过作为成员参与团体讨论以及观察他们多年来的不同领导者，已经积累了关于团体领导力的一般性知识。 作为成年人，他们或多或少都与同事成功互动过，他们拥有，至少意识到，成为有效讨论领导者所需的多种技能。
3. 对内容的态度	**访谈和观察**：同上	学习者参加了硕士水平的领导力课程，并相信团体问题解决技能是有益的，这些技能将帮助他们成为优秀的领导者，并在团队工作中作出贡献。他们也相信，掌握团体领导技能将确保他们的委员会会议既高效又富有成效。
4. 对潜在传输系统的态度	**访谈和观察**：同上	学习者们拥有通过现场讲座、网络教学和现场模拟团体问题解决的学习经验。他们喜欢网络教学的便利性，也相信现场模拟学习有助于提升学习效果。
5. 学习动机（ARCS）	**访谈和观察**：同上 **问卷调查**：将其分发给目前领导力系的所有学生	学习者认可自己的专业选择，并渴望拓展/完善自身的领导技能。他们认为，问题解决团体的领导技能与自己当前和未来的工作紧密相关，并且有信心成为有效的团体讨论领导者。这些因素，加上教学的互动性，应该有助于确保学习者在教学过程中的高度专注。
6. 受教育和能力水平	**访谈和观察**：同上 **记录**：来自课程申请表中的个人简历 **测验数据**：对于该系硕士生，目前不存在有关团体领导力的测验数据	**受教育水平：** 所有学习者均为领导力系的硕士生，但他们在本科专业、年龄、工作经验和职业目标方面存在差异。一些人希望在校园内从事学生人事、招聘、入职培训和学生服务等工作。其他人则希望在公立学校担任校长或在课程、人事、安全、体育等领域担任领导角色。还有一些人则希望在商业和政府部门工作。 **能力水平：** 这些学生是具有高能力水平的熟练学习者。除了学业进展，学习者的人际交往技能也是一个重要的考量因素。根据当前和以

（续表）

信息类别	数据来源	学习者特征
		往项目的经验,学习者的人际交往技能参差不齐,有的具备很好的人际交往技能,有的中等,有的则很差。有的倾向于合作式领导,有的则倾向于专制式领导,表现出较高的异质性。
7. 一般性学习偏好	**态度数据**:学生在课程注册调查中的回答 **访谈和观察**:当前项目学生的30％	学习者们有着各种形式的学习体验;但在完全清楚课程中教师的期望和他们需要展示的技能之前,他们不愿意进行公开的"当场展示"。在教学情境中,他们更倾向于经历一个简短的循环:(1)讲解(你对我有什么期望?);(2)私下练习(我如何才能最好地做到这一点?);(3)互动式的"当场"模拟。他们喜欢基于问题的学习,喜欢与真实的人和问题进行互动和取得进展,也喜欢模拟学习。他们喜欢参与其中。
8. 对培训组织的态度	**访谈**:同上	受访者对教师和项目、基于网络的教学以及学院的计算机学习中心持积极态度。所有人都认为这门课程有助于他们在组织内计划和管理会议。他们也相信,这门课程将帮助他们结识该系和其他系的学生。他们希望这些关系能帮助自己建立人际支持网络。
9. 一般群体特征 a. 异质性 b. 规模 c. 整体印象	**访谈**:该系学生和教师 **该系记录**:需求评估,学生历史,学生简历 **观察**:三名校友在校园里主持的问题解决会议	**异质性**: 学习者的异质性程度非常高。他们来自不同的本科学校和专业;具有不同的工作背景、专业领域和工作年限;呈现出年龄、性别和文化背景的多样性。 **规模**: 共有20名学习者报名参加该课程,这有助于最大限度地提高现场团体互动工作的学习效率。 **整体印象**: 教学需要高效、有效且方便。

（左侧页码标注：124）

绩效情境分析

绩效情境分析呈现在表5.5中。与学习者分析相似,第1栏标识信息类别,第2栏提供了数据来源,第3栏则描述了绩效情境的特征。通过收集团体领导力工作情境的相关信息,设计者能够选择最合适的教学策略,以促进技能最大程度地迁移到绩效情境中。在本案例中,领导者需要在校园、教育、商业、政府和非营利组织等多种环境中收集信息、组织会议和项目,并在正式和非正式会议中对团体进行管理。他们通常独立工作,组织的监督较为宽松,且监督者往往是他们自己。

表5.5　团体领导力教学的绩效情境描述

信息类别	数据来源	绩效情境的特征
1. 管理/监督性的支持	**访谈**:项目顾问委员会的三名成员,三名现任教师和系主任 **记录**:	项目负责人往往身兼主管之职,因此对他们的监督相对较少。他们主要通过接收组织的最新动态和上级领导的指示来进行监督。例如,他们参与组织的领导委员会;了解当前面临的问题;并从雇主网站获取组织公告、材料和信息。他们能够即时获得有关所在领域当前问题、问题细节以及目标问题的统计报告等信息。
2. 场所的物理特征	**访谈**:同上 **观察**:参加当地社区不同组织的三次会议	**设施**:大多数雇用校友的组织都为员工会议提供高质量的会议室,会议通常也在此举行。 **资源**:雇主提供运营会议所需的资源(会议公告、分发给与会者的材料等)。 **设备**:会议不需要特殊设备。必要时,可以通过培训部门获得技术支持。 **时间安排**:会议通常由领导人安排,每两周一次,或者根据特定需要安排。
3. 场所的社会特征	**访谈**:同上 **观察**:同上	**监督**:校友在会议期间没有接受监督。 **互动**:校友们积极参与会议,并与同事互动,这种互动是作为领导者管理团队工作的一部分。根据讨论主题的需求,校友们可以邀请其他专家参与会议。 **有效运用技能的其他人**:还有一些人在会议上有效地运用讨论领导技能,这些技能可能是通过教育课程或在工作场所及其他社区环境中发展起来的。值得注意的是,一些同事在会议上展现出了熟练的引导和转移话题的能力。
4. 所学技能与工作中所用技能的相关性	**访谈**:同上 **观察**:同上 **记录**:回顾描述有效/无效领导者特征的需求评估研究	**满足已确定的需求**:领导力教学应满足已确定的需求,即提高领导者在问题解决/解决方案会议上的效率。新领导者将能够在他们的首次会议中运用这些技能,并在以后的会议中继续受益。

125

学习情境分析

　　表5.6展示了针对团体领导力教学目标的学习情境分析。第1栏是信息类别,第2栏是数据来源,第3栏是学习情境的特征。通过这些信息,我们可以推断出教学设计团队拥有一个很好的教学环境。

表 5.6　　硕士生领导者的学习情境描述

信息类别	数据来源	学习情境的特征
1. 场所的数量/性质	**访谈**:管理者 **现场考察**: 观察:	**数量**:系里和学院里有五间会议室,可用于互动式团体模拟。 **设施**:学习者可以在家里、校园内等大多数有 Wi-Fi 的地方,以及通过智能设备的蜂窝数据来访问基于网络的个性化教学。他们还有机会访问学院和学校各种计算机中心的材料。 互动式团体会议将在领导力系的教室和五间可用的会议室中举行。 **设备**:通常每间教室和会议室都配备了白板、投影屏幕、用于计算机投屏的液晶投影仪、展示板。 **资源**:学院正在提供资金来创建基于网络和互动会议的混合式教学。一旦开发并经过现场测试,该系将负责教学维护。后续教学的费用将通过学生学费和系内资金支付。 **限制条件**: 1. 会议室使用频繁。安排互动式团体会议可能较为困难;不过在计划安排教学的晚上和周末,会议室使用频率较低。 2. 未来可用的常规师资可能缺乏团体讨论领导力方面的专业知识。如果教师希望在领导力系教授课程但缺乏相应技能,他们可能需要在沟通系提升技能;可能需要额外聘请一名具有沟通专业知识的教师,或者由沟通系的教师进行教学。
2. 场所适于教学需求的程度	**访谈**:管理者,教师 **现场考察**: 观察:	**教学策略**:可以使用各种教学策略,包括在线自学材料、基于计算机的教学,课堂展示和讨论,以及在会议室的模拟团体讨论会。 **传输方式**:支持对所有典型的印刷及非印刷材料进行开发和运用,还支持基于互联网的教学和其他基于计算机的多媒体形式。 **时间**:大部分教学时间将以独立的基于网络的学习形式进行。该系互动团体会议所需的时间最多为十二个小时(一学分的课程)。这个时间最初计划为每周举行一次会议,每次三个小时,共四周。 **人员**:一名教师和四名研究生助理(领导力、沟通、技术和教学设计)将开发该课程。该团队将得到学院计算机学习中心和教育技术支持中心人员的支持。
3. 场所适于学习者需求的程度	**访谈**:管理者,教师,学习者 **现场考察**: 观察:	**位置(距离)**:校园位于县区中心,使学生团体会议交通尽可能方便。 **方便性**:校园内有餐馆,学院内有一家咖啡店。 **空间**:大型团体会议可用教室,小型团体会议可用会议室。 **设备**:学生领导者将负责收集他们安排会议所需的任何设备。

（续表）

信息类别	数据来源	学习情境的特征
4. 模拟工作场所的可行性	**访谈**：管理者，教师，学习者 **现场考察**： **观察**：	**监督特征**：由于领导者在工作场所中将几乎没有监督和支持，因此无法模拟。 **物理特征**：由于领导者通常会在雇主的会议室举行员工会议，因此可以模拟。 **社会特征**：学习者在其组织内将担任互动性团体讨论的领导者。在系里可以方便地让学习者模拟领导者，与其他学习者进行讨论。

　　教学目标的重要性及其在政治和社会层面的优先级，催生了用于提供高质量教学产品和服务的财政资源、专业资源、设施、设备、人员等。因此，设计者面临的明确限制条件只是与平衡时间、学习效率和成本效益相关的。

127

专业和历史观点

　　历史上，教育心理学家已经考察了众多个体差异变量及其与学习的关系。智力和个性特征的研究不胜枚举。从教学设计的角度来看，我们想知道哪些变量会显著影响教学对象的成就，因为设计者是为具有共同特征的学习者群体进行教学的。在本章中，我们介绍了一些研究发现的影响学习的变量。通过用这些变量描述学习者特征，你可以调整教学策略，以促进学习。

　　我们鼓励你超越公认的教科书和学习指南进行教学，因为它们受到了批评：许多教育强调事实回忆而非概念理解，侧重教科书问题而非真实应用。建构主义理论学家理所当然地对抽象教学/学习活动提出了尖锐的批评，因为这些活动与真实的物理、社会和问题情境脱节。这不仅削弱了学习者的积极性，还阻碍了将学习结果迁移应用到学习情境之外的有意义的现实生活问题情境中。

　　教学技术的进步和多样化的学习及工作环境，要求教学设计者在设计新教学时更多地考虑这些因素。尽管在培训场所或学校教室中的传统讲座模式仍然是一种经济有效的手段，但这种情况正在迅速发生戏剧性的变化。在开发具有学习效果和成本效益的教学时，这些变化会带来超越当前学习者特征的研究。

流程图：分析学习者与情境

为了辅助你的工作，分析的主要任务，即学习者特征、绩效情境以及学习情境分别在图5.1、5.2和5.3中呈现。图5.4展示了在这个节点上评估和改进教学分析的任务。

128

分析学习者特征

定义**目标人群**
（目标群体）和
试教学习者（开
发中使用的）
1.1

→ V →

通过教学场所的实地考察，与学习者、教师和管理者谈话收集目标人群的信息（结构性访谈、观察、调查、问卷和前测）
1

→

分析和描述**目标
人群**的一般特征
2

收集有关起点技能、主题
的先前知识以及受教育和
能力水平的信息，包括：
· 学习者在开始教学之前
必须掌握的技能；
· 与教学目标的层级关系；
· 学习者已经知道了什么，
片面的知识，以及误解；
· 成就水平（如成绩优秀、
一般和较差者，群体的相
似性和差异性）；
· 能力水平（学习速度、
记忆力、熟练程度、注意
广度等）；
· 团体异质性程度。
1.2

收集有关学习动机以及对教学
内容和传输系统态度的信息，
包括：
· 教学前的感受（期望）以及
教学后的感受；
· 主题的关注度或兴趣值；
· 目标与学习者的相关性；
· 基于对主题的了解，对学习
技能的信心；
· 学习达到目标时的满足感；
· 个人目标；
· 先前的知识和经验；
· 对学习和培训组织的态度；
· 对知识的期待；
· 对授课的期待。
1.4

收集有关特殊需求的信息，包括：
·《美国残疾人法案》，这是一部
禁止在学校、工作场所和公共场所
以残疾为由进行歧视的民权法；
·《残疾人教育法》，这是一部要
求学校为有需要的残疾儿童提供特
殊教育及相关服务的教育法；
·《康复法》第504条，这是一部
民权法，禁止在接受联邦资助的学
校中以残疾为由进行歧视；
· 身体需要；
· 情感需求；
· 精神需求；
· 特殊设备、设施、材料、注意事
项等。
1.5

收集有关一般性学习偏好的信息，包括讲座、讨论、
工作样本、研讨会、案例研究、基于问题的学习、基
于网络的独立课程，以及混合方法。
1.3

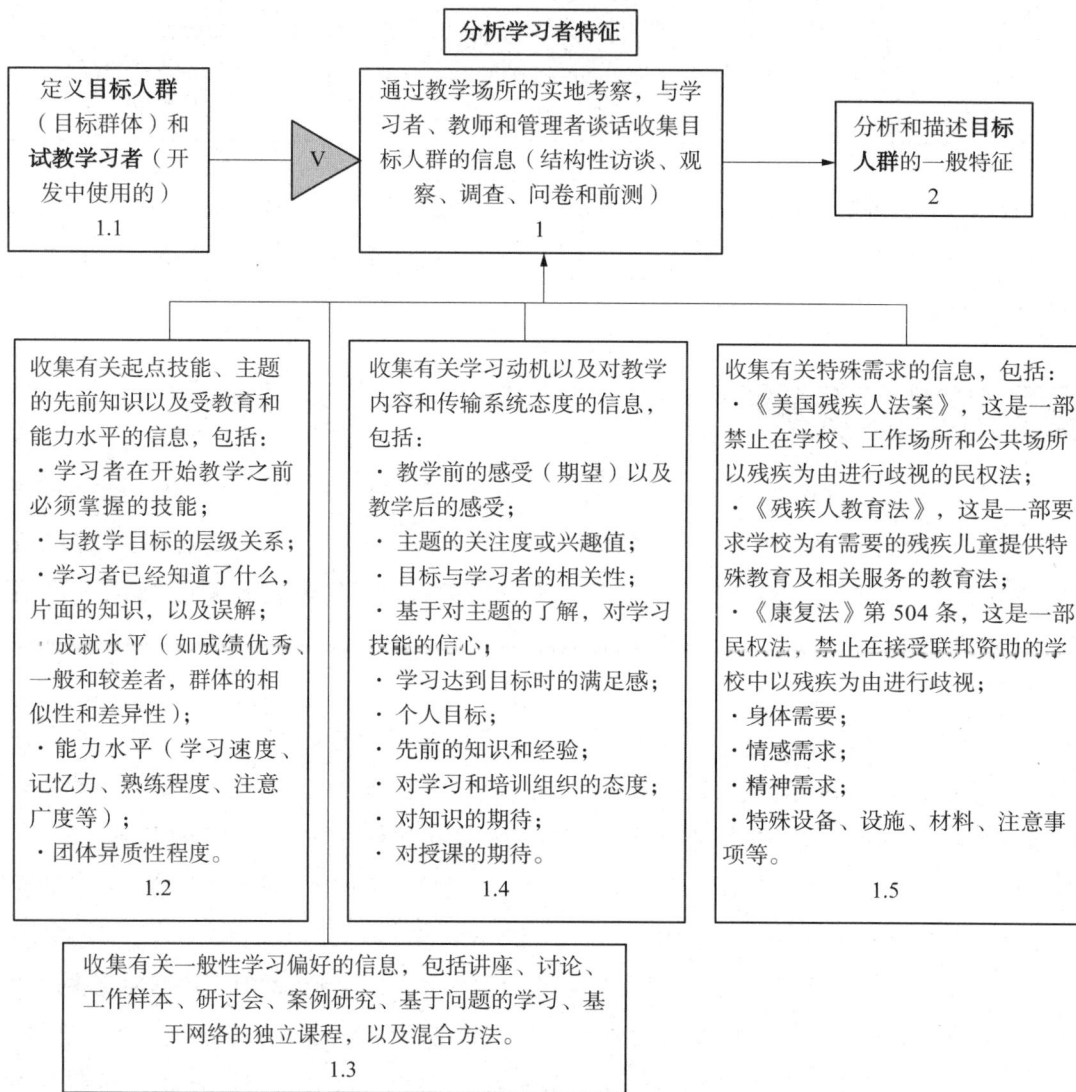

图 5.1　分析学习者特征

129

分析绩效情境

陈述目的：确定绩效情境的可用设施、资源和限制条件 1.1	通过以下方式收集信息：通过一次或多次考察绩效情境（访谈、观察、问卷调查），以及与学员、在职人员、主管和同行交谈 1	分析和描述最终**绩效情境**的情境特征 2

收集有关组织需求、支持和环境的信息，包括：

· 从需求评估中得出的需求；

· 组织的机遇；

· 在运用新技能时，主管和同事的支持；

· 来自工作人员的认可、表扬或问题；

· 学习者因运用新技能而受到忽视或惩罚。

1.2

收集有关环境的物理和社会特征信息，包括：

· 工作环境；

· 运用新技能的地点；

· 设备；

· 工具；

· 设施；

· 时间安排；

· 资源；

· 学习者是否将单独工作，与其他员工、主管和顾客一起工作；

· 学习者是否会监督员工；

· 组织中的其他人是否正在运用这些技能。

1.3

收集有关物理、社会和动机限制因素的信息，包括：

· 缺乏工作空间；

· 缺乏设备、工具；

· 设备陈旧；

· 时间安排不足；

· 雇员太少。

1.4

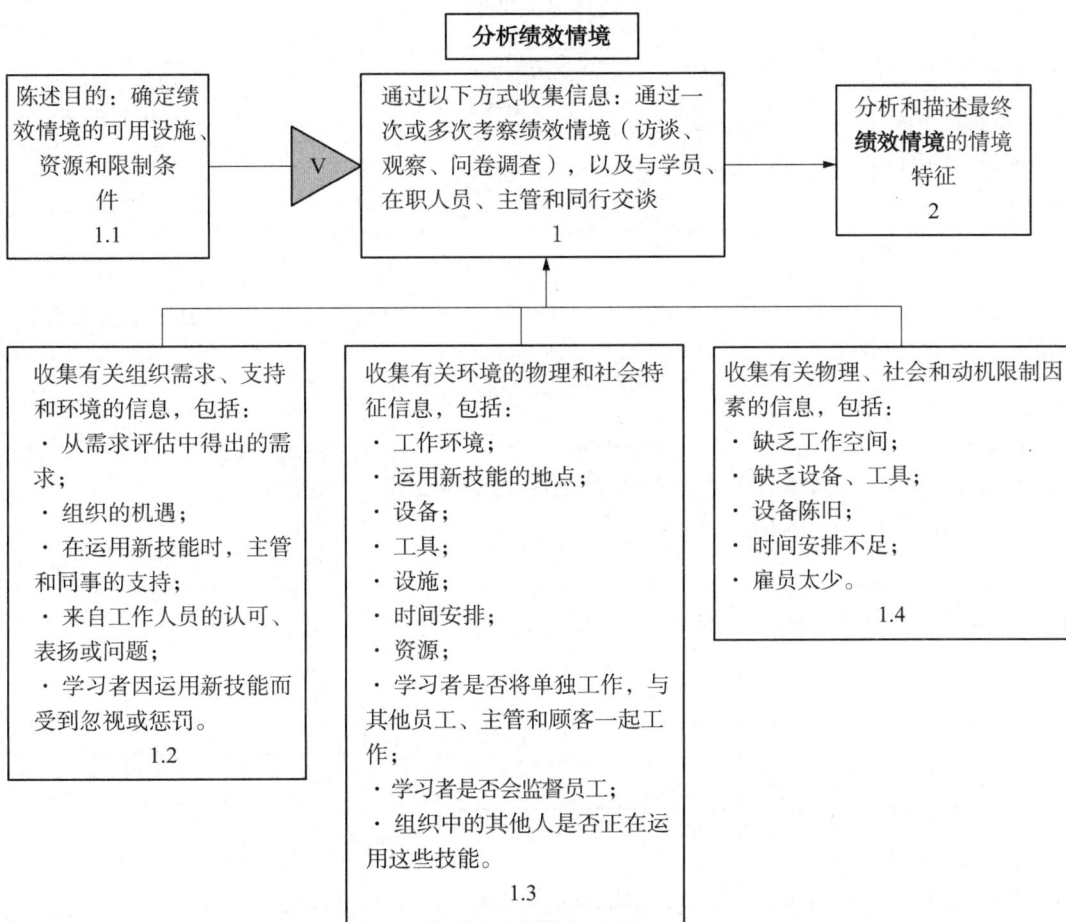

图 5.2　分析绩效情境

130

分析学习情境

陈述目的：确定
教学情境的可用
设施和限制条件
1.1

V

通过以下方式收集信息：
通过一次或多次考察**教学场所**（访
谈、观察、问卷调查），以及与
学员、主管和教师交谈
1

分析和描述最终
教学情境的情境
特征
2

场所是否符合教学要求？
·现有设施、设备、资源、
空间等（是什么）；
·描述设施、设备、资源、
空间等，这些是向目标群体
提供预期培训所需的（应该
是什么）；
·根据需求评估和教学目标
陈述选择的工具（如计算
机、网络、投影仪）的适配
性；
等等。
1.2

场所是否适合包括组织规定
方式在内的传输方式？
·时间分配；
·使用的媒体；
·授课地点（当地、全国、全
球）；
·资源；
·服务对象；
等等。
1.4

哪些学习场所的限制条件会影响教
学设计和传输？
·空间大小；
·空间布局；
·位置；
·其他设施；
·设备；
·人员；
·资源；
·管理协议；
等等。
1.5

学习场地是否适于模拟工作场所？
·需要增加哪些内容？
·需要改变什么来模拟工作环境中对支持绩效**至关重
要**的因素？
1.3

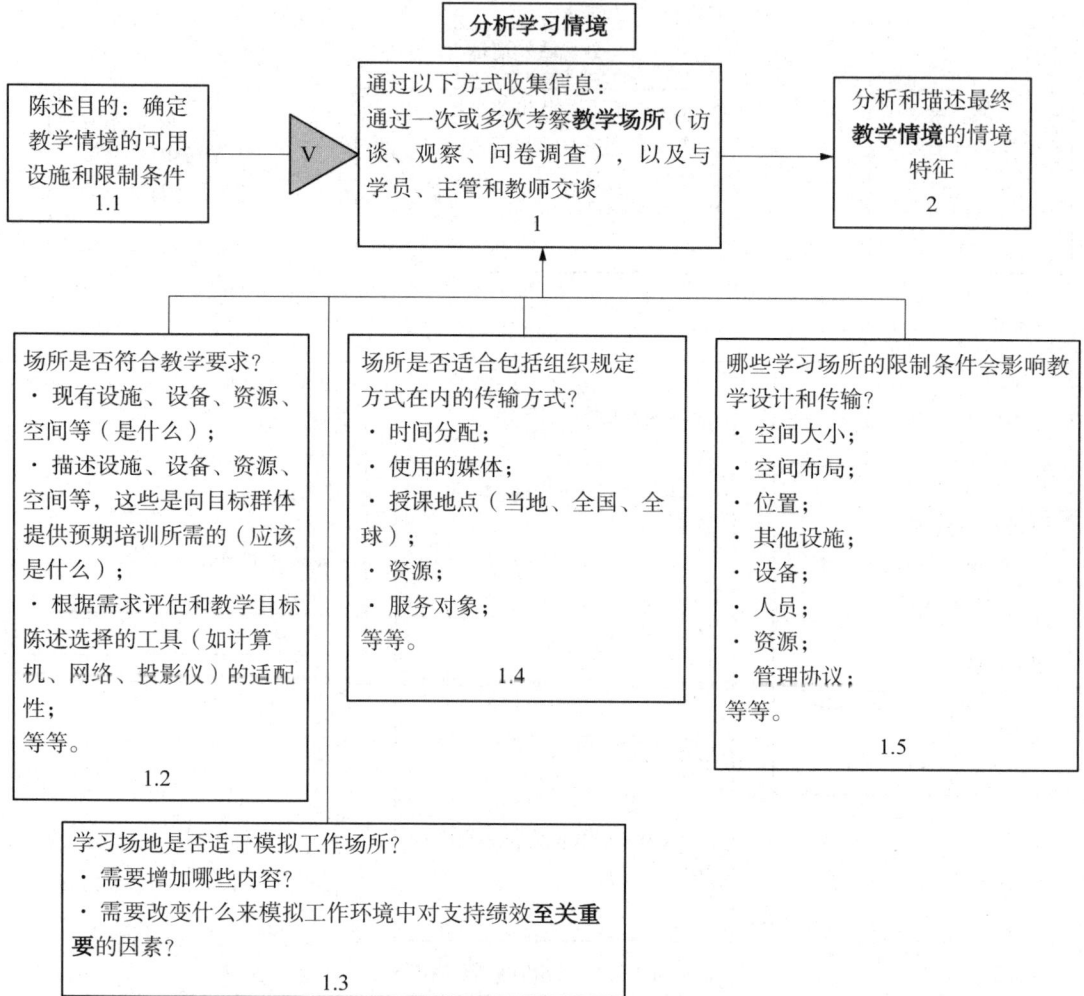

图 5.3　分析学习情境

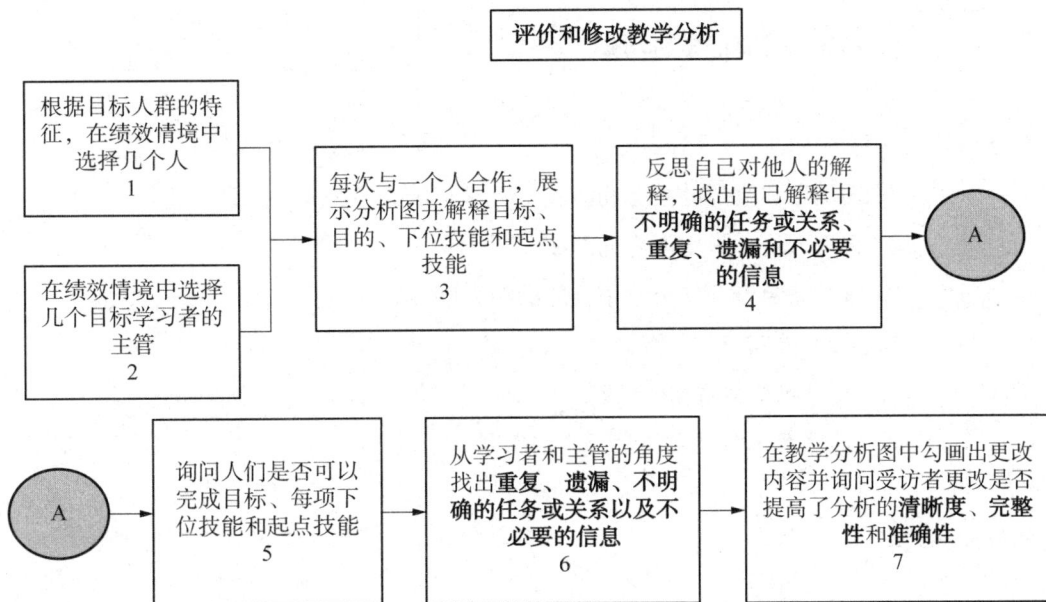

图 5.4　评价和修改教学分析

练习

本章的主要教学设计概念包括学习者分析、绩效情境分析、学习情境分析以及教学分析的评价/修改。在以下练习中,我们将阐明每项设计活动的目的,描述为每项活动收集的数据,并确定数据收集程序。对于每个分析表述,请确定相关的分析类型。如果命名的要素与多种类型的分析相关联,请在该要素前的空格中填写所有相关类型的字母。如果它与任何类型都不相关,请在空格中填写字母"d"。

a. 学习者分析

b. 绩效情境分析

c. 学习情境分析

d. 以上都不是

分析目的

_____1. 确定设施、资源和场所的限制条件。

_____2. 考察所学技能与工作中所用技能的相关性。

_____3. 描述学习者的起点技能。

_____4. 审查教学设备和系统。

_____ 5. 描述场所的社会特征。

_____ 6. 描述学习者的学习动机。

为分析收集的信息

_____ 7. 培训者和教师的技能和经验。

_____ 8. 管理人员对教学内容的态度。

_____ 9. 所学技能与工作中所用技能的相关性。

_____ 10. 先前的知识和经验。

_____ 11. 培训场所的数量和特征。

_____ 12. 监督者和管理者对学习者的态度。

分析涉及的人群

_____ 13. 教学设计者。

_____ 14. 监督者和管理者。

_____ 15. 负责人、培训者或者教师。

_____ 16. 学习者。

17. 假设你被一个大型学区聘为教学设计者。你的第一个项目是为六年级学生创建基于互联网的写作教学。想象一下大型学区典型的六年级学生,并为该项目开发一个学习者特征表。

18. 针对同样的教学目标和学生,开发一个分析表来描述行为表现和学习情境。在中学情境中,这些通常是一样的。

参考答案

131

1. b，c

2. b

3. a

4. c

5. b，c

6. a

7. c

8. b

9. b

10. a

11. c

12. b

13—16. 所有提及的个人都可能参与这三种类型的分析中的每一种。

17. 将你的学习者特征与附录 D 第 1 部分的特征进行比较。

18. 将你的行为表现/学习情境与附录 D 第 2 部分中的情境进行比较。请记住,你的分析在某些方面会有所不同,因为这是一个结构不良的问题。

参考文献和推荐读物

Bursuck, W., & Friend, M. (2018). *Including students with special needs* (8th ed.). Pearson. 本书的目标读者是教师,提供了与有特殊需求学生打交道的各种策略和干预措施,包括辅助技术和教学技术。

Cennamo, K., & Kalk, D. (2018). *Real world instructional design: An iterative approach to designing learning experiences*. Routledge. 其中有一章详尽分析了培训情境中学习者的特征。

Haskell, R. E. (2000). *Transfer of learning: Cognition, instruction, and reasoning*. Academic Press. 解决如何将所学知识应用和适应于类似或新绩效情境的问题。

Holton, E. F., & Baldwin, T. T. (Eds.). (2003). *Improving learning transfer in organizations*. Jossey-Bass. 重点关注成人学习者及其将所学知识迁移到工作场所的需求。

Hutchins, H. M. (2009). In the trainer's voice: A study of training transfer practices. *Performance Improvement Quarterly, 22*(1), 69-93. 描述将知识和技能迁移到绩效情境的影响变量,包括学习者特征、培训设计特征和工作环境。

Kaiser, L., Kaminski, K., & Foley, J. (Eds.). (2013). *Learning transfer in adult education: New directions for adult and continuing education*, Number 137. Jossey-Bass. 介绍将学习迁移内容纳入成人教育课程、教学大纲和实践的方法。

Keller, J. M. (2008). An integrative theory of motivation, volition, and performance. *Technology, Instruction, Cognition, and Learning, 6*(2), 79-104. 阐述了(MVP)理论,该理论将意图、行为控制和信息加工纳入系统模型框架。

Keller, J. M. (2010). *Motivational design for learning and performance: The ARCS model approach*. Springer. 完整的 ARCS 模型以及将激励设计与教学设计相结合的流程,包括用于获取受众信息和分析受众的工作表和工具。

Knowles, M., Holton, E. F., Swanson, R. A., & Robinson, P. A. (2020). *The adult learner: The definitive classic in adult education and human resource development* (9th ed.). Routledge. 马尔科姆·诺尔斯(Malcolm Knowles)对成人学习者特征描述的最新版本。

Mager, R. F., & Pipe, P. (1997). *Analyzing performance problems* (3rd ed.). CEP Press. 文中的决策流程图有助于决定将绩效情境的哪些方面纳入分析。

Mayer, R. E. (2011). Towards a science of motivated learning in technology-supported environments. *Educational Technology Research and Development, 59*(2),301–308.

McCombs, B. L. (2011). Learner-centered practices: Providing the context for positive learner development, motivation, and achievement. In J. Meece & J. Eccles (Eds.), *Handbook of research on schools, schooling, and human development*. Routledge. 强调学习者特征和学习情境对成功学习的重要性。

Park, S. (2018). Motivation theories and instructional design. In R. E. West, *Foundations of learning and instructional design technology: The past, present, and future of learning and instructional design technology*. EdTech Books. https://edtechbooks.org/lidtfoundations/motivation_theories_and_instructional_design. 探讨与学习和教学相关的各种动机理论。

Rieber, L. P. (2020). Q methodology in learning, design, and technology: An introduction. *Education Tech Research Dev*. https://doi.org/10.1007/s11423-020-09777-2. 阐述了如何用定量和定性相结合的方法描述选定学习者的特征。

Rothwell, W. J., Benscoter, G. M., King, M., & King, S. B. (2016). *Mastering the instructional design process* (5th ed.). Wiley. 该书重点介绍了专业和技术培训应用,并就如何将其迁移到绩效情境提出了很好的建议。

Rozkowski, M. J., & Soven, M. (2010). Did you learn something useful today? An analysis of how perceived utility relates to perceived learning and their predictiveness of satisfaction with training. *Performance Improvement Quarterly, 23*(2),71–91. 该论文的结论是,在预测培训满意度方面,"感知有用性"与"学到的内容数量"几乎一样有效。

Tessmer, M., & Harris, D. (1993). *Analysing the instructional setting: Environmental analysis*. Kogan Page. 提供了一套完整的程序用于考察学习将要发生的环境。

Tessmer, M., & Richey, R. C. (1997). The role of context in learning and instructional design. *Educational Technology, Research, and Development, 45* ,85 – 111.

Tobias, S. （2010）. Learner characteristics. In R. M. Gagné （Ed.）. *Instructional technology: Foundations.* Routledge digital edition. 该书总结了与学习者特征相关的研究领域。

第 **6** 章

书写行为表现目标

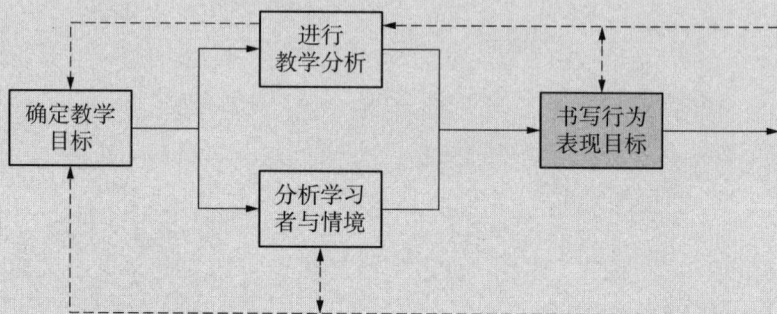

▶ 书写一个详尽的宏观教学目标（instructional goal），其中包含最终行为表现（绩效）情境的相关信息。

▶ 书写一个适合教学情境的终点目标（terminal objective）。

▶ 为教学分析中确定的下位技能书写行为表现目标（performance objective）。这些目标应涵盖应用的下位技能（行为和内容）、应用条件以及评估学习者表现的标准。

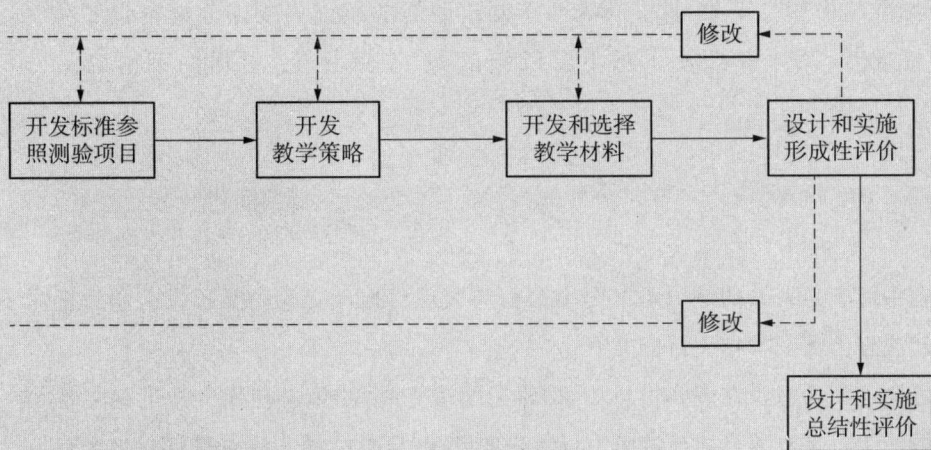

```
                                                    ┌─────┐
            ┌ ─ ─ ─ ─ ─ ─ ─ ─ ─ ─ ─ ─ ─ ─ ─ ─ ─ ─ ─ │ 修改 │◄─ ┐
            ↕              ↕               ↕          └─────┘   │
      ┌──────────┐   ┌──────────┐    ┌──────────┐   ┌──────────┐
      │ 开发标准参 │──►│  开发    │──► │ 开发和选择 │──►│ 设计和实施 │
      │ 照测验项目 │   │ 教学策略 │    │ 教学材料  │   │ 形成性评价 │
      └──────────┘   └──────────┘    └──────────┘   └──────────┘
                                                         ┊
                                                    ┌─────┐
            ┌ ─ ─ ─ ─ ─ ─ ─ ─ ─ ─ ─ ─ ─ ─ ─ ─ ─ ─ ─ │ 修改 │◄─ ┘
                                                    └─────┘
                                                         │
                                                    ┌──────────┐
                                                    │ 设计和实施 │
                                                    │ 总结性评价 │
                                                    └──────────┘
```

概述

　　行为表现目标是对学生应该掌握技能的明确陈述。在书写行为表现目标之前,你应该完成以下设计文档:教学分析、学习者分析、绩效情境分析和学习情境分析。基于这些分析结果,你就可以开始书写宏观教学目标的行为表现目标、所有步骤和子步骤及其各自的下位技能。

　　从详细陈述教学目标开始,记得包含最终绩效情境的相关信息。结合教学目标和绩效情境,可以将目标陈述转化为描述学生在教学结束时应能达成的终点目标。

　　要将每项使能技能转化为行为表现目标,必须添加条件和标准。在选择适当的条件时,应考虑:(1)适当的刺激和线索,以帮助学习者从记忆中搜索相关信息;(2)所需资源材料的适宜特征;(3)为特定人群设定的适当任务复杂性;(4)技能表现情境的相关性或真实性。对于态度目标,还应考虑学习者在无报复风险的情况下能自由作出选择的环境。

134

最后的任务是指定适于条件、所描述的行为、目标群体发展水平的标准。当学习者的回答可能存在差异时(所有四个学习领域的任务都如此),就必须增加对可接受回答特征标准的描述。不过,这些行为对于制定所需的核查表或评分量表非常有用。在指定标准时,设计者必须注意不要依赖诸如"专家评定"这样的不精确的标准。

概念

教学设计模型中最广为人知的部分可能是书写行为表现目标。表 6.1 展示了迄今为止研究过的教学设计流程步骤及其相关目标类型。

宏观教学目标描述了学习者在现实世界中,即学习情境之外,将能够使用教学过程中获得的知识和技能做什么。当教学目标被转换为行为表现目标时,它被称为**终点目标**。终点目标的行为表现情境是基于学习环境而非现实世界构建的。类似地,通过分析目标中的步骤而获得的技能被称为**下位技能**,而为实现终点目标铺路的技能目标被称为**下位目标**。使用教学设计模型时,你将理解这些术语的含义。

总之,宏观教学目标陈述了学生在第 5 章讨论的绩效情境中能够做什么。宏观教学目标被改写为终点目标,描述了学生在学习情境中能够做什么。而下位目标则描述了学生在实现终点目标时必须掌握的基础技能或使能技能。

书写行为表现目标

本章最重要的概念是行为表现目标。在描述学习者表现时,四个术语通常被用作同义词。马杰(Mager, 1997)在 1975 年首次使用**行为目标**一词来描述学生能够做什么。但一些

135 教育者强烈反对这种取向,主张使用其他更易接受的术语来替代"行为"二字。因此,许多文献使用了**行为表现(绩效)目标**、**学习目标**和**教学目标**等术语。当看到这些术语时,你可以认为它们是行为目标的同义词。不要误解,认为教学目标描述了教师将做什么。相反,它描述了学生将要学习的知识、技能或态度。马尔肯和莫里森(Marken & Morrison, 2013)对 20 世纪 70 年代以来与目标相关的术语进行了一项有趣的分析。

表 6.1　行为表现目标派生词

ID 流程步骤	步骤结果	陈述为目标时的名称
目标确认（第 2 章）	教学目标	终点目标
目标分析（第 3 章）	掌握目标所需的主要步骤和/或信息群	下位目标
下位技能分析（第 4 章）	子技能	下位目标
下位技能分析（第 4 章）	起点技能	下位目标

　　行为表现目标源自教学分析中的技能。针对教学分析中确定的每项技能，应书写一个或多个目标。有时还需要为起点技能书写目标。为什么要为起点技能书写目标，即使教学中不包含起点技能？这是因为起点技能的目标构成了测验项目开发的基础。这些测验是为了确定学生是否真正拥有你认为他们应该拥有的起点技能，以确保为特定学生提供适当的教学。此外，如果设计者确实必须为实际上不具备先前所假设起点技能的目标人群开发教学，这些目标对设计者来说也是有用的。

行为表现目标的功能

　　行为表现目标不仅仅是为了从中推衍出测验题目和相关任务，它们的目的更为广泛。对于设计者、教师和学习者而言，这些目标各自承载着不同的功能，重要的是要区分这些功能。

　　对设计者而言，目标是设计流程的一个环节，它将教学分析中确定的技能转化为学生在完成教学后能够做什么的完整描述。在这一阶段，目标作为设计者或教学测验专家准备测验和教学策略时的参考文档。设计者需要尽可能深入地了解这些活动。

　　在准备好通用教学材料后，这些目标可用于与教师和学习者沟通，帮助他们理解可能从材料中学到的内容。为了达到这一目的，有时需要简化或重写目标，以确保学习者能够根据自己的知识水平清晰地理解目标的含义。设计者应意识到在使用目标时的这种转换，并在所创建的材料中体现出这种差异。

具体目标的组成部分

　　目标陈述、目标步骤、下位技能和起点技能是如何书写的？马杰（Mager，1997）的工作仍然是制定目标的标准。他规定目标陈述应主要包括三个部分，具体如下：

　　1. 教学分析中确定的**技能**（例如，创作三行诗）；

　　2. 学习者执行任务时的现行**条件**（例如，给定五个来自自然的灵感主题）；

　　3. 评价学习者表现的**标准**（例如，必须包含十七个音节，排列成三行，分别包含五个、七个和五个音节）。

　　第一部分描述了教学分析中确定的技能，描述学习者将能够做什么。该成分既包含行为，又包含内容或概念。在图 4.3 描述的距离估计问题中，技能或行为是"在一把以 0.1 为单位标注的尺子上，通过把两个相邻的 0.1 单位间的距离分为 10 等份作参照，以两位小数的形式表示指定点的刻度值，误差在±0.01 单位以内"。

136

目标的第二部分描述了学习者执行任务时的现行条件。允许学习者使用计算机吗？会提供用于分析的段落吗？他们会和朋友讨论这个问题吗？这些是学习者在执行所学技能时将面临的问题。在距离估计问题中，条件是"在一把以 0.1 为单位标注的尺子上"。

目标的第三部分描述了用于评价学习者表现的标准。标准通常以可接受的回答或反应的极限/范围来表述，表明对反应的容忍度。标准也可以用定性判断来表达，例如将某些事实包含在定义中，或具有规定特征的肢体行为表现。在距离估计问题中，可接受答案的标准是"报告的读数误差在±0.01 单位以内"。

以下陈述包含目标的所有三个部分："在一把以 0.1 为单位标注的尺子上（条件），通过把两个相邻的 0.1 单位间的距离分为 10 等份作参照，以两位小数的形式表示指定点的刻度值（使能技能），误差在±0.01 单位以内（标准）。"表 6.2 提供了更多行为表现目标各组分的示例。

表 6.2　行为表现目标的组成部分

条件(CN)	行为(B)	标准(CR)
对学习者在应用技能时可用工具和资源的描述	对包括行动、内容和概念在内的技能的描述	对可接受的技能表现的描述
实例： 1. 在工作组会议中(CN)，管理讨论方向(B)，以便会议不跑题(CR)。 2. 使用网络搜索引擎(CN)，利用布尔运算符(B)将相关点击次数至少缩减一半(CR)。 3. 根据记忆(CN)，描述气体检测指示灯熄灭时的应急响应程序(B)，保证其与公司政策手册中的细节完全一致(CR)。		

注意　有时，即使一个目标符合作为目标的格式标准，也可能无法传达任何有效信息。例如以下目标："针对给定的多项选择测验，完成测验并保证 90% 的正确率。"这个例子可能有些夸张，但它其实是一个**通用性目标**，因为它看起来符合成为目标的所有标准，而且几乎适用于任何认知学习情境。但是，就实际条件或需要学习和评价的行为而言，它没有说明什么问题。你应该始终确保你的目标不是通用性的概括目标。

行动/行为的推衍

有人指出，因为目标直接源自教学分析，所以它们必须准确地表达分析中已经确定的行动或行为类型。教学分析中的子技能应该包括可以明确识别的行为，在这种情况下，书写目标的任务就只需添加执行行为的条件和评估标准即可。例如,如果子技能是"将一把尺子按0.1 单位进行标注",那么一个合适的目标陈述可能是:"在一把以整数单位标注的尺子上,将每个单位分成 10 份。新单位的数量必须是 10,并且所有单位的大小必须大致相同。"

然而,设计者有时可能会发现子技能的表述过于模糊,以致无法书写匹配的目标。在这种情况下,设计者应该仔细考虑可用于描述行为的动词。大多数智力技能可以用**识别**、**分类**、**演示**或**生成**等动词来描述。正如加涅等人(Gagné et al.,2004)描述的那样,这些动词指的是将类似目标分组、区分一件事和另一件事或问题解决等特定活动。请注意,他们没有使用**知道**、**理解**或**欣赏**之类的动词,因为它们太模糊了。当这些词在目标中(不恰当地)被使用时,**知道**通常是指言语信息,**理解**指向智力技能,**欣赏**指向态度。应该用更具体的行为表现动词来取代这些模糊的术语。康布斯等人(Combs et al.,2008)为准确的目标陈述提出了令人信服的论点,以促进对学生学习的有效评估。

教师必须审视每个目标,并问自己:"我可以观察到学习者的这些行为吗?"观察学习者"知道"或"理解"是不可能的。这些动词通常与教师希望学生学习的信息有关。为了向学生表明他们应该学习某些技能,最好在目标中确切说明如何证明学生了解或理解了这些技能。例如,学习者可能被要求知道纽约和加利福尼亚州相距约 3 000 英里。如果学生能够陈述(或写下)这个事实,就可以推断出他们知道该信息。

与心因动作技能相关的目标通常可以很容易地用行为动词(例如跑步、跳跃、驾驶)来表示。当目标涉及态度时,学习者通常需要选择特定的选项或一组选项。不过,它可能需要学习者从各种活动中作出选择。

条件的推衍

在明确识别了目标的知识、技能或态度部分后,就可以具体说明目标的条件部分了。**条件**是指学习者在执行技能时的确切情况和可用资源。在选择合适的条件时,你必须同时考虑要展示的技能和目标人群的特征。你还需要考虑条件在目标中存在的目的,包括明确:(1)线索,使学习者能够搜索存储在记忆中的信息;(2)执行任务所需任何**资源材料**的特征;(3)控制**任务复杂性**;(4)帮助从教学到绩效情境的迁移。可以使用几个条件来描述即将呈现给学习者的刺激,以帮助他们回忆言语信息。请阅读下文关于刺激(条件)和行为的列表,每一条都可以使学习者证明他们知道该信息,或者可以将该概念与定义联系起来。

条件	行为
给出术语————————→	写出定义
给出定义————————→	说出术语
给出术语和一组备选定义————→	选出最准确的定义
给出概念的具体说明————→	说出概念并给概念下定义

给出术语 —————————————————→ 列出其独有的物理特征

给出术语 —————————————————→ 列出它的功能或作用

138　　　虽然每个条件都是"源于回忆",但它更清楚地指明了将给予学习者什么样的刺激材料或信息,以便他们为了所需的反应去搜索记忆。每个条件也可能意味着纸笔测验、计算机触摸屏或在线互动形式,但如果只是指定测验的实施方法,条件中将依然缺乏对适当刺激的定义。

　　资源材料　在目标中包含条件的第二个目的是说明完成给定任务所需的任何资源材料。此类资源材料可能包括:(1)插图,如表格、图表或图片;(2)书面材料,如报告、故事或报纸文章;(3)实物,如岩石、树叶、幻灯片、机器或工具;(4)参考资料,如字典、手册、数据库、教科书或网络。除了指出所需的资源外,条件中还应说明该项资源应具有的独特特征。

　　控制任务复杂性　条件的第三个目的是控制任务的复杂性,以便根据目标人群的能力和经验进行调整。考虑以下条件是如何控制地图阅读目标的复杂性的。

　　1. 给定一张不超过六个指定地点的周边地图……

　　2. 给定一份有关某一城市的商业地图……

　　3. 给定一部带有 GPS 的智能手机,一个指定的当前位置和一个指定的目的地……

　　这些条件通过限制或扩大同一任务的复杂性,使其适合给定的目标群体。

　　帮助迁移　条件的第四个目的是帮助知识和技能从教学情境迁移到绩效情境。该条件元素主要用于在教学环境资源允许的情况下,指定最真实、最可靠或最相关的材料和情境。请注意,在前面的地图阅读示例中,学生获得了一张简化的周边地图、一份城市商业地图或一部带 GPS 的智能手机。这些是学习者在绩效情境下需要使用的实际材料。因此,对于学习者来说,迁移到绩效情境应该相对容易。

　　在决定应指定的条件时,主要考虑因素应当是绩效情境、教学情境、刺激材料性质以及目标人群特征。在这两种情境下所需的特定资源和对任务复杂性的限制都是与恰当刺激的性质和群体的能力直接相关的条件。

　　心因动作技能和态度的条件　虽然前面的示例侧重于智力技能和言语信息,但展示心因动作技能和态度选择的条件也应被仔细考虑。对于心因动作任务,请考虑执行该技能的情境性质以及每项任务所需设备的可用性。例如,如果学习者要证明他们可以驾驶车辆,请考虑他们是否需要驾驶小型车、SUV、皮卡、公共汽车或大型卡车。还要考虑驾驶演示是否涉及市中心高速公路、州际高速公路、市中心街道、双车道乡村道路,或以上所有。这些决策会影响所需的设备、教学的性质、练习技能所需的时间以及驾驶考试的性质。

139　　　设置学习者证明其具备某种态度的条件同样需要仔细考虑。其中,作出选择的情境、替代性选择的性质以及目标人群的成熟度,是三个重要方面。这些考虑很重要,因为选择可能是针对具体情况的。例如,在网球比赛中表现出良好的体育精神,可能取决于对比赛输赢的重视程度；也可能取决于在不向球员施以不良后果的情况下，他们"表现"挫折感和愤怒感的自由度；还可能取决于球员的年龄和相应的情绪控制能力。学习者要展示自己真正习得了运动员态度，需要一场竞争性的比赛，因为他们可以表达态度而不必担心被报复。仅仅在纸笔测验中写下适当的行为或在教练的注视下展示这种行为是不够的。

为心因动作技能和态度选择设置条件可能很棘手。因为在教学和测验情境中，可能很难真正实施一组适当的条件。因此，有时需要情境模拟。然而，设计者必须记住，情境模拟中展现的态度实际上是要打折扣的。

正如目标中的行为一样，与目标相关的条件也在塑造着教学。例如，学习者是否需要记住目标中的信息？为什么需要记住它？学习者可以在参考手册中查找信息吗，还是没有时间查找？如果只需要学习者能够找到信息，那么教学就包括提供机会以及反馈，来寻找与目标相关的各种信息。不过，如果在危机情况下必须立即获得信息，那么练习的重点应该放在如何将信息存储在记忆中，并能够快速检索出来，而无需花时间在笔记或参考材料中查找。

设计者如何确切地知道条件应该是什么？有时候只需要参考学科专家的评判意见即可。通常，设计者可以使用情境分析作为描述行为表现条件的基础。毕竟，情境分析描述了预期行为发生的情境，而这正是我们在目标条件中要描述的内容。

标准的推衍

目标的最终环节是确立判断技能是否达到可接受行为表现的标准。在规定这些逻辑标准时，必须考虑要完成的任务的本质。

智力技能和言语信息的标准　一些智力技能和言语信息任务存在唯一正确的答案，例如分类账户平账、匹配主语和动词的时态或数量，以及陈述公司安全政策。在这些情况下，标准要求学习者提供精确的回答。一些设计者会在这类目标中明确使用"正确"这个词，而另一些则认为这已隐含在条件和行为中，因此没有声明任何标准。无论选择哪种方式，请记住，规定学习者执行任务的次数（例如，三次中有两次，或 80％的正确率）并不构成客观标准。像"多少次"或"多少项正确"这类问题和类似陈述，只是反映了掌握的程度。设计者必须确定行为需要出现多少次才能确保学习者已经掌握了它，这一决策通常在开发测验项目时作出。重要的是，目标中的标准应描述哪些行为是可以接受的，或者描述可接受行为的范围。

对于其他智力技能和言语信息任务，可能存在多种正确答案，学习者的回答可能会有所不同，例如将一条线分成相等的部分或使用尺子估计长度。在这些情况下，标准应设定可接受回答的容忍度。其他可能存在多种回答的任务包括设计商业问题的解决方案、撰写段落、回答任何主题的论文问题，或撰写研究报告。这类目标的标准应设定反应中必须包含的信息或特征，以确保其准确性。对于复杂的反应，可能需要一个反应特征核查表，以阐明判断反应可接受性的标准。

　　复杂反应的标准(例如,回答、产品或行为表现)本身可能也很复杂,并包含多种类型,这些标准类型可能包括:(1)反应的形式(即反应的物理结构);(2)反应的功能(即反应能满足特定的目的或意图);(3)质量或审美要求。

　　以下两个例子阐释了如何应用这三类标准来解释复杂标准的概念。假设学习者要制作椅子。判断一把椅子是否符合要求的标准包括:其外观是否符合椅子的基本特征以及它是否能够承受预期的重量(物理结构),使用者坐在上面是否感到舒适(功能或目的),以及它的外观是否满足审美要求(例如,颜色、平衡感、比例和协调性)。

　　再考虑适用于段落撰写的标准。对于形式而言,标准可能包括是否根据结构规则对段落进行缩进和格式调整。对于功能或目的,合适的标准可能是传达有关某一主题的信息、说服读者或提供适当的指引等。对于质量或审美相关的标准,可能包括清晰度、生动有趣性、合理的时间顺序与过渡、创新性。

　　还有许多其他不同类型的标准可用于评价学习者的回答、产品和表现,例如:(1)社会可接受性;(2)环境适宜性;(3)经济可行性;(4)简约性;(5)成本。

　　设计者需要分析要完成的任务的复杂性,并在分析过程中确定合适的标准类型,以便在评判学习者的反应时予以考虑。要评判学习者的掌握程度,应该充分考虑他们的回答是否符合标准类型以及每种类型中的具体质量要求。许多教学设计者将可接受反应的标准制成评分细则或核查表,以管理标准的复杂性。

　　心因动作技能的标准　为了判断心因动作技能表现的可接受性,可能要将能说明预期行为的核查表作为标准。可能还需要加入对频率统计或时间限制的描述,以及对执行技能时身体特征的描述(如手在钢琴键盘上的位置)。同样,评分细则或核查表可能是管理行为表现标准的最佳方式。

　　态度标准　为态度目标设定标准可能很复杂。恰当的标准取决于以下因素:所观察行为的性质、被观察的行为情境以及目标人群成员的年龄。它可能包括在给定情境中观察到的理想行为次数统计,还可能包括观察到的不良行为的次数。你可能会发现,预期行为核查表是指定态度习得判断标准的最有效方式。态度测量标准中的一个常见问题是评价者在给定时间和情境中观察反应的能力。因此,有时候可能必须作出妥协。

141

　　注意　在某些教学环境中可能出现的一个问题是,判断学习者表现的标准是来自专家或教师的评判。但你最好避免将专家评判作为评价目标是否达成的标准,因为这对你或学习者没有帮助。它仅仅意味着其他人会评判学习者的表现。如果必须使用专家评判,请考虑如果你是评判行为表现的专家,你将会考虑哪些因素。你可以制定行为类型核查表,并将其包含在目标陈述中,以确保他人能明确理解这些标准。

书写具体目标的过程

书写行为表现目标的步骤包括：

1. 改写宏观教学目标，使其反映最终的行为表现情境。

2. 书写终点目标，使其反映学习情境。

3. 为目标分析中没有子步骤的每一个步骤书写具体目标。

4. 在目标分析的主要步骤下，为每组子步骤书写具体目标，或为每个子步骤书写目标。

5. 为所有下位技能书写具体目标。

6. 如果一些学生不具备起点技能，请写下这些起点技能的具体目标。

在书写具体目标之前，设计者应回顾宏观教学目标，确保具体目标和后续教学与情境分析相匹配。教学目标是否包括对使用宏观目标的最终情境的描述？如果没有，第一步应该是修改宏观教学目标，使其反映出最终的应用情境。

第二步是书写终点目标。每个单元都有其宏观教学目标，因此也应有相应的终点目标。终点目标应包含行为表现目标的三个部分，其中的条件反映了学习环境中的可用情境。换言之，宏观教学目标描述了学习者最终将使用新技能的情境，而终点目标描述了在教学结束时执行宏观目标的条件。理想情况下，这两组条件应该是一致的，但实际上它们可能差异很大。

确定了终点目标后，设计者需要为教学分析中包含的技能和子技能书写目标，包括智力技能、言语信息，以及在某些情况下的心因动作技能和态度。然而，当你到达起点技能线时，你该怎么做？你必须作出另一个决定。如果起点技能由目标人群中几乎所有成员都已知的基本技能和信息组成，以至于对他们进行测验会被视为小看他们，那就不需要为起点技能书写目标。相反，如果并非所有学习者都具备起点技能，就需要为这些技能书写具体目标。

将具体目标融入教学材料　考虑如何修改设计过程中创建的所有具体目标，以便将它们融入教学材料中。这些修改后的具体目标与设计者使用的目标有何不同？首先，开发材料时使用的下位技能目标很少包含在教学材料中。通常，数字化学习管理系统的课程大纲、教科书介绍、主页或菜单中只提供主要目标。其次，教学材料中出现的具体目标的措辞会被修改。为了更好地传达信息，帮助学习者集中注意力学习特定技能，目标的条件和标准通常会被省略。最后，与一长串下位目标相比，学生更有可能关注三到五个主要目标。

评价和修改

评价和修改具体目标

在这一阶段，设计者应当稍作停留，对初步拟定的终点目标和行为表现目标进行评价。 142

评价行为表现目标时,应考虑其清晰度、可行性和标准。

清晰度、可行性和标准

清晰度标准适用于具体目标中涉及的行为、内容、条件和标准。判断清晰度的一个好方法是构建一个测验项目,用以衡量学习者对任务的完成程度。如果你发现难以为某一目标设计一个合理的测验项目,那么这一目标可能需要重新审视。另一种评价目标清晰度的方法,是请同事根据指定的行为和条件来创建测验项目。如果他们所创建的项目与你心中所想有出入,那么目标可能不够清晰,无法准确传达你的意图。

可行性标准同样适用于具体目标中的行为、内容、条件和标准。设计者可以通过自问以下问题来检验目标的可行性:"我能否设计一个项目或任务,以指示学习者能够成功完成目标中所描述的内容?"如果发现在现有的学习者、设施、资源和环境条件下难以实现,那么这个目标就应重新考虑。

此外,还应评价目标中设定的标准,通过这些标准来评价现有样本的预期表现和反应。这可以是你、你的同事或任何执行任务的人所展示的示例。特别要注意,在指定的条件和时间范围内,是否能够观察到每一个明确列出的标准。你可能已经意识到,与心因动作技能和态度目标相比,言语信息和智力技能任务的标准更容易被观察和确定。在书写具体目标时,设计者必须认识到,这些标准陈述将用于教学评估的开发。

注意　在书写具体目标时,请不要吝啬使用两句甚至三句话来充分描述预期的学习结果。没有规定必须将具体目标限制在一句话以内。在描述学生执行目标技能的条件时,应避免使用"完成此教学后"这样的短语,因为这预设了学生在执行该技能前将学习该材料,而目标本身并没有指定如何学习一项技能。

不要过于纠结于目标书写的措辞选择。关于如何用确切的词语来保证目标"正确",人们已经有过诸多辩论。关键在于,目标作为对教学意图的陈述,已经被证明是有用的。它们应该向该领域的设计者或学科专家传达学习者能够做的事情;但目标本身并没有意义。它们只是整个教学设计过程的一部分,只有当它们为该过程作出贡献时,它们才有意义。因此,在这一点上,最好的建议是以有意义的方式写下目标,然后继续进行教学设计过程的下一步。以下评分细则包含了用于评价具体目标的更完整的标准列表,它总结了书写良好的目标的特征,供为教学设计项目书写目标的读者参考。

行为表现目标的评价细则

143

为方便使用,以下评分细则总结了构建和评价详细宏观目标、终点目标和行为表现目标的标准。左侧提供了用于标记判断的横线,右侧列出了标准。你可以复制此核查表,并提供给你的众多材料评审人。

设计者须知:若某一要素与你的项目无关,请在"否"一栏中标注"NA",表示"不适用"。

否　有些　是　　**A. 宏观目标陈述**　宏观目标陈述是否:

＿＿　＿＿　＿＿　　1. 描述了最终的行为表现(绩效)情境?

＿＿　＿＿　＿＿　　2. 描述了真实和现实的情境?

　　　　　　　　　　B. 终点目标　终点目标的:

＿＿　＿＿　＿＿　　1. 条件与学习环境的情境一致吗?

＿＿　＿＿　＿＿　　2. 行为与目标陈述中的行为一致吗?

＿＿　＿＿　＿＿　　3. 标准与目标陈述中的标准一致吗?

　　　　　　　　　　C. 行为表现目标的条件　条件是否:

＿＿　＿＿　＿＿　　1. 指定了提供给学习者的线索或刺激?

＿＿　＿＿　＿＿　　2. 指定了需要的资源材料/工具?

＿＿　＿＿　＿＿　　3. 根据学习者的需求控制任务的复杂性?

＿＿　＿＿　＿＿　　4. 帮助迁移到行为表现情境(真实情境)?

　　　　　　　　　　D. 行为表现目标的行为　行为是否:

＿＿　＿＿　＿＿　　1. 与教学目标分析锚定步骤中的行为一致?

＿＿　＿＿　＿＿　　2. 描述学习者的实际行为而不是反应方式(如"分类"而不是"圈出")?

＿＿　＿＿　＿＿　　3. 清晰可观察,而不是模糊的?

＿＿　＿＿　＿＿　　**E. 行为表现目标的内容**　内容与教学目标分析的锚定步骤一致吗?

　　　　　　　　　　F. 行为表现目标的标准　标准是否:

＿＿　＿＿　＿＿　　1. 仅在需要评判复杂任务时才包含在内?

＿＿　＿＿　＿＿　　2. 包括物理或形式属性?

＿＿　＿＿　＿＿　　3. 包括目的/功能属性?

＿＿　＿＿　＿＿　　4. 包括审美属性?

＿＿　＿＿　＿＿　　5. 包括其他相关属性(例如,社会可接受性、健康、环境适宜性、经济可行性、简约性)?

　　　　　　　　　　G. 总体行为表现目标　行为表现目标是否:

＿＿　＿＿　＿＿　　1. 清晰(你/其他人能够创建一个评估来测验学习者)?

＿＿　＿＿　＿＿　　2. 在学习和行为表现情境中(时间、资源等)可行?

＿＿　＿＿　＿＿　　3. 相对于宏观教学目标和目的有意义(并非微不足道)?

　　　　　　　　　　H. 其他

＿＿　＿＿　＿＿　　1.

144　　　　本节包含心因动作技能和态度的行为表现目标实例。为了帮助你分析每个实例,使用字母 CN 代表达标条件,B 代表行为,CR 代表标准。不必将这些字母纳入你自己的具体目标中。每组例子后面的讨论部分应该有助于你进行分析。有关言语信息和智力技能的行为表现目标实例,请参阅本章的案例研究部分。

心因动作技能

图 4.11 展示了一个更换轮胎的简短教学目标分析。表 6.3 中的下位目标是基于分析中包含的各个子步骤。

表 6.3　心因动作技能和相应的行为表现目标示例

步骤	相应的行为表现目标
2.1　确定如何操作千斤顶	2.1　假定有一个标准的剪式千斤顶和分开的千斤顶手柄(CN),操作千斤顶(B)。牢固地连接手柄,转动手柄,使千斤顶抬起,并将千斤顶降低到其关闭位置(CR)。
2.2　确定千斤顶的安装位置	2.2　假定有一个未连接的剪式千斤顶和一辆岌岌可危的停在路边的汽车(CN),准备安装千斤顶(B)。将汽车重新停在平坦、稳定的位置;在要拆卸的车轮附近找到车架上的最佳位置;然后将千斤顶放置在该位置的正下方(CR)。
2.3　安放千斤顶	2.3　假定有一个剪式千斤顶放在车架适当位置的正下方(CN),连接手柄并抬起千斤顶(B)。千斤顶在车架适当位置的正下方,且抬起时恰好顶到汽车车架。试着调整千斤顶和汽车之间的接触点,保持汽车平衡。汽车没有被抬起,螺丝也没有松动(CR)。
2.4　在与地面接触的轮子前后放置障碍块	2.4　在没有提供障碍块,也没有被告知放置适当障碍块的情况下(CN),把障碍块放到与地面接触的轮子后面(B)。找到像砖块大小的足够坚固的障碍块,并在远离千斤顶的每个车轮前面和后面各放一个(CR)。
目标:为汽车更换轮胎	终点目标:假定有一辆轮胎漏气的汽车,更换轮胎所需的所有工具都放置在后备箱中的正确位置,充气的备用轮胎也如常地在备胎仓里(CN),用备用轮胎替换爆胎(B)。按顺序执行程序中的每个步骤,并遵守每个步骤指定的标准(CR)。

如前所述,书写心因动作技能的行为表现目标比书写言语信息和许多智力技能的目标更复杂。在这个简短的实例列表中,条件的具体性得到了加强,任何特殊情况都需要详细描述。在目标 2.4 中,请注意设计者不希望给学习者提供障碍块或提醒他们获取障碍块。显然,部分演示说明旨在让学习者回忆并执行这一步骤。

目标中的动词同样重要,可能需要进行转换,以确保行为是可观察的。请注意以下转换:在 2.1 中,"确定如何操作千斤顶"的子技能表述被转换为行为表现目标中的"操作千斤顶"。为了衡量学习者是否"确定了如何",目标中采用了可观察的行为,因此需要对动词进行转换。

另外,请注意标准是如何书写的。要指定心因动作技能步骤的标准,通常需要列出必须完成的子步骤。为这些具体目标设立的标准都需要包含这样的列表。

关于心因动作技能目标的另一个有趣的特点是,尽管每个目标都有自己的条件,但前一个步骤中的条件、行为和标准通常是执行下一个步骤的条件。例如,目标 2.2 的一个隐含条件是成功完成目标 2.1。同样,目标 2.3 的一个隐含条件是成功完成目标 2.2。

最后,请注意为终点目标列出的标准。实际上,列出执行此目标的所有标准需要再次列出过程中每个步骤的所有具体标准,因为只有完成所有步骤,才能实现终点目标。因此,每个目标列出的标准应该放在一个核查表上,该核查表可用于辅助对学习者表现进行评价。

态度

为态度形成设立具体目标可能同样复杂,因为也需要考虑条件、行为和标准三个方面。表 6.4 中的示例取自图 4.7 中关于酒店安全的态度目标,它们很好地说明了设计者可能遇到的问题。

表 6.4 态度和相应的行为表现目标示例

态度	相应的行为表现目标
1. 在酒店住宿时,选择最大限度地保障消防安全	1.1 入住酒店时,在不知道他们正被观察的情况下(CN),旅客总是(CR):(1)要求入住较低楼层的房间;(2)询问入住房间内和房间附近的安全设施,如烟雾报警器、洒水系统和楼梯间(B)。
2. 在酒店住宿时,选择最大限度地保障门户安全	2.1 当他们准备离开酒店房间一段时间时,在不知道被观察的情况下(CN),旅客总是(CR):(1)让收音机或电视机继续播放,并开着灯;(2)在锁门之后确认门已安全锁好(B)。 2.2 在重新进入酒店房间,且不知道被观察的情况下(CN),旅客总是(CR)检查房间是否和他们离开时一样,并确认房间里没有人。他们会一直(CR)将房间门锁上,并拴上锁链(B)。
3. 在酒店住宿时,选择最大限度地保障贵重物品安全	3.1 办理入住手续时,在不知道被观察的情况下(CN),旅客总是(CR)询问保险柜和贵重物品的保存问题(B),总是(CR)把重要文件、多余的现金和不戴的珠宝放在保险柜中(B)。 3.2 离开房间一段时间时,在不知道被观察的情况下(CN),旅客从不(CR)把珠宝或钱放在酒店的家具上(B)。

关于这些目标的条件,你应该注意到的第一件事是,出于一些原因,它们将很难实施。个人权利和隐私是两个问题,而进入旅客的房间,观察门是否被拴住、珠宝和钱是否被收起来则是另一个问题。在这种情况下,设计者必须作出妥协,最好的方法可能是确保旅客知道在住酒店时,他们选择怎么做才能最大限度地保障人身安全。对相关言语信息的客观测验或基于问题的场景测验可能是最适合设计者的方法。

考虑另一个方便管理的态度例子。回想一下第 2 章中礼貌、热情的银行出纳员。表 6.5 中关于出纳员态度的宏观目标和具体目标似乎是可观察和可衡量的。我们想通过这个典型例子说明一些要点。首先,所有四个选定行为的条件都是相同的;因此,为了避免冗余,在书写行为目标前写一次即可。回想一下,衡量态度时要求出纳员知道如何问候客户,以及他们为什么要以这种方式行事。他们还必须相信自己可以自由地选择行事方式,这意味着他们无法知道自己正在被观察。另一个条件是,即使他们很忙,他们也会选择礼貌待人。设计者可以推断,在这种情况下依然选择以热情方式问候客户的出纳员已经形成了预想的态度。

表 6.5　可管理的态度和相应的行为表现目标

态度	相应的行为表现目标
出纳员会选择以热情、礼貌的方式对待客户	在不知道被观察的情况下,在繁忙的一天中与客户交易时(CN),出纳员总是(CR): 1. 通过如下方式与客户开始交易:(a)微笑;(b)问候;(c)说一些体现个性化服务的话;(d)在必须完成前一笔交易时,向等待的客户表达歉意;(e)询问客户需要什么服务(B)。 2. 通过如下方式与客户交易:(a)仔细倾听客户的解释;(b)询问任何需要澄清的信息;(c)提供任何额外需要的表格;(d)根据需要填写或修改表格;(e)向客户解释所做的任何更改;(f)向客户解释返回给客户的所有材料(B)。 3. 通过如下方式结束每笔交易:(a)询问是否还需要其他服务;(b)口头说"谢谢";(c)回应客户的任何评论;(d)以良好祝愿结束交易(例如,"祝您愉快""走好"或"再见")(B)。

其次,所有四个具体目标的可接受的行为表现标准——"总是"是相同的。因此,将该标准置于行为列表前面,避免冗余。

最后,在条件和标准下单独列出预期行为。这个简短的行为列表可以扩展,以包括那些出纳员在问候客户时永远都不应有(CR)的行为(例如,等待客户先说话,在做好准备后才抬头看客户或向客户致谢)。

根据这些具体目标,主管可以制定一个核查表,以统计每个行为发生的频率。根据统计结果,主管可以推断出纳员是否具备了应有的态度。

案例研究：团体领导力培训

我们再次通过案例研究来阐述言语信息和智力技能的具体目标。这里仅展示了部分目标，但完整的 ID 流程涵盖了教学分析中确定的每个子技能的一个或多个具体目标。我们继续使用字母 CN 代表条件、B 代表行为、CR 代表标准。如前所述，这些字母通常不必出现在你的具体目标中。每组示例后面的简短讨论，旨在指出该具体目标的重要特征。

言语信息和智力技能

表 6.6 展示了与行为表现情境相对应的宏观教学目标，以及与教学情境相对应的终点目标。表 6.6 和 6.7 中的智力技能以及表 6.7 中的言语信息任务均源自图 4.8，该图展示了"引导致力于解决问题的团体讨论"的宏观教学目标的教学分析。表 6.7 则提供了图 4.8 中描述的下位智力技能和言语信息的具体目标示例。

言语信息　在表 6.7 的言语信息目标示例中，请注意这些条件指定了在测验题目中必须使用的关键语句。例如，在技能 6.1 的下位目标 6.1.1 和 6.1.2 中，关键语句分别是"促进合作性互动的团体成员行为"和"成员的想法受到质疑时应该做什么"。这些关键语句可以作为线索，帮助学习者从记忆中检索相关信息。尽管编制相应测验项目的方法多种多样（如论述题或简答题），但必须向学习者呈现这些关键语句。请注意以书面形式清晰地向学习者呈现这些关键语句，并注意子技能和具体目标中使用的行为描述应保持一致，即使不完全相同，也应使学习者能够展示相同的隐含技能（例如，"说出"对应"列出"）。最后，考虑每个目标的标准，由于学习者说出的活动数量无疑会有所不同，因此需要对学习者应说出的活动数量进行规定。

表 6.6　包含行为表现情境的教学目标和包含学习情境的终点目标示例
（教学目标：引导致力于解决问题的团体讨论）

教学目标	包含行为表现情境的教学目标
引导致力于解决问题的团体讨论	在校园和社区指定地点举行的实际会议上（CN），成功引导致力于解决校园和社区当前问题的团体讨论（B）。成员的合作水平将用于评判是否达到了这一教学目标（CR）。
	包含学习情境的终点目标
	在由领导力系硕士生参加的、在系会议室举行的模拟问题解决会议上（CN），成功引导致力于解决特定问题的团体讨论（B）。成员的合作水平将用于评判是否达到了这一教学目标（CR）。

148

表6.7	言语信息和智力技能任务的行为表现目标示例 (教学目标:引导致力于解决问题的团体讨论)

教学目标的主要步骤	主要步骤的行为表现目标
6. 管理合作性的团体互动	6.1　在由领导力系硕士生参加的、在系会议室举行的模拟问题解决会议上(CN),管理合作性的团体互动(B)。参与成员应自由参与,自愿提出想法,并与领导者和其他成员充分合作(CR)。
下位技能	**主要步骤的下位目标示例**
6.1　说出促进合作性互动的成员行为	6.1.1　当被要求口头或书面(CN)说出促进合作性互动的团体成员行为时,说出这些行为(B)。应说出至少六种促进行为(CR)。 6.1.2　当被要求口头或书面(CN)阐述成员的想法受到团体质疑时应该做什么时,说出有助于确保合作性团体互动的积极行为(B)。学习者应说出至少三种可能的行为(CR)。
6.2　对团体成员的合作行为进行分类	6.2.1　给出团体成员在会议上的行为的书面描述(CN),指出这些行为是否是合作行为(B)。学习者对这些行为的正确区分率应至少达到80%(CR)。 6.2.2　给出展现成员行为的解决问题会议的视频片段(CN),指出这些行为是否具有合作性(B)。学习者对这些行为的正确区分率应至少达到80%(CR)。
6.3　说出鼓励合作的策略	6.3.1　当被要求以书面形式说出领导人鼓励和阻碍成员讨论和合作的行为时(CN),说出这些行为(B)。学习者应该说出至少十种鼓励合作的行为和相应的阻碍行为(CR)。
6.4　对鼓励合作的策略进行分类	6.4.1　给出团体领导人在会议中行为的书面描述(CN),指出这些行为是否可能鼓励或阻碍合作性团体互动(B)。学习者对这些行为的正确区分率应至少达到80%(CR)。 6.4.2　给出展示领导者行为的会议视频片段(CN),指出领导人的这些行为是否可能鼓励或阻碍成员合作(B)。学习者对这些鼓励和相应的阻碍行为的正确区分率应至少达到80%(CR)。
6.5　激发成员的合作行为	6.5.1　在学习者担任团体领导人的问题解决模拟会议上(CN),做出促进成员间合作的行为(B)。在讨论过程中,团体成员彼此之间以及与领导人之间都相互合作(CR)。

　　智力技能　在智力技能示例中(例如,技能6.2.1和6.2.2),请注意,具体目标的条件与言语信息具体目标中使用的条件相似。这些条件不仅包括关键语句(例如,"团体成员在会议中的行为"),而且还规定了这些行为的呈现方式(例如,"团体行为的书面描述""展现成员行为的会议视频片段")。在目标6.5.1中,条件陈述中没有关键语句,但考察将在"学习者担任团体领导人的问题解决模拟会议"中进行。这三项智力技能的条件有助于规定任务的复杂性。在书面脚本中

149

检测积极的领导者和成员行为可能比通过互动视频检测更容易,但后者可能比在"自我卷入"时检测更容易。所谓"自我卷入"是指自己领导会议,并分析你积极推进的同事的言语和非言语行为。请注意,下位技能和相应具体目标中的行为是一致的。即使使用了替代性的术语,所展示的技能

也应该与下位技能目标描述中指定的技能保持一致。在下位目标 6.2.1 和 6.2.2 中,学习者需要识别场景和视频中 80% 的合作行为。但目标 6.5.1 的标准是,领导者互动团体中的成员必须在彼此之间以及与领导人之间都相互合作。换言之,团体内成员的行为为领导者的成功提供了证据。

专业和历史观点

如前所述,马杰(Mager,1997)在 1975 年首次使用**行为目标**一词,以强调这是一个描述学生能力达成的表述。在 20 世纪 60 年代末和 70 年代,全国各地的公立学校教师参加了研讨会,成千上万名教师接受了书写行为目标的培训,以便对自己的教学负责。不过,当定义目标的过程没有被纳入教学设计模型的整体时,出现了两个主要问题。

首先,如果没有这样的整体模型,教师很难确定如何推衍出目标。尽管教师可以掌握书写目标的方法,但没有概念基础来指导他们的推衍。因此,许多教师依然回到了教科书目录,来确定他们将编写的行为目标的主题。

其次,也许更关键的问题是,在书写完目标后该如何处理它们。许多教师只是简单地被告知为了成为更好的教师,要将目标纳入到他们的教学中。但实际上,大多数写出来的目标都被藏在了抽屉里,永远不会影响教学过程。

也有人反对使用行为目标。例如,反对者指出一些教学材料中有看起来很琐碎的目标。但这些目标通常不是基于可以阐明每项新技能与以前获得的技能之间关系的细致教学分析。同样,许多教育工作者承认,书写人文或人际关系等领域的目标比书写其他学科的目标更为困难。不过,因为这些学科的教师通常需要评价学习者的表现、沟通的可接受性(例如,分数、人员评价),目标制定可以帮助教师完成以下任务:(1)指定他们将教授的知识、技能和态度;(2)确定教学策略;(3)建立教学结束时评价学生行为表现的标准。

尽管一些教师可能认为目标不利于自由展开的课堂讨论,但它们实际上可以检查讨论的相关性。当教师必须协调他们的教学时,目标还可以增加教师之间沟通的准确性。描述学习者在完成教学时应该能够做什么为应该涵盖的教学内容提供了一个明确的框架,从而有助于避免教学出现空白或重复。具体目标还可以向家长或主管表明学生或员工正在学习的内容。用作同家长或主管沟通的课程总体目标听起来可能有趣且具有挑战性,但很少能表明在教学完成后,学习者将知道什么或能够做什么。

研究人员考察了使用目标是否会对学习产生影响。在几乎所有研究中,这个问题都在实际教学情境中提出的。在一个典型的实验中,一组学生收到一系列教学材料,前面部分是教学完成后,他们应该能够做什么的描述。对照组收到相同的教学材料,但没有教学目标的描述。结果并不一致,一些研究显示获得目标与没有获得目标的学生的学习有显著差异,其他研究显示没有差异。对研究结果的总结分析表明,那些被告知教学目标的学生存在轻微但显著的优势。

150 　　虽然这些调查非常有趣,但它们并没有阐明教学设计过程中目标的重要性。目标能够指导设计者针对特定学习者,改变教学的复杂水平、选择内容、开发教学策略,并创建评估过程。无论在教学过程中是否将目标呈现给学习者,目标对教学设计都至关重要。

流程图:书写终点和行为表现目标

　　本节包含一个主要流程图:书写终点目标和行为表现目标。注意终点目标和行为表现目标都包括条件、行为表现和标准。

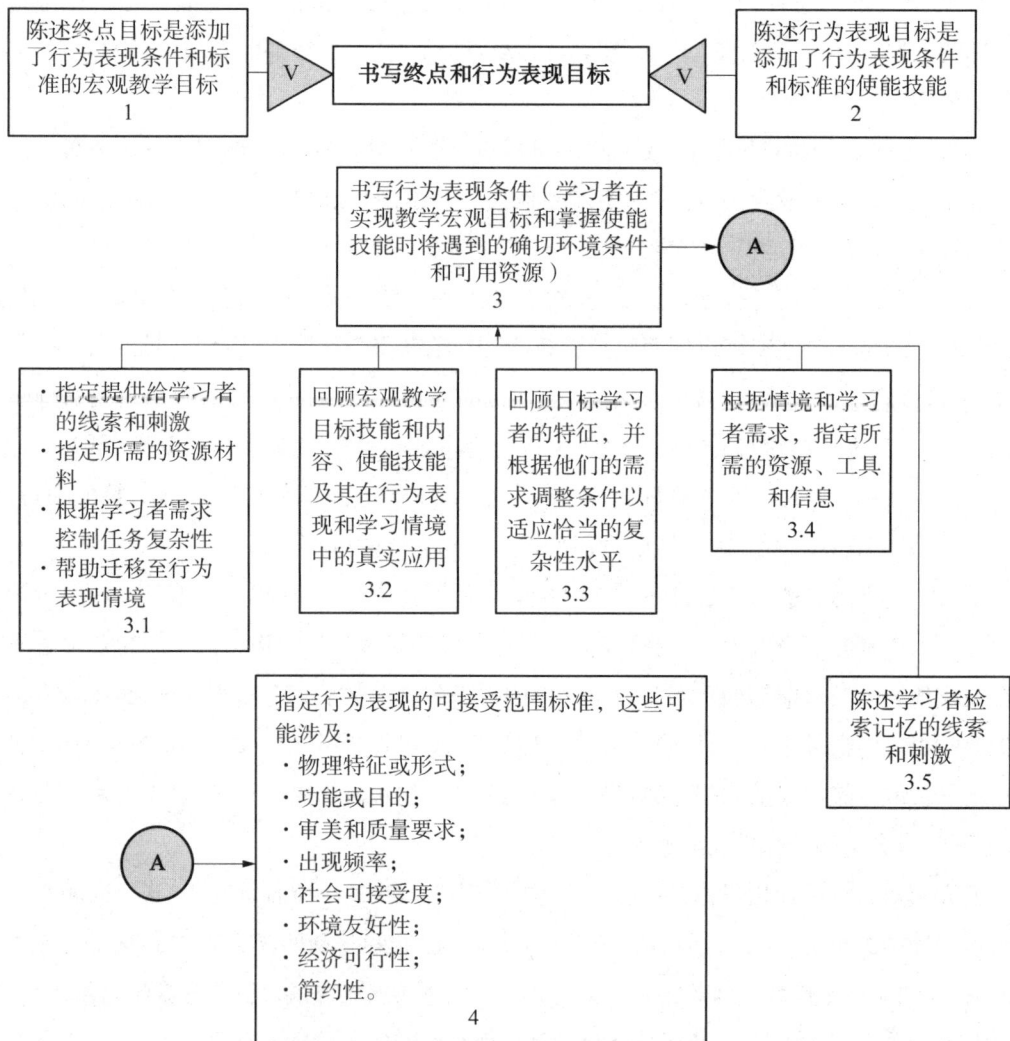

图6.1　书写终点和行为表现目标

练习

判断给出的行为表现目标的完整性。阅读以下每个目标，并判断它是否包括条件、行为和标准。如果缺少任何一个元素，请选出缺少的部分。 151

1. 给定一份北美早期定居者所从事活动的清单，了解他们生产了哪些商品，使用了哪些产品资源，以及进行了哪些贸易。

　　a. 重要条件和标准

　　b. 可观察的行为和重要条件

　　c. 可观察的行为和标准

　　d. 都不缺

2. 给出一份州和省府的列表，在不使用地图、图表或列表的情况下，将 50 个州中的至少 35 个州与其省府相匹配。

　　a. 可观察的反应

　　b. 重要条件

　　c. 行为表现标准

　　d. 都不缺

3. 在与客户的日常业务交易中，了解公司提供热情和礼貌服务的政策。

　　a. 可观察的行为

　　b. 重要条件

　　c. 行为表现标准

　　d. a 和 b

　　e. a 和 c

4. 学生将能够弹钢琴。

　　a. 重要条件

　　b. 重要条件和行为表现标准

　　c. 可观察的行为和行为表现标准

　　d. 都不缺

5. 假设每天可以在办公室听音乐，至少一半的时间选择听古典音乐。

　　a. 重要条件

　　b. 可观察的行为

　　c. 行为表现标准

　　d. 都不缺

将宏观教学目标和下位技能转换为终点目标和下位目标。请记住,**具体目标**来自宏观教学目标和下位技能分析。通过以下操作,在目标分析中展示宏观目标和下位技能的转换。

6. 基于宏观教学目标创建一个终点目标:

在书面作文中,(1)根据句子的目的和语气,使用不同的句型及相应的标点符号;(2)根据句子的复杂程度或结构,使用不同的句型及相应的标点符号。

7. 为以下下位技能书写行为表现目标:

5.6　说明陈述句的目的:传达信息。

5.7　将一个完整的句子分类为陈述句。

5.11　使用正确的结束标点符号写陈述句。

评价行为表现目标。借助本章的评分细则,制定和评价你自己的具体教学目标。

8. 通过在评分细则核查表的"是"或"否"栏中插入目标编号来评价你自己的教学目标的质量。检查那些标记为"否"的目标,并计划修改目标的方法。根据你的分析,修改自己的目标,以纠正模棱两可和遗漏之处。

参考答案

1. c

2. d

3. e

4. b

5. d

6—7. 查看附录 E 写作案例研究中,终点目标和下位技能行为表现目标的例子。

8. 使用本章的评价细则评价你的宏观目标、终点目标和行为表现目标。如果你想要就自己书写的行为表现目标的清晰性和完整性获得进一步反馈,可以邀请同事使用评分细则对你的目标进行评价。

参考文献和推荐读物

Anderson, L. W., Krathwohl, D. R., Airasian, P. W., Cruikshank, K. A., Mayer, R. E., Pintrich, P. R., Raths, J., & Wittrock, M. C. (2001). *A taxonomy for learning, teaching, and assessing: A revision of Bloom's taxonomy of educational objectives*. Pearson. 修订了布鲁姆原著中的一些术语,并提出了一个二维矩阵框架,将

知识成果与认知过程的层级结构联系起来。

Brown, A. H., & Green, T. D. (2020). *Instructional design: Connecting fundamental principles with process and practice*. Routledge. 这本教科书有关在培训和教学开发情境下书写目标的内容很好。

Caviler, J. C., & Klein, J. D. (1998). Effects of cooperative versus individual learning and orienting activities during computer-based instruction. *Educational Technology Research and Development, 46*(1),5‑17. 阐述了向学习者提供教学目标的益处。

Combs, K. L., Gibson, S. K., Hays, J. M., Saly, J., & Wendt, J. T. (2008). Enhancing curriculum and delivery: Linking assessment to learning objectives. *Assessment and Evaluation in Higher Education, 33*(1),87‑102. 主张准确陈述目标,以便更有效地评价学习和进步情况。

Gagné, R. M., Wager, W. W., Golas, K. C., & Keller, J. M. (2004). *Principles of instructional design* (5th ed.). Wadsworth/Thomson Learning. 作者描述了由五个部分组成的行为表现目标,并将目标与各个学习领域联系起来。

Gronlund, N. E., & Brookhart, S. M. (2008). *Writing instructional objectives* (8th ed.). Pearson. 作者介绍了各种类型及水平的学习目标推衍及其在教学和课堂评估中的应用。

Mager, R. F. (1997). *Preparing instructional objectives* (3rd ed.). Center for Effective Performance. 马杰 1962 年有关具体目标的专著的最新版本。作者的幽默感与分支式程序化教学格式相得益彰。

Marken, J., & Morrison, G. (2013). Objectives over time: A look at four decades of objectives in the educational research literature. *Contemporary Educational Technology, 4*(1),1‑14. 阐明了"目标"这一术语的变化轨迹,发现目前使用的定义操作性更强。

Maycr, R. E. (2011). *Applying the science of learning*. Pearson. 该著作描述了教学目标的三个层次、教学目标中描述的不同知识类型,以及学习、教学和评估之间的关联。

Roberts, W. K. (1982). Preparing instructional objectives: Usefulness revisited. *Educational Technology, 22*(7),15‑19. 介绍和评价了书写教学目标的各种方法。

153

第 7 章

开发评估工具

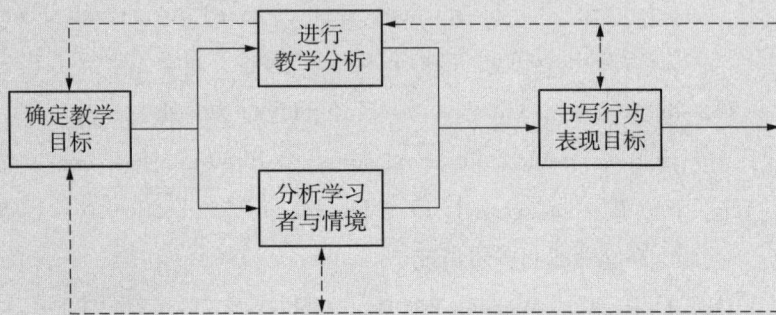

目标

▶ 编写符合四类质量标准的标准参照的、客观型的测验项目。

▶ 为产品开发、现场行为表现和态度评估创建评分细则；编制指导语以引导学习者的工作。

▶ 评价宏观教学目标、下位技能、学习者与情境分析、行为表现目标和标准参照测验项目等方面的一致性。

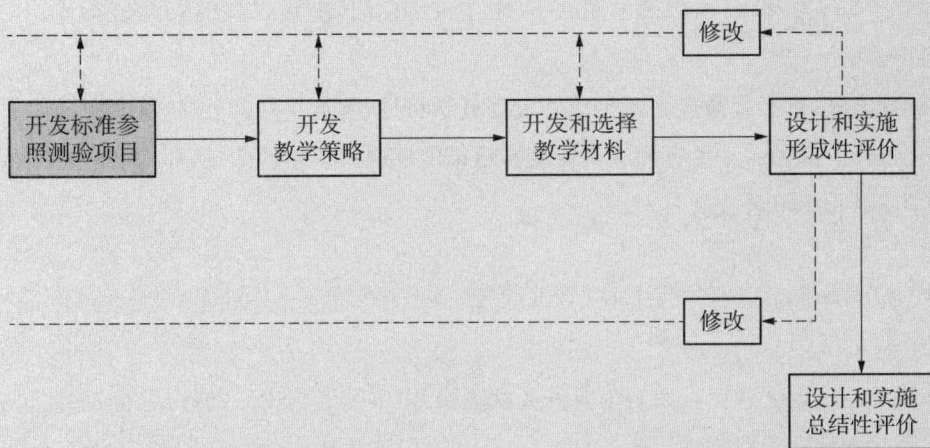

```
┌─────────────┐     ┌─────────┐     ┌──────────┐              ┌──────────┐
│ 开发标准参  │────▶│ 开发    │────▶│ 开发和选择│─────────────▶│ 设计和实施│
│ 照测验项目  │     │ 教学策略│     │ 教学材料 │              │ 形成性评价│
└─────────────┘     └─────────┘     └──────────┘              └──────────┘
                                                                   │
                                                              ┌─────────┐
                                                              │  修改   │
                                                              └─────────┘

                                                              ┌─────────┐
                                                              │  修改   │
                                                              └─────────┘

                                                              ┌──────────┐
                                                              │ 设计和实施│
                                                              │ 总结性评价│
                                                              └──────────┘
```

概述

　　标准参照测验旨在衡量一系列明确的行为表现目标的实现情况。要开发这样的测验，你需要一份基于教学分析的行为表现目标清单。每个具体目标包含的条件、行为和标准将帮助你确定评估工具的最佳形式。

　　客观测验（objective test）和**行为表现目标**（performance objective）两个术语中的"objective"一词并无关联。关于行为表现目标的定义，请参见第 6 章。客观测验则是指测验的形式，通常包括几类需要简短回答的项目。最常见的客观测验题型包括多项选择、匹配、二选一回答和简答题。客观测验是许多言语信息和智力技能目标的最佳测验形式，但你仍需决定最适合特定情境和行为的客观题型，并考虑知识或技能的测验频率，

155

以确定能够充分衡量学习者在每个目标上表现的项目数量。测验中应包含足够数量的项目，包括前测、后测，以及必要时的练习性测验。一些智力技能无法通过客观测验项目来测量，例如撰写段落，发表有说服力的演讲，以及分析和对比不同经济趋势预测方法的特征。在测量结果为产品或行为表现的智力技能、心因动作技能以及与态度相关的行为时，测验中应该包含给学习者的说明和给评价者的观察工具。在创建这些产品、行为表现（performance）或行为（behavior）的测量工具时，你必须对其中可观察的要素进行识别、解释和排序。

在继续设计之前，有必要暂停并评价你的宏观教学目标、终点目标、下位技能和测验项目之间的一致性。这种一致性有助于确保测验结果能反映出预期的信息，即与教学目标相关的教学质量和学习者成就。

概念

在本节开始，我们应该定义和比较四类主要的成就测验：以学习者为中心的评估、标准参照测验、目标参照测验和常模参照测验。

以学习者为中心的评估、目标参照和标准参照测验

这三类测验在格式和目的上都非常相似。成就测验仍然是美国学校改革运动的前沿。以学习者为中心的评估在学校改革文献中也频繁出现，这类任务被期望作为学习活动发挥作用，本书的模型也鼓励学习者进行自我评估，为自己的学业质量负责。

以**学习者为中心的评估**与传统的**标准参照测验**定义一致，标准参照测验是系统化教学设计的核心要素。以学习者为中心的评估也应该是**标准参照**的（即与教学目标和从目标中得出的一套明确行为表现目标相关联）。这种类型的测验对评估学习者进度和教学质量都至关重要。标准参照测验的结果向教师显示了学习者实现每个教学目标的确切情况，并向设计者准确地显示了教学的哪些部分运作良好，哪些部分需要修正。此外，标准参照测验也使学习者能够通过应用既定的标准，来判断自己的学习情况，反思自己的表现。

在**标准参照测验**中，通常有由多个项目或行为表现任务组成的工具，可以直接衡量一个或多个行为表现目标描述的技能。使用"**标准**"一词，是因为测验项目是确定学习者在实现目标方面表现是否充分的标准；也就是说，成功完成测验就代表学习者在单元中实现了教学目标。为了更明确地指出测验与行为表现目标之间的关系，人们越来越多地使用**目标参照**，而不是**标准参照**。测验项目或任务与教学材料目标中描述的行为表现直接相关。因此，你可以认为这三个术语——**以学习者为中心**、**目标参照**和**标准参照**——对实际目的而言本质上是同

义词。

标准参照和常模参照测验

常模参照测验在形式和目的上与之前讨论的三类测验大不相同。区分标准参照测验和
常模参照测验很重要。这两类测验的核心目的不同，而目的决定了它们的设计、建构、施测和
解释方式。常模参照测验用于比较学习者在较大内容领域，如数学或阅读等特定学科一学年
内容上的相对表现。使用来自常模参照测验的数据，我们可能无法确切知道约翰和玛丽获得
了哪些技能，但可以知道他们与彼此或同年龄/年级的人相比知道得更多还是更少。

标准参照测验的主要目的是检查某一个体或群体在精细定义的内容领域中的成就；因
此，其焦点是特定内容领域的具体目标和行为表现。测验类型没有优劣之分，根据测验数据
的结果选择合适的测验用即可。可能许多人都看到过测验公司针对同一测验同时报告标准
参照数据和常模参照数据。设计者必须清楚，这更多是基于测验数据使用方法作出的决定，
因此他们必须熟悉这些测验的目的以及可以根据测验作出的有效决定。

教学设计者经常使用来自这两类测验的数据。他们使用常模参照测验来描述学习者的
总体成就和能力水平，使用（与同龄人相比）**高于平均水平**、**处于平均水平**或**低于平均水平**这
类术语描述在特定学科领域的水平。使用标准参照测验，我们能确切地了解约翰和玛丽在某
一内容领域学到了哪些技能。常模参照测验的数据对教学设计和开发可能没有用处，但在开
发教学材料时，它们对选择参加现场试验的学生非常有用。相比之下，标准参照测验是对特
定教学开发和评估过程中所作决策进行评价的依据。因此，本书将聚焦于标准参照测验。

四类标准参照测验及其应用

四类标准参照测验的区别在于格式而不是目的。设计者可以创建四种类型的测验：起点
技能测验、前测、练习性/演习性测验以及后测。这些测验可能有从纸笔客观测验到产品评分
量表或真实身体表现等多种形式。最合适的测验形式应与评估目标中指定的行为表现最匹
配。每一种测验类型在设计和传输教学方面都有其独特的功能。让我们从教学设计者的角
度来审视每种类型的测验。它们在教学设计过程中有什么用途？

起点技能测验 第一种类型的测验，即起点技能测验，在学习者开始接受教学之前进行。
这类标准参照测验旨在评估学习者对**先决技能**的掌握程度，即他们在正式教学开始前必须掌
握的技能。这些先决技能在教学分析图中在虚线下方呈现。如果一个教学单元包含起点技
能，那么在形成性评价阶段，应与学习者共同开发并使用相应的测验项目。

你可能会发现，正如理论所预测的那样，缺乏这些技能的学习者在接受教学方面有很大
困难。相反，你也可能发现，出于某些原因，起点技能对教学的成功并不关键。需要注意的
是，如果在教学分析阶段未能识别出重要的起点技能，那么就无需制定相应的具体目标和测
验项目。此外，在评估目标群体是否掌握某项技能时，如果某些技能比其他技能更容易让人

产生疑问，那么应在起点技能测验中对这些容易让人产生疑问的技能进行评估。

前测　前测的目的不一定是与后测进行比较来显示教学的学习收益，而是在教学分析方面对学习者进行剖析。为了提高效率，前测应在学习者接受教学前进行，以确定他们是否已经掌握了教学中的部分或全部技能。如果学习者已经完全掌握，那就不需要教学；如果只掌握了部分技能，那前测数据将帮助设计者更加有效地创建教学内容。或许某些技能仅需要复习或简单的提示，这样便可以节省时间，将更多的精力投入到那些需要详细讲解、示例和练习的技能教学中。

在确定哪些使能技能应包含在前测中时，设计者有一定的自由度，需要运用自己的判断力来选择最重要的目标进行测验。这些选择可能因每个教学目标和特定情境而异。前测通常包括教学分析（包括宏观教学目标）所确定的一项或多项关键技能。

由于起点技能测验和前测都是在教学之前进行的，因此它们通常被整合到一个工具中，但这并不意味着它们是相同的测验。不同的项目评估的是教学目标示意图中不同的技能，设计者会根据学习者在两组项目中的得分作出不同的决策。根据起点技能测验的得分，设计者可以决定学习者是否已经准备好接受教学；根据前测的得分，设计者可以判断教学对学习者来说是否过于简单，如果不是，如何最有效地为特定群体开发教学。

是否应该始终进行涵盖待授技能的前测？有时并非如此。如果你知道教授的主题对目标人群而言是全新的，且他们在前测中只是进行随机猜测，那么就不建议进行前测。只有当一些学习者可能对内容有所了解时，前测才显得有价值。如果存在时间限制，可以通过简短的前测来评估终点目标和几个关键的下位目标。

练习性测验　练习性测验的目的在于促使学习者积极参与教学过程。通过练习性测验，学习者能够运用新的知识和技能，并评估他们自身的理解和技能水平。教师也可以利用学生对练习性测验的反应提供矫正性反馈，并监控教学进度。与前测或后测相比，练习性测验涵盖的技能较少，它们通常聚焦于当次课程内容，而非整个教学单元。

后测　后测是在教学完成后进行的，与前测相对应，只是不包括起点技能的测验项目。与前测类似，后测旨在测量教学中的目标。与这里描述的所有测验一样，设计者应该将后测中的项目与所测的某项（或某几项）技能相对应。

在教学目标分析中选择技能时，后测应评估所有目标，尤其是终点目标。同样与前测类似，如果后测测量所有的下位技能，测验可能会很长；而且如果教学目标分析中确定的技能更多，就需要更多的测验项目，从而使测验更具综合性。但如果考虑到时间限制，需要开发更简短的测验，就应该测验终点目标和重要的子技能。测验中应包括一些项目，用于测验那些最有可能影响学习者实现终点目标的子技能。

最后，后测可用于评估学习者的表现，并评价一个项目或课程的成功程度；然而，后测的最初目的是帮助设计者发现教学未能发挥作用的地方。如果学生未能实现终点目标,设计者应能够确定学生在学习过程中哪个环节开始不理解教学。通过检查每个项目的答案是否正确,并将正确和错误的答案与相应的下位技能联系起来,设计者应能够准确定位问题的源头。

　　所有四种类型的测验都应在教学设计过程中使用。然而,在完成教学的形成性评价后,最好放弃部分或全部的起点技能测验和前测。后测也需要修改,使其仅测量终点目标。实际上,当教学设计和开发完成后,花在测验上的时间应该会更少。表 7.1 总结了每种测验类型的名称、设计决策和包含的典型目标。

表7.1　测验类型、设计决策和所测量的典型目标

测验类型	设计者决策	所测量的典型目标
起点技能测验	● 目标学习者准备好接受教学了吗? ● 学习者掌握必需的先决技能了吗?	● 先决技能或教学分析图中虚线以下的技能
前测	● 学习者先前已经掌握使能技能了吗? ● 他们已经掌握了哪些特定技能? ● 我怎样才能最有效地开发此项教学?	● 终点目标 ● 目标分析中的主要步骤
练习性测验	● 学生获得预期的知识和技能了吗? ● 他们犯了哪些错误、形成了哪些错误观念? ● 教学归类恰当吗? ● 教学进度适合学习者吗?	● 达成具体教学目标的子目标所需的知识和技能 ● 课时水平而不是单元水平的范围
后测	● 学习者达到终点目标了吗? ● 每个主要步骤以及每项下位技能的教学是否有效? ● 教学的哪些地方需要修改? ● 学习者已经掌握预期的知识、技能和态度了吗?	● 终点目标 ● 主要步骤及其下位技能

标准参照测验设计

　　如何设计和开发一个标准参照测验? 首先要考虑的因素是将学习领域与测验项目或评估任务类型相匹配。对于言语信息领域的目标,通常需要客观型的测验,如简答、二选一回答、匹配和多项选择题。无论是书面还是口头形式,考察学习者对言语信息的反应并判断他们是否掌握了言语信息目标,都相对容易。学习者要么能回忆出正确的信息,要么回忆不出来。

　　智力技能领域的目标更为复杂,通常需要客观型测验项目、创作产品(如乐谱、研究论文、

小工具)或某种类型的现场表现(如指挥管弦乐队、演出戏剧、主持商务会议)。对于高阶智力技能而言,设计评估项目或任务变得更加具有挑战性,同时对反应的恰当性进行评判也更为困难。当目标要求学习者提出一个独特的解决方案或创作一件独特的作品时,就需要制定学习者可以遵循的指导语,建立一套评判反应质量的标准,并将其转换为核查表或等级量表,通常被称为**评价量规**或**评分细则(rubric)**,用于评估学生作品中是否包含了恰当反应的特征。

态度领域的评估也可能很复杂。情感目标通常与学习者的态度或偏好有关。通常,没有直接的方法来衡量一个人的态度(例如,他们是否支持组织内的多样性)。评估态度目标的项目一般要求学习者表达他们的偏好,或由教师观察学习者的行为并从中推断他们的态度。例如,如果学习者在三种不同的场合都自愿参加对少数族裔员工晋升的宣传活动,教师可能会推断他们支持多样性。态度可以从表达的偏好或观察到的行为中推断出来。

心因动作技能领域目标的测验项目通常包含一系列关于任务演示的指令,要求学习者按顺序完成一系列步骤,这些步骤共同构成了教学目标的具体表现。此外,必须确定可接受的行为表现标准,并将其转换为核查表或等级量表。教师可以使用这些工具来判断学习者是否恰当地执行了每一个步骤。核查表可以根据教学分析所确定的技能和执行质量(标准)直接开发出来。设计者可能还希望测验动作技能的下位技能。这些下位技能通常属于智力技能或言语信息,因此可以在要求学生执行心因动作技能之前,使用客观型项目来测验。心因动作技能的表现有时是创造一个产品,如制作陶瓷锅,此时,可能要开发一系列标准,以评判该产品是否合格。

掌握水平

对于编写的每个行为表现目标,都必须指定一个标准水平,以描述学习者必须达到的技能水平,这些技能是你提供的评估目标中所描述的。本质上,该标准表明了学习者所需的掌握水平。与**标准水平**相比,**掌握水平**的概念更常应用于整个教学单元或整个课程的测验。教师可能会说,为了让学习者"掌握"这个单元,他们必须达到一定的表现水平。因此,问题仍然是:"你如何确定掌握水平?"

掌握学习系统的研究者认为,**掌握**相当于通常期望的最佳学习者的表现水平。这种掌握的定义方法是常模参照的(即群体比较方法),但有时它可能是唯一适用的标准。

第二种描述掌握的方法主要是统计学方法。如果设计者想确保学习者在进入下一个教学单元之前"真正了解"一项技能,那么应该提供足够的机会执行该技能,以减少偶然得到正确表现的可能性。当使用多项选择题时,可以轻易地算出一组项目中任意数量的正确答案只是出于偶然的概率。对于其他类型的测验项目,计算随机表现的概率更为困难,但却更容易让他人相信某一表现不是随机出现的。然而,仅仅超过随机水平可能不是我们想要的掌握水平,因此将标准仅设置为高于随机水平通常是过于武断的。

　　理想的掌握水平是由精确且明确的行为表现水平来定义的,这些水平能够定义掌握的程度。有人可能会争辩说,为了让士兵学习发送密码信息,他们必须能够拼写标准的军事术语。在这种情况下,为拼写军事术语这一教学单元设定 100％的掌握水平并非全然武断,因为它是基于该技能对后续技能学习的关键性决定的。两者间关系越大,掌握水平就应该设置得越高。一般而言,设定任何一个行为表现的掌握水平,既要考虑对当前行为表现的及时评价,也要考虑如何促进学习者在本单元或课程剩余部分中后续相关技能的学习。

　　在某些情况下,**掌握**的最佳定义是成功完成工作所需的水平。对于许多复杂的技能,存在行为表现的连续体,一端是新手或初学者的表现水平,另一端是经验丰富的专家的表现水平。在工作场所或学习者最终需要执行的迁移任务中,需要达到什么水平? 绩效情境分析可以产生有关预期行为表现水平的有用信息,并用于设计标准参照评估的过程。如果目前没有人使用这些技能,那么管理者或学科专家必须运用他们的专业判断来评估掌握水平。如果已确定的水平被证明是不现实的,可以在未来对此进行调整。

测验项目标准

　　在开发针对各种学习类型的标准参照测验时,采用合适的测验项目编写技巧是至关重要的。在创建测验项目和评价任务时,需要考虑以下四类测验项目质量标准:以目标为中心的标准、以学习者为中心的标准、以情境为中心的标准和以评估为中心的标准。接下来,让我们逐一探讨这些标准。

　　以目标为中心的标准　测验项目和任务应与终点目标和行为表现目标在行为(行动和概念)、条件和标准上保持一致。

　　行为。测验项目应该与预期行为紧密对应,涵盖行动和概念两个方面。为确保测验项目中的要求与教学目标指定的行为相符,设计者需仔细考量目标中指定的学习任务或动词。那些要求学生"陈述或定义""在指导下执行或独立执行"的目标,都应采用不同的问题和反应方式。

　　通过测验项目精确测量目标中描述的行为至关重要。例如,如果目标是要求学生将特定的概念描述与相应的标签相匹配,测验项目就必须包含这些概念描述和要求学生进行匹配的标签。以下是一个具体的例子:

　　目标:要求学生在一把以 0.1 为单位标注的尺子上,识别并写出指定点的刻度值,以小数形式表示,精确到 0.1 单位。相应的测验项目如下:

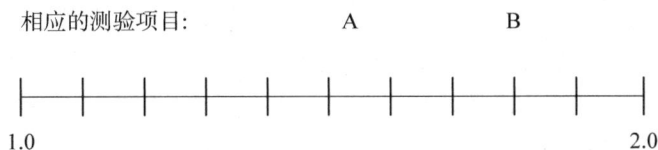

相应的测验项目:　　　　　　A　　　　　B

1.0　　　　　　　　　　　　　　　　　　　　2.0

_____1. 请写出字母 A 所代表的刻度值,以小数形式表示,精确到 0.1 单位。

_____2. 请写出字母 B 所代表的刻度值,以小数形式表示,精确到 0.1 单位。

在这个例子中,学习者被要求在一把以 0.1 为单位标注的尺子上读出指定点的精确刻度值。测验项目提供了一把尺子,并在尺子的两个指定位置标上了字母 A 和 B。学习者需要写出每个字母所代表的刻度值,精确到 0.1 单位。

在本章的实例、案例研究和练习部分,你将看到更多类似的例子。重要的是要注意目标中描述的行为,这些行为通常由动词来描述。如果目标中的动词是"匹配""列出""选择"或"描述",那么你设计的测验项目必须允许学生执行相应的动作。目标的性质决定了测验项目的形式。你不会随意选择特定的测验项目类型,例如多项选择。测验和项目的形式应取决于目标中使用的动词。

条件。测验项目和任务必须满足教学目标中指定的条件。如果目标中预先指定了特定的项目格式、设备、模拟情境或资源,那么在评估过程中必须创设相应的条件。例如,开卷考试与闭卷考试的条件截然不同,前者允许使用参考材料,而后者则禁止。在行为表现目标中,预期的行为条件对测验项目的编写者具有指导意义。

标准。测验项目和任务应为学习者提供展示他们达到必要标准的机会,以证明他们对目标的掌握。为了评估目标掌握程度,必须确定每个被评价目标所需的测验项目数量。同时,还需确保所有要求的标准都已经明确列出,无论是在核查表中还是在等级量表里。

行为表现目标还包括用于判断技能掌握情况的标准。没有绝对的规则指定是否应该向学习者提供行为标准。有时,了解这些标准对学习者是有帮助的,而有时则可能不需要。通常情况下,学习者会假设,为了获得某一问题的分数,他们必须正确回答这个问题。

请注意,还需要创建对终点目标的评估。思考一下,如果有人询问学习者如何证明他们实现了你的宏观教学目标,你应该如何回答。你可以要求学习者做些什么来证明他们的掌握情况? 答案应该是提供评估,即要求学习者成功运用目标中的主要步骤。通常,随着教学的进行,对过程中的每个步骤都有单独的评估,以确保学习者掌握了教学过程中的每个步骤。

以学习者为中心的标准　测验项目和评估任务必须根据学习者的特点和需求量身定制,要考虑以下因素:词汇和语言水平;对情境、经验和背景的熟悉度;设定适当任务复杂度时所需的发展水平;动机和兴趣水平;特殊需求;无偏见(如文化、种族和性别);以及自我评价等。

指导语和问题所用的词汇应适合预期学习者。除非设计者的词汇水平与预期的目标学习者水平相同,否则设计者不应以自己的词汇水平编写测验项目,以免学习者因不熟悉的术语而遗漏答题。如果某些术语的定义是执行技能的先决条件,这些定义应包含在教学中。遗漏必要的术语和定义是一个常见的错误。

另一个重要的考虑因素是学习者在执行技能或使用评估形式时的情境熟悉度。学习者不应因为被置于不熟悉的情境中或面对不熟悉的评估形式而无法完成某个项目或任务。将行为表现置于不熟悉的情境中,不仅测验了预期的行为,还可能测验到其他无关的行为,这无形中增加了项目的难度。虽然这种做法很常见,但它并不是一种恰当的项目编写技术。示例、问题类型、反应形式以及测验管理程序的陌生程度,都会增加学习者完成测验的难度。例如,故意设计一些不自然或陌生的情境来增加问题的难度,这种做法是不可取的。问题的设置应该与目标群体的日常生活经验相符,无论是在海滩、商店、学校还是办公室。学习者在处理熟悉的主题时,往往能更好地展示他们的技能。如果一个问题设计得过于复杂,可能会干扰到对所需行为的准确评估。

在评估高阶智力技能、某些心因动作技能和某些态度时,这一关于不熟悉情境的使用原则就有了例外。当教学目标本身就是让学生能够将新学的技能成功地应用到未遇到的情境中时,就可以采取这种例外。即便如此,测验项目也应该被置于新技能适用的合理的行为表现情境中。同时,教学过程中应该包含如何分析和适应这些未遇到情境的策略,以帮助学生学会灵活运用所学知识。

在设计针对特定群体的测验时,必须考虑学习者的发展水平、动机和兴趣。学习者的能力和成熟度决定了测验项目是否适合他们,以及任务的复杂性。将任务嵌入到学习者感兴趣的材料中,可以提高他们完成任务的意愿和效率。

特殊需求是设计测验时不可忽视的因素。设计者需要考虑学习者(即便是成人)是否面临阅读障碍、测验焦虑,或者是否需要安静的环境来集中注意力。此外,学习者可能存在身体或精神上的挑战,这些挑战可能影响他们对某些测验和项目形式的适应性。每个学习者都是独一无二的,设计者在创建测验项目和任务前,应尽可能了解并满足学习者的特殊需求。

设计者在创建测验项目和任务时,必须确保内容无偏见,并对性别和多样性问题保持敏感。任何形式的偏见,无论是显而易见的还是统计上的,都是不恰当且不符合伦理的。

最后,设计者应该考虑如何使学习者能够成为自己工作和表现的评价者。自我评价和自我完善是实现以学习者为中心的评估和教学的关键目标,它们对于促进自主学习至关重要。在教学过程中提供明确的评价细则(rubrics),并鼓励学习者使用这些工具进行自我评价,这将有助于他们提高理解力和技能。

以情境为中心的标准　在创建测验项目和评估任务时,设计者需要考虑最终的行为表现情境以及学习或教室环境。测验项目和任务必须真实反映学习和行为表现的情境,确保它们在学习环境中的可行性,并且要有足够的资源作为支持。测验项目应尽可能模拟或接近实际的行为表现情境。这个标准有助于确保学习者能够将知识和技能从学习环境迁移到实际的行为表现环境中。

学习环境中的可行性和资源通常也是重要的考虑因素。有时,学习环境可能无法提供完全重现特定行为表现条件所需的设备或设施。此时,设计者需要发挥创造性,尽可能提供接近现实的条件。测验环境越真实,学习者的反应就越有效。例如,如果要在观众面前表现该行为,那么在测验过程中,观众的在场就变得非常重要。

以评估为中心的标准 学习者在评估中可能会感到紧张,因此精心设计、外观专业的测验项目和评估任务对于他们来说更容易接受。以评估为中心的测验编写质量包括:清晰的书面表述和清晰简练的指导语;正确的语法、拼写、标点符号;准确的资源材料;以及直接且清晰的问题。

为了确保各类目标测验项目、产品以及行为表现指导语和评价细则符合规范,必须遵循一系列规则。这些规则通常旨在确保项目和评估任务尽可能清晰。理想情况下,学习者出错应该是因为缺乏相应的技能,而非测验项目或评估过于复杂和混乱。不熟悉测验项目和指导语格式规则的设计者,应该查阅那些详细阐述评估格式规则的标准参照测量类教科书。

掌握标准

在构建测验时,一个常见而关键的问题是确定评估目标掌握程度所需的合适项目数量。要评判学习者在特定目标上是否成功,他们需要正确回答多少个项目?仅凭正确回答一个问题,我们能否推断他们已经达到了目标?或者,如果他们答错了一个问题,我们就能确定他们没有掌握这个概念吗?如果为每个目标设计十个项目,并且学习者全部答对或全部答错,评估结果可能会更加可靠。为了确定所需的测验项目数量,有一些实用的建议可供参考。如果项目或测验的答题形式容易让学生猜出正确答案,那么可能需要为同一目标设计几个平行的测验项目。相反,如果猜中正确答案的可能性很小,那么可能只需要一到两个项目就足以评估学生是否掌握了相关技能。

在考虑测验项目数量时,从目标学习领域的角度出发可以使问题更具体化。评估智力技能时,通常需要提供三次或更多机会来展示技能,以确保评估的准确性。对于言语信息类目标,通常一个项目就足以从记忆中检索特定信息。然而,如果信息目标涵盖的知识范围较广(例如,识别各州首府),设计者应从实例中随机抽取样本,并假设学生的表现能够代表他们在言语信息目标中的掌握程度。对于心因动作技能,测验技能的方法通常是让学生在评价者面前展示该技能。如果目标要求学生在多种不同条件下展示技能,这些条件应在心因动作技能的重复展示中得到体现。

测验项目类型和行为表现目标

另一个需要考虑的关键问题是:"哪种类型的测验项目或评估任务最能有效地评估学习者的表现?"目标中指定的行为可以为选择用于测验学习成绩的测验项目或任务类型提供指导。在表7.2中,最左边一栏列出了行为表现目标中指定的行为类型,而第一行则展示了可用于评价学生每种行为表现的测验项目类型。这张表格仅供参考。目标的"意义"应该能够指导我们选择最合适的评估类型。

表 7.2 行为类型与相关测验项目类型

目标中陈述的行为类型	测验项目类型						
	填空	简答	匹配	多项选择	短文	产品开发	现场表现
陈述/说出	X	X					
定义	X	X	X	X			
识别	X	X	X	X			
辨别		X	X	X			
选择		X	X	X			
定位		X	X	X			
评价/判断		X	X	X			
问题解决	X	X	X	X	X	X	X
讨论					X		X
开发					X	X	X
建构					X	X	X
生成					X	X	X
操作/表现							X
选择(态度)							X

如表 7.2 所示，某些类型的行为表现可以通过多种不同的方法来测验，而某些测验项目形式可能比其他形式更适合评估特定的表现。例如，若学习者需记忆一个事实，直接要求他们陈述这一事实，相较于在多项选择题中选择答案，可能更为有效。在选择测验项目类型时，应以目标为导向，挑选最能让学习者有机会展示目标所指定表现的测验项目类型。在选择最佳的测验项目形式时，还需考虑其他因素，因为每种测验项目都有其优势和局限性。在选择最合适的项目类型时，需要综合考虑学习者的反应时间、评分所需的分析和判断时间、测验环境以及猜中正确答案的可能性等因素。

即使某些项目形式能加快测验过程，但它们可能并不恰当。例如，使用是非题来评估学生是否能正确定义一个术语就是不恰当的。在这种项目中，学生并不是根据记忆来表述定义，而是在比较测验项目中给出的定义和他们在教学过程中学到的定义。除了与目标中指定的行为不符之外，是非题还为学习者提供了 50% 的机会去猜测正确答案。

测验项目的设计可以从"最可能"的答题形式转变为更节省测验或评分时间的答题形式，但任何替代题型都必须确保学习者有合理的机会展示目标规定的行为。在实施教学时，教师需要能够便捷地运用评价程序。设计者可以在教学开发阶段首先采用一种题型，随后在教学广泛实施时，根据实际需要提供更多题型。

166

测验环境也是选择项目形式时必须考虑的重要因素。我们需要考虑测验环境中可用的设备和设施有哪些？学习者是否能够在目标规定的条件下实际执行技能？如果缺乏必要的设备或设施，我们需考虑是否可以采用纸笔或其他形式进行模拟。如果模拟不可行，那么是否适合使用类似"列出你将采取的步骤以……"这样的问题？评估中的行为与目标指定的行为差异越大，预测学习者能否完成指定行为的准确性就越低。在某些情况下，目标中描述的确切表现可能无法直接评估，因此可能需要采用其他虽不理想但可行的方法。在开发教学策略时，这也是一个需要重点考虑的因素。

客观测验

客观测验包含易于学习者完成和设计者评分的测验项目，其答案简洁，通常以对或错的形式计分，判断答案的正确性也相对直接。最常见的客观测验形式包括填空题、简答题、是非题、匹配题和多项选择题。需要使用核查表或评分细则来评分的测验项目，如作文等主观题型，不属于客观测验的范畴。这些将在下一节"替代性评估"中介绍。

编写客观测验项目   设计者可以依据目标、学习者、情境和评估四个主要标准来开发有效的客观测验项目。这些标准在前面的章节中已经得到了详尽的阐述，为了便于参考，它们在本章末尾的评分细则中也有所体现。

项目排序   在智力技能或言语信息测验中，并没有关于项目排列顺序的硬性规定，但有一些建议可以帮助指导项目的排序。最终的排序通常取决于具体的测验情境和要测验的行为表现。

如果设计者需要手动评分并分析目标内的反应，一种常见的策略是，不论项目的形式如何，都将考察同一目标的项目集中在一起。长篇论述题通常不受此策略限制，它一般放在测验的最后，以帮助学习者更好地管理时间。虽然这种组织方式可能不如按项目形式组织的测验那样吸引人，但它对学习者和教师来说更有用。它允许学习者专注于特定领域的信息和技能，同时使教师能够按目标分析个人和群体的表现，而无需重新整理数据。

编写指导语   测验应包含清晰而简练的指导语。考试往往会让学习者感到焦虑，因为他们将根据考试表现被评价。因此，不应该让他们对考试中应该如何做有任何疑问。通常，整个测验会有一个介绍性的指导语；当测验项目形式发生变化时，还会提供分项指导语。

测验指导语会根据测验的具体情况而有所不同，但通常包括以下内容：

- 测验标题：应涵盖所涉及的内容，而不仅仅是简单地标注为"前测"或"测验1"；

- 简短陈述：解释测验的目标或需要展示的行为表现；
- 计分信息：例如，部分正确回答给多少分，如果不确定答案是否应该猜测，以及是否必须正确拼写单词才能获得满分等；
- 学习者是否应该使用自己的姓名，或者只需表明自己是某个团体的成员；
- 学习者是否需要特定的物品来答题，例如 2 号铅笔、机读答题纸、专用课本，或是计算机、计算器、插图等设备工具；
- 明确指出时间限制、字数限制或篇幅限制。

编写清晰而简练的指导语是一项挑战。对于编写者来说显而易见的内容，对其他人来说可能并不清晰。因此，需要认真撰写和审阅测验指导语，确保学习者能够掌握正确完成测验所需的所有信息。

客观测验并非评估的唯一方法。接下来，我们将探讨开发替代性评估的程序，包括现场表现、产品开发和态度评估。

行为表现、产品和态度的替代性评估工具

开发用于测量行为表现、产品和态度的替代性评估工具，本身并不涉及编写测验项目，而是需要编写引导学习者活动的指导语，并构建评价行为表现、产品或态度的标准。许多复杂的智力技能既包含过程目标，也包含产品目标。例如，在一门可能使用这本教科书的课程中，教学目标可能是"运用教学设计流程来设计、开发和评价一小时的自学材料"。学生被要求记录下过程中的每一步，并制作一套教学材料。教师可以通过检查学生对流程的描述和他们的过程性产品，如教学分析和绩效目标，来评估这一过程。可以使用等级量表来评价过程中的每一步，也可以使用单独的量表来评价生成的教学材料。

在某些情况下，过程本身是主要目标，对最终产品关注较少，因为人们相信随着过程的不断重复，产品自然会得到改进。而在其他情况下，产品或结果可能是最重要的，学习者采用的具体过程则不那么重要。作为设计者，你必须既能开发传统测验，又能使用其他形式，如观察和等级量表，来进行评估。本节将介绍开发此类工具的方法。

编写指导语　编写学习者行为表现和产品的指导语时，应清晰说明所需执行的任务及其执行方法。对于任何特定的条件，例如资源或时间限制，也应予以明确。在编写指导语的过程中，设计者需权衡提供多少指导是合适的。有时，可能需要提醒学习者执行特定步骤，并告知他们在评价作品时将依据的标准。在某些情况下（如撰写项目计划书或进行销售演示），可以提前提供评价他们工作的核查表或等级量表，这既是教学的一部分，也是指导的一部分。然而，在其他情况下（如回答论文题或换轮胎），提供此类指导可能会违背测验的初衷。确定适当指导尺度的因素包括所测技能的性质和复杂性、目标学习者的熟练程度，以及学习者需要将技能迁移到的自然情境，这一点在情境分析中已经确定。

168

对于态度测量的指导语,其编写方式与测量行为表现和产品的指导语有所不同。为了准确评价态度,重要的是要让受试者感到可以根据自己的态度自由选择行为。如果受试者意识到自己正在被观察,他们可能不会表现出反映其真实态度的行为。然而,在许多工作环境中,暗中观察员工可能会引发问题。通常,雇员与雇主之间、雇主与工会之间会就谁可以接受评价、谁可以实施评价、可以评价什么、是否事先通知雇员以及如何使用数据等问题达成协议。即使存在这些可以理解的限制,但通过周密计划和事先协议,有时还是可以创造出能对态度进行合理评估的情况。

开发工具　除了为学习者编写指导语外,还需制定一套评分细则,以便对行为表现、产品或态度进行准确评价。这一开发过程包含五个步骤:

1. 确定要评价的要素;

2. 解释每一个要素;

3. 对评估工具中的要素进行排序;

4. 选择评价者采用的评定形式;

5. 确定评估工具的计分机制。

要素的确定、解释和排序。与测验项目类似,评判要素应直接取自行为表现目标中的行为。回顾一下,要素的类型包括对象或行为的物理形式,产品或行为的功能,以及产品或行为的美感等。你应确保,在行为表现过程或产品中能够观察到所选的要素。

对评估工具中包含的每一个要素,都应该予以解释。观察和评分的时间通常有限,在现场表现评估中尤为如此。因此,应避免冗长的描述,以免干扰评分流程。通常,一两个词就足以向评价者传达产品或行为表现的某个步骤或方面。此外,在解释要素时,对各个评估项目所使用的措辞也很重要,比如评价者说"是"表示正面的结果,而说"否"则表示负面的结果。请思考以下给口头演讲评分的例子:

不正确	**是**	**否**	**正确**	**是**	**否**
1. 保持眼神交流	＿＿	＿＿	1. 保持眼神交流	＿＿	＿＿
2. 用"还有,呃"停顿	＿＿	＿＿	2. 避免"还有,呃"停顿	＿＿	＿＿
3. 没有思想、观点	＿＿	＿＿	3. 有思想、观点	＿＿	＿＿

在不正确的解释栏中,行为解释栏将正面与负面结果混为一谈,这会导致评分过程变得很困难;而在正确的解释栏中,条目的措辞被设计为:"是"表示正面评判,"否"表示负面评判。这种一致性简化了评分过程:只需累加"是"的回答,即可得出总分,进而评估行为表现或产品的总体质量。

　　在对要素进行解释之后,应在评估工具中对其进行排序。如果存在自然的次序,那么这些要素的排列应遵循事件的自然次序。例如,对于文章或段落的评价核查表,应首先列出与引言相关的特征,接着是与支持论点相关的特征,最后是与结论相关的特征。更换轮胎的顺时步骤,应指导评价核查表上的步骤顺序。同样,银行出纳员最高效的行为顺序无疑是问候客户、办理业务和结束交易。一般来说,目标分析的顺序可以用来指导要素的排序。

169

　　开发反应形式。在开发用于测量行为表现、产品或态度的工具时,第四步是确定评价者如何进行评判并记录这些评判。评价者的反应形式至少有三种:使用核查表(例如"是"或"否")、要求区分质量水平的等级量表(例如"差""合格"和"良好")、对每个需要考虑要素的出现频次进行计数,或者这些形式的某种组合。最佳的评价反应模式取决于以下几个因素:

- 需观察要素的性质和复杂程度;
- 可用于观察、作出评判和记录评判的时间;
- 评价者作出评判的准确性或一致性;
- 向受试者所提供反馈的质量。

　　核查表。核查表是三种评判形式中最基础的一种。选择使用核查表时,你可以轻松地构建你的工具,只需在每个要观察的要素旁边添加两列:"是"列表示每个要素都存在,"否"列表示某个要素不存在或不充分。核查表的优点包括:能够在给定的时间内观察更多不同的要素;能够使评价者以更快的速度完成评价;能够保证更高的评判一致性或信度;能够更轻松地获得行为表现的总分。核查表的一个局限性在于它没有为受试者提供关于为何作出"否"的评判的具体信息。

　　等级量表。当每个要素的质量差异达到一定程度时,可以扩充要素的质量水平评判的数量,将核查表转换为等级量表。对于一个要素的质量等级划分,仅使用两栏是不够的,至少需要三栏,可以设置为不存在(0)、存在(1)和良好(2),或者差(1)、合格(2)和良好(3)。是使用(0)还是(1)作为最低等级,取决于所评判的要素在产品或行为表现中是否完全缺失。例如,在口头报告中,存在一定程度的眼神交流,因此最低评分应为 1 分;而在一段文字中,如果完全没有总结句,则 0 分是最合适的。所选择的具体等级应根据所评判要素的特性来确定。

　　与核查表类似,等级量表也有其利弊。其优点在于能够对行为表现或产品的各个子成分进行细致的分析性评价,并且相较于核查表,等级量表能够提供更详尽的反馈,帮助受试者了解其行为表现的质量。其缺点在于,由于需要对每个评价要素的质量进行细致的区分,使用等级量表往往需要更长的时间。此外,与核查表相比,等级量表的得分可能不太可靠,尤其是当量表中包含大量质量等级时,这些等级在有限的时间内难以被准确区分,或者难以保持评分的一致性。试想一下,如果一个等级量表的每个要素量表都包含十个不同的质量等级,那么等级 3 和 4 之间,以及等级 6 和 7 之间到底有什么区别呢? 评价者在评分时的自由度过大,可能会导致评价者内部以及不同评价者之间的评分不一致性。

开发量表时，有两个策略有助于确保等级划分更加可靠。第一个策略是为每个质量等级提供清晰的言语描述。与其简单地使用数字类别和一般术语，例如（1）不合格、（2）合格和（3）良好，不如使用更精确的言语描述词，明确指出每个质量等级的具体标准。请思考以下这个与段落主题句相关的例子：

一般的表述

	没有	差	合格	良好
1. 主题句……	0	1	2	3

改进后的表述

	没有	过于宽泛/具体	恰当的具体性	恰当的具体性和有趣性
1. 主题句……	0	1	2	3

两个反应量表均设有四个评定等级。在第一个示例中，尽管每个等级都附有言语描述，但"差""合格"和"良好"的主题句的具体含义仍然模糊不清。相比之下，改进后的反应形式对每个等级的标准进行了更为明确的界定。为每个质量等级设定的标准越具体，对要素质量进行的量化评定就越可靠。

开发量表的第二个策略是限制每个量表中的质量等级数量。并非所有评判要素都必须采用相同数量的质量等级，比如 4 点或 5 点量表。应基于所评判要素的复杂性以及可用的评判时间来确定包含多少等级。请思考以下示例，从一个段落中提取两个要素：

	是	否					
1. 缩进	____	____	1. 缩进	0	1	2	3
2. 主题句	____	____	2. 主题句	0	1	2	3

在左侧的核查表中，每个要素都能够通过该列表进行可靠的判断。然而，当我们转向右侧的等级量表时，你会立即发现一个明显的问题。段落缩进和主题句的书写在技能复杂性上存在显著差异。试想，要对段落缩进的效果进行四个等级的一致性区分，可能会极具挑战性！然而，正如之前的例子所示，为一个主题句的质量划分四个不同的等级则是合理的。

确定每个要素量表大小的一个有效方法是，确保所包含的每个数字或等级都与作出判断的具体标准相对应。当你已经详尽地考虑了所有标准时，就有了可以进行一致性判断的所有等级。

频次统计表。频次统计表是一种用于观察和记录行为表现或产品中可能重复出现的要素频次的工具,无论是正面还是负面的要素。例如,在书面报告等产品中,某类突出的特征或错误可能会多次出现。在网球比赛中,发球动作会重复多次,有时有效,有时无效。在评估银行出纳员的行为时,可以观察出纳员在不同日期与不同客户进行交易的情况,并统计出纳员在不同日期与不同客户中表现出的恰当和不恰当行为。

创建一个频次统计工具相对简单,只需在每个要素旁边留出足够的空间,用于记录其发生的次数。与核查表类似,制作频次统计工具最困难的部分在于确定要观察的要素并对其进行排序。

计分程序　创建测量产品、行为表现和态度工具的最后一步是确定工具的计分方式。正如纸笔测验一样,你需要得到客观分数和总体表现分数。在三种工具形式中,核查表是最容易进行评分的。你可以简单地对与一个具体目标相关的所有要素的"是"的回答加和,得到一个具体目标层面的分数。同样,对整个工具中"是"的回答加和,可以得到受试者在该宏观目标上的总体评分。

具体目标层面的分数可以通过将具体目标中每个被评判要素的分数相加来获得。将工具中所有要素的单项评分相加,就可以得到一个总分,代表受试者在该宏观目标方面的总体表现。

与客观测验、核查表和等级量表不同,为频次统计工具确定适当的评分程序可能颇具挑战性。最佳的评分程序应根据具体情况确定,这取决于所测量技能或态度的性质以及评估环境。例如,在评估教师或销售人员的互动表现时,某些期望的行为可能在评价过程中出现,而其他行为则可能未出现。这时,必须考虑未出现的行为是代表负面结果还是中性结果。在其他情况下,如网球比赛,对一个要素进行观察的机会较多,例如发球行为,可以容易地计算策略性一发、脚误或重发球的次数,也可以很轻松地统计球员的发球总数并计算策略性一发、脚误或重发球等占总发球数的比例。不过,在完成这些计算后,还需要决定如何整合这些信息,以得出与网球发球教学目标相关的得分。

无论选择何种方式对频次统计工具进行计分,重要的是在开发阶段就考虑计分方法,并比较不同计分方式的结果。所采用的计分方式可能需要对观察要素清单作出调整;因此,在对学习者表现进行等级评价之前,应事先计划好计分程序。如果无法为频次统计工具制定可行的计分程序,可以重新考虑采用核查表、等级量表或它们的组合形式。

本讨论中的所有建议都旨在辅助标准参照测验的开发。如果你是一位缺乏经验的测验编写者,你可能希望查阅更多有关测验构建的参考资料。本章末尾提供的测验技术参考文献可以为你提供指导。

档案袋评估

档案袋是阐明学习者作品的标准参照评估的集合。这些评估可能包括显示从前测到后测进步的客观型测验、学习者在教学过程中完成的产品或现场行为表现。档案袋还可能包含关于学习者对所学领域或教学的态度的评估。

172   **档案袋评估**被定义为对收集的作品样本进行元评价的过程,目的是观察其变化或发展。它通过客观测验来评估学习者从前测到后测的变化或成长,并跟踪和比较产品和行为表现,以证明学习者的进步。要设计一个高质量的档案袋评估,至少需要满足以下五个标准:

1. 档案袋评估所包含的宏观教学目标和具体目标应该是非常重要的,并且值得为这种评估形式投入额外的时间。
2. 作品样本必须基于特定的宏观教学目标和行为表现目标。
3. 作品样本应是教学过程中收集到的标准参照性评估资料。
4. 评估通常包括常规的前测和后测,其测验形式各种各样,一般不为档案袋评估编制专门的测验。
5. 每项常规评估都应附有评分细则,用于对学生的反应进行评价和计分,同时指出表现中的优点和存在的问题。

在收集一系列作品样本并进行排序后,评价者便可以开始对学生的成长进行评估,这通常在两个层面上进行。首先是**学习者自我评估**,这是以学习者为中心的评估运动的原则之一。学习者审视自己的材料,包括考试成绩、产品、行为表现和计分细则,并记录他们对材料中优点和问题的判断。学习者还需描述如何改进这些材料。接着,教师在未预先查看学习者评价的情况下,检查整套材料,并记录自己的评判。教师完成评价后,教师和学习者将比较他们各自的评价,并讨论两者之间的每项差异。通过这次面谈,他们将共同规划学习者的后续学习步骤,以提升学习质量。

档案袋评估并不适用于所有教学情境,因为它既耗时又昂贵。教学活动需要有足够的时间跨度,这样学习者才有时间发展和完善技能,同时还需要能够产生评估所需的产品或表现。

教学设计课程适合进行档案袋评估,因为许多产品都是在数月的时间里开发和完善的。学习者创造的产品包括教学目标、教学分析、学习者和情境分析、行为表现目标、评估工具和程序、教学策略、一套教学材料,通常还包括对材料的形成性评价,以及对教学优势的描述和对已发现问题的修改建议。在设计和开发过程中,使用评分细则对过程中的每个要素进行评分。课程结束时,要对所有材料和初始评分细则进行元评价。这时,学习者常常会感慨:"如果我当初知道我现在所知道的就好了。"

评价和修改

本节内容分为两个部分:首先,是关于标准参照评估的评价细则;其次,是对到目前为止设计过程中开发的材料进行总体评价的说明。

标准参照测验的评价细则

以下评分细则总结了开发和评价标准参照评估的标准。第一部分包含了适用于所有评估形式的通用标准,而第二部分则描述了专门针对产品开发、现场表现和态度等替代性评估的标准。

设计者须知:若某一要素与你的项目无关,请在"否"一栏中标注"NA",表示"不适用"。

否　　有些　　是　　**A. 所有评估形式(客观评估和替代性评估)**

1. 以目标为中心的标准　项目、指导语和评分细则是否与终点目标和行为表现目标的构成成分一致,包括:

___　___　___　　a. 条件?

___　___　___　　b. 行为?

___　___　___　　c. 内容?

___　___　___　　d. 标准?

2. 以学习者为中心的标准　项目和指导语是否符合目标学习者的:

___　___　___　　a. 词汇量、语言水平?

___　___　___　　b. 发展水平(如复杂性、抽象性、指导性)?

___　___　___　　c. 背景、经验、环境?

___　___　___　　d. 测验形式和设备方面的经验?

___　___　___　　e. 动机和兴趣?

___　___　___　　f. 文化、种族、性别需求(无偏见)?

3. 以情境为中心的评估标准:

___　___　___　　a. 项目和指导语是否真实反映了情境?

___　___　___　　b. 项目和指导语在情境中是否可行?

___　___　___　　c. 是否具备必要的设备/工具?

___　___　___　　d. 是否有足够的时间进行施测、计分和分析?

___　___　___　　e. 是否有足够的人员来执行施测?

4. 以评估为中心的标准:

___　___　___　　a. 是否提供了回答问题所需的所有信息?

___　___　___　　b. 语言是否清晰简练?

___　___　___　　c. 语法、拼写和标点是否正确?

___　___　___　　d. 项目形式是否符合规定(参考测量类教科书)?

___　___　___　　e. 资源(时间、人员、成本)允许的情况下,形式是否可行?

_____ _____ _____ f. 外观是否专业？

B. 产品、现场表现和态度评估

    1. 指导语　指导语是否清楚地指明：

_____ _____ _____ a. 要做什么？

_____ _____ _____ b. 如何做？

_____ _____ _____ c. 需要哪些资源、设施和设备？

_____ _____ _____ d. 时间、形式等方面的限制？

_____ _____ _____ e. 针对任务和学员需求的适当指导？

    2. 需要评分的要素或特征　要素是否：

_____ _____ _____ a. 重要？

_____ _____ _____ b. 可观察？

_____ _____ _____ c. 解释清楚了？

_____ _____ _____ d. 按自然发生的顺序排列？

_____ _____ _____ e. 以中立或肯定的方式表述，评级方向一致？

    3. 评级或质量评判　等级划分是否：

_____ _____ _____ a. 方向性一致（"是"表示正面评判，"否"表示负面评判）？

_____ _____ _____ b. 使用数字和言语描述进行标注？

_____ _____ _____ c. 限制等级数量（很少超过三/四级）？

_____ _____ _____ d. 合理，只有在完全缺失某个要素时才使用"0"分？

_____ _____ _____ e. 有可能产生可靠的评分（在不同评分者之间和不同时间上一致）？

评价和修改设计

174　　　项目和工具的质量直接取决于目标的质量，而目标的质量又取决于教学分析和目标陈述的质量。在审阅了为各个目标所开发的项目之后，不妨暂停设计进程，对目前完成的设计进行一次全面的评估。如有需要，应对你的工作进行修改，以确保设计的整体质量和连贯性。

各部分的质量和一致性

　　现在，我们已经明确并分析了宏观教学目标，确定了下位技能，分析了学习者和情境，书写了行为表现目标，制定了评估工具。此时需要确保所有元素都能协调一致地运作，确保技能、目标和评估不仅相互一致，而且与整个项目的宏观目标保持一致。

　　在这一阶段，虽然你已经对设计过程中的每一步进行了形成性审查，并且在获取新信息、作出新决策和形成新假设时，已经在前面的步骤中不断调整以反映新的理解，但再次审视你的工作仍然是有价值的。这种循环往复的过程正是教学设计流程的本质。虽然设计流程包含一系列步骤,但这些步骤并非完全独立;一个步骤中的决策会影响其他步骤。

评价设计的材料和流程　要完成设计评价,你需要收集迄今为止制作的所有材料,包括教学分析示意图、行为表现目标、学习者特征摘要,以及行为表现和学习情境、行为表现目标和评估。回顾一下,在评估你的整体设计时,需要考虑以下四大类标准:宏观目标、学习者、情境和评估标准。这些标准贯穿于对设计的评价中。根据主要标准,评估设计可以分为以下五个步骤:

1. 组织并呈现材料,阐明它们之间的关系。
2. 评判宏观教学目标分析中知识和技能与所创建的材料之间的一致性。
3. 评判材料与目标学习者特征之间的一致性。
4. 评判行为表现和学习情境与材料之间的一致性。
5. 评判所有材料的清晰度。

组织　在教学设计过程的这一阶段,如何以最佳方式组织和展示教材,以便对其进行评价? 每个构成成分都建立在前一个构成成分的基础之上;因此,教材的呈现方式应该能够对设计的各个构成成分进行比较。设计者应能一眼看出各构成成分是否相互关联,这可以通过组织材料,将相关构成成分放在一起来实现。一种方法是构建一个设计评价表,如表 7.3 所示。第一列是宏观教学目标分析中的子技能,第二列包括每项技能的行为表现目标,第三列是每个目标的测验项目。最后一行包含宏观教学目标、终点目标和终点目标的测验项目。表 7.4 举例说明了表 7.3 各部分所列的材料类型。

表7.3　设计评价表的结构

175

子技能	行为表现目标	评估示例
1	目标 1	测验项目
2	目标 2	测验项目
3	目标 3	测验项目
宏观教学目标	终点目标	测验项目

表7.4　设计评价表示例

技能	行为表现目标	测验项目
1. 写出将码换算成米的公式。	1. 根据记忆,正确写出将码换算成米的公式。	1. 在下面的空白处,写出将码换算成米的公式。

（续表）

技能	行为表现目标	测验项目
2. 将以码为单位的测量值转换为相应的以米为单位的值。	2. 将给定的以码为单位的不同长度,换算成以米为单位的长度,精确到小数点后一位。	2.5 码=_____米 7.5 码=_____米 15 码=_____米

表 7.3 中子技能的排列顺序至关重要。如果你根据自己的逻辑来安排这些技能的教学顺序,那么在审阅过程中,你可以获得审阅者关于技能排序和教学呈现逻辑的反馈。这种反馈有助于你在早期阶段就发现并修正潜在的问题,从而避免将来可能需要重写或重新组织教材的额外工作。第 9 章将对技能排序的问题进行深入探讨。

当其他人与你合作或对你的设计工作提出评审意见时,你应该准备相应的辅助文件,包括教学分析示意图、目标学习者特征表、描述行为表现与学习情境的表格以及设计评价表,以供审查。确保设计表中的各个项目与分析示意图中的子技能编号相对应。这套完整的资料代表了你当前的教学设计。

一致性　在第二步中,我们需要使用目标为中心的标准来判断教材之间的一致性。确保宏观目标框架中的下位技能、预期的行为表现目标(包括条件、行为和内容),以及预期的测验项目之间的一致性,对于教材的质量至关重要。

在进行这部分分析时,建议遵循以下步骤:(1)将教学目标分析中的下位技能与设计评价表中的下位技能进行比较;(2)将设计评价表中的下位技能与对应的行为表现目标进行比较;(3)将行为表现目标(包括条件、行为表现和标准)与指定的测验项目进行比较。

目标分析示意图与设计评价表中对下位技能的描述应保持一致。确认了这种一致性后,目标分析示意图便可暂时搁置。下位技能与行为表现目标的主要区别在于后者增加了条件和标准。最后,确保行为表现目标与测验项目在条件、行为和标准方面相一致。学生是否获得了达成目标所需的信息和材料? 一旦设计内容在各方面达成一致,评价者可以继续考察行为表现目标与学习者特征之间的一致性。

学习者特征　第三步是将教材与学习者特征进行比较,判断教材与学习者的能力、词汇、兴趣、经验和需求之间的一致性。如果学习者无法有效使用教材,那么再好的教材也是无效的。审阅者是否相信行为表现目标和评估的范围、复杂性与目标学习者群体相适应? 目标的细分适中吗? 测验项目的复杂性与学习者的水平相匹配吗?

情境　第四步要判断行为表现情境和学习情境是否与设计评价表中的目标和测验项目一致。评审者需要判断为行为表现设计的情境的真实性,因为这关系到学习者的兴趣、动机,并影响技能的迁移。同时,还需考虑任务在实际学习情境中的可行性,以及学习情境是否具备实施教学和评估所需的资源(如成本、时间、人员、设施、设备等)。

　　材料的清晰度　在确保教材与目标、情境和学习者一致后,最后一步是评审材料的清晰度。这一步有时被视为评价的起点,但若不先确保设计的一致性,材料的清晰度就无从谈起。在此阶段,评价者需判断目标分析的结构和范围是否合理,下位技能和起点技能的识别及顺序是否正确,行为表现目标是否表述清晰,测验项目的质量如何,包括语言清晰度、词汇水平、语法、拼写、标点符号、评估形式和专业外观等。

　　在收到关于设计适宜性的反馈并对设计框架进行调整后,你将获得进行下一阶段——开发教学策略所需的"输入"。此时,一个经过细致分析和完善的良好设计,将有助于你顺利完成教学设计流程的剩余步骤。

实例

　　在审查本节中的测验项目和评估时,你可以利用本章的评分细则中所总结的四类标准,以帮助自己专注于项目的特定方面。

评价动作技能的核查表

　　在衡量动作技能的表现时,你需要一个行为表现的说明和可用于记录你对行为表现评价的评分细则。此处所提供的示例是基于表 6.3 中更换汽车轮胎的行为表现目标。

　　图 7.1 为考生提供了指导,这些指导语与表 6.3 中的终点目标略有不同。在考试中,汽车上没有真的瘪胎,而是学员更换考官指定的任意一个轮胎。可以想象,如果要评价十五或二十名学员的这些技能,并且每次开始考试,汽车上都需要一个瘪胎,这在后勤上将面临巨大的挑战。说明中包含的其他信息也基于考试的实际操作性。请注意,学员必须将所有工具、设备和零件归位并固定好,这不仅有助于考生了解如何完成这些任务,还能确保设备和汽车为下一位考生做好了准备。

> 　　使用汽车后备箱提供的设备,卸下并更换考官指定的任何一个轮胎。当你:(1)将汽车恢复到安全启动状态;(2)将所有工具正确固定在后备箱的适当位置;(3)将更换下的轮胎妥善放置在后备箱的备胎盒内;(4)将在测验过程中弄乱的车胎或后备箱中的盖子、遮盖物放回原位,这个测验就结束了。
>
> 　　我们将根据三个基本标准来评判你在每个步骤中的表现。第一,是否完整执行了所有步骤;第二,是否使用适当的工具并以正确的方式完成每个步骤;第三,执行步骤时是否遵守了安全规范。出于安全考虑,考官可能会在任何时候中断你的操作,并要求你:(1)执行遗漏的步骤;(2)改变工具的使用方式或更换工具;(3)重新执行未按安全规范完成的步骤。如果被考官叫停,你将不会获得该步骤的分数,但在此之后正确执行的步骤将获得相应分数。

图 7.1　心因动作技能测验(更换轮胎)的指导语

考生还被提供了关于如何评判其表现的详细信息。这些说明告诉考生，为了获得分数，他们必须：（1）记住并执行每个步骤；（2）使用适当的工具进行操作；（3）正确地使用每个工具；（4）在每个步骤中始终注意安全。通过这些明确的指导，考生将了解到，若未能遵循这四项标准中的任何一项，都可能失去对应步骤的分数。考生还被告知他们在测验过程中可能随时会被叫停。了解这种情况的可能性、原因及其后果，有助于缓解考生在考试过程中被叫停时的焦虑。

图 7.2 展示了用于评价行为表现的核查表的一部分，只说明了主要步骤 2"将车举升"。此步骤的编号与目标分析中的步骤（参见图 4.11）和行为表现目标（参见表 6.3）保持一致。表 6.3 中列出的每个目标的标准都有详细的解释，并用字母（例如 a、b、c）标记，还给出了两

178

姓名　　卡文·胡森　　　　　日期　6-12　　　　得分	是	否
（　　　）		
_____　1. 获得备胎和工具		
（11）		
_____　2. 将车举升		
（13）		
2.1　确定如何操作千斤顶		
a. 牢固安装千斤顶手柄	X	
b. 摇动手柄升起千斤顶	X	
c. 释放并降低千斤顶	X	
2.2　确定千斤顶的安装位置		
a. 检查汽车的位置和稳定性	X	
b. 如有需要，重新停放汽车	X	
c. 在车架上找到放置千斤顶的位置	X	
d. 将千斤顶放置在适当位置	X	
2.3　安放千斤顶		
a. 升起千斤顶与车架相接	X	
b. 估测千斤顶/汽车之间的接触情况		X
c. 如有必要，调整千斤顶的位置		X
2.4　在车轮旁放置障碍块		
a. 找到合适的障碍块	X	
b. 将障碍块放在车轮前面	X	
c. 将障碍块放在车轮后面	X	
_____　3. 卸下（旧）轮胎		
（　　　）		
_____　4. 换上（新）轮胎		
（　　　）		
其他		

图 7.2　评价心因动作技能（更换轮胎）的部分核查表

栏,用于记录评价者的反应。

　　开发评估工具的下一步是确定如何累计学习者的分数。这不仅包括每个主要步骤的分数(如将车举升),也包括整个测验的总分。为方便评分,核查表中每个主要步骤的左侧都预留了空间。例如,第 2 步的总分可以在步骤下方的括号内记录。通过计算"是"一栏中的"X"数量,可以得出每个学生在该步骤中获得的分数,并将这个数值记录在该主要步骤旁边的空白处。在示例中,可以看到考生在该步骤中获得了 11 分(总分 13 分)。通过将左侧栏中记录的每个主要步骤的分数相加,就可以得出测验的总分,这个总分可以记录在表格顶部姓名旁边的括号内。

　　最后还要注意的是,在某些情况下,如不需要调整汽车或千斤顶,考官必须明确如何对项目 2.2b 和 2.3c 进行评分。一种策略是,即使不需要这些步骤,也要在核查表的相应栏目中标记"X"或"NA"以表示不适用。如果只是留空或在"否"一栏打钩,可能会被误解为学生犯了错误,而实际上并非如此。

评价与态度相关行为的工具

　　评价与态度相关的行为时,需要采用核查表、等级量表或频次统计表。以第 2 章和表 6.5 中提到的有礼貌的银行出纳员为例,评价应在出纳员的工作场所进行,通过观察他与客户交易的多个实例来完成,因此,采用频次统计表作为反应形式无疑是最有效的方法。图 7.3 是一个评价工具(表)的示例。

姓名　罗伯特·琼斯　　日期　4/10、17、24 总共观察的交易次数　15　合计　＋186　合计　—19		
A. 客户走上前时,出纳员:	是	否
1. 微笑	正正	正
2. 主动问候	正正正	
3. 个性化交谈	正正正	
4. 拖延时表达歉意	丁	丁
5. 询问客户需要什么服务	正正正	一
6. 注意到所有在窗口排队的客户	正正	丁
7. 其他		
B. 交易过程中,出纳员:		
1. 仔细倾听客户的解释	正正正	
2. 询问任何需要澄清的信息	正正	

（续）

3. 提供需要填写的表格	正正	
4. 填写或修改表格	正正	
5. 解释所做的任何更改	正正	
6. 解释返还的材料	正正丅	下
7. 其他		
C. 结束交易时，出纳员：		
1. 询问客户是否还需要其他服务	正正正	
2. 说"谢谢您"	正正正	
3. 对客户的评论给予回应	正正	正
4. 送出结束祝福	正正正	
5. 其他		

图 7.3　用于评价可以从中推断出态度（礼貌服务）的行为的频次统计工具

　　工具（表）顶部专门留有空间，用于记录出纳员的身份和观察日期，并统计观察到的交易次数。后续解释数据时需要使用这些信息。此外，还提供了空白处，用于记录出纳员在观察过程中表现出的恰当和不恰当行为的总数。

　　最左侧一栏是对特定行为的描述。与核查表相似，评价者有两种反应选择。不同的是，本示例中提供的空格可以用于统计在多次不同交易中出现的行为。

　　在确定测验工具如何计分时，要统计观察到的恰当行为（186 项）和不恰当行为（19 项）的次数。通过对模拟数据的分析，可以发现出纳员在绝大多数情况下对客户都表现得非常有礼貌。根据出纳员是否知道自己正在被观察，可以从两个角度解释这些信息。如果出纳员不知道自己正在被观察而选择礼貌的行为方式，评价者可以推断该出纳员在提供礼貌、热情的服务时，的确表现了恰当的态度；相反，如果出纳员意识到自己正在被观察，那么评价者可以推断，该出纳员懂得如何在与客户交易时表现得有礼貌，并且在被观察时选择这样做了。

案例研究：团体领导力培训

　　在案例研究的这一阶段，我们已经确定目标，并完成了目标分析、子技能分析、学习者与情境分析，以及行为表现目标书写。在"实例"部分，我们介绍了为心因动作技能和态度开发评估工具的流程。在接下来的案例研究中，我们将展示如何为言语信息和智力技能目标编写测验项目。完成这些步骤后,我们将暂停教学设计流程,对迄今为止的设计工作进行评价。

在第 6 章中,我们已经为宏观教学目标"引导致力于解决问题的团体讨论"中的主要步骤 6 制定了终点目标和下位技能的行为表现目标。为了帮助你回忆,这里再次列出表 6.7 中的一项下位技能和基于该技能的两个行为表现目标示例。请注意,在行为表现目标中标注了条件(CN)、行为(B)和标准(CR)。现在,我们将利用行为表现目标中的这些信息来创建相应的测验项目。

下位技能	下位行为表现目标示例
6.1　说出促进合作性互动的成员行为。	6.1.1　当被要求口头或书面(CN)说出促进合作性互动的团体成员行为时,说出这些行动(B)。应说出至少六种促进行为(CR)。 6.1.2　当被要求口头或书面(CN)阐述成员的想法受到团体质疑时应该做什么时,说出有助于确保合作性团体互动的积极行为(B)。学习者应说出至少三种可能的行为(CR)。

表 7.5　与表 6.7 中言语信息和智力技能行为表现目标相对应的测验项目
（教学目标:引导致力于解决问题的团体讨论）

下位技能行为表现目标	相应的测验项目
6.1.1　当被要求口头或书面说出促进合作性互动的团体成员行为时(CN),说出这些行为(B)。应说出至少六种促进行为(CR)。	列出你和委员会成员在问题解决的会议中应采取的**促进**合作性团体互动的积极行动。（创建可供写九个反应的答题行。）
6.1.2　当被要求口头或书面阐述成员的想法受到团体质疑时应该做什么时(CN),说出有助于确保合作性团体互动的积极行为(B)。学习者应说出至少三种可能的行为(CR)。	假设你在会议上提出了一个新想法,而它的价值遭到了一名或多名委员会成员的质疑。你可能会采取哪些积极的反应来**促进**合作性团体互动?（创建可供写四个反应的答题行。）
6.2.1　给出团体成员在会议上的行为的书面描述(CN),指出这些行动是否是合作行为(B)。学习者对这些行为的正确区分率应至少达到 80%(CR)。	阅读会议脚本。每当团体领导者或成员展现出合作行为时,就在脚本中该行旁打钩标记。
6.2.2　给出展现成员行为的解决问题会议的视频片段(CN),指出这些行	（**读者须知**:本视频和答题纸均可在网络教学平台的练习测验部分找到。）

(续表)

下位技能行为表现目标	相应的测验项目
为是否具有合作性(B)。学习者对这些行为的正确区分率应至少达到80%(CR)。	**指导语:** **技能:**对领导者和成员的合作性行为进行分类。点击屏幕左侧的视频按钮,从出现的视频目录中选择视频1。然后: (a) 选中并打印视频1的"领导者反应表"。 (b) 研究这份反应表,阅读有关标记反应的指导语。 (c) 在屏幕上找到"视频1"的标题按钮,当你准备开始评估时,点击视频1标题。 (d) 完成后(在完成评分的过程中,你可以观看两遍视频),点击视频菜单中的"反馈-视频1"标题。 (e) 将你的评分与"反馈-视频1"中提供的评分进行比较,并记下差异。 (f) 保存你的反应表和有关差异的记录,并将其带到本中心的下一次教学课程中。
6.3.1　当被要求以书面形式说出领导者鼓励和阻碍成员讨论和合作的行为时(CN),说出这些行为(B)。学习者应该说出至少十种鼓励合作的行为和相应的阻碍行为(CR)。	列出你作为团体领导者为了影响团体成员在会议中的互动,可以采取的12种积极行为和相应的阻碍行为。(创建可供写12个反应的双答题行,标题分别为"积极行为"和"阻碍行为"。)
6.4.1　给出团体领导者在会议中行为的书面描述(CN),指出这些行为是否可能鼓励或阻碍合作性团体互动(B)。学习者对这些行为的正确区分率应至少达到80%(CR)。	阅读问题解决会议的脚本。每当团体领导者展现出鼓励成员合作的行为时,就在相应脚本行的脚本左侧打钩标记(√)。相反,每当团体领导者展现出阻碍成员合作的行为时,则在相应脚本行的脚本右侧打钩。
6.4.2　给出展示领导者行为的会议视频片段(CN),指出领导者的这些行为是否可能鼓励或阻碍成员合作(B)。学习者对这些鼓励和相应的阻碍行为的正确区分率应至少达到80%(CR)。	**(读者须知:**本视频和答题纸均可在网络教学平台的练习性测验部分找到。) **指导语:** **技能:**对领导者可能鼓励和阻碍成员合作的行为进行分类。 (a) 选中并打印"领导者反应表2"。 (b) 研究该表,阅读有关标记反应的指导语。 (c) 在屏幕上的视频菜单中找到视频2,当你准备开始评估时点击"视频2"标题。 (d) 完成后(在完成评分的过程中,你可以观看两遍视频),点击视频菜单中的"反馈-视频2"标题。 (e) 将你对领导者行为的评分与网站提供的评分进行比较,并记下差异。 (f) 保存"领导者反应表2"和有关差异的记录,并将其带到本中心的下一次教学课程中。

181

（续表）

下位技能行为表现目标	相应的测验项目
6.5.1 在学习者担任团体领导者的问题解决模拟会议上（CN），做出激发成员间合作的行为（B）。在讨论过程中，团体成员彼此之间以及与领导者之间都相互合作（CR）。	**指导语：** **技能：**激发成员之间的合作行为。 在今天的团体会议上，你将担任 30 分钟的团体领导者。在会议期间，一名成员（员工）将提出一个团体以前没有讨论过的问题。在讨论该问题时，你将领导团体讨论，并在团体面前展示你认为将激发团体成员合作参与的个人行为。如果你对自身或他人的行为有疑问，请在 30 分钟后向工作人员或团体成员提出。
主要步骤的行为表现目标	**频次统计观察工具说明（评价者在模拟和实际会议中使用）**
6. 在部门会议室举行的由新任领导者组成的模拟会议上，管理合作性团体互动。讨论成员应自由参与，主动献计献策，与领导者和其他成员通力合作。 在校园或社区指定地点举行的实际问题解决会议上，引导致力于解决现存问题的团体讨论。	以下类别将用于主要步骤 6：管理学习和行为表现情境中的合作性团体互动。 A. 展现出的激发成员合作的行为　　　　频次 1. _____ 2. _____ （等） B. 展现出的化解成员阻碍的行为　　　　频次 1. _____ 2. _____ （等） C. 展现出的缓解团体压力的行为　　　　频次 1. _____ 2. _____ （等） D. 对团体合作互动的整体质量进行评分（请圈出一个数字） 几乎没有　1　2　3　4　5　非常突出

言语信息和智力技能的测验项目

表 7.5 在第 1 栏中重述了表 6.7 中的行为表现目标示例（教学目标为"引导致力于解决问题的团体讨论"：步骤 6 为"管理合作性的团体互动"）。每个行为表现目标对应一个或一组测验项目。

行为表现目标　在考察测验项目时，首先要关注行为表现目标与项目在客观条件、行为和标准方面的一致性。例如，考察行为表现目标 6.5.1 与表右侧给学习者的相应的测验指导语之间的一致性。客观条件设定了一个模拟会议场景，其中学习者担任领导者。给学习者的任务指导语描述他们将领导该会议。目标中的行为是做出激发团体成员间合作的行为。右侧的任务指导语要求领导者在会议期间采取促进团体成员合作的行动。目标中的标准应反映在设计者用于在会议期间观察和评价领导者行为的评分细则中,而不是出现在提供给学习者的任务指导语中。

与学习者特征的一致性   其次,要考察测验项目是否适合攻读硕士学位的领导力专业学生。通过分析表7.5中的测验项目和表5.4中的学习者特征描述,你可以判断项目所用语言的复杂程度和完成任务的要求是否适合这些学生。对于准备成为校园和社区领导者的学生来说,这些语言和任务的复杂程度应该是适当的。

行为表现和学习场所   第三,考察表7.5的测验项目是否适合表5.5和表5.6中描述的学习和行为表现场所。表7.5的最后一部分提供了对主要步骤6的学习场所和表现场所的评估,这有助于你对这一标准进行评估。在后测阶段,评价者将观察学习者在引导团体讨论时的表现,使用学习场所观察表来记录领导者展现出的行为,并统计每种行为出现的频次。

清晰度   最后,检查表7.5中的测验项目是否清晰。你可能希望使用评分细则来帮助评价。注意项目中的关键术语是否已突出显示,以引起学习者的注意。项目在要求学习者作答之前提供了所有必要的信息。语法、标点符号和拼写都正确无误,并且项目具有专业的外观。

一旦编写、评价和完善了项目和指导语,你就可以创建设计评价表,并审查到目前为止所编写的材料。你的任务是组织材料、找到合适的评审者、推进评审过程、解释材料、回答问题和进行记录。评审者的职责是研究所提供的文件、文本并作出相应的判断。

评价设计

同样,评审者用来评判到这个阶段为止的设计质量的四个主要标准,涉及目标、学习者、情境和评估因素。以下是评价设计各要素之间一致性时所遵循的步骤:

1. 组织和展示材料。

2. 评判教材与宏观教学目标之间的一致性。

3. 评判教材是否适合目标学习者。

4. 评判行为表现目标、测验项目与行为表现、学习情境是否一致。

5. 评判教材的清晰度。

组织   表7.6展示了针对"引导团体讨论"教学目标的设计评价表的部分内容。第一栏包含步骤6"管理合作性的团体互动"选定的下位技能;第二栏列出了每项下位技能的行为表现目标;第三栏为每个行为表现目标提供了相应的测验项目。为了阐述分析过程,示例中仅呈现了部分技能、目标和测验项目,但一个全面的分析应当涵盖所有到目前为止已确定的技能、目标和项目。除了这份表格之外,评审者还应该获得目标分析(见图4.8)、学习者特征(见表5.4)、行为表现情境特征(见表5.5)以及学习情境特征(见表5.6)的相关副本。他们也可以参阅本章评分细则中总结的评估标准。在材料整理就绪后,就可以进行第二步,即评判材料与目标之间的一致性。

表 7.6	教学目标"引导致力于解决问题的团体讨论"中 步骤 6 "管理合作性的团体互动"的部分设计评价表

184

行为表现技能	目标	测验项目
6.3　说出鼓励合作的策略。	6.3.1　当被要求以书面形式说出领导者鼓励和阻碍讨论成员合作时,说出这些行为。学习者应该说出至少十种鼓励合作的行为和相应的阻碍行为。	作为团体领导者,有一些在会议中**鼓励或阻碍合作性讨论**的策略可供你使用。作为领导者,你可以采取哪些直接行动来鼓励组员参与和合作?(创建可供写十个反应的答题行。)
6.4　对鼓励和阻碍合作的策略进行分类。	6.4.1　给出团体领导者在会议中行为的书面描述,指出这些行为是否可能鼓励或阻碍合作性团体互动。学习者对这些行为的分类正确率应至少达到 80%。	在团体领导者最有可能**鼓励**的行动前打上"+",在可能**阻碍**团体合作互动的行动前打上"－"。 ＿＿＿＿1. 介绍参加会议的所有成员。 ＿＿＿＿2. 强调团体成员之间的地位差异。 ＿＿＿＿3. 以欢迎的目光环视团体。 ＿＿＿＿4. 指定某位特定的团体成员开始讨论。 ＿＿＿＿5. 在每个人发表评论后,发表积极的评论(等)。
6.5　激发成员的合作行为。	6.5.1　在学习者担任领导者的模拟解决问题的会议上,做出促进成员之间产生合作的行为。团体成员在讨论期间相互合作并与领导者合作。	当你观察(被观察者姓名)管理会议时,他/她采取了哪些行动来**激发**或鼓励合作性团体行为? 　激发合作的行动　　　　　　频次 1. ＿＿＿＿＿＿　　　＿＿＿＿ 2. ＿＿＿＿＿＿　　　＿＿＿＿ 3. ＿＿＿＿＿＿　　　＿＿＿＿

　　一致性　在进行一致性分析时,评审者需参照目标分析(图 4.8)及表 7.6 中的下位技能。请注意,除了在下位技能 6.4 中新增了"阻碍"一词外,所展示的下位技能与目标分析中的措辞保持一致。对于这一新增内容,评审者和设计者应进行讨论,以确定这个改动是恰当和有意为之的,还是应该更正的无意添加的。

　　仅利用表 7.6,评审者应将第一栏中的下位技能与第二栏中的行为表现目标进行对比。除了技能 6.4 之外,其他技能的描述似乎是一致的,其中行动术语是**分类**,目标则是**指出**。在这种情况下,这两个术语之间没有实质性的区别。

　　最后,评审者应比较第二栏中行为表现目标与第三栏中测验项目之间的一致性。他们需要分别考察项目与条件、行为和标准的一致性,而不是仅从整体上进行评估。评审者应遵循设计者在前一节中使用的相同流程,他们需要评判项目和目标在条件、行为和标准方面的一

185

致性。

情境   第三步是判断设计评价表中的行为表现和学习情境是否与宏观目标、行为目标和测验项目相一致。鉴于评审者先前已对宏观目标、下位技能和行为表现目标的一致性进行了评估,并确认了它们的一致性,他们现在可以将焦点集中在行为表现目标(表7.6)和情境描述(表5.5和5.6)的一致性上。评审结论是,领导者能够将教材中描述的技能应用到校园和社区的会议中。这些会议将在校园或选定的社区场所举行,且几乎不需要额外资源(如成本、资源、时间、人员、设施),因为这些会议很可能与学习者当前的工作或志愿活动有关。

学习者   在确认宏观目标、技能、行为目标和测验项目之间的一致性后,评审者需要评估教材(图4.8和表7.6)对目标学习者的适宜性(表5.4)。熟悉目标学习者的评审者认为,对于领导力专业的硕士研究生而言,"引导致力于解决问题的团体讨论"的教学目标是切实可行的。经过适当的教学,学生完全有可能成功地管理合作性会议。行为表现目标和测验项目设置合理,应当有助于培养领导者在未来校园生活及职业生涯中都能运用的技能。此外,他们认为教材中没有包含任何形式的偏见,如性别、文化或种族偏见。

材料清晰度   最后,评审者需要考核材料的清晰度。他们依据目标分析(图4.8)和设计评价表(表7.6)来进行这项工作。他们认为目标分析的结构合乎逻辑,六个主要步骤描述了管理会议的流程顺序。言语信息表(表4.1)也是必需的,有助于阐明设计者对相关下位技能的设想。如果没有这些表格,学习者和教师可能不清楚该怎么做。教材内容的范围对于学生领导者来说是合适的,在适当的指导下,领导者能够有效地完成表现任务。评审者可以解释行为表现目标和测验项目,并认为这些材料表述清晰。此外,他们认为测验项目符合评分细则中的评估标准。

专业和历史观点

多年来,政策制定者和公众一直呼吁在教育领域推行问责制,这一运动推动了在国家、州和地方课程标准中对学习者进步的评估。然而,近几十年来,这一趋势有所放缓,测验和问责制运动受到了质疑。政治家、教育工作者、公众和家长们纷纷指出"测验过多"和"测验项目妨碍了有意义的学习"。尽管这些群体的争议和辩论从未停歇,但它们并未削弱在教学设计和开发过程中对精确的标准参照测验和态度评估的需求。对于课堂和培训办公室而言,人们不禁要问,如果没有合适的标准参照测验和常模参照测验,那么成绩评定、晋升、选拔和安置决策又将依据什么来进行呢?

流程图:开发评估工具

　　本节包括用于开发客观型评估、产品评估、行为表现评估、态度评估和档案袋评估工具的
流程图。

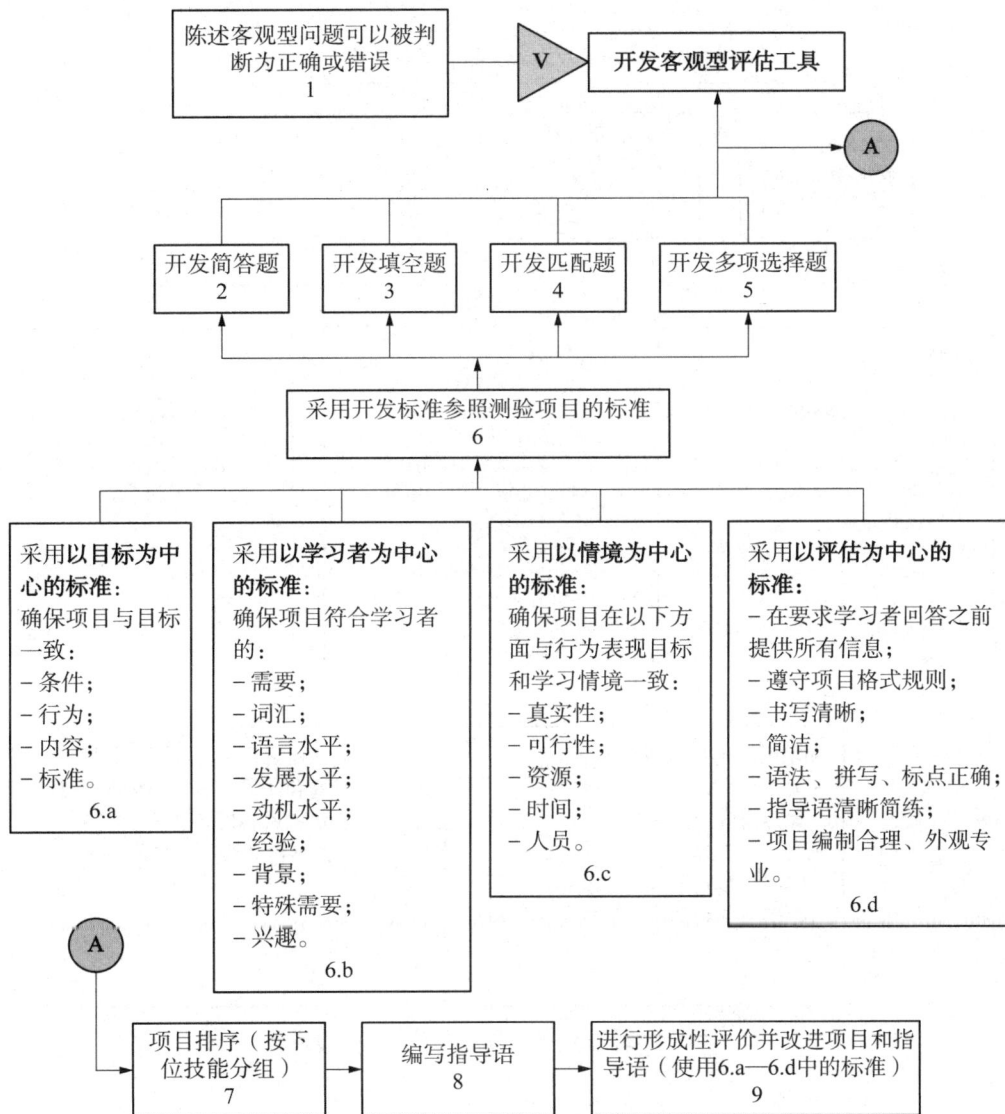

图 7.4　开发客观型评估工具

187

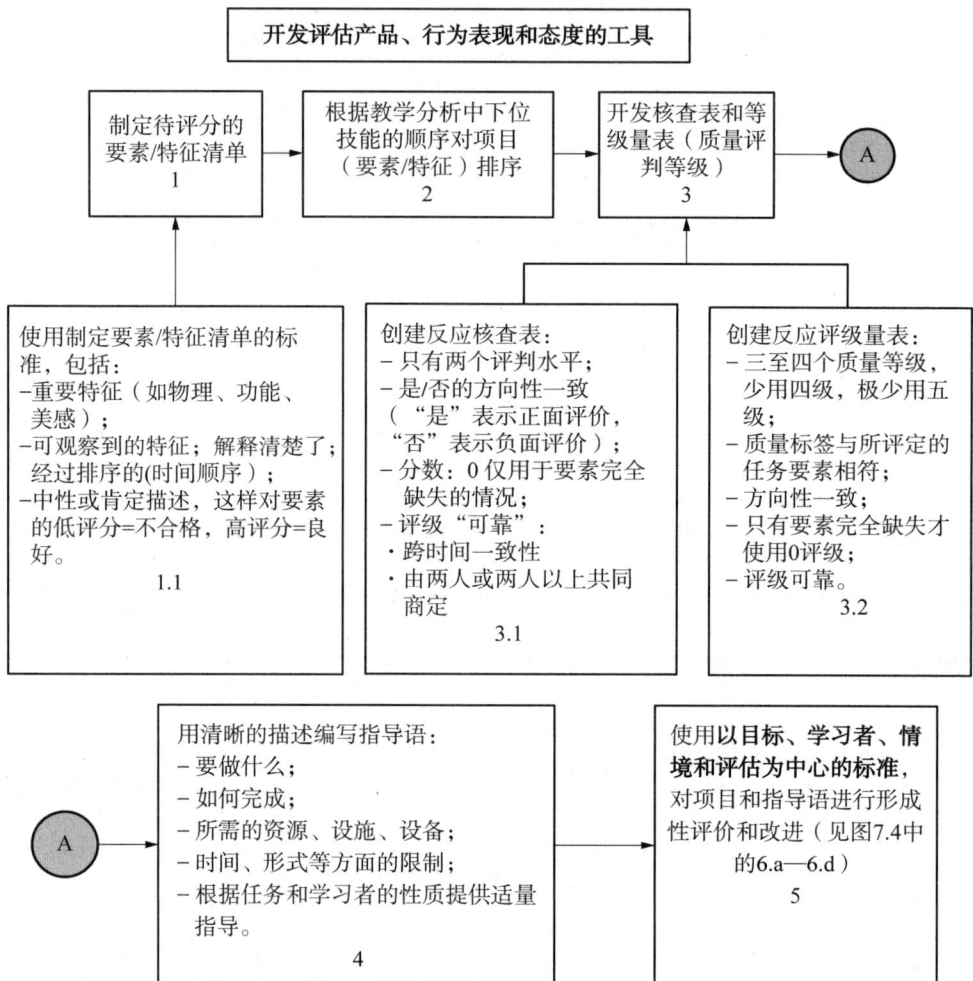

开发评估产品、行为表现和态度的工具

制定待评分的
要素/特征清单
1

根据教学分析中下位
技能的顺序对项目
（要素/特征）排序
2

开发核查表和等
级量表（质量评
判等级）
3

A

使用制定要素/特征清单的标
准，包括：
-重要特征（如物理、功能、
　美感）；
-可观察到的特征；解释清楚了；
　经过排序的(时间顺序)；
-中性或肯定描述，这样对要素
　的低评分=不合格，高评分=良
　好。
1.1

创建反应核查表：
- 只有两个评判水平；
- 是/否的方向性一致
　（"是"表示正面评价，
　"否"表示负面评价）；
- 分数：0仅用于要素完全
　缺失的情况；
- 评级"可靠"：
　·跨时间一致性
　·由两人或两人以上共同
　　商定
3.1

创建反应评级量表：
- 三至四个质量等级，
　少用四级，极少用五
　级；
- 质量标签与所评定的
　任务要素相符；
- 方向性一致；
- 只有要素完全缺失才
　使用0评级；
- 评级可靠。
3.2

A

用清晰的描述编写指导语：
- 要做什么；
- 如何完成；
- 所需的资源、设施、设备；
- 时间、形式等方面的限制；
- 根据任务和学习者的性质提供适量
　指导。
4

使用**以目标、学习者、情
境和评估为中心的标准，**
对项目和指导语进行形成
性评价和改进（见图7.4中
的6.a—6.d）
5

图 7.5　开发评估产品、行为表现和态度的工具

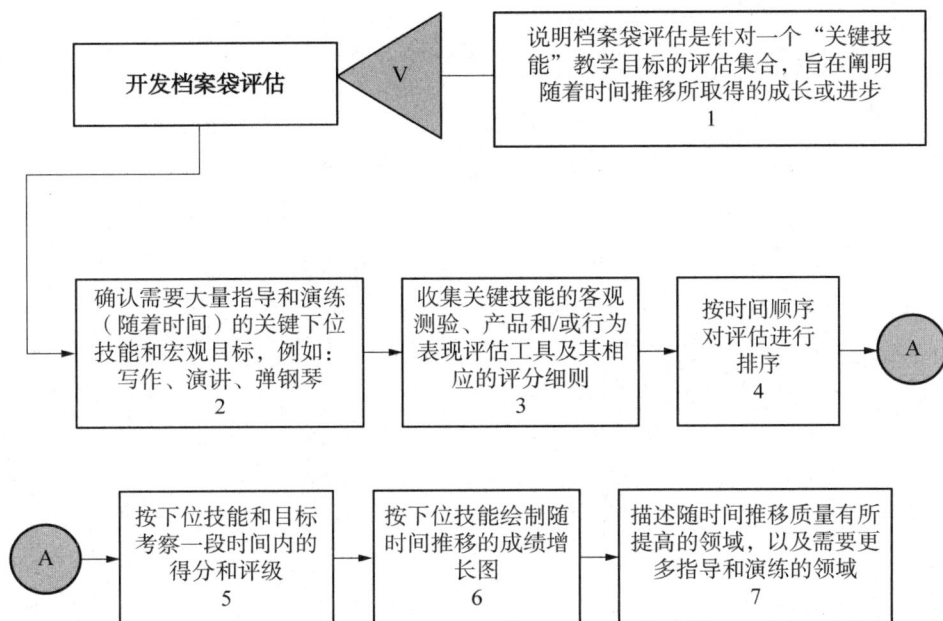

图 7.6　开发档案袋评估

练习

判断下列有关标准参照测验的说法是否正确。如果正确,请在项目前的空格处写"C"。如果不正确,请简要说明不正确的原因。在"参考答案"部分核对你的答案。

_____1. 标准参照测验是由测量行为的项目组成的。

_____2. 标准参照测验与目标参照测验相同。

_____3. 标准参照测验中的测验项目不需要测量行为表现目标中描述的确切行为类型。

_____4. 标准参照测验的测验项目是直接根据教学分析中确定的技能开发的。

_____5. 为前测编制起点技能测验题总是一个好主意。

_____6. 开发起点技能测验项目是为了测量学习者在开始学习前应具备的技能。

_____7. 在教学前进行前测,是为了了解学生对将要教授的内容的已有知识以及对起点技能的掌握情况。

_____8. 标准参照测验项目是直接根据行为表现目标编写的,而行为表现目标又是直接根据教学分析中的技能编写的。

运用下面的教学分析示意图,用方框中的编号标明应使用哪些技能来开发下列测验项目:

_____9. 起点技能测验。

_____10. 前测。

_____11. 后测。

189

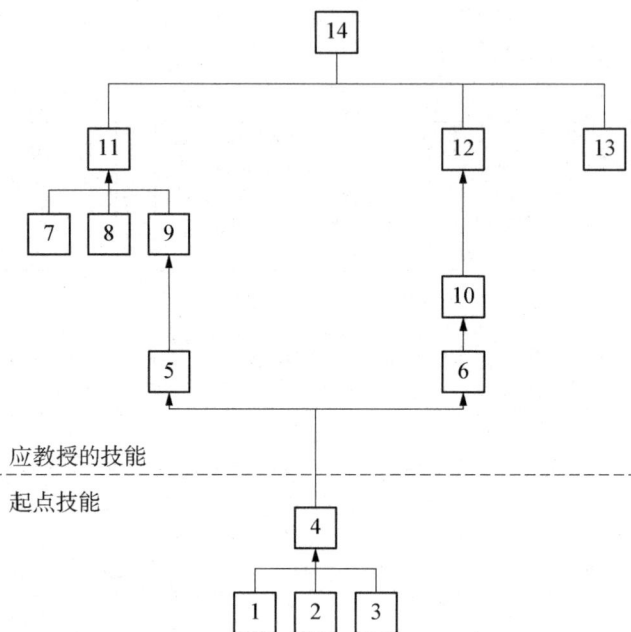

应教授的技能

起点技能

为行为表现目标编写相应的评估方法。在另一张纸上,写下一个测验项目或其他评估项目,确保它们与下列关于作文写作的各行为表现目标中指定的条件、行为和内容相一致。假设如下:

- 目标群体为中等或中等以上的中学生。
- 他们的行为表现和学习情境包括学校教室以及学校和社区中可能需要他们进行写作的其他场所。假定学生有机会接触到教师和 Canvas 平台,以获得指导和适当的评估。

你可以使用评分细则来帮助构建项目以及评估这些项目。

12. 为以下内容书写终点目标:在写作文时,能够根据句子的目的、语气和复杂程度,使用不同的句型及相应的标点符号。评估将依据句型格式、标点符号的使用、按句子目的分类的句型,以及段落中句子的多样性来进行。

13. 为附录 E 中的以下项目书写行为表现目标:

5.6　给出**陈述句**和**目的**这两个术语,请说明陈述句的目的。目的应包括传达/告知信息。

5.7　给定几个完整的简单句,包括陈述句、疑问句和感叹句,这些句子正确或错误地使用句号结尾,请找出所有陈述句。

　　5.11　就(1)指定的主题和(2)学生自选主题写陈述句。句子必须完整,并用句号结束。

14. 开发一个测验,其中包括给学员的指导语和高尔夫球推杆这一心因动作技能的评价表。根据图 4.6 的教学分析,得出下面的行为表现目标。测验应包括两部分:推杆姿势和推杆准确性。将你编写的指导语与"参考答案"中相应项目的指导语进行比较。

目标:在推杆果岭上使用标准球和推杆:

　　5.1　展示正确的推杆姿势。身体必须放松并对准目标,球杆必须舒适地握在正确的高度。击球的高度、速度和方向必须与目标相适应,且动作要流畅。在整个击球过程中,推杆的杆面应保持方正。

　　6.1　在有坡度的推杆果岭上,上坡、下坡和跨坡推杆;距离分别为 10 英尺、15 英尺和 25 英尺;推杆要足够准确,使球距离球洞不超过 3 英尺。

15. 规划一项设计评价,创建一个包含三个栏目的表格,三栏分别是技能、具体目标和评估。除了构建设计评价表之外,还有哪些设计文档能够帮助你确保表中第一栏信息的一致性?你需要哪些信息来评判表中第二栏信息的一致性和质量?你需要哪些信息来评判表中第三栏信息的一致性和质量?在评价过程中,这些不同的设计要素是如何关联的?

参考答案

1. C

2. C

3. 它们必须测量目标中的行为。

4. 它们是从具体目标中推衍出来的。

5. 可能没有需要测验的起点技能。

6. C

7. C

8. C

9—11. 一般来说,测验项目中应包含的行为表现目标有:

起点技能:技能 1 至 4;

前测:技能 5 至 14;

后测:技能 5 至 14。

12—13. 将你的测验项目与附录 E 中的项目进行比较。除这些例子外,你还应查看附录

E 中更完整的作文写作设计评价表。

14. 下面是为学员提供的推杆考试指导语。

推杆评估指导语

推杆考试由两部分组成:推杆姿势和推杆准确性。考试中,你需要打 27 杆。

在整个考试过程中,你的推杆姿势将根据所附评分表的上半部分进行评判。A 栏和 B 栏列出了推杆姿势的各个方面。你的得分取决于标有"(1)"的一栏中圈出的"OK"数。如果你没有犯下"错误类型"栏中列出的任何错误,就可以在推杆姿势上获得满分 10 分。在示例中,该生的总分是 7 分。经常出现的错误都与挥杆有关,如后摆上杆和随挥送杆太低、挥杆速度慢等。

你的推杆准确性也是通过 27 次推杆来评判的,包括 9 次上坡推杆、9 次下坡推杆和 9 次跨过斜坡的推杆,所有这些推杆都需要进洞。在每个区域,你将进行三次 10 英尺、三次 15 英尺和三次 25 英尺距离的推杆。你的准确性得分将依据每次推杆后球与球洞的接近程度来计算。在果岭上,以球洞为中心,直径为 1、2、3 英尺各画一个圆圈,三个同心圆构成目标区域。每个区域的得分如下:

球进洞＝4 分

球在 1 英尺以内＝3 分

球在 2 英尺以内＝2 分

球在 3 英尺以内＝1 分

球在 3 英尺以外—0 分

落在圆圈内的球将获得较高的分值。例如,若一个球落在直径 1 英尺的圆圈内,你将获得 3 分。

你的每次推杆都将在评分表的下半部分进行统计。示例是为了向你展示如何完成该表。从 10 英尺处上坡推杆,该生将两个球推入球洞,另一个球推入 1 英尺圈内。从 10 英尺处上坡推杆获得了 11 分(4＋4＋3)。再看从 15 英尺处跨过斜坡部分。一杆在 1 英尺内,一杆在 3 英尺内,一杆在 3 英尺外,总共得到 4 分(3＋1＋0)。在计算学生的总分时,每个距离和每个区域的所有推杆都要相加。例如,该生的 10 英尺成绩为 27 分,上坡成绩为 25 分,总成绩为 52 分。

以下分数等级将用于评价你在测验中的整体推杆表现:

合格＝27 分或(27×1)分

良好＝41 分或(27×1.5)分

优秀＝54 分或(27×2)分

完美！＝108 分或(27×4)分

在正式参加考试前,请务必进行至少 15 分钟或 30 次推杆热身。在被叫到考试前,请不要离开练习果岭。计分表请见图 7.7。

姓名：玛丽·琼斯			日期：3/26		
A	B	(1)	错误类型		
1. 身体	舒服 和目标成一线	OK OK	TNS RT	LFT	
2. 握杆	力度 高度	OK OK	TNS HI	LOW	
3. 后摆上杆	高度 方向	OK OK	HI RT	LOW LFT	
4. 随挥送杆	高度 方向	OK OK	HI RT	LOW LFT	
5. 速度		OK	FST	SLW	JKY
6. 杆面		OK	OPN	CLS	

总分 $\dfrac{7}{(10)}$

击球准确性得分：

区域点	上坡					下坡					跨过斜坡					总分(分)
	4	3	2	1	0	4	3	2	1	0	4	3	2	1	0	
10'	//	/					/	/	/			/		/	/	27
15'			//	/			/	/	/			/		/	/	18
20'	/		/	/			/	/	/			/		//		11
总分		25					18					13				56

图 7.7　评价击球姿势和准确性的核查表及计分表

15. 请见图 7.8 以及本书中的讨论。

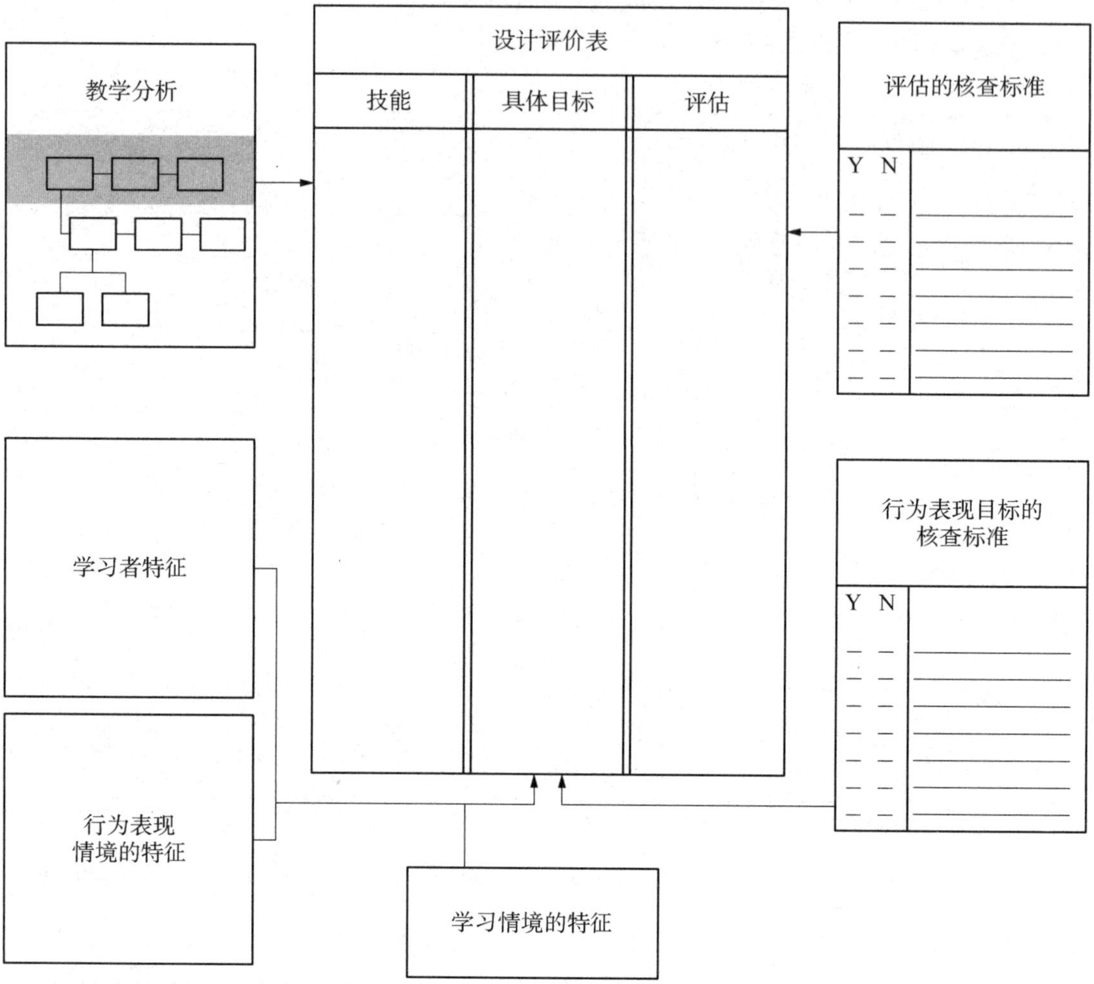

图 7.8   在进行设计评价时要收集和使用的设计要素

参考文献和推荐读物

192   Arter, J. A., & McTighe, J. (2001). *Scoring rubrics in the classroom: Using performance criteria for assessing and improving student performance*. Corwin Press. 促进评估与教学相结合，以提升学生成绩。

Arter, J. A., & Chappuis, J. (2006). *Creating and recognizing quality rubrics*. Pearson.

Brookhart, S. M., & Nitko, A. J. (2018). *Educational assessment of students* (8th ed.). Pearson. 有一部分内容很好地介绍了高阶思维、问题解决和批判性思维的评估。

Carey, L. M. (2001). *Measuring and evaluating school learning* (4th ed.). Pearson. 涉及

如何推衍并编写产品、行为表现和态度方面的测验项目及其评分细则，还包括档案袋评估指南。所用术语与本书一致。

Chappuis, J. (2019). *Classroom assessment for student learning: Doing it right— Using it well* (3rd ed.). Pearson. 讨论了评估导向的转变，从给学生排名转变为帮助他们成功。

Fishman, J. A., & Galguera, T. (2003). *Introduction to test construction in the social and behavioral sciences: A practical guide.* Rowman & Littlefield. 提出了一个很好的测验编制观点，主张在设计评估工具时首先要考虑终点目标。

Foshay, W. R., & Hale, J. (2017). Application of principles of performance-based assessment to corporate certifications. *TechTrends, 61*, 71 - 76. https://doi.org/10. 1007/s11528-016-0125-5.

Glass, G. V. (2016). One hundred years of research: Prudent aspirations. *Educational Researcher, 45*(2), 69 - 72. 对掌握学习和标准参照测验进行了评论。

Jonassen, D. H. (1991). Evaluating constructivist learning. *Educational Technology, 31* (9), 28 - 33.

Kirkpatrick, J. D., & Kirkpatrick, W. K. (2016). *Kirkpatrick's four levels of training evaluation.* ATD Press. 介绍了最著名的培训评价方法。

Kubiszyn, T., & Borich, G. D. (2015). *Educational testing and measurement: Classroom application and practice* (11th ed.). Wiley. 介绍了标准参照评估，包括项目编写标准、开发替代性评估和档案袋评估。

Mayer，R. E. (2011). *Applying the science of learning.* Pearson. 强调学习、教学和评估之间的联系。

McMillan, J. H. (2017). *Classroom assessment: Principles and practice that enhance student learning and motivation* (7th ed.). Pearson. 强调通过形成性评价来改进学生的学习。

Miller, M. D., Linn, R. L., & Gronlund, N. E. (2012). *Measurement and assessment in teaching* (11th ed.). Pearson. 该书全面介绍了从设计到解释的课堂评估。

Phillips, P. P. (Ed.). (2010). *Measuring and evaluating training.* ASTD Press.

Popham, W. J. (2019). *Classroom assessment: What teachers need to know* (9th ed.). Pearson. 该书重点关注为提高教学效果而开发和使用课堂测验。

Russell, M., & Airasian, P. W. (2011). *Classroom assessment: Concepts and applications* (7th ed.). McGraw-Hill. 该书全面介绍了从设计到解释的课堂评估。

Shrock, S. A., & Coscarelli, W. C. (2007). *Criterion referenced test development: Technical and legal guide lines for corporate training* (3rd ed.). Pfeiffer. 重点关注标准

参照测验的开发,并强调将使能技能与评估任务联系起来。

Stanley, P. (2019). *Using rubrics for performance-based assessment: A practical guide to evaluating student work.* Prufrock Press. 该书提供了一份创建、审阅和使用评分细则进行评价的简明指南。

Stevens, D. D., & Levi, A. J. (2013). *Introduction to rubrics* (2nd ed.). Stylus Publishing.

Stiggins, R., & Chappuis, J. (2016). *Introduction to student involved assessment for learning* (7th ed.). Pearson. 提升课堂评估的质量,包括设计符合测验目的的课堂测验。

Zane, T. W. (2009). Performance assessment design principles gleaned from constructivist learning theory (Part 1). *TechTrends, 53*(1), 81–90.

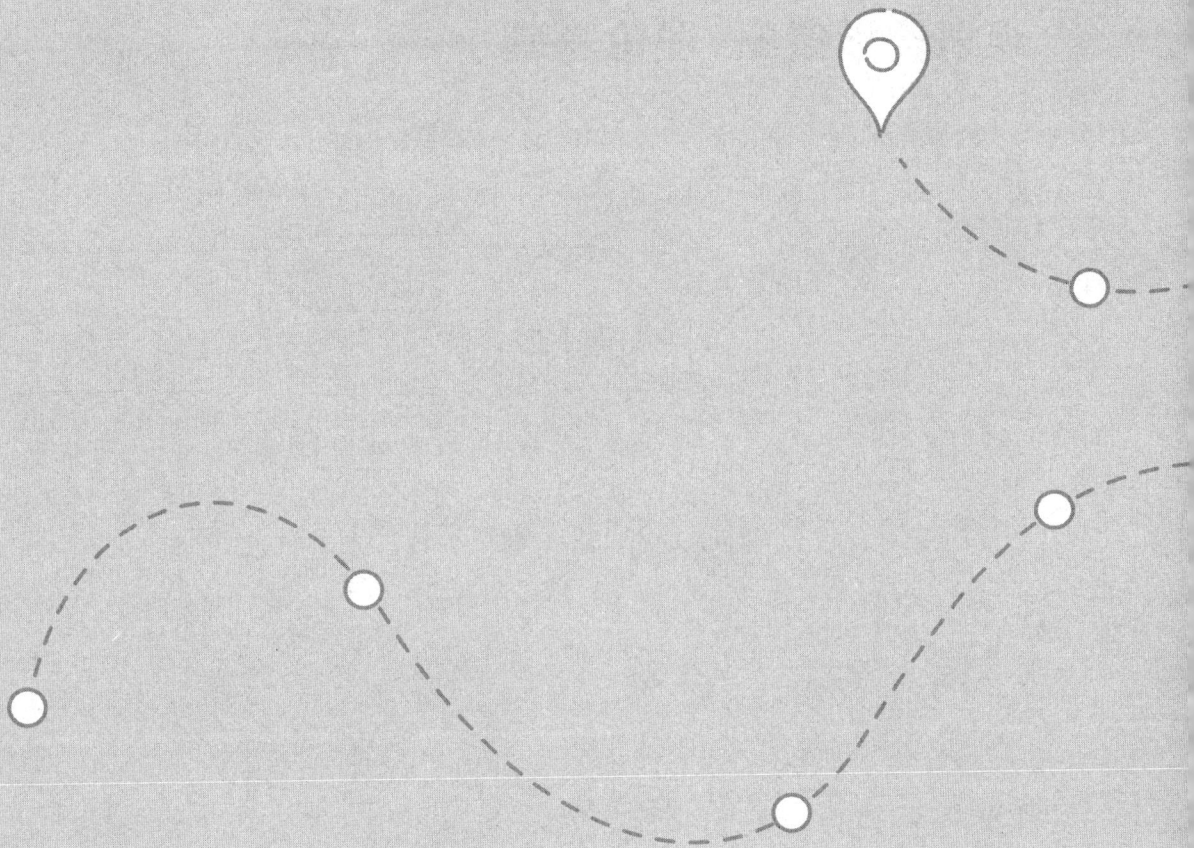

第 8 章

规划教学策略:理论基础

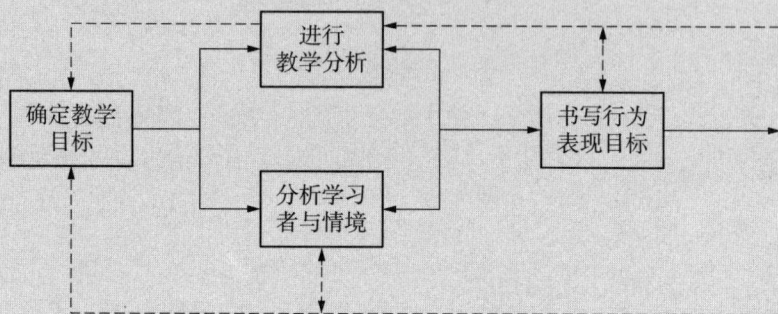

目标

▶ 针对一组具体教学目标和某一特定群体学习者,规划教学策略的学习成分,包括教学导入活动、内容呈现和学习指导、学习者参与、评估以及跟踪活动。

▶ 具体说明与学习者成熟水平和能力水平相一致的学习成分。

▶ 根据不同类型的学习结果定制学习成分。

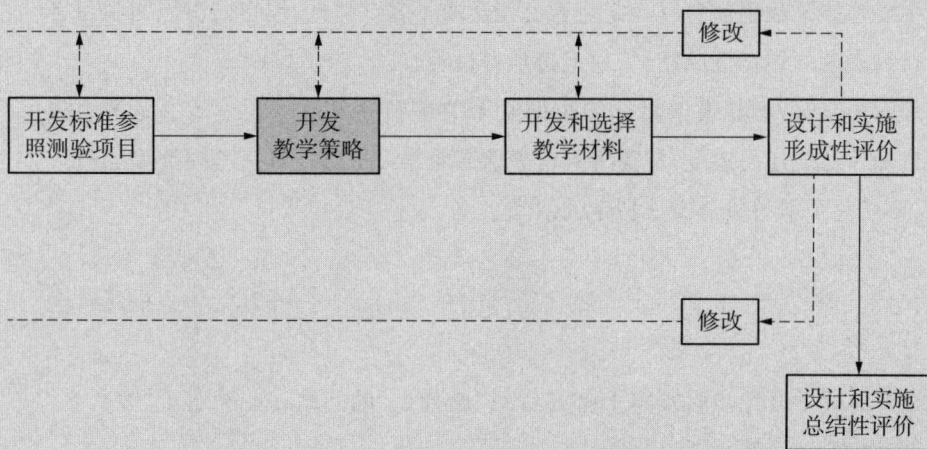

```
                                                        ┌──────┐
   ┌─ ─ ─ ─ ─ ─ ─ ─ ┬ ─ ─ ─ ─ ─ ┬ ─ ─ ─ ─ ─ ┤ 修改 │◄─┐
   ▲                ▲           ▲            └──────┘  ┆
   ▼                ▼           ▼                      ┆
┌────────┐     ┌────────┐   ┌────────┐   ┌──────────┐ ┆
│开发标准参│     │ 开发   │   │开发和选择│   │设计和实施 │ ┆
│照测验项目│────▶│教学策略 │──▶│教学材料  │──▶│形成性评价  │◄┘
└────────┘     └────────┘   └────────┘   └──────────┘
                                              ┆
   ┌─ ─ ─ ─ ─ ─ ─ ─ ─ ─ ─ ─ ─ ─ ─ ─ ┐ ┌──────┐ ┆
   └ ─ ─ ─ ─ ─ ─ ─ ─ ─ ─ ─ ─ ─ ─ ─ ─┤ 修改 │◄┘
                                      └──────┘
                                              ┆
                                              ▼
                                         ┌──────────┐
                                         │设计和实施  │
                                         │总结性评价  │
                                         └──────────┘
```

概述

　　教学策略是开发或选择教学材料的指导方案（prescriptions）。为了开发教学策略，你需要的教学设计产品包括迄今为止创建的所有设计材料，涵盖教学目标、教学分析、学习者和情境分析、行为表现目标以及评估项目。在设计策略时，你需要多次参考这些材料。

　　在构建策略的各个成分时，你应深入考虑目标学生的特征——他们的需求、兴趣和经验——以及有关如何在学习成分中吸引并保持他们注意力的信息。凯勒（Keller，2010）的 ARCS 模型是一个值得参考的框架，它专注于如何设计教学材料以激发学生的学习动机。

教学设计者认为教学策略包含五个构成成分。尽管部分教育心理学家倾向于将教学策略视为四个主要学习成分,即教学导入活动、内容呈现、有反馈的学生参与以及跟踪活动,这些成分通过促进学习的心理状态和活动来引导学习者的智力过程。设计者们在此基础上增加了第五个学习成分——评估,这不仅便于教学管理,还能根据学习者的需求来定制教学内容,评价学习者的进步,并评价教学材料的质量。尽管评估在系统化教学设计中的主要功能是收集信息以确定是否已经达成了教学目标,但它同时也为学习者提供了关于行为表现的纠正性反馈,从而支持学习过程。

在设计教学策略时,宏观教学目标的类型是至关重要的考量因素。无论是智力技能、言语信息、动作技能还是态度,都需细致考量这五个学习成分。针对不同类型的教学目标,可能需要对每个学习成分设计特定的活动。

概念

前面几章所涉及的教学设计步骤基本上都是针对"教什么"的问题。在确定了"教什么"的前提下,我们再来讨论"怎么教"的问题。

教学策略的学习成分

教学策略描述了一套教学材料的基本构成成分,以及用这些材料设计的程序,以确保学生能够掌握预期学习结果。请注意,教学策略不仅仅是向学习者呈现内容的简单概述。比如,要让学生学会两位数加法,就要先教他们不带进位的一位数加法,然后再介绍两位数加法的主要概念,但这还是不够的。尽管对内容的排序和归类是教学策略的一部分,但策略还应包括在内容呈现之前要进行的准备工作,学习者将如何处理这些内容,以及如何测验所学内容或者将所学内容迁移到行为表现情境中。

教学策略的概念源于认知心理学家加涅在《学习的条件》(1985)一书中所描述的教学事件。在这本书中,加涅定义了九个外部教学事件,这些事件代表了促进学习发生的内在心理过程。加涅提出的教学事件包括:

1. 引起注意;

2. 告知学习者目标;

3. 激发对先前学习内容的回忆;

4. 呈现刺激材料;

5. 提供学习指导;

6. 引发行为反应;

7. 提供关于行为表现正确程度的反馈；

8. 评价行为表现；

9. 促进记忆和迁移。

加涅的第五个教学事件"提供学习指导"在其针对不同学习领域的教学指导方案体系中具有特定的含义，但从一般意义上讲，将所有教学事件都视为学习指导的形式是有益的。学习是一个发生在学习者头脑中的内在过程，开发教学策略的目的在于规划如何通过心理学家已证实能促进学习的心理状态和活动来引导学习者的内部智力加工。加涅的认知教学观常被描述为具有目的性和指导性，更侧重于以内容为中心而非以学习者为中心，但我们认为这是一种错误的二分法。是的，教学内容肯定是重点，因为我们在开始教学设计时就会考虑到需求和目标，以免在过程中失去目标；教学可以是以内容为中心的讲座/讨论，内容可以是促进某地区销售的"教科书式"的解决方案。但同时，教学也可以是以学习者为中心、基于问题的学习团队，由经理、销售人员和选定的忠实客户组成，在专门设计的会议中共同探讨情境、销售流程、原因、可能的解决方案及其后果。我们认为，教学设计所产生教学的性质不是由模式决定的，而是由设计者选择的教学策略决定的。迪克-凯瑞模型就是基于对认知视角的这种理解。我们之所以在这本教材中教授它，有以下几个原因：

- 它以学习理论为基础。
- 它符合当前公共教育（基于标准的问责制）、高等教育认证（成果评估）以及商业/工业/军事培训（基于绩效）中普遍流行的教学理念。
- 对于该领域的初学者来说，它是教学设计的必要基础系统，也是最直观的学习系统。

在本章的后续内容中，在研究了教学设计的认知方法之后，我们提出了一种观点，即将更多以学习者为中心的建构主义学习环境与更具指导性的以内容为中心的策略相结合。

为了方便教学设计过程，我们将加涅的教学事件归纳为五个主要的学习成分，它们是整体教学策略的一部分。这五个成分分别是：

1. 教学导入活动；

2. 教学内容呈现；

3. 学习者参与；

4. 评估；

5. 跟踪活动。

接下来将简要介绍每个成分，并举例详细说明如何为每个学习领域的目标开发教学策略。

教学导入活动

在正式开始教学之前，有三个因素需要考虑：激发学习者动机，告知学习者学习内容，以及激发他们对已有相关知识和技能的回忆。

激发学习者动机 对教学的一个典型批评是它对学习者来说缺乏趣味性和吸引力。教学设计者约翰·凯勒(Keller, 2010)试图系统性地解决这一问题。他基于对学习动机心理学文献的梳理,提出了 ARCS 模型,该模型包含四个方面:注意、关联、信心和满意(总结在表 8.1中)。为了使教学能够激发学习者的学习动机,设计教学策略时必须全面考虑这四个属性。

198

表 8.1 学生动机的凯勒 ARCS 模型

动机类型	在教学中的目的	激发方式
注意	吸引和保持学习者的注意力	提供富有情感的或个性化的信息 提问 创设心理挑战 使用人们感兴趣的例子
关联	阐明教学与学习者的相关性	阐明学习特定技能如何与个人目标(如个人兴趣、计划进展、就业、成功)相匹配
信心	证明学习者具备成功学习特定技能的技能和能力	让缺乏自信的学习者相信自己有成功的背景和能力 向过于自信的学习者证明还有很多东西需要学习 引导已掌握技能的学员接受更高阶的教学
满意	确保学习者从学习体验中获得满足感	利用外在奖励来取得成功,如自由时间、好成绩、晋升、同伴的认可等 注重内在奖励,如个人成功、培养个人能力、自我实现、提升自尊等

激发动机的第一个方面是吸引学习者的**注意力**,并在整个教学过程中持续保持他们的注意力。这一点也是加涅所提出的九大教学事件中的第一事件。只有当学习者专注于某项任务时,他们才能够学会去完成它。为了吸引他们最初的注意力,可以采取多种策略,包括利用富有情感的或个性化的信息、提出问题、创设心理挑战等,其中最好的方法是使用人们感兴趣的例子。

根据凯勒的观点,激发动机的第二个方面是**关联**。尽管你可以在短时间内吸引学习者的注意力,但当他们觉得随后的教学内容与自己没有关联时,他们就很难维持这种注意力。学习者认为教学内容与自己无关时就会质疑:"我们为什么要学习这个?"同样,员工也会质疑培训内容与工作之间的关联性。当你运用从学习者与情境分析(第 5 章)中获得的信息,帮助学员理解所教授的技能与他们自身的联系时,你便能维持他们的学习动机;反之,你无疑将失去这些学习者。换言之,教学内容必须与学习者在个人、学习或职业生活中的重要目标有关。

ARCS 模型的第三个主要成分是**信心**。为了激发强烈的学习动机,学习者必须确信自己可以达成教学目标。如果他们缺乏这种信心,学习动机可能会减弱。不过,过于自信也可能导致问题，学习者可能会认为没必要听课，因为自己已经掌握了一切。面对缺乏自信和过于自信的学习者，挑战都是设置适当的成功期望水平。对信心不足的学习者，需要让他们相信自己拥有成功所需的技能和知识；而对过于自信的学习者，则需要让他们认识到教学内容中还有重要的细节可以学习。但是，如果学习者实际上已经掌握了教学内容，就应该提供更高阶的教学，以满足 ARCS 模型四个方面的要求。

凯勒模型的最后一个成分是**满意**。高动机的产生取决于学习者能否从学习过程中获得满足感（或称为**强化**）。这种满足感有时是通过外在奖励来实现的，例如自由时间、优异成绩、职场晋升，或是对成功表现的其他形式的认可。但更重要的是学习者在掌握新技能并成功应用它时所获得的内在满足感。有意义的学习体验可以极大地提升学习者的自尊。

单独运用凯勒模型四个方面中的任何一个，可能都不足以确保学习者在学习情境中完成任务。但是，一旦你将 ARCS 模型的四个方面都整合到你的教学策略中，激发和维持学习者兴趣的可能性将大大增加。

教学策略的五个主要学习成分与凯勒 ARCS 模型中动机的四个方面之间存在直接关联（图 8.1）。在接触教学的每个成分后，学习者会问自己三个问题。第一个问题是所学内容或所做活动的相关性。如果教材与个人需求和兴趣紧密相关，学习者就能获得并保持注意力。第二个问题是学习者对成功的信心。如果他们能理解材料，并有信心取得成功，那他们的学习动机就能维持。第三个问题则是他们对所呈现的教学内容和提供的活动在满足自身需求方面的满意度。如果他们对每个成分都感到满意，学习动机就能得以维持。

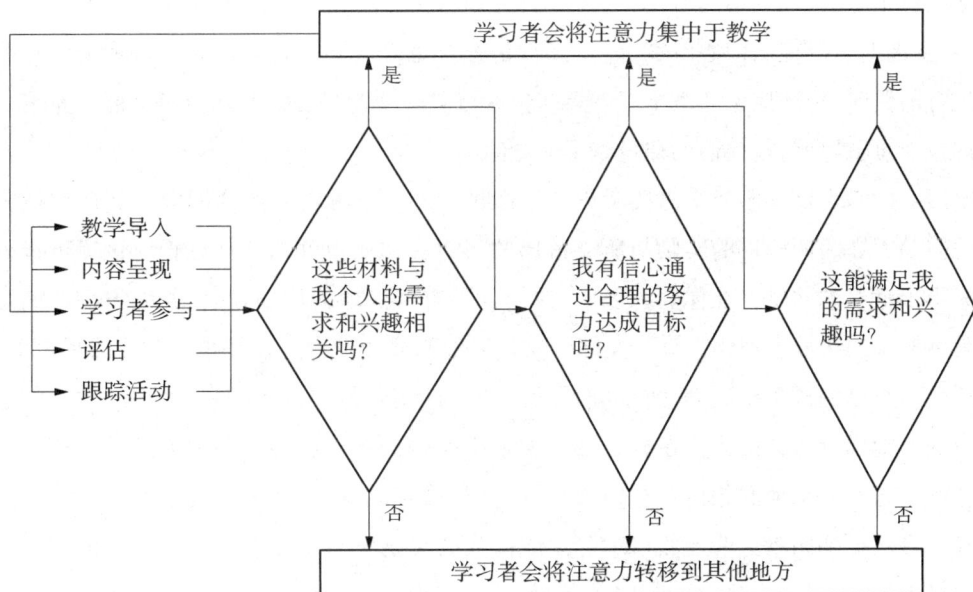

图 8.1　教学的每个主要成分与 ARCS 的联系

在设计教学策略时,我们必须精心设计每个成分的呈现方式,以确保学习者能够持续地对这三个问题给出肯定回答。为此,我们可以利用学习者分析的数据,深入了解他们的需求、兴趣和表现水平,以便推测他们将如何感知教学内容和活动。为了实现宏观教学目标,在设计每个学习成分时,设计者应该思考:"这与学习者的需求、兴趣、信心和满足感有什么关系?"

保持学习者对相关性感知的最重要方面似乎是学习者的期望与他们所遇到的教学之间的一致性。例如,最初的动机激发材料必须与学习者对自身需求和兴趣的理解相一致。什么样的材料最能满足学习者的初始期望,并吸引他们参与教学? 如果你认为教材中任何部分的一致性对学习者来说并不明显,那就需要采取措施说明这种一致性,确保他们认识到这种相关性。如果学习者看不到他们的初始期望与教学内容、教学示例、练习活动以及所做测验之间的关系,就会出现问题。

在开发后续教学策略时(接下来几页将会介绍),你需要持续关注动机问题。班杜拉的研究(Bandura,1993)将信心与动机联系了起来。他的自我效能理论指出,那些相信自己能够实现目标的学生比怀疑自己能力的学生更有可能达成目标。例如,在设定目标时,要让学习者认为这些目标是可实现的,而不是遥不可及的。如果列出三四十个措辞专业的目标,可能会削弱学习者的信心;相反,如果用学习者熟悉的语言写出三四个总体目标,通常会帮助他们建立信心。那些确信自己已经掌握了所有先决条件的学习者比怀疑自己技能和知识的学习者更有信心。

学习者对初步呈现的材料量会产生即时的反应。学习者对你选择的材料量,更有可能感到舒适和自信,还是感到不知所措? 在考虑练习时,学习者是否有可能在你提供的练习中取得成功,从而对自己充满信心? 在练习之前,是否有足够的指导让学习者取得成功? 在决定是否进行前测时,你还应该考虑学习者会如何看待它。前测是会证明学习者有能力掌握所要学习的技能,还是会引起他们的怀疑和不安全感?

学习者的满意度是第三个需要考虑的一般性问题。学习者是否会因学习技能而获得奖励? 他们是否认为所获得的奖励与所需付出的努力相比是足够的? 你是否应该提供额外的内容来指出潜在的奖励? 在你的练习中,他们是否有可能取得成功,从而获得内在的满足感和成就感? 他们可能会把你设计的反馈看作是对他们成功的肯定还是批评? 完成后测后,他们是否会对自己的进步感到满意? 他们是否会认为所学到的知识证明了他们所付出的努力是值得的? 他们是否会认为你在教学导入材料中所做的承诺已经实现? 他们是否相信自己能够做得更好? 如果他们相信会有回报,但回报却没有兑现,那么你激励他们学习后续单元的任务无疑会更加困难。请记住,最有力、最持久的奖励是与学习者自身内在价值体系相关的内在成就感。

告知学习者目标　教学导入活动的第二个成分是告知学习者教学目标。回想一下,你在学习课文时，有没有想过应该学习哪些核心概念？如果提前得知教学目标，你就会知道应该将注意力集中在哪里，应该学习什么内容，解决什么问题，以及需要解释哪些概念。

告知学习者目标可以帮助他们将学习策略集中在这些预期结果上。他们应该意识到自己不需要知道一切，只需要能够完成一些具体任务。这些信息不仅能帮助学习者采用更有效的学习策略，还能帮助他们认识到教学内容的相关性。在教学开始时，直接列出教学目标可能并非告知和激励学习者的最佳方式。一个更为适宜的策略可能是，通过一个工作实例来展示他们在接下来的学习中将解决的问题类型，或者通过示范来展示他们将要学习准备和呈现的戏剧性表演。

激发对先决技能的回忆　教学导入活动的第三个成分是告知学习者教学所需的先决技能。呈现这一成分的首要目的，是提供快速的现实检验，确保学习者初步理解新内容与他们已掌握知识之间的关系。为此，可以在继续学习之前简单地对学习者的起点技能进行测验，并要求他们证明自己已经掌握了这些技能；或者也可以简要介绍所需的起点技能，并告知学习者，教学将在假定他们能够掌握这些技能的基础上进行。让学习者了解先决条件，可以帮助他们为接下来的学习做好准备。如果使用测验，则可以为设计者提供有关学生起点技能差异的信息，这有助于教学者制订补救计划并解释学生在新教学中的成绩。

该成分的第二个也是更为重要的目的，是促进学习者主动回忆相关的心理情境，以便将新内容融入其中。实际上，这三个教学导入活动共同构成了激活认知加工的第一个重要步骤，使学习者能够将他们正在学习的内容与他们已经知道的内容联系起来。这种新旧知识之间的联系不仅能使最初的学习过程更加容易，也有助于最终的记忆效果。

内容呈现和学习指导

接下来的任务是明确需要向学习者准确传达的信息、概念、规则和原理。这是对教学单元内容的基本阐释。内容的呈现通常采取两种一般模式之一：演绎模式或归纳模式。在**演绎模式**，或者说以内容为中心的教学方法中，通常采用教科书、教学者或媒体材料向学习者展示如何识别新学习内容的不同部分，以及这些部分之间的结构联系，从而将它们组合成一个连贯的整体。而**归纳模式**，或者说以学习者为中心的教学方法，与发现式学习紧密相连，在这种方法中，学习者被引导或自我引导去体验，收集新的学习信息并构建起形成整体所需的结构联系。那些我们认为杰出的教学者往往能够在教学实践中巧妙地融合演绎和归纳两种模式。

内容呈现总是与学习指导相互交织，学习指导的目的在于将新内容格式化，以便我们"理解"并在需要时回忆它。教科书就包含最简单的学习指导示例，通过章节标题、小节标题、段落标题、项目符号列表等方式进行编排。这种嵌入式大纲为我们提供了内容结构线索，使学习和记忆变得更加容易。除了介绍新内容，解释其结构及其与其他内容的联系也很重要。通过这种解释来加深学习记忆的方法有很多，例如概述（就像教科书示例一样）、示意图、建模

（二维表征和三维实物模型）、使用静态和动态图形进行说明、重点标注、流程图、逐步抽象化，以及按照大小、重要性或复杂性进行排序等。

另一种常见的学习指导形式是使用示例。你需要决定与新内容一同提供的示例类型和数量。大量研究已经探讨了我们如何通过正例和反例来学习新技能。**反例**是特意设计来展示错误并解释其原因的示例。正例和反例的运用对学习都是有益的，因此你的教学策略也应该包含这两种示例。在本章的后半部分，我们将更详细地探讨针对不同学习领域的目标，在内容呈现和学习者参与中应包含哪些学习指导。在本章及后续章节中，我们使用**内容呈现**来表示要学习的全部内容，以及通过正例和反例、插图、示意图、演示、示范解决方案、情景、案例研究、示例行为表现等形式提供相关学习指导。需要强调的是，在这一步骤中，一个常见的错误是提供了过多的内容，尤其是当这些内容与学习目标无关时。斯威勒（Sweller，1994）提醒我们，设计者应该意识到，过多的信息和智力技能会对学习者的短时记忆（工作记忆）造成认知上的负担。他用**"认知负荷"**来描述一个人在头脑中处理新信息和新概念时，对其进行加工并将其整合到长时记忆中的知识体系中的能力。斯威勒的文章提出了设计者在教学中管理认知负荷的方法。

学习者参与

有反馈的练习是学习过程中最有效的组成部分之一。通过为学习者提供与目标直接相关的活动，使他们有机会练习你希望他们掌握的技能，可以极大地促进学习过程。一种方法是在教学中嵌入练习性测验（如第 7 章所述），更常见的方法是在教学中提供非正式的机会，让学生在学习的同时"尝试"应用所学内容。学习者不仅应该有机会练习，还应该获得有关其表现的反馈或信息。

反馈

反馈有时也被称作**结果知识**。对于简单的学习任务，可以直接告知学生他们的答案是否正确，或者向他们展示正确答案或示例，以便他们从中推断自己的答案是否正确。对于较复杂的学习任务，除了告知正确与否，还可以向学生解释其练习作业正确或错误的原因，并提供指导，帮助他们理解、学习和纠正错误。舒特（Shute，2008）对形成性反馈的研究综述不仅有趣，而且还在文末针对在反馈时应该做什么、不该做什么、如何把握反馈的时机，以及反馈与学习者特征之间的关系提供了指导。

反馈常常以强化的形式出现。对成人学习者而言，知道自己正确完成了任务往往是最好的强化，可以伴随着"太棒了，你是对的"这样的积极表述。幼儿则通常会对以下形式的强化产生积极反应：课堂教学中教学者赞许的目光、多媒体教学中出现的动画和声音、在同伴面前得到的认可、获得特权或参与其他活动的机会。在团体互动中，同伴的接纳和认可同样能够提供有效的强化并在学习者通过合作理解概念和解决问题的过程中提供宝贵的练习和反馈机会。

在选择学习内容时,教学分析通常会为每个目标提供内容、示例、练习和反馈。有时,将几个目标组合起来,并提供更整合的内容、范例、练习和反馈,可能会更加有效和合适。是否对目标进行分组是设计者基于对教学内容和学习者理解作出的主观决策。如果决策不当,在形成性评价中就会显现出问题。

为教授每个目标而选择的学习内容应涵盖终点目标的内容。不能仅仅因为你在分析中讲授了每个目标,就认为学习者能够自然而然地将所有技能和信息整合起来,完成终点目标。教学内容和学习者参与的最终要素应该是对所有教学内容的总结。它的结构与其他目标相同,即总结已呈现的内容和实现终点目标的示例。然后,学习者有机会进行一项包含终点目标的示例活动,并从中获得反馈。完成这些后,学习者将进行下一部分的内容,即评估。

评估

第 7 章介绍了四种基本的标准参照测验:起点技能测验、前测、练习性测验和后测,还介绍了每种测验的一般功能和开发方法。此时,作为设计者,你必须准确地决定评估学习者学习成果的策略。这种策略可能与最终采用你所设计教学内容的教学者所选择的策略有很大不同。

首先,你需要明确,你将采用某种形式的练习性测验,无论其正式程度如何,作为教学过程中学习者参与的一部分。然后,你必须决定要包括哪些评估活动:

- 是否需要评估起点技能?
- 评估应在何时进行?
- 是否应该对待授技能进行前测? 如果是,应在何时进行? 究竟应该评估哪些技能?
- 后测应在何时进行? 如何实施?
- 教学结束后,是否应该询问学习者的态度?

在这一阶段,必须仔细区分为准备形成性评价而编写的教材草案和经过形成性评价和修改后形成的最终教材。在这一阶段编写的教学草案可能会"偏重测验",因为你需要找到尚未掌握的起点技能,并细致跟踪学生的表现,以便查明教学中可能存在的无效环节。

除了之前提到的正式测验,设计者还可以考虑使用嵌入式态度问题,这些问题有助于揭示学习者在接触教学内容的当下对教学的看法。例如,不要等到教学单元结束后才询问关于插图质量的问题,而是应该在刚展示插图时就立即提出相关问题。这些态度或观点问题可以直接嵌入到自定进度的教学中,或者包含在单元指南里。经过形成性评价和修改后,嵌入的态度问题就可以从教学中移除,整个测验策略也会变得更加"精简"。

最有用的态度问题应该尽可能具体,以便在形成性评价过程中为设计者提供尽可能多的信息。这些问题可以涵盖教学的各个方面,比如询问某个特定的例子或插图是否清晰,某组

203

练习题是否足够充分，或者教学内容总体是否具有吸引力。

有时，在教学的某些部分，设计者可能基于内容或教学的需要，使用特殊的程序或方法进行评估。设计者可以插入非常具体的问题，询问学习者对所学内容的反应。这种方法似乎不会干扰学习者对教材草案的试用，反而能够当场获得学习者对教学的具体反馈，而不是通常在教学单元结束时进行的问卷调查中所得到的一般性反馈。单元结束时的问题有助于设计者获得对教学的总体反馈，而嵌入式态度问题则可以提供更精确、更有针对性的信息。

跟踪活动

教学策略中的最后一个学习成分是"跟踪活动"，旨在确保学习者的记忆和迁移需求得到满足。这一步的关键在于回顾行为表现情境分析，其中应详细描述学习者必须在什么条件下实现教学目标。

204

记忆技能　思考学习者在实现教学目标时必须从记忆中想起哪些内容。是否有必须从记忆中检索的内容？是否需要在没有提示或参考资料的情况下快速完成？如果是的话，本章后面介绍的言语信息教学技巧对于将这些内容纳入教学策略中将至关重要。

对于学习者必须记住什么的问题，记忆本身往往并不重要，只要他们能成功地掌握技能即可。如果你的目标是后者，那么你可能需要考虑使用**工作辅助工具**，即执行者用来减少他们在执行任务时对记忆依赖的任何工具。例如，学习者在执行任务时是否可以参照核查表？如果可以，这将极大地减少记忆大量信息的需求，并可能缩短教学时间。

学习迁移　关于教学目标的第二个问题是"必须发生的学习迁移是什么性质的"。换句话说，"行为表现情境与学习情境的相似度如何"。让我们通过两个极端的例子来阐释这个问题。

假设教学目标是运用一款新的计算机应用软件。教学活动在培训中心进行，使用的计算机与工作场所的相同。在培训过程中，学习者在学习使用应用程序的同时，会使用其所在部门在实际工作中使用的表单。学员在培训结束后，应该能够使用这款新的应用程序。

根据这一描述，我们可以推断，如果培训设计得当，学员将能够将在培训中学到的内容100％地迁移到工作场所。这种迁移之所以能够实现，是因为培训中使用的系统和应用程序与工作场所的完全一致，采用的表单也与实际工作中的类似。迁移情境中的其他成分，还包括在学员的计算机上安装应用程序，以及管理层为学员能够成功运用新程序而创建的支持性环境。

现在考虑这样一种情况，教学目标是使员工成为素质提升团队的有效参与者。接受培训的员工来自公司的不同部门，具备不同的专业知识、教育水平、组织承诺以及对上司的态度；同时，他们在各自的部门面临不同的问题。

在这种情况下，必须认真考虑培训期间所学技能的迁移问题。首先，我们假设设计者已经能够明确有效团队参与的步骤。培训内容和案例应涵盖公司各部门的多样化情境。学员应该有足够的机会在团队中进行练习，寻求解决棘手问题的新方法。然而，由于素质提升团队的成员构成和问题性质千差万别，培训者难以营造一个与工作条件完全一致的练习情境。学员在应用新技能时会受到表扬吗？ 会被人注意到吗？ 这些新技能在提升团队效率方面能达到预期的效果吗？

研究表明，学习者通常只能将部分所学知识迁移到新情境中(Schunk，2019)。学习往往是针对特定情境的。因此，设计者需要认识到学习迁移的局限性，并采取一切可能的措施来对抗这种局限。布罗德和纽斯特罗姆(Broad & Newstrom，2001)回顾了有关迁移的文献，并从培训者、管理者和学习者的角度，探讨了如何提高学习迁移的可能性。

除了尽可能使培训情境与行为表现情境相似外，要求学习者制订一个计划，说明他们将如何在行为表现情境中应用新技能，也很有帮助。该计划应列出可能遇到的问题以及如何克服这些问题的建议。对这一计划的承诺和定期审查，有助于学习者记住所学的技能，并思考如何使用这些技能。

将培训成果从课堂迁移到行为表现场所，是教育工作者和培训者最为关注的问题之一。如今，教学结束后的测验成绩不再被视为评判教学效果的主要标准。如果学员能够在自我实现的道路上更进一步，能够借此进一步学习更高阶的课题，或者能够将所学技能应用于工作，从而提升组织效率，那么教学就是有效的。如果无法达到这些标准，教学的必要性就会受到严重质疑。是教学方法不当，还是教学效果不佳？ 是学习者缺乏积极性，还是教学内容根本无法迁移到行为表现场所？ 当我们考察那些无效的教学时，我们常常发现，教学设计过程的不同阶段——从需求评估到学习迁移策略，都可能存在问题。

学习成分总结

按照其典型的先后顺序，可以将完整的教学策略的学习成分总结如下：

A. 教学导入活动

  1. 吸引学习者的注意力，激发其学习动机；

  2. 描述具体目标；

  3. 描述并促进对先决技能的回忆。

B. 呈现教学内容

  1. 教学内容；

  2. 学习指导。

C. 学习者参与

  1. 练习；

  2. 反馈。

　　D.　评估

　　　　1．起点技能测验；

　　　　2．前测；

　　　　3．后测。

　　E.　跟踪活动

　　　　1．为保持提供记忆辅助；

　　　　2．考虑迁移问题。

　　请注意，成分 B 和 C 在每个教学目标或目标组中都会重复出现，有时成分 E.1 也会如此；对于终点目标，这些成分将以总结的形式再次呈现。成分 A、D 和 E.2 则需要根据教学内容、课时时长、教学流程和学习者需求等因素，根据教学目标或目标组的需要选择性地重复。

基于不同成熟水平和能力水平学习者的学习成分

　　让我们考虑一下不同学习者对教学策略的需求。首先，不要忘记，教学策略中的学习成分旨在通过促进学习者的心理状态和活动来引导其智力加工过程。在理想情况下，所有学习者都能够自主管理自己的智力加工过程；也就是说，他们能够成为独立的学习者，或者说，他们已经"学会了如何学习"。实际上，这是学校教育的结果，现在在许多公立、私立、小学、中学和高等教育机构的使命宣言中都可以找到。

　　这种理想或多或少地存在于我们每个人的心中。一般而言，年幼或学习能力相对较低的学生不如年长或学习能力较强的学生那样能够很好地管理自己的学习过程。因此，对于年幼或学习能力较弱的学生，更有必要在教学策略中提供学习成分；而对于年长或学习能力较强的学生，他们能够自己提供许多学习成分。教学策略中的学习成分应根据学习者的需求有选择性地规划，而不是在所有教学情境中以相同的方式提供给所有学习者。例如，为一年级学生教授分数概念的教学应包括所有学习成分。与此相反，针对电气工程师举办的为期一天的电路板最新材料在职研讨会可能只需要呈现教学内容和示例，并以现场问答讨论的形式进行练习和反馈。在这种情况下，可以在研讨会后通过公司内网的小组软件，在工作小组问题讨论中实施一项迁移活动。规划教学策略的意图，应该是使学习成分与目标学习者所需的指导量相匹配。

　　在为远程学习者设计教学时，考虑学习者的需求同样至关重要。摩尔和基尔斯利(Moore & Kearsley，2012)提出了一种"教学理论"：交互距离理论，它可以用来指导远程课程的开发，以满足预期学生群体的需求。该理论的含义如表 8.2 所示：具有较强自主性的远程学习者能够处理较大的交互距离，因此需要较少的课程结构和课程对话（即学生互动）来获得有效的课程体验。自主性较弱的学习者则恰恰相反。因此，我们不会为自主性较弱的学生提供结构松散、对话不足的课程。然而，对于自主学习者来说，任何结构与对话的结合都能提供良好的帮助。结构使知识内容变得易于理解、管理和预测，而对话则使学习体验个性化，促进学习者的参与。虽然课程结构和对话并不等同于我们对学习内容的描述，但它们显然是教学策略中学习成分的重要载体。关于学习者对远程课程中适合自己学习方法的看法，有关研究支持了课程结构和学习者互动的价值（Moore & Kearsley，2012）。

表 8.2　摩尔和基尔斯利的交互距离理论中的结构和对话维度

课程结构水平	课程对话水平	交互距离	对学习者自主水平的适宜性
低：由学生控制课程管理的灵活课程　↕　**高**：学生要遵守详细课程结构的死板课程	**低**：与教学者的互动交流少　↕　**高**：互动交流很多，从教学者（或助教、同学、课程材料、计算机等）那里得到很多指导	较大　↕　较小	高度自主的学习者　↕　尚未"学会如何学习"的低自主性的学习者　或者　包括最独立学习者在内的不同自主性水平的学习者

基于各种学习结果的学习成分

　　无论是设计智力技能、言语信息、动作技能还是态度的教学，教学策略的基本学习成分都是相同的，因此它们可以作为设计的一个组织结构。但针对不同的学习结果，每个成分都存在一些需要考虑的差别，下面将对它们分别进行讨论。由于本章前面已经介绍了如何开发策略以帮助确保材料的动机激励作用，此处对这一问题就不再赘述。

　　智力技能

　　在设计智力技能的教学时，应考虑五个学习成分中的每一个成分。

　　教学导入活动　除了激发学习动机、告知学习目标和促进对先决技能的回忆外，设计者还应该关注学习者在记忆中组织已有起点知识的方式，以及他们对新内容记忆能力的局限性。教学策略应该提供能帮助学习者将新内容与记忆中的先决知识相联系的方法。如果学习者不清楚这些联系，那么在教学中应该直接教授学习者现有知识和新技能之间的联系。

　　内容呈现和学习指导　在呈现智力技能的教学内容时，为了确定内容的呈现顺序，回顾智力技能的层级性质很重要。应始终先介绍下位技能。同时，指出构成规则的概念的显著特征也很重要，这些特征可能包括物理特征或角色与关系特征。还要让学习者注意到可能存在的无关特征，以及他们在区分概念或应用规则时常犯的错误。不过，在结构不良问题的教学中，这些提示应最终消失，因为这种学习的性质要求学生能够自主决定所解决问题的各个成

分的相关性和相互关联。

在选择概念的正例和反例时,设计者既要选择清晰的正反例,又要选择有争议的正反例,以说明概念的明显和细微区别。有时,可能需要提供直接的信息,解释这些例子为何符合或不符合定义。同时,应确保所选的例子和插图是学习者熟悉的。使用不熟悉的例子来教授未知的知识,可能会不必要地增加学习的复杂性。因此,应选择学习者经验和记忆中可能包含的例子。为了促进迁移,可以从熟悉的例子逐步推进到不太熟悉的例子,然后再推进到新的例子。当学生学习解决结构不良的问题时,通常采用案例研究、问题情境和学生选择的实例等形式作为新的实例,并将其延续到练习和反馈活动中。

这种策略还应该向学习者提供组织新技能的方法,使之与已有的相关知识点相结合,从而更容易回忆起来。当学生学习解决结构不良的问题时,这一点尤为重要,因为他们必须"汇集"并综合一系列新旧知识来制定解决问题的策略。

通常在内容呈现环节接近尾声时,设计者可能会自问:"我已经教授了所有下位技能和目标中的每个步骤。还有什么遗漏的吗?"实际上,尽管学习者已经学习了每个单独的步骤,但他们通常不会一次将这些步骤整合在一起。因此,终点目标的内容呈现至少应该复习完成目标所需的所有步骤,并举例说明如何完整、正确地完成目标。

学习者参与   在设计智力技能练习时,需要考虑几个关键因素。首先,练习应与教学目标中规定的条件和行为相一致,并在教学中有所涉及,这有助于将相关练习从繁杂的工作中区分出来。其次,应确保先决知识与新技能之间的联系,并在设计练习时从较简单的问题逐步推进到较复杂的问题。此外,提供一个熟悉的情境,让学生在其中练习技能。想象一下在你不熟悉的技能领域分析教学目标,或者在一个你完全不了解的主题上撰写段落。当你能熟练地执行教学目标时,你就可以专注于目标分析过程;当你非常熟悉段落主题时,你就可以专注于段落的结构和内容的构思。与设计新内容和示例的呈现方式一样,在不熟悉的情境中安排练习可能会不必要地增加学习者掌握技能的复杂性。

关于练习的复杂性,有三点需要注意。首先,为了实现最佳的学习迁移效果,教学结束时的练习应与行为表现情境中的条件一致。如果这种真实的练习对学习者来说过于陌生,那么可能需要增加练习次数(或内容),让学习者在逐渐陌生的情境中参与,直至接近行为表现情境为止。第二点,也是与此相关的注意事项是,学习解决结构不良问题的练习最终必须在不熟悉的情境中进行,因为只有这样,学习者才能尝试他们正在学习的问题解决策略,并将其应用于课堂之外的现实世界中。第三,在进行后测前,学习者应该有机会对终点目标进行练习,并得到纠正性反馈。

向学习者提供的反馈的性质也很重要。反馈应该兼顾学生在练习中的成功与失败。只关注错误可能会使学习者认为他们所做的一切都是没有价值的,但事实很少如此。当出现错误时，应向学习者提供信息，解释他们的反应为何不够充分。如果能够利用反馈来改进表现，学习者倾向于将纠正性反馈视为信息而非批评，尤其是当他们可以利用反馈来改进自己的表现时。随着学习者从低阶智力技能向高阶智力技能发展，反馈的性质也会随之变化，亦即从单纯指出练习回答"正确"或"错误"的特征，转变为对学生的回答及其得出回答的过程进行指导。

　　评估　评估学习者智力技能表现的策略，涉及决定何时以及如何测验这些技能。在作出这些决策时，设计者需要考虑自己和学习者将如何使用这些测验结果。**过早测验**，或在学生尚未做好准备时进行测验，可能弊大于利，因为它们往往会削弱学习者的积极性，并提供关于教学是否充分的错误信息。在设计复杂智力技能的测验时，通常应该在要求学习者完成终点目标之前，先测验他们是否已经掌握了相关概念和关系，以及是否能正确描述执行程序的步骤。例如，在要求学生写段落之前，你可能想测验他们是否能描述好段落的特征，以及判断段落质量的标准。对错误的结构进行练习并不能提高学生的写作能力。在学生掌握下位技能之前测验他们的写作技能，可能会导致写出的段落需要教学者提供大量反馈意见，从而使学生感到沮丧。

　　与过早测验同样具有破坏性的是，在评判智力技能产品和表现质量时采用不恰当的标准。你应仔细考虑，对于特定目标群体而言，什么水平的表现是突出、合格和不合格的。虽然这些标准的设定具有一定的主观性，但它们必须基于对特定年龄段或能力水平群体在特定情境下可能达到的水平的现实认识。请记住，评判学生解决结构不良问题的质量标准不能是单一的正确答案，因为结构不良问题本质上可能存在多种正确的解决方案。通常采用一套评分细则来评判解题方法，该评分细则应考虑到学生在解题过程中对问题各成分的识别和处理方面做得如何，以及他们给出的答案与问题的恰当解决方案的接近程度。

　　跟踪活动　对于层级相关的技能，考虑其学习保持和迁移的要求至关重要，尤其是当一个教学单元中所学技能是后续单元所学技能的下位技能时。你必须考虑后测之后的纠正性反馈是否充分，或者是否需要其他更多带有练习和反馈的教学。你还应该利用后测数据，有针对性地对需要的特定下位技能进行补充教学。

　　对于智力技能而言，审视记忆和迁移要求的策略极为重要。我们需要思考的问题很多。技能最终将在何处使用，是否已为迁移做好充分准备？是否让学习者执行真实的任务，以及各种与在工作情境中可能遇到的任务相似的任务？如果学习者在行为表现情境中需要依赖记忆来使用该技能，那么在教学练习中是否提供了足够的线索？例如，创建一个工作辅助工具是否合适，如为新的计算机界面工具栏上的每个图标提供弹出式解释对话框，或者将校准质量控制仪器的步骤制作成卡片以便需要时使用？技能的使用环境如何？教学环境是否模拟了实际工作环境和人际互动环境？最后，行为表现的现场是否已经做好准备，以支持学习者的应用？经理和主管是否了解正在教授的技能，以及学习者期望如何将这些技能运用到工作中？教学者是否熟悉行为表现情境，并指导学习者如何将新技能融入工作环境中？促使组织鼓励和奖励学习者掌握新技能，是整体教学策略的一个重要方面。如果这部分工作尚未完成，可以在开始试教时进行。

高阶智力技能的一个关键迁移要求是，学习者不仅要掌握解决问题的策略，还要养成反思、评价和改进自己获取和管理这些策略的方式的能力。这种监控和指导自身认知过程的能力是"学会如何学习"的核心，需要在教学策略的所有五个学习成分中加以关注。简言之，所有五个成分的策略都旨在将构建学习体验的责任逐步从教学者和教材转移到学习者身上。这是迁移的最终目标（Jonassen，2011）。我们希望所有学生都能成为自主学习的公民，并从自己的经验中获益。关于进一步的研究，读者可以参考梅里尔（Merrill，2013）、梅耶（Mayer，2008）和乔纳森（Jonassen，1997，2004，2011）关于以自主学习为目标的问题解决教学设计策略。科尔布（Kolb，1984）的体验式学习理论，也强调了观察和反思在自主学习过程中的作用。表 8.3 总结了智力技能的五个学习成分及其注意事项。

表 8.3　支持智力技能学习的学习成分和注意事项

学习成分	每个成分的注意事项
教学导入活动	提供动机：注意、关联、信心、满意 告知学习者目标 促进对先决技能的回忆 将新内容与现有知识/技能联系起来
内容呈现与学习者指导	根据技能之间的层级进行排序 揭示概念的显著特征（物理、目的、质量等） 指出分类中的常见错误 说明组织结构（大纲、标题、图形、工作辅助工具等） 提供正例和反例 创造将新技能融入现有技能的方法
学习者参与	确保练习与教学目标中规定的条件和行为相一致 从较低难度到较高难度推进 使用熟悉的情境进行演练 提供与行为表现情境相似的条件 确保反馈兼顾质量和错误
评估	确保学习者为测验做好准备 适应技能的层级性 针对学习者的年龄、能力应用适当的标准

（续表）

学习成分	每个成分的注意事项
跟踪活动	促进迁移（从真实任务到行为表现情境） 考虑记忆要求 考虑工作辅助要求 确保工作环境易于接受 反思学习经验和未来应用

言语信息

接下来，我们将针对言语信息目标和下位技能来考虑每个学习成分。

教学导入活动　对于言语信息的学习效果，教学导入活动的设计非常重要，因为这类学习往往不如新概念和问题解决那样引人入胜，因此吸引学习者的注意力并激发其学习动机至关重要。在大多数情况下，言语信息是作为学习者掌握其他类型技能所需"知识体系"的一部分来教授的。为了确保其相关性，应该将言语信息以小单元的形式与其他技能一起组织和教学，而不是作为大量孤立事实的堆砌。清晰地阐述信息的用途和价值，这样，描述学习目标的工作就变得自然而然，而回忆先决技能的问题也就迎刃而解了。

从技术角度来看，学习言语信息并不存在先决技能，但实际上，大多数言语信息都是学习者记忆中更大的相互关联的知识体系的一部分。此外，它还能使智力技能的表现呈现出层级性。回想一下"V"记号的使用，它表示言语信息在态度、智力技能和心因动作技能中的位置。在教学导入活动中，应将使用言语信息的情境作为先决条件加以提示。

内容呈现活动　在呈现言语信息时，信息储存和在需要时被回忆的情境非常重要。将新信息与记忆中已有知识联系起来的策略，即"精加工"（elaboration），可以提高教学效果。精加工或联系的过程越详细，学习者就越可能将新信息存储在某个合乎逻辑的位置并在日后回忆它。精加工策略包括提供类比，或要求学习者使用他们自己经验中的想象图像或例子，以促进新信息的存储和回忆。这些情境联系构成了学习者回忆信息的线索。

另一种推荐的呈现言语信息的策略是将同类信息分成若干子集，并就子集内项目和不同子集间项目进行直接教学，这种方法被称为**组织**。我们推荐为学生提供大纲或表格，以帮助他们组织新信息，并按相关子集汇总信息。

如果信息是全新的，并且与以往的学习内容无关，那么教学策略中应该包含记忆工具或**记忆术**，以帮助学习者记忆这些信息。不过，在开发记忆术时，建议使用与所需记忆材料逻辑相关的记忆方法。与信息逻辑相关的字母或易于记忆的首字母缩略词，可以作为有效的记忆提示。如果记忆术本身不合逻辑，就可能和它们旨在帮助检索的信息一样难以提取。

210

211

　　学习者参与　**练习言语信息**意味着什么？机械记忆对于帮助学习者随着时间的推移回忆信息的效果有限。我们认为，设计能够加强精加工和提示、更好地构建组织结构的练习活动会更加有用。鼓励学习者生成新的例子、形成触发回忆的心理表象以及完善组织结构的练习会有所帮助。此外，也可以考虑将练习的重点放在有意义的情境和相关线索上。

　　与智力技能的学习一样，对于学习者回忆的言语信息的准确性，也应提供反馈。在可能的情况下，反馈应详细到不仅提供正确答案，还应解释为何某些答案不正确。

　　评估　在测验言语信息时，一定要为学习者提供在行为表现情境中可用于回忆信息的线索。同时，应将言语信息项目排在相关的智力技能、动作技能或态度附近，以创造有助于回忆信息的相关情境。如前所述，这种测验排序策略不建议将所有与定义和事实相关的测验项目集中放在测验的开始或结束部分。

　　跟踪活动　促进言语信息的记忆可能是个难题，需要采用更多的精加工和组织策略；但也可能需要更好的激励策略。可能有必要为学习者创造一些可以"做"的事情来吸引他们学习这些信息，包括为学习者团队举办填字游戏竞赛等活动，这些活动不仅有趣，而且还能让他们在回忆信息时互相协助。这种团队合作的方式可以让他们在指导队友的过程中自己练习回忆。这种方法不仅富有趣味，还能加深他们的精加工，同时确保队友提供的额外提示是基于已有知识的，对学习者来说是有意义的。

　　由于这是一个言语信息目标，因此我们假定学习者已经考虑到为何要实现这一目标。有了这样的目标，学习者不会使用作业辅助材料或提供的其他参考资料。学习者的动机和练习的充分性至关重要。此外，还要审视信息的使用情境。学习情境中是否充分体现了应用情境？表 8.4 总结了言语信息的五个学习成分及其注意事项。

表 8.4　支持言语信息学习的学习成分和注意事项

学习成分	每个成分的注意事项
教学导入活动	提供动机：注意、关联、信心、满意 告知学习者目标
内容呈现活动	将新信息与现有知识/技能联系起来 排序时靠近信息支持的技能 创建或阐明组织结构（如子集组、位置、顺序等） 指出区别特征（物理、用途、质量等） 引入逻辑相关的记忆术 提供记忆辅助工具（如大纲或表格）
学习者参与	练习生成新的示例 加强精加工和提示

（续表）

学习成分	每个成分的注意事项
	使用有意义的情境和相关提示 为答案的准确性提供反馈
评估	确保与行为表现情境相关 排序时靠近信息支持的技能
跟踪活动	提供额外的精加工和组织策略 提供需要回忆的谜题或竞赛

动作技能

当我们谈论心因动作技能时，脑海中可能会自动浮现出棒球、网球或橄榄球等运动项目，但在商业、制造业以及许多技术和专业工作中，心因动作技能同样扮演着复杂而高要求的角色，而且可能是危险的。例如，学习心肺复苏术、学习在机械车间操作设备，或者学习降落单引擎飞机。在这些例子中，我们不难想象身心之间的相互作用。

运动技能的初始学习涉及**执行例程**的开发，执行例程由学习者要遵循的"指示"组成。学习者在大脑中预演执行例程中的每个步骤后，开始执行该步骤。经过反复练习和适当反馈，例程中的这些步骤将逐渐变得流畅，步骤间的迟疑减少，执行例程的心理预演需求降低，技能开始呈现其最终形态。精通该技能的专家往往不再依赖于这些执行例程，而是自动执行技能。关于典型动作技能学习的这一描述，对教学内容呈现、示例、练习和反馈意味着什么？显而易见的是，需要对技能进行某种形式的视觉演示。显然，视频可以用来捕捉动作，但照片或图画序列也经常被使用，至少在学习动作技能的初始阶段是这样。对于策略中的内容呈现和示例，通常的做法是先用言语描述技能，然后配以插图进行解释。

教学导入活动 相比于其他学习类型，动作技能的教学往往在一开始更容易吸引学习者的注意力并激发其学习动机。动作技能是具体的，是可以通过直观演示来呈现的。因此，学习者不需要别人"告诉"他们要做什么，而是能够直接看到将要学习的内容。这种直接观察即将学习技能的能力，可以极大地激发学习者的积极性，此外，还可以让学习者看到他们所崇拜的人在表演这项技能，并获得表扬或梦寐以求的奖励。我们中的大多数人都是为了获得表扬、奖章和绶带而努力工作。在这种情况下，需要注意的是如何激励能力较弱的学习者，因为他们知道自己不想公开展示心因动作技能。

内容呈现活动 确定一种有效的方法对动作技能信息进行分组至关重要。通常，可以将技能中有意义的部分进行分组，随后再整合成完整的技能。以学习打高尔夫球为例，这项技能可以分解为把球对准洞杯、后摆上杆、击球和随挥送杆。是选择整体呈现技能还是分步骤

213

呈现技能,可能需要根据学习者的技能水平、技能的复杂性以及可供学习者掌握技能的时间来决定。

　　学习者参与　练习和反馈是心因动作技能的显著特征。研究表明,学习者在实际执行技能之前,先在头脑中进行预演,可以提升学习效果。技能的实际练习需要反复多次进行。对于技能执行的正确与否给予即时反馈也十分重要,因为错误的练习不利于技能的提升。

　　对于涉及设备操作的复杂动作技能,一个特殊的问题是确定学习者应该从何时开始操作设备。一种极端方法是,在进行实际操作练习之前,先让学习者学习整个执行例程。虽然从逻辑上看,这似乎是最简单的方法,但通常效果不佳,并且会给学习者带来较大的记忆负担。另一个极端是让学习者在教学的每个阶段都对设备进行实际操作,这种方法尽管可以减轻学习者的记忆负担,但可能需要为每个学习者配备一台设备。

　　这个教学难题,随后可能转变为行为表现问题。一种解决方案是为学习者提供工作辅助工具。例如,学习者可能必须在设备中输入一个号码,才能使设备按特定方式运行。如果没有理由要求他们记住所有可能的号码,那么就可以将这些号码列在设备旁边的板子上或卡片上,方便学习者复习。工作辅助工具还可以包括要执行的步骤清单或评价产品和行为表现的标准。如果设计者决定在培训中引入工作辅助工具,很显然他必须教授学习者如何使用这些工具。

　　评估　测验动作技能的最终问题是"学习者能否执行所教授的技能"。要回答这个问题,学习者需要在预定的设备和环境中展示技能。这种展示可以是公开的,评估过程迅速,学习者可以自由地参与其中。如果展示过程中有其他学习者在场,他们必须关注和支持展示者,否则可能会对展示产生负面影响,降低展示者参与的积极性。

　　跟踪活动　动作技能的学习迁移问题也需要解决。必须考虑这项技能将在什么条件下执行。如果可能,行为表现情境中的要求应在教学中练习技能时呈现,同时也要在后测时呈现。还应鼓励学习者在教学结束后继续演练。例如,如果音乐家或运动员缺乏持续自我演练的动力,那么很少有人能在教学后成为专家。

　　当学习者能够**自动化**展示技能,即流畅、高效地执行技能,而无需思考应遵循的步骤时,他们就掌握了心因动作技能。例如,一个人在雪地上开车时,如果能够自动朝滑行方向轻转方向盘以纠正滑行时,就说明他已经掌握了安全驾驶的技巧。对于涉及安全的关键心因动作技能,应在训练过程或在行为表现情境的监督练习中达到自动化。对于大多数动作技能而言,自动化是在培训结束后在工作场所的持续练习中达到的。因此,必须采取相应措施以确保技能能够顺利迁移到工作情境中,这包括与主管合作以及保证工作场所的激励措施。表8.5总结了动作技能的五个学习成分及其注意事项。

表 8.5	支持动作技能学习的学习成分和注意事项

214

学习成分	每个成分的注意事项
教学导入活动	提供动机：注意、关联、信心、满意 说明要执行的技能并回顾先决条件（计划的口头说明） 提供利益相关的信息
内容呈现活动	计划要呈现的技能组织 告知和/或说明做什么和如何做 阐明成功表现的身体特征和品质 展示适合该群体年龄和能力的掌握表现
学习者参与	计划反复演练 包括相关设备和环境因素 提供即时反馈，说明优势和需要改进的地方 为改进表现提供有针对性的信息
评估	在预期环境中展示使用预期设备的技能
跟踪活动	确保在教学和练习中纳入表现条件 鼓励在教学结束后进行额外的演练

态度

研究人员认为，我们的态度由三部分组成：情感、行为和认知理解。在这种情况下，**情感**可以定义为我们对某种情境的愉悦或不悦之感，反映了我们对接近或回避该情境的内在倾向。这种倾向取决于我们过去在相似情境中的成功或失败经验，或者我们对他人在这些情境中行为的观察。理解这一点对于成功开发关于态度的教学策略极为关键。

教学导入活动　在态度教学中，设计教学导入活动也很重要。与心因动作技能类似，激发学习者对态度学习的兴趣最好通过第一手观察、积极的模拟参与（如角色扮演）或者视频及多媒体故事来实现。对态度学习而言，观察应激发学习者对所观察或描述角色的共情性认同，从而让他们体验到角色的情感。在告知学习者教学目标时，可以通过激励性体验来传达。在其他情况下，最好在激励性体验之前或之后直接说明目标。此外，通过让学习者参与精心选择或设计的激励性体验，可以将即将开始的学习与学习者当前的情感、技能和知识联系起来。对视频进行回顾讨论，鼓励学习者反思和探讨生活中类似的情境和人物，可能也会有所帮助。

215

内容呈现活动　在呈现内容和示例策略时，应由学习者尊敬和崇拜的人物或虚构角色来传达。这样的**榜样人物**应该通过其行为展示某种态度，并说明为什么这种态度是合适的。如果可能，学习者应清楚地看到，榜样在展示这种态度时，得到了奖励或个人的满足感。

态度教学的实质内容包括教授学习者应该展现的行为，如个人卫生习惯，以及解释这些行为为何重要的支持性信息。这些行为应在行为表现目标所描述的条件下展示。

在制定策略时，还需考虑你是在培养一种新态度还是在重塑一种已存在的态度。面对已有的消极行为（和态度），例如在遇到挫折时表现出难以自控的公共情绪或愤怒，教学应着重于提高自我认知，并教授在这些情境下的其他应对方式。可能需要设置模拟场景来唤起可能引发破坏性行为的情绪。引导学习者用更积极的行为来应对同样的情绪可能比较困难。为了达到这个目的，可以考虑采取一些策略，比如将他们在特定情境下的反应录制成视频，随后与他们一起分析他们的感受和反应。可以通过让他们听到别人对他们反应的评价，或者让他们观察自己钦佩的人在类似情境中的积极反应，来帮助他们学习如何保持冷静，引导互动朝着预期的结果发展。

选择与态度相关的教学策略无疑需要考虑多种因素。除了培养或重塑某种态度之外，还应思考以下几个问题。学习者是因为认识到需求并希望改变而自愿参与项目，还是因为上级、学校管理人员、法官的要求或"判决"而参与？学习者是根本不在意这些态度和行为，还是表现出坚定的信念或敏感的情感？在传输教学内容、创建模拟情境和提供反馈时，你有多大的自由度？只需要大班授课就够了，还是需要个别化教学？所有问题的答案都可以在学习者和情境分析中得出，并在设计态度教学策略时予以考虑。

学习者参与　学习者如何练习态度？首先，要为作为态度的一部分的言语信息、智力技能和动作技能提供练习和反馈。对于不恰当或无效的选择，给予无效甚至积极反馈，不能帮助学习者作出更好的选择。因此，在练习中必须将选择的机会和持续的反馈（奖励/后果/理由说明）相结合，以确保特定的行为与特定的反应相联系。角色扮演是一种常用的方法，因为在教学环境中很难复制态度的行为表现情境。让学习者有机会就所期望的选择提供言语论证，可以增强角色扮演的效果。反馈应包括学习者做得好的地方和需要改进的地方。如果学习者表现出不恰当的反应，则应提供有关更恰当反应的信息。

由于态度可以进行替代学习，因此心理预演可能是一种有效的练习方式，其中可能包括戏剧化场景，让受人尊敬的榜样面临不同的选择。在展示各种选择后，学习者可以观察榜样的积极反应，以及榜样获得外在奖励或表达内在满足感的情况，这样学习者也会将这些奖励和满足感视为积极和有意义的。此外，还可以展示其他榜样人物作出消极反应并承担消极后果的情景。故事模拟尤其有效，因为学习者可以通过故事观察到被负面榜样的态度和行为影响的人物。当受尊敬的人物受到"坏"榜样的伤害、侮辱或激怒时，学习者可以与这些反应产生共鸣或感同身受，从而在预演中将消极态度和行为与不愉快后果相联系。受尊敬人物的这些反应为学习者提供了反馈。学习者可以看到产生反应者怎样讨论消极榜样的行为，反应者通过描述榜样人物可以采取的其他行为反应方式，为学习者提供信息丰富的反馈。

评估 如前所述，在设计态度测验时，一个重要的考虑因素是学习者是否知道自己正在被观察。其他考虑因素还包括与预期行为相关的言语信息测验，以及以某种方式表现可能得到的奖赏和后果。评估策略还应涵盖展示理想行为所需的智力或动作技能。例如，如果一个人不会开车、不了解道路规则、也不能解决驾驶过程中的安全问题，那么他就很难展示出对安全驾驶的积极态度。虽然这是一个极端的例子，但它阐明了问题所在。

在设计问卷时，可以构建一些情境和问题来探究学习者在假设情况下可能的反应。不过，研究表明我们在假设情境中表达的态度与我们在现实生活中遇到类似情境时的实际行为之间只存在中等程度的相关。因此，设计者创设的情境应该尽可能模拟那些态度可能影响学习者选择和行为的情境。

跟踪活动 在教授态度的教学策略中，最重要的考量或许是确保有足够的成分促进学习迁移。除了表明学习者已经掌握了与态度相关的技能之外，我们很少对在教学者面前展示态度感兴趣。我们希望在没有教学者在场的情况下，学习者能选择将这些态度作为理想的行为来展现。因此，为学习者提供与我们期望看到的态度发生时类似的练习情境至关重要。作为练习活动的一部分，还应为学习者提供针对这种态度的有效反馈。在行为表现情境中，必须存在对态度的支持，同时还应提供与在教学过程中用于练习和反馈的相同类型的纠正指导、行为示范、激励措施和奖励。显然，要在行为表现情境中培养出理想的态度，从组织到一线主管的每个层面都必须参与进来。表 8.6 总结了态度的五个学习成分及其注意事项。

表8.6 支持态度学习的学习成分和注意事项

学习成分	每个成分的注意事项
教学导入活动	动机激发：注意、关联、信心、满意 告知学习者目标 阐明特定态度的好处和问题(后果) 唤起对实例中人物的情绪共情 提供对生活中类似情况或人物的反思或讨论
内容呈现活动	邀请受人尊敬的榜样人物来展示期待的行为，并描述或表明为什么这些行为很重要 阐明榜样因某种行为表现方式而获得奖励 阐明榜样因某种行为表现方式而获得满足感 阐明以其他不理想的方式行事会给榜样带来的不良后果
学习者参与	提供在信息或技能情境下选择适当行为的机会 为学习者提供角色扮演的机会，让他们在适当的情境或环境中作出选择 提供一致的奖励、后果或理由反馈 鼓励学习者就与奖励或后果相关的行为进行言语论证

（续表）

学习成分	每个成分的注意事项
评估	创设情景，让学习者讲述自己的选择和行为 测验学习者对所期望的行为方式及相应奖励和后果的了解程度 创设情境，让学习者选择所希望的行为方式，然后照做 在学习者不知道自己被观察的情况下，观察他们的选择和行为
跟踪活动	提供与应展示态度的情境类似的练习情境

基于建构主义策略的学习成分

概述

规范性较弱的、以学习者为中心的教育方法和建构主义设计理论在教学设计和管理中发挥着重要作用。激进的建构主义者认为客观现实是不存在的，知识是由学习者个人在内部构建的，因此是不可预测的。在了解这一观点后，教学设计者可能会问："那教学设计者如何确定学生需要什么，如何规定教学活动，如何评估学习成果？"答案是可以做到，但采取的方法不同。

正如第 1 章所述，迪克-凯瑞模型植根于认知心理学，我们称其为**认知模式**。建构主义同样源于认知心理学，它有两个分支：认知建构主义和社会建构主义。**社会建构主义**是在 20 世纪上半叶俄罗斯心理学家列夫·维果茨基（Lev Vygotsky）研究的基础上发展起来的。他的观点与皮亚杰（Piaget）的发展理论存在许多相似之处，但更强调社会情境以及文化和智力能力的社会传承。对他的理论起源感兴趣的读者可以阅读他原创文章的合译本（Vygotsky，1978）。在通常的用法中，**社会建构主义**就是指**建构主义**，我们也遵循这一惯例。

凯瑞（Carey，2005）、埃特默和纽比（Ertmer & Newby，1993）折中地分析了建构主义方法的某些方面如何与认知方法相辅相成，以适应特定类型的学习者和学习成果。迪克（Dick，1996）指出，威利斯（Willis）的建构主义模型与迪克-凯瑞教学设计模型有共同的焦点和任务，两者的融合是有益的；此外，德德（Dede，2008）提出，在许多情况下，将自上而下（认知）和自下而上（建构）的方式相结合可能是首选的教学策略。任何熟悉大师级教师工作的人都会发现，这两种方法在课堂上能够无缝且有益地融合在一起。读者应该清楚我们讨论建构主义的意图。我们并不是要抛弃认知模式，对建构主义教学设计进行全面的解释；乔纳森（Jonassen，1999）等人已经很好地完成了这一点。相反，我们的目的是描述建构主义实践中那些能够与认知教学设计模式有效融合的方面。我们的方法是，先对一般认知教学设计过程的要素与建构主义学习环境（CLEs）设计中的规划实践进行比较。然后，对将 CLEs 融入迪克-凯瑞设计模型的做法进行评论，并总结建构主义理论的一些关键方面，必须保持这些方面才能忠实于该教学法。最后，我们简要回顾了设计和管理 CLEs 时需要考虑的事项。作为这部分讨论的开始，**建构主义学习环境**的一个简明工作定义是：学习者与同伴和教学者组成协作小组，通过查寻资源来解决问题。发现式学习、探究式学习和问题式学习是与建构主义学习环境大致相同的教学策略。

考虑在教学策略中融入 CLEs 的设计者应当重温"基于不同成熟水平和能力水平学习者的学习成分"这一节。学生需要具备学习动机和相应的学习成熟度，才能在指导较少的情况下开始学习。那些缺乏学习动机或不成熟的学生，可能会因为无法承受建构主义学习所需的认知负荷，而感到沮丧和困惑。《**教育心理学家**》杂志 2003 年特刊中的一篇文章对**认知负荷**进行了定义，并就建构主义设计中的这一难题提供了有用的观点，汉纳芬（Hannafin，2012）关于**最优化指导**的评论也是如此。

认知教学设计模型与建构主义的规划实践

表 8.7 对比了认知 ID 模型与建构主义规划实践的步骤。仔细观察该表，可以清楚地看出两点。首先，建构主义并不能轻易地摆脱认知 ID 所要求的规划过程。如果选择将 CLEs 作为教学策略是因为设计者寻求相关理论所预测的建构主义学习成果，那么在目标、内容、学习者、情境等方面仍然存在规划任务。以学习者为中心的教学并没有减轻教学者在规划和参与方面的职责。这些角色依然存在，只是有所不同。

其次，设计者按照迪克-凯瑞模型，通过第 7 章的评估设计，已经完成了对设计 CLEs 有用的规划。在建构主义设计中，有一些理论问题决定了如何使用已经完成的宏观目标、内容和具体目标，以及评估的规划工作，我们很快就会讨论这些问题。这里的重点是，分析和设计工作已经完成且可供使用，因此在迪克-凯瑞模型中，这一阶段是引入建构主义融合的有效时机。接下来，我们将介绍如何处理将 CLEs 与认知模型相融合的一些理论问题。

表 8.7　认知 ID 模型与建构主义规划实践

219

认知 ID 阶段	迪克-凯瑞 ID 过程	建构主义规划实践
分析	需求	将学习置于组织的使命和要求之中。
	宏观目标	在学生参与前的准备阶段和学生参与过程中保持关注。包括认知策略中可能没有呈现的过程结果。
	内容	汇集和参考学生在学习环境中所需的领域知识资源；很少进行详细的层级下位技能分析。
	学习者	将学习者置于社会、文化和智力的最近发展区（使学习环境与学习者相匹配）。
	学习情境 行为表现情境	强调建构主义学习环境（CLEs）中的情境学习（真实的社会、文化和物理属性）。

（续表）

认知 ID 阶段	迪克-凯瑞 ID 过程	建构主义规划实践
设计	具体目标	通常是书面的,但比认知框架少,也不是正式的三部分目标。由于 CLEs 对学习者的协作和任务管理提出了要求,有时会将目标分为学习目标和过程目标。
	评估	教学者、学习者和其他学习者必须共同负责评估进度、产品和过程。更全面,不太注重测验子技能。没有唯一正确的解决方案,因此标准只是描述了适当解决方案的属性。
	教学策略 内容分组和排序 学习成分 学生分组 传输系统/媒介	CLEs 是一种教学策略。学习者与同伴和教学者组成协作小组,查寻资源解决问题。小组会议可以是面对面的,也可以是在同步或非同步时间或虚拟空间中以计算机为媒介的。资源必须是可获得的、相关的和充足的。问题必须具有复杂性、相关性,并且根植于现实世界之中。学习者必须积极参与、善于反思,并保持觉察。教学者必须激励和鼓励学习者,管理小组进程/进展,并提供适应性学习指导,包括支架、辅导(辅导、反馈和直接指导)、示范和指导。
开发	教学材料	较少关注规定性的印刷或媒体教学材料;更多关注探究、获取和基于资源的学习。为学生仔细描述目标、问题情景、小组过程、里程碑和资源。
	评估	评估通常采用评分细则和档案袋,并提供针对协作评价流程的指导。
	课程管理	用描述学习情境、目标学习者、宏观目标和具体目标,内容领域和问题情景、过程/活动概述、所需工具/资源/支架以及评估工具/过程的文件替代规定性的教师指南。

理论思考

220

　　认知和建构两种观点在理论上的主要差异体现在内容和学习者的角色定位上。认知观假设内容驱动系统,而建构主义则认为学习者才是驱动因素。前者更注重产品和结果,后者则更关注过程。这些假设导致认知主义者和建构主义者在宏观目标、内容、具体目标以及评估上持有不同的看法。如果你计划将 CLEs 融入认知 ID 中,并使其具有理论完整性,就必须考虑这些差异。

　　CLEs 的规划和文档总是涵盖与将要探索的内容领域相关的宏观目标,就像在认知模型中一样,这些目标应体现组织的需求和学习重点。然而,CLEs 是一种教学策略,顾名思义,它包括从探究过程而不是从内容领域中产生的学习者目标。即使这些目标没有写在文档的"目标"标题下,它们依然与建构主义理论密切相关,也是 CLEs 策略的一部分。德里斯科尔(Driscoll,2005)描述了应该在 ID 中予以考虑的建构主义的五个方面。在适应性学习指导的支持下，以学习者为中心的探究的五个理想结果（目标）包括：

1. 推理、批判性思维和问题解决

2. 保持、理解和应用

3. 认知灵活性

4. 自我调节

5. 正念反思和认识灵活性

第 3、4 和 5 点统称为**元认知**，是加涅（Gagné，1985）称为**认知策略**的能力。选择将 CLEs 融入认知模型的设计者应该认识到这些建构主义目标，在项目文档中明确阐述这些目标，并在设计 CLEs 和进行评估时将它们考虑在内。当最初的目标是学习解决结构不良的问题和发展认知策略时，选择 CLEs 最有说服力；不过，也有许多富有创造力的设计者将 CLEs 融入设计中，作为激励其他学习成果的工具。

在认知设计中，内容分析是通过识别下位技能水平来完成的，目的是揭示内容的结构，使设计者能够决定哪些内容是掌握教学目标所必须学习的，以及是否存在学习这些内容必须遵循的顺序。完成内容分析后，通常会编写出一系列反映教学内容结构的具体目标。然而，当将 CLEs 融入认知教学模型时，关于现实的客观观点可能会引发一些理论问题。汉纳芬等人（Hannafin et al.，1997，第 109 页）明确指出了认知主义与建构主义观点之间的差异。

> 对建构主义者而言，客观事物和事件本身并没有绝对的意义；相反，每个人都会基于个人经验和逐步形成的信念来解释并构建它们的意义。因此，设计的任务就是提供一个丰富的情境，在这个情境中，学习者可以协商意义，产生和发展理解的方式。建构主义者倾向于摒弃将情境分解为各个组成部分的做法，而是营造一个知识、技能和复杂性自然存在的（学习）环境。

如果选择 CLEs 作为教学策略，认知设计者不需要改变已经完成的内容分析，而是需要调整内容分析的应用方式。CLE 的构建不应通过强加一种内容结构来实现；相反，应该将其结构化，以便学习者能够在引导式探究的过程中自行发现其中的内容结构。不过，设计者可以基于内容分析，挑选一个复杂且有深度的问题情境，并提供充足的内容资源来解决问题。在 CLEs 中，下位技能分析还可以在解决结构不良问题的过程中，当学生需要关于概念、规则和原理之间关系的指导时，提供辅导和支架。根据乔纳森（Jonassen，1997）对教授结构良好问题的认知策略的描述，内容分析还可用于设计教程，作为 CLEs 中学生的学习资源。由于目标反映了认知设计中的目标分析和子技能分析，因此它们也受到汉纳芬评论中所指出的理论问题的影响。因此，下位目标可以用于编制辅导材料或工作辅助材料，也可以作为 CLEs 学习者的资源，但不会为了指导学习者的学习进度或过程，而直接分发给学习者。

如前所述,认知模式是内容驱动的,其结果是技能、目标和评估之间的平行关系。这种关系为教学带来了 CLEs 所不具备的结构,并影响了评估的性质。在认知设计中开发的评估可以为建构主义学习提供信息,但不能作为 CLEs 中的成果评估。由于结构不良的问题可能有多个正确的解决方案,因此,选择将 CLEs 融入认知设计的设计者必须描述正确解决方案的功能特征,而不是描述正确解决方案。设计者还必须根据建构主义理论中明确的探究目标来制定评估策略。这就要求进行真实的评估,其特点是学习者要完成实际的任务,这些任务通常会产生某种类型的产品(如问题解决方案、期刊文章、戏剧视频、计算机程序)或需要展示对技能和程序的应用(如展示开发软件解决方案的步骤、管理工作团队的进度、诊断疾病、撰写通讯稿)。

真实性评价的第二个特点是学习者和教学者对所产生产品或过程进行的互动式联合评价。这种评价过程还可以包括其他人,例如领域专家或同行工作组成员。互动式评价讨论通常首先肯定产品或表现中的亮点,然后在此基础上讨论作品中需要改进的部分。

最终,这些评价应涵盖评价学生作品质量的所有标准。教育的目标之一是让学习者:(1)获取有关产品或表现质量的信息(如形式、功能、审美、简约性);(2)使用这些标准来评价他人的作品;(3)在自己的作品中应用这些标准;(4)使用这些标准来评价自己工作的成果。自我评估部分将评估从测验学习者转变为评价学习成果。自我评估是认知灵活性、自我调节和反思的关键。接下来,我们将关注设计和管理 CLEs 的一些细节。

设计建构主义学习环境

在探讨理论基础的章节中,我们描述了所有 CLEs 的五个基于理论的目标。这些目标构成了设计 CLEs 时必须遵循的一组最低规定或要求。我们按照基尤(Chieu,2007)采用的组织模式,结合德里斯科尔(Driscoll,2005)提议的建构主义学习条件对这些目标进行讨论。

推理   为了实现推理(即批判性思维)和问题解决的教学目标,最有效的方法是设计复杂、现实且相关的 CLEs。CLEs 中的问题情境需要足够复杂,以便学生将学习经验转化为生活经验。但是,问题的复杂程度必须对不同成绩和能力的学生构成挑战,同时又不会引起过度的挫败感。CLEs 必须将学生置于现实且相关的问题情境中。**情境学习**则要求有一个学生认同的情境,以激发学习动机和迁移能力。情境应该包含学生所处的物理、社会和文化世界的现实元素,但不必局限于"现实世界"。学习可以在各种情境中有效进行,如角色扮演的童话故事、模拟法庭审判、计算机模拟、严肃游戏或基于计算机的微型世界等。问题情境的相关性应该体现在两个层面。首先,问题情境的规划必须使学生能够通过探究过程发现问题的模式和结构;否则,该问题与预期的推理和批判性思维技能的学习就几乎没有关系。其次,所学习的问题解决过程和策略应该是可推广的。虽然奇异和独特的问题在某些方面可能很有趣、有启发性,但它们对于预期的迁移来说基本上是无关紧要的,因为我们需要在各种新情况下应用和练习解决问题的策略。

　　保持、理解和应用　实现这些目标最好的方法是促进学习者、同伴和教师之间的互动。这种互动应该是探究过程的核心部分，这样学生将不得不进行探究、思考、辩论、完善，甚至重构他们对新知识的理解。这种社交互动为实践和反馈提供了机会，从而促进对知识的保持和理解。无论是在面对面的环境中，还是在聊天室、博客、维基、论坛、电子邮件列表或社交媒体中，都必须对社交互动进行管理，以便在纯粹的社交和任务导向的社交互动之间保持富有成效的平衡。

　　认知灵活性　是指个体面对新颖的、出乎意料的问题时，调整和改变自己的知识组织方式和解决策略的能力。当学生接触到内容领域的多种表征形式和同一问题的多种解决策略，或者因受到挑战而去审视和评估自己解决问题的策略时，就会产生认知灵活性。CLEs 应该让学生有机会面对那些需要重组内容领域知识并探索替代解决方案的不同问题。自我评估和合作评估对于培养认知灵活性至关重要，因为它们为个体提供了在低威胁情境下接触不同观点的机会，以及在形成问题解决方案过程中进行尝试的契机。

　　自我调节　这一目标包括确定自己感兴趣或有价值的学习成果，并选择追求这些成果。为了实现这一目标，最有效的方法是营造一个环境，让学生能够练习自主选择和追求自己的学习目标。对于那些成熟度较低的学习者，他们通常需要更多的指导，因为他们需要通过经验来了解哪些目标是现实的、可实现的，以及对个人成长有益的。采用项目式学习方法的 CLEs 可以为学生提供丰富的选择机会，让他们在同一个内容领域的不同问题情境中作出选择。

　　正念反思和认识灵活性　学习者对自己建构知识、选择学习和认知方式的过程保持觉察，就体现了这一点。支持这一目标的方法与支持认知灵活性的方法相似，但重点在于鼓励学生权衡、比较并决定不同观点的优劣。如果说意义建构的社会协商需要通过与他人的讨论来实现，那么正念反思和认识灵活性则可以看作是与自己进行的心智对话，这种对话涉及对意义、判断真伪的方法以及其他更好的了解真相的方式的思考。与认知灵活性一样，自我评估和合作评估对于实现正念反思和认识灵活性至关重要。接下来，我们将关注规划和管理 CLEs 时的一些注意事项，为组织设计和开发工作提供一个模板。

规划建构主义学习环境

　　究竟是采用认知教学策略还是建构主义教学策略，抑或两者的结合，需要综合考虑多个因素，包括每种方法在多大程度上满足组织的既定需求。设计者必须决定学习者实现组织认可的教学目标的最佳途径。学习者的特点，如他们的能力、成熟度、经验以及对领域内容的了解，也是非常重要的考虑因素。在选择建构主义策略或将建构主义与认知策略相融合时，需要重点考虑教师、培训者或教学管理者的技能。因为管理 CLEs 和参与 CLEs 的学生所需的教学风格与大多数教学者习惯的教学风格可能截然不同。此外,行为表现情境和学习情境的特点,尤其是资源方面的特点,也会影响最佳学习策略的选择。

表8.7的右栏与"分析"和"设计"阶段相对应,概括了CLEs的规划要点,并强调了如何精心准备有效的CLEs。该表可以作为规划CLEs的模板,但它更侧重于建构主义策略的规划需求。在表8.7中,我们假设第7章中分析和设计步骤已经完成,并且设计者决定采用CLEs而不是本章所强调的认知教学策略。在这些假设下,规划CLEs就变成了对现有规划的修改,使其符合建构主义的假设,并满足CLEs特有的额外要求。虽然表格将规划活动划分为学习环境、学习者参与、学习指导和评估等不同方面,但大多数规划活动都可以在启动新的学习环境和吸引学习者参与之前完成。

当然,真实的评估和学习指导是学习者参与的一部分,但由于它们对学生在CLEs中取得成功的关键作用,在表8.8中,我们将其单独列出,以强调其重要性。表8.8中提到的"5Es"教学模型,由生物科学课程研究(BSCS)小组开发,是一种流行的学习者参与规划方案,但设计者可以根据个人偏好和所使用的教学模式选择替代方案。在"规划学习指导"类别,任何能够提供适时支持并在学生熟练掌握技能后逐渐减少支持的资源或方法都可以被视为支架。设计者可以根据自己的学习指导理念灵活构建这一类别。关于如何填写表8.8,请参见第9章末尾的示例和案例研究部分。请注意,"5Es"并不是教师主导的,而是一个多方面的责任体系,包括学生、教师、同伴、教材、资源,有时甚至包括学校社区、学生家庭以及整个社区。

现在,我们从建构主义教学设计的讨论转回到教学策略设计上来。不过,对于遵循迪克-凯瑞模型的设计者,还有最后一点需要注意:如果决定采用建构主义教学策略(使用CLEs作为教学策略),同时希望保持理论的完整性,那么我们必须意识到,这可能需要对迪克-凯瑞模型中的某些假设进行调整。这种调整会对学生的学习成果评估、形成性评价、修改、问责制以及教学的可复制性产生影响。例如,学生的学习评估将变得复杂,将学习成绩与目标实现相联系的难度也会增加。这反过来又会使形成性评价和修改变得困难,削弱了对赞助机构的问责机制,并使得复制可预测的教学结果变得不那么可靠。第9章末尾的团体领导力案例研究提供了一个将CLEs融入迪克-凯瑞模式的实例,但这种融合可能会对一些认知设计假设产生影响。虽然为学员提供的网络教学应符合典型的认知设计准则,但在基于团体的问题解决会议中,学员可以自主设定议程和选择优先事项,这就导致不同团体的学习成果存在差异,团体内学习者的掌握程度也各不相同。这种差异性使得复制可预测的结果变得困难,而行为表现的多样性也给形成性评价、修改和成绩认证带来了挑战。

不过,作者选择将CLEs纳入案例研究主要出于两个原因:首先,学生已经通过网络教学掌握了必要的先决技能;其次,团体问题解决会议应该能促进学生的积极参与,从而实现比直接教学更真实的表现。在选择教学策略时,如同大多数教学规划决策一样,需要细致地分析教学目标，并全面了解学习者以及主办机构的需求。

表 8.8   规划建构主义学习环境（CLEs）

规划需求	规划活动
规划学习环境	**在此描述启动 CLEs 所需的设计和材料。** －宏观目标 －具体学习目标 －理由 －建构主义关注点 －教学模式（基于问题、基于项目、基于案例等） －情境（问题、项目、案例等概述） －学习资源材料 －学习者分组 －教学传输系统、媒体和人员
规划学习者参与活动	**根据学习者特征、宏观教学目标和教学模式，描述参与过程中预期的程序和活动。** －激发兴趣与参与（首次接触问题和材料，引起注意、激发好奇心，在学习者心目中建立个人相关性） －探索（参与、提问、假设、寻找信息、互动、分享） －解释（描述现象、使用术语、分享观点、提出解释、检验解决方案、为观点辩护） －拓展（迁移和扩展知识，在新情境中应用、查看关系、认识模式、建立联系、在新情境中检验、联系生活经验） －评价（合作、协商结果、设定标准、诊断并提出修改建议、注意逐步改进、提供产品和行为表现的评分细则、反思、改进）
规划学习指导	**在此描述在学习者参与 CLEs 期间预期用于适应性学习指导的材料和活动。** －支架 －样例 －图形组织器 －工作实例 －工作辅助工具 －概念图 －提问 －指导性反馈 －辅导 －示范 －辅导和同伴辅导 －媒体辅导 －直接指导

(续表)

规划需求	规划活动
规划真实评估	**在此说明对宏观目标、学习者和 CLEs 进行真实评估所需的材料和程序。** -评分细则和其他工具 -标准类别 -形式 -功能 -审美 -法律 -反思和自我评估提示 -示范解决方案

225

评价和修改

教学策略的评价细则

在根据策略编写教学材料之前,应该征询内容专家以及一名或多名目标学习者的评价意见。以下是一个评分细则,它既可以作为开发教学策略时的辅助工具,也可以用于评审人员对策略的评估。

设计者须知:若某一要素与你的项目无关,请在"否"一栏中标注"NA",表示"不适用"。

否　有些　是　　**A. 教学导入活动**　该规划是否:

___　___　___　　1. 适合学习者的特点?

___　___　___　　2. 对学习者有激励作用(吸引注意力、展示相关性)?

___　___　___　　3. 告知学习者教学目标和目的?

___　___　___　　4. 使学习者回忆起先决知识和技能?

___　___　___　　5. 告知学习者完成任务所需的投入?

　　　　　　　B. 教学内容呈现　该规划是否包括:

___　___　___　　1. 适合学习类型的材料?

___　___　___　　2. 供学习者体验的清晰正例和反例?

___　___　___　　3. 适当的材料,如解释、插图、示意图、演示、示范解决方案和示范行为表现?

___　___　___　　4. 通过呈现的材料给学习者提供指导?

___　___　___　　5. 将新的内容和技能与先决条件联系起来的辅助工具?

___　___　___　　6. 从熟悉到陌生的推进?

———— ———— ————　　7. 适当的组织?

　　　　　　C. 学习者参与　该规划是否可能:

———— ———— ————　　1. 适合学习类型?

———— ———— ————　　2. 与教学目标一致?

———— ———— ————　　3. 符合学习者的特点?

———— ———— ————　　4. 与教学一致?

———— ———— ————　　5. 具有激励作用(帮助学习者建立信心)?

———— ———— ————　　6. 放在教学中的适当位置(不过早、过多或过少)?

　　　　　　D. 反馈　该规划看上去是否:

———— ———— ————　　1. 适合学习类型?

———— ———— ————　　2. 与教学目标一致?

———— ———— ————　　3. 符合学习者的特点?

———— ———— ————　　4. 是否具有启发性、支持性和纠正性?

———— ———— ————　　5. 可能帮助学习者提高信心和个人满意度?

　　　　　　E. 评估　该规划是否适合于:

———— ———— ————　　1. 准备状态测验/前测?

———— ———— ————　　2. 后测?

———— ———— ————　　3. 学习类型(客观型、其他替代类型)?

———— ———— ————　　4. 学习者特征(年龄、注意力持续时间、能力)?

———— ———— ————　　5. 提供有关学习者状况和态度的可靠且有效的信息?

　　　　　　F. 跟踪活动　该规划是否可能:

———— ———— ————　　1. 帮助学习者保持新的信息和技能?

———— ———— ————　　2. 支持将技能从学习情境迁移到行为表现情境(例如,与主管
　　　　　　　　合作、组建支持团队)?

实例

　　本节旨在通过言语信息、智力技能、动作技能和态度的例子,来阐明学习理论如何与特定教学目标相联系。这些示例所用的特定教学目标框架见图 4.6,与打高尔夫球有关。选择这个教学目标框架是因为它不仅涵盖了智力技能和动作技能,还将态度和言语信息作为下位技能。

规划教学策略

教学需求

规划教学策略的第一步是考虑教学的需求和目的。假设一家高尔夫俱乐部在评估管理需求时发现，为了保持机构盈利，需要在不久的将来增加高尔夫会员的人数。为此，俱乐部成立了一个特别工作组，负责策划增加会员的策略，并选出了几种策略。董事会特别看好的一个策略是向退休或即将退休的非会员提供高尔夫教学课程，以此激发他们对高尔夫运动和俱乐部会员资格的兴趣。为了实施这一策略，董事会将俱乐部的专业教练纳入规划小组，并决定开设一个低学费的初学者训练课程，包含推杆、切杆、球道击球和开球等课程。训练课程的目标并非培养高尔夫职业球员，而是为退休人员提供一项有趣的活动，同时培养他们的兴趣和社交圈，进而吸引他们成为俱乐部的新会员。计划每周开设四次课程，每个区域一次，每次课程限 16 人参加，由俱乐部的专业教练授课。俱乐部希望这个训练课程不仅能为学员带来乐趣，还能鼓励他们加入俱乐部。根据第一期训练课程的需求和成功情况，可能会考虑开设更多的训练课程。

目标学习者的特征

下一步是考虑目标学员的特征、参与教学的基本动机，以及教学与学员之间的交互距离。在本例中，假设学习者是成熟的成年人，他们的认知能力可能各不相同，但作为高尔夫的初学者，他们的起点是相同的。此外，他们自愿报名参加课程，并支付了少量费用，这表明他们有学习高尔夫的动机。就交互距离而言，学习者将参与由当地高尔夫俱乐部专业教练主持的小班教学。这意味着他们能够直接接触教练，获得指导、练习机会以及对其表现的针对性反馈。他们的学习动机与参加 First Tee 计划的初高中学生截然不同，与普通高中体育课中学习高尔夫单元的学生更是大相径庭。

为不同类型的学习规划教学策略

接下来，我们首先将态度教学目标与教学策略中基于理论的态度塑造建议相联系，然后将与言语信息相关的下位技能、智力技能和动作技能与教学策略相联系。

按学习类型对技能进行分类

为了实现目的，我们对框架进行了扩展，将主要步骤 I 和与态度相关的言语信息纳入其中。图 8.2 展示了经过修正的分析。在这个修正后的框架中，新的言语信息任务通过三角形中传统的"V"与它们所支持的智力技能相连，态度目标则通过圆形中的"A"与教学目标相连。为了给额外的技能和信息留出空间，一些原有的技能并未包含在内。我们假设所有原始技能都包含在整体分析中，只是没有出现在图 8.2 所示的部分。在这些示例中，我们仅挑选了一些下位技能来说明具体要点。

228

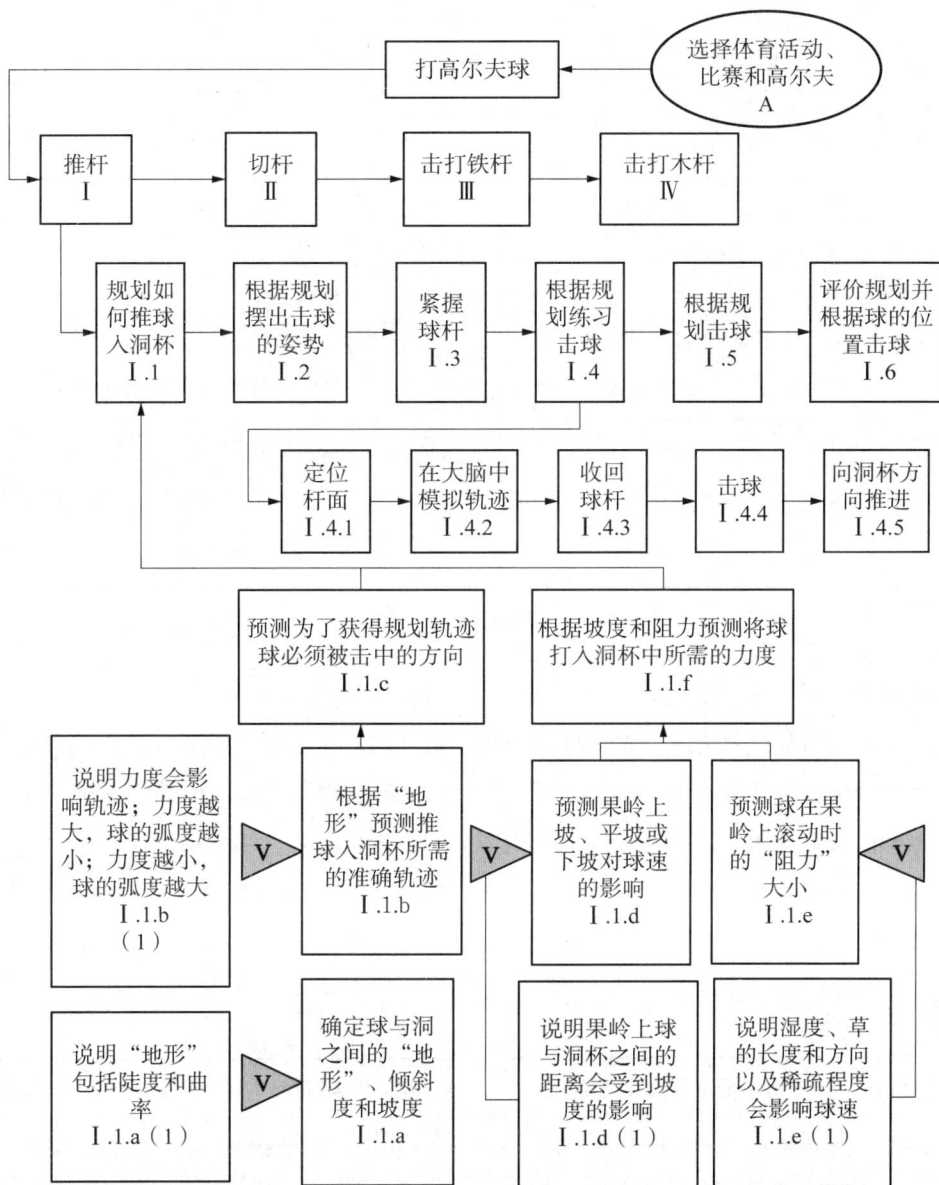

图 8.2 对图 4.6 中的打高尔夫球进行层级分析，并添加支持性言语信息

注意图 8.2 右上角的态度目标：选择体育活动、比赛和高尔夫。这一态度目标适用于整个高尔夫教学单元，而不仅限于推杆部分。使能技能 I.1，规划如何推球入洞杯，是一项智力技能。使能技能 I.4 和 I.5，分别是根据规划练习击球和根据规划击球，都属于动作技能。为了支持 I.1.a、I.1.b、I.1.d 和 I.1.e，还增加了四项言语信息任务。在主要步骤 I"推杆"中，增加了支持遵守推杆规则和推杆礼仪的言语信息。这些技能示例和言语信息，显示了如何将主要的下位技能与教学的学习成分以及每种学习类型的建议相联系。

229

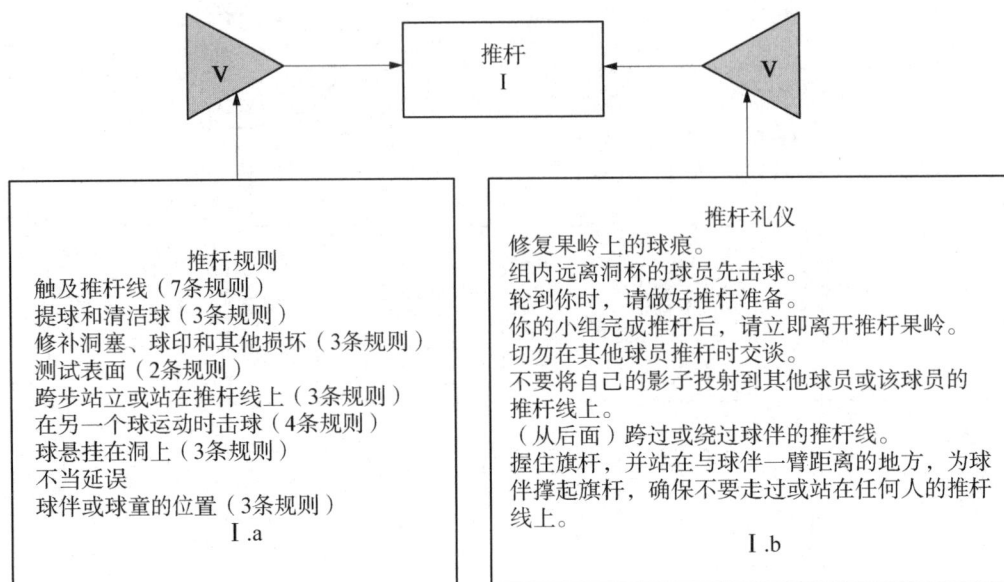

图 8.2　对图 4.6 中的打高尔夫球进行层级分析，并添加支持性言语信息（续）

态度教学目标

表 8.9 列出了与高尔夫教学单元相关的态度目标的教学策略。第一栏是学习成分，第二栏是每个成分中针对每种学习类型的教学注意事项，第三栏则是规划的教学策略。请注意，策略中包含的信息与激发学习者参与意愿有关，与学习者招募、鼓励、建立信心、宣传和提供多样化的参与机会有关。它还与整个高尔夫教学单元有关，而不是与任何选定的使能技能有关。

230　**表 8.9**　高尔夫教学单元态度目标教学策略示例

学习成分	每个成分注意事项举例	态度教学策略：选择体育活动、比赛和高尔夫
教学导入活动	动机激发。 告知学习者目标。 阐明特定态度的好处和问题（后果）。	招生期间，在更衣室播放广告视频。 在视频中，高尔夫专业教练讲述课程的益处（如提高球技、获得认可、增强乐群性、获得陪伴、身体健康）。
	唤起对插图中人物的共情。	前俱乐部成员的感言，讲述他们亲身体会到的益处。 播放当地俱乐部成员参加奥古斯塔大师赛的视频，展现友情、乐趣和陪伴。
	提供对生活中类似情况或人物的反思或讨论。	会员对益处的评价感言。 专业人员可与感兴趣的人讨论个人受益情况。

（续表）

学习成分	每个成分注意事项举例	态度教学策略：选择体育活动、比赛和高尔夫
内容呈现活动	提供受人尊敬的真人榜样来展示所塑造的行为，并描述或展示这些行为的重要性。 阐明榜样因某种行为方式而获得奖励。 阐明榜样因某种行为方式而感到满足。	播放同事成功打高尔夫的视频，同伴称赞其进步。 专业教练介绍之前高尔夫课程带来的成绩提升、认可和成就感。
	阐明榜样以另外的、不太理想的方式行事的不良后果。	播放（俱乐部成员不认识的）球手击球失败、状态不佳、得分不高、脾气暴躁的视频。
学习者参与	提供在信息或技能情境下选择适当行为的机会。 为学习者提供角色扮演的机会，让他们在适当的情境或环境中作出选择。 提供一致的奖励、后果或理由反馈。 鼓励学习者对与奖励或后果相关的行为发表感言。	在两节课之间安排方便的开球时间，让班级成员一起练习最新的课程（推杆、切杆、铁杆、球道木杆、开球）。 为每节主要课程（推杆、切杆、铁杆、球道木杆、开球）举办比赛并颁发奖品（绶带、证书）。 在教学结束时，为班级成员组织"毕业"高尔夫球赛。
评估	创设情境，让学习者讲述自己的选择和行为。 测验学习者对理想行为方式、奖励和后果的了解程度。 创设情境，让学习者选择所期望的行为方式，然后照做。在学习者不知道自己被观察的情况下，观察他们的选择和行为。	观察那些选择参加计划中的教学课程以及课后附加练习和小组计划中各种比赛的学员。 观察那些选择在比赛中专注于自己的技能和状态的学员。
跟踪活动	提供与应表现出的态度类似的练习情境。	观察那些选择多打几轮高尔夫球和选择参加高尔夫球场主办的各种比赛的人。

注：这一态度教学策略涵盖为期一个月的高尔夫学习娱乐项目，而不仅仅是推杆教学课程及其包含的使能技能。

言语信息下位技能

表 8.10 列出了图 8.2 中几个言语信息下位技能［即技能 Ⅰ.1.a(1)、Ⅰ.1.b(1)、Ⅰ.1.d(1)和 Ⅰ.1.e(1)］的教学策略。与之前相同，第一栏是学习成分，第二栏是学习类型的注意事项，第三栏则是相应的教学策略。与态度目标的教学策略不同，这里的策略直接与学习所需的言语信息相关联，以完成其所支持的智力技能。表中描述这些策略是为了说明言语信息的学习成分；但在实际推杆教学中，这些言语信息将与表 8.11 中的智力技能相结合。

表 8.10　高尔夫教学单元言语信息目标教学策略示例

学习成分	每个成分的注意事项	图 8.2 中言语信息目标 Ⅰ.1.a(1)、Ⅰ.1.b(1)、Ⅰ.1.d(1) 和 Ⅰ.1.e(1) 的教学策略
教学导入活动	动机激发：信心。	受人尊敬的高尔夫专业教练在热身时称赞了这组学员的推杆技术，并表示他们很容易就能掌握推杆的基本要领。
	关联（为什么以及如何使用）。	在比赛中，运用推杆的基本原理可以节省很多杆数。
	告知学习者目标。	了解与推杆果岭的坡度和表面条件有关的影响推杆准确性的因素。
	将新信息与现有知识/技能相联系（精加工、类比、想象）。	这就好比蹬自行车上下坡：小力下坡，大力上坡。
内容呈现活动	靠近信息所支持的技能。	将言语信息与其支持的智力技能放在一起（例如，将 Ⅰ.1.a(1) 与 Ⅰ.1.a 放在一起）。
	创建或阐明组织结构（如子集组、位置、顺序）。	坡度问题与阻力问题（如草的长度和湿度、草叶生长方向）。
	指出与众不同的特征。	N/A
	引入逻辑相关的记忆术。	N/A
	提供记忆辅助（比如，大纲或者表格）。	受人尊敬的专业教练口头解释并亲自演示果岭的坡度如何影响高尔夫球的轨迹和速度。 分发印有根据坡度（陡峭、平缓；向上、向下；向右、向左）、球的位置和洞杯位置绘制的已知轨迹示意图的卡片。 注：此时，信息的学习已经融入定义性概念、具体概念和规则的学习中，与这些智力技能密不可分。在表 8.11 中，作为学习者参与的一部分，言语信息可以再次"融合"。
学习者参与	练习生成新的示例。 加强精加工和提示线索。 使用有意义的情境和相关线索。 为答案的正确与否提供反馈。	学习者使用各种球的位置、坡度和洞杯的卡片，展示（不实际推杆）他们应该将高尔夫球推到哪里（轨迹）才能将球推入洞杯中。
评估	确保与行为表现情境相关。 安排在其支持的技能附近。	推迟至智力技能 Ⅰ.1 到 Ⅰ.6 评估结束。
跟踪活动	提供额外的精加工和组织策略。 创造回忆谜题或比赛。	谈谈他们认为可能影响推杆轨迹或距离的其他因素。

智力技能

表 8.11 展示了图 8.2 中智力技能 I.1 的教学策略。掌握这一技能需要学习者综合运用图 8.2 所示的智力技能 I.1.a 至 I.1，以及支持这些技能的言语信息。请注意，在示例中，学习者并不是在推杆。这些策略旨在让学习者实际理解影响推杆准确性的各种因素，并基于此制定击球规划。专业教练不希望推杆规划教学成为使用推杆的试错体验。即便这样能完全发现可能存在的问题，需要的时间也太长了。

表 8.11　高尔夫教学单元智力技能目标教学策略示例

学习成分	每个成分的注意事项	目标 I.1 的教学策略：在一个有各种坡度和阻力条件的推杆果岭上，规划如何推球入洞杯
教学导入活动	动机激发。	俱乐部专业教练在课程开始前推几个高尔夫球。邀请小组成员在课程开始前推几个球"热身"。
	关联。	高尔夫球手经常在推杆果岭上输掉比赛。
	自信。	仔细规划你的击球，以减少需要的推杆次数。
	告知学习者目标。	规划如何击球入洞杯（下位技能 I.1）。
	促进对先决条件的回忆。	提醒学习者注意影响推杆的物理因素（支持智力技能 I.1.a 至 I.1.e 的言语信息）。 请学员说出： ● 推杆果岭产生阻力和影响高尔夫球速度的四个特征（草、湿度、倾斜度、草叶生长方向）。 ● 果岭影响高尔夫球飞行轨迹的两个特征（速度、坡度）。
	将新内容与现有知识/技能联系起来。	要求学员解释这些特征对球的轨迹和速度的影响。将影响推杆的五个物理特征纳入推杆规划。
内容呈现和学习者指导	根据技能之间的层级关系进行排序。	I.1.a 至 I.1 按数字顺序（层级）排列。
	揭示概念的显著特征（目的、物理、质量）。	草的类型、草的长度、草的湿度、草叶生长方向。
	指出分类时的常见错误（不相关）。	不考虑坡度和轨迹，直接瞄准洞杯；忽略速度和距离（射得过高或过低）。
	提供正例和反例。	演示正确和错误的规划，同时与学习者讨论规划，让他们在观察结果的同时学习策略。
	创造将新技能融入现有技能的方法。	职业球手在比赛中绕着果岭规划击球的预赛视频（不显示实际击球，只显示规划动作）。

（续表）

学习成分	每个成分的注意事项	目标Ⅰ.1的教学策略:在一个有各种坡度和阻力条件的推杆果岭上,规划如何推球入洞杯
学习者参与	确保练习与条件和行为相一致。	在推杆果岭上放置多个球,球的坡度和表面状况各不相同,让学习者预测球到达洞杯的合适轨迹。
	由易到难,循序渐进。利用熟悉的情境进行演练。	洞杯下方和上方坡度较小;洞杯下方和上方坡度较大;洞杯旁边坡度较小;洞杯旁边坡度较大。
	提供与表现情境相似的条件。	按预测的方向用手滚球。
	确保反馈意见能够兼顾表扬优点和指出错误。	对于错误的预测,请说明球应瞄准哪里才能成功。
评估	确保学习者为测验做好准备。适应技能的层级性。根据学习者的年龄和能力采用适当的标准。	根据坡度、方向和表面条件的不同,将球放在果岭上不同的位置。学员以小组为单位进行讨论,然后讲述或演练他们将球推入洞杯的规划(没有推杆,只有口头或"演练"规划)。用手滚球来测试规划。专业教练和同学讨论他们对学生规划和结果的看法。
跟踪活动	促进迁移(从真实任务到表现情境)。	观看职业球手规划并执行推杆的赛后视频,描述职业球手在推杆距离和方向上的错误。
	考虑记忆要求。考虑辅助工具要求。	讨论除物理因素外可能影响推杆的其他因素。
	确保工作环境易于接受。对学习经验和未来应用进行反思。	每位学员对自己规划的推杆质量进行评估。

233

动作技能

表8.12列出了图8.2中所示教学事件、每个事件的注意事项、学习类型,以及针对动作技能Ⅰ.4和Ⅰ.5的教学策略。对于运动技能而言,至关重要的是学习者要相信自己能够完成该技能,要见过该技能的演示,并且有充足的机会进行练习并获得适当的反馈。在将高尔夫球推入洞杯这一情境下,推杆后球与洞杯的接近程度是最直接的反馈。学习者可以根据这一实际结果来调整自己的击球规划,从而提高推杆质量。

234

表8.12 高尔夫教学单元动作技能目标教学策略示例

学习成分	每个成分的注意事项	针对以下目标的教学策略:目标Ⅰ.4:在一个有各种坡度和阻力条件的推杆果岭上,根据规划练习击球;目标Ⅰ.5:在一个有各种坡度和阻力条件的推杆果岭上,根据规划击球
教学导入活动	动机激发。	受人钦佩的高尔夫球专业教练称赞他们的规划质量高,在规划阶段挑出规划质量高的学员(替代性满足)。

（续表）

学习成分	每个成分的注意事项	针对以下目标的教学策略: 目标Ⅰ.4:在一个有各种坡度和阻力条件的推杆果岭上,根据规划练习击球;目标Ⅰ.5:在一个有各种坡度和阻力条件的推杆果岭上,根据规划击球
	说明要展示的技能并回忆先决条件(口头描述规划)。	在推杆果岭上使用高尔夫球,专业教练口头描述推杆规划,练习规划的击球动作,并执行规划的击球动作。
	说明规划的好处。	无论结果如何,球都比不使用规划时更接近洞杯。
内容呈现活动	规划技能组织用以呈现。	Ⅰ.4.1＞Ⅰ.4.2＞Ⅰ.4.3＞Ⅰ.4.4＞Ⅰ.4.5
	告知和/或者阐述做什么和怎么做。	确定球在果岭上的不同位置(坡度、距离、表面条件),口头描述推杆规划,练习规划的击球动作,然后执行击球动作。
	阐明成功表现的物理特征。	
	根据组员的年龄和能力展示掌握表现。	讨论与规划相关的结果(球在洞杯中或不在洞杯中),如果球不在洞杯中,则描述并执行新规划。
学习者参与	制定重复演练规划。 包括相关设备和环境因素。 提供接近表现情境的练习。 提供即时反馈,阐明优势和需要改进的地方。 为改进表现提供有针对性的信息。	学员带着好球和自己的球杆移至练习推杆的果岭;从模拟的 1 号洞开始,规划、演练并在提供的所有洞中执行推杆。提供的洞应模拟教学中的所有果岭条件。专业教练在学员之间巡视,提供有关握杆、姿势、规划、练习和执行击球的信息。
评估	在预定的环境中使用预定的设备展示技能。	每位学员将在不同条件下独立完成至少三次的推杆练习,并就其规划、握杆、姿势、练习击球以及执行击球获得个性化反馈。
跟踪活动	确保在教学和演练中融入行为表现条件。鼓励学员在教学后进行更多演练。	组织学员参与推杆比赛。在练习果岭上设置三到四个不同的球洞,让学员们依次进行推杆,并记录各自的杆数。最终成绩将依据每位学员在所有球洞中的推杆总数来计算。 鼓励学员留在推杆果岭上演练他们的规划和推杆。告知学习者推杆果岭开放时间,供他们个人练习。

案例研究:团体领导力培训

本章的目的是让你关注基于理论的教学策略,包括基于加涅教学事件的五个学习成分,对每个成分中的学习类型设计者需要注意的事项,以及将下位技能与学习成分及其注意事项相联系的教学策略。为了确保我们专注于理论基础,本章仅以案例研究中的一个定义性概念——下位技能——为例进行探讨。在第9章,我们将采用认知模型和建构主义模型,为团体领导力培训案例研究提供更为详尽和全面的策略。

言语信息下位技能

表8.13展示了针对表7.5中行为表现目标6.4.1的教学策略。该目标如下:

行为表现目标6.4.1:给出团体领导者在会议中行为的书面描述,指出这些行为是否可能鼓励或阻碍合作性团体互动。学习者对这些行为的正确区分率应至少达到80%。

与"实例"部分一样,表格的第一栏和第二栏分别描述了学习成分以及每个成分中学习类型的注意事项,第三栏则是教学策略。在第9章中,设计者需要综合考虑教学策略中的学习理论与其他规划需求,包括传输、内容归类、学习者分组和媒体选择等。基于这些额外考量,材料的呈现方式、分组形式以及信息的排序都可能需要调整;然而,理论基础仍应推动教学策略的发展。

表8.13　领导团体讨论单元中下位技能6.4.1的学习成分示例

学习成分	每个成分的注意事项	下位技能6.4.1的教学策略
教学导入活动	激发动机。	欢迎:由学生熟知和敬佩的主讲人介绍会议。
	关联。	主讲人指出,引导团体讨论的技能对成功的领导者至关重要,并讲述了原因。 通过(对学生有吸引力的)领导者毫不费力地主持会议并获得团体领导和主管表扬的录像,阐明管理团体讨论如何帮助学生实现个人目标,提高个人价值感和对组织的价值。
	信心。	认可并表扬团体迄今取得的成就。
	告知学习者目标。	通过管理所呈现内容的范围,避免让团体不堪重负:只介绍主要步骤6,即管理合作性团体互动(子技能稍后讨论)。 暂停会议视频,说明领导者如何管理讨论。
	促进对先决条件的回忆。 将新内容与现有知识/技能相联系。	阐明技能6(管理团体讨论)如何与整个团体领导技能相匹配,特别是团体在主要技能1至5中已经掌握的技能。

（续表）

学习成分	每个成分的注意事项	下位技能 6.4.1 的教学策略
内容呈现和学习者指导	根据技能之间的等级关系进行排序。	从 6.1.1 到 6.5.1，然后是主要步骤 6（说明技能 6.4.1 在本课中的位置）。
	创建将新技能融入现有技能的方法。	提供并审视在解决问题的会议中鼓励和阻碍成员合作的十二种行为清单（摘自 3.3.1）。
	揭示概念的显著特征（目的、物理、质量）。 指出分类中的常见错误（不相关）。 提供正例和反例。	以脚本形式提供会议场景，由领导者演示每种鼓励和阻碍行为。在场景中向学习者强调十二种行为。
学习者参与	确保练习与条件和行为相一致。	向学员提供一份编了号的清单，列出领导者在会议中可能采取的十二种鼓励和阻碍行为（辅助工具）。
	由易到难，循序渐进。 利用熟悉的情境进行演练。	创建另一个会议脚本，加入新的角色和领导者，领导者在会议中既要表现出鼓励行为，也要表现出阻碍行为。
	提供与表现情境相似的条件。	要求学员评估脚本中的领导者评论和行为，按数字对行为进行分类，并用"＋"或"－"表示该行为倾向于鼓励还是阻碍成员的合作（例如，"8＋"表示行为 8 为鼓励合作行为）。
	确保反馈意见能够兼顾表扬优点和指出错误。	向学员提供一份填写好的评分表，对所有行为进行编号，并判断是鼓励性的还是阻碍性的。让学员将他们对场景中领导者的评估与示范反馈表进行比较，并标出他们的判断中一致或不一致之处。
评估	确保学习者为测验做好准备。 适应技能的层级性。 根据学习者的年龄和能力采用适当的标准。	实际技能将在课程结束后的后测中进行评估。
跟踪活动	促进迁移（从真实任务到表现情境）。 考虑记忆要求。 考虑辅助工具要求。 确保工作环境易于接受。 对学习经验和未来应用进行反思。	与同伴讨论评估中一致和不一致的地方。将场景中人物的行为与他们在工作场所、校园或社区的实际会议中观察到的领导者的行为相联系（请勿指名道姓）。或许可以这样提示："你是否听领导者说过'让我在这里扮演魔鬼代言人'，或者'好吧，当我在……'？"

专业和历史观点

自 20 世纪 20 年代初以来,教育心理学家进行了大量的研究,以确定人们的学习方式。虽然这些研究可能看起来只有内行才懂且与现实生活脱节,但心理学家已经成功地识别出在几乎所有学习情境中都能促进学习的主要因素。其中的几个例子包括激发学习动机、合理安排下位技能的顺序以及技能间的从属关系、在现有知识和新知识之间建立有意义的联系,以及提供练习和反馈。研究还证实了许多具体教学实践的有效性,例如在动作技能学习中先教部分技能再教整体技能、通过文字和图片呈现内容、在态度学习中鼓励见证、在解决问题的教学中利用实际案例,以及在一段时间内分散复习新知识来加强记忆。克拉克和梅耶(Clark & Mayer,2016)以及帕克和汉纳芬(Park & Hannafin,1993)提供的基于研究的教学设计指南,是两个很好的例子。

第二次世界大战期间,许多心理学家的工作影响了最初的教学设计方法,这些心理学家主要是行为主义者。随着时间的推移,心理学家们为了更好地解释学习和记忆过程,许多行为主义心理学家采用了对学习的认知解释,并对自己的教学思想进行了相应的修正。这种从行为主义演变而来的认知学习观,是系统化教学设计的基础理论,并在当今的教学设计实践中仍然占据着主导地位;然而,与之并行的教学思想则源于建构主义哲学以及让·皮亚杰自 20 世纪 20 年代开始和杰罗姆·布鲁纳(Jerome Bruner)自 20 世纪 60 年代开始的研究成果。皮亚杰有关发展的理论、布鲁纳的发现学习法,以及其他受建构主义影响的教学理论受到了广泛关注,并在教学设计的专业组织和文献中占据了重要地位。埃特默和纽比(Ertmer & Newby,2013)深入探讨了行为主义、认知主义和建构主义理论。随着建构主义影响的扩大,两极分化的趋势也越来越明显,建构主义对传统教学设计的批评也变得尖锐而犀利。

近期,认知心理学家对建构主义教学设计的有效性提出了质疑。他们主张学生在学习过程中至少需要一定程度的指导,甚至在大多数情况下需要较为全面的指导,以提高学习效率和效果。持这一观点的代表人物包括梅耶(Mayer,2004)、基尔施纳等人(Kirschner et al.,2006)以及克拉克(Clark,2012)。建构主义者则认为学生在学习中仅需最小程度的指导。持这一观点的代表人物包括赫梅罗-希尔弗等人(Hmelo-Silver et al.,2007)、施密特等人(Schmidt et al.,2007)和汉纳芬(Hannafin,2012)。克拉克(Clark,2012)和汉纳芬(Hannafin,2012)的观点是教学设计者可以参考的好资源,因为他们的观点以辩论的形式呈现在《教学设计与技术的趋势和问题》(Reiser & Dempsey,2012)的第 38 章中。托比亚斯和达菲(Tobias & Duffy,2009)也采用了类似的改良辩论方式,介绍了问题的正反两面,有时还指出双方阵营的共识。将这场辩论简化为教学过程中的"最大指导"与"最小指导"之争,可能会忽略教学设计者应该理解的更为复杂和微妙的争论。这场辩论源于对现实本质的哲学分歧,以及我们如何确证我们所知的知识。有趣的是,尽管建构主义设计在学术性教学设计文献中很有代表性,但在培训、开发和人力绩效技术的相关文献中却鲜有出现，这些教学设计情境中也很少看到关于建构主义的公开辩论。

处于认知设计理论和建构设计理论两端的设计者可能会坚决拒绝采用对立理论进行教学设计；然而，我们相信，两种理论的融合可能是实现有效教学和学习的富有成效的途径。作为教授，我们与数百名大学生及其教学设计项目互动；作为教学设计者和我们自己课程的开发者，以及作为在不同情境（包括学校、大学、企业、军队和政府）中教学设计项目的设计者、评价者和观察者，这些经验使我们相信，有选择地应用建构主义实践可以有效涵盖认知教学设计模型中的学习成分。建构主义在描述学习解决结构不良问题的教学策略方面特别有效，正是在这一学习领域，尤其应该认真考虑融合建构主义实践。本书所使用的模型可以被视为一种通用过程，在这个过程中，经验丰富的设计者可以采纳各种哲学和心理学观点。

在 20 世纪 90 年代初，建构主义哲学的一个分支——**学习科学**（learning sciences，LS）开始成为一门正式的学科，我们在此提及它是因为它对教学设计产生了一定的影响。学习科学系和项目如雨后春笋般涌现，截至 2019 年 6 月，学习科学学术项目网络（NAPLeS）已拥有 60 个博士和硕士项目成员。佐默霍夫等人（Sommerhoff et al.，2018）抽样分析了 75 个学习科学项目的教学内容。学习科学是一个跨学科领域，涵盖了心理学、教育学、社会学和技术学等多个研究领域。除其他优先事项外，学习科学旨在通过为学习问题制定解决方案（通常是建构主义学习环境），并将其应用于教学/学习情境中，从而发现或验证那些可用于未来解决类似问题的原理和理论，以增进我们对学习过程的理解。在学习科学中，实现这些优先事项的主要方法是通过基于设计的研究（design-based research，DBR）。在公共教育情境中，一个可能由教师、管理人员、学生、学科专家、理论家和设计者/研究者组成的团队将聚集在一起，探讨他们共同感兴趣的学习问题。他们将共同分析问题、假设原因、考虑相关研究和理论，提出可能的解决方案，选出一个有潜力的解决方案进行试用，提出研究问题，并制定实施和评估提议解决方案的行动计划。到目前为止，这个过程看起来与教学设计实践相似，但存在一些关键的差异。在教学设计中，我们相信通过详尽的分析，可以相对准确地把握学习问题的性质、相关内容、学习者、情境以及有效的教学策略。而 DBR 的假设是，只有通过在现场试验中应用所提出的解决方案，观察并记录、修改，再进行一次现场试验、修改，继续进行一次现场试验、修改，如此反复，直到认为解决方案令人满意为止，才能发现其中的许多细节。这似乎是项目的结束，但请记住，LS/DBR 的目的是双重的：设计和开发解决学习问题的有效方法，发现或验证相关的原理或理论。在整个迭代形成性评价和修改周期中，团队将收集定性和定量信息，以验证最终实施的解决方案的有效性，回答最初的研究问题，并就相关理论提出有根据的见解以及对未来实施的建议。

教学系统设计和学习科学的共同宗旨在于理解和改进学习，并开发出解决学习问题的有效方案。教学系统设计中的许多元素在学习科学中得到了共享和实践，我们在教学设计的文献中可以找到许多学习科学研究的参考文献，以及采用 DBR 方法的报告，不过基于设计的研究并非本书教授的教学设计。两者的目标、方法和用户都不相同。DBR 的用户通常是研究者和有共同利益的合作机构，他们不会因结果不佳而承受压力。而教学设计项目的用户通常是开发人员的雇主或签订服务合同的机构，他们可能无法容忍 DBR 项目中有时看似无尽的现场试验周期。霍内拜因（Honebein，2017，第 354 页）指出，当教学设计者对学习问题情境有了更丰富、更详细的了解时，他们就可能不再坚持自己偏好的教学方法，而是能够作出更好的选择，他总结道："这一结果强化了公认的原理，即教学设计者应在起点—终点分析中投入合理的时间，以实现更高的精确度。有了更高的精确度，设计者就可以减少因形成性评价失败而需要修改的返工。"对于那些赞同建构主义哲学理念的人来说，对于那些选择这种方法作为解决特定研究问题最佳途径的研究人员来说，以及对于那些选择对学习者、教师、方法、材料和技术在特定学习情境中如何相互作用进行细致调查的教育或培训机构来说，DBR 都可以在我们的领域中发挥作用。它可能不是教学设计的工具，但肯定可以放在自己的工具箱中，以便在更广泛的 ISD 实践中进行调整或应用。林和斯佩克特（Lin & Spector，2017）编写了一系列非常平衡的章节，简要介绍了 LS 和 ID，并对这两门学科进行了比较，强调它们的共同点，并指出了它们之间合作的机会。

流程图：规划教学策略

图 8.3 至图 8.7 阐明了从教学导入活动到内容呈现和示例、学习者参与、评估和跟踪等教学策略的成分。

239

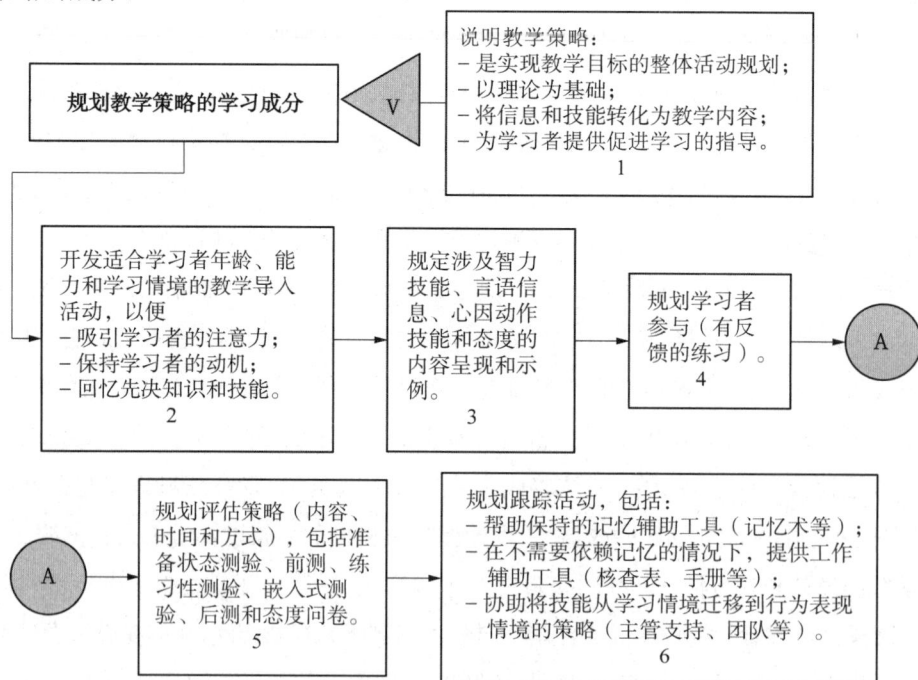

图 8.3　规划教学策略的学习成分

240

说明教学导入活动包括：
- 吸引注意力，保持学习动机；
- 告知学习者目标；
- 激发对先决知识的回忆。
2.1

开发教学导入活动
2

V

制定吸引学习者注意力和
保持学习者动机的规划
2.2

制定告知学习者
课程目标的规划
2.3

制定激发对先决知识
和技能回忆的规划
2.4

运用学习动机理论来创建材料
（凯勒的 ARCS 模型）：
- 吸引学习者的**注意力**（心理
挑战、问题、富有情感的或
个性化的信息、人们感兴趣
的例子、印刷风格、色彩、
运动等）；
- 通过阐明或解释技能和信息
与学习者的**关联**，在整个教
学过程中保持学习者的注意
力；
- 通过使教学与学习者的特征
相匹配，并以适当的步骤和
速度推进教学，建立学习者
的**信心**；
- 通过将掌握新技能与学习者
的内在动机相联系，培养学
习者的**满足感**。
2.2.a

规划适合学习者
年龄、能力和学
习情境的目标形
式。
2.3.b

回顾：
- 先决知识和技能
由起点行为组成；
- 应告知输入内容
（学习者完成任务
所需的材料等）；
- 有效的策略包括：
· 命名技能；
· 对所需技能进
行测验。
2.4.a

规划向学习者告知目
标，帮助他们：
- 将注意力集中在教学
的重要方面；
- 使用更有效的学习策
略；
- 确定教学与学习者个
人需求的相关性。
2.3.a

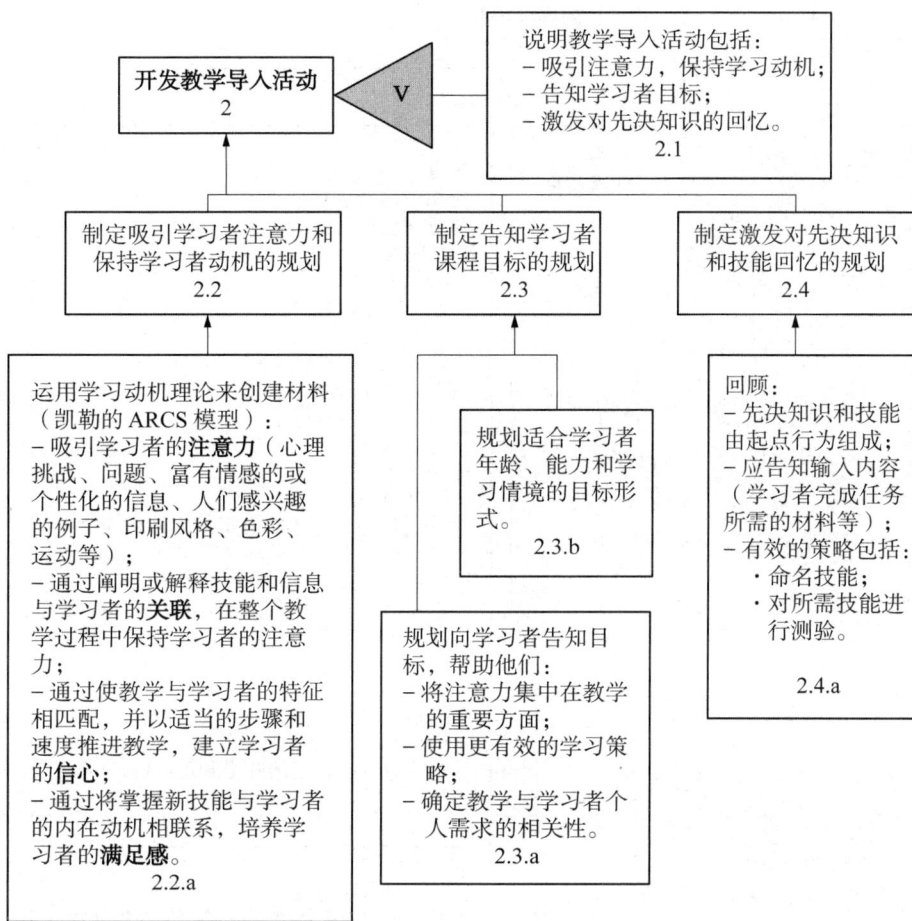

图 8.4 开发教学导入活动

241

为所需的智力技能、言语信息、心因动作技能和态度开发
内容呈现和示例
3

智力技能提供：
- 信息、概念、规则、原理以及它们之间的关系；
- 概念界定及其相互关系；
- 清晰的正例和反例；
- 插图、示意图、演示、示范解决方案、示例行为表现；
- 通过呈现材料指导学习者；
- 所有信息和活动的总结；
- 将新内容与先决知识和技能相联系的辅助工具；
- 将新技能与先决技能存储在一起的辅助工具；
- 熟悉的例子和图解；
- 从熟悉到陌生的推进。

3.1

态度：
分析学习者和情境
将学习者的目的分类为：
- 自愿参加；
- 因积极原因参加；
- 因消极原因参加；
- 需要改变不恰当的感受和反应；
- 希望培养新的感受和反应。

将学习者的态度分类为：
- 非常关心（情感上）；
- 对文化或社会敏感；
- 不太在意；
- 没有意识到。

提供受学习者尊重的真实或虚构的人物：
- 以理想的方式行事；
- 以理想的方式表现自己，获得认可；
- 告知学习者为什么以理想的方式行事是最好的（奖励和后果）。

提供：
- 关注自我认知；
- 在情境中的其他行为方式；
- 模拟和/或角色扮演；
- 学习者分析自己的感受和反应的机会。

3.2

言语信息提供：
- 精加工，帮助将新信息与现有信息相联系；
- 类比；
- 学习者从自身经验中举例说明的机会；
- 以子集形式呈现的信息；
- 直接说明子集以及各个子集间的关系；
- 组织表格、大纲或图式；
- 将记忆术作为记忆清单等内容的记忆辅助工具。

3.3

动作技能提供：
- 学习者要遵循的指示的执行例程；
- 对每个步骤的执行进行心理演练；
- 某种形式的视觉演示（绘画、视频、示范）；
- 将动作视觉化。

3.4

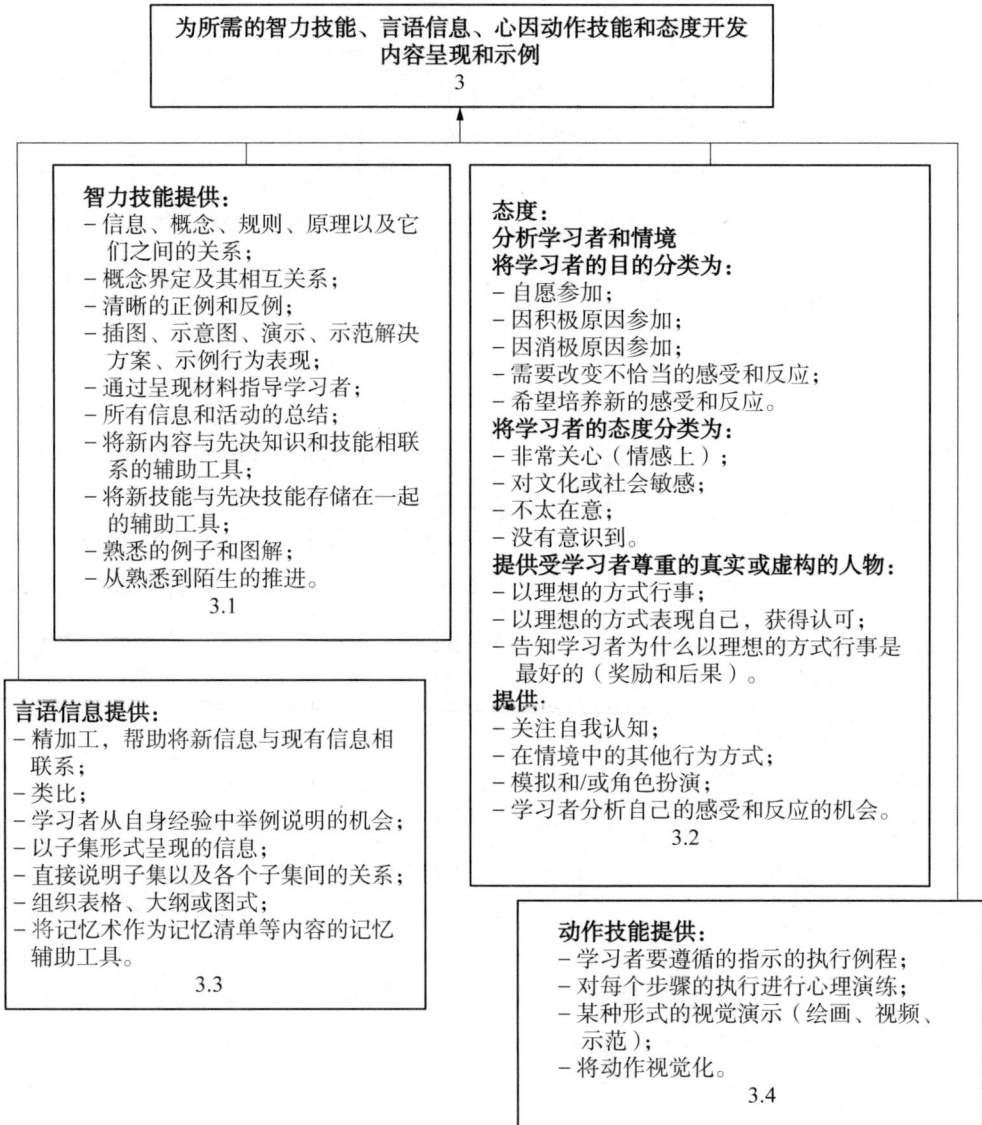

图 8.5　开发内容呈现和示例

242

```
┌─────────────────────────────────────┐
│   开发学习者参与（有反馈的练习）        │
│                  4                   │
└─────────────────────────────────────┘
```

智力技能。 开发以下练习活动：
- 与目标直接相关；
- 分组以提高效率；
- 由简单到复杂；
- 在熟悉的情境中进行；
- 将对部分内容和终点目标的演练（结合起来）；
- 为学习者的技能发展安排适当的时间（不要过早）。

制定反馈意见：
- 兼顾关注成功之处和问题所在；
- 提供纠正性信息；
- 信息丰富；
- 基于适合学习者发展水平的标准。

4.1

言语信息。 开发以下练习活动：
（参见4.1）
- 让学习者利用信息做一些事情（解谜、创作歌曲等）；
- 加强精加工；
- 加强检索线索；
- 帮助形成提示回忆的图像；
- 使用与信息性质相关的线索；
- 利用行为表现情境中的线索；
- 通过放置在相关的智力和心因动作技能和态度附近，提供相关的情境；
- 加强组织结构；
- 帮助学习者生成新的例子；
- 在有意义的情境中进行演练。

制定反馈意见： （参见4.1）

4.2

态度。 开发练习，在以下方面提供机会：
（参见4.1）
- 学习者在各种选项中作出选择；
- 替代性学习；
- 通过故事模拟或戏剧进行心理演练，让示范者作出选择，然后体验奖励和后果。

提供反馈意见： （参见4.1）
- 即时；
- 具有纠正性；
- 提供有关更合适的选择和行动的信息；
- 奖励或后果保持一致；
- 鼓励对感受和行为进行反思。

4.3

动作技能。 开发以下练习活动：
（参见4.1）
- 鼓励在执行技能前进行可视化；
- 包括重复练习，直到技能变得流畅和自动化；
- 将同时和连续的步骤整合为一个整体。

提供反馈意见： （参见4.1）
- 即时；
- 具有纠正性。

4.4

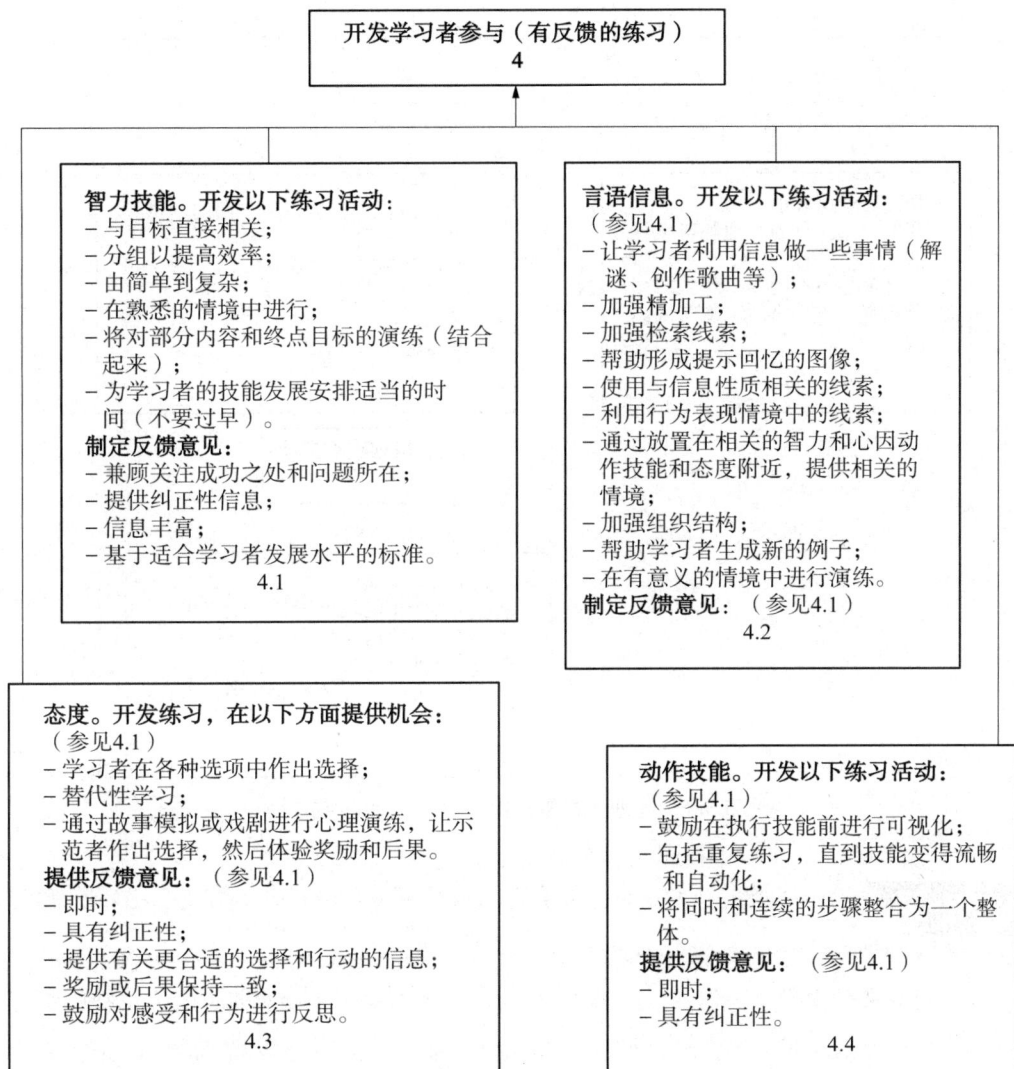

图 8.6　开发学习者参与（有反馈的练习）

243

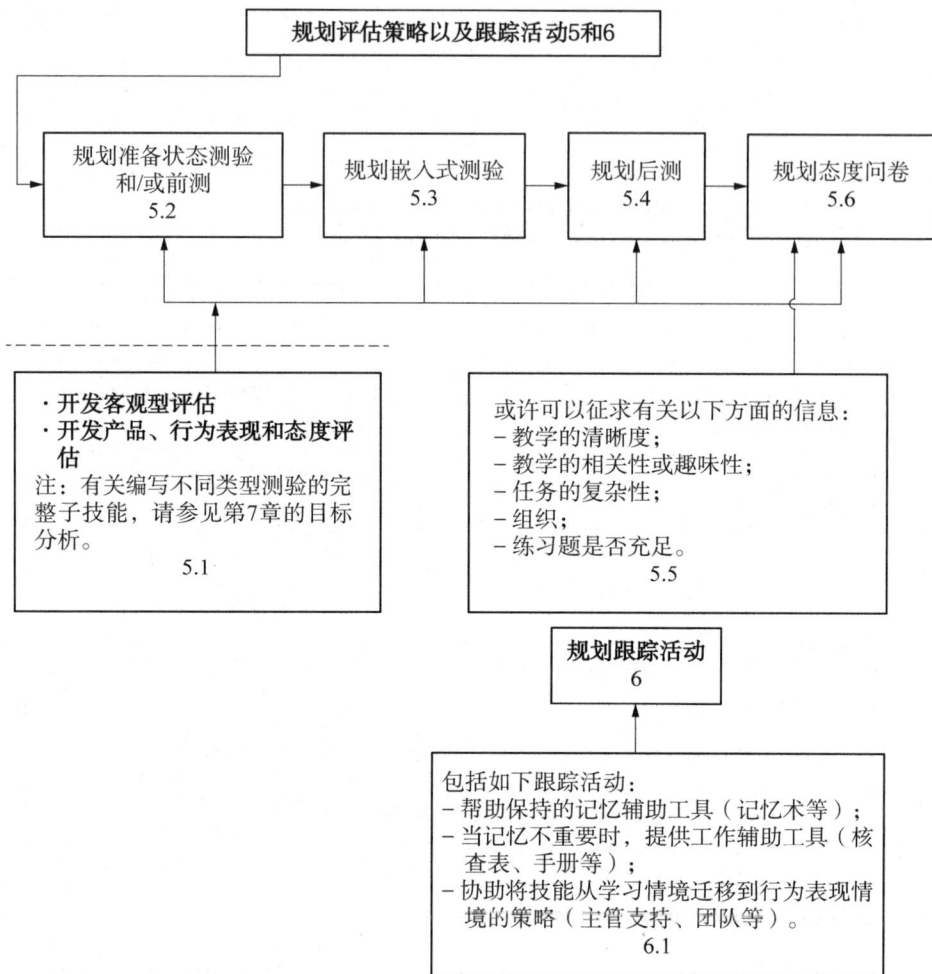

图 8.7　规划评估策略以及跟踪活动(5 和 6)

练习

请查阅附录 C 中作文写作目标的教学分析。请注意,每个主要步骤下的下位技能都有一个以该主要步骤编号开头的代码。例如,5.3 代表技能 5.5 的下位技能,而 5.32 则代表主要步骤 5 的下位技能。假设目标学生群体是六年级学生,且他们的写作水平处于中等或中等以上。如果你不熟悉六年级的学生,此时应遵循教育直觉行事。

1. 教学导入材料:动机激发。假设你正在为"写一篇作文或小故事"这一目标规划整体的动机激发策略,以"吸引"学生参与教学。以下哪些动机激发规划方案可能会有效? 请选择所有可能有效的规划方案。

a. 鉴于本单元时间有限,没有必要采取这一步骤。

　　b. 对比一篇只用陈述句写成的故事或简报文章，与一篇根据目的和语气变化使用不同句型重写的故事或简报文章。

　　c. 向六年级学生呈现一些内容有趣的故事或文章。

　　d. 从学生可能会欣赏的人物的角度来呈现信息。

　　e. 举例说明一名学生因写了一篇好的简报文章而受到老师和同学的积极关注。

　　2. 设计教学导入材料：告知学习者教学目标。选择最有效的表述向学生介绍本单元的目标：在书面写作中，根据句子的目的、语气和复杂程度，使用不同句型及相应的标点符号。选择所有合适的做法。

　　a. 课时只有 30 分钟，因此没有必要仅为这节课制定教学目标。

　　b. 根据目的和语气写句子。

　　c. 写陈述句、疑问句、祈使句和感叹句。

　　d. 根据给定任务写一篇有趣的简报文章，要求学生根据句子的目的和语气使用陈述句、疑问句、祈使句和感叹句，准确率达到 90％。

　　3. 设计教学导入材料：告知学习者先决条件。在"选择和书写陈述句"一课中，以下哪种规划最适合学生？

　　a. 本单元没有确定起点技能，因此不应包括任何技能。

　　b. 应在教学导入材料中确定整个单元的所有起点技能。

　　c. 应提醒学生掌握技能 5.1 至 5.5。

　　d. 应说明下位技能 5.11、5.17、5.24 和 5.31 的先决技能。

　　4. 规划内容呈现和示例。考虑附录 C 中的以下下位技能：将一个完整的句子分类为陈述句。你应该在教学中提供几个例子？

　　a. 1 个：这是一项智力技能，而非言语信息。

　　b. 2 个：这是一项复杂的技能，应多次示范。

　　c. 4 个或更多：至少应呈现两个例句和两个非例句。

　　d. 12 个：为每种类型的句子提供说明多个例句和非例句的机会。

　　5. 规划学习者参与。（考虑可行性或时间/资源要求）以下哪种策略最适合进行这项下位技能的练习和反馈：使用正确的结束标点符号写一个陈述句？请选择所有适用的选项。

　　a. 客观任务：多项选择题形式。

　　b. 客观任务：简答题形式。

　　c. 替代性评估：现场表现，教师观摩。

　　d. 替代性评估：产品开发和按照评分细则评分。

　　e. 客观任务与替代性评估相结合。

6. 规划评估。以下哪种评估规划对附录 C 中的主要步骤 5 最有用? 请选择所有适合的选项。

a. 实施客观形式的准备状态测验,确保学习者能够对所有四种句子类型的完整句子进行分类。

b. 实施客观形式的准备状态测验/前测,测验内容涵盖起点技能、所有下位技能和主要步骤 5。

c. 实施客观形式的后测,包括技能 5.11 到主要步骤 5 的技能。

d. 对主要步骤 5 实施替代性评估产品测验。评估应包括对学习者的指导和对学生所写陈述句评分的评分细则。

7. 规划迁移。以下哪种演练和后测策略最有助于将写作技巧迁移到家庭环境中? 请选择所有适用的策略。

a. 完成客观题形式的后测,并取得好成绩。

b. 完成产品开发形式的替代评估,并取得好成绩。

c. 为规划中的简报撰写文章,并将文章发布到网上供其他学生阅读。

d. 担任简报编辑或编辑委员会成员。

参考答案

244

1. b, c, d, e

2. b, c

3. c

4. c

5. b

6. b, c

7. c, d

参考文献和推荐读物

Anderson, T., & Shattuck, J. (2012). Design-based research: A decade of progress in education research? *Educational Researcher, 41*(1), 16-25.

Atkinson, R. K., Derry, S. J., Renkl, A., & Wortham, D. (2000). Learning from examples: Instructional principles from the worked examples research. *Review of*

Educational Research, 70(2), 181 – 214. 将研究与原理相结合，为教授智力技能提供指导。

Bandura, A. （1993）. Perceived self-efficacy in cognitive development and functioning. *Educational Psychologist, 28*(2), 117 – 148.

Besser, E. D., & Newby, T. J. (2019). Exploring the role of feedback and its impact within a digital badge system from a student perspective. *TechTrends, 63*, 485 – 495. https://doi.org/10.1007/s11528-019-00386-2. 一个案例研究，阐述了反馈在掌握学习中的作用和应用。

Broad, M. L., & Newstrom, J. W. (2001). *Transfer of training.* Da Capo Press. 介绍了培训者、管理者和学习者在课前、课中和课后应考虑的有关迁移的诸多因素。

Brown, L. A. （1996）. *Designing and developing electronic performance support systems.* Digital Press.

Carey, J. O. (2005). Applying principles of instructional design for quality assurance in e-learning: Issues and dilemmas in higher education. In *Quality assurance of e-learning in higher education.* 国家多媒体教育研究所国际研讨会报告，2005 年 11 月 9—10 日（第 69—80 页）。

Chieu, V. M. (2007). Constructivist learning: An operational approach for designing adaptive learning environments supporting cognitive flexibility. *Educational Technology and Society, 10*(3), 32 – 46.

Clark, D. （2010）. *van Merriënboer's 4C/ID model and instructional design.* http://nwlink.com/~donclark/hrd/learning/id/4c_id.html. 介绍了一个有用的归纳法图示和归纳式教学模式。

Clark, R. E. (1983). Reconsidering research on learning from media. *Review of Educational Research, 53*(4), 445.

Clark, R. E. (2012). Debate about the benefits of different levels of instructional guidance. In R. A. Reiser & J. V. Dempsey (Eds.), *Trends and issues in instructional design and technology* (3rd ed.). Pearson.

Clark, R. E., & Mayer, R. E. (2016). *e-learning and the science of instruction: Proven guidelines for consumers and designers of multimedia learning* (4th ed.). Wiley.

Dawson, P., Henderson, M., Ryan, T., Mahoney, P., Boud, D., Phillips, M., & Molloy, E. (2018). Technology and feedback design. In M. Spector, B. Lockee, & M. Childress (Eds.), *Learning, design, and technology.* Springer. https://10.1007/

978-3-319-17727-4_124-1.

Dede, C. (2008). *How Web 2.0 tools are transforming learning and knowledge.* 在佛罗里达州奥兰多市举行的佛罗里达教育技术年会上发表的论文。

Dillon, A., & Gabbard, R. (1998). Hypermedia as an educational technology: A review of the quantitative research literature on learner comprehension, control, and style. *Review of Educational Research, 68*(3), 322 - 349. 该研究摘要的结论是，使用超媒体获得的学习收益是有限的。

Dick, W. (1996). The Dick and Carey model: Will it survive the decade? *Educational Technology Research and Development, 44*(3), 55 - 63.

Driscoll, M. P. (2005). *Psychology of learning for instruction* (3rd ed.). Allyn & Bacon.

Educational Psychologist, 38(1), (2003). Special issue on cognitive load. Addresses the issue of managing cognitive load during instruction.

Educational Technology Magazine, 47 (3), (2007). Special issue on highly mobile computing—that is, hold-in-one-hand devices for social interaction and information access including PDAs, cell phones, tablet computers, UMPCs, gaming systems, iPods, motes.

Educational Technology Research and Development, 56(1), (2008). Special issue on scaffolded learning with hypermedia.

Ertmer, P., & Newby, T. (1993). Behaviorism, cognitivism, constructivism: Comparing critical features from an instructional design perspective. *Performance Improvement Quarterly, 6*(40), 50 - 72. 对影响教学设计实践的理论进行了精彩回顾，指出了其对教学设计者的影响。

Ertmer, P. A., & Newby, T. J. (2013). Behaviorism, cognitivism, and constructivism: Comparing critical features from an instructional design perspective. *Performance Improvement Quarterly, 26*(2), 43 - 71.

Gagné, R. M. (1985). *Conditions of learning* (4th ed.). Holt, Rinehart and Winston. 详细描述了激发每个学习领域的学习所应具备的因素。

Gagné, R. M., & Medsker, K. L. (1996). *The conditions of learning: Training applications.* Harcourt Brace College Publishers. 将加涅早期关于学习条件的研究成果与当前的工商业培训相结合。

Gagné, R. M., Wager, W. W., Golas, K. C., & Keller, J. M. (2004). *Principles of instructional design* (5th ed.). Wadsworth/Thomson Learning. 第 9—12 章为开发教学

策略提供了更多指导。

Gery, G. (1991). *Electronic performance support systems.* Gery Performance Press. 这是作者的一本原创性著作，她创造了电子绩效支持系统（EPSS）一词。

Hannafin, M. J. (2012). Debate about the benefits of different levels of instructional guidance. In R. A. Reiser & J. V. Dempsey (Eds.), *Trends and issues in instructional design and technology* (3rd ed.). Pearson.

Hannafin, M. J., Hannafin, K. M., Land, S. M., & Oliver, K. (1997). Grounded practice and the design of constructivist learning environments. *Educational Technology Research and Development, 45*(3),101‐117.

Hannum, W. H. (2007). When computers teach: A review of the instructional effectiveness of computers. *Educational Technology, 47*(2),5‐13.

Haskell, R. E. (2000). *Transfer of learning: Cognition, instruction, and reasoning.* Academic Press.

Hmelo-Silver, C. E. (2006). Design principles for scaffolding technology-based inquiry. In A. M. O'Donnell, C. E. Hmelo-Silver, & G. Erkens (Eds.), *Collaborative reasoning, learning and technology.* Lawrence Erlbaum Associates.

Hmelo-Silver, C. E., Duncan, R. G., & Chinn, C. A. (2007). Scaffolding and achievement in problem-based and inquiry learning: A response to Kirschner, Sweller, and Clark. *Educational Psychologist, 42*(2),99‐107.

Honebein, P. C., & Honebein, C. H. (2015). Effectiveness, efficiency, and appeal: Pick any two? The influence of learning domains and learning outcomes on designer judgements of useful instructional methods. *Instructional Technology Research & Development, 63,* 937‐955. 一项调查研究，探讨了教学设计者对学习类型、教学方法以及效果、效率和吸引力之间关系的看法。

Honebein, P. C. (2017). The influence of value and rich conditions on designers' judgments about useful instructional methods. Educational *Technology Research and Development, 65,*341‐357. 这项有趣的研究指出，设计者对教学设计问题的情境了解得越多，他们对教学方法的选择就越准确。

Hooley, D. S., & Thorpe, J. (2017). The effects of formative reading assessments closely linked to classroom texts on high school reading comprehension. *Educational Technology Research and Development, 65,*1215‐1238. 该准实验研究结果表明，带有反馈的形成性学生评估能显著提高学生对课文的理解能力。

Jonassen, D. H. (1991). Objectivism versus constructivism: Do we need a new philosophical paradigm? *Educational Technology Research & Development, 39*, 5 – 14. https://doi.org/10.1007/BF02296434.

Jonassen, D. H. (1997). Instructional design models for well-structured and ill-structured problem-solving learning outcomes. *Educational Technology Research and Development, 45*(1), 65 – 94. 提供了设计和开发结构良好和结构不良问题解决教学的示例和程序。

Jonassen, D. H. (1999). Designing constructivist learning environments. In C. M. Reigeluth (Ed.), *Instructional design theories and models* (Vol. II). Lawrence Erlbaum Associates.

Jonassen, D. H. (2004). *Learning to solve problems: An instructional design guide.* Pfeiffer.

Jonassen, D. H. (2006). On the role of concepts in learning and instructional design. *Educational Technology Research and Development, 54*(2), 177 – 196.

Jonassen, D. H. (2011). *Learning to solve problems: A handbook for designing problem-solving learning environments.* Routledge.

Keirns, J. L. (1999). *Designs for self-instruction: Principles, processes and issues in developing self-directed learning.* Allyn & Bacon. 探讨了个性化学习的教学策略。

Keller, J., & Burkman, E. (1993). Motivation principles. In M. Fleming & W. H. Levie (Eds.), *Instructional message design.* Educational Technology Publications. 回顾了对设计者而言非常重要的学习者特征和文本特征。

Keller, J. M. (2010). *Motivational design for learning and performance: The ARCS model approach.* Springer.

Kirschner, P. A., Sweller, J., & Clark, R. (2006). Why minimal guidance during instruction does not work: An analysis of the failure of constructivist, discovery, problem-based, experiential, and inquiry based teaching. *Educational Psychologist, 41*(2), 75 – 86.

Klauer, K. J., & Phye, G. D. (2008). Inductive reasoning: A training approach. *Review of Educational Research, 78*(1), 85 – 123. 一项元分析，结果支持了培训对归纳推理、问题解决和迁移的积极影响。

Kolb, D. (1984). *Experiential learning.* Prentice Hall.

Kruse, K., & Keil, K. (2000). *Technology-based training: The art and science of design, development, and delivery.* Jossey-Bass Pfeiffer.

Lee, W. W., & Owens, D. L. (2004). *Multimedia-based instructional design: Computer-based training; web-based training; distance broadcast training; performance-based solutions* (2nd ed.). Jossey-Bass Pfeiffer. 证明了同样的教学设计模型可用于所有媒体。

Liao, Y., Kung, W., & Chen, H. (2019). Testing the effectiveness of creative map mnemonic strategies in a geography class. *Instructional Science, 47*, 589 – 608. 一项准实验研究的结果表明，使用记忆术对学习成绩、学习动机和创造力有显著的积极影响。

Lin, L., & Spector, M. J. (Eds.). (2017). *The sciences of learning and instructional design: Constructive articulation between communities.* Routledge.

Mager, R. F. (1997). *How to turn learners on ... without turning them off: Ways to ignite interest in learning* (3rd ed.). Center for Effective Performance.

Mayer, R. E. (2004). Should there be a three strikes rule against pure discovery learning? The case for guided methods of instruction. *American Psychologist, 59*(1), 14 – 19.

Mayer, R. E. (2008). *Learning and instruction* (2nd ed.). Pearson.

Mayer, R. E. (Ed.). (2014). *The Cambridge handbook of multimedia learning* (2nd ed.). Cambridge University Press.

Mayer, R. E., & Wittrock, R. C. (2006). Problem solving. In P. A. Alexander & P. H. Winnie (Eds.), *Handbook of educational psychology* (2nd ed.). Erlbaum. Mayer, R. E., & Alexander, P. A. (Eds.). (2016). *Handbook of research on learning and instruction* (2nd ed.). Routledge.

McKenney, S., & Reeves, T. C. (2013). Systematic review of design-based research progress: Is a little knowledge a dangerous thing? *Educational Researcher, 42*(2), 97 – 100.

McManus, P., & Rossett, A. (2006). Performance support tools. *Performance Improvement, 45*(2), 8 – 17.

Merrill, M. D. (2013). *First principles of instruction: Identifying and classifying effective, efficient, and engaging instruction.* Pfeiffer.

Moore, M. G., & Kearsley, G. (2012). *Distance education: A systems view* (3rd ed.). Wadsworth. 对远程教育进行了很好的概述，并对研究成果进行了总结。

Mueller, C., Lim, J., & Watson, S. L. (2017). First principles of attitudinal change: A review of principles, methods, and strategies. *TechTrends, 61*, 560 – 569.

O'Donnell, A. M., Hmelo-Silver, C. E., & Erkens, G. (Eds.). (2006). *Collaborative reasoning, learning and technology.* Lawrence Erlbaum Associates.

246

Oha, E., & Reeves, T. (2010). The implications of the differences between design research and instructional systems design for educational technology researchers and practitioners. *Educational Media International*, 4(47), 263-275.

Park, I., & Hannafin, M. J. (1993). Empirically-based guidelines for the design of interactive multimedia. *Educational Technology Research & Development*, 41(3), 63-85. 介绍了非常有用的原则,对设计交互式多媒体具有重要意义。

Patchan, M. M., & Schunn, C. D. (2015). Understanding the benefits of providing peer feedback: How students respond to peers' texts of varying quality. *Instructional Science*, 43, 591-614. 研究结论指出,在点评写作样本时,能力高的同行评审者比能力低的评审者能提供更好的反馈。

Reigeluth, C. M., Beatty, B. J., & Myers, R. D. (Eds.). (2017). *Instructional-design theories and models, volume Ⅳ: The learner-centered paradigm of education*. Routledge.

Reiser, R. A., & Dempsey, J. V. (Eds.). (2012). *Trends and issues in instructional design and technology* (3rd ed.). Pearson.

Romiszowski, A. J. (1993). Psychomotor principles. In M. Fleming & W. H. Levie (Eds.), *Instructional message design*. Educational Technology Publications. 为设计者介绍动作技能教学原理的为数不多的资料之一,对基础内容进行了精妙总结。

Rossett, A., & Schafer, L. (2006). *Job aids and performance support: Moving from knowledge in the classroom to knowledge everywhere*. Pfeiffer.

Russell, J., Reiser, R., Hruskocy, C., & Ruckdeschel, C. (1999). Strategies for teaching project-based courses. *Educational Technology*, 39(2), 56-59.

Schmidt, H. G., Loyens, S. M. M., van Gog, T., & Paas, T. (2007). Problem-based learning is compatible with human cognitive architecture: Commentary on Kirschner, Sweller, and Clark. *Educational Psychologist*, 42(2), 91-97.

Schunk, D. (2019). *Learning theories: An educational perspective* (4th ed.). Merrill/Prentice Hall.

Shute, V. J. (2008). Focus on formative feedback. *Review of Educational Research*, 78(1), 153-189.

Schwartz, P., Mennin, S., & Webb, G. (2001). *Problem-based learning: Case studies, experience, and practice*. Kogan Page.

Smith, P. L., & Ragan, T. J. (2020). *Instructional design* (4th ed.). Wiley. 详尽介绍了

247

针对不同类型学习的各种教学策略。

Sommerhoff, D., Szameitat, A., Vogel, F., Chernikova, O., Loderer, K., & Fischer, F. (2018). What do we teach when we teach the Learning Sciences? An analysis of 75 degree programs. *Journal of the Learning Sciences, 27*(2), 319 – 351. doi: 10. 1080/ 10508406. 2018. 1440353.

Sweller, J. (1994). Cognitive load theory, learning difficulty and instructional design. *Learning and Instruction, 4*, 295 – 312.

Tobias, S., & Duffy, T. M. (Eds.). (2009). *Constructivist instruction: Success or failure?* Routledge.

Vygotsky, L. (1978). *Mind in society: The development of higher psychological processes.* Harvard University Press.

Westera, W. (2019). Why and how serious games can become far more effective: Accommodating productive learning experiences, learner motivation and the monitoring of learning gains. *Journal of Educational Technology & Society, 22*(1), 59 – 69.

Windschitl, M. (2002). Framing constructivism in practice as negotiation of dilemmas: An analysis of the conceptual, pedagogical, cultural, and political challenges facing teachers. *Review of Educational Research, 72*(2), 131 – 175. 分析了教师在学校情境中实施建构主义方法时遇到的困难。

Woo, Y., Herrington, J., Agostinho, S., & Reeves, T. (2007). Implementing authentic tasks in web-based learning environments. *Educause Quarterly, 30*(3), 36 – 43.

第 9 章

规划教学策略的传输和管理

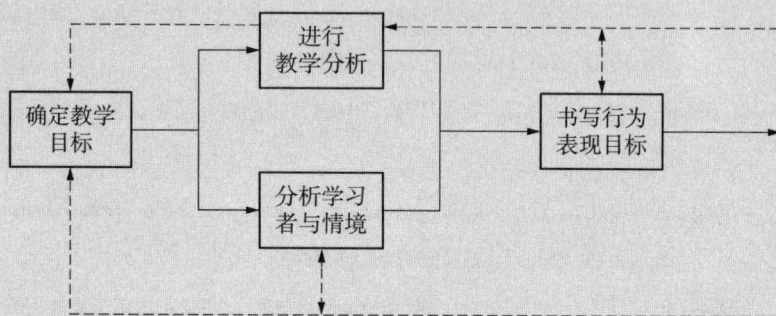

目标

▶ 选择教学传输系统。

▶ 以课时为单位，排列和安排行为表现目标。

▶ 为教学策略选择合适的学习者分组方法和媒体。

▶ 选择媒体和传输系统。

▶ 整合媒体选择，并确认或选择传输系统。

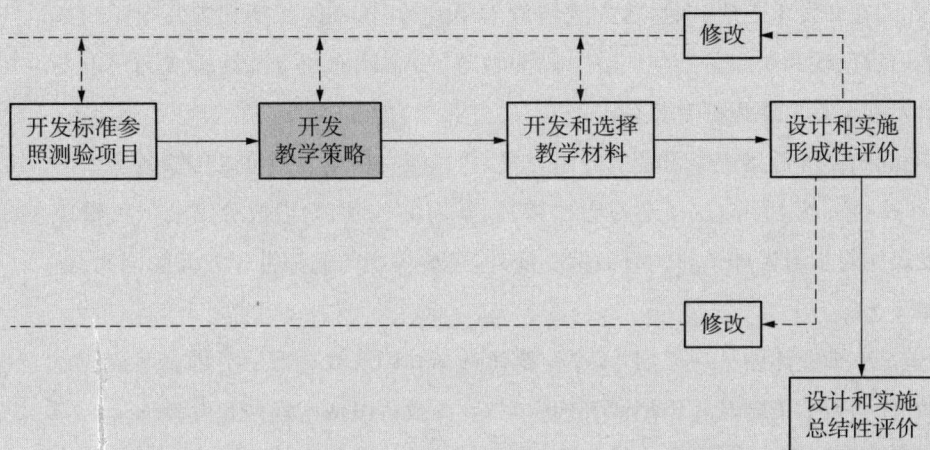

概述

你应该还记得,教学策略是用于开发或选择教学材料的指导方案。目前,你已经完成了包括教学目标的设定、学习者与情境分析、教学分析、行为表现目标的书写和评估题目的开发等一系列工作。在规划教学策略的传输和管理时,你需要继续参考这些设计文档。

首先要考虑有教学需求的组织是否预设了特定的传输系统。如果是,在规划其他教学成分时,应该牢记该传输系统的优势和限制。如果不是,那么在基本规划完传输和管理后再规划教学系统将最为有效。

规划活动第二步与行为表现目标的排序和学习成分的相关指导方案的顺序有关。

在教学分析中,你对教学内容进行了排序,对技能和相应的行为表现目标进行了逻辑分类,并为每个课时分配了具体目标。要想有效地完成这些任务,需要考虑前面的所有步骤。在实际开发教学和考虑到遵循规划所需的时间时,可能还要进行相应的调整。

250

在确定技能顺序和行为表现目标归类后,你就可以进行第三步,即规划教学的学习成分。虽然教学内容的呈现要按照教学策略指定学习成分的顺序进行,但教学策略的开发却并非如此。在开发学习成分时,首先规定教学导入、评估和跟踪活动这几个学习成分,然后才是内容呈现和学习者参与成分。因为教学导入、评估和跟踪活动成分可能与单个课时、单元甚至整个课程都有关系。

规划活动的第四步是指定学习者的分组方式,并选择一种或多种可以传输各个学习成分的媒体。这些决策主要取决于学习者的特征、学习的性质、学习成分需要的关键媒体属性,以及媒体对学习者和学习的有效性。此外,还要考虑传输和管理方面的因素,如时间、设施和资金等。

最后一步是审查整体的管理规划,以整合媒体选择并确认或选择一个传输系统。在规划并评估好你的教学策略及其传输和管理方案后,你就可以按照规划开发教学了。

概念

在第 8 章中,你学习了**规划**教学策略的程序。在本章,你将继续开展教学策略相关的工作,通过结合教学策略规划和教学的传输及管理规划,来**开发**教学策略。

一般而言,所有类型的正规教育都有一套用于管理和传输教与学活动(我们称之为"**教学**")的方法,这套方法被称为**传输系统**。传输系统与教学策略不是同义词,它主要用于促进教学策略。因此,教学设计的新手要谨防被华而不实的技术诱惑,导致过度重视教学的打包和传输,而未能仔细规划教学中的教与学的活动。传输系统要么是设计者在开发教学策略时所依据的一个前提假设;要么是作为制定管理规划的一部分而做出的主动决策。无论哪种情况,传输系统的选择都可以是针对课时、课程或课程体系级别的管理决策。

传输系统的选择

为了传输和管理的高效,教学设计者首先应该考虑教学中是否有强加或指定的传输系统。如果没有,那么应该在教学规划后期再选择传输系统;如果有,那么规划过程的所有剩余步骤都应该考虑该系统的优势和限制。

借助一些实例可以更准确地定义**传输系统**。以下是教学中(混合了几种教学方法的)常见传输系统的几个例子:

1. 传统模式，即在课堂、培训中心或实验室进行，有一位教师和一群学习者。

2. 大班授课后进行小组答疑。

3. 通过电视广播、网络广播、双向交互式视频会议或基于计算机的教学开展远程课程。

251

4. 基于计算机的教学，包括（a）从自主学习到有教师辅助的教学；和（b）从文本演练和实践到完全交互式的多媒体练习（包括仿真、游戏、智能辅导和虚拟现实等）。

5. 基于互联网或局域网的教学，包括：

   * 自主学习到有教师辅助的教学；

   * 文本演练和实践到完全交互式的多媒体练习；

   * 简单的在线教学大纲到在学习门户中组织的，包括内容、教学、互动和测验的综合课程；

   * 授予学分的个人课程到社交媒体上播出的团体活动；

   * 面向小规模重点受众的网络研讨会到面向全球受众的大规模在线开放课程。

6. 自定进度（有时学习的起点和终点都不固定）的教学程序，包括教师/助教和印刷/媒体材料的多种组合。

7. 现场实习、指导和辅导。

8. 电子绩效支持系统，从简单的搜索辅助工作到情境敏感的智能系统。

9. 组合式的独特定制系统。

　　你可能注意到，这些传输系统都没有指明学习内容和学习者。因为在理想的教学设计过程中，首先应该考虑教学目标、学习者特征、学习和行为表现情境、行为表现目标、评估要求，然后才基于图 9.1 中的考虑因素和决策过程来选择最佳传输系统。图 9.1 展示了为实施教学策略而规划传输和管理的推荐顺序。请注意，图中的步骤 2——规划教学策略——是带阴影的，因为它已经在第 8 章得到了解决：这里再次呈现是为了表明它与传输和管理步骤的关系。

　　图 9.1 中的步骤代表了选择传输系统的理想路径，因为该选择是在仔细考虑需求和要求之后，在提出解决方案之前作的决定。从这个角度来看，传输系统的选择（图 9.1 中的步骤 10）是仔细考虑教学和学习要求（步骤 2—6）的结果。如果顺序颠倒，首先选择传输系统，就相当于在没有完全了解有效教学传输要求的情况下，强加了一个解决方案（及其固有限制）。

　　关于这一理想路径，有三点注意事项需要说明。首先，它几乎从来不以这种方式发生！第一个原因是，教师和教学设计者通常有自己偏好的课程传输模式。因此在设计教学之前，他们就已经在头脑中选好了传输系统。第二个原因是，传输系统可能是由学习情境决定的，因为组织需要在该情境中传输教学。设计者一般都被要求在该情境中设计教学，只针对特定课程或研讨方案做微调。如果设计者在公立学校工作，通常假设传输系统就是传统课堂情境中的教师。在大多数情况下，工商业情境中的培训也有类似假设。尽管基于网络平台的培训

252

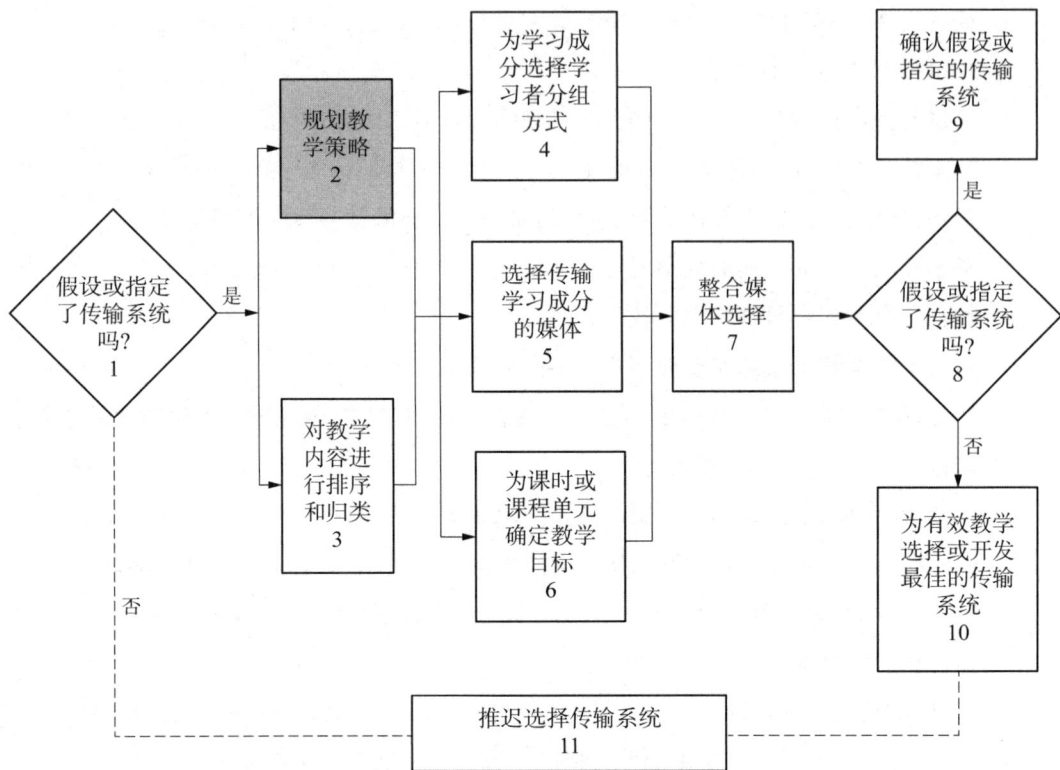

图 9.1　规划教学策略的传输和管理

方式日益普及，但当前大多数商业培训仍以教师主导的平台教学为主。第三个原因是，有一种情况正在变得越来越常见，即组织购买和安装新的传输系统（比如数字化学习门户专用软件）并要求设计者使用该系统传输教学，尽管这通常是为了证明购买该系统的明智性。现在互联网（或局域网）访问无处不在，网络技术发展迅速，所以当需要跨越时间和空间将教学传输到家庭或个人电脑时，它们通常被视为**优先选择**。因为这种预先选择传输系统的情况正在变得越发普遍，所以设计者必须保持灵活，从系统中汲取一切能够传输教学的东西。如果要教的技能与指定的传输系统不匹配，那么设计者必须做出适当的调整，或者维持教学内容不变而选用其他可替代的传输系统。图 9.1 是为教学策略制定管理规划的图解，区分了将传输系统作为流程前的预先假设和流程后的逻辑结论这两种情况。

　　对前面描述的选择传输系统的理想路径，第二点需要说明的是：图 9.1 中的编号看似呈现了线性、逐步推进的顺序，但事实上通常需要同时考虑步骤 2、3、4、5 和 6。比如，为了使学生达到掌握水平（步骤 3），你可能需要决定练习和反馈的顺序。在具体说明该活动时，你可能还要考虑由 3—5 名学习者在 Skype 小组会议中（步骤 4），使用预先录制的三个不同情景的视频（步骤 5）进行练习和反馈是否最为有效。图 9.1 显示了这些步骤的并行性质。本章后面将继续讨论应如何整合这些管理规划的不同部分。

最后要说明的是,在设计过程中,无论是先选择传输系统还是后选择传输系统,你正在使用的系统设计模型都同样适用。模型中教学设计的一般步骤不仅适用于数字化、交互式的多媒体传输系统,也适用于教师主导的视频会议传输系统。我们之所以在教学设计的这个环节讨论传输系统的选择,是因为实际设计中也通常在这个环节选择传输媒体。本章后面讨论确定媒体和选择传输系统的理想时间时,将再次回顾这一问题。

253

内容的排序和归类

内容排序

制定传输和管理规划(见图 9.1)的第二步是确定教学顺序,并对教学内容进行分类以方便管理。应该以什么顺序向学习者呈现教学内容呢? 教学分析提供了回答这一问题的最佳工具。应该从较低水平的技能开始,也就是从恰好区分起点技能和待教技能那条线上的技能开始,然后顺着层级逐步向上推进。对特定层级的技能,在它的下位技能被讲授清楚前不应该呈现这个层级的技能;不过,如果上位技能是高级组织者或者总—分—总教学结构的开篇部分,那么先介绍这些上位技能通常也是有益的。

在逻辑上,对于特定目标的教学当然应该从左边或者起点开始,然后逐步向右推进。如果有主要步骤包含下位技能,那么应该先将下位技能讲授完,再继续下一个主要步骤。

教学目标分析指出了教学必须完成的每一步骤,下位技能分析则指出了学习主要步骤前必须掌握的技能,因此,教学顺序更倾向于是自下而上和从左到右的组合。也就是说,先教步骤 1 的下位技能,再教步骤 1;随后教步骤 2 的下位技能,再教步骤 2。按照这个顺序进行,直到所有步骤都被教完为止。最后是对目标中所有步骤进行整合和练习的教学。有关此方法的实例参见图 4.10。图中的方框按照教学顺序编号,从底部开始,向上推进到每一个主要步骤。

在三种例外情况下,这种通用的排序方法并不适用。一是目标中有两个或两个以上步骤相同,或者它们有相同的下位技能。这时候没必要把重复的技能再教一遍,只要简单告知学习者此处将再次用到之前学过的技能即可。

第二种例外发生在教学要用到多个设备或某个设备的多个部件时。比如,教学分析可能表明,学习者需要在教学的不同阶段识别不同的设备并指出它们的位置。为了避免在教学中反复进行识别,通常在教学单元一开始就会呈现这部分教学。这种方法不仅可行,而且合理。有时候,出于传输方面的考虑,设计者也会在教学开始一次性地展示所有较低水平的言语信息目标,比如各种定义。但这样做时,请务必小心,因为你可能会使某个定义脱离其意义情境,使得学习者在记忆信息和运用情境线索提取信息时更加困难。此外,学习者还可能认为脱离情境的言语信息学习是令人摸不着头脑且枯燥的。

第三种例外是，可预测的、乏味的、按部就班的顺序让学习者感到无聊。在这种情况下，最好放弃理想化的教学顺序，以牺牲部分效率为代价，换取学习者的兴趣和动机。

教学归类

254

制定管理规划时要解决的下一个问题，是确定教学材料应该分成多大的组块。组块大小是一个连续体，一端是线性的程序教学法，它倾向于将所有信息分解成非常小的单元，要求学习者不断作出反应；另一端则是传统教科书采用的方法，一章就是一个信息单元。你既可以按照每个具体的教学目标依次呈现教学内容，中间插入活动；也可以面向多个具体目标一次性呈现所有教学内容，再让学习者开展活动。

在确定要呈现的信息量（或者**组块**大小）时，你应该考虑以下五个因素：

1. 学习者的年龄水平和学习成熟度；

2. 材料的复杂性；

3. 发生的学习类型；

4. 活动的变化性，可以将学习者的注意力集中在学习任务上；

5. 对于每个教学内容组块，呈现教学策略中所有成分所需的时间。

举例而言，向学习者介绍先决技能、呈现教学内容和进行练习需要多长时间？对低龄学习者，最好保持较小的教学内容和组块，更成熟的学习者则能够处理更大的组块。不过，无论学习者年龄如何，只要教学随着行为表现和反馈活动有所变化，他们就不会很快感到厌倦。

设计者经常需要将教学内容分为两到三天的研讨会或整个学期的课程。那半天或一天的教学呢，应该包含多少内容？这取决于传输系统的性质。如果是自学形式，比如基于计算机的教学和典型的数字化学习，那么设计者不必担心具体的时间限制，因为这些系统的性质允许学习时间因学习者而异；但是，如果是教师主导、小组协作、视频或网络广播等方式，就需要设计者准确地估计时间，而且并没有神奇的时间估计公式。你可以开发一个典型的教学片段并测试一下，来估计整个课程或研讨会大约需要多长时间。如果课程时间很重要，请不要等到完成所有的教学开发后再估计传输教学需要的时间。

学习者分组

在决定学习者分组时，首先要问的问题是：在行为表现情境和学习情境、学习目标陈述、特定学习成分规划或者设计者对教学过程的基本观念中，是否要求社交互动。学习者分组的类型（如个人、成对、小组、大组、混合分组）取决于特定的社交互动要求，并且经常与课时或单元的学习策略相结合。请记住，动机是教学策略的关键，即便行为表现情境或具体目标没有明确要求，学习者分组中的社交互动和变化也会为学习者提供多样的感受和兴趣价值。其他情况下，各种教学方法，比如主动学习和基于问题的学习，也会用各种学习者分组方式来管理教学策略的不同成分。无论是面对面会议还是远程会议,决定学习者分组时的考虑因素都是相同的。

步骤 4(见图 9.1)是规划学习者分组。在制定管理规划时,请记住学习者分组应该以教学策略为基础(步骤 2)。因为教学策略依然是主要的规划单元,是决定学习效果的首要因素,所以始终应该规划与教学策略相一致的学习者分组方式。如果规定必须使用支持远程学习或个别化教学的传输系统,那么学习者分组可能会受到一些限制。但是在大多数情况下,教学设计者可以决定学习者的分组方式,而且现在 Web 2.0 和 Web 3.0 的功能以及社交媒体的存在,使得"聚集"本来要独立学习的学习者变得容易许多。

媒体和传输系统的选择

步骤 5 是选择媒体和传输系统(见图 9.1),因为二者有许多共同的考虑事项,所以在此一并讨论。当我们讨论媒体选择时,不妨先回顾一下你自己在学校的经历。你还记得那些总是在周五下午最后一节课播放视频的老师吗? 你肯定记得这个常规流程:上课——关灯——播放视频——视频结束——开灯——铃声响起——下课! 这是一种好的教学吗? 一般来说并不是。但为什么不是呢? 想一想本章介绍的教学策略的学习成分。周五下午的视频是一个完整的教学策略吗? 还是单元活动的一部分? 也许视频适合用于某个单元的课前导入活动和内容呈现中,但是构成完整教学策略的其他学习成分呢? 在那些周五的下午,它们并没有出现。这个例子说明了本章的观点,即媒体的有用性取决于它们在多大程度上有效承载了教学策略的部分或者全部学习成分。

基于指定的传输系统设计教学时,可选的媒体格式并不会特别受限,可以是文本、图形、音频、超文本和动画视频,也可以是仿真系统、真实物品和真实环境。因为这些媒体格式既可以在有教师或视听设备的教室使用低科技的传输系统呈现,也可以在计算机或网络上使用高科技的传输系统呈现。无论使用低科技、高科技还是二者的组合进行教学,决定学习者成功的关键都是教学策略,而教学策略必须由教帅、媒体材料、同学、工作伙伴、同事、家人、朋友或学习者自己来提供。

在教学设计过程中,一旦规划好教学策略,决定好内容排序和归类,就到了选择媒体和传输系统的最佳时间。应该怎么做呢? 你可能立刻想到了资源和人员可用性方面的现实因素。但在选择合适的媒体时,还要提前作一些相关决定。你需要考虑以下因素:

1. 教学策略;

2. 不同的学习领域;

3. 学习者特征;

4. 具体目标中的任务要求;

5. 关键需求的属性;

6. 现实考虑。

为教学策略选择媒体

256

当前,大多数选择媒体的方法都基于这样一种逻辑假设,即学习是因外部行为刺激而产生的一种内部心理过程。根据思维方式的相关理论,心理学家明确了这些外部行为。表 9.1 列出了四位认知心理学家提出的外部行为。表 9.1 中对这些行为的排列暗示了四位心理学家所提出外部行为之间的平行关系,不过有时候平行排列只是表示它们大致相似。

表 9.1   心理学家关于学习的理论

加涅(Gagné, 1985) 教学事件	梅里尔(Merrill, 2002) 首要原理	克拉克(Clark, 2010) 有指导的体验式学习	范·梅里恩伯尔 (Van Merriënboer, 1997) 4C/ID
引起注意	激活旧识	学习的理由	先决条件信息
具体目标		目标	
先决条件		概述	
内容呈现		概念性知识	
指导	演示	演示	支持性信息
练习	应用,以任务为中心	部分和整体任务练习	部分任务练习,整体任务练习
反馈		纠正性反馈	
评估		测验	
保持/迁移	整合		

在第 8 章中,我们将加涅(Gagné, 1985)的九个教学事件组织为教学策略的五个学习成分:教学导入活动、内容呈现、学习者参与、评估和跟踪活动。另外请注意,五个学习成分与表 9.1 中描述的行为联系紧密,表中的行为之间也是如此。

那么媒体选择的重点是什么呢? 表 9.1 中的教学理论家在他们自己的著作中就媒体选择的三个一般步骤达成了一致。

- 第一步,同时也是最重要的一步是,开发一个以理论为基础的教学策略——详细说明为了确保学习的效率和效果,教学过程中必须包含哪些事情。
- 第二步,确定实施教学策略必不可少的媒体属性。
- 第三步,选择具有这些属性的媒体。

根据这些建议,应该用什么标准来选择传输教学的媒体呢? 我们提倡,通过系统分析需求、内容、学习者和情境,并运用表格 9.1 中公认的教学理论来制定媒体选择的标准。

为不同学习领域选择媒体

加涅等人(Gagné et al. , 2004)开发了一个矩阵,用于选择有效教学媒体和传输方法。该矩阵将学习领域、加涅教学事件、传输方法和策略,以及媒体类型方面的考虑因素综合看待。矩阵还附有一张表格,总结了不同学习领域应该排除或选择的媒体特征。有兴趣的读者可以查阅相应原文,以了解媒体选择逻辑和决策表的详细信息。在我们看来,矩阵和表格中的关键决策点可以提炼为三个问题。因此,在选择有效的教学媒体时,你应该思考:

- 学习是否需要智能的、有适应性反馈的练习?
- 交互以及反馈需要是即时的还是延迟的?
- 学习需要身体练习吗?

你可以在教学目标代表的学习领域中找到以上问题的答案。

智力技能 考虑分析教授智力技能可能用到的媒体类型。研究建议,应该为学习者在学习过程中作出的反应提供精确的纠正性反馈。通常,"正确答案"往往不止一个。要为学习者练习提供应答性反馈,应该选择交互式媒体,如真人教师、同伴辅导者、导师、培训者或基于计算机的仿真或智能系统。如果选择了大型讲座或信息网页等单向媒体,那么可以开发要求学习者作出反应并为学习者提供反馈的补充材料,也可以组织小组学习。不过最重要的是,选择的媒介必须是智能和适应性的,因为需要根据学习者在练习中的反应调整对学习者的反馈和指导。

言语信息 言语信息领域的教学目标依然需要诱发学习者作出反应,但不太需要智能和适应性的反馈。因为学习者能很容易地将自己的回答与正确答案作对比,所以言语信息目标对交互式媒体的需求较低。

心因动作技能 如果动作技能的学习始于执行例程(描述学习者在各种情况下应该做什么以及如何做),这个阶段可以被视为智力技能的学习。但是,要想掌握执行例程,学习者就需要进行练习并获得反馈,这个过程既可以使用模拟器,也可以使用教学目标中描述的真实设备和物体,在真实的物理环境中进行。尽管可以使用模拟器提供反馈,但是教师通常会在模拟环节后检查和询问学生的练习情况,并提供反馈。当使用真实的物体进行练习以学习心因动作技能时,通常需要同伴、教练或教学者来提供反馈;不过高阶学习者也可以借助练习辅助工具和/或录音录像来分析自己的表现。

态度 研究表明,习得态度最有效的方法之一就是观察我们非常敬重的人因为做某事而获得奖励或认可。这样,我们在随后处于类似情境时,就更有可能作出相同的选择。所以,通常建议在教授态度时使用视觉媒体,如电视或数字视频。角色扮演也是态度习得的有效方法,这时候需要有互动,既可以是面对面的,也可以是在线的,还可以是在游戏或虚拟会议空间中模拟的互动。

回顾上述内容的目的，是指出尽管媒体没有其他因素重要，但是也确实可能导致学习结果的差异。然而，假设教学目标都属于同一领域是不成立的。对短期课程而言，选择媒体相对简单，因为所有的目标都可能是智力技能或者言语信息。但是，随着教学体量的增加——比如一门40小时的课程——教学目标就很可能整合了多个领域的目标，此时就有必要为相似的目标组块选择媒体，或者尝试为多种目标选择混合的、可兼容的媒体。

为特定学习者特征选择媒体

在选择媒体时，有两种情况需要重点考虑学习者的特征。第一种，对存在感官、认知或学习障碍的学习者，选择的媒体必须符合《美国残疾人法案》对适应残疾的要求，或者必须增加辅助手段以适应学习者的残疾。有时候，正是媒体的设计为残障人士提供了便利，比如盲人可以借助屏幕阅读器软件、支持语音的浏览器或者盲文显示等设计功能访问互联网。这类访问之所以成为可能，关键在于遵循已建立的**可访问网页**设计标准。

第二种情况是，当目标受众是无阅读能力者或包括无阅读能力者时，音频和图片媒体将有明显的优势。

根据目标中的特定任务要求选择媒体

媒体选择除了要与学习领域和学习者特征相匹配外，还受到目标中任务要求的限制（图9.1中的步骤6）。设计者首先要思考，目标的掌握是否需要特定的感官辨别能力（如视觉、听觉、触觉）。如果确实如此，那么所选择的媒体或媒体组合必须能够满足内容呈现、学习者参与和评估中的感官要求。随后，设计者应进一步考虑，学习目标的掌握是否涉及社交互动。若答案是肯定的，那么学习者参与和评估环节就必须符合社交互动的要求。如前所述，社交互动不一定需要面对面进行，出于一些原因，也可以通过社交媒体在线管理，或者在虚拟现实中进行模拟。

根据关键媒体属性选择媒体

当设计者开始具体考虑针对第8章规划的教学策略中的学习成分，有哪些媒体可以使用时，有一个问题很重要，那就是："在学习成分中，是否存在关键的媒体属性要求，导致必须排除某个媒体或媒体类别？"关键的媒体属性要求包括以下方面：

- 练习和智能的适应性反馈；
- 即时反馈；
- 用真实或模拟的物体进行身体练习；
- 感官辨别能力（视觉、听觉、嗅觉、触觉、动觉）；
- 对学习者感觉或认知挑战的适应性；
- 对文盲或识字率较低学习者的适应性；

- 社交互动。

如果某个学习成分需要以上任意属性，那在该学习成分中就要排除无法提供该属性的媒体。如果学习成分不需要关键的媒体属性，设计者就可以基于现实考虑开放地选择媒体。

选择媒体和传输系统时的现实考虑

以往，在选择传输系统时，教学环境中各类媒体的预期可用性是一个重要考虑因素。如果教学活动是在公立学校、社区学院或大学的媒体中心进行，教师和学习者通常能够使用一系列完整的媒体设备。然而，如果教学设计是针对家庭环境或工作场景，而这些环境中设备有限，设计者就必须开发策略以确保这些设备的可用性，或者将媒体选择限制在可合理预期的可用性范围内。近年来，随着计算机和在线访问的普及，我们对"合理预期的可用性"的理解已经发生了变化。即使家庭中没有联网的计算机，人们也可以在工作场所、学校或公共图书馆获得网络访问，这使得媒体选择的范围扩展到了所有可以通过网络传输的内容，包括复杂的交互式软件。此外，具备蜂窝网络功能的平板电脑和智能手机现在也能够让人们随时随地访问互联网。

计算机、网络和宽带接入使得文本、图形、音频、视频和交互性能够通过单一媒介传输，或者通过单一接口分散传输。通过单一系统对学习的外部刺激进行传输简化了媒体选择和教学传输。随着孩子们在智能设备的陪伴下长大，对教师和学习者管理计算机或网络界面及相关软件能力的担忧正在消失，音频、视频和交互性材料的传输变得越来越直观、无缝且不依赖特定平台。这种趋势在以下场景中尤为明显：数字化学习门户网站和来自电子阅读器、网络书籍、平板电脑和智能手机的网络内容移植，访问/下载博客、RSS 提要、新闻提要、网络广播和播客的便利性，以及图片、视频和音频共享。

选择媒体的另一个考虑因素，是设计者或拟聘专家在特定媒体中制作教学材料的能力。比如，你可能发现基于网络的交互式教学是实现特定教学目标的理想媒体，但如果你尚不具备开发网络教学的技能，或者没有时间学习这些技能，或者没有其他可用的人员来完成这项工作，那就不得不另作选择。

还有其他因素影响媒体的选择，如材料在特定媒体中的灵活性、耐用性和便利性。如果所设计的教学材料需要使用只有在学习中心才能获得的设备，那有可供使用的学习中心吗？在学习者独立学习的时间里，它开放吗？学习者可以在不损坏材料及材料所需设备的情况下单独处理材料吗？这些材料应该做成可便携的吗？如果是，材料与你所选媒体的便携性如何？

最后一个考虑因素，是备选媒体与其他媒体相比的长期成本效益如何。对材料制作而言，采用一种媒介的成本可能低于另一种媒介的成本。但如果考虑到其他方面的成本，如教学人员、评估人员、反馈人员时，使用两种媒体开发材料的成本就可能相当。更经济的方式可能是将讲座视频发布在网上,供大量学习者根据需要反复观看,这样教师或专家就可以腾出时间来跟进学习小组或者帮助学习者解决问题。

上述因素代表必须被满足的理论或实践标准,这些标准表明了媒体选择在教学开发过程中的重要性。尽管从理论上讲,最理想的做法是在为教学策略的成分选择媒体后再选择传输系统;但实际上,几乎所有的项目都是从已经确定的传输系统开始的。无论如何,大多数传输系统都为媒体选择提供了一个范围。基于全面细致的起点—终点分析和学习情境分析,设计者可以在课程或培训中使用各种媒体格式,以最大程度地提高教学效果。

为替代教学的需求选择媒体

260

教学设计进行至此,有必要提醒各位设计者:教育和培训是昂贵的,因此也有必要考虑能促进技能掌握和表现提升的其他途径。在考虑了选择媒体的所有标准后,你可能很自然地只关注教学开发;但是,工作辅助工具、**绩效支持工具**(performance support tools,PSTs)或**电子绩效支持系统**(electronic performance support systems,EPSSs)也许可以代替部分或全部的教学。本章前面就提到了工作辅助和绩效支持,但这里将提供更多的细节,因为它们属于媒体形式。**工作辅助**包括任意支持任务或技能表现的工具,比如图书馆引导学习者获取信息资源的信息标牌、化学教室前方墙上供学习者参考的元素周期表、政府雇员可能会使用的包含不同机构首字母缩略词的"小抄"、汽车维修技术人员用于排除汽车故障的决策图,或者生产经理用于运行质量控制算法的编程计算器。PSTs 和 EPSSs 都是基于计算机的高科技工作辅助工具。如果说二者之间存在区别,那就是 PSTs 更加独立,没有集成到绩效情境中,但在大部分使用情境下,二者之间的区别正在消失。绩效支持工具基本上只做三件事——简化和自动化程序、提供任务所需的信息以及提供作决策所需的逻辑,这些是通过数据库、超媒体、教程、专家系统、向导程序、任务跟踪、过程建模和可视化等功能工具来支持的。绩效支持系统的例子包括 TurboTax 中的面谈顺序、微软 PowerPoint 软件中的模板、Adobe Photoshop 中的教程、日间交易员用来跟踪市场和定时股票交易的定制软件,以及供调度员将紧急电话转接给警察的、集成 GPS 的事故跟踪软件。

使用工作辅助或绩效支持来代替教学可以像在计算机工作站使用"操作指南"提示卡一样简单,也可以像编写复杂的软件系统一样困难。在大多数情况下,工作辅助和绩效支持工具不会完全取代教学,但可以缩短学习时间并提高工作绩效的准确性。对于有兴趣进一步研究工作辅助和绩效支持的读者,我们推荐你阅读格里(Gery,1991)关于 EPSS 的原著、布朗(Brown,1996)关于开发 EPSS 的书、迪克曼(Dickelman,2003)的文章集、罗塞特和谢弗(Rossett & Schafer,2007)关于工作辅助和绩效支持的书,以及戈特弗雷德森和莫舍尔(Gottfredson & Mosher,2011)关于将绩效支持整合到工作场所和工作流程中的书。此外,洪和卡洛塔(Hong & Kalota,2013)写了一篇同时关注媒体选择和 EPSS 的文章,证明了可以将绩效支持系统作为一种媒体选择。

整合媒体选择并确定或选择传输系统

在规划的最后阶段,要审视教学策略及传输和管理规划,以整合媒体选择并确保其与传输系统的兼容性。教学的传输和管理规划考虑了每个目标所属的学习领域、目标中的条件、行为和内容,还考虑了哪种媒体最能复制学习和绩效情境中的条件。尽管一开始针对学习领域和目标确定了理想的媒体格式,但考虑到预算、人员、设备、传输系统和学习场所的限制,可能需要作出妥协才能选择最佳媒体。在为每个目标或目标组选择了最佳媒体后,还有必要对所有的选择进行复审,以确定可以跨目标采用的模式或媒体。

261

评价和修改

教学策略评价

完成教学策略的设计之后,你将抵达教学设计流程中的另一个重要检查点,即与学科专家和学习者进行深入的审查。他们提供的反馈将预防未来不必要的写作和修改工作,与反馈所带来的价值相比,这些审查所投入的时间显得微不足道。

可以请学科专家和熟悉学习者需求、兴趣和注意力持续时间的专家审查全部的三个策略表,并指出潜在的问题。现在花费一点时间与选定的评审者交流,可以在教学开发流程的后期节省很多时间。你可能还需要向评审者提供额外的信息,比如宏观教学目标陈述、具体目标列表以及预期学习者的特征描述,这些信息将有助于评审者判断你的教学策略中的信息质量如何。

现在,是时候邀请一两位学习者来试用你的教学策略和评估方案了。首先,向学习者说明你正在开发一些教学内容,并希望他们评估你的教学大纲是否合适。你可以根据既定策略进行教学,但在这一阶段,只需向学习者提供简要说明。同时,你可以展示一些示例,并要求他们进行练习,观察他们是否能够理解并积极参与。此外,让他们完成部分或全部的测验,以评估他们的表现。这一过程虽然非正式,但它能提供很多有价值的信息,这些信息可以帮助你在开始编写教学材料或教师指南、创建故事板或者准备基于网络的教学课程之前,对教学策略进行修改。

教学策略的评价细则

以下评分细则可以作为一项工作辅助工具,帮助你开发教学策略,也可以帮助评审者评估教学策略。其中,学习成分的评价标准与第 8 章相同。另外,为了提高标准的完整性和有用性,还添加了针对传输和管理决策的评判标准。

设计者须知:若某一要素与你的项目无关,请在"否"一栏中标注"NA",表示"不适用"。

否　　有些　　是　　**A. 内容排序**　该规划是否:

____ ____ ____　　1. 适合学习类型?

____ ____ ____　　2. 有逻辑顺序(例如,时间顺序,从简单到复杂,从概念到规则
　　　　　　　　　　到原理)?

____ ____ ____　　3. 遵循主要步骤?

____ ____ ____　　4. 在进入下一步之前涵盖了主要步骤中的所有技能/信息?

262

B. 内容归类(组块)　该规划的以下方面是否合适:

____ ____ ____　　1. 技能复杂性?

____ ____ ____　　2. 学习者的年龄和能力?

____ ____ ____　　3. 学习类型?

____ ____ ____　　4. 内容兼容性?

____ ____ ____　　5. 可用的时间(小时、天、周、学期)?

____ ____ ____　　6. 传输形式(自定进度、教师主导、电视转播、基于网络、组合
　　　　　　　　　　形式等)?

____ ____ ____　　7. 每个内容组块中所有教学事件需要的时间?

C. 教学导入活动　该规划是否:

____ ____ ____　　1. 适合学习者的特点?

____ ____ ____　　2. 对学习者有激励作用(吸引注意力、展示相关性)?

____ ____ ____　　3. 告知学习者教学目标和目的?

____ ____ ____　　4. 使学习者回忆起先决知识和技能?

____ ____ ____　　5. 告知学习者完成任务所需的投入?

D. 教学内容呈现　该规划是否包括:

____ ____ ____　　1. 适合学习类型的材料?

____ ____ ____　　2. 符合学习者经验的清晰正例和反例?

____ ____ ____　　3. 适当的材料,如解释、插图、示意图、演示、示范解决方案和
　　　　　　　　　　示范行为表现?

____ ____ ____　　4. 通过呈现的材料给学习者提供指导?

____ ____ ____　　5. 将新的内容和技能与先决条件联系起来的辅助工具?

____ ____ ____　　6. 从熟悉到陌生的推进?

____ ____ ____　　7. 适当的组织?

E. 学习者参与 该规划是否可能：

1. 适合学习类型？

2. 与教学目标一致？

3. 符合学习者的特点？

4. 与教学一致？

5. 具有激励作用(帮助学习者建立信心)？

6. 放在教学中的适当位置(不过早、过多或过少)？

F. 反馈 该规划看上去是否：

1. 适合学习类型？

2. 与教学目标一致？

3. 符合学习者的特点？

4. 具有启发性、支持性和纠正性？

5. 可能帮助学习者提高信心和个人满意度？

G. 评估 该规划是否适合于：

1. 准备状态测验/前测？

2. 后测？

3. 学习类型(客观型、其他替代类型)？

4. 学习者特征(年龄、注意力持续时间、能力)？

5. 提供有关学习者状况和态度的可靠且有效的信息？

H. 跟踪活动 该规划是否可能：

263

1. 帮助学习者保持新的信息和技能？

2. 支持将技能从学习情境迁移到行为表现情境(例如,与主管合作、组建支持团队)？

I. 学生分组 分组是否符合：

1. 学习要求(例如,学习类型、互动、目标组)？

2. 学习情境(例如,员工、设施、设备、媒体、传输系统)？

J. 媒体和传输系统 该规划是否符合：

1. 教学策略？

2. 评估？

3. 实际限制(例如,情境、人员、学习者、资源、材料)？

4. 可获得的媒体和传输系统？

5. 材料方面的因素(耐用性、可运输性、便利性)？

在完成策略后,就可以根据策略中的具体指导着手开发教学了。对于正在开展教学设计项目的读者,我们建议你在起草教学材料前先阅读第 10 章,特别关注我们对设计者在初次规划个性化教学时提出的建议。

实例

现在你已经了解了教学策略包含的内容,也应该明白,在没有规划好教学策略以及支持策略的传输和管理方案时,直接从行为表现目标列表开始编写教学材料是不恰当的。在这个阶段,教学设计者必须将基于学习的教学策略与开发和实施策略所需的传输和管理方案相结合。

你应该还记得,完成教学策略并规划支持策略的传输和管理时,需要用到以下开发好的材料:

- 行为表现目标;
- 先决知识(在教学分析中通过分析子技能之间的关系得到);
- 呈现教学的顺序(在完成设计评价表和分析示意图时得到);
- 需要呈现的内容(在教学分析中通过分析知识和技能得到);
- 针对每个具体目标的恰当的测验题目;
- 在目标代表的每个学习领域中与学习成分有关的注意事项。

这些已经包含在设计评价表中的信息,可以作为输入信息,帮助完成教学策略开发。

将传输和管理纳入教学策略

264

尽管在呈现教学策略中的学习成分时,我们建议你按照第 8 章介绍的顺序进行,但是在开发教学策略和管理规划时却并非如此。对开发顺序的建议与对学习者在课程中经历学习成分顺序的建议并不相同。

对技能及目标进行排序和归类

你应该说明教学目标的排序,并说明在教学中如何对它们进行归类。为了做到这一点,需要考虑由教学目标分析得到的下位技能排序和教学目标。在选择了合适的顺序后,就可以确定技能组块的大小,以匹配学习者能够集中注意力的时间和每个课时的时间。在最终的排序和归类中,必要时请记得增加复习或综合活动。

表 9.2 可以用来总结你排序和归类的决策。该表呈现的主要技能和下位技能以图 8.2 中的高尔夫教学目标为基础,这是一个带有下位智力技能、支持性态度和言语信息的动作技能。目标学习者是已经报名了当地高尔夫俱乐部训练课程、处于退休年龄的成年初级高尔夫球手。表 9.2 中的第一栏是高尔夫训练课程的安排。总共有六节课:一节用于介绍(教学导入),接下来四节每节都针对一个主要技能领域,还有一节用于顶级高尔夫锦标赛(跟踪)。第

二栏规定了每节课的课时。主要技能领域每节课两小时，以便有时间进行热身、动机激发、内容呈现、学习者使用指定设备参与学习、反馈和跟踪活动；为第 1 节介绍课分配了 1 小时；第 6 节分配了 5 小时，以便为锦标赛腾出时间。每次教学课程都包括每个主要步骤的所有使能技能。在每次主要课程中，需要用到相关使能技能时，都会在恰当的时间点上纳入必要的言语信息（事实、高尔夫规则和礼仪）。

想象一下，如果在学习者没有任何有关高尔夫课程的经验时，便在第 1 节课中教授了所有的高尔夫规则和礼仪，学习者的动机将会发生什么变化！ 未来，随着你进一步研究自己的教学策略，可能需要对教学目标归类进行调整，但现在，你已经有了一个初步的规划。

表 9.2 基于图 8.2 中打高尔夫球推杆部分教学目标框架的行为表现目标的排序和归类

课程	时间	主要技能	目标归类
1	1 小时		介绍与概述
2	2 小时	Ⅰ 推杆	与主要步骤Ⅰ相关的所有目标：按层级顺序排列的Ⅰ.1.a 到Ⅰ.6
3	2 小时	Ⅱ 切杆	按层级顺序排列的与主要步骤Ⅱ相关的所有目标
4	2 小时	Ⅲ 铁杆	按层级顺序排列的与主要步骤Ⅲ相关的所有目标
5	2 小时	Ⅳ 木杆	按层级顺序排列的与主要步骤Ⅳ相关的所有目标
6	5 小时	目标：高尔夫	锦标赛：18 洞高尔夫球，学员与会员配对比赛

*注：图 8.2 或表 9.2 中未描述第 3 至 5 节课的使能技能。

教学导入活动、评估和跟踪

你应该对教学导入活动、评估和跟踪活动等学习成分的方法进行说明。表 9.3 呈现了对初学者进行第一次高尔夫教学的相关内容：教学导入、评估和跟踪活动。在表格的每个标题下，我们对相关问题进行了回应。请注意，在为这些学习成分规划教学策略时，我们也做出并记录了对学习者分组和媒体选择的管理决策。此外，教学导入活动、评估和跟踪这些成分通常可以应用于你的所有目标；也就是说，如果学习者和内容合适的话，通常会对你整个单元或课程中的这些内容进行统一规划。

内容呈现和学习者参与

你还需要说明每个目标或目标组块中要呈现的内容和学习者参与活动。表 9.4 呈现了一个教师主导课程的教学策略。因为后文的案例研究中将展示媒体教学的例子，所以此处用一个教师主导的例子进行解释。当教学由教师主导时，你不需要为教师创建一个需要遵循的脚本。想象一下要求高尔夫专业教练记住一个脚本，以便教初学者如何打高尔夫球的场景！ 不过，教师可以使用教学策略作为指南，以明确每个环节和课程中要包含的内容。表 9.4 中的示例仅采用了图 8.2 中规划推杆(Ⅰ.1)的"心理"部分。表格顶部标出了摘自行为表现目标列表的目标编号。表格主要包括两个部分:"内容呈现"和"学习者参与"。内容呈现部分简要描述了教学所需的内容和学习指导。在为自己的项目选择指导示例时,请尽可能选择学习者熟悉和感兴趣的示例。学习者参与部分则描述了一个实践练习和提供的反馈。

请注意,在表 9.4 中,设计者包含了两个在第 8 章的教学策略中没有包含的新标题:课程所需的设备和预期的学习情境。此外还请注意,设计者不希望教练或学习者在这部分课程中进行推杆,因为重点在于心因动作技能的心理部分。提供推杆反而可能使学习者的注意力从果岭条件转移到推杆动作上。

案例研究:团体领导力培训

在本章关于团体领导力培训的案例研究中,有两个版本的教学策略。第一个版本遵循迪克-凯瑞模型,展示了认知教学策略的五阶段;第二个版本使用建构主义学习环境来实现相同的教学目标。如果想了解更多认知和建构主义的教学策略示例,请参考附录中学校情境的例子。

266

表 9.3 包含学习者分组和媒体选择在内的教学导入、评估和跟踪活动

教学导入活动
动机激发:
授课专家:
1. 对大家表示欢迎。
2. 宣传学习者将获得的乐趣。
3. 解释课程的益处(例如,推杆能力、认可、陪伴、灵活性、健康方面的获益)。
4. 描述以往高尔夫课程带来的分数提升、认可和成就。
5. 描述加入俱乐部的学习者特征。
6. 播放视频:
● 当地俱乐部成员参加了在奥古斯塔举行的大师赛,充满友情和乐趣;
● 同事成功地打高尔夫球,并因进步而受到同伴表扬;
● (俱乐部成员不认识的)初学者进行了不成功的推杆,身体姿势不正确、得分很低,还发了脾气(幽默的语气);
● 其他高尔夫球手对不良行为表示不赞成。
其他俱乐部成员:
7. 描述之前高尔夫课程带来的分数提升、认可和成就。
8. 描述之前加入俱乐部的学习者获得的益处。
具体教学目标:
1. 拥有健康、积极的生活方式。

（续表）

2. 学习打高尔夫球，包括开球、球道铁杆击球、从沙地和球道上切球，以及推杆。

3. 加入俱乐部结交朋友，参加俱乐部主办的高尔夫锦标赛。

起点技能：休闲高尔夫，无正式课程。

学习者分组：一个由 16 名学习者组成的小组，在具有视频功能的休息室中学习。

媒体选择：高尔夫课程和俱乐部的宣传片。

评估

前测：无。

练习性测验和演练：每次教学的练习环节，在推杆果岭和高尔夫球场上进行。在课前和课间，邀请学员使用自己的高尔夫球具，各自在推杆果岭和练习场练习。

后测：

● 每个教学环节结束时都有比赛、评分和奖品（绶带、证书）。

● 第 6 节课是高尔夫锦标赛（争夺赛形式）。每位学习者都与一名俱乐部成员结为同伴。随着比赛进行，他们与同伴讨论得分、记录得分并在结束时提交带签名的记分卡。学习小组将共进午餐，宣布获奖者并颁发奖品。此外，还将提醒学习者可以在专业商店填写会员申请表格。

学习者分组：课程将有 16 名学习者，在解释和示范时不进行分组，在练习时两两配对，在比赛时以个人形式参加，在锦标赛时以四人小组形式参加。

媒体选择：用于激发学习者动机的导入视频。学习者自备高尔夫球具和球。对每场比赛和锦标赛，俱乐部提供高尔夫记分卡和铅笔。

跟踪活动

记忆辅助：为学习者提供包含高尔夫规则、礼仪和词汇表的书面小册子（PGA）。

迁移：学习者在打高尔夫时，将遵循俱乐部的着装规定，使用个人高尔夫球杆，并采用高尔夫俱乐部的真实记分卡。与正式的高尔夫比赛一样，计分过程将基于诚信制度进行。

表 9.4 针对规划推杆的教师主导课程的内容呈现和学习者参与的学习成分   267

内容呈现

具体目标：图 8.2 中 Ⅰ.1.a 到 Ⅰ.1

内容呈现：

内容：

● 在热身期间，受人尊敬的高尔夫专业教练（教师）赞扬一组学员的推杆，并表示他们将轻松掌握推杆的基本原理。应用推杆的基本原理在比赛中可以节省很多击球次数。高尔夫比赛的胜负往往取决于推杆果岭。

● 影响推杆轨迹的因素（地形：陡度、曲率；力度：坡度、阻力或果岭表面的条件）。

● 教练预测（讲解）给定球洞的预期轨迹，然后对每种情况进行夸张版演示：通过将高尔夫球投向洞杯（例如，用力太大和太小）来描述这种错误导致的结果。

示例：

（续表）

坡度:联系到骑自行车上/下山:下坡时几乎不需要用力,上坡时需要用力踏脚蹬。
曲率:联系到在陡峭的山坡上行走,保持上升时需要更多的力量来保持平衡,避免滚落。
阻力:联系到穿过高草或矮草,通过在光滑的果岭和凹凸不平的沙坑上滚动球来演示。
学习者分组:16 名学习者在果岭的一侧,按照专业教练的要求观察特定的演示;学习者听取专业教练的讲解并观察示范。
所需设备:教练和初学者各需要两到三个高尔夫球。解释或示范时只需要高尔夫球,不需要球杆。
教学情境:在至少有 18 个洞的高尔夫俱乐部练习果岭推杆。果岭推杆必须包含可以演示技能的洞。
媒体选择:无。在果岭现场进行教师主导的现场演示。
学习者参与
练习项目和活动:在果岭上标出符合特定条件的球洞。学习者与球伴讨论果岭条件,并预测从球洞周围的各个指定位置到达球洞所需的轨迹和力度。每名学习者用规划的力度和预测的轨迹(用手)滚动高尔夫球。与球伴讨论球在果岭上的规划轨迹是否成功、球与洞的距离以及高尔夫球最后停止的位置,然后讨论如何使球更接近洞。从相同的起始位置执行新的规划,并将结果与第一次滚动的结果进行比较。
反馈:每名学习者投掷的高尔夫球的实际停止位置。
学习者分组:将学习者两两分组,进行互动、讨论和同伴反馈。
设备:仅限高尔夫球,不使用球杆。
媒体选择:教师主导。现场演示。

认知教学策略

为一个教学单元开发认知教学策略的五个阶段如下:

1. 对具体教学目标进行排序和归类。

2. 为教学单元规划教学导入、评估和跟踪活动,并说明学习者分组和媒体选择。

3. 为每个目标或目标组规划内容呈现和学习者参与部分,并说明学习者分组和媒体选择。

4. 分配课时目标,并估计每个课时需要的时间。

5. 审查策略,以整合媒体选择,并确认或选择传输系统。

我们将使用贯穿全书的团体领导力培训案例,依次对上述五个阶段进行讨论。

具体教学目标的排序和归类

268

规划教学策略的第一步,是对行为表现目标进行排序和归类。表 9.5 包含了图 4.8"引导致力于解决问题的团体讨论"中的子技能和教学目标。总共有十四组目标,每组目标都被分配了两小时的教学时间。尽管这里没有详细说明,但主要步骤 1 至 4 的目标都被各自归为一组。主要步骤 5"引导思路"的目标被分为四个独立的目标组。主要技能 6"管理合作性团体互动"的目标被划分至第 9 到 12 组。每个组的目标内容和特性都经过了分析,确保它们构成一组合乎逻辑的技能。第 9 组包含识别和鼓励合作行为的目标,第 10 组包含识别和化解团体成员阻碍行为的目标,第 11 组关注识别和缓解团体的压力,第 12 组侧重于主要步骤 6 的所有下位技能,第 13 组包括所有从属于主要步骤 7"总结/结束讨论"的目标,第 14 组包含所有七个主要步骤的终点目标及其下位技能,反映整个领导过程。

在继续制定策略时,可能还需要对规划中的子技能归类和分配的时间进行修改。不过,这个初步的结构依然有助于你关注整体课程而不是单个目标。

表 9.5　对表 6.7 中主要步骤 6 的行为表现目标进行排序和归类

目标组 *	教学目标步骤			
1	主要步骤 1:准备讨论			
2	主要步骤 2:设定议程			
3	主要步骤 3:召集团体			
4	主要步骤 4:介绍任务			
5—8	主要步骤 5:引导思路			
	目标组 5	目标组 6	目标组 7	目标组 8
9—12	主要步骤 6:管理合作性团体互动			
	目标组 9	目标组 10	目标组 11	目标组 12
	目标:	目标:	目标:	目标:
	6.1.1　6.3.1	6.6.1　6.7.1	6.11.1	6.1:主要步骤 6
	6.1.2　6.4.1	6.6.2　6.7.2	6.12.1	
	6.2.1　6.4.2	6.6.3　6.8.1	6.12.2	
	6.2.2　6.5.1	6.6.4　6.9.1	6.13.1	
		6.6.5　6.9.2	6.14.1	
		6.6.6　6.10.1	6.14.2	
		6.6.7	6.15.1	
13	主要步骤 7:总结/结束讨论			
14	终点目标			

* 所有的目标组都被设计为大约需要两个小时。

规划教学导入、评估和跟踪活动

这些教学策略的学习成分不仅与某一节课程中的个别教学目标有关,更与整体课程有关。首先,你将如何设计教学导入活动? 请记住,该成分包含三个独立的部分:动机、目标和起点技能。表 9.6 呈现了针对这些内容的教学策略规划。请注意,表中并未包含课程中使用的信息,也没有列出目标或起点技能。相反,这里简要描述了在开发教学时你必须做的事情,以及对学习者分组和媒体选择的注释。

表 9.6　引导团体讨论单元的教学导入学习成分以及学习者分组和媒体选择

教学导入活动
动机:进行主要步骤 1"准备讨论"之前,一位受人尊敬的校园领导者(例如,主席、院长、副院长、校园学生领袖)向新的学生领导者致辞;对他们选择在校园、学校、企业和社区中担任领导角色的行为表示赞赏;并论述领导者在改善和维持校园及社区生活质量方面的关键作用。这位受人尊敬的领导者将对参与者表示欢迎,并探讨校园内一些关键议题。他将展示本校以及全州各大学关于当前问题和趋势的统计数据,讨论这些问题所带来的经济和精神上的损失,并呈现校园领导者在减少这些问题上所采取行动的相关效果统计数据。此外,他还将重点强调学生领导者工作效果的当地实例。 **目标**:描述团体讨论领导者在问题解决团体中的关键作用,概述领导者在讨论前和讨论中所执行的任务,播放一个真实的团体讨论视频,重点展示领导者在每个步骤中扮演的角色。 **起点技能**:所有学习者都将完成关于问题解决团体讨论方法的教学。由于学习者的年龄、专业、工作经验和团体问题解决经验不同,他们的团体讨论技能水平也各不相同。 **学习者分组和媒体选择**:教师主导的大组讨论;流媒体视频。

　　现在我们将注意力集中到达成教学目标的评估和跟踪阶段的教学策略,你将如何为团体领导者规划这些活动呢? 表 9.7 呈现了对前测、后测和跟踪活动的规划。在每个课时开始时都会进行一个直接针对该课时所包含目标的前测,不过第 8、12 和 14 组目标除外。之所以不对这三组目标进行前测,是因为针对这些目标(即主要步骤 5、6 和终点目标)的前测已经在之前的课时中进行过了。类似地,每个课时结束后都会进行一个针对该目标组的后测,最后一节课也会对终点目标进行后测。你应该明确告诉学习者,这些测验的目的是帮助他们集中注意力和练习所学技能,并帮助教学团队了解教学中的优势和不足。

　　表 9.7 的底部是设计者规划的跟踪活动,包括记忆辅助工具和迁移支持,以有效规划和组织校园和社区会议。表中还标注了学习者分组和媒体选择方案。

表 9.7　引导团体讨论单元的评估和跟踪学习成分

评估
前测:鉴于团体领导者之间存在差异,拥有不同的团体参与经验,因此每节课开始前都有必要进行前测。前测是非正式的,只作为收集数据的教学活动。第 1—3 节课的前测是纸质文档;而在第 4—14 节课的前测中,学习者将观看不同阶段的团体讨论视频,在过程中使用观察表来记录领导者特定行为出现的次数。在开发完教学材料并完成形成性评价活动后,培训者可能就不再需要使用前测了。不过,他们也可能把前测作为一种课前学习工具,以使学习者的注意力集中在教学目标上。 **学习者分组和媒体选择**:个别化,基于网络;流媒体视频;可下载的观察表。

（续表）

后测：在每节课结束时，在学习场所都有一个小规模后测。第 8 组和第 12 组目标将分别包含一个行为表现后测，要求领导者管理讨论思路和合作性团体互动。

最终的后测将在课程的最后一个晚上进行，包括三部分：产品部分、过程部分和分析/反馈部分。

产品部分将要求学习者完成前三个主要步骤（1. 准备讨论；2. 设置议程；3. 召集团体），以准备他们将领导的第一次实际团体会议。在第 13 节课和第 14 节课之间，领导者将各自进行准备，并在最后一次课时带上他们的规划和材料副本。他们将提交一份规划（产品）的副本，以供检查。

过程部分将把领导者分为四人团体。在团体中，每个成员以自己准备的"问题"为主题，领导一个 15 分钟的团体讨论。将在团体内以视频形式记录每个人的领导表现。

在分析/反馈部分，学习者将讨论团体内成员的领导力表现。在讨论中，成员将关注每位领导者在介绍任务、引导思路、激发成员的合作行为、化解阻碍行为和缓解团体压力方面的优点。通过这些讨论，成员将收到对他们表现的积极反馈。领导者还可以回顾自己会议的视频，以"观察自己的行动"。

将通过学习者提交的规划、他们进行领导的视频和学习者点评彼此表现的互动讨论，来评估整体教学的有效性。

学习者分组和媒体选择：小组和个人分组；纸质版材料和可回放的录像。

跟踪活动

记忆辅助工具：规划使用包括成员和领导者行为清单的记忆辅助工具，来帮助领导者在阅读会议记录或观看模拟会议视频时集中注意力。领导者可以带走这些核查表，以便在规划所选领域的会议时作参考。

迁移：教授为这些新的领导者安排跟踪会议。在这些会议中可以各自分享在领导针对所选问题的团体讨论时获得的成功和遇到的困难。如果大家同意，还可以收集所有学习者的姓名和电子邮箱，促成一个彼此支持、能够分享想法和规划的网络。

学习者分组和媒体选择：个人，小组或大组讨论；打印工作辅助工具。

规划内容呈现和学习者参与

内容呈现和学习者参与构成了课程的互动部分，也被看作是教学中的交流或接触点。内容呈现包括两部分：教学内容和学习指导。学习者参与也包括两部分：练习题目和活动的示例以及规划的反馈策略。

表 9.8 以主要步骤 6"管理合作性团体互动"的行为表现目标为例，来说明如何借助这种形式草拟教学策略。每个目标陈述后面都描述了要呈现的内容和示例。如果使用视频呈现内容，则需要描述相应的行动。在目标 6.5.1 之前的所有教学和练习都是基于网络的。请注意，目标 6.5.1 中之所以没有新的教学内容，是因为之前的目标已经在线呈现过技能相关的内容了。所以这里描述的是媒体、材料和交互式会议的通用教学。在这种情况下，内容呈现和学习者参与是相互交织的。这个例子说明了如何逐级建立层级性技能，以及怎样将表格形式应用于每个具体目标。

271

表 9.8   针对目标组 9 行为表现目标(主要步骤 6:管理合作性团体互动)的内容呈现、学习者参与成分及学习者分组和媒体选择

主要步骤 6 的下位行为表现目标

学习者分组和媒体选择:从 6.1.1 到 6.4.2 的所有目标,个别化教学;基于网络;需要时播放视频;在线练习和反馈。

6.1.1   当被要求指出并写下促进合作性互动的团体成员行为时,能够写出来。应写出至少六种促进行为。

内容呈现

内容:团体讨论中的合作互动取决于团体成员在介绍自己想法和回应他人想法时,表现出的自发的积极行为。为学习者提供一份带有注释的会议对话,会议中的角色将展示促进合作性团体互动的积极行为,注释将标注成员使用的特定行为。对话的形式有助于提升学习者的兴趣,提高情境效度。

例子

个人行为	在讨论中对他人的反应
1. 为讨论做准备。	1. 在会前公平地看待所有成员的观点。
2. 乐于贡献观点。	2. 认真听取他人的评论。
3. 邀请他人参与。	3. 肯定他人的观点。
4. 展现善意。	4. 展现出对他人动机的信任。
5. 展现出开放的态度。	5. 抵抗从众的压力。
6. 尊重他人的信念和需求。	

学习者参与

练习题目和活动

1. 列出在问题解决讨论中,团体成员可以采取的促进合作性互动的积极行为。

2. 列出在问题解决讨论中,团体成员可以采取的对他人反应的积极行为以促进合作性互动。

3. 回想一下你过去参加过的互动讨论,列出那些让你觉得交谈者对你、你的评论以及正在讨论的问题感兴趣的行为和反应。

反馈:重新呈现讨论团体中成员能展示的正确行为和对他人积极反应的行为列表。

6.1.2   当被要求指出并写下成员的观点受到团体质疑时他们应该作何反应时,能写出有助于确保合作性团体互动的积极行为。写出至少三种可能的反应。

内容呈现

内容:在解决问题的团体讨论中,自然需要意见交流和大量的互动式头脑风暴,这通常涉及提出尚未成熟的想法。在头脑风暴会议中,出于各种原因,成员的想法可能受到质疑。成员回应这些问题的方式可以体现他/她的善意和开放的态度,并有助于确保合作性团体互动。

例子

1. 仔细倾听别人的问题(不打断别人)。

2. 更充分地解释观点,以帮助他人理解自己的想法和意图。

3. 不因为遭到质疑而过快放弃自己的观点。

4. 参与对最初想法的修改,使其更易于被团体接受。

5. 勇于承认自己观点或判断中的错误。

（续表）

学习者参与

练习题目和活动

1. 列出当自己的建议或想法受到其他成员质疑时，该成员应作出的积极反应。

2. 回想一下你参加过的讨论，指出当某人的想法受到质疑或不被其他成员轻易接受时，他/她表现出的积极反应。

反馈：重述对他人质疑的积极反应。

6.2.1　给出一段关于团体成员在会议中促进合作性互动行为的书面描述，指出这些行为是否可能促进合作性团体互动。学习者对这些行为的正确区分率应至少达到 **80%**。

272

内容呈现

内容：以书面形式向学习者呈现一个有真实人物和对话的会议情境，对话中既有与会者的积极个人行为，也有他们对其他人的积极反应。

例子（见 6.1.1）

学习者参与

练习题目和活动

使用积极个人行为和反应核查表，识别出书面讨论场景中参与者表现出的积极行为和反应。

反馈：一份填好的核查表，对每个积极的个人行为和反应，都标注对应角色的名字。

6.2.2　看一段展示成员促进合作行为的会议录像，指出成员行为是否可能促进合作性团体互动。学习者对这些行为的正确区分率应至少达到 **80%**。

内容呈现

内容：模拟的团体讨论将被分段录像，学习者将对团体成员在提出和讨论观点时的行为进行观察，并讨论成员在会议中展现出的积极个人行为和反应。

例子（见 6.1.1）

学习者参与

练习题目和活动

使用积极个人行为和反应核查表，识别模拟会议中展现出任何一种积极个人行为或反应的成员。

反馈：一份填好的核查表，上面写有展现出每个行为和反应的角色的名字。

6.3.1　当被要求指出并写下领导者鼓励或阻碍成员讨论和合作的行为时，写下这些行为。学习者应写出至少十种鼓励合作的行为和相应的阻碍行为。

内容呈现

内容：作为团体讨论的领导者，你可以采取很多行动来鼓励合作性团体互动。对于每一项合作行为，都有相应的可能阻碍合作的行为。

例子

鼓励合作的行为	阻碍合作的行为
1. 以提问的方式建议讨论要点。	1. 规定团体要讨论的话题。

（续表）

2. 使用探究、询问的语气。	2. 使用权威的语气。
3. 使用开放性用语,如"*也许*"和"*可能*"。	3. 使用指令性用语,如"*必须*"或"*应该*"。
4. 在不同发言者之间留有思考时间和停顿。	4. 在发言间隙表达个人观点或解决方案。
5. 愿意将发言权转交给插话的团体成员。	5. 在有人插话时继续说话或打断其他成员。
6. 用目光扫视整个团体,邀请所有人自由参与。	6. 只看少数几个人。
7. 用非言语(眼神、手势)形式鼓励发言者面向团体成员讲话。	7. 吸引发言者的注意力。
8. 通过点评,让团体活动聚焦于讨论。	8. 通过评价成员发言让讨论围绕领导者展开。
9. 鼓励自愿发言(例如,"谁有……的经验?")。	9. 指定发言者和发言顺序(例如,"贝*丝*,你认为……怎么样?")。
10. 使用"*我们*""*我们的*"等词汇。	10. 使用"*我*""*我的*"或者"*你的*"等词汇。
11. 肯定团体获得的成就。	11. 肯定自己或特定成员的成就。
12. 表扬团体的努力和成就。	12. 只表扬个别成员。

273

学习者参与

练习题目和活动

1. 列出你作为团体讨论领导者,可以用来促进团体合作互动的策略。

2. 回想一下你过去参加过的互动讨论,指出那些你认为促进了成员之间合作互动的领导者行为和反应。

反馈:重新呈现领导者激发团体成员间合作互动的积极行为和反应核查表。

6.4.1 给出一段描述领导者在会议中行为的书面材料,指出领导者是否有表现出可能鼓励或阻碍合作性团体互动的行为。学习者对所描述行为的正确区分率应至少达到 **80%**。

内容呈现

内容:以书面形式呈现一个有真实人物和对话的会议情境,主要聚焦于那些旨在促进成员积极互动及参与的领导者行为和反应。

例子(见 6.3.1)

学习者参与

练习题目和活动

使用领导者鼓励或阻碍成员积极互动的行为核查表,指出书面场景中领导者表现出的特定行为。

反馈:已完成的核查表,标注了所描述的领导者行为。

6.4.2 看一段展示领导者行为的会议录像,指出领导人的这些行为是否可能鼓励或阻碍成员合作。学习者对这些鼓励和阻碍行为的正确区分率应至少达到 **80%**。

内容呈现

内容:播放一段模拟讨论会议的录像,视频中的团体领导者表现出鼓励或阻碍成员互动的行为。学习者观察领导者引导团体讨论时的行为。

例子(见 6.3.1)

（续表）

学习者参与
练习题目和活动 使用鼓励和阻碍成员积极互动的领导者行为核查表,识别视频中领导者表现出的特定行为。 **反馈:**已完成的核查表,在所展示的领导者行为上面做了标记。 **6.5.1**　在学习者担任团体领导人的问题解决模拟会议上,做出激发成员间合作的行为。在讨论中,团体成员彼此合作并与领导者合作。

内容呈现
内容:学习者将分成四人团体,每个团体得到一份针对特定校园/社区问题的书面描述和背景信息,以及讨论这一问题的会议议程。阅读材料后,一名成员扮演团体领导者,其余三名成员担任团体成员。(团体中的四名成员将获得不同的问题情境,这样每个人都有机会演练团体互动中的领导行为。) **学习者分组和媒体选择:**小组角色扮演;书面问题情境。

学习者参与
练习题目和活动:领导者向团体介绍问题,营造合作交流的气氛,并主持十分钟的模拟团体讨论。 **反馈:**讨论之后,团体成员将讨论领导者的积极行为。这些讨论只在团体内进行。 **学习者分组和媒体选择:**团体成员内部讨论。

　　至此,我们已经完成了以下内容的教学策略示例:(1)目标排序和归类;(2)规划教学导入、评估和跟踪活动;(3)确定内容呈现和学习者参与活动。在规划学习成分时,也对学习者分组和媒体选择进行了规划。

分配课时目标

　　此时应该对完成的内容进行审查,并将规划好的活动分配到课时中去。表9.9展示了一套课程方案。你可以将表9.9中单节课的教学策略与表9.5中对目标的初始排序和归类进行比较。请注意,我们在表9.5中规划了14个两小时的目标组,但在表9.9中又增加了额外的两小时,共15节课,这是为了在第一节课中进行教学导入、动机激发和前测活动。在其他的课时中,也增加了前测和后测活动。不过,在开发好教学并请真实的学习者进行测验前,这些都只是暂定的时间安排。

表9.9　基于教学策略的课时分配

课时	活　　动
1	引言和动机激发材料: 1. 受人尊敬的校园领导者致欢迎辞,对学生领导者表示赞扬,并介绍课程概况(课程目标)。 2. 受人尊敬的校园管理者(主席、院长、副院长等)致欢迎辞,介绍校园面临的问题(例如,招生、新生活动、体育运动、安全问题等),并介绍校园领导者在大学和社区相关问题中的影响力。 3. 对领导过程的主要步骤进行前测,并通过团体讨论进行反馈。

（续表）

课时	活 动
2	前测；引言；针对主要步骤1"准备讨论"目标的教学和练习活动；后测。
3	前测；引言；针对主要步骤2"设定议程"目标的教学和练习活动；后测。
4	前测；引言；针对主要步骤3"召集团体"目标的教学和练习活动；后测。
5	前测；引言；针对主要步骤4"介绍任务"目标的教学和练习活动；后测。
6—9	每个课时都包含前测；引言；针对主要步骤5"引导思路"目标的教学和练习活动；后测。 第6课　　第7课　　第8课　　第9课 2小时　　2小时　　2小时　　2小时
10—13	第10、11和12节课包含前测；引言；关于主要步骤6"管理合作性团体互动"目标的教学和练习活动；后测。 第13节课包含引言和一个团体讨论，领导者在其中管理团体互动，不进行前测或后测。在团体练习后会有汇报和讨论环节。 课时10　　　　课时11　　　　课时12　　　　课时13 目标：　　　　目标：　　　　目标：　　　　目标： 6.1.1　6.3.1　6.6.1　6.7.1　6.11.1　6.1：主要步骤6 6.1.2　6.4.1　6.6.2　6.7.2　6.12.1 6.2.1　6.4.2　6.6.3　6.8.1　6.12.2 6.2.2　6.5.1　6.6.4　6.9.1　6.13.1 　　　　　　　6.6.5　6.9.2　6.14.1 　　　　　　　6.6.6　6.10.1　6.14.2 　　　　　　　6.6.7　　　　　6.15.1
14	前测；引言；针对主要步骤7"总结/结束讨论"目标的教学和练习活动；后测。
15	致欢迎辞，课堂教学内容，针对终点目标的三部分后测，听取汇报。

整合媒体选择并确定/选择传输系统

275　　　表9.10总结了针对教学目标"引导致力于解决问题的团体讨论，第6步：管理合作性团体互动"的教学策略中的媒体方案。第一栏是课时，第二栏是课时目标，第三栏则是根据学习领域、具体目标、可用于材料开发的资源及该院系现有的设施设备，确定了初步的媒体选择。第四栏对媒体选择进行整合，并标注了对传输系统的最终决策。

表 9.10　整合针对主要步骤6，第10—13课时（取自表9.9）的媒体和传输系统选择

课时	具体目标	初始的学习者分组和媒体选择	整合后的媒体选择和传输系统
10	6.1.1和6.1.2	个别化教学，基于网络的远程学习	个别化教学，基于网络的远程学习，流媒体视频

（续表）

课时	具体目标	初始的学习者分组和媒体选择	整合后的媒体选择和传输系统
	6.2.1 和 6.2.2	个别化教学,基于网络的远程学习 个别化教学,基于网络的远程学习,流媒体视频	
	6.3.1	个别化教学,基于网络的远程学习	
	6.4.1 和 6.4.2	个别化教学,基于网络的远程学习 个别化教学,基于网络的远程学习,流媒体视频	
11	6.6 到 6.9		个别化教学,基于网络的远程学习,流媒体视频
12	6.11 到 6.14		个别化教学,基于网络的远程学习,流媒体视频
13	6	为激发动机和提供指导而进行的大班教学	为激发动机和提供指导而进行的大班教学
	6.5		
	6.10	小组,模拟,互动	小组,模拟,互动
	6.15	小组会议视频	小组会议视频和对视频的小组讨论

　　观察表 9.10 第三栏的所有方案时你会发现:现场团体模拟、视频教学和基于网络的个别化教学反复出现。这是因为在实际的行为表现场所中,新接受培训的领导者需要在团体内进行互动,所以在教学中也使用现场团体来模拟他们的工作情境。他们还必须对团体互动作出推断,而观察团体互动的视频有助于他们习得相关概念。此外,提供纸质版的会议对话脚本而不是对会议进行说教性的描述也是为了确保真实性,因为在学习者的实际工作中,解释其他成员的对话和行为也是一个重点。

　　考虑到成本和便利性问题,首选的传输系统是个别化的、基于网络的远程教学。不过,为了确保真实性和迁移效果,在后续练习、反馈和后测中应该保留现场团体模拟。表 9.10 的第四栏反映了关于媒体整合和传输系统的决策。

　　选择基于网络的教学有以下几个原因。首先,学习者是参加领导力研究生课程的成年人,熟悉远程学习的价值和便利性,较为成熟且具有较强的学习动机。所有学习者都可以通过家里的电脑或者系里、学院和大学的机房上网。其次,从实用的角度出发,远程学习的形式能以较低的成本教授言语信息和辨别技能,进行标准化教学,确保更统一的结果,并减少学习者的通勤时间。最后,该院系有足够的资金来支付网络开发、形成性评价和材料修改的预算。

　　在整合媒体选择并确认或选择传输系统后,可能需要对"分配课时活动"这一步骤进行审视和修改。如果推迟到此时才选择传输系统则更应如此。不过,大多数教学设计情境在开始

276

前就会假设或指定传输系统，设计者只要确认传输系统与选择的媒体兼容即可。请注意，在表 9.10 中，技能 6.5、6.10、6.15 和主要步骤 6 都移到了第 13 节课进行，因为这些技能无法通过网络教学，需要学习者到现场来学习。如果想了解教学策略开发和传输系统选择的整个过程，可以参考图 9.1。现在，针对主要步骤 6"管理合作性团体互动"的教学策略已经开发完成，我们有了开发教学材料必需的参考资料。

建构主义教学策略

建构主义的教学策略与刚才描述的策略有很大不同。建构主义模型提供的灵活性允许设计者使用多种不同的方式来创建教学策略。表 9.11 包含了针对图 4.8 目标分析中主要步骤 6 的建构主义策略。左栏是设计者的规划需求，右栏则是规划应该完成的活动。请注意，示例策略增加了教师/教练和学习者在创建和管理学习环境方面的责任。请参考表 8.7 和 8.8 有关规划建构主义学习环境（CLE）的内容，这将有助于你理解表 9.11。

277   **表 9.11**　为主要步骤 6"管理合作性团体互动"规划建构主义学习环境

规划需求	规划活动
规划学习环境	**启动 CLE 需要的设计和材料** ➢ 宏观目标：引导致力于解决问题的团体讨论。 ➢ 具体学习目标：在课时中达成主要步骤；不包括除工作辅助或直接要求之外的其他下位技能；可能有 14 节两小时的教学课程（拨款支付）；分配到七个主要技能步骤；学习者和教练不断协商每个主要步骤的课时次数。 ➢ 主要步骤 6"管理合作性团体互动"的学习目标：学习者在解决问题的讨论中担任团体领导者，并展示出化解成员阻碍行为、激发成员合作行为和缓解成员压力的行为。 ➢ 理由：借助管理问题解决团体讨论的相关技能，领导者可以鼓励校园和社区成员加入旨在改善校园生活的合作性讨论并持续参与。 ➢ 建构主义关注点：批判性思维、问题解决和认知灵活性。 ➢ 教学模式：基于问题的学习（PBL）。 ➢ 情境：一群研究生领导者正在讨论校园生活相关问题（如招生、新生活动、注册、毕业、安全、体育运动），并提出提升相关管理、改善校园生活的想法。在本次课中，问题情境的关键驱动问题是"我应该如何管理会议，才能让校园和社区成员有效且持续地参与讨论"？ ➢ 学习资源材料： 　● 针对主要步骤 6"管理合作性团体互动"下位技能的教学目标分析； 　● 针对主要步骤 6 所有子技能的网络教学和测验，如有需要，可用作团体/个人的后续任务； 　● 学习者在第 2 节课（设置议程）和第 4 节课（介绍任务）的互动后以个人或者团体形式制作的材料。

（续表）

规划需求	规划活动

	➤ 工作辅助：
	  ● 可以促进团体合作行为的领导者行为（6.5 的子技能分析）。
	  ● 识别和减少阻碍合作的成员行为（6.10 的子技能分析）。
	  ● 领导者可采取的缓解团体压力的行为（6.15 的子技能分析）。
	  ● 起草模拟会议期间领导者行为的评价标准。
	➤ 学习者分组：每班共有二十名学习者，组成四人团体（共五组），确保每位成员有至少 15 到 20 分钟的时间担任问题解决会议的领导者。
	➤ 传输系统、媒体和人员。
	➤ 在课程和课程间隙提供互联网访问，供学习者研究：
	  ● 用于课程间隙团体互动的博客空间
	  ● 基于校园网的学习门户
	  ● 用于录制交互式会议的视频设备
	  ● 为每个团体配备经过培训的主持人/教练（四名助教）
	  ● 帮助团体管理视频录制和回放的技术专家
	  ● 在门户网站直接创建教学的教学设计者

规划学习者参与	**预期的参与过程**
	➤ 激发兴趣与参与：
	  ● 观看视频，在视频中，校园领导者对自己在解决问题会议中的互动行为表示失望。因为过于低效的领导行为，导致未能缓解团体的压力水平，未能化解阻碍合作的成员行为，也没让成员感到他们的想法是受欢迎的或者被接受的。观看视频后，学习者讨论自己经历过的类似情形，以及领导者在获得和维持校园/社区成员参与会议方面的重要作用。
	➤ 探索：
	  ● 团体成员和教练对课程组织进行规划，以便进行交互式会议以及总结、反思和审查（例如，团体规模、会议时长、休息时间）。
	  ● 团体成员和教练讨论与视频访谈相关的学习成果，以及他们（作为领导者和成员）在模拟会议中可以使用的三种会议管理辅助工具。
	  ● 团体成员和教练根据自己的经验评价工作辅助工具，并删除/添加领导者行为。
	  ● 学习者轮流担任团体领导者，探索在讨论校园和社区问题并确定潜在的解决方案和策略时，领导者可以采取哪些行动来化解成员的阻碍行为，激发合作行为，并缓解成员的压力。
	➤ 解释：
	  ● 每个人在自己的领导轮次后，与团体成员和教练谈论自己在团体中的行为和结果（行为/感受）。
	➤ 拓展：成员分享自己的想法，即为了优化问题解决交互过程，他们或团体领导者可以使用哪些替代性策略；讨论他们观察到的领导者在工作中以及学院和大学的其他会议中使用的有效替代策略。
	➤ 评价（参见本表格后面的"规划真实评估"部分）。

278

（续表）

规划需求	规划活动
规划学习指导	**预期用于适应性学习指导的材料和活动** ➤ 支架： ● 如果团体成员在会议中没有表现出阻碍行为或者压力,需要对其进行演示； ● 协助成员关注领导者/成员行为的重要方面； ● 在需要时参考工作辅助工具； ● 示范： 　 √ 化解阻碍行为(当领导者没有展现出化解阻碍行为时)； 　 √ 化解压力行为(当领导者没有展现出化解压力行为时)。
规划真实评估	**预期的真实评估材料和程序** ➤ 观看视频前的反思；给团体成员的提示。 ➤ 反思团体内特定行为或反应的后果。 ➤ 反思会议中领导者和成员行为的有效性： ● 讨论他们认为在自己的领导过程中,某些行为有效或无效的理由； ● 解释他们对他们认为有效和无效的特定行动的推理； ● 评价所提供的评分细则,以增加/删除他们认为在自己的领导过程中应该被批判的行为。 ➤ 为学习者在观看可以暂停的会议视频时准备的,在需要时提供的提示： ● 反思在团体会议中观察到的特定行为或反应的后果； ● 反思展现的看上去非常有效或无效的行为； ● 考虑改进会议管理技能需要哪些类型的信息。 ➤ 在反思结束后,提示学习者讨论： ● 他们是否希望安排另一次可以担任领导者的模拟会议,如果是的话,希望如何进行？ ● 他们希望后续会议的重点是什么(例如,第 5 步,引导思路；第 6 步,管理团体互动；或者两者结合)？ ● 他们认为会议需要哪些信息(例如,来自校园和社区的真实统计数据)？ ➤ 提醒学习者使用团体博客,并邀请他们反思本次模拟会议的任何部分(他们或同伴担任的角色)；一些成员可能希望发布他们为团体收集或开发的信息或工作辅助工具。

专业和历史观点

279　　　20 世纪 80 年代初以来的研究证实,选择怎样的媒体传输教学不会影响学生的学习量或者他们对所学内容的态度；相反,真正导致差异的是教学体验的设计,即**教学策略**。这对教学设计者来说是令人欣喜的肯定;不过,为了优化学习者、教学提供者和出资方的体验,研究者依然在不断探索教学传输和管理的最佳实践方式。技术的爆炸式增长影响了我们对教学传输管理最佳实践的思考,并确保了在未来几年里这一领域的研究将持续进行。

本章在讨论传输系统的选择时首先指出,它通常发生在教学设计的早期。当受到指定或假设的传输系统约束时,媒体选择就成为了对该传输系统中可用媒体格式的选择。这种对可用媒体的限制并不像人们可能认为的那样成问题。关于媒体影响学生学习的研究——从 20 世纪 40 年代的军事训练电影开始,一直到广播、电视、幻灯片、基于计算机的多媒体和模拟学习,以及基于网络的远程学习——通常得出的结论是,媒介本身并不会显著影响学生的学习量。克拉克(Clark,1983)的研究综述建立了一个基本论点,即决定学生学习的是教学设计,而不是用于传输教学的媒介。在 18 年后的研究总结中,罗素(Russell,2001)更加关注远程学习者的成绩,得出了与克拉克非常相似的结论。尽管罗素更新后的网站(nosignificantdifference. org)列出了几项报告学生在远程学习中表现更好的研究,但这些积极的结果很难归因于媒介本身,因为远程学习的教学策略也发生了变化,而这种变化在研究中并未控制。美国教育部(the U. S. Department of Education,2013)最近对高等教育远程学习研究进行的一项元分析表明,与在线学习和面对面学习相比,混合学习的成绩更高。不过,该报告也确实将更高的成绩归因于学习时间、课程和教学法的差异,而不是在线媒体本身。这些实证研究结果只是证明了常识。如果教学的目的是激发能够引发学习的内部心理过程,那么任何能够激发所需过程的媒介都是有效的。对教学设计者(本章讨论了一些限制)的启示是,几乎任何媒介都可以满足大多数的教学要求。

对于熟悉教育技术史的读者,要细数那些被推广、实施,但因未能实现其对学习者和组织承诺的好处而被放弃的"最新和最好"的技术创新,可能两只手都不够用。可以肯定的是,"最新和最好"的标准依然在公立和私立教育及培训的所有领域盛行,但它持续产生的解决方案仍然无法回应学习者或出资机构的需求。

流程图:规划传输和管理

在规划教学策略的传输和管理时,你应该(1)对内容进行排序和归类,以设置课时量;(2)规划学习者分组;(3)选择媒体;(4)选择或确认传输系统(图 9.2—9.5)。

280

為設定課時大小或組塊，對內容進行排序和歸類
1

智力与动作技能：按时间顺序排列主要步骤，按层级结构排列下位技能：
· 首先是较低水平的基本技能，然后在层级结构中逐步向上，一次一个主要步骤；
· 从左（开始）向右。
1.1

言语信息：按照内容逻辑分类，然后根据简单到复杂、具体到抽象、位置、时间顺序或其他能够最大限度提高学习者存储和提取信息能力的方案进行排序。
1.3

在**对内容进行归类**时，考虑这些因素：
· 学习者的年龄和能力；
· 技能复杂性；
· 学习类型；
· 可用时间（小时、天、周、学期）；
· 传输形式（自定进度、教师主导、基于网络、组合等）；
· 学习每个内容组块下所有学习成分所需的时间。
1.4

态度：无论是智力技能还是心因动作技能，都按照要展示的行为顺序进行组织。
1.2

智力技能、动作技能和态度：在一个主要步骤情境中，将该层级和言语信息归类在一起。保持对一个主题（步骤）的学习，直到必须进入下一个主要步骤为止。
1.5

言语信息：确定内容的逻辑归类，将相似主题归类在一起。
1.6

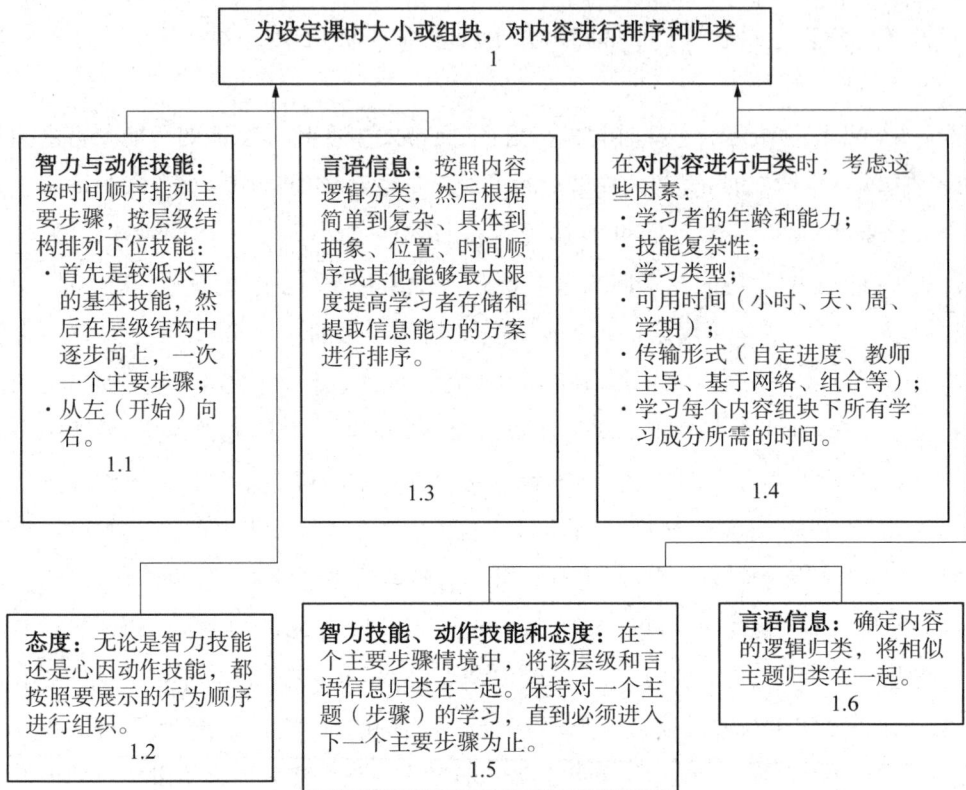

图 9.2　内容排序和归类

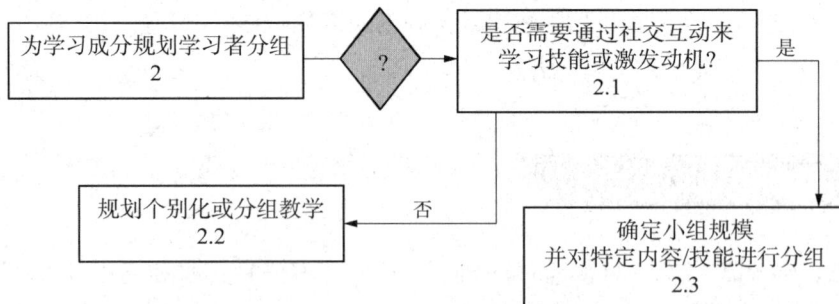

为学习成分规划学习者分组
2

？

是否需要通过社交互动来学习技能或激发动机？
2.1

是

规划个别化或分组教学
2.2

否

确定小组规模并对特定内容/技能进行分组
2.3

图 9.3　为学习成分规划学习者分组

281

```
┌─────────────────────────┐
│   选择传输学习成分的媒体    │
│            3             │
└─────────────────────────┘
```

确保所选择的媒体（例如，现场教师教学、教科书、视频、音频、网络，或任何人与多媒体的组合）可以承载教学策略的学习成分。

3.1

选择媒体和传输系统时，考虑开发和学习情境中的资源及限制。

3.3

选择媒体和传输系统时，考虑学习类型或教学目标/目标组的条件要求。

3.5

在选择媒体时，考虑情境限制和资源，包括如下变量：

设计/开发的注意事项
·学习情境分析（例如，是否可以获得媒体、传输系统、教学人员）；
·规划的教学时间；
·制作成本；
·制作所需时间；
·开发者的技能；
·材料耐用性；
·易于更新和修改。

情境和学习者的注意事项
·是否能获得必要的设备（如个人电脑、互联网、实验室）；
·便利性；
·可传输性；
·使用媒体的技能；
·学习者特征（例如，成熟度、能力、自我激励）。

3.2

在选择媒体时，考虑学习类型相关因素，例如：

智力技能　内容呈现、演练或反馈是否需要：
·一位现场教师；
·同伴辅导者；
·智能、即时、交互式反馈；
·示范正确反馈。

言语信息
·上述所有；
·精加工；
·重复；
·示范反馈；
·正确反应的相关知识。

动作技能
·上述所有；
·提供个别化反馈的现场演练。

态度
·以上所有；
·用于戏剧、角色扮演的视觉化媒体（如视频）。

特殊客观条件
·社交互动；
·感官辨别。

3.4

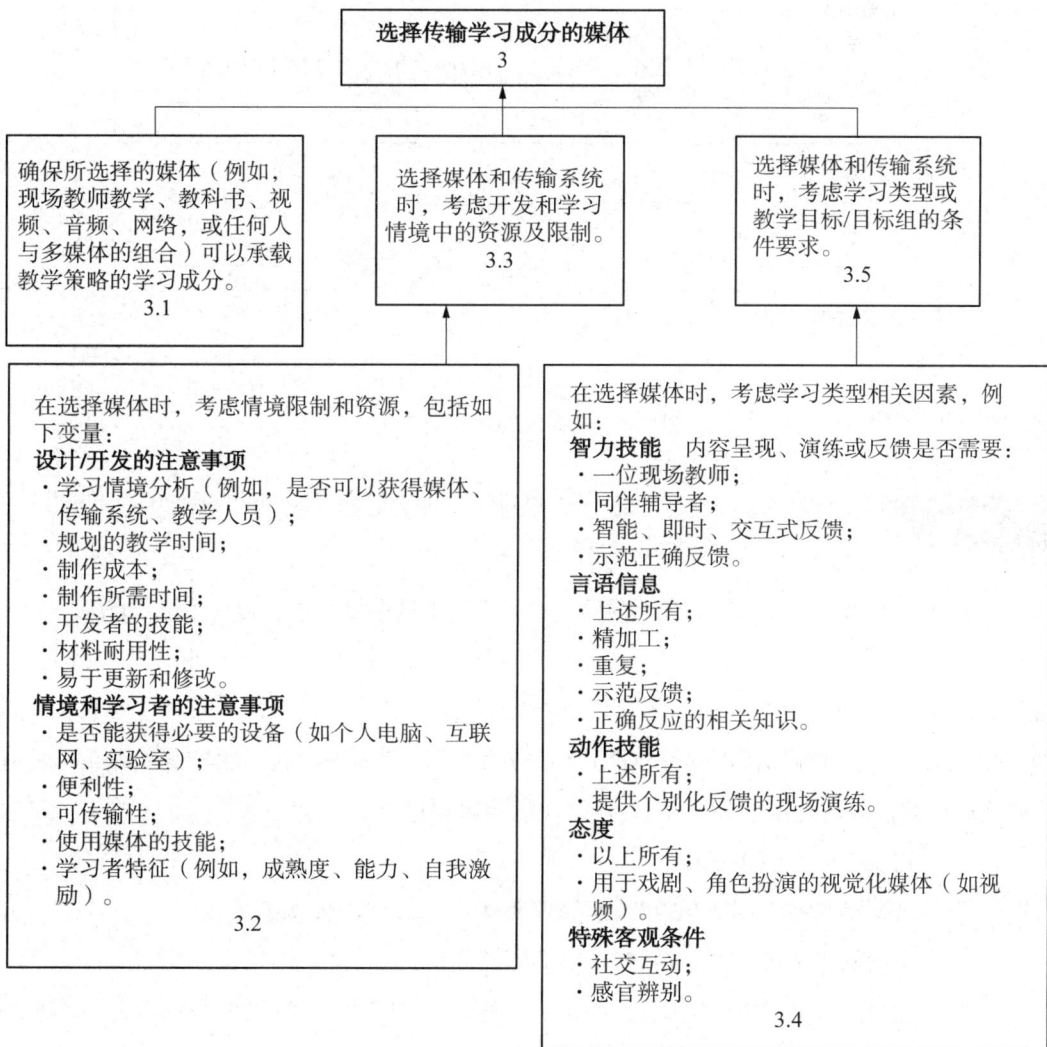

图 9.4　选择传输学习成分的媒体

282

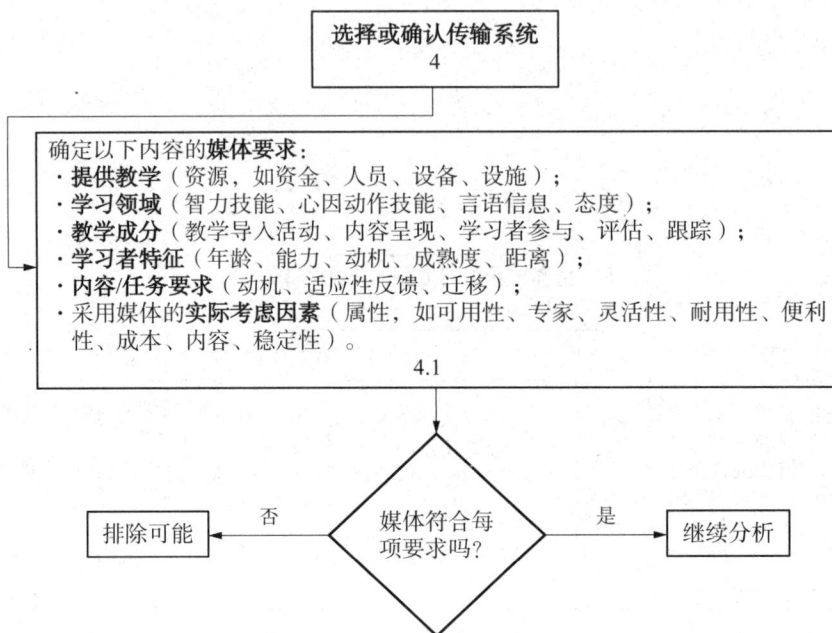

图 9.5　选择或确认传输系统

练习

1. 对下位技能进行排序。检查附录 C 中关于作文写作目标的教学分析。请注意，每个主要步骤的下位技能都有一个以相应主要步骤编号开头的代码（例如，代码 5.3 代表技能 5.5 的下位技能，5.32 代表主要步骤 5 的下位技能）。假设这些技能代码代表每个下位技能呈现给学习者的顺序，请根据信息，评价技能代码所暗示的教学顺序。这个顺序是正确的吗？还是应该重新对技能进行排序，以产生更好的技能学习顺序？

a. 下位技能的教学顺序是适当的。

b. 所有言语信息技能都应该首先被呈现（例如，5.1、5.2、5.4、5.6、5.8）。

c. 教学应该从辨别技能开始（例如，5.3、5.5、5.7）。

d. 实际上顺序并不重要，因为只要在主要步骤 5 之前进行教学，这些技能就可以以任何顺序排列。

2. 对教学的下位技能进行归类。假设教学导入环节已经完成，你已经规划好了主要技能 1 到 4 的教学，并且正在为主要步骤 5 规划一个 40 分钟的教学环节。面向的对象是先前写作成绩处于中等或中等以上水平的六年级学生（如果你不熟悉六年级学生，此处请遵循自己的经验直觉）。与主要步骤 5 相关的第一次 40 分钟的教学环节中以下哪组目标最适合？

a. 主要步骤 5 加上下位技能 5.1 到 5.30。

b. 主要步骤 5 加上下位技能 5.11、5.17、5.24 和 5.31。

283

c. 下位技能 5.7、5.9、5.10、5.11 和 5.32（仅与陈述句相关）。

d. 从 5.1 到 5.32 的所有下位技能。

3. 根据任务要求选择媒体。检查附录 C 中的以下使能技能：认出带有正确结束标点的陈述句。根据技能的性质（而非可行性和经济性），你认为以下哪些媒体是传输教学的良好载体？选择所有适用的选项。

a. 教师主导的教学。

b. 学生明年还可以再使用的廉价实用的纸质材料。

c. 基于网络的管理程序，如带有教师指导和阐述的 Canvas。

d. 直接使用基于网络的管理程序，如 Canvas。

4. 为下列教学目标的教学导入活动开发教学策略：

在书面作文中，

- 根据句子的目的和语气，使用不同的句型及相应的标点符号；
- 根据句子的复杂程度或结构，使用不同的句型及相应的标点符号。

5. 为以下教学目标规划建构主义学习环境的"学习者指导"成分：

在书面作文中，

- 根据句子的目的和语气，使用不同的句型及相应的标点符号；
- 根据句子的复杂程度或结构，使用不同的句型及相应的标点符号。

请考虑使用像表 8.8 这样的规划模板来指导你的工作。只要符合建构主义学习的教学策略，请毫不犹豫地把其他你感兴趣的想法添加进去。将你的想法与附录 H 中的示例进行比较，并回顾第 1 和第 2 部分。

参考答案

1. a

2. c

3. a，b，c，d

4. 规划认知教学策略：将你的教学导入活动与附录 F 提供的活动进行比较。查看附录 F 的其余部分以及附录 G，以了解整个教学策略。

5. 为建构主义学习环境制定规划：将你的规划与附录 H 中提供的示例进行比较，并特别回顾第 1 和第 2 部分。

参考文献和推荐读物

Barker, P., & Van Schaik, P. (2016). *Electronic performance support: Using digital technology to enhance human ability*. Routledge.

Bishop, R. (2017). *Multimedia based instructional design*. CreateSpace. 结合了教学设计模型和交互式多媒体设计。

Brown, L. A. (1996). *Designing and developing electronic performance support systems*. Digital Press.

Clark, R. (1983). Reconsidering research on learning from media. *Review of Educational Research*, *53*(4), 445.

Clark, R. E., Yates, K., Early, S., & Moulton, K. (2010). An analysis of the failure of electronic media and discovery-based learning: Evidence for the performance benefits of guided training methods. In J. H. Silber & R. Foshay (Eds.), *Handbook of training and improving workplace performance, vol. 1: Instructional design and training delivery*. Pfeiffer.

Clark, R. E. (2012). *Learning from media: Arguments, analysis, and evidence* (2nd ed.). Information Age Publishing.

Clark, R. C., & Mayer, R. E. (2016). *e-Learning and the science of instruction: Proven guidelines for consumers and designers of multimedia learning* (4th ed.). Wiley.

Dick, W. D. (2016). *A qualitative cross-case analysis of three real-world mobile performance support design models*. http://purl.flvc.org/fsu/fd/FSU_FA2016_Dick_fsu_0071E_13561. 为支持移动设备上的绩效，分析了政府、非营利组织和私营组织的设计流程。报告了它们的相似和不同之处，并为提高有效性提出了建议。

Dickelman, G. J. (Ed.). (2003). *EPSS revisited: A lifecycle for developing performance-centered systems*. ISPI. A compilation of articles on EPSS.

Dillon, A., & Gabbard, R. (1998). Hypermedia as an educational technology: A review of the quantitative research literature on learner comprehension, control, and style. *Review of Educational Research*, *68*(3), 322-349. 该研究总结认为，使用超媒体带来的学习增益是有限的。

Educational Technology Magazine 47(3), (2007). 关于高度移动计算（即用于社交互动和信息访问的单手可持设备，包括 PDAs、手机、平板电脑、UMPCs、游戏系统、iPod 和微传感器）的特刊。

284

Educational Technology Research and Development, 56 (1), (2008). 超媒体支架式学习特刊, 关注建构主义学习环境中的超链接媒体。

Gagné, R. M. (1985). *Conditions of learning* (4th ed.). Holt, Rinehart and Winston. 加涅详细描述了每个学习领域中应该呈现的激发学习的因素。

Gagné, R. M., Wager, W. W., Golas, K. C., & Keller, J. M. (2004). *Principles of instructional design* (5th ed.). Wadsworth/Thomson Learning. Chapters 9 – 12 in this book provide additional background on developing instructional strategies. 该书第 9 至 12 章为开发教学策略提供了额外的背景知识。

Gery, G. (1991). *Electronic performance support systems*. Gery Performance Press. 格里的原文, 他创造了"电子绩效支持系统"(EPSS)这个术语。

Gottfredson, C., & Mosher, B. (2011). *Innovative performance support: Strategies and practices for learning in the workflow*. McGraw-Hill. 将工作中的绩效支持工具描述为正式培训的有效替代方案。

Hannum, W. H. (2007). When computers teach: A review of the instructional effectiveness of computers. *Educational Technology*, 47(2), 5 – 13.

Hirumi, A., Bradford, G., & Rutherford, L. (2011). Selecting delivery systems and media to facilitate blended learning: A systematic process based skill level, content stability, cost, and instructional strategy. *MERLOT Journal of Online Learning and Teaching*, 7 (4), 489 – 501. https://jolt.merlot.org/vol7no4/hirumi1211.htm. 描述了军事情境中一套非常结构化的媒体选择方法。

Holden, J. T., & Westfall, P. J.-L. (2010). *An instructional media selection guide for distance learning: Implications for blended learning featuring an introduction to virtual worlds* (2nd ed.). United States Distance Learning Association. http://www.usdla.org/assets/pdf_files/AIMSGDL%202nd%20Ed._styled_010311.pdf. 包括一个针对数字化学习教学传输选项的实用表格, 该表格附有描述和示例。

Hung, W.-C., & Kalota, F. (2013). Design and validation of MAPS for educators: A performance support system to guide media selection for lesson design. *Performance Improvement Quarterly*, 26(1), 81 – 99.

Lee, W. W., & Owens, D. L. (2004). *Multimedia-based instructional design: Computer-based training; web-based training; distance broadcast training; performance-based solutions* (2nd ed.). Jossey-Bass Pfeiffer. 展示了相同的教学设计模型可以应用于所有媒体。

Ma, Y., & Harmon, S. W. (2006). Integrating knowledge management systems, electronic performance support systems, and learning technologies: A conceptual model. *Performance Improvement Quarterly*, *19*(3), 107 – 120.

Maughan, G. R. (2005). Electronic performance support systems and technological literacy. *The Journal of Technology Studies*, *31*(1), 49 – 56. 结合了为何使用及如何使用的建议,还列出了一些通常不被认为是 EPSS 的计算机辅助工具。

McManus, P., & Rossett, A. (2006). Performance support tools. *Performance Improvement*, *45*(2), 8 – 17. 作为正式培训的替代工具。

Merrill, M. D. (2002). First principles of instruction. *Educational Technology Research and Development*, *50*(3), 42 – 59.

Nguyen, F., & Klein, J. D. (2008). The effect of performance support and training as performance interventions. *Performance Improvement Quarterly*, *21*(1), 95 – 114. 报告了关于税务准备任务中 EPSS 效率和效果都得到支持的研究发现。

Richey, R. C., Klein, J. D., & Tracey, M. W. (2011). *The instructional design knowledge base: Theory, research, and practice*. Routledge. 第 6 章涉及有关媒体理论、选择和使用的主题。

Rossett, A., & Schafer, L. (2007). *Job aids and performance support: Moving from knowledge in the classroom to knowledge everywhere*. Pfeiffer.

Russell, T. L. (2001). *The no significant difference phenomenon* (5th ed.). IDECC. 配套网站 https://detaresearch.org 仍然可用,但数据库搜索功能非常有限,许多条目已断开链接。

Sugrue, B., & Clark, R. E. (2000). Media selection for training. In S. Tobias & D. Fletcher (Eds.), *Training and retraining: A handbook for business, industry, government, and the military*. Macmillan. 描述了根据教学的刺激要求与媒体属性的比较来选择媒体。

U.S. Department of Education (2013). 2010 – 11 School Level Leading Indicator Data. ISSN: 1552 – 583X. press@ed.gov.

Vai, M., & Sosulski, K. (2015). *Essentials of online course design: A standards-based guide* (2nd ed.). Routledge. A step-by-step guide with a rubric for evaluating one's design work. 一份逐步指南,附带评价一个人的设计工作的评分细则。

van Merriënboer, J. J. G. (1997). *Training complex cognitive skills: A four-component instructional design model for technical training*. Englewood Cliffs, NJ: Educational Technology Publications.

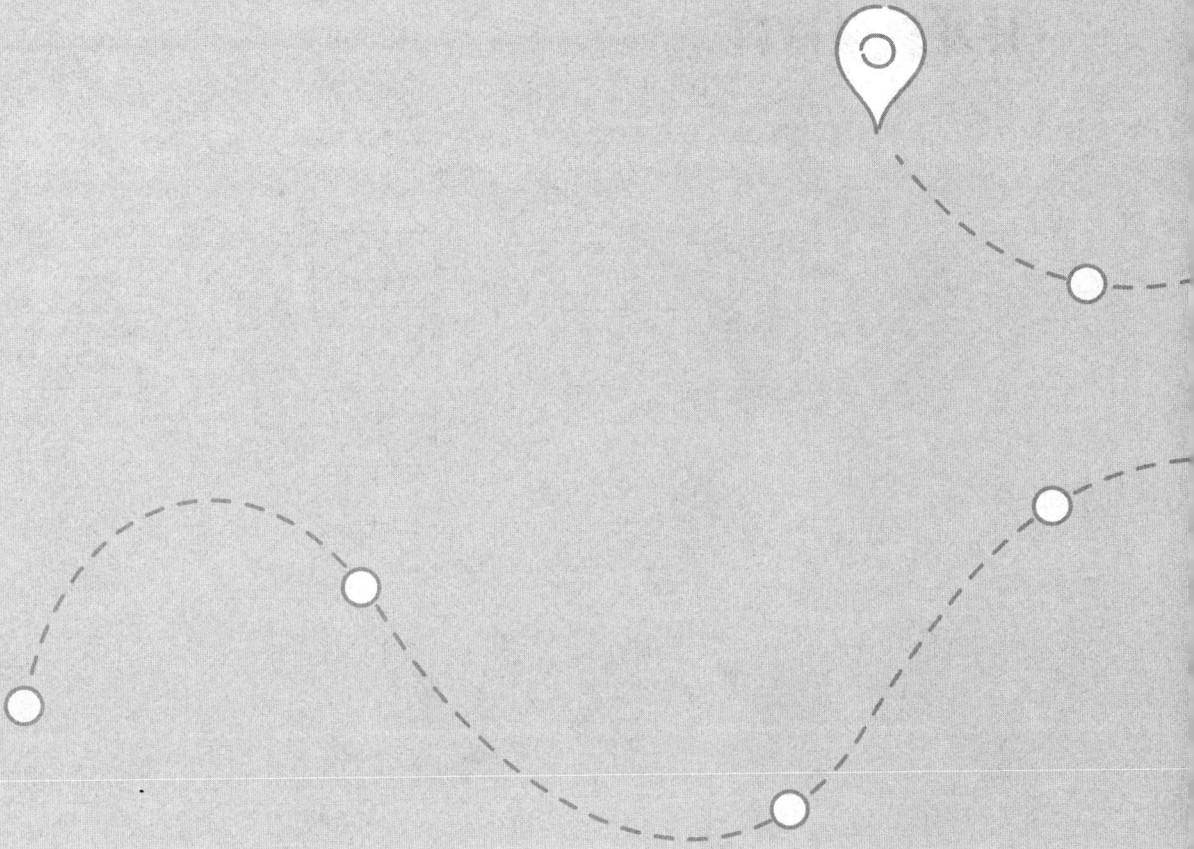

第 10 章

开发教学材料

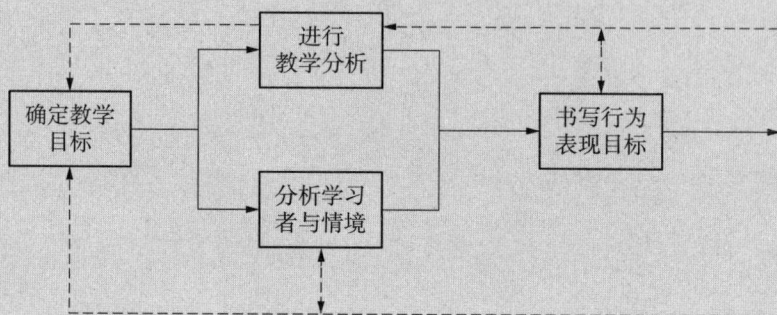

▶ 基于教学设计者的工作内容(仅设计教学;设计并开发教学;或设计、开发并进行教学)比较他们的各种角色。

▶ 将五大类主要质量标准与教学包成分相联系。

▶ 针对给定的教学策略,描述开发教学材料初稿的流程。

▶ 根据给定的教学策略,开发教学材料的初稿。

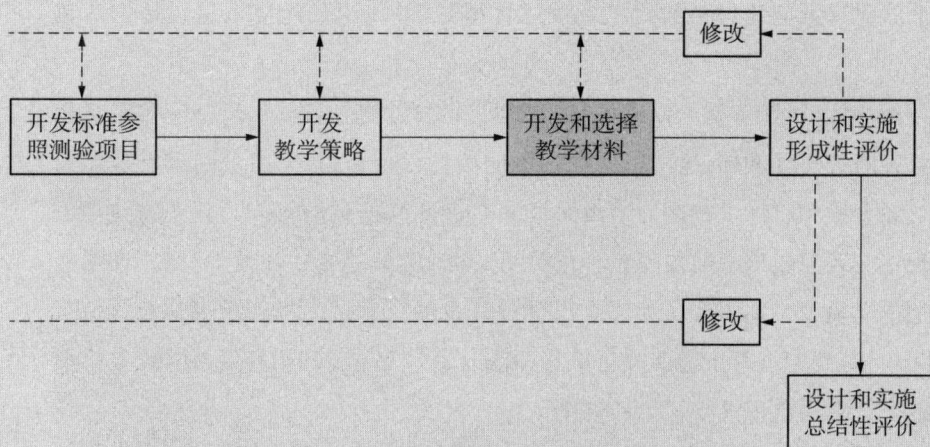

```
                                                    ┌──────────┐
                                          ┌─────────│   修改   │
                                          │         └──────────┘
┌──────────┐     ┌──────────┐     ┌──────────┐     ┌──────────┐
│ 开发标准参 │────▶│   开发   │────▶│ 开发和选择 │────▶│ 设计和实施 │
│ 照测验项目 │     │ 教学策略 │     │ 教学材料 │     │ 形成性评价 │
└──────────┘     └──────────┘     └──────────┘     └──────────┘
                                                          │
                                          ┌──────────┐    │
                                          │   修改   │◀───┘
                                          └──────────┘
                                                          ▼
                                                    ┌──────────┐
                                                    │ 设计和实施 │
                                                    │ 总结性评价 │
                                                    └──────────┘
```

概述

　　在开始开发教学时，设计者需要考虑他们在过程中的角色、指定的媒体和传输系统，以及要创建的教学包的内容。教学设计者的角色可以有很大不同，可以是完成所有必需的分析、设计、开发、实施和评价任务的人，也可以是只完成其中一项或几项任务的人。其职责通常由设计者的技能、工作环境和可用于教学的资源决定。尽管在规划传输和管理时，应根据学习类型和学习者、情境及学习成分的最佳实践来确定媒体和传输系统，但是在现实限制下，这种理想情况往往需要进行修改。要开发的教学包通常包括学习者在教学过程中使用的所有材料，以及评估材料和教师指南。

　　有时你可能会发现，已有的教学材料看起来能够辅助学习者达成教学目标。即便如

287

此,你仍需依据五类标准,即以教学目标、学习者、情境、学习和技术质量为中心的标准,对这些材料进行细致评价。无论这些材料在成本上可能多么节省,如果它们无法满足上述任何一类标准,并且无法进行必要的调整,那么它们对于你的项目的价值就值得怀疑。

因为创建精美的教学材料可能很昂贵,所以设计者首先会为选定的学习者制作便宜的草稿版本进行试用。这有助于在创建更昂贵、更精美的版本之前,确保这些材料对学习者是有效的。设计者应该考虑最终版本的媒体格式,并使用最能模拟该媒体的草稿格式。

有了教学策略后,设计者就可以准备将教学变为现实。在工作时,请持续参考从教学目标到教学策略的设计文档,这可以使你向着明确的目标努力,并避免引入有趣但无关的信息。这些分析和设计工作是为了确保教学产品能满足一定的需求,正是这些需求产生了最初目标。在完成这个阶段的教学设计后,你就应该拥有一套教学材料、评估材料和教师手册的草稿了。请不要认为你首次尝试开发的所有材料都将永远有效。将开发的材料视为草稿,并期待基于反馈进行审查和修改是非常重要的。开发出的草稿将根据第 11 章和第 12 章的流程进行评价和修改。

在本章中,我们将考虑教学设计者在材料开发和传输中可以扮演的各种角色。我们还将提供开发教学材料的概念、指南和标准。我们不关注媒体制作技术,因为这些技术包含大量技能集,你可以在书籍、在线文本、教程和交互式用户组中获得相应的优质资源。

概念

设计者在材料开发和教学传输中扮演的角色

当设计者既是材料开发者也是教师时

在许多教学情境中,教学设计者也会开发材料并进行授课。例如,小公司的人力资源通才可能会设计、开发和开展面向新员工的入职培训、福利培训和"软技能"培训;学校教师和大学教授通常也是自己制订课程计划、教学大纲和教学材料并进行教学;各个领域的专家也经常设计、开发并呈现他们的工作坊和在职培训。

当教学设计者同时也是开发者和教师时,他们会根据教学策略中规定的材料类型承担不同的教学职责。当教师设计和开发个性化材料,或者设计和开发不依靠教学者来传输的材料时,他们在教学传输中扮演的作用是被动的,但他们作为学习促进者的作用却是很主动的。在这种情况下,教师在教学过程中的任务,就是监控和指导学习者对教学材料进行学习。学生可以以自己的速度学习,教师则根据需要提供反馈,并为那些看起来遇到困难的学生提供额外帮助。此时,除了前测和后测,所有的学习成分都包括在教学材料中。一些材料甚至也包括前测和后测,学习者完成的测验将被交给教师,或者在自动评分后存入班级的电子成绩簿中。后者是一种很常见的数字化学习教学模型,通过学习管理系统(LMSs)进行,例如Blackboard、Moodle、Canvas,或任何可用于 K‑12、高等教育和专业/技术培训的 LMSs。

不过,当教师根据教学策略来选择和修改教学材料时,他们在教学传输中的作用可能会增加。有些可用的材料不依赖于教师,但如果材料依赖于教师,那么教师必须提供在教学策略中指定的、但在教学材料中没有呈现的学习成分。这种将基于资源的学习和直接教学相混合的形式可能是最常见的教师管理的教与学。当一名教师使用了多种教学资源时,他/她在材料管理方面就扮演了更重要的作用。通过为学习者提供可用教学材料的指南,教师可以提升教学材料的自主性,并腾出时间为需要帮助的学生提供额外的指导和咨询。

第三种模式是教师根据已经开发的教学策略亲自提供所有的教学。这常见于材料预算低、学生少、所授内容变化迅速或内容过于前沿以致材料不存在的情况下。教师以教学策略作为指导,制定讲义大纲以及小组练习和活动的指导语。在专业技术培训中,设计者通常要开发正式的教师指南,为讲座、讨论和参与活动提供详细的、类似课堂计划的指导;在教育情境中,每日课程计划或课程大纲就服务于这一目的。

这类教学既有优点也有缺点。一个主要的优点是,教师可以随着教学内容的变化不断更新和改进教学。但缺点是教师将花费大量时间向全班讲课和传递信息,只有少量时间可以用来帮助有问题的学习者,而当教师停下来回答某位学习者的问题时,整个班级的进度都会暂停。在基于预定的教学策略开发教学材料时,预期的教学传输模式是一个需要考虑的非常重要的因素。如果不打算依赖教师传输教学,那么教学材料就必须包括教学策略中的所有学习成分,因为这里不期望教师在传输教学中发挥作用。

如果教师计划在教学中综合使用可用的材料,那么教学传输就要把教学材料和教师演示结合起来。在这种模式下,教师可能不需要开发任何新材料,但可能需要提供一些所需的教学。为此类教学所开发的原始材料数量取决于可用时间、预算和人员支持。如果教师计划使用讲义、多媒体投影仪和白板等材料来传输所有的教学,那么除了讲义大纲、电子演示稿、练习题或主动学习的练习以及正式测验外,就不需要再开发什么新材料了。

作为教学设计者,你在规划教学策略时,就已经决定了预期的传输系统和媒体格式。现在,当你既是材料开发者又是教师时,你可能需要根据现有教学材料、开发和制作教学材料的成本,以及你对自己教师角色认识上的变化,来修改和调整最初的决定。这些决定既会影响材料开发活动,也会影响所需的预算和人员。

当设计者同时也是材料开发者和教师时,整个材料开发的过程将变得不那么正式。许多本该是正式的说明书,或者设计者和材料开发者之间的交流,都变成了头脑中的想法或非正式的构思。设计者的潜意识中可能存在着这种想法,即作为教师,"我有能力管理好教学,可以在教学过程中根据需要随时改变和调整教学",而这种想法会导致设计者忽略教学开发和实施的关键细节。

另一种常见的安排是教师只负责教学材料的设计,而不负责教学材料的制作。这种情况很少发生在公立学校,但在高校、商业、政府和军队场景中却很常见,因为这些环境中通常有可用于制作视频、网页和多媒体等复杂媒体的技术支持。设计者通常要与内部的媒体制作专家合作,而不仅仅是交付设计说明。

当设计者不是教师时

在重视员工培训和发展的大公司,教学设计者可能会与负责培训设计、开发和实施的团队合作。类似的团队在教学设计咨询公司、人员培训和开发公司以及许多大学中也同样存在。这类团队通常包括一位管理者、一位教学设计者、一位学科专家(SME)、一位材料开发人员(或协调员)和一位评价者。

在规模较小的教学设计场景中,一个人可能要承担多项职能;而在较大的教学设计场景中,可能有多个人被指派共同承担一项职能。教学设计团队还要定期与内部或外部的客户代表交流,有时还要与教师或教学项目经理交流。在教学设计团队中,管理者通常都是资深的教学设计者,而教学设计者也是材料开发者,或至少在工作层面上了解各种媒体格式。将教学设计和材料开发的技能相结合是很有必要的,特别是在开发基于计算机和网络的教学材料时,因为存在着将最时新的培训产品尽快提供给客户的压力。如果想探究基于团体的教学设计和教学设计项目管理,可以参考米歇尔·格雷尔(Michael Greer, 1994)的教科书,此外,布里尔等人(Brill et al., 2006)描述了由一项经过德尔菲研究(Delphi study)验证的项目管理能力。

在本章的前面我们提到,当设计者既是材料开发者也是教师时,选定和开发材料的过程往往不那么正式。但是,当设计者既不是开发者也不是教师时,精确的文字说明和需要沟通协作技能的团队工作环境就变得尤为重要。关于设计者和材料开发者之间的沟通,并没有所谓的"标准操作程序"。每次合作都是独特的,是由每位参与者设计和开发技能的组合以及团队场景中的职责分工共同决定的。

例如,一个具有良好电视制作技能和创造力的教学设计者,在时间许可的情况下,可能会将整个制作脚本和故事板一并交给材料开发者。但另一个极端是,一个很忙且缺乏制作经验的设计者,可能会与材料开发人员会面,检查学习者和情境分析,审查教学策略,从材料开发者那里获得制作想法。一段时间后,再与材料开发者会面,并一起复查他们准备的故事板和脚本。对设计者而言,沟通有关媒体具体信息的最好方式是与开发人员会面并向他们学习,因为材料开发者总会有一些在媒体行业中常用的设计和制作工具。而教学设计者应该采用材料开发者惯用的设计工具。

我们介绍教学设计团队的另一个原因,是为了指出教学设计过程中的一个常见问题,即设计者与学习者之间的关系问题。当设计者同时是目标学习者的教师时,他们对于学习者的兴趣和动机、偏好和期望、在内容领域已有的一般和具体知识等,都有很好的了解。但是在团队教学设计场景中更常见的情况是,设计者并不是教师,他们不熟悉目标学习者,与目标学习者的直接接触也非常有限甚至完全没有。在这种情况下,设计者可以依靠细致的学习者和情境分析来开展教学设计。然而在很多情况下,设计者都是根据自己对学习者状况的设想来设计教学的。这种设想所引发的问题,可能比设计者完全不了解学习者所引发的问题还要多。

如果可能的话,设计者应该亲自前往现场进行学习者和情境分析,观察教学设计所针对的学习者样本。无论观察的是学校儿童、军队新兵、成人志愿者学习者、中层管理受训者,还是其他教学设计要针对的对象,这一步都同样重要。如果设计者没有做初始的学习者和情境分析,那么至少也要找个机会去观察一下。根据这些观察,设计者作出的决策多种多样,例如内容组块的大小、图形用户界面的特征、用来培养态度的榜样类型等。尽管要描述影响新教学设计的所有学习者特征是不可能的,但教学设计者还是应该尽可能多地了解目标群体。

在考虑了教学设计者在开发过程中可能扮演的角色后,请关注表 10.1 中有助于指导教学材料开发的四大任务:重新考虑传输系统和媒体选择、确定教学包的成分、考虑现有的教学材料和开发教学材料。

表 10.1　教学材料开发概览

任务	成果
重新考虑传输系统和媒体选择	根据现有材料的可用性、成本限制和教师角色,对所选传输系统和媒体进行的修改
确定教学包的成分	对材料应包含的内容和形式的明确想法
考虑现有的教学材料	关于教学中是否采用或改编任何现有材料的决定
开发教学材料	草稿材料和形成性评价所需要的管理信息

传输系统和媒体选择

教学设计过程进行到这里,已经确定了传输系统,并制定了教学策略,包括对教学内容的归类和排序、学习成分的确定、学习者分组和初步的媒体选择。如果设计者在假设或指定的传输系统下开展工作,那么媒体的可选范围有限,作出的选择可能也相对稳定。但是,如果允许任意选择媒体格式和理想的传输系统,那么在开发教学材料的过程中,就很可能修改这些选择。重点是,理论上的最佳选择需要经受实践的检验,这种检验本身也是材料开发过程的一个构成部分。在此过程中,一些冲突是被期待发生的,因为这些冲突的解决通常有助于确保产出适应于学习环境的有效教学产品。有三个因素经常导致设计者修改所选择的媒体和传输系统:(1)现有教学材料的可用性;(2)制作和实施方面的限制;(3)在教学过程中教师的辅助作用。

现有教学材料的可用性

有时候,使用现有的教学材料比开发和制作新材料更具有吸引力。从一节课的动机激发部分到整个课程,现有材料都可以使用。以我们的领导力培训设计为例,在第 9 章中,我们选择了基于网络的传输系统。现在假设,整理现有材料时发现了一个由社区学院联盟开发的团体领导技能系列视频,这些视频既合适又时新。如果这些材料并未被禁止复制和分发,那么在获得适当许可的情况下,就可以剪辑合适的视频并通过网络分发。

制作和实施方面的限制

看上去昂贵的媒体格式和传输系统,事实上也确实是昂贵的。通过削减制作费用来省钱一般不会影响学习效果,但的确会影响学习者的注意力以及对教学相关性及权威性的感知。没有复杂媒体工作经验的教学设计新手,经常会严重低估采用商业制作的成本,也会低估自己在制作时所需要的专业技能、基础设施和所需时间。有时,在完成教学开发后才会发现,因为未曾预料到的高昂的制作成本,已经没有经费复制、分发和维护教学材料了。因此,在分析学习情境时,就要通过仔细调查预想到这些限制;在材料制作阶段,也要保持开放和灵活的态度。针对这些问题,最好的策略是采用较简单的媒体高质量地完成制作,而不是坚持使用复杂的媒体格式却做出很差的作品。再次以我们的领导力培训为例,如果明显无法制作出基于网络的高质量流媒体视频,那么采用可以通过网络传输的制作精良的 PowerPoint 演示文稿会比制作一个业余视频好得多。

教师的辅助作用

在先前描述教学设计者在教学中的作用时,我们指出,作为教师的设计者在课堂中起到不同程度的辅助作用。关于教师不同辅助作用的讨论同样适用于数字化学习的设计和开发。在刚开始采用一种新技术时,我们通常试图用它复制我们所熟悉的旧技术功能;因此,我们在远程教学中使用教学电视、网络和学习管理系统,试图为学习者重现教室的学习体验。无论是面对面教学还是远程教学,教师辅导都是师生喜爱的典型教学特点。在远程教学实践中,由于不同的教育哲学,以及质量与效率之间始终存在的紧张关系,教师的辅助作用可能有很大不同。表 10.2 比较了三种模式的教师辅助。请注意,这三种模式并不互斥,它们的特征也不像表格所示的那样互不关联。

表 10.2　三种远程学习模式中教师辅助的水平

	数字化课堂模式	数字化讲座模式	数字化完整模式
目的	复制课堂体验	复制报告厅体验	代替课堂体验
情境	所有学习情境	通常是高等教育情境,也有会议和研讨会情境	通常是专业和技术培训情境
传输系统	网络、流媒体视频、在线会议和会议软件	网络、广播电视、流媒体视频	网络、基于计算机的培训,有时是基于移动设备的现场培训
教师辅助	● 教师为中心 ● 由教师积极参与小组和个人学习以及同伴参与小组和生生互助来促进学习	● 教师或材料为中心 ● 由各类人员(如班主任、学习中心员工、研究生助教、助手、辅导教师)和同伴参与小组和生生互助促进学习	● 以材料和软件为中心 ● 独立、自定进度的学习由软件来辅助,有时也由小组和生生互助中的同伴参与来支持
学习者	适合所有独立性水平的学习者	适合有一定独立性的学习者	适合有高度独立性的学习者
问责	● 学生的学习成果 ● 学生对课程的态度 ● 学生对全体教师的评分	● 学生的学习成果 ● 学生对课程的态度 ● 学生对教师和各类职员的评分	● 学生的学习成果 ● 学生对课程的态度 ● 主管对学生工作表现的评分
班级规模和生均成本	● 班级规模有限 ● 生均成本高 ● 通过添加额外的教员来增加学生	● 班级规模可调 ● 生均成本低到中等 ● 通过添加额外的各类员工来增加学生	● 班级规模可调 ● 生均成本取决于是否有足够的受众来分摊开发成本 ● 通过开放获取来增加学生
开发和实施	● 如果技术性基础设施到位,那么启动费用低 ● 能够由教员独立地开发和管理	● 启动费用可高可低,具体取决于材料所采用的媒体和复杂程度 ● 可能需要制作团队和网络支持人员	● 因为要对材料进行密集开发和评估,所以启动费用高 ● 通常需要制作团队,但实施后的主要管理任务是维护和问责
典型用户	● 所有的教育和培训场景	● 通常是高等教育,典型例子如英国开放大学,还有数字化大学、发放电子证书的课程、大型探讨会和会议以及 MOOC	● 主要是企业、军队和政府培训 ● 公共和高等教育中使用有限

表 10.2 为我们开发远程学习传输系统中的教学材料提供了一些启示。回顾我们在第 8

章中对摩尔和基尔斯利的**交互距离**概念(教育场景中教师和学习者之间认知空间的理论)的讨论,在数字化课堂模式中,高水平的课程对话为学习者提供了更加个性化的学习体验和群体归属感。这些对话大多是教师同步或异步的在线讨论以及为学生练习提供的反馈。一般来说,这种做法会让学生对课程和教师都有更积极的评价。这也是数字化课堂模型试图复制在远程学习中的课堂教学特征。当讨论和反馈由教师提供时,初始教学材料的开发成本较低,但生均成本却很高。因此,要想扩大课程的规模,就不得不增加教师的负担,聘请额外的教师,或雇用兼职人员、助教或其他支持人员。数字化讲座模式的典型特征是采用差异化的人员配置来降低教师成本,同时仍然保持个性化的课程以容纳大量的学习者受众。不过,由于人员和管理费用,生均成本仍然很高。

数字化课堂和数字化讲座模式的实践者制定了创新性的策略,通过将师生交流转变为生生交流,能够在不增加教学人员负担的情况下,在课程中保持高水平的互动。这种策略还适用于同伴主导的实践和反馈,以及专注于在绩效情境使用和迁移技能的小组讨论。在为小组项目和问题解决互动设置线上空间时,它也很有效。现在,社交媒体和移动设备已经能够为数字化学习中的辅导和沟通提供无处不在的便利。

远程学习的数字化完整模式不通过教师来展现学习内容,而是将学习内容分配给教学材料和传输系统,因此初始开发费用更高。不过,通过扩大学生数量可以降低生均成本。由于该模式下远程学习材料的开发和传输成本随教师在教学中辅助作用的高低而变化,所以教学设计者常常不得不放弃最初所选择的理想传输系统和媒体格式。因此,在选择或开发教学材料前,必须考虑并确认教师在教学传输中扮演的角色。

数字化课堂和数字化讲座模式都获得了超预期的成功,经历了指数级增长。然而,在培训和开发领域,人们对数字化学习的成功却褒贬不一。一些培训经理和绩效顾问指出众多数字化学习问题中的两个。第一个问题是,当教师主导的面对面教学内容被转化为网络传输内容时,往往没有深入考虑教师在面对面学习环境中负责的那些学习成分,如激励学习者、促进对先决条件的主动回忆、提供带有纠正性反馈的练习、促进迁移等,而这正是数字化学习所缺少的部分。对于该问题的回应,一种是在数字化学习环境中安排一位教师,另一种趋势则是**混合学习**,即将自定进度的在线学习、基于计算机的学习以及面对面的课堂和工作小组相结合。混合学习也是数字化课堂和数字化讲座学习的成功替代方案,否则将完全在线进行。但有研究表明,这种模式的成功主要体现在学生对课堂结构和合作的感受更积极,而非更高的成绩(Lim & Yoon, 2008)。此外,当数字化学习技术被视为解决方案时,会出现第二个问题。现在的学习管理系统非常复杂,具有组织、传输、管理和评估学习的巨大能力,但如果没有精巧的、创造性的教学设计,依然无法提高学习的有效性。因此,尽管要考虑媒体和传输系统,但设计者开发教学材料的基础必须是教学策略开发中指定的学习成分。

教学包的组成成分

在重新考虑了传输系统和媒体选择后,你就可以开始决定是使用已有的教学材料、自己 295
开发教学材料还是编写相应的规范,供他人开发材料参考。在开始前,你应该了解构成教学
包的几个常见成分。请注意,**教学包**这个术语包含了所有形式的印刷和媒体材料。

教学材料

教学材料涵盖了学生为达成教学目标所需使用的所有内容,这些内容可以是书面的、媒
体形式的,也可以是教师辅助的。它不仅包括为实现主要教学目标和终点目标而挑选的材
料,还包括所有旨在加强记忆和促进知识或技能迁移至绩效情境的材料。**教学材料**指任何被
纳入的现有材料以及专门为教学目标开发的材料。这些材料还可能包括用于指导学习者获
得教学进展的信息。现在,商业化的、基于网络的在线课程管理门户网站(如 Blackboard 或
Canvas)可以提供这样的学习指导模板,但是教师必须用特定的课程内容填充这些模板。此
外,学生工作簿、活动指南、问题情境、计算机模拟、案例研究、资源列表和其他类似材料,也都
可以作为教学材料的一部分。

评估

所有教学材料都应附有客观测验或产品/行为表现评估,而且可能要包括前测和后测。
嵌入式的测验可以直接内置于教学材料中。不过你可能更愿意将测验作为教师材料的一部
分而不是独立的学习材料,这样学习者就无法直接获得这些测验。但是为了使教学包完整,
你至少要将一项后测和使用教学包所需要的其他评估纳入其中。

课程管理信息

整个教学包通常要有一个总体说明书,一般也称为教师手册。它向教师提供关于教学材
料的概述,并展示如何将材料整合到学习者的整个学习过程中。手册还可能包括一些测验和
你认为对课程实施很重要的信息。在商业化和基于网络的教学管理系统中,除了提供学习者
指导模板外,还为教师提供小组/同伴交互支持和课程管理支持,包括自动化班级列表、学生
学习情况跟踪、在线测验、项目监控、评分手册和各种信息交流机制。一些自定进度的自主学
习本身没有课程教师,在这种情况下,教师指南实际上是一个课程管理指南,可以基于学生和
特定站点应用程序进行定制。对于课程管理信息,要特别注意教师或课程管理者的使用便利
性,也要接受与测验和教学相同的形成性评价。

如果要将建构主义学习环境的建议添加到课程管理信息中,那么应该考虑组织的需求、
环境对学习目标的适当性、环境对学习者能力和动机的适当性、绩效和学习情境,以及可用于
支持环境的资源(如超文本、知识库、资深辅导者、时间、人员、设施、设备、经费)。在考虑此类 296
信息时务必保持谨慎,因为学习环境通常是针对特定情境的,而且显然是随着情境改变而不
是提前规定的。

现有的教学材料

下一个步骤是确定是否存在满足你教学目标的材料。在某些内容领域,你会发现有大量从简单到详尽的可用材料。虽然它们可能并非直接针对你感兴趣的目标人群,但是偶尔也可以找到至少部分满足你需求的材料。尽管在图书馆和线上研究上花费了一些时间,但如果能找到可用的资源,也在一定程度上节约了时间和成本。考虑到为数字化和移动学习开发多媒体和课程的昂贵费用,花几个小时检查现有材料,以确定它们是否满足指定的需求,显然是值得的。

在过去 20 年中,已有的数字化学习材料,又称为**学习对象**,已经随处可得。正如 20 世纪 90 年代初的数字化学习环境所设想的那样,学习对象是传统上可能被称为可重复使用的**课程**或**模块**,其中至少包含一个教学目标、一组教学内容、练习活动、评估和描述学习对象本身的元数据,还可以包含教学策略的其他学习成分。这些学习对象的存储是相互独立的,可以根据不同的教学目的被引入到"学习空间"中。学习对象的想法来自面向对象的计算机编程语言,如 Java、C++和 Visual Basic,在这些语言中,程序员可以从数字对象库中选取一个对象,如一个小滚动条或下拉菜单,然后将其插入正在开发的图形用户界面的代码中。如果一个学习对象符合某个行业标准,就可以将其"放入"学习管理系统(如 Canvas 或 Moodle)中,学习管理系统将能够启动和显示该对象,并通过该对象追踪和管理学生。学习对象的原理是,将学习对象分发给教授相同内容的机构,可以节约成本。例如,许多公司向新员工培训 401(k)退休计划的内容,大多数大学都会教学生如何在研究论文中评价和引用网页内容,所有军事部门都向军人传授常用的战术程序。在开发出可多次使用学习对象的概念后,该术语的外延进一步泛化,指的是可以插入用户界面以支持学习的任何数字化内容。它可以是用来承载教学内容和学习指导的音频、视频、文本、多媒体或任何媒体的组合。已有的数字化学习材料可以简单到是一个帮助澄清概念的三分钟 YouTube 动画,也可以复杂到是从同行机构导入到你的学习管理系统中的完整的一学期课程。不过,无论现有材料的来源或范围是怎样的,你都应该在使用前对其进行仔细的评价。

为了帮助你规划对现有材料的评价,请回忆第 7 章中关于开发评估工具的三类标准:以目标为中心、以学习者为中心和以情境为中心的标准。这里,我们不仅要使用这三类标准,还将引入另外两个标准,即以学习为中心的标准和技术标准。

以目标为中心的现有材料评价标准

以目标为中心的标准关注教学内容,可以借助你的教学分析文件来确定各种教学材料是否可以接受。该领域的具体标准包括:(1)材料内容与你的终点目标、行为表现目标之间的一致性;(2)内容覆盖的全面性和完整性;(3)权威性;(4)准确性;(5)时新性;(6)客观性。

以学习者为中心的现有材料评价标准

可以根据你的学习者分析文件来判断教学材料是否适合你的目标群体。**以学习者为中心的标准**包括学习材料是否适合你的目标学习者的:(1)词汇和语言水平;(2)发展、动机和兴趣水平;(3)背景和经历;(4)特殊的语言要求或其他需求。其他以学习者为中心的重要标准,还包括材料对学习者差异的处理,是否存在性别、文化、年龄、种族或其他形式的偏见等。这些标准可以帮助你确定现有材料是否适合你的目标群体。

以学习为中心的现有材料评价标准

可以根据你的教学策略来确定现有的材料是否足够使用,或者在使用前是否需要对其进行修改或扩充。材料评价是为了确定它们是否包含:

- 教学导入材料(如行为表现目标、动机激发信息/活动、先决技能);
- 正确的内容排序和完整、时新、适合学习者的内容呈现;
- 学生参与活动和相应的练习;
- 充分的反馈;
- 适当的评估;
- 充分的跟踪指导,以增强记忆和促进迁移;
- 充分的指导,以帮助学生从一个学习成分/活动进入到下一个学习成分/活动。

应该使用教学策略来评价每种潜在的教学资源。把几种资源整合起来,创建一套完整的教学材料也是有可能的。如果教学材料缺少一个或多个必要的学习成分,如动机、先决技能等,比较经济可行的办法是对材料进行修改,补全缺失的成分以供学生使用。此外,通过为现有材料编写评估方案和教师指南,也可以使其更加"完整"。

以情境为中心的现有材料评价标准

根据你的教学和绩效情境分析,可以判断现有材料是原样使用还是需要根据你的情境进行修改。**以情境为中心的标准**包括:对你的情境和学习者来说,材料的真实性如何;对你的教学场景和预算来说,材料的可行性如何。

评价现有材料的技术标准

此外,还应根据以下标准评估教学材料的技术质量:(1)传输系统和媒体格式是否适合教学目标和学习情境;(2)包装;(3)平面设计和排版;(4)耐用性;(5)易读性;(6)音视频质量;(7)适当的时候,还应评价材料的界面设计、学习导航和功能。

如果找到了合适的材料,你可能需要根据这些材料修改你的传输系统、媒体和教学包成分。如果找不到适合你教学策略的可使用或改编的材料,那么你就需要自己开发教学材料。你必须详细说明,媒体制作专家或你自己,将如何把教学策略转换为可以进行形成性评价的教学产品。

298

教学材料

我们建议你在初次尝试教学设计时制作自学材料。也就是说,这些材料应该允许学生在没有教师或同学参与的情况下学习新的信息和技能。完成这一步后,你就可以转向由教师主导的教学材料或者无论有没有教师都可以使用的媒体形式的学习材料组合。不过,开始时仍然应该将**动机激发**、**内容呈现**、**练习活动**和**反馈**等学习成分纳入到教学材料中。

如果你的教学过程中包括教师,那么在开发教学材料时,就很容易使用教师来传输教学内容。在开始设计时,我们建议你了解在没有教师积极参与教学过程的情况下能够做到什么程度。这不仅会测试你的设计技能,让你对教学策略的学习成分有更深入的了解,而且还可以让你拥有一个明确且可复制的产品,以便在第11章的形成性评价中使用。当然,我们理解当你读到这里时可能已经按照自己的方式完成了项目设计,且可能已经规划好不完全通过自学的方式来提供学习内容。这当然可以,但是请确保在教学中,学习成分能够如你规划的那样执行。

粗略草稿

我们都知道**粗略草稿**的含义,因为在写作业和论文时,我们都打过粗略的草稿,然后不断修改,最终形成定稿。用于教学材料的**粗略草稿**也是如此,不过它还有另外的含义,就是采用可替代的、更简单、更便宜的媒体格式来开发产品。

为材料制作粗略草稿的目的,是创建一个快速的、低成本的设计版本,这样你就可以将其用于形成性评价,与学科专家、几名或一组学习者一起对其进行试教,并以此指导制作最终的材料。这样做的原因是,最好在教学材料还可以被修改,并且无需花费大量时间和费用时就能及时发现其中存在的问题。贯穿本书的教学设计模型有一条反馈线,称为**修改教学**,也体现在粗略草稿材料这一概念中。

此时,你可能会觉得困扰:"我应该如何根据粗略草稿来确定我的教学计划和材料是否有效呢?"关于使用不同媒体格式进行学习的研究表明,在知识和技能的真正掌握上,粗略草稿和最终产品之间几乎没有什么区别。例如,通常情况下,学生通过观看视频所学到的东西与通过观看手绘故事板卡片和听别人朗读脚本所学到的东西是相当的。正如预期的那样,学生在注意力和动机方面会有不同的体验。然而,在对那些复杂且成本高昂的媒体进行形成性评价时,通常还是倾向于使用粗略草稿进行试验。材料开发者甚至会使用手绘图或计算机绘图来确定孩子们是否会喜欢并认同为未来的电影或视频创作的卡通人物。表10.3展示了几种最终媒体格式的粗略草稿版本。在阅读这些建议时,请记住,草稿的目的在于快速且经济地制作出一种用于形成性试验的产品。

即使是多媒体制作方面的专家,也应该信守所承诺的时间,并记住目前需要的结果只是可以用于形成性评价的粗略草稿材料。任何具有良好文字处理技能的人都可以快速创建文本的粗略草稿,并手工绘制或以电子方式插入图形图片;大部分人都学过使用 PowerPoint 或其他简单的演示软件,其中有大量内容广泛、针对不同年龄学习者的文本设计和媒体格式范例,可供模仿。如果使用 PowerPoint 制作材料,那么你可以将它导入到大多数多媒体创作程序中,并为最终版本添加想要的特性和功能,然后保存为 HTML 格式。即便是低端、用户友好的桌面应用程序,如 Broderbund 的 Print Shop Professional 和微软的 Publisher,也包含样式指南和模板,可以轻松制作美观的插图文本。坚持使用简单的媒体或插图文本,可以让人们专注于本书要点,即有效教学的设计、开发和验证,而不是媒体材料的制作。本章中所展示的材料开发步骤,目的只是制作一个有效传达信息的产品草稿,以便与目标学习者进行形成性试验。插图文本或简单的媒体就可以制作一个可管理的产品并纳入形成性评价,其重点在于学习成果而不是媒体制作。

表 10.3   用于形成性评价试验的粗略草稿格式推荐样例

如果最终媒介是	那么粗略草稿版本可以是
插图文本	文字处理文档;带有手绘或剪贴图的活页笔记本
卡片册	8.5×11 英寸卡片纸
活动中心和学习中心	"脆弱"版本的材料,其最终形式必须坚固耐用,以防止磨损和撕破
演示图形程序,如 PowerPoint	这些程序非常易于使用,最简单的方法是使用绘图工具和好的剪贴画集直接在演示程序中创建粗略草稿材料,然后在"备注"中输入讲义注释或解说
视频	尽管技术的进步使故事板不必像以前那么详细,但是在形成性试验中,仍然可以使用带有注释的手绘故事板或者带有插画的完整脚本。如果有装备和技能的话,SLR 数字视频、手机视频、数字摄像机和易用的桌面视频编辑程序使人们可以录制廉价的草稿素材,并将其粗剪成 AVI、WMV、MOV 或 QuickTime 格式的视频,以进行形成性试验
基于计算机的多媒体教学(例如 Articulate、OpusPro、Flash、Autoplay)	带有决策流程图、媒体事件和超链接的手绘屏幕设计(在数字设计行业中称为线框图)可以用于形成性审查;屏幕设计逼真但没有功能的模型通常可以用于验证概念和审查审美;有时候为了测验外观、功能、对学习者的吸引力和有效性,可以在易用且技术含量较低的程序中开发和优化原型(如在 PowerPoint 中创建粗略草稿,将其导入 Articulate,以在 Flash 中完成原型)
数字化学习(如 Articulate、Captivate、Elucidat;以及 LMS,如 Canvas、Absorb 和 Moodle,它们内置了大量的课程构建工具)	同上(所有提到的程序都可以支持网络传输)

材料开发工具和资源

媒体材料的制作需要一整套技能,不仅有艺术方面的,也有技术方面的;简单到文字处理,复杂到创建使用网络传输的交互式学习材料。要想熟悉并掌握常见的材料设计和制作工具,你可以参考本章末尾的参考文献和推荐读物部分。斯马尔迪诺等人(Smaldino et al.,2019)对当前的教学媒体格式以及材料规划、设计、开发的指南和技巧进行了概述。本章末的参考资料也包括对数字音频、视频和基于计算机和网络的多媒体的说明。技术变化如此之快,以至于本书中的列表可能很快就会过时。但是可以通过两个很好的来源获得这类专业信息:一是计算机商店、书店和网络经销商提供的纸质版"操作手册",一般都紧跟着新发布的计算机应用程序、编程和创作工具推出。另一个来源则是网络本身。要想找到计算机应用程序或创作工具的最新信息,只需在搜索引擎中输入品牌名称,就可能找到由出版商和其他用户维护的网站,以及用户论坛、博客、开发者大会、网络研讨会、YouTube"操作方法"视频等。

快速定型法

做过多媒体创作的人都知道,开发和测试复杂的基于计算机的教学,需要花费大量的时间和精力。只是为了形成性评价就对教学材料"进行多次修改"的想法令人气馁,但这正是一种被称为**快速定型法**的教学材料开发过程中发生的事情。这一术语来自制造业,在那里,计算机辅助设计(CAD)技术可以直接将三维计算机模型转换为由各种塑料和金属3D打印的物理原型,以用于评价设计的好坏。在许多学习情境中,技术和培训的要求变化如此之快,以至于教学设计者不得不重新考虑一些传统的教学设计方法。快速定型法的第一个策略,是从一个教学设计模型的早期分析步骤开始,快速开发教学材料原型,并使用快速、迭代的形成性评价和修改来形成最终形式的学习材料。快速定型法可以被理解为一系列有信息支持的、连续的向最终产品接近的过程,强调**"有信息支持的"**,是因为这种方法完全依赖试验收集到的信息来确保最终产品的成功。琼斯和里奇(Jones & Richey,2000)报告了一个有趣的案例研究,详细介绍了快速定型法,德斯罗西耶(Desrosier,2011)提供了快速教学设计的定义、依据和方法。

快速定型法的第二个策略,是并行设计和开发;即在开发第一遍粗略草稿时,许多起点—终点分析工作也在同时进行中。这看起来可能有些本末倒置,但这是因为快速定型法主要用于高科技和快速变化的学习情境。对设计尖端技术教学材料的培训者而言,只有参与到教学材料的开发中来,才可能知道一些关键设计问题的答案。图1.2是并行设计和开发的示意

图。在团队教学设计场景中,如果要实现同时工作的好处,设计人员和材料开发人员之间准确且持续的沟通就显得尤为重要。在这类原型设计中,使用草稿材料并进行试用的概念仍然适用。早期迭代的重点是用户界面的功能、程序事件的流程和教学中的学习者导航,后续迭代的重点则转向学习者的行为表现。在教学材料接近最终形式时再添加精美的艺术作品、图

形以及学习者参与的细节。

　　在包含基于计算机和网络的交互式多媒体大型教学开发项目中,快速定型法的过程相当复杂。在这样的项目中,教学设计、材料开发和形成性评价的许多阶段是同时进行的。例如,在基于计算机的教学材料制作中,可能存在一项功能处于设计阶段,另一项功能正在开发,还有一项功能处于原型测试阶段这种情况。人们很容易陷入一种思维模式,即认为教学设计是一个严格的线性过程,但这其实是一种误导,因为如果你跟踪一下设计和开发活动,你就会发现产品的设计和开发实际上是一系列不断迭代的重复、循环过程。

　　快速定型法结合了分析、设计、开发和评估,鉴于它在分析阶段和形成性评价迭代周期严重依赖于用户参与,因此大致可以归为以用户为中心的设计方法。在这方面,快速定型法与基于研究的设计和敏捷设计类似,与连续近似模型也有一些共性,以上内容都在第 8 章中提到过。不过现在,我们手头的任务是为了与学习者一起进行评价而继续准备粗略草稿。

工作辅助

开发教学设计的初稿

　　下面罗列的内容应作为迄今为止你在教学设计过程中所走路径的回顾,并提醒你需要准备哪些材料以便着手进行教学开发。你需要:(a)教学目标;(b)教学分析;(c)行为表现目标;(d)测验样题;(e)目标学习者特征;(f)学习和绩效情境的特征。你还需要包括以下内容的教学策略:(a)具体教学目标的归类和排序;(b)教学导入活动;(c)要使用的评估;(d)内容呈现和学习指导;(e)学习者参与活动(练习和反馈);(f)促进记忆和迁移技能的策略;(g)分配给每一课时的活动;(h)学习者分组和媒体选择;(i)传输系统。

　　以上是我们在教学设计过程中的进展。接下来,为了辅助你的工作,我们将简述你在开发教学初稿时所需的步骤。你可以参考以下核查表,确保编写材料时能够不偏离主题,以激发学习者动机、告知学习者目标、为每个目标呈现内容和指导、提供练习和反馈,并实施你的评估以及记忆和迁移策略。

1. 审查为每节课中每个具体教学目标确定的教学策略。
2. 审查你的学习情境分析,以及你对开发教学材料时可用资源的假设。
3. 重新考虑传输系统以及为呈现材料、监控练习和反馈、评价、促进学习者记忆和迁移所选择的媒体。
4. 确定教学材料包的成分。
5. 通过调查文献和咨询学科专家,确定可供使用的已有材料。
6. 考虑如何采用或改编已有的教学材料。

302

7. 基于教学策略对已有的教学材料进行组织和改编。

8. 确定是否必须开发新材料。

9. 如果必须开发新材料，审查你的学习者分析。对于每节课，都要考虑教师在促进教学方面扮演的角色，并确定你希望教学在多大程度上是自定进度的、小组同步的或是二者结合的。

10. 根据教学策略，以粗略草稿的形式计划和编写教学材料。在初次尝试后你会惊讶地发现，简笔画和粗略插图竟然也能如此生动地表达你的想法。粗略草稿中的书面、视觉或听觉材料，可以帮助你检查教学顺序、想法的流畅性、观点阐述的准确性、材料的完整性以及教学速度等方面的问题。根据每个教学活动的需要，制作一套尽可能完整的粗略材料。

11. 为了保证思路的清晰和流畅，审查已完成的每节课和学习环节。

12. 选择一个完整的教学单元，编写配套的指导说明，以引导学生完成所有必要的活动。

13. 使用首次开发的、便宜的粗略草稿材料进行评价活动。第11章将介绍并讨论评价和修改教学材料的过程和活动。

14. 你可以在评价过程中编写教师手册，也可以在对教学呈现和活动进行开发和修改时做笔记，后续再根据笔记来编写教师指南。

评价和修改

教学材料的评价细则

以下评分细则是评价教学材料的标准。你如果正在进行教学设计和开发，那么可以将以下核查表作为辅助工具，来评价你已经开发好的材料。你可能会发现，以下评分细则与本章前面所述用于评价是否可以将现有材料用于新教学产品的标准是一样的。这是因为这些标准也同样适用于评价新开发的材料。尽管你的材料可能还处于草稿阶段，但技术标准的最后一部分对于选择现有的教学材料还是有用的。

设计者须知：若某一要素与你的项目无关，请在"否"一栏中标注"NA"，表示"不适用"。

否	有些	是	A. 以目标为中心的标准　教学材料是否：
____	____	____	1. 与终点目标和行为表现目标一致？
____	____	____	2. 具备足够的内容覆盖面和完整性？
____	____	____	3. 权威？
____	____	____	4. 准确？
____	____	____	5. 时新？

———　———　———　6. 以客观的方式呈现（没有内容偏见）？

B. 以学习者为中心的标准　教材是否适合学习者的：　　　303

———　———　———　1. 词汇？

———　———　———　2. 发展水平（复杂性）？

———　———　———　3. 背景、经历、环境？

———　———　———　4. 对测验形式和设备的熟悉度？

———　———　———　5. 动机和兴趣？

———　———　———　6. 多样性：文化、种族、性别需求（没有偏见）？

C. 以学习为中心的标准　材料是否涵盖：

———　———　———　1. 教学导入材料？

———　———　———　2. 适当的内容排序？

———　———　———　3. 完整、时新且为学习者定制的内容呈现？

———　———　———　4. 与教学目标一致的练习活动？

———　———　———　5. 充分且具有支持性的反馈？

———　———　———　6. 适当的评估？

———　———　———　7. 适当的教学排序和组块大小？

D. 以情境为中心的标准　教学材料是否：

———　———　———　1. 模拟了真实的学习和绩效情境？

———　———　———　2. 对学习和绩效情境可行？

———　———　———　3. 需要额外的设备/工具？

———　———　———　4. 有与所规划情境（设施/传输系统）相一致的技术质量？

———　———　———　5. 有足够的资源（时间、预算、可用人员和技能）？

E. 技术标准　教学材料是否有适当的：

———　———　———　1. 为实现教学目标而选择的传输系统和媒体？

———　———　———　2. 包装？

———　———　———　3. 平面设计和排版？

———　———　———　4. 耐用性？

———　———　———　5. 易读性？

———　———　———　6. 音频和视频质量？

———　———　———　7. 界面设计？

———　———　———　8. 导航？

———　———　———　9. 功能？

＿＿＿　＿＿＿　＿＿＿　　　　10. 其他?

你的材料可能还是粗略的草稿,但这同时也是开发过程中的绝佳机会,有助于你在使用评分细则时对可能产生的任何疑问采取行动,并且避免只关注材料的技术标准。请仔细考虑你之前对教学目标、学习者、学习策略和情境所作的决定,然后根据你在审查草稿材料时闪现的"灵感"作出调整。

实例

本节包括一个以打高尔夫球为教学目标、教师主导的教学示例。我们之所以展示推杆教学第二节课的内容,是因为主导互动环节的高尔夫专业教练精通高尔夫,可以轻松地从教学策略出发,为每个现场的互动教学课程做准备。想象一下,作为一名专业教练,被期望去背诵一份脚本,以便开展关于推杆的互动式教学。不过,对专业高尔夫球教练来说,审查教学策略也是很重要的,因为这样才能清楚地了解教学设计者的课程意图。因此,这里的教学包既包括教学策略参考副本,也包括专业教练的知识和经验。

注意,表 10.4 中的教学策略与表 9.4 中的原始教学策略不同。为了方便浏览,表 10.4 采用了大纲格式。为了方便教师进行规划,表 10.4 还明确指出了学习情境(环境和设施)、所需设备和媒体选择。还要注意,这里指定了两种学习者分组方式:一种用于演示,另一种则用于练习活动。

表 10.4　针对高尔夫规划推杆的教师主导课时的教学策略(使能技能 I.1)

学习内容	第二课时 2 小时 仅规划推杆部分(目标:I.1.a 到 I.1)
学习情境	在高尔夫俱乐部,(高尔夫教练和学习者)现场演示练习果岭推杆的规则。练习果岭推杆必须有具备典型条件(地形:陡度、曲率和力度;表面条件:坡度或阻力)的球洞。
设备和媒体选择	每个学习者都有一筒高尔夫球(三个)、自己的推杆、一本关于高尔夫球礼仪和规则的小册子,以及一个关于推杆的 YouTube 视频。
课前准备	在第 1 节课后,学习者通过智能手机收到 YouTube 视频,内容是几位球员和球童一起规划击球、紧握推杆、瞄准球并将球推向洞杯。鼓励学习者通过伸展运动进行热身,并在教学开始前三十多分钟各自练习他们在视频中看到的击球动作。
仅 I.1 部分的内容	➤ 受人尊敬的高尔夫专业教练: 　　● 表扬学习者小组在热身时的推杆; 　　● 表示他们将轻松掌握推杆的基本原理;

（续表）

	● 强调如果应用推杆的基本原理，在打球过程中将节省很多杆数；
	● 表示高尔夫比赛的输赢往往取决于果岭推杆；
	● 说明影响推杆轨迹的因素（地形：陡度、曲率和力度；表面条件：果岭的坡度或阻力）；
	● （通过讨论）预测给定球洞的轨迹；
	● 通过将高尔夫球投向洞杯来夸张地演示每种情况（例如用力太大和太小）；
	● 描述各种错误将带来的结果。
	➢ 例子：
	  ● 坡度，与骑自行车上/下坡相联系：下坡时用力很小，上坡时需要用力踩踏板；
	  ● 曲率，与在陡峭的山坡上行走相联系，在向上而非向下滚动时需要更多能量；
	  ● 阻力，与穿过高/矮草丛相联系，在光滑的果岭和凹凸不平的沙坑上滚动球。

用于解释和演示的学习者分组	16 人小组在教练指定的果岭边位置观察特定演示；学习者听教练讲解，并观察演示。
学习者参与和活动分组	练习项目和活动： 在果岭上预先指定满足条件的特定球洞。 ● 学习者两两结对，在不同的洞口研究和讨论地形及坡度条件。 ● 学习者口头预测从当前球洞周围的不同位置到达球洞所需的轨迹和力度。 ● 讨论后，每名学习者以规划的力度（用手）滚动高尔夫球，并预测轨迹。 ● 学习者两两讨论规划的轨迹是否成功、球与球洞之间的距离以及球停止的位置。 ● 学习者两两规划使球更加接近球洞的方法。 ● 每个成员使用第二个球从同一位置执行新规划，并将新结果与第一次的结果进行对比。
反馈	● 每名小组成员投出的高尔夫球的实际停止位置。 ● 小组成员之间的对话。 ● 教练在巡视学习者小组时给予的评论。
跟踪活动	学习者返回大组，听教练讲解，并观看第 2 节中下一个使能技能的演示（I.2 和 I.3，击球姿势和握杆）。在教授和练习完第 2 节的所有推杆技巧（I.1 到 I.6）后，鼓励学习者在练习场内继续练习推杆技巧。

305

案例研究：团体领导力培训

　　本节以团体领导力单元的部分教学策略为例来解释如何开发材料。在诸多行为表现目标可以用作示例的情况下，这里只选择其中两个作为例子：目标 6.3.1，"说出鼓励和阻碍成员合作的策略"；以及目标 6.4.1，"区分鼓励和阻碍成员合作的策略"。有关第 10 课时中包含的所有教学目标列表，请参见表 9.8。

　　这里展示的所有教学材料都是为了制作脚本，以供学习者可以通过网络远程教学进行独立学习。学习者只有在一种情况下才会聚在一起，即参加互动式会议和互动式团体领导活动时。这些活动与表9.8中的目标6.5.1相关，即"在学习者担任团体领导人的问题解决模拟会议上，做出激发成员间合作的行为"。

　　这些粗略草稿材料开发实例背后的基本假设是，教学设计者与制作专家需要共同承担开发的责任。设计者在教学策略中确定将基于网络进行教学，并写出将呈现在网页上的脚本。产品制作专家根据例子中的特定教学目标，将脚本变为网页，并插入卡通人物和对话框，以模拟漫画书的风格。后面的例子在描述教学策略的每个成分时，还给出了媒体选择方面的意见。请注意，在本课时的例子中，专门为网络教学设计的材料，可以达成其他传输系统一样的学习效果，比如有带练习簿的广播电视教学材料、有图解文字的录像带、有角色扮演的传统课堂教学等传输系统。不过，为整个关于团体领导力技能单元所选择的任何传输系统，都必须保留学生观察和参与团体互动以及获得适应性反馈的机会。

教学导入活动

306

教学导入活动中的媒体

　　为本次课时确定的网络教学材料，是在网页上呈现的脚本，以及适用于网络教学的任何现成、便宜的图形和色彩增强方案，这些增强主要是为了激发学习者的动机和兴趣。

动机激发材料和课时目标

　　表10.5是教学设计者编写的动机激发材料和课时目标示例（有关这些材料的教学策略详见表9.6）。左栏为教学策略涵盖的学习成分，右栏为教学，这一方面强调了教学策略和教学之间的关系，另一方面也使你更容易理解这些关系（实际教学中将不会出现左栏的课时信息和教学材料）。

表10.5　针对团体领导力教学目标的教学导入活动

学习成分	教　　学
引言/动机激发	在整个美国，我们都怀有团结起来保护校园安全的美好愿望。在遇到危险时，我们总会团结起来，比如组队寻找失踪的学生，或者陪结束晚课的学生回到他们的车上或者宿舍等。在危机解除前，我们总能坚持不懈。 　　但在没有迫在眉睫的危机时，我们却难以形成有凝聚力的团体，也很难坚持系统性的努力以改善和维护校园安全。好在目前，我们已经看到了有效领导力在校园中产生积极影响的例子，也研究了本州一些校园团体的活动及其产生的影响。 　　形成和维持一个有效项目的关键在于领导力。在校园里，你就是通过有效项目来提高所有学生、教职工、工作人员和访客安全的关键人物。

（续表）

学习成分	教　学
建立与先前技能的联系	在之前的课程中，我们练习了与计划和准备会议有关的团体领导力技能。你还演练了引导团体思路的技巧，并体验了在问题解决会议中使用思路引导技巧可能带来的不同。至此，你在讨论团体中的行为都相当具有指导性：准备材料、邀请参与者，并使用思路引导技术使团体的讨论紧扣主题。这些方面的指导非常重要，因为它能够帮助你的同伴审查安全问题的各个方面并规划安全项目。
课时目标	在有效的团体领导力方面，还有一项重要技能，即在会议期间管理团体成员间的合作性互动。无论会议的主题是什么，成员的准备程度如何，最终的行动计划怎样，只要参与者对团体互动感到舒适、能够相互合作，他们就会认为花费时间和精力参加你的会议是值得的。管理合作性互动的领导行为比我们这里介绍得更加民主；它的目的在于对参与者进行引导。在讨论时，这些行为与你用来引导思路的行为是相互交织的。不过，在这一节，我们先将思路引导放在一边，重点关注鼓励团体合作性互动的行为。 作为领导者，你可以使用三种主要策略来管理会议期间的合作性团体互动： 1. 激发成员的合作行为； 2. 如果成员出现阻碍行为，识别并化解它； 3. 识别并缓解团体压力。 在接下来的四节课中，你将练习和完善这三个主要方面的领导技能。不过，本节课的重点是与激发成员合作行为有关的技能，我们将关注以下三个主要技能： 1. 识别成员合作行为； 2. 识别在会议期间鼓励或阻碍成员合作的领导者行为； 3. 在会议期间亲自运用鼓励成员合作的领导者行为。 你们中的大多数人都曾参加过问题解决团体讨论，有人还担任过讨论团体的负责人。在本节开始前，请先观看一位领导者主持的团体讨论会议，看看你能够认出多少种领导者行为。

图 10.1 展示了如何使用照片和漫画风格的人物将教学导入活动脚本转换为基于网络的教学材料。这个关于材料开发者如何创建网络教学材料的例子只是为了激发你的想象力，并说明如何给脚本赋予个性和趣味性。在学完这个脚本后，请想象一下如何将剩余的材料转换为基于网络的教学，并重点关注内容的性质及其与教学策略成分之间的关系。

前测

第 10 课时的前测仅适用于目标 6.4.2，"看一段问题解决会议的视频，对可能鼓励或阻碍成员合作的领导者行为进行分类"。目标 6.3.1 和 6.4.1 均从属于目标 6.4.2，因此嵌套在 6.4.2 的前测练习中。作为这一目标组的最高技能，目标 6.5.1 没有包含在前测中，因为它需要学习者实际引导一个互动性团体会议。在教授技能之前，先要求学习者当众演示所学技能，似乎不适用于该成人群体。

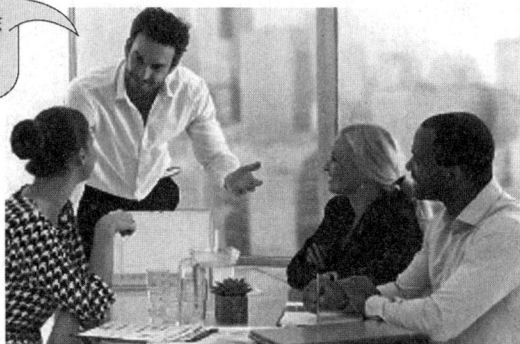

图 10.1   图像示例：如何将教学导入的文本材料转换为图像，以进行基于网络的教学

前测的媒体

正如教学目标和教学策略描述的那样，前测包括针对学习者的指导语、学习者答题表和一个模拟会议的流媒体视频。学习者可以从网站上打印一份答题表的"工作副本"，以便在观看视频时使用。在前测中，他们只能观看两次视频，并在观看视频时在答题表上答题。在看完第二遍后，他们将访问并填写网站上的交互式前测表格，回答他们观察到的会中领导者和成员行为的数量、类型等相关问题。表 10.6 包括指导语和学习者答题表。

表 10.6   团体领导力教学目标的前测样例(第 10 课时，表 9.7 和 9.8 中的目标 6.4.2)

学习成分	前测指导语
前测	找出在会议期间鼓励或阻碍团体合作的领导者行为。 **指导语**：打印网络上的表格 6.1，然后观看网络视频 6.1——**鼓励和阻碍合作学习的领导者行为**。在视频中，成员们正在召开会议，讨论宿舍、教室和整个校园内的安全问题。他们在研究可以采取什么行动，来消除犯罪机会并减少未来的犯罪。 　　你打印的表格中包含 12 种不同的领导者行为，有些鼓励会议期间的团体成员合作，有些则是阻碍团体成员合作。请仔细研究这张表格，你能否找出会议中领导者所表现出的这些行为？当你观看视频时： 　　1. 观察组长埃洛伊丝·麦克劳夫林在会议期间的表现，找出她直接做出的、有意鼓励同事参与和合作的所有行为。有些行为她可能做了不止一次，有些行为可能一次也没有做。每次她表现出鼓励行为时，你在该行为旁边的"适当行为记录"列打钩(√)。 　　2. 每当埃洛伊丝做出一个阻碍合作的行为时，在"不当行为记录"列打钩。例如，如果埃洛伊丝以提问的方式建议讨论要点，并且做了五次，那么每次她表现出该行为时，你都应该在清单的"适当行为记录"列打一个钩(√)。但是，如果她直接告诉团体成员她想让

（续表）

	他们讨论什么，并且做了两次，那么每次她这样做时，你都应该在"不当行为记录"一列打钩。请注意，把她的行为按照以下示例记录在答题表中：		

适当行为记录	埃洛伊丝鼓励合作的行为	埃洛伊丝阻碍合作的行为	不当行为记录
√ √ √ √ √	以提问的方式建议讨论要点	规定团体要讨论的话题	√ √

你将观看的团体讨论片段总计 8 分钟。请观看两遍。在观看会议时，请使用表格记录你对埃洛伊丝在会议期间所展示的团体管理技能的评判。你在标记完核查表后，在网页上完成前测 6.1。根据你所完成的表格，填写前测中的问题，并在完成后点击"发送前测"按钮提交。

1. 以提问的方式建议讨论要点。	1. 规定团体要讨论的话题。
2. 使用探究、询问的语气。	2. 使用权威的语气。
3. 使用开放性用语，如"也许"和"可能"。	3. 使用命令性用语，如"必须"或"应该"。
4. 在不同发言者之间留有思考时间和停顿。	4. 在发言间隙表达个人观点或解决方案。
5. 愿意将发言权转交给插话的团体成员。	5. 在有人插话时继续说话或打断其他成员。
6. 用目光扫视整个团体，邀请所有人自由参与。	6. 只看少数几个人。
7. 用非言语（眼神、手势）形式鼓励发言者面向团体成员讲话。	7. 吸引发言者的注意力。
8. 通过点评，让团体聚焦于讨论。	8. 通过评价成员发言让讨论围绕领导者展开。
9. 鼓励自愿发言（例如，"谁有……的经验？"）。	9. 指定发言者和发言顺序（例如，"贝丝，你认为……怎么样？"）。
10. 使用"我们""我们的"等词汇。	10. 使用"我""我的"或者"你的"等词汇。
11. 肯定团体获得的成就。	11. 肯定自己或特定成员的成就。
12. 表扬团体的努力和成就。	12. 只表扬个别成员。

内容呈现和学习指导

教学中的媒体

因为针对第 10 课时目标的教学实施非常费时，所以本章只呈现了其中的一个片段。现在，假设目标 6.1.1 到 6.2.2 的教学已经完成，我们需要为目标 6.3.1 和 6.4.1 开发教学。教学是基于网络的，所以学习者可以在家里或任何可以访问互联网的地方进行学习。为这两个目标开发的网络教学将使用对话形式的漫画，例如，针对目标 6.4.1，图 10.2 展示了网络教学中的团体成员是什么样子的。本例中的领导者杰克逊正在向团体做开场白，其中的鼓励行为用方框和箭头突出显示。

教学

表 10.7 展示了针对第 10 课时目标 6.3.1 和 6.4.1 的教学内容和学习指导，即说出并识别鼓励或阻碍成员间合作互动的领导者行为。请注意，这里为目标 6.4.1 提供了一个真实的

图 10.2　将表 10.5 的内容呈现脚本转换为网络教学的粗略示例

会议脚本。会议期间每个人发言旁边的编号与目标 6.3.1 中的领导者行为相对应。这一演示练习开始将会议中的言语信息行为与人际互动行为联系起来。

表 10.7　团体领导力教学目标的内容呈现和学习指导

第 10 课时,激发成员合作行为:目标 6.3.1 的内容和示例,当被要求写出领导者鼓励或阻碍成员讨论与合作的行为时,请写出这些行为。

作为讨论领导者,你可以通过许多行为来鼓励成员之间的合作。所有这些行为都是为了引发成员的观点和建议,让他们感受到参与讨论的重要性。你在讨论期间的行为,应该将参与者推到台前,而将自己置于幕后。在会议期间,你个人的想法、解决方案和结论都要有所保留,你的工作是让所有成员积极参与研究问题,主动贡献自己的想法和建议,权衡其中利弊,最终确定出能缓解甚至消除社区中问题的最佳解决方案。请记住,如果团体成员都能积极参与形成最终的解决方案,这个解决方案将最有可能被实施。

尽管讨论过程中的许多领导者行为都可能鼓励或阻碍合作,但在这里,我们主要关注促进合作的十二种关键行为,且每种行为都有一个与之相反的、阻碍合作的行为[比如,做这个(鼓励),而不做那个(阻碍)]。如下表所示,这十二对(鼓励和阻碍)行为可以分为四大类,每一类有三对行为。

促进或阻碍合作互动的领导者行为
(请注意,每对鼓励和阻碍合作的行为都用"而不是"来连接。)
Ⅰ. 在向团体引出话题、改变话题或者建议讨论思路时,为团体成员提供包容和支持,而不是命令。为了达到这一点,你可以采取以下特定行为:
1. 以提问的方式建议讨论要点,而不是规定团体要讨论的话题。

　　2. 使用探究、询问的语气，而不是权威的语气。

　　3. 使用开放性用语，如"也许"和"可能"，而不是命令性用语，如"必须"或"应该"。

Ⅱ. 真诚地期待他们建言献策，而不是将他们视作你的听众。有些行为可以给你的团体成员留下上述印象：

　　4. 在不同发言者之间留有思考时间和停顿，而不是在发言间隙表达个人观点或解决方案。

　　5. 愿意将发言权转交给插话的团体成员，而不是在有人插话时继续说话或打断其他成员。

　　6. 用目光扫视整个团体，邀请所有人自由参与，而不是只看你认为能作出贡献的少数成员。

Ⅲ. 帮助团体成员关注他们自身以及他们的需求和想法，而不是你作为领导者的需求和想法。通过以下行为，你可以达到这个目标：

　　7. 用非言语（眼神、手势）形式鼓励发言者面向团体成员讲话，而不是只对你讲话。

　　8. 通过点评，让团体聚焦于讨论，而不是鼓励讨论围绕你的想法来展开（例如，"就这个观点还有其他想法吗"，而不是"我赞同这个观点，凯伦，就这个观点再多说一些"）。

　　9. 鼓励自愿发言，而不是指定发言者和发言顺序（例如，"谁有……的经验"，而不是"贝丝，你认为……怎么样"）。

Ⅳ. 将想法的所有权从个人贡献者转移到整个团体。可以通过以下方式完成这种转移：

　　10. 使用"我们""我们的"而不是"我""我的""你的"。

　　11. 肯定团体获得的成就，而不是肯定自己或特定成员的成就。

　　12. 表扬团体的努力和成就，而不是只表扬个别成员。

如果你在领导团体讨论的过程中，能够始终使用这十二种鼓励行为而不是阻碍行为，那么你的团体成员将更有效率，并作出更好的决定。

第 10 课时，激发成员合作行为：目标 6.4.1 的内容和示例，根据团体领导者在会议期间行为的书面描述，指出这些行为会鼓励还是阻碍合作性团体互动。

311

审查团体领导者在他所领导的团体讨论中如何使用这十二种鼓励合作的行为将很有帮助。在下面的会议脚本中，领导者杰克逊使用了各种行为。

右列为会议脚本，左列则标注了特定行为。这些行为与前面十二种行为的编号（1—12）一致。

领导者行为	会议脚本
6. 用目光扫视整个团体 10. 使用"我们""我们的" 11. 表扬团体的成就 12. 不表扬个人 4. 停顿，等待其他成员参与	**杰克逊：**（微笑着，用目光扫视整个团体）很高兴今晚我们有这么多人能来到这里。在**我们**的上次会议中，**我们**讨论了校园内的犯罪问题，也讨论了减少犯罪数量的方法。**我们的**三点计划卓有成效；犯罪数据下降，校园犯罪机会也减少了。 **山姆：**（对着杰克逊）我觉得学生会改善人行道和停车场照明的做法很有帮助。自从安装照明灯以后，抢劫案减少了，也没有汽车再失窃。 （杰克逊没有说话，而是等待其他成员的评论。） **贝丝：**我认可校园抢劫问题的重要性，但我更关心严重的犯罪，比如我们在其他校园看到的枪击事件。我们应该做什么—— **弗兰克：**（打断贝丝）我觉得这个委员会无法解决减少精神错乱者进入宿舍或教室射杀学生的可能性问题。

(续表)

	贝丝:可能还有一些办法的,比如在规定时间将宿舍门锁好。我们应该调查发生过此类枪击事件的校园都采取了什么类型的安全措施。
6. 与所有人目光接触 10. 使用"我们" 1. 以提问的方式建议讨论话题 9. 不指定发言者	**杰克逊**:(环视整个团体)上次会议,我们同意邀请塔尔博特警官来跟我们谈谈宿舍防盗的方法。今晚我们还要继续讨论这个问题吗? (杰克逊再次环视整个团体,停顿下来,没有指定任何成员发言。) **阿比盖尔**:(对杰克逊说)我想谈谈防盗的事。我跟你说过的,我们上个月周末去匹兹堡时,宿舍被抢了。 (杰克逊用眼睛和手势示意她对着整个团体说。)
7. 使用非言语手势示意发言者面向团体成员 4. 停顿	**阿比盖尔**:(对着整个团体继续说)我觉得我们已经做了所有要做的事,我们告诉了邻居和宿舍管理员,还锁上了门窗,但显然,这些远远不够。 (杰克逊没说话,等待其他成员回应阿比盖尔。) **山姆**:(看着杰克逊)我想了解一些校园宿舍盗窃案的有关信息。
8. 不予评论、评价	(杰克逊没有发表评论;相反,他用询问的眼神看着掌管资源的警官塔尔博特。) **塔尔博特警官**:在过去一年中,我们的校园内发生了125起盗窃案,其中90%以上的案件发生在上午10点到下午3点之间,也就是你们上课的时间。大多数盗窃都是借机犯罪。进入我们的宿舍还是比较容易的,盗贼从未上锁的门窗进入—— **阿比盖尔**:(打断塔尔博特)我们的门窗都是锁着的,但他们还是进来了。他们打破了后面浴室的窗户,沿着排水管爬上来! **塔尔博特警官**:确实发生过这样的事,阿比盖尔。盗贼肯定觉得从背面进入你的房间会更安全。他们一般是找现金,或者可以变卖为现金的东西,比如珠宝、电子设备、枪支或者其他容易携带的贵重物品。这个校园里的典型盗贼是本地的青少年和其他学生。只有15%的盗窃案是职业盗贼做的。 **山姆**:谢谢。
2. 使用询问的语气 3. 使用开放性用语"也许""可能"	**杰克逊**:(用询问的语气)看来我们的大多数受害案件都是让盗贼有机可乘了。也许我们可以考虑减少这些机会的方法—— **山姆**:(打断杰克逊)是啊。我们怎样才能减少这些机会? (杰克逊饶有兴致地转向山姆。)
5. 愿意将发言权转交给插话的团体成员	**弗兰克**:我这里找到了一个宿舍安全检查表,可以帮助学生找到他们可能有点疏忽的地方。 **塔尔博特警官**:我也见过一些检查表。你的检查表包括哪些东西? **弗兰克**:我看看,它包括检查门、窗、庭院和屋内外的灯。它采用了核查表的形式,方便我们使用并与所有住校生分享。
12. 不表扬个人 2. 使用询问的语气	**杰克逊**:(没有表扬弗兰克,尽管他认为将这个检查表带到会议上是个很好的主意,因为它有利于进一步的团体讨论)我们可以把这个检查表复印后在团体中分享吗?它有版权吗?

312

（续表）

	塔尔博特警官：这些检查表一般都是公共服务团体提供的,鼓励市民复印和使用。 **弗兰克**：是的,它是由校园警局制作和分发的,可以复印和分享。事实上,它这里还给了一个电话,可以通过这个电话索要更多的副本。我觉得它对我们今晚的讨论会有用,所以给每个人都带了一份。（沿着桌子向成员分发检查表。） **塔尔博特警官**：我可以联系局里,向他们多要一些。我们需要多少份？
3. 使用开放性用语"可能" 12. 不表扬个人 10. 将检查表的所有权从弗兰克转移到"我们"	**杰克逊**：我们可能想为校园内的每个宿舍都准备一份检查表。（转向整个团体,没有回应或表扬弗兰克）那么,我们的检查表都说了些什么？
请注意,在杰克逊主持的会议中,他对十二种积极行为中的每一种,都至少展示了一次。每一个团体鼓励行为都用得非常微妙,往往不会被团体成员察觉。但是,这些行为放在一起,就清晰地向团体成员传达了一个信息:杰克逊认为他们的参与是有价值的,希望他们作出贡献。无论谁在什么时候发言,他都不会打断。杰克逊的行为清楚地表明,他没有把同伴当作听众,或者当作他或他在校园里的一两个朋友的陪衬。	

学习者参与

学习者参与和反馈的媒体

学习者参与成分也要针对网络教学形式进行调整,这样学习者才能够独立地学习。他们可以将脚本打印出来,并直接在上面找出并标记所有的行为实例。做完练习后,他们可以将屏幕滚动到"反馈"部分,这部分将复现标记出了促进和阻碍行为的会议脚本。学习者可以将他们自己对行为的分类与设计者的分类进行比较,标出二者的不同之处。他们可以就差异之处,在第 10 课时的在线讨论板上或者在领导者参加下次互动会议时当面讨论。

学习者参与脚本

表 10.8 是基于网络材料的学习者参与脚本。这里只展示了其中一部分,实际的脚本应该包括所有十二种鼓励合作和相应的阻碍合作的行为。这里只展示这么多内容,是因为由此就可以知晓学习者是如何参与的。

313   **表 10.8**   团体领导力教学目标的学习者参与

第 10 课时,激发合作性成员行为:目标 6.4.1 的学习者参与

指导语:在接下来的会议中,你每次都能够找出十二种关键的互动性领导行为吗? 新的团体领导者达西是一名法学院的学生,最近搬到了大学附近居住。她在大学里开展过一些领导工作,但这是她第一次致力于解决校园犯罪和学生安全问题。由于年轻且缺乏经验,她在引导团体互动时可能会犯错误,做出阻碍大家交流的行为。不过,她已经完成了大学的人际交流课程,也参加过问题解决的团体讨论,所以无疑也会展示一些鼓励合作互动的行为。当你每次看到达西展示出一种鼓励行为时,请在该行为对应的左列位置写下该行为的编号,并画一个加号(+)。如果她使用了错误的行为(阻碍行为),你也要在左列写下该行为的编号,并画一个减号(一)。比如,如果达西是以提问的方式建议讨论要点,你就在那行的左列写上"+1";但是,如果她告诉团体要讨论什么,你就在该行的左列写一个"一1"。练习时,请使用前测所用领导者行为列表中的编号。

在该列标记领导者行为	会议脚本
	达西:谢谢大家来参加今天上午的会议。很高兴有很多人能再次参加,也很高兴看到了一些新面孔。先来个自我介绍吧? 有些人可能想分享加入我们的原因。我们可以从我左边开始吗?
	(十四位到会的研究生和管理人员开始自我介绍。)
	达西:在上次会议结束时,你们中的一些人提议我们讨论在校园里走动时更安全的方法。为此,我邀请了莎伦·怀特,来分享她们去校园受害者保护中心为学生提供的一些策略性建议。
	达西:*(转向莎伦)*感谢你的到来,莎伦。你们可能有人也认识莎伦,我们很幸运能请到她。她是位犯罪学博士,还拥有受害者保护和咨询的硕士学位。
	莎伦:谢谢你,达西。很高兴被邀请出席今天的会议。
	达西:*(环顾整个团体,微笑着)*我还列出了一个关于社区人身安全的讨论议题列表,这个列表来自曼恩和布莱克曼的书《安全之家,安全邻里》。在我看来,他们的许多想法都适用于我们的住宅区和校园。
	达西:*(继续)*今天上午,我们的基本计划是制作个人安全指导手册的内容,我们会将这个手册分发到所有宿舍的邮箱,莎伦也会通过受害者保护中心进行分发。我觉得我们应该从宿舍安全问题开始,因为我们遇到了抢劫方面的问题。
	本:我觉得这里的街道安全问题更大,所以——
	达西:*(打断本)*这是个好主意,本,我们也应该要讨论街道安全问题。
	(达西保持沉默,环顾四周,等待团体成员的其他建议。)
	莎伦:我们或许还应该讨论校园停车场的安全问题。为了提高安全系数,我们可以使用几种策略。
	达西:这也是个好主意,莎伦。现在我们有三个很好的话题了:宿舍安全、街道安全和停车场安全。我们就从这些开始吧,看看讨论结果如何。鲍勃,你还没说话呢,你希望讨论从哪里开始呢?
	鲍勃:和本一样,我知道我们的校园里有很多街头犯罪问题,比如抢劫、抢钱包等。我们先讨论这个问题吧,因为我们大多数人在晚课结束后都要步行穿过校园。这座城市中最危险的人行道就在我们校园里!

（续表）

学习者参与脚本还在继续,直到十二种合作和相应的阻碍行为全都出现为止。我们在此结束,是因为学习者参与活动由此已经可见一斑了。

反馈

314

表 10.9 展示了学习者在完成表 10.8 的练习后获得的部分反馈。在表 10.9 中,左列的加号和减号表示设计者将该行为分类为对合作行为的促进(＋)还是阻碍(－)。学习者可以将自己的分类与教学者的分类进行比较。表的右列复制了表 10.8 中的脚本,这样学习者在不滚动屏幕的情况下,就可以把行为与反馈材料相匹配。学习者应该将他们的所有回答与反馈材料进行比较,标出不同之处,以供后续团体讨论。

表 10.9 团体领导力教学目标的反馈

第 10 课时,激发合作性成员行为:目标 6.4.1 的反馈[*]	
指导语:当你完成对达西促进和阻碍合作行为的分析后,将你标记的脚本与以下脚本进行比较。如果你标记的行为与下表不同,在你的脚本上圈出不同的行为。重读脚本中与反馈不一致的地方,看看你是否会改变你对行为分类的看法。如果你坚持自己的判断,那么我们将在继续进一步学习前,对这些不同点进行讨论。	
在该列标记领导者行为	**会议脚本**
＋1 ＋3,＋10 ＋1	**达西:**谢谢大家来参加今天上午的会议。很高兴有很多人能再次参加,也很高兴看到了一些新面孔。我们先来个自我介绍吧? 有些人可能想分享加入我们的原因。我们可以从我左边开始吗? （十四位到会的研究生和管理人员开始自我介绍。）
＋11,＋10 －10 －11,－12	**达西:**在上次会议结束时,你们中的一些人提议我们讨论在校园里走动时更安全的方法。为此,我邀请了莎伦·怀特,来分享她们去校园受害者保护中心为学生提供的一些策略性建议。 **达西:**（转向莎伦）感谢你的到来,莎伦。你们可能有人也认识莎伦,我们很幸运能请到她。她是位犯罪学博士,还拥有受害者保护和咨询的硕士学位。 **莎伦:**谢谢你,达西。很高兴被邀请出席今天的会议。
＋6 －10	**达西:**（环顾整个团体,微笑着）我还列出了一个关于社区人身安全的讨论议题列表,这个列表来自曼恩和布莱克曼的书《安全之家,安全邻里》。在我看来,他们的许多想法都适用于我们的住宅区和校园。

（续表）

在该列标记领导者行为	会议脚本
−1，+10 +10 −10，−3，+10	**达西**：(继续)今天上午，我们的基本计划是制作个人安全指导手册的内容，我们会将这个手册分发到所有宿舍的邮箱，莎伦也会通过受害者保护中心进行分发。我觉得我们应该从宿舍安全问题开始，因为我们遇到了抢劫方面的问题。 **本**：我觉得这里的街道安全问题更大，所以——
−5，−8，+10，−3 +4	**达西**：(打断本)这是个好主意，本，我们也应该要讨论街道安全问题。 *(达西保持沉默，环顾四周，等待团体成员的其他建议。)* **莎伦**：我们或许还应该讨论校园停车场的安全问题。为了提高安全系数，我们可以使用几种策略。
−8 −1	**达西**：这也是个好主意，莎伦。现在我们有三个很好的话题了：宿舍安全、街道安全和停车场安全。我们就从这些开始吧，看看讨论结果如何。鲍勃，你还没说话呢，你希望讨论从哪里开始呢？ **鲍勃**：和本一样，我知道我们的校园里有很多街头犯罪问题，比如抢劫、抢钱包等。我们先讨论这个问题吧，因为我们大多数人在晚课结束后都要步行穿过校园。这座城市中最危险的人行道就在我们校园里！

* 为了展示反馈，仅展示了一部分练习内容。

315   在学习者完成对目标 6.4.1 的反馈之后，就要开始对目标 6.4.2 的学习："对互动会议期间的领导者行为进行分类。"学习者可以通过一段流媒体视频，看到三场会议现场的片段。信息呈现和实例部分展示了每种鼓励和阻碍行为，同时也展示了领导者如何将每种阻碍行为转换为对应的鼓励行为。

作为一项学习者参与活动，学习者将再次对会议期间领导者所采取的所有鼓励行为进行分类。此外，对于所遇到的每种阻碍行为，他们还要说明领导者应该采取的正确行为。对这个目标的反馈也是通过流媒体视频进行的。视频内容还是同样的会议，只是在遇到阻碍行为时会进行指导，领导者将当场把阻碍行为改为与之对应的鼓励行为。在完成目标 6.4.2 的教学后，学习者完成第 10 课时的最后一个目标——目标 6.5.1，并在面对面的会议中引导自己的小组讨论。

专业和历史观点

教育总是会采用新兴媒体。我们可以想象，在公元前 1000 年，莎草纸被发明后不久，埃及的儿童就可以将功课带回家；在 1446 年，古腾堡（Gutenberg）发明印刷机后，人们就可以在家翻阅书籍了。本杰明·富兰克林(Ben Franklin)希望每个人都能读到书,所以在 1731 年出资创办了美国的第一个公共图书馆。随后出现了一系列可用于正式和非正式教育的媒体,包括留声机(1877);胶卷(1885);电影(1888);广播(1894);电视传输(1927);录音带(1940);大型数字计算机(1944);彩色电视机(1954);卡式录音带(1963);互联网、电子邮件、微处理器、录像机和苹果一代(20 世纪 70 年代);个人电脑、超文本、激光唱片和笔记本电脑(20 世纪 90 年代);万维网、网络浏览器和数字化视频光盘(21 世纪 00 年代)等,直到我们今天熟悉的所有数字格式。在教育和培训中能找到用途的每一种新技术,都有产业为**教育技术**市场提供媒体材料和软件。随着技术变得越来越复杂,所需的材料和软件也随之发展,二者都被视为满足教育需求的最新和最佳解决方案。不幸的是,这些最佳解决方案中的很多方案却大部分时间都被储存在媒体中心,或者被认为是多余的,当作废品出售。新一代技术自然会取代旧一代技术,但其实很多时候,技术方案是为了解决根本不存在的问题而开发和销售的。这就是系统化教学设计的理由,在选择媒体和传输系统之前,请先决定要教什么、教给谁、用什么教学策略。决定学习结果的是教学设计,而不是媒介。

克拉克(Clark,1983)有一篇关于媒体学习的文章,引起了教育技术专家和教育心理学家之间的广泛争论,以上观点正是这篇文章提出的。科兹马(Kozma,1991)通过反驳克拉克的论点,为这场争议火上浇油,两人在随后的文章中继续争论和反驳对方((Clark,1994;Kozma,1994)。今天,相关讨论仍在继续,学术文献和畅销作品中经常引用这两位作者。所有人都很赞同克拉克的观点,即教学设计是有效学习的驱动力,不过科兹马的观点也得到了很多教学设计者的认同,即当代媒体某些可用的功能为学习提供了独特的贡献。莫法特(Moffat,2013)的一篇短文简要论述了媒体在当代教学中不可或缺的作用。

316

　　莫法特强调,技术普遍存在于教学设计的各个层次和教育情境中,因此,**需要 ID 专**家将好的学习设计与学习者有效、高效、积极的媒体体验相结合。莫法特还认为,学习者总会找到支持他们学习的媒体,不管这些媒体是否包含在学习材料中;因此,最好从一开始,就使用与有效教学和学习相结合的技术来进行设计。对设计者而言,可行的建议是最好能结合克拉克和科兹马的观点,而不是选择其中一个。也就是说,要拥抱技术,但也要对过度炒作的媒体持怀疑态度,还要乐于寻找特定媒体中可用于教学的特性,从而提高实现预期学习成果的可能性。

这些作者将教学媒体视为系统的一部分,在这个系统中,所有成分为了实现有效学习的目标结果而协同工作。因此,对于媒体在系统化教学设计中的积极作用,我们持肯定态度。

在本章前面,我们描述了学习对象,并提及了技术标准。这些技术标准支持交互操作;也就是说,学习对象和学习管理系统之间可以进行电子"握手",使对象的特性和功能按照设计的那样运行。如果学习对象中包含学生互动、视频和测验,学习者将能够进行互动,可以播放视频,可以参加测验,系统还会将学习者的测验分数提交到 LMS 的学生个人档案袋中。在商业、公立学校和高等教育目前使用的顶级 LMS 中,有四种互操作性标准很受欢迎:SCORM、xAPI、AICC 和 LTI。同样,大多数高级多媒体和数字化学习软件开发程序也可以以这些标准格式保存文件。教科书出版商和软件开发商也利用这些标准,使客户可以通过 LMS 下载并运行他们开发的"课程核心"。例如,如果你报名参加了一个使用本书的课程,而该课程储存在 LMS 上,且教师选择下载了培生(Pearson)课程核心,那么在每章你可以进行两个练习性测验,一个是关于信息的,一个是关于概念的。

以上是学习对象的背景介绍,但之所要跟进这个话题,是因为要介绍一些学习对象存储库,这样的存储库有很多,人们可以在其中搜索各种可以用于教学的媒体内容。这些媒体的范围从可以在 LMS 中显示的威斯康星州完整课程,到可能解释概念或演示过程的 YouTube 短视频。浏览以下存储库可以帮你了解可供选择的现有材料,并将它们包含在你的 ID 项目中。

MERLOT: https://www.merlot.org/merlot/index.htm

麻省理工学院:https://ocw.mit.edu/index.htm

英国开放大学:https://www.open.edu/openlearn/

U. Delaware PBL Clearinghouse: https://www.ituc.udel.edu/pbl/problems

WISC-Online(威斯康星社区学院):https://www.wisc-online.com/

可汗学院:https://www.khanacademy.org/

YouTube: https://www.youtube.com/

eLL eLearningLearning: https://www.elearninglearning.com/

流程图:开发教学材料

本节的两个流程图(图 10.3 和图 10.4)可以帮助你评价现有的教学材料,并创建初始的粗略草稿材料。

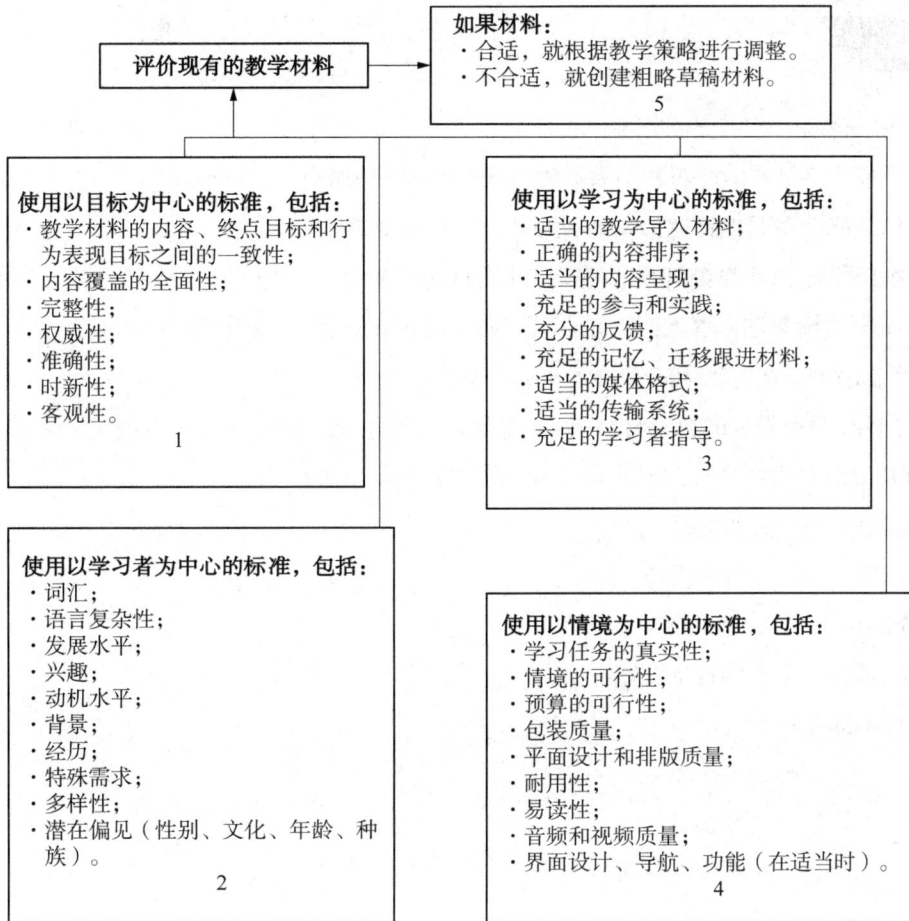

```
┌──────────────────────┐         ┌──────────────────────────────────┐
│ 评价现有的教学材料      │────────▶│ 如果材料：                        │
└──────────────────────┘         │ ·合适，就根据教学策略进行调整。      │
         ▲                       │ ·不合适，就创建粗略草稿材料。        │
         │                       │                      5           │
         │                       └──────────────────────────────────┘
```

┌────────────────────────────────┐   ┌──────────────────────────────────┐
│ 使用以目标为中心的标准，包括：   │   │ 使用以学习为中心的标准，包括：   │
│ ·教学材料的内容、终点目标和行   │   │ ·适当的教学导入材料；   │
│ 为表现目标之间的一致性；   │   │ ·正确的内容排序；   │
│ ·内容覆盖的全面性；   │   │ ·适当的内容呈现；   │
│ ·完整性；   │   │ ·充足的参与和实践；   │
│ ·权威性；   │   │ ·充分的反馈；   │
│ ·准确性；   │   │ ·充足的记忆、迁移跟进材料；   │
│ ·时新性；   │   │ ·适当的媒体格式；   │
│ ·客观性。   │   │ ·适当的传输系统；   │
│   1   │   │ ·充足的学习者指导。   │
└────────────────────────────────┘   │   3   │
                                     └──────────────────────────────────┘

┌────────────────────────────────┐
│ 使用以学习者为中心的标准，包括：   │
│ ·词汇；   │   ┌──────────────────────────────────┐
│ ·语言复杂性；   │   │ 使用以情境为中心的标准，包括：   │
│ ·发展水平；   │   │ ·学习任务的真实性；   │
│ ·兴趣；   │   │ ·情境的可行性；   │
│ ·动机水平；   │   │ ·预算的可行性；   │
│ ·背景；   │   │ ·包装质量；   │
│ ·经历；   │   │ ·平面设计和排版质量；   │
│ ·特殊需求；   │   │ ·耐用性；   │
│ ·多样性；   │   │ ·易读性；   │
│ ·潜在偏见（性别、文化、年龄、种   │   │ ·音频和视频质量；   │
│ 族）。   │   │ ·界面设计、导航、功能（在适当时）。   │
│   2   │   │   4   │
└────────────────────────────────┘   └──────────────────────────────────┘

图 10.3 评价现有的教学材料

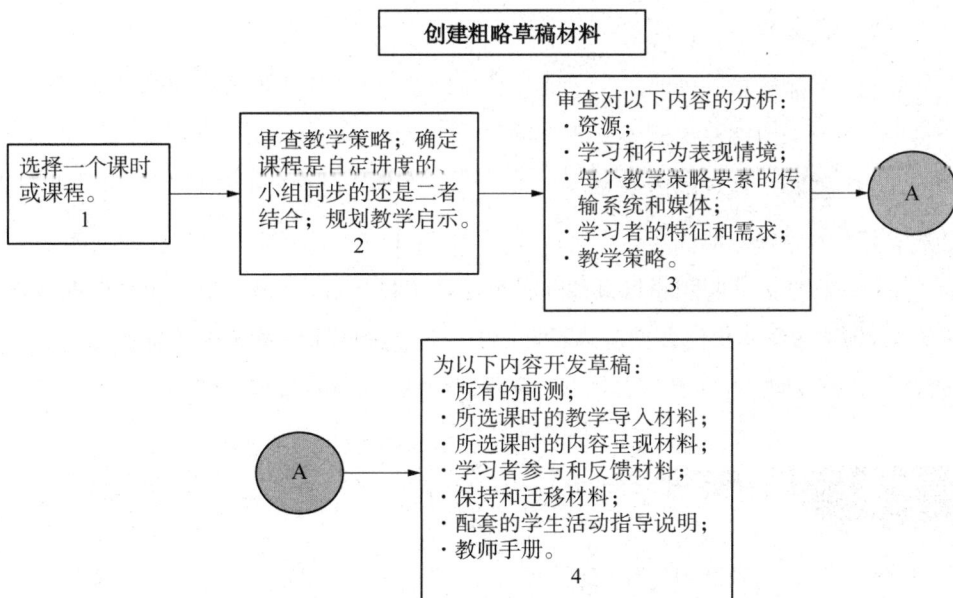

┌──────────────────────┐
│ 创建粗略草稿材料   │
└──────────────────────┘

```
┌──────────────┐   ┌──────────────────┐   ┌──────────────────────────┐
│ 选择一个课时   │   │ 审查教学策略；确定  │   │ 审查对以下内容的分析：       │
│ 或课程。      │──▶│ 课程是自定讲度的、  │──▶│ ·资源；                  │   ╭───╮
│            │   │ 小组同步的还是二者  │   │ ·学习和行为表现情境；        │──▶│ A │
│      1      │   │ 结合；规划教学启示。 │   │ ·每个教学策略要素的传      │   ╰───╯
└──────────────┘   │            2     │   │  输系统和媒体；            │
                   └──────────────────┘   │ ·学习者的特征和需求；        │
                                          │ ·教学策略。               │
                                          │                  3       │
                                          └──────────────────────────┘
```

```
          ┌──────────────────────────┐
          │ 为以下内容开发草稿：        │
          │ ·所有的前测；             │
╭───╮     │ ·所选课时的教学导入材料；    │
│ A │────▶│ ·所选课时的内容呈现材料；    │
╰───╯     │ ·学习者参与和反馈材料；     │
          │ ·保持和迁移材料；          │
          │ ·配套的学生活动指导说明；    │
          │ ·教师手册。              │
          │                  4       │
          └──────────────────────────┘
```

图 10.4 创建粗略草稿材料

练习

1. 教学包的三个主要成分是什么？

2. 你最有可能在教学材料中包含哪些类型的学习成分？

3. 你可能会在课程管理信息的教师指南中包含哪些内容？

4. 按照你优先选择的开发顺序，为以下材料编号：（ ）教学材料，（ ）评估，以及（ ）教师指南。（这个问题没有标准答案，但如果你头脑中有正在开发的项目，现在就该考虑开发步骤了。这将有助于你在适当的时候收集相关信息。）

设计者在评价现有的教学材料时，一般使用五类标准。针对以下每个标准，请把它与标准类别相匹配，并将代表类别的字母写在每个标准前面的横线上。

a. 以目标为中心的标准

b. 以学习者为中心的标准

c. 以学习为中心的标准

d. 以情境为中心的标准

e. 技术标准

_____ 5. 屏幕设计的质量

_____ 6. 词汇的复杂性

_____ 7. 与下位技能的一致性

_____ 8. 学习环境的可行性

_____ 9. 学习表现的真实性

_____ 10. 内容专家的权威性

_____ 11. 导航的便利性

_____ 12. 对学习者反馈的充足性

_____ 13. 音频或视频的质量

_____ 14. 内容的时新性

15. 如果你正在为课程项目或其他项目创建教学材料，你的第一步可能是根据教学策略的指导方案，创建激发动机的教学导入活动、告知学习者目标以及实施准备状态测验。请根据你的设计文件（从教学目标到教学策略）来创建你的第一部分教学材料。

参考答案

319

1. 教学材料、评估和课程管理信息

2. 教学材料包括：

- 教学导入活动，涵盖目标、复习材料以及激发学生动机的材料和活动；

- 为帮助学生达成教学目标而必须向学生呈现的内容，包括信息的正例和反例、需要掌握的概念或技能；

- 允许学生练习或自己尝试概念/技能的参与活动，以及对学生行为表现的反馈，这样他们就能重新思考自己的想法或调整自己的技术；

- 对学习者掌握新信息和技能的评估；

- 增强记忆和迁移的活动。

3. 教师指南应包括：

- 有关教学材料目标人群的信息；

- 关于如何为年龄较大或较小、成绩较高或较低的学习者调整材料的建议；

- 内容概述；

- 教学的预期学习成果；

- 在特定情境或顺序下使用材料的建议；

- 在适当的情况下，为建构主义学习环境提供的建议（目标、学习者、情境、资源）；

- 为个别化学习、小组学习、学习中心的活动或者课堂活动提供的材料管理建议；

- 保持和迁移活动；

- 评价学生终点目标表现的测验；

- 在按照建议用于预期目标人群时，材料的有效性证据；

- 评价学生作品和报告进展的建议；

- 正确使用材料所需的时间估计；

- 使用材料所需的设备或其他设施。

4. 并不存在固定的开发模式。不过以下还是展示了一个（受时间、材料和资源的限制）适合教学策略、教学单元或整个课程的流程：

- 评估材料可能在之前的设计步骤中已经完成，只需要最后整理格式；

- 教学材料；

- 课程管理信息，包括教师指南和实施远程学习和自定进度教学计划的其他信息。

5. e

6. b

7. a

8. d

9. d

10. a

11. e

12. c

13. e

14. a

15. 一旦你创建了教学导入活动的教学材料,使用这部分练习和参考答案之前的评分细则来评价你的教学。哪些看起来不错? 哪些还需要修改? 让团队中的同事使用该评分细则审查你的设计文档和教学导入材料也是个好主意。如果需要的话,可以与你的同事讨论你对材料的评价以及你认为需要修改的任何地方。

参考文献和推荐读物

320   Adnan, N. H., & Ritzhaupt, A. D. (2018). Software engineering design principles applied to instructional design: What can we learn from our sister discipline? *TechTrends*, *62*, 77–94. https://doi.org/10.1007/s11528-017-0238-5. 强调两种设计实践所采用的形成性迭代周期。

Agola, E. A., & Stefaniak, J. E. (2017). An investigation into the effect of job-aid design on customer troubleshooting performance. *Performance Improvement Quarterly*, *30* (2),93–120. 比较了对交互式决策指南和传统流程图的使用。用户对决策指南的使用体验更加积极,但他们的故障排除并没有更加准确。

Aldrich, C. (2007). *Learning by doing: A comprehensive guide to simulations, computer games, and pedagogy in e-learning and other educational experiences*. Jossey-Bass. 将内容、仿真、游戏和教学法与培训重点有机结合。

Allen, M. W., & Sites, R. (2012). *Leaving ADDIE for SAM*. ASTD Press.

Baldwin, S., & Ching, Y. (2019). Guidelines for designing online courses for mobile devices. *TechTrends*. https://doi.org/10.1007/s11528-019-00463-6. 重点是让学生可以通过学习管理系统在智能手机和平板电脑上在线学习。

Bates, A. W. (2019). *Teaching in a digital age: Guidelines for designing teaching and learning* (2nd ed.). BC Open Textbooks. https://pressbooks.bccampus.ca/teachinginadigitalagev2/.

Berg, G. A. (2003). *Knowledge medium: Designing effective computer-based learning environments*. IGI Publishing. 包括理论与实践、媒体理论和电影评论。

Bishop, M. J., & Sonnenschwin, D. (2012). Designing with sound to enhance learning: Four recommendations from the film industry. *The Journal of Applied Instructional Design*, *1*(2), 5-16. 本文旨在为教学设计者提供指导，帮助他们在媒体中恰当地运用声音。

Brill, J. M., Bishop, M. J., & Walker, A. E. (2006). The competencies and characteristics required of an effective project manager: A web-based Delphi study. *Educational Technology Research and Development*, *48*(2), 115-140.

Clark, D. R. (2015). *Estimating costs and time in instructional design*. http://nwlink.com/~donclark/hrd/costs.html. 尽管 Don Clark 网站上的成本估算可能有些过时了，但他确实提供了一些有用的分类信息，涵盖了教学材料设计与开发的成本及时间估算。

Clark, R. E. (1983). Reconsidering research on learning from media. *Review of Educational Research*, *53*(4), 445-459. 克拉克关于媒体对学习影响的最初观点。

Clark, R. E. (1994). Media will never influence learning. *Educational Technology, Research and Development*, *42*(2), 21.

Clark, R. E. (2012). *Learning from media: Arguments, analysis, and evidence* (2nd ed.). Information Age Publishing. 关于媒体和媒体属性对学习影响的一系列争论文章。

Clark, R. E., & Lyons, C. (2010). *Graphics for learning: Proven guidelines for planning, designing, and evaluating visuals in training materials* (2nd ed.). Pfeiffer. 描述了在教学材料中使用图形的最佳指南。

Clark, R. E., & Mayer, R. E. (2011). *E-learning and the science of instruction: Proven guidelines for consumers and designers of multimedia learning* (3rd ed.). Pfeiffer. 全面回顾了培训与发展情境中的多媒体学习。

Coombs, N. (2010). *Making online teaching accessible: Inclusive course design for students with disabilities*. Jossey-Bass. 该书介绍了确保课程内容和传输方式可供残障学习者使用、并符合 ADA 标准的方法。

Costello, V., Youngblood, E., & Youngblood, S. (2017). *Multimedia foundations: Core concepts for digital design*. Routledge. 该书介绍了多媒体制作和数字故事讲述的概念和技能。

Desrosier, J. (2011). Rapid prototyping reconsidered. *The Journal of Continuing Higher Education*, *59*, 135-145. 全面讨论了快速定型教学设计的原理和方法。

Di Paolo, E., Wakefield, J. S., Mills, L. A., & Baker, L. (2017). Lights, camera, action: Facilitating the design and production of effective instructional videos.

TechTrends，*61*，452 - 460. https://doi.org/10.1007/s11528-017-0206-0. 包含一些关于规划、设备和制作的信息，不过重点是在教学中有效使用视频。

Driscoll, M. (2005). *Advanced web-based training strategies: Unlocking instructionally sound online learning*. Pfeifer.

Educational Technology Magazine，*46*(1). (2006). Special issue on learning objects.

Educational Technology Magazine，*47*(1). (2007). Special issue on the role of pedagogical agents in providing learning guidance. 教学代理是屏幕上栩栩如生的界面动画，可提供：(1)信息、建议和指导；(2)智能辅导系统中与用户互动的同伴；(3)角色扮演游戏中的互动化身。

Fenrich, P. (2005). *Creating instructional multimedia solutions: Practical guidelines for the real world*. Information Science Publishing. 包括有关设计团体、创作工具和数字媒体开发的信息。

Fleming, M., & Levie, W. H. (Eds.). (1993). *Instructional message design*. Educational Technology Publications. 这本经典读本涵盖了关于概念学习、问题解决、心因动作技能、态度改变和动机激发的精彩章节。

Greer, M. (1994). *ID project management: Tools and techniques for instructional designers and developers*. Educational Technology Publications. 本书介绍了教学设计团队的组织与管理，并且专门设有章节探讨如何创建和测试粗略的草稿材料。尽管该书已不再印刷，但书中所介绍的管理模式依然具有参考价值。可以从作者的网站下载：http://mikegreersworthsharing.blogspot.com/p/pdf-collection-useful-tools-resources.html.

Gustafson, K. L., & Brance, R. M. (1997). Revisioning models of instructional development. *Educational Technology Research and Development*，*45*(3),73 - 89. 包括对电子绩效支持系统和快速定型法的评论。

Halls, J. (2017). *Rapid media development for trainers*. ATD Press. 该书描述了如何在内部以低成本创建培训和教学媒体。

Hannafin, M. J., & Peck, K. L. (1988). *The design, development, and evaluation of instructional software*. Macmillan. 该书介绍了根据教学策略的指导方案开发基于计算机的教学材料的过程。尽管教材较为陈旧，但它仍然是一个非常有价值的资源。

Hillman, D., Schudy, R., & Temkin, A. (2020). *Best practices for administering online programs*. Routledge. 本书的情境设定在学术型高等教育领域，内容涵盖了设计、开发和管理等主题。

Hoard, B., Stefaniak, J., Baaki, J., & Draper, D. (2019). The influence of multimedia development knowledge and workplace pressures on the design decisions of the instructional designer. *Educational Technology Research and Development*, 67, 1479 - 1505. https://doi.org/10.1007/s11423-019-09687-y. 该研究报告说,有经验的开发者倾向于在 ID 过程的后期选择媒体,而且选择可能会受到雇主需求、预算和时间限制的影响。

Horton, W. (2011). *e-Learning by design* (2nd ed.). Pfeiffer. 展示如何开发课程、测验、游戏、仿真以及实施个性化教学。

Jenlink, P. M. (Ed.). (2019). *Multimedia learning theory: Preparing for the new generation of students*. Rowman & Littlefield. 探索认知心理学中媒体使用的基本概念,并探讨教师和学生的代际问题。

Jonassen, D. H., Peck, K. L., & Wilson, B. G. (1999). *Learning with technology: A constructivist perspective*. Merrill/Prentice Hall. 侧重于使用技术让学生参与有意义学习,而不是使用技术向学习者传输教学内容。

Jones, T. S., & Richey, R. C. (2000). Rapid prototyping methodology in action. *Educational Technology Research and Development*, 48(2), 63 - 80.

Kozma, R. B. (1991). Learning with media. *Review of Educational Research*, 61(2), 179. 科兹马对克拉克关于媒体对学习影响的文章的回应。

Kozma, R. B. (1994). Will media influence learning? Reframing the debate. *Educational Technology, Research and Development*, 42(2), 7.

Lee, W. W., & Owens, D. L. (2004). *Multimedia-based instructional design: Computer-based training; web-based training; distance broadcast training; performance-based solutions* (2nd ed.). Pfeiffer.

Lim, D. O. O. H., & Yoon, S. W. (2008). Team learning and collaboration between online and blended learner groups. *Performance Improvement Quarterly*, 21(3), 59 - 72. 介绍了增强学习者在线和混合教育体验的方法。

Macleod, H., Haywood, J., Woodgate, A., & Alkhatnai, M. (2015). Emerging patterns in MOOCs: Learners, course designs, and directions. *TechTrends*, 1(59), 56 - 63. 这篇文章并非关于操作方法的指南,而是探讨了爱丁堡大学 MOOC 课程的注册者及其注册目标。

Mayer, R. E. (2014). *The Cambridge handbook of multimedia learning* (2nd ed.). Cambridge University Press. 该书介绍了基于计算机的多媒体学习的研究和理论,包括通过文字和图片学习。

Mayer, R. E. (2009). *Multimedia learning* (2nd ed.). Cambridge University Press. 介绍了可以直接应用于印刷材料和屏幕设计的设计原理。

Mayer, R. (Ed.). (2014). *The Cambridge handbook of multimedia learning* (Cambridge Handbooks in Psychology). Cambridge University Press. doi: 10. 1017/ CBO9781139547369. 基于研究的原理如何应用于多媒体设计。

Moffat, D. E. (2013). *Clark and Kozma debate: Is it still relevant?* https:// dcmoffat71. wordpress. com/2013/04/17/clark-and-kozma-debate-is-it-still-relevant/.

Newby, T. J., Stepich, D. A., Lehman, J. D., Russell, J. D., & Leftwich, A. T. (2011). *Educational technology for teaching and learning* (4th ed.). Pearson. 重点关注课堂教学和技术的整合,包括规划和开发教学;学习者分组;选择传输形式,包括远程学习;管理和评价教学。

Park, I., & Hannafin, M. J. (1993). Empirically based guidelines for the design of interactive multimedia. *Educational Technology Research & Development*, 41, 63 - 85. https://doi. org/10.1007/BF02297358. 本文所构建的分析框架在今天依然有效,就像它在 1993 年时一样。同样,设计交互式多媒体的二十条原理也仍然适用。

Pina, A. A. (Ed.). (2017). *Instructional design standards for distance learning*. AECT.

Richey, R. C., Kline, J. D., & Tracey, M. W. (2011). *The instructional design knowledge base: Theory, research, and practice*. Routledge. 该书阐述了如何将经典与新近的理论应用于教学设计实践,构建起其框架。其中第 6 章聚焦于媒体理论及实践。

Rothwell, W. J., & Kazanas, H. C. (2016). *Mastering the instructional design process: A systematic approach* (5th ed.). Wiley. 该书第 5 部分中包括有关 ID 项目管理的三个章节。

Santos, S. A. (2006). Relationships between learning styles and online learning: Myth or reality? *Performance Improvement Quarterly*, 19(3), 73 - 88. 得出的结论是,学生偏好的学习风格与其在线学习的成功无关,因此,该研究不建议使用学习风格工具来开发在线教学或指导学生选择在线课程。

Simpson, O. (2003). *Student retention in online, open, and distance learning*. Kogan Page.

Smaldino, S. E., Lowther, D. L., & Mims, C. (2019). *Instructional technology and media for learning* (12th ed.). Pearson. 包括对当前所有教学策略和媒体的思考;被认为是 K - 12 教师教育技术的标准参考。

Smith, P. J. (2007). Workplace learning and flexible delivery. *Review of Educational*

Research, 73(1),53 – 88. 组织了围绕工作场所学习的认知概念化的研究,并解决了其中提供灵活学习项目这一挑战。

Spannaus, T. (2012). *Creating video for teachers and trainers: Producing professional video with amateur equipment*. Pfeiffer. 指导培训者使用传统和数字化媒体来设计和制作视频。

UBC WIKI. (2014). *Design principles for multimedia*. The University of British Columbia. https://wiki.ubc.ca/Documentation:Design_Principles_for_Multimedia.

Vai, M., & Sosulski, K. (2015). *Essentials of online course design: A standards-based guide*. Routledge.

Vaughan, T. (2014). *Multimedia: Making it work* (9th ed.). McGraw-Hill. 描述如何为基于网络、CD - ROM、DVD 和移动设备的多媒体项目作规划、估算成本,并进行设计和制作。

Wiley, D. A. (2002). (Ed.). *The instructional use of learning objects: Online version*. http://www.reusability.org/read.

Zettle, H. (2018). *Video basics* (8th ed.). Cengage. 包括用于视频设计和制作的最新数字化技术。

第 11 章

设计和实施形成性评价

324

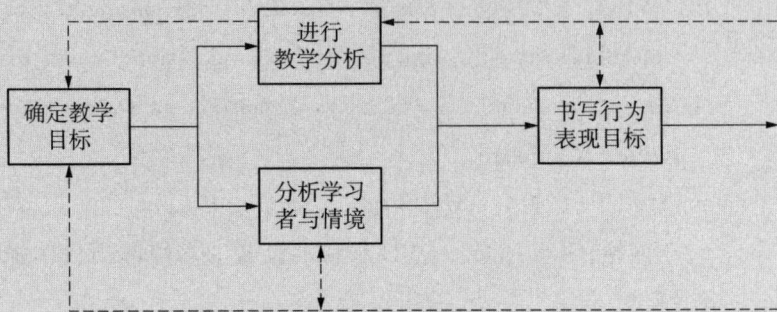

目标

▶ 比较对教师开发的材料、教师选择的材料和教师呈现的教学进行形成性
  评价的目的和不同阶段。

▶ 开发适当的形成性评价方案。

▶ 为一套教学材料或一次教师教学呈现编制评价工具。

▶ 针对给定的教学材料或教师教学呈现，根据其形成性评价方案收集和整
  理数据。

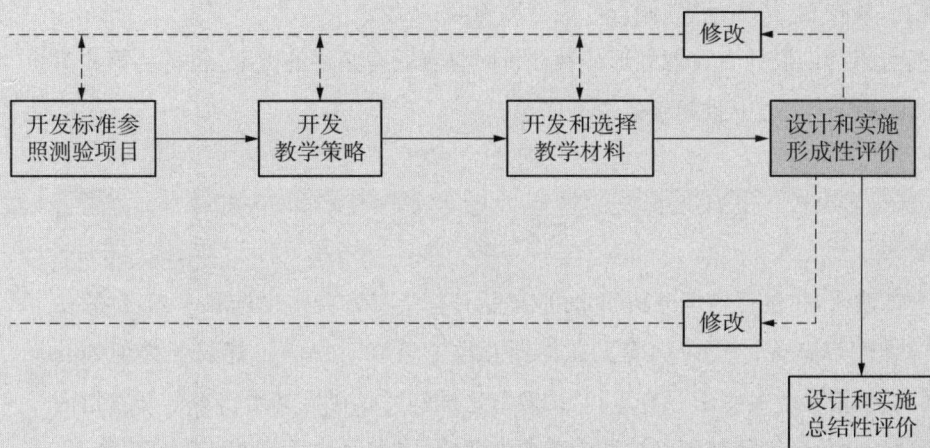

```
                                          ┌──────────┐
              ┌───────────────────────────┤   修改   │◄─────────┐
              ┊           ┊          ┊     └──────────┘          ┊
              ▼           ▼          ▼                           ┊
┌─────────┐  ┌────────┐  ┌────────────┐  ┌────────────┐
│开发标准参│─►│  开发  │─►│开发和选择  │─►│设计和实施  │
│照测验项目│  │教学策略│  │教学材料    │  │形成性评价  │
└─────────┘  └────────┘  └────────────┘  └─────┬──────┘
                                               │
      ┌──────────┐                             │
◄─────┤   修改   │◄──────────────────┐         │
      └──────────┘                   ┊         │
                                               ▼
                                      ┌────────────┐
                                      │设计和实施  │
                                      │总结性评价  │
                                      └────────────┘
```

概述

　　对教学材料进行形成性评价是为了确定材料的有效性，并对无效的地方进行修改。无论是新开发的材料还是基于教学策略选择的现有材料，是通过媒体呈现的材料还是通过教师呈现的材料，都应该进行形成性评价。所设计的评价，应该能够收集相应的数据，指明教学中存在的具体问题，并给出修改建议。

　　形成性评价有三个基本阶段。第一阶段是一对一评价，或称为诊断性评价阶段。在这一阶段，设计者从单个学习者身上获取数据，并据此修改教学材料。第二阶段是**小组评价**阶段。在这一阶段，一个由目标人群中 8 到 20 名典型代表组成的小组对教学材料进行学习，然后通过对他们进行测试来收集所需的数据。第三阶段通常是**现场试验**。在这一阶段,学习者的数量并不是特别重要,一般30名就够了。现场试验的关键,是在尽可能接近"现实世界"的情境中测试教学。这三个阶段,一般都是通过教学评审来推进;而对教学的评审,则是由一些并未直接参与教学开发项目,但具有相关经验的热心专家来完成。

在形成性评价中,你可以使用各种定性和定量的工具及程序来收集数据,包括但不限于访谈、观察、核查表、等级量表、调查和成就测验等。

矩阵分析可以帮助设计者在规划形成性评价时整合所有必要的因素,包括从第2章到第10章所创建设计文档中收集到的所有信息。

概念

我们曾在第5章建议,在进行情境分析时,你应该从目标学习者群体中选几个人,然后使用你的教学分析向他们解释你的授课内容。在你开发教学策略时我们也建议了类似的方法——使用开发的教学策略对一些学习者进行"试教",这样就可以在将其用作教学开发指南前,找到其中的问题。这两个过程都可以被称为**形成性评价**,因为你从学习者那里收集信息,并在继续设计前根据这些信息修改材料。现在,你正在以一种更加系统的方式对你开发的教学做同样的事情。

将本章与下章内容分开介绍其实相当武断,因为我们通常将教学材料的形成性评价和修改看作是同一主要步骤。但是,为了叙述的清晰性,同时也为了强调在修改教学材料过程中再次审查整个教学设计的重要性,我们将形成性评价的设计和实施从教学材料的修改过程中分离出来,单独进行阐述。

本章将讨论如何对新开发的教学材料、选择并修改过的材料、教师传输的教学内容以及这三种模式的组合进行形成性评价。我们还将说明如何将形成性评价技术应用于教学过程和教学材料,以确保能够恰当地实施和管理任意模式的教学。

本章最主要的概念是**形成性评价**。它是指教学设计者获取数据,并通过这些数据修改教学,以提高教学效率和效果的过程。其重点是收集数据、分析数据和改进教学。而在最终版本的教学完成后,其他评价者收集数据以确定教学有效性的过程,通常被称为**总结性评价**。之所以被称为总结性评价,是因为此时的教学已经呈现最终形态,并且适合与其他类似形式的教学进行比较。

我们建议你的形成性评价应包含至少三个迭代周期,每个周期关注不同方面的质量问题,但都包括数据收集、分析和修改环节。第一个周期,即**一对一评价**,一般与来自目标学习者群体的三到五名成员进行,目的在于找出材料中的明显错误。这些错误通常涉及所采用词汇、概念和示例的清晰度,以及教学材料中五个学习成分对动机的激发作用。这个周期使用的材料还是粗略草稿,学习者直接在材料上进行评论,或者圈出感到混淆的地方。互动性的访谈过程能够使评价者了解材料的问题及背后的原因。当然,也可以邀请内容专家和熟悉目标学习者特点的人进行评价,不过这些方式只能补充,而不能替代目标学习者评价。

第二个周期是**小组评价**,在纠正完教学中发现的主要错误后进行。这个周期通常需要 8 到 20 名目标学习者群体的典型代表,组成学习小组。小组评价的目的在于找出教学材料和管理程序中的其他问题。教学策略中的学习成分也将再次作为评价工具和程序的基石。在这个周期中,评价者很少与学习者互动,主要是收集学习者的行为表现和态度数据,并深入倾听学习者的意见,以获得定量和定性的数据。

最后一个周期是**现场试验**,在根据小组评价完善教学材料之后进行。这个周期的学习者通常是大约 30 名来自目标学习者群体的典型代表。使用的材料和程序都类似于预期的最终产品。此类评价旨在检查在预期情境下按照规定方式使用材料时是否存在问题。与前两个周期类似,评价工具和程序也应该以教学策略的五个学习成分为基石。在这个阶段,收集学习者行为表现和态度数据的工具很重要。此外,收集管理数据,比如使用材料所需的时间和管理计划的可行性,也很重要。在现场试验中,尽管观察材料的使用过程有助于对所收集的数据作出解释,但从学习者和教师那里收集数据时,评价者不会干预。

形成性评价设计

在设计形成性评价时,你可以使用什么样的参考框架呢? 请记住,形成性评价的目的是查明教学材料中存在的具体问题,以便对其进行纠正。因此,你所设计的评价(包括工具、程序和人员)必须提供问题所在及其原因的有关信息。如果设计的评价只关注教学的目的和目标,那就太局限了。虽然采集学习者达成目的和目标情况的数据非常重要,但只有它是不够的,因为这些数据只能告诉我们哪里存在问题,却不能告诉我们为什么出现这样的问题。同样的,采用类似散弹打鸟的方式来收集数据也是不合适的。尽管你可以就自己所能想到的一切内容收集数据,这些数据也能提供各种信息,但这种方法可能会产生一些无关或者不完整的数据。

设计形成性评价的最佳着眼点或者参考框架,可能是教学策略。因为教学策略是创建教学材料的基础,它决定了你在创建材料过程中所犯错误的性质。以教学策略作为参考框架来开发形成性评价的工具和程序,可以避免设计出的评价关注面过宽或过窄。

如何利用教学策略辅助设计形成性评价呢? 一种方法是创建一个矩阵,首列写下教学策略的各个学习成分;首行则写下有关教学的主要问题类别。在成分和问题类别矩阵的交叉单元格中,你可以生成与每个问题类别和教学策略成分相关的、在评价中需要回答的问题。借助这些问题,你就可以初步确定比较合适的评价工具、程序和受众。

328

现在,你对教学策略的不同成分应该非常熟悉了。那么对于教学材料的每个成分,应该问哪些基本问题呢? 尽管对每套给定的学习材料都会有一些特定的问题,但是以下五个方面的问题应该适用于所有材料。它们与你开发材料时所作的决定直接相关:

1. 教学材料与学习成果类型匹配吗? 根据教学目标是智力技能、动作技能,还是态度或言语信息,在开发教学材料时采用不同的做法。你应该关注自己制作的材料是否与学习该类型内容的要求相一致。评价这方面问题的最佳人选无疑是研究相应学习类型的专家。

2. 教学材料是否包括对下位技能的充分教学,是否对这些技能做出了合乎逻辑的排序和归类? 这方面问题的最佳评价者是内容领域专家。

3. 对目标学习者群体的代表性成员来说,这些材料是否清晰易懂? 显然,只有目标群体的成员才能回答这些问题。熟悉目标学习者的教师可以为你提供初步信息,但最终判断材料是否清晰的人只有学习者。

4. 教学材料能激发动机吗? 学习者认为教学材料符合他们的需要和兴趣吗? 他们在使用教学材料学习的过程中感到自信吗? 对学到的内容满意吗? 最适合对材料的这些方面作出评价的依然是来自目标学习者群体的代表。

5. 能否通过既定的媒体形式有效管理教学材料? 对于这一问题,目标学习者和教师都可以回答。

表 11.1 包含了一个框架样例,建议你在设计形成性评价时进行参考。使用这样的框架,能确保你的设计涵盖与教学材料中不同学习成分相关的各种问题,同时也涵盖适当的群体和个体。

329

表 11.1　形成性评价设计框架样例

教学材料的主要成分	关于教学材料的主要问题领域				
	学习类型	内容	清晰度	动机	管理
教学导入					
动机激发					
教学目标					
起点技能					
内容呈现					
排序					
单元大小					

（续表）

教学材料的主要成分	关于教学材料的主要问题领域				
	学习类型	内容	清晰度	动机	管理
内容					
示例					
学习者参与					
练习					
反馈					
评估					
前测					
嵌入式测验					
后测					
跟踪活动					
保持					
迁移					
行为表现情境					
谁适合作评判？	学习专家	内容专家	目标学习者	目标学习者	目标学习者/教师
怎样收集数据？	核查表 访谈	核查表 访谈	观察 访谈 测验 材料	观察 访谈 调查	观察 访谈

　　请注意矩阵最后两行的内容。第一行显示哪些个体或群体最适合对教学材料的各个方面进行评价，第二行提醒你必须考虑如何从评价者那里收集需要的各种信息。为了向所选择的专家征求信息，你可能需要在材料中创建一份核查表或问题列表。你可能还需要对这些专家进行访谈，以确定为什么他们认为教学的某部分不合适，并获得他们关于改进教学材料的建议。

　　在设计从学习者那里收集信息的工具时，你必须考虑所处的评价阶段（是一对一评价、小组评价还是现场试验）、评价情境（是学习情境还是绩效情境）以及所收集信息的性质。在一对一评价中，教学材料本身就是一种评价工具。你可以指导学习者直接在教学材料上圈出字、句，写下他们的评论。矩阵交叉单元中所包含的问题，可以帮助你开发其他的评价工具，例如用于引导观察的核查表，或包含在访谈和问卷中的问题。需要注意的是，尽管关于材料不同方面的问题在这里是分开描述的,但并不意味着要把它们放在不同的评价工具中。你所设计开发的评价工具,应该能够有效地从参与者那里收集信息。需要收集的数据应至少涵盖以下几类:

1. 负责验证模块内容准确性和时新性的学科专家所提出的意见。

2. 经理或主管观察了学习者在绩效情境中运用技能后所做出的反应。

3. 在起点技能测验、前测和后测中所收集的数据。

4. 学习者对你作的说明,或者其在学习材料上标记的关于在材料中特定位置所遇到的困难。

5. 通过态度问卷或反馈讨论所收集的数据,这些数据揭示了学习者对教学的整体反应,以及对教学材料和教学程序中存在的困难的看法。

6. 学习者完成教学各个部分需要的时间。

接下来的几节内容将阐述学科专家、学习专家以及学习者专家在形成性评价中所扮演的角色,并详细介绍以学习者为导向的三个形成性评价阶段。

学科专家、学习专家和学习者专家在形成性评价中的角色

330

尽管形成性评价过程的核心是从学习者那里获取数据,但是请专家对教学进行评审也很重要。虽然我们通常假定教学设计者对内容领域极为熟悉,或者是与内容专家一起工作的,并且了解目标学习者群体,但是即便如此,让外部专家对教学进行评审仍具有诸多益处。

在教学材料初稿完成后,设计者可能会遇到"只见树木不见森林"的问题,他们可能迷失在众多细节问题中。此时,请局外人评审已开发的教学对设计者具有很大的价值。其中一类"局外人"评审者是**学科专家**(SME),他们虽置身项目之外,却对教学内容极为熟悉,能够评价教学内容的**准确性**和**时新性**。他们可能会提出改进建议,但当这些建议与已开发的教学策略相冲突时,设计者仍需深思熟虑后再作决策。另一类"局外人"评审者是**学习专家**,他们对教学所涉及的学习类型了如指掌,可能会从促进特定学习类型的已知视角出发,对学习策略提出意见。

此外,听取**学习者专家**或者熟悉目标学习者群体的人针对教学草稿给出的意见也极为有益。因为他们能从目标人群的视角出发、依据目标人群可能的反应来评审教学,这类专家能够敏锐地洞察学习材料是否适用于最终的绩效情境。

设计者并不是必须采纳这些专家的建议。对其中的一些建议,不妨等到从学习者处收集完数据并得出结论后,再认真考虑。但在学习者参与形成性评价之前,教学设计者至少要对潜在的问题有所察觉。

面向学习者的一对一评价

在讨论教学形成性评价的三个阶段时,我们假定,设计者已经完成了对教学的初步开发。在后面的章节,我们还将讨论,使用现有的学习材料或者创建由教师主导的教学,两者在形成性评价程序上有何差异。

形成性评价的第一个阶段,即**一对一评价**阶段,目的在于识别并改正教学中存在的最明显的错误,并获得学习者对教学内容的初步行为表现和反应数据。在这一过程中,教学设计者与能够代表目标群体的三名及以上学习者,分别进行一对一的直接交流。

标准

在开发教学策略和教学本身时,设计者和开发者需要对教学内容、学习者、教学形式和教学情境如何联系起来的问题作出多种转换和决策。一对一试验为教学设计者提供了一个机会,让他们可以从学习者的角度,初步审查这些联系和转换的可靠性。在评价过程中,设计者需要遵循以下三个主要标准:

1. **清晰度**:信息或所呈现的内容对目标学习者个体来说是否清晰?
2. **影响力**:教学对学习者个体的态度和教学目标达成有何影响?
3. **可行性**:在具备所需资源(时间/情境)的情况下,教学的可行性如何?

331

这种一对一的评价,可以用来验证设计者和开发者的设想是否正确,是否存在对目标群体的误解。

挑选学习者

在形成性评价中,设计者作出最为关键的决策之一,是选择参与研究的学习者。这不是实验,所以无需从大量学习者中随机抽样。事实上,设计者只要从目标群体中选择几名学习者就可以了,但是所选的学习者要能够代表目标群体的能力范围,因为先前的学习或能力,通常是决定新知识、新技能学习质量的主要因素。因此,设计者在从目标人群中挑选学习者时,必须选择至少一名能力超过平均水平(当然也不是最高水平)、一名处于平均水平和一名低于平均水平的学习者。然后,设计者需要与每名学习者单独工作。在与三名学习者完成初步评价后,设计者可能还希望从目标人群中选择更多的学习者进行一对一评价。不过在通常情况下,有三名学习者就足够了。

除了能力因素外,设计者还应该关注与学习者成绩高度相关的其他学习者特征,并在形成性评价中系统地体现它们。正如第 5 章中提到的那样,态度和学习者先前的经验非常重要,所以应该在形成性评价中予以考虑。比如,在形成性评价的一对一阶段,设计者可以选择对所学内容持积极态度、中立态度和消极态度的学习者各一名。同样,如果工作经验也是一个重要因素,那么可以挑选工作经验在十年以上的、两到五年的以及不到一年的学习者。需要注意的是,在挑选学习者进行形成性评价时,能力可能不是唯一的关键因素。设计者必须根据不同的教学设计情境作出决定。

数据收集

一对一试验期间的三个主要标准和要作出的决定,可以帮助评价者将注意力集中于各类有用的信息上。表 11.2 包含了根据清晰度、影响力和可行性三个标准划分的信息类别。表中每类标准下列出的内容只是示例性的,并不是全部,因为每类信息的相关程度会随学习者的成熟水平、教学内容和传输方式的不同而有所不同。

332

表 11.2　一对一试验的形成性评价标准及每项标准中的信息类型

标准			
	信息	**联系**	**程序**
教学的清晰度	● 词汇水平 ● 句子复杂性 ● 信息复杂性 ● 引言 ● 具体阐述 ● 结论 ● 过渡	● 情境 ● 示例 ● 类比 ● 插图 ● 演示 ● 回顾 ● 小结	● 排序 ● 教学块的大小 ● 教学过渡 ● 教学进度 ● 教学变化
	态度	**成绩**	
对学习者的影响力	● 信息和技能的效用(关联性) ● 信息和技能学习的难易程度(信心) ● 对所学技能的满意度	● 后测指导语和题目的清晰性 ● 后测成绩	
	学习者	**资源**	
可行性	● 成熟度 ● 独立性 ● 动机水平	● 时间 ● 设备 ● 环境	

对于教学的清晰度,表 11.2 中列出了三大类信息:信息、联系和程序。第一类,信息,由词汇、句子复杂性和信息结构等因素决定,指传输给学习者的基本信息是否清晰明了。无论学习者是读、听还是看这些信息,他/她都必须能够理解这些信息。第二类,联系,指是否根据学习者特征确定基本信息,包括情境、示例、类比、插图和演示等。当学习者不熟悉这些联系时,基本信息无疑就变得比较复杂了。第三类,程序,指教学的一些特征,如教学排序、所呈现教学块的大小、两个教学块之间的过渡、教学进度以及教学呈现中的变化等。只要任意一个上述要素不适合学习者,教学的清晰度就会发生改变。比如,如果教学进度过慢,冗长繁复,

学习者就会失去兴趣；相反，如果教学进度过快，学习者就难以理解学习内容。

相比于量化数据，描述性信息更能提供关于改进教学清晰度方面的有用信息。如果教学是通过平面媒体呈现的，那么无论是纸上还是计算机屏幕上，学习者都可以在他们不熟悉的词汇，不清楚的例子、插图和段落，以及难以理解的图表处画线或者做标记。在使用视频、幻灯片或多媒体时，也可以简略记下他们不清楚的术语和感到混淆的内容，还可以随时暂停教学，以便与评价者就上述内容进行交流。无论在一对一试验中采用何种教学传输方式，评价者都可以询问学习者有关教学程序特征方面的问题，比如教学块的大小和教学进度等。当学习者听教师讲课、阅读材料或与屏幕互动时，评价者也可以通过观察来收集教学程序特征的相关信息。这样的观察有助于评价者确定在不同的教学环节中，学习者是否感到焦虑、无聊、疲劳，或是都有。

表 11.2 中的第二个标准"对学习者的影响力"，与学习者对教学的态度和在具体学习目标上的学习成就有关。对于态度，评价者需要确定学习者是否认为教学(1)与自己相关，(2)可以通过合理的努力完成，以及(3)是有趣和令人满意的。至于成就，可以通过后测了解学习者能否回忆起学过的信息，能否完成任务。对学习成就的测量方式因教学传输媒体而异。教师可以口头陈述为学习者提供的问题及指导语，学习者可以通过以下方式回答：(1)使用纸笔或键盘，(2)口头回答，或(3)开发一个作品或者完成要求做的某件事情。

表 11.2 中的第三个标准"可行性"，与管理方面要考虑的因素有关，但也可以在一对一试验期间进行考察。在可行性方面要考虑的因素包括学习者的能力水平、教学媒介和教学环境。其中你可能感兴趣的一些问题包括：

1. 学习者的成熟度、独立性和动机水平如何影响完成教学所需的时间？
2. 像这样的学习者能否操作或轻松学会操作需要的特定专业设备？
3. 学习者在这样的环境中是否感到舒适？
4. 在给定时间内传输教学的成本是否合理？

程序

一对一评价的典型程序，是向学习者说明你设计了一套新的教学材料，希望能够听听他们的意见。你还应该向他们说明，他们在学习过程中出现的任何问题，都是材料导致的，而不是他们自己的问题导致的，要鼓励学习者对材料放松地进行评价。学习者不仅要看完教学材料，还应该做做材料中提供的测验。另外，你还要记录学习者完成材料花费的时间。

教学设计者已经发现，这一阶段在准备教学材料的过程中很有价值。当学习者以这种方式使用材料时，他们会发现排版错误、内容遗漏、页面缺失、图表编号错误、网页链接错误，和其他各种难以避免的技术故障。学习者通常能够描述他们在学习顺序和理解所教概念方面遇到的困难，还可以根据自己的想法，对测验是否测评了教学目标作出评价。你可以利用所

333

有的这些信息来修改教学材料和测验,并纠正材料中各种各样的错误。

与教学设计早期阶段强调设计者的分析技能不同,一对一形成性评价阶段的首要特征,是它几乎完全依赖于设计者与学习者建立融洽关系和进行有效沟通的能力。学习者可能从未被要求对教学提出批评。毕竟一直以来的假设是,学习失败一定是学生的问题。因此,必须让学习者确信,他们有权利对呈现给他们的教学材料作出批评。有时候,要求年轻人去批评一位权威人物,可能特别困难,所以设计者需要营造一种能够接受和支持来自学习者任何负面评论的氛围。

一对一评价方法的第二个关键特征,是它本身是一个互动过程。如果设计者只是把教学材料交给学习者,然后说"来,读读这个,告诉我你有什么问题",那这一过程的作用就大大减弱了。设计者应该坐在学习者的斜对角,与他一起(默默地)阅读教学材料,然后在预定的内容处与学习者讨论材料中呈现的内容。讨论的内容可能是某道练习题的答案,也可能是对内容呈现中某个特定内容的考虑。在每次一对一试验之前,设计者都应该确定一个策略,决定该如何进行互动交流,学习者如何知道在什么时候可以与评价者进行讨论。

在大多数情况下,一对一评价每次只能与一名学习者进行。不过也有例外,尤其是当学习者必须结对或者在小组内学习的时候。这时,以上规则就应该改为一对学习者或者一个学习者小组。当设计者进行评价时,需要记录学习者提出的意见和建议,也要把设计者所做的有效的替代解释记录下来。这些内容可以记录在教学材料的一个副本上,也可以在评价过程中进行录音。根据我们的经验,学生很快就能适应这些做法。

评估和问卷

一对一试验的学生在完成教学后,还要以同样的方式审查后测和态度问卷。完成了评价中的每个项目或步骤后,请询问学习者为什么做出这样的回答或反应。这不仅可以帮助你发现错误,还可以帮助你找到导致错误的原因,而这些信息在修改过程中非常有用。另外你可能会发现,一些你认为非常清楚的测验题目,学习者却完全理解错误。如果这些错误的题目在进行小组评价时依然存在,那么一个棘手的问题是,要确定是这些测验题目有问题,还是整个教学都存在问题。所以对评估工具的评价,应该与对教学本身的评价一样细心。

测验的指导语和用于评价行为表现和产品的评分细则,在被实际应用之前也需要作形成性评价。就像做纸笔测验一样,你必须确保学习者能清楚地理解指导语,并且按照指导语去做,从而达到预期的表现或产出预期的产品。

你还必须评估评价工具的可用性,尤其是以下标准:(1)每个待评价要素的可观察性;(2)表述方式的清晰性;(3)排序的有效性。对于评价者的反应记录表,你应该检查其中的反应种类和标准是否合理。检查的依据是你需要作出判断的数量和种类,以及你可以用于观察、判断和记录判断的时间。如果你跟不上被试的速度,那么你所作判断的准确性就会受到影响。

你的判断是否可靠,也需要经过评价。这可以通过在一定时间间隔内,分两次/多次对同一行为表现或产品进行打分来完成,也可以通过让两个/多个评价人员使用同一工具对同一行为表现或产品进行打分来完成。如果同一位评价者对同一产品的多次打分不一致,或者不同评价者对同一产品的打分不一致,那么就需要对评价工具进行修改。在修改工具时,请关注需要评判的要素数量、需要评判的等级数目以及每个等级评判标准的清晰度等。要观察的要素数量和评判类别的数量,应该减少到获得一致性为止。这意味着为了验证工具的可用性,以及使用该工具作出评判的一致性,需要对工具进行多轮评价。

最后,你还需要评价你的计分策略。运用你在工具的形成性评价中收集的数据,按计划合并或汇总各要素水平的得分,然后根据目标水平和总体成绩来审查这些汇总后的分数。这些分数合乎逻辑、可以解释吗? 可以用它们来评价教学和行为表现的特定部分吗? 如果不能,那就需要修改计分策略或计分程序,直到获得可用的数据为止。

学习时间

一对一评价中另一个令人感兴趣的方面,是确定学习者完成教学所需的时间。因为在一对一评价期间,学习者和设计者需要互动,所以只能估计一个大概的时间。你可以试着从总的时间中减去一定百分比的时间,但经验表明这样估计的时间可能非常不准确。

现在,要对一对一评价过程作最后一点说明。学习者很少会被置于这样一个脆弱的位置,并且被要求暴露他们的无知。有时候,即便是成年人,也不得不承认他不知道某个常用词汇的含义——他们总说自己查过字典,但是忘记了。在一对一阶段,处于控制地位的设计者有责任为学习者提供一个舒适的工作环境。学习者可能不愿意暴露自己当前知识水平的不足,所以设计者要尽一切努力客观对待教学,给学习者更多的支持。要知道,没有学习者,就没有形成性评价。

335

数据解释

对于教学清晰度、对学习者影响力和教学可行性方面的信息,需要进行汇总并给予重点关注。然后可以重新考虑教学的薄弱环节,以便制订修改计划,以改进对类似学习者的教学。在解释一对一试验中获得的数据时,请务必注意:不宜过分推广从单个学习者那里收集到的数据。尽管确保参与一对一试验的学习者是目标群体的典型代表,有助于确保该学习者的反应也代表目标群体其他成员的反应,但这依然无法保证其他学习者也会做出类似的反应。目标群体成员不同的能力水平、期望和态度,会导致从每个人身上得来的数据都是不同的。从一对一试验中收集的信息,只能被看作是“第一印象”,也许可以推广,也许不能推广。在试验阶段,教学中的严重错误暴露出来后,可以立即得到修正。但是,教学中存在的其他问题可能不会被立即修改,而要等到其他个体或小组学习者重新进行教学试验后,才会做出改动。

结果

一对一试验的结果将使教学:(1)包含适合目标学习者的词汇、语言复杂性、示例和插图;(2)要么确认了学习者应该具备的正确态度和预期成就,要么为在后续试验中改善学习者的态度和成绩而进行了修改;(3)显示了在当前的学习者、资源和环境中的可行性。可以通过小组试验进一步完善教学。

我们将在第12章讨论如何总结一对一试验的信息以及如何确定应该对教学作哪些修改。本章将继续讨论形成性评价的下一个阶段,该阶段是在根据一对一评价的结果修改完教学后进行的。

小组评价

小组评价有两个主要目的:一是确定一对一评价后所作的修改是否有效,学习者可能还存在哪些学习问题;二是确定学习者是否可以在没有教师的情况下独立使用教学材料。(此处的讨论仍然假定设计者是在创建某种形式的自学材料。)

标准和数据

我们常用学习者在前测和后测中的成绩得分来评价教学的有效性。前测一般包括起点技能和教学目标,后测则测量学习者在教学的下位目标和终点目标上的表现。除了学习者的成绩水平外,还要通过态度问卷和有时采用的后续访谈,来了解他们对教学的态度。所收集的关于教学可行性方面的信息,通常包括以下内容:(1)学习者完成教学以及测验所需要的时间;(2)以预定形式在设定情境下传输教学的费用和可行性;(3)实施或管理教学人员的态度。

挑选学习者

为了进行小组评价,你大概需要挑选8至20名学习者,以组成一个学习小组。如果少于8人,得到的数据可能无法很好地代表目标群体的情况。如果超过20人,你又会发现获得的数据比你需要的更多。而且,从更多学习者那里获得数据并不能提供很多额外的信息。这时候,挑选合适的学习者参加小组试验就很重要。他们应该尽可能地代表你的目标学习者群体。在理想的研究情境中,应该随机挑选学习者,这样才能够将你的研究结果推广到整个目标群体。但是在典型的学校、企业和成人教育情境中,纯粹的随机往往是不可能,甚至是不可取的。当无法随机挑选学习者,或者可供挑选的学习者群体规模较小时,你要确保自己的样本中应至少包含目标群体每个子群体中的一名代表。子群体可能包括如下几种:

- 低、中、高学业成就水平的学习者;
- 多种母语的学习者;
- 熟悉某种特定学习方式(如网络教学)和不熟悉这种学习方式的学习者;
- 年轻、没有经验的学习者和更为成熟的学习者;

- 目标群体中多样化的学习者代表(性别、种族、文化、特殊需要等)。

如果你的目标群体具有同质性,那么不需要区分这些子群体。如果目标人群由具有不同技能和背景的人组成,那么设计者就应该考虑在小组样本中包括每个子群体的代表。毕竟基于高成就学习者在教学材料上的表现来预测低成就学习者的表现是几乎不可能的事情。通过挑选有代表性的样本,你将对教学中要作的修改有更深刻的认识。

参与小组评价的学习者,有时候会有抽样偏差,因为他们可能比一般人更愿意参与教学。设计者必须意识到这一问题,在考虑到挑选小组试验参与者时会碰到的所有限制因素后,尽可能地获得最具代表性的小组。还有很重要的一点是,虽然这个阶段被称为**小组评价**,但这里的"小组"指的是学习者的数量,而不是学习者使用材料的情境。比如,如果你的教学材料需要使用某个专业设备,但只有一台这样的设备,那么你就必须让这 8 到 20 名学习者分别单独使用你的材料。没必要把所有学习者都召集到一个房间里,同时进行小组评价。

程序

小组评价的基本程序与一对一评价截然不同。在小组评价过程中,评价者(或教师)首先向学习者解释,学习材料尚处于开发的形成性评价阶段,需要得到如何对材料进行改进的反馈。交代完之后,教师就按照教学材料最终应用的方式来发放材料。如果有前测,就先进行前测。在此过程中,教师应该尽可能少地干预学习者。只有在设备出现故障,或者学习者在学习过程中陷入困境,难以继续下去时,教师才可以出面解决问题。当然,每位学习者遇到的困难和解决方法,也应该记录下来,用作修改教学的一部分数据依据。

337

评估和问卷

在小组评价中还有一些其他步骤,包括实施态度问卷,如果可能的话,还应与小组中的一些学习者进行深入讨论。获得学习者对教学的反应的主要目的,是根据他们的感知来确定教学策略实施中的优势和不足。因此,所提出的问题应该反映教学策略的各个成分。通常可以提出以下问题:

- 教学有趣吗?
- 你知道应该学什么吗?
- 教学材料与教学目标直接相关吗?
- 有足够的练习吗?
- 这些练习与教学目标相关吗?
- 测验能真正测出你在教学目标方面的知识吗?
- 在练习过程中,你得到足够的反馈了吗?
- 在回答测验题目时,你感到自信吗?

这些问题都可以被包含在态度问卷中,然后在与学习者的讨论中再进行更深入的探讨。

通过使用针对教学策略中学习成分的问题,比如刚才描述的那些问题,就有可能将学习者的反馈与教学材料或教学程序中的某个成分直接联系起来。在完成材料后与学习者讨论时,教师可以就教学进度、学习兴趣和材料难度等进行提问。

数据汇总与分析

在试验中收集到的定量信息和描述性信息,都需要加以汇总和分析。定量信息包括测验得分、所需要的时间和项目费用等。描述性信息包括从态度问卷和访谈中收集到的评论,或者评价者在试验期间所做的笔记等。

结果

小组试验和教学修改的目标,是产生在预设的学习情境中对大多数目标学习者都有效的教学。对教学所作的修改可能很简单,比如换个例子、给测验题目换个词,或者增加学习的时间等。但也可能需要对教学策略(如动机激发策略、目标排序、教学传输方式)或呈现给学习者的信息进行大的改动。一旦教学经过充分的修改,就可以进行现场试验了。

现场试验

在形成性评价的最后阶段,教师会试图用一个与教学材料最终使用情境尽可能相似的学习情境来评价教学。这一阶段的目的之一,是确定在小组评价之后对教学作出的修改是否有效;另一个目的则是要看教学在预设的情境中是否可以使用,也就是说,从管理方面考虑,在预设情境中实施该教学是否可行?

为了回答这些问题,所有的教学材料,包括测验和教师手册,都应该加以修改,并做好现场试验的准备。如果需要教师参与实施教学,那么这个角色不应该由设计者承担。

评价地点

在挑选现场试验的地点时,你可能会遇到以下两种情况。第一种情况,是在一个通常使用大班教学、教学步骤相对固定的班级里试验你的教学材料。对于这里的学习者来说,使用自学材料可能是很新鲜的、不同以往的体验。此时,需要向学习者解释如何使用这些材料,这些材料与他们平常使用的材料有何不同,从而为新的教学程序打下良好的基础。你可能会看到学习者兴趣高涨,但如果他们的成绩并没有提高,那么这可能只是因为这种教学打破了传统的课堂教学方式而已。

第二种情况,是在一个实施个别化教学的班级里进行现场试验。在这里,可能很难找到足够大的学习者群体来试验你的教学材料,因为这些学习者在学习材料时会过于分化和不同。

标准和数据

现场试验与剧院的最终彩排很相似,因为教学已经尽可能地修改过了,并且将以尽可能接近最终形式的方式进行传输。与彩排类似的另外一点是，现场试验的主要目的是找出并消除教学中尚存的任何问题。小组试验和现场试验有很多相似之处，都是为了确定学习者的表现是否适当，教学的传输是否可行。二者的另一个相似点，是都要收集关于学习者的成绩和态度、教师的教学程序和态度，以及诸如时间、成本、空间和设备等资源方面的信息。这两种试验之间的主要区别，在于教学材料、学习者、教学程序、教师以及情境等方面的实际复杂程度不同。

挑选学习者

你需要挑选大约 30 名学习者来参加你的现场试验。类似地，要确保这些学习者能够代表教学的目标群体。因为有时很难找到一组"典型"的人，所以设计者经常要挑选几个不同的小组来参与现场试验。这样做的好处是，可以收集到所有预期情境下的数据，如开放式课堂、传统教学、基于网络的教学或者以上情境的组合。

如果实施教学的情境差别很大，那么有必要多选几个试验地点。由于实施教学时设计者可能不在场，所以设计者应该告诉教师要遵循的程序和收集的数据，这一点非常重要。

实施现场试验的程序

进行现场试验的程序与小组试验只有些许不同。主要区别在于设计者的角色，在现场试验中，他们只是观察者。教学由一名具有代表性的教师实施或传输。因此，设计者可能需要设计和实施对教师的专门培训，以便使教师明白应该如何使用教学材料。

另外还有一个变化，就是测验的减少。基于小组评价结果对前测和后测进行调整后，可能只要再对最重要的起点行为和要教的技能进行评估即可。因为当教学开发到达这一阶段时，形成性评价主要关注教学在预期学习情境中的可行性。

调查问卷可能也需要修改，以便将其中的问题集中于在设计者看来对教学成功至关重要的环境因素上。本质上，问卷的问题应该聚焦在任何可能影响教学成功的因素上。观察教学的使用情况，与学习者和教师面谈，对设计者而言都是非常有价值的。

数据汇总与解释

现场试验的数据汇总和分析程序也与小组评价一致。应该按照教学目标来组织成绩数据，学习者和教师的态度信息也应尽可能与特定的教学目标挂钩。按照这种方式汇总起来的数据能帮助我们确定哪些教学有效、哪些教学无效。现场试验得来的信息，可以用于规划并作出对教学的最终修改。

结果

进行现场试验和最终修改教学是为了得到有效的教学，使其能在预期的学习情境中发挥作用，使学习者达到预期的成就水平，形成合适的态度。利用现场试验收集到有关问题所在的数据，就可以对教学进行适当的修改。

选定教学材料的形成性评价

当教师需要学习者试验选定的现有材料时,前面描述的形成性评价三阶段就不完全适用了。因为对现有材料,通常不需要根据一对一和小组评价的结果进行编辑和内容修改。之所以省略这些程序,并不是因为它们无法改进教学,而是因为选择现有材料的教师很少有时间或资源来进行这些程序。另外,现有材料通常受版权保护,未经充分许可的情况下,不得更改受版权保护的材料。在对现有材料进行形成性评价后,更合理且普遍的后续工作,是创建配合现有材料的补充材料,如教学大纲、学习指南、练习和反馈活动、学生作业簿、其他阅读材料等。

对现有材料的形成性评价,主要包括专家评定和现场试验两个阶段。专家评定阶段的目的在于确定目前使用的或备选的教学方法是否可能满足组织既定的教学需求。表 11.1 中所描述的形成性评价设计框架,对设计现有材料评价的专家评定阶段也有参考价值。表格左列是待评价材料的各个领域,首行则代表教材对特定学习类型适当性的相关问题,可以由学习理论方面的专家进行评判。内容的时效性、完整性和准确性等问题则可交由内容领域的专家进行评判。如果专家认为现有材料不达标,并且难以通过补充材料进行有效修正,那么表 11.1 中关于材料清晰度、动机和管理的其他问题就没什么意义了。同样,也没必要对不合格的材料进行现场试验。

如果学习和内容专家认为现有材料有可能满足组织所提出的教学需求,那么设计者应该直接与特定的学习者群体进行现场试验。这不仅是为了验证这些材料对特定人群和情境的有效性,也是为了探讨通过对材料进行增补或删减,或者对教学程序进行调整,来进一步提高教学效果的可能性。

在准备现有材料的现场试验阶段时,其流程应该与为原创材料进行现场试验相同。首先,如果有的话,应该分析材料开发的所有相关文件,包括描述材料在特定群体中使用效果的文件,尤其是描述之前现场评价具体程序的文件。其次,还要仔细研究描述材料使用方法的文件。此外,也需要考查材料附带的测验工具,以确保其与预期的行为表现目标相契合,并进一步确定是否需要增加其他评价工具或态度问卷。

在现场试验中,除非教师确信学习者已经掌握起点技能,并且对即将教授的内容一无所知,否则通常应该先进行前测。为了评价学习者的成绩及其对教学材料的想法,还需要进行后测,并进行态度的问卷调查。

进行现场试验的教师,能够观察到学习者在使用一套被选用或修改后的教学材料时的进展和态度,甚至可以比较使用未修改和修改后材料的不同学习者小组的表现,以确定这些修改是否真正提高了教学材料的有效性。在现场试验后,教师应该花时间详细了解学习者对教学的反应,因为在这样的反馈讨论中,可以获得更多关于材料或程序的见解。教师在对选定材料的现场试验中所收集到的数据类型,应当与对原创材料进行形成性评价时所收集的数据类型大致相同。

教师主导教学的形成性评价

如果教师打算参考教师指南来向一组学习者传输教学,那么对这种教学进行形成性评价的目的与对自学材料进行形成性评价的目的大致相同,即确定教学是否有效,以及如何改进。与对选定教学材料进行形成性评价类似,对教师主导教学的教学规划进行形成性评价几乎就等同于对教学材料进行现场试验。因为在这种情况下,往往没什么时间进行一对一评价甚至小组评价。

在准备教师主导教学的现场试验时,教师应该关注学习者的起点技能、先验知识、后测表现以及态度。此外,教师也有责任提供互动式的练习和反馈。这些练习和反馈应该包含在教学策略中,因为这样可以为学习者提供机会展示所学技能,还可以确定哪些技能尚未被学习者掌握。这类发生在教学中的练习和评估,可以采用两种形式:由教师向不同的学习者口头提问,记录他们的表现;或者由教师在课程中定期分发各种印刷好的练习和答案。后一种方法可以提供有关学习者进步的具体证据。

教师还可以利用现场试验这一机会来评价教学过程。通过观察教学过程,可以确认分组方式、时间分配是否合适,确定学习者对各种课堂活动是否有兴趣。

很多教师已经在他们的教学中使用了这种类型的形成性评价。因此我们强调,要彻底和系统地使用这些技术来收集和分析数据,以修改教学规划。为了找出课程规划中的不足,为纠正不足提供线索,可以把教学进展情况的数据和后测成绩、态度问卷以及学习者在反馈环节对教学的评论进行比较。

对选定材料的现场试验和教师主导教学的现场试验常常相互交织:选定材料的使用往往需要教师参与;同样,教师指导也会用到一些已经准备好的教学材料。在这两种情况下,应该使用大致相同的现场评价程序和教学修改类型。

为选定的教学材料和教师主导的教学收集数据

对原创教学材料进行现场评价的数据收集程序,同样适用于评价现有材料和教学程序的数据收集程序。比如,在教学中用到的任何设备必须运行良好,进行现场试验的环境要有利于学习的发生,这些都是极为重要的。

当对自学材料、选定材料或教师主导的教学进行评价时,如果教师与学习者已经建立了融洽的关系,将会是一个很大的优势。在评价材料和指南期间,重点是要让学生意识到,他们的参与非常重要,他们在为研究作贡献。此外,当与熟悉的学习者一起工作时,教师会比较了解学习者的起点技能,因而常常能够准确预测学习者的前测表现。不过,教师应该避免完全依赖自己的预测。如果对学习者的准备状态有任何疑问,都应该使用前测去验证他们对起点技能的掌握情况。

当教师选择材料来实施教学策略时,会出现许多需要特别关注的问题。有关这些问题的信息,可以通过观察和问卷来收集。一个主要的问题是"教学是否统一"。要回答这个问题,教师需要确定,学习者指南是否充分引导了学生使用各种资源。此外,教师还要注意教学材料是否存在内容的冗余和残缺,策略是否包含了足够的重复、练习、反馈和回顾?如果由教师呈现教学,那么在呈现过程中也应该注意以上类似问题。由学习者提出的各种问题,是发现教学策略不足之处的关键。

教学设计中的问题解决

在教学设计过程中,设计者经常会遇到一些问题,最好使用从学习者那里收集的数据来回答这些问题。很有趣的是,我们常常可以通过说"让学习者告诉我们答案吧",来解决一个设计上的争论。事实上,整个形成性评价过程,就是一个从学习者那里收集数据,以回答你对自己的教学提出(或尚未提出)的问题的过程。

假设经过若干次一对一评价后,你发现自己教学中使用的视频片段明显存在问题。一些学习者喜欢这些视频并愿意使用它们,但是另外一些学习者认为它们没有用。鉴于为教学制作视频很昂贵,因此就有了一个必须回答的重要问题:"我的教学是否应该使用该视频?"

为了回答这个问题,教学设计者可以开发两个版本的教学,以便在小组评价阶段使用。你可以随机选择十名学习者使用带有视频的教学,另外十名学习者使用没有视频的教学,然后比较两组学习者的成绩和态度。他们在后测中表现如何?他们在那些与视频直接相关的题目上表现如何?他们在态度问卷中对视频的使用与否表达了什么看法?两个小组所用的学习时间如何?

这是研究吗?不能算真正的研究。因为其目的只是决定该如何处理一个教学单元,而不是确定在教学中使用视频的好处。在形成性评价中,设计者要针对视频片段收集足够的数据,以初步确定是否要在教学中继续使用视频。设计者还可以用同样的方法,回答在设计过程中不可避免出现的各种问题。

工作辅助

形成性评价活动

在规划一对一评价、小组评价和现场试验时,你也许可以用到下文建议的步骤。在阅读这些建议时,我们假定你已经了解了教学针对的目标群体,但是仍不确定他们是否具备所需的起点技能。下面这些例子并不是你在形成性评价中需要做的全部内容,而是可以作为参考,帮助你考虑自己的教学设计和开发项目。除了建议中的内容,你可能还要为你的项目增加其他活动。本章后面有四个流程图,以图示的方式描述了使用以下辅助工具进行形成性评价活动的典型顺序。

一对一评价

Ⅰ. 学科专家的参与

    A. 你应该向专家提供以下信息:

        1. 教学分析。

        2. 行为表现目标。

        3. 教学材料。

        4. 测验和其他评估工具。

        使用草稿形式的材料就可以了,因为一对一评价很有可能导致重大修改。你可以按照上述顺序呈现你的材料。

    B. 你应该确认以下方面的内容:

        1. 具体教学目标的陈述。

        2. 教学分析。

        3. 内容的准确性和时新性。

        4. 教学材料在词汇、趣味性、排序、组块大小和学习者参与活动方面的适当性。

        5. 测验项目和评估情境的清晰性与适当性。

        6. 本部分教学与前后教学的衔接关系。

    C. 邀请参与评价的学科专家的数量,与你的教学材料所涵盖的信息和技能复杂性有关。某些教学可能请一位专家就够了,但其他教学可能要请多位专家。学习任务的性质决定了你所需要的专家顾问的数量和类型。

Ⅱ. 来自目标人群的学习者的参与

    A. 确定学习者是目标人群的典型代表(要包含目标人群中每一种主要类型的学习者)。

    B. 安排学习者参与。

    C. 与每位学习者单独讨论对教学材料的一对一评价过程。

    D. 评价你为测量起点技能而编制的前测。

        1. 学习者能读懂题目要求吗?

        2. 学习者理解其中的问题吗?

        3. 学习者具备所要求的先决技能吗?

343

E. 在学习者学习材料时,坐在他/她旁边。

1. 让学习者在材料上写下遇到困难的地方,或者与评价者讨论其中的想法和问题。

2. 如果学习者不理解所举例子,试着口述另一个例子,看新例子是否能解释清楚? 在材料上记下你所作的修改和建议。

3. 如果学习者不理解某个解释,试着增加些信息,或者改变呈现内容的顺序,看看这样是否能解决问题? 记下你所作的修改。

4. 如果学习者在阅读材料时感到厌倦或者困惑,你可能要考虑在练习和反馈之前,增大或者缩小所呈现的信息组块。记下你对这些材料进行重新组合的想法。

5. 记录你在形成性评价过程中所添加的每个示例、插图和信息,以及在顺序方面作的调整,否则你可能会忘记一些重要的决定或想法。做笔记时,速度要快,只记下大致内容即可,这样就可以不干扰学习者的注意。

F. 为了验证某个修改是否必须进行,你可以在对材料进行更改或修改前,再选择一位学习者进行测试。如果第一位学习者指出的错误很明显,那么在对下一位学习者进行试验前,可以先进行修改。这样既可以节省测试时间,又可以让下一位学习者集中精力发现材料中可能存在的其他问题。

Ⅲ. 一对一形成性评价的结果

A. 再次考虑你希望在一对一试验中获得的信息类型:

1. 不完善的教学分析。

2. 对目标学习者群体起点技能的错误判断。

3. 不清楚或不适当的教学目标和预期学习结果。

344

4. 信息呈现和所举例子不充分:

a. 例子、图表或插图过于抽象。

b. 一次呈现的信息过多或过少。

c. 信息呈现的顺序有误。

d. 例子不清楚。

5. 学习者参与不充分。

6. 未提供足够的迁移和保持任务。

7. 测验的题目、情境或指导语不清楚。

8. 用词不当或分段不清。

小组评价

Ⅰ. 来自目标人群的学习者的参与

A. 找到一组能够代表目标教学群体的学习者。

B. 安排小组参与试验。

1. 要安排足够的时间进行测验和教学活动。

2. 要激励学习者积极参与。

3. 所挑选的学习者必须是目标人群中各类人的代表。你可以从目标人群的几类人中各挑几位。

C. 在前测、教学和后测期间，你可能要为使用这些材料的教师写些建议。另外，请根据对学习者使用材料情况的观察，记下你打算对教学材料或步骤所作的修改。

D. 如果合适，对所要求的起点技能进行前测。

1. 检查答题指导语、答题格式和问题，确保措辞清晰。

2. 让学习者圈出他们不明白的词，并在不清楚的问题或答题指导语旁边做上标记。

3. 在学习者做测验时，除非他们卡住了或者主动停下来与你讨论，否则不要打断他们或者与他们讨论不清楚的题目。

4. 记录学习者完成起点技能测验所需的时间。

E. 对教学中要教的技能进行前测。如果需要，可以将此测验与起点技能测验合并。

1. 让学习者圈出所有不明白的词。

2. 让学习者在他们不清楚的答题指导语、问题或答题要求旁边打钩。

3. 如果学习者愿意的话，可以在考卷上写下自己的评论。

4. 在测验期间不要与学习者讨论问题。

F. 实施教学材料。使教学情境尽量接近现实，并提供必需的设备和材料。确保学习者在试验过程中能够得到所需的教学辅助。

1. 告诉学习者，你需要他们帮忙评价材料。

2. 让学习者在所做测验上签名，这样你就可以比较他们的课程表现和起点技能表现。

3. 让学习者圈出任何不明白的词，标记所有不清楚的插图、示例或解释。学习者应该一直学习材料，在结束前不能停下来讨论。

4. 记录学习者学完教学材料所需的时间。如果学习者需要了解不熟悉的设备或操作程序，学习时间可能会超出预期。

G. 进行后测。

345

1. 让学习者在后测试卷上签名,以便与前测和问卷进行比较。

2. 让学习者圈出所有不明白的词,并在任何不清楚的答题指导语、问题或答题要求旁边打钩。

3. 不管学习者是确定答案还是仅凭猜测,让他们尽可能多地回答问题。不正确的猜测往往能提供教学不充分的线索。你还可以要求他们指出哪些答案是猜的。

4. 记录学习者完成后测需要的时间。

H. 对学习者进行态度问卷调查。

1. 你可以提问如下问题:

- 教学是否引起了你的兴趣?

- 教学时间太长还是太短了?

- 教学内容太难还是太简单了?

- 你对教学的哪些部分还有疑问?

- 动画或插图是恰当的,还是分散了你的注意力?

- 所使用的颜色是吸引人的,还是分散了你的注意力?

- 你最喜欢教学的哪个部分?

- 你最不喜欢教学的哪个部分?

- 如果可以,你会如何修改教学?

- 测验是否测试了所呈现的教学材料?

- 你是否更喜欢其他形式的教学媒介?

I. 在学习者完成所有工作后,安排他们与你或教师一起对前测、教学和后测进行讨论。

1. 你可以围绕预先设计好的问题来组织讨论。

2. 你可以问这样的问题:"你会修改第 X 节的练习吗?"或"你喜欢第 X 节中的例子吗?"

现场试验

Ⅰ. 从目标人群中挑选合适的样本。

A. 安排所选择的小组来试用教学材料。

1. 确保小组中有足够数量的学习者。一般建议要有三十人参加现场试验。

2. 确保所选择的学习者反映了目标人群中学习者的能力和技能范围。

3. 确保试验有足够的人员、设施和设备。

B. 向实施现场试验的教师分发教学材料和教师指南(如果有的话)。

C. 讨论如果预期的教学情境不适用,需要如何调整教学,有哪些注意事项。

D. 在现场试验中最大化地淡化个人角色。

E. 汇总收集到的数据。汇总后的数据可能包含以下内容:

　　1. 前测的起点技能分数。

　　2. 所教技能的前测和后测分数。

　　3. 学生完成每项测验需要的时间。

　　4. 学生完成所有教学需要的时间。

　　5. 学习者和参与评价的教师的态度。

对选定教学材料和教师主导教学的形成性评价
346

Ⅰ. 选定材料

除了对自学材料的形成性评价建议外,你还要确定以下情况:

A. 教学策略的所有成分都包含在选定或由教师提供的材料中。

B. 不同来源的材料之间过渡自然流畅。

C. 各种教学资源中的内容具有一致性和逻辑性。

D. 学习者手册或教师能够充分地呈现教学目标。

E. 充分说明每个教学材料的来源。

F. 教学策略中需由教师提供的部分是完整和充分的。

G. 通过各种途径得到的教学材料中所使用的词汇都是适当的。

H. 使用的插图和示例适合目标人群。

Ⅱ. 教师主导的教学

在评价由教师提供的教学时,一个主要因素就是教学的互动部分。除了前面提到的所有注意事项外,还有几个重要的注意事项是评价此类教学所独有的。教师是否:

A. 令人信服、热情、乐于助人且知识渊博?

B. 能够避免跑题,使教学和讨论围绕相关主题、按照预定时间进行?

C. 以有趣和清晰的方式呈现教学内容?

D. 使用视觉辅助工具来帮助学习者理解例子和插图?

E. 能对学习者的问题提供良好的反馈?

F. 能提供充分的练习和适当的反馈?

你应该记录教学过程中发生的各种事件,这样才能对它们进行研究,分析它们对教学效果的影响。

评价和修改

评价和修改形成性评价计划

形成性评价使教学设计过程与哲学或理论的方法区别开来。你不是对材料的教学效果进行推测,而是与学习者一起测试它;因此,你应该尽可能地收集那些能够真正反映材料有效性的数据。需要明确的是,我们现在的任务,是对形成性评价的计划进行评价和必要的修改,以改进该计划。在下一章中,你将基于形成性评价收集的数据,回过头去检查你在分析、设计和开发过程中所作的决定,进而改进你的教学产品。当然,最理想的情况是你能够顺利地实施教学,学生也喜欢这些材料,能够达到预期的行为表现,并且教学材料的内容几乎不需要任何修改!但是,在考虑形成性评价中数据收集的计划和程序是否充分时,你应该考虑与形成性评价的情境和参与评价的学习者相关的几个问题。

347

情境方面的考虑

在对你的材料进行评价时,请确保所有的技术设备都可以有效运行。很多教师在试用新材料时感到受挫,就是因为要使用的设备不能正常运行。其结果只能是从学习者那里收集到无效的数据,而教师也只得到了一个教训,就是在试验材料时必须要保证设备运行良好。

在形成性评价的早期阶段,尤其是在一对一评价中,你和学习者一起工作的环境一定要安静,这样才可以使学习者集中注意力。此时你关注的是让材料在尽可能理想的条件下发挥作用。而在小组评价和现场试验时,你可能更加关注材料在更典型的情境下效果如何。如果典型的情境是某个噪音较大的教室,那么你可能想知道材料是否适用于这种情况。但是,形成性评价的开始阶段不应该在这种条件下进行。

学习者方面的考虑

在为形成性评价的任何阶段选择参与的学习者时,都要避免完全依赖教师来评估学习者的起点技能。只要可能,就应该对学习者实施起点技能测验,以确认他们是否属于这些材料所针对的目标人群。经验表明,出于各种原因,教师有时候会错误地判断被推荐参加形成性评价的学习者的教学准备情况。因此,你要尽可能地去确定学习者的起点技能。

在了解学习者起点知识和技能的相关信息后,你可能会遇到这样的问题:对于那些掌握了部分乃至全部待授技能的学习者,或者那些完全不具备起点技能的学习者,该怎么办?是将他们排除在形成性评价之外吗?并非如此。其实,在形成性评价中最好能包含一些与目标人群的真实技能情况不完全匹配的学习者。因为那些已经掌握部分教学内容的学习者可以充当"内容熟悉者",用以推测其他了解一些或大部分教学内容的学生将有怎样的反应。你还可以确定你的教学是否可以使这些学习者完全达到预期目标。如果这种方法对这些学习者无效,那么对不具备起点技能的学习者就更不可能有效了。

不具备起点技能的学习者也应该被包含在形成性评价中。因为起点技能是理论分析得出的,需要验证。如果不具备起点技能的学习者确实在教学中感到困难且收效甚微,而那些具备起点技能的学习者成功了,那就说明你已经鉴别出了学习者在教学前必须具备的技能。但是,如果不具备起点技能的学习者也成功完成了教学内容,那么你必须重新考虑你所确定的起点技能是否有效。

我们曾建议,在一对一的形成性评价中,设计者应至少选取各一名能力水平较高、中等以及较低的学习者来进行。这个模糊的建议可以进一步细化为:将**能力较高的学习者**定位为已经了解部分教学内容的学习者;**能力中等的学习者**定位为具有起点技能、但不了解待授技能的学习者;**能力较低的学习者**则定位为缺乏部分起点技能的学习者。按照这种界定,设计者可以更准确地确定所需学习者的能力范围。研究表明,这三类学习者会为设计者提供不同类型的有用信息,因此都应该被包括在形成性评价中。

形成性评价结果方面的考虑

最后要注意的一点是:在经历了如此详尽的教学设计过程后,你仍然要随时做好准备,接受那些表明你的材料并没有预想中那样有效的信息。当花了大量的时间和精力投入某个项目后,你往往会深深卷入其中。因此当你发现自己的努力并没有达成完全令人满意的结果时,难免会感到失望。

你要记住,在形成性评价过程中,学习者的积极表现和正面反馈几乎不能为你修改材料提供任何指导,它们只能验证你在设计和开发过程中所作的决定是正确的。不过也要注意,这些正面反馈只能表明你的教学材料对现在使用材料的学习者是有效的。你只能从中作出有限的推论,即这些材料对目标人群中具有相似技能和动机水平的学习者也会有效。

你在实施形成性评价的过程中,不妨假设这些材料是由另一位教师开发的,你仅仅在为他进行形成性评价。我们并不是建议你误导学习者,而是让你能以局外人的心态,更好地倾听学习者、教师和学科专家的意见。这类反馈必须被整合进一个客观的评估中,以反映你的材料在多大程度上满足你所设定的教学目标,以及如何改进这些材料。

形成性评价实施方面的考虑

尽管理想的教学设计过程是在教学得以普及使用之前,实施三个阶段的形成性评价,但有时候根本不可能遵循以上程序。在很多情况下都没有足够的时间或经费来进行形成性评价。那设计者该怎么做呢?

首先要考虑的是,在正式进行教学前,是否有可能实施某种类型的形成性评价。是否可以把某些一对一评价的技巧与现场试验相结合?是否能找人通读这些材料,看它们是否意思通达?能否通过角色扮演来确定教学是否有效?大多数设计者都会承认,将新设计的教学不经试验就投入使用是相当冒险的,但有时候却不得不这样做。

即便教学在未经过任何形成性评价的情况下便直接应用于目标人群，依然有可能抓住这一契机来收集可用于改进教学的相关信息。在这种情况下，所采用的程序与现场试验的程序是相同的。可以将其视作一种带有现场试验心态的"实操"式教学。可将问卷调查数据和评估信息与对学习者的观察以及对教学的直接讨论相结合，从而确定教学在哪些方面需要进行修改。

对设计者来说，一条基本原则就是形成性评价是一定要进行的，只是时间、地点和方式的问题。有时候，会有充足的时间和资源进行本章所描述的三个阶段的形成性评价。在不可能这样做的时候，设计者也有责任想方设法通过各种途径收集尽可能多的有关教学的信息，以便使教学得到适当的修改。

349 形成性评价程序的评价细则

以下是适用于评价形成性评价过程的评分细则总结，它能帮助你清晰地判断自己的形成性评价设计是否足够完善。你可以在开展评价之前先浏览这些评分细则，以便提醒自己可能疏忽的要点；同样，在评价工作完成后，也可以再次借助该评分细则来审视自己所完成的工作。在运用此评分细则时，请牢记它是相当全面的。所以，若某个标准并不适用于你的项目，或者在某些情境下没有涵盖该标准，你可以随时选择使用"NA"（不适用）选项。而实际用于在形成性评价中对教学材料进行评价的评分细则在第8章和第9章中有所呈现。

设计者须知：若某一要素与你的项目无关，请在"否"一栏中标注"NA"，表示"不适用"。

否　有些　是　　**A. 整体形成性评价设计**　设计是否：

＿＿＿　＿＿＿　＿＿＿　　1. 基于教学策略进行（即教学导入活动、内容呈现、学习者参与、测验和迁移）？

　　　　　　　　　　　2. 使用多种策略收集数据？

＿＿＿　＿＿＿　＿＿＿　　3. 包含评审者的意见，以确定教学材料的优势和问题所在？

＿＿＿　＿＿＿　＿＿＿　　4. 在后续评价阶段前，为调整/完善材料提供依据？

　　　　　　　　　　　B. 专家　评价是否包括对以下内容的专家评审：

＿＿＿　＿＿＿　＿＿＿　　1. 学习专家对学习类型的评审？

＿＿＿　＿＿＿　＿＿＿　　2. 内容专家对内容准确性和时新性的评审？

＿＿＿　＿＿＿　＿＿＿　　3. 学习者专家对复杂性是否适当的评审？

＿＿＿　＿＿＿　＿＿＿　　4. 内容专家对教学内容可行性和迁移性的评审？

＿＿＿　＿＿＿　＿＿＿　　5. 目标学习者对教学清晰度和有效性的评审？

　　　　　　　　　　　C. 目标学习者　学习者是否：

＿＿＿　＿＿＿　＿＿＿　　1. 能够代表目标群体？

—— —— ——　2. 收到关于此次教学的指导，并感到放松？

—— —— ——　3. 收到所有必要的材料（从教学导入活动到迁移活动）？

—— —— ——　4. 完成前测（含起点技能）并进行评论？

—— —— ——　5. 标记不清楚的段落并在不熟悉的词汇下划线？

—— —— ——　6. 对不熟悉的例子提出疑问，并建议替代方案？

—— —— ——　7. 对观点和重点提出疑问？

—— —— ——　8. 参加练习和演练活动，并对反馈是否有帮助给出评论？

—— —— ——　9. 完成后测，并对不清楚的题项进行评论？

—— —— ——　10. 完成态度问卷，并对问题的清晰度和他们的观点进行评论？

—— —— ——　11. 对媒体和传输系统感到舒适？

D. 评价者　评价者是否：

—— —— ——　1. 在一对一评价中与学习者互动，以提出问题、澄清、阐述等？

—— —— ——　2. 总结学习者的评论和反应？

—— —— ——　3. 识别优势并准确指出问题？

—— —— ——　4. 在一对一试验间隙以及小组试验和现场试验前，修改材料中的明显错误？

实例

以下实例将继续以高尔夫教学为例，聚焦于与规划推杆相关的教学内容。想必你还记得，该教学的核心目的是推广高尔夫俱乐部以及休闲活动。因此，评价的形式和性质将取决于推广的效果而非高尔夫技能水平。回顾一下，这个高尔夫训练课程是：

- 由高尔夫俱乐部面向刚退休或即将退休的当地居民开设，这些人群是俱乐部潜在的会员对象；
- 以小组的形式进行；
- 由俱乐部的高尔夫专业教练主导实施。

这些因素同样会对评价产生影响。我们或许会问，为何要费心去开展评价呢？答案很简单。倘若训练课程能够取得成功，俱乐部便期望通过多次举办此类训练课程来吸引新会员。俱乐部已经为吸引新会员的训练课程投入了相应的资金与设施，最终目标是不仅收回成本，还要借助新会员的加入来增加收入。因此，一个有效的训练课程将有助于确保俱乐部实现上述目标。

一对一形成性评价

在教师主导的形成性评价中,通常需要对基本评价设计进行修改,但还是可以用基本评价设计来指导评价规划。在本例中,也会有一对一类型的评价,只是调整为二对二的评价,由评价者/观察员、一位专业教练和两名初学者进行。评价者与专业教练合作,使教练在过程中感到舒适,并获得教练对教学的见解。之所以包括两名学习者而不是一名,是因为他们将像高尔夫球手和他的球童那样,作为一个单元或团队工作。在策略的练习和反馈阶段,学习者一起研究果岭推杆,一起规划击球,根据共识修改规划,并为彼此提供关于规划是否充分的反馈。

在评价期间,观察者/评价者使学习者和教练感到舒适是至关重要的。如果被观察的教练认为自己正在被评判,尤其是有学习者在场的情况下被一个并非专业高尔夫球手的人评判,他们很可能会感到紧张和不适。你可以尝试鼓励他们和学习者像一个团队一样互动合作,无论是在课程期间还是在课后反馈中。在这种学习情境下,问卷调查无疑太过正式,可以通过互动讨论的形式进行评价。可以通过视频记录互动讨论和评价反馈,这样评价者就可以作为团队成员,参与现场互动活动。

选择的两名学习者非常重要。在这个刚退休的群体中,有许多年长的高尔夫球手已经打过休闲高尔夫,不过他们只从同伴那里得到过反馈,从未上过课;其他人则几乎根本没有玩过。因此,两名学习者中,一名应该有过高尔夫经验但没有受过培训,另一名则应该很少打高尔夫。此外,学习者将获得免费的教学指导,因为他们正在帮助俱乐部开发教学。

与其他形式的教学一样,教师主导的教学也要基于教学策略进行评价。回想一下,表11.1已经呈现了教学策略的主要成分和主要问题领域,而表11.2包含了三个主要的标准领域:清晰度、影响力和可行性。你最好参考这些表格,这样就可以选择最适合你教学和形成性评价阶段的成分和标准。在接下来的部分,我们将使用从表11.1中选择的学习成分和从表11.2中选择的问题标准,来聚焦评价。为了更好地说明这个过程,让我们跳过教学导入成分,关注第2节的内容,即推杆。

内容呈现

回想一下,内容呈现这个成分包括呈现(排序、组块大小、内容、示例、联系)、学习者参与(练习和反馈)、评估和跟踪活动。对于这个成分,你可以关注教练是否:

- 正面谈论俱乐部、会员资格和训练课程(动机激发)(将目标聚焦在会员资格上)?
- 表现得轻松、休闲、和蔼可亲(在关注目标的情况下)?
- 对所讲话题充满热情?
- 对学习者感兴趣?
- 在整节课中与学习者保持互动?

- 根据目标分析,按逻辑顺序呈现信息和技能?

对学习者来说,适合的问题可能是他们是否:

- 认为展示各个高尔夫球手及其球童的 YouTube 视频相关且有趣?
- 理解为何他们从滚球而非推球开始学习(清晰度)?
- 理解使用的术语和词汇(如地形、力度、轨迹、阻力)(清晰度)?
- 理解推杆果岭的物理条件、他们的心理规划(轨迹和力度)以及推杆时身体动作之间的相互作用?
- 认为教学内容有趣且相关?
- 有注意专业教练的讲解和示范?
- 认为这些例子必要且清晰(清晰度)?
- 觉得解释有帮助,还是太长或太短(清晰度和进度)?
- 认为示范有帮助,还是过多或过少(清晰度和进度)?
- 认为每个部分(规划、握杆、站姿、实际推杆)的进度恰到好处,还是太慢或太快(进度)?
- 在排练时感到愉悦(动机激发和影响力)?

学习者参与

该成分涉及练习和反馈。聚焦这一领域的评价,适当的问题包括学习者是否:

- 了解每项练习活动(规划、握杆、瞄球、击球)要做什么(清晰度)?
- 认为每项活动的练习量正好,还是太少或太多(进度)?
- 能为搭档的推杆提供有益的反馈(影响力)?
- 在排练时感到愉悦(动机激发和影响力)?

评估和跟踪

352

因为课程是娱乐性质的,所以不会有前测或练习性测验,且学习者被假定仅拥有有限的推杆技能。后测也不是一个测验,而是一场总结性比赛,使学习者能够以更真实的方式整合推杆技能。对于这一成分,适当的问题可能是,学习者是否:

- 认为课程结束时的推杆比赛指导语清晰、比赛很精彩(清晰度和动机激发)?
- 相信他们能够将教学中学到的技能迁移到比赛中?
- 相信他们通过本课程提升了推杆技能(对技能和信心的影响)?
- 在比赛中准确地计分并记录他们的推杆(每杆计一分)(迁移)?
- 因为这节课而更想打高尔夫球(动机激发)?

管理与可行性

第三个标准领域是可行性,这属于管理范畴。我们将关注资源是否充足。适当的问题包括,学员和教练是否认为:

- 日程安排(日期、时间、周)是方便的?

- 在两小时的推杆教学中,有充足的时间来热身、学习推杆并练习技能?

- 他们在哪个教学环节需要更多时间?

- 推杆练习果岭在物理结构上足以练习轨迹和力度技能?

- 俱乐部会员和工作人员热情且乐于助人?

形成性评价程序

以上这些问题并不会放到问卷中,也不会由小组参与者使用。相反,它们将被评价者用来组织互动讨论。这些讨论将被录制成视频,以记录教练和学习者的行为。在教学讨论结束后,观察员和高尔夫教练可以在反馈环节一起回顾视频,并讨论各自对教学环节的认识、对优势的认识,以及如何改进不足以提高教学的质量。之后,观察员可以重新观看视频,重点关注教练是否遵循教学策略的各个成分,实际情况与预期的教学有什么差异和/或改进,还有教练的举止态度及其对学习者的影响。另外,还可以重新观看学习者和教练对彼此提出的问题和评论,并考虑他们在反馈讨论中的想法。应该格外注意学习者要求做出的澄清、他们在听教练解释时的行为、在排练期间的行为以及在规划推杆和实际推杆中的成功程度。

小组/现场试验

此外,还将有一个由16名学习者组成的综合的小组/现场试验,这是实际高尔夫训练课程所规定的学习者数量。此次试验将被视为常规训练课程,观察员在任何阶段都不会干扰学习者或教练。观察员/评价者将参加所有课程,并记录学习者和高尔夫教练的活动和对话。与一对一形式一样,观察员将录制每节课的视频,包括实际的高尔夫锦标赛,然后与教练一起回顾视频和观察笔记,可能的话,与选定的学习者一起进行上述活动。

评审视频的标准也是相同的:遵循教学策略的学习成分、信息的清晰度、对学习者的影响力以及可行性。此处将再次使用一对一评价中考虑的问题,以便帮助观察者和教练在反馈环节和评审视频时明确焦点。

关于清晰度,观察员/评价者应该特别注意高尔夫教练对教学策略成分的理解和遵循情况。如果他们忽略了任何部分或者纳入了其他策略,观察员应该与教练进行讨论并询问原因。

教师主导的教学既有优点,也有局限。优点是教师的经验和知识使他们能够与学习者进行个人互动,并根据学习者的态度和行为以及环境和学习情境,适时调整信息、活动、时间安排和顺序。局限则是教师可能希望按照自己常用的方式进行教学:他们可能会遗漏教学策略的某些部分,没有分配足够的练习时间,或者没有提供充分的反馈和迁移机会。我们作为教师,理解每位教师有制定个性化策略和课程规划的需求。因此,即使是最好的规划,也要根据教师的判断和习惯进行调整。

在可行性标准中,除了俱乐部提供高尔夫训练课程的初始目的之外,观察员应该还有一些其他的相关问题。请记住,增加会员是俱乐部提供训练课程的主要原因。适当的问题有:

1. 对训练课程的宣传充分吗?

2. 有足够多的人了解并报名参加课程吗?

3. 他们有参加所有课时吗?

4. 他们有参加课程结束时的比赛和最终的高尔夫锦标赛吗?

5. 参与者在合理的时间内加入了俱乐部吗?

案例研究:团体领导力培训

本节是团体领导力培训案例的形成性评价活动,以及可用于指导你工作的、详细的形成性评价活动大纲。

以下内容的基础,是针对第 8、9 和 10 章中介绍的主要步骤 6"管理合作性团体互动"的教学分析和教学策略。目标人群同样是具有不同知识和技能水平的校园领导力课程中的硕士生。本节描述了一对一和小组形成性评价的实施方式,并在练习和反馈部分包含了现场试验示例。在阅读每种评价的内容时,你应该牢记评价的目的、领导力教学的性质以及学生领导者的特征。

一对一形成性评价程序

354

一对一试验的材料

材料由包括指导语、教学内容和测验的打印活页组成。此处,视频以纸质故事板的形式呈现,插图以粗略的手绘图和剪贴画呈现。有关每个目标的内容和要求领导者做出反应的材料都在同一页上,反馈则在下一页上,这有助于对具体目标的排序和归类作出评价,并确保在需要时可以随时对二者作调整。每一页都分为两栏,留出了足够的空间,以便参加试验的学习者和设计者直接在材料上写下评论和建议。粗略材料应该复印六份:每名学习者一份,设计者一份,还有一份用于记录结果和进行修改。

参与者和指导语

领导力项目中的四名学习者被邀请以独立学习的形式参加课程,并被告知在此期间将进行的活动。最初受邀的四名学习者同意参加,认为这是自己第一次有机会与教授、助教和其他学习者在小组氛围中进行独立学习。他们参加了一个学期的一对一评价。四个样本来自不同的本科专业,拥有不同的兴趣:一个正在学习成为体育总监,一个想成为高中校长,一个想在高等教育机构从事学生服务工作,一个正在地方政府求职。他们在工作和社区中都领导过团体会议。虽然这个一对一的小组对整个课程的材料都进行了评价,但这里的讨论只涉及主要步骤6,即管理合作性团体互动。

首先感谢参与者的出席,并为他们提供咖啡、软饮和点心,以确保营造一个社交而非评判的环境。随后,向参与者解释反馈讨论的目的,并告诉他们,回答没有对错之分,如果觉得哪里不对,那是因为开发者没有按照需要展示清楚或者完整。在开始前,参与者还被告知,教学材料开发者希望他们帮忙评审材料中的词汇、阅读难度、教学进度,以及示例、练习和反馈的清晰性。他们还需要评价自己领导团体讨论的经历,比如是否可以跳过某一部分,或者是否应该增加信息和示例。

教学导入材料

为了辅助参与者对学习材料的各个部分进行评论,设计者可以让他们从以下方面着手:(1)最初的动机激发材料是否清晰有趣;(2)目标是否清楚且与自己相关;(3)他们是否具备目标中所包含的技能。参与者可以在页面空白处直接写下评论,设计者也要在自己的页面空白处对参与者的言语评论作出解释。

内容呈现

学习者识别和标出指导语或管理信息中不清楚或令人混淆的地方,并圈出书面材料(包括视频脚本)中不熟悉的词汇。设计者要求学习者口头评论材料中的描述和示例是否清晰,并根据自己的经验口头描述其他示例。设计者要在页面空白处对学习者的经验作出解释。还可以要求学习者对内容的排序和教学组块大小是否适当发表评论。由于一对一评价是互动性的,所以这里无法评判教学进度。

学习者参与

学习者需要完成所有的练习项目和活动,评价它们是否有趣,以及是否能帮助他们学习和记忆相关技能。设计者还可以让参与者评论他们做错的题目(在不告诉他们哪些题目做错的情况下),这样可以收集到更多信息,以了解他们在哪些地方存在误解,以及哪些地方没有完全学会。通过这些与学习者之间的对话,设计者可以确定哪里需要添加信息和示例。学习者还需要评价材料中提供的参考答案是否清晰和有用,并在空白处写下他们在学习参考答案后依然存在的疑问。

评估

在前测和后测中,学习者都要对测验指导语、所用词汇、所提问题或所做任务的清晰度进行评论,还要标出他们不清楚或感到困惑的词语、问题或指导语。如果学习者在后测中有某道题目答错了,那么设计者可以在学习者作出评论时探究性地提问,以确定这个错误或误解是如何出现的。设计者可以在出错题目旁的空白处对学习者的评论作出解释。

一对一评价后,要与学习者面谈,请他们仔细思考整个教学,并评论教学的清晰性和有效性。通过这次访谈,可以深入了解教学与他们作为领导者所要完成的任务是否相关,以及教学能否有效帮助他们更好地完成工作。学习者还要对任何他们认为应该改进或删除的材料发表评论。

在每轮一对一评价后,你都需要回顾和综合学习者的意见,并修改材料中的明显错误。然后把修改后的材料制作好,用作下一轮评价。在一对一评价和材料修改完成后,将进入小组评价阶段,以确定材料中存在的问题或者以预期形式进行管理时可能存在的问题。

小组形成性评价程序

小组试验的材料

小组试验是在第二学期进行的。此时,教学材料包含了基于网络的教学、模拟会议、教师主导的课程、视频和测验,其复杂程度已经完全达到预期使用的水平,因此,在小组试验过程中就可以识别有关管理或学习的问题。教师指南也已经完成并经过测试,以确保各种教职员工能有效地使用这些材料。为了方便学习者对教师主导、基于网络和视频的教学进行评价,可以为学习者提供一个评价表,列出每个具体学习目标及其相关活动,这样在完成教学的每个部分后,学习者就可以对该部分进行评价。该表格还包括以下等级量表,用来评判每项活动的有趣性、清晰性和实用性,还有一栏用于记录他们提出的改进建议。表 11.3 展示了该表的一般格式。

表 11.3　学习者在非印刷材料的形成性评价中可以使用的表格

356

针对团体领导力培训中所用的非印刷媒体材料的评价表		
评分 1＝完全没有 2＝有点 3＝大部分 4＝非常		在这一栏写下你对改进这部分教学的想法和建议。
教学模块	**请圈出相应的等级水平**	**怎样做会更好?**
6.1.1　前测	有趣性:1　2　3　4	
网站视频	清晰性:1　2　3　4	
视频#6	有用性:1　2　3　4	
6.2.2　网站	有趣性:1　2　3　4	
会议视频	清晰性:1　2　3　4	
讨论团体	有用性:1　2　3　4	
(按照这种形式对其余非印刷的具体教学目标和活动进行评价。)		

参与者和教学

领导力课程中的全部 20 名成员都被选择参加小组形成性评价。他们同样是来自不同本科专业、拥有不同兴趣的硕士生。部分参与者有过工作或社区活动中的团体领导经验。有两名参与者正式学习过人际沟通和团体讨论管理相关的课程。

由于本学期只有一个班级,所以只能进行一次小组评价;在对结果进行评价,并据此修改教学材料和教师指南后,可能需要在下学期再次安排课程进行评价。有些修改可能会改进学习或管理,有的则不会。

教学导入材料

学习者遵循指导语参与教学。在完成基于网络的前测后,会给学习者一份可以自由作答的表格,邀请他们对指导语中任何不清楚的地方进行评论。他们还被要求尽自己所能地回答前测中的所有问题。在前测之后,学习者会收到另一份短文形式的反应表,被邀请指出任何不清楚或感到困惑的地方,并给予评论。这些问题是按照具体教学目标组织的,而具体教学目标是按照总体教学目标组织的。通过确定小组中正确回答每个问题的学生百分率和每名学习者正确回答项目的百分率,对数据进行汇总。此外,设计者还统计了那些被标记为不清楚的题目、指导语以及被标记为不熟悉的词汇。在评价中,不要打断学习者询问有关动机激励材料、具体目标有趣性或清晰度的问题。

内容呈现与练习

在教学过程中,学习者没有被打断或接受访谈。但在开始前,他们被邀请在印刷材料上直接标记他们认为不清楚的解释、示例、插图、词汇、练习和反馈。对于视频和基于网络的材料,再次为学习者提供了评价表,供他们在学习时进行标记。学习者需要完成材料中的所有参与项目和活动。

评估

357

后测的标记方式与前测一样。类似的,问题是按照具体教学目标组织的,而具体教学目标是按照总体教学目标组织的。通过确定小组中正确回答每个问题的学习者百分比,以及每名参与者正确回答的题目和具体目标的百分比,对数据进行汇总。同样也统计了被标记为不清楚的问题和不熟悉的词汇。最后,记录学习者完成前测、教学和后测所需的时间,包括小组中的最短用时、最长用时和平均用时。按具体目标和总体目标对这些数据进行收集和整理后,就要开始识别问题、找出解决方案了。

评估学习者对教学态度的工具

第 10 章详细描述并讨论了评估学习者团体领导力成就的工具,但并未提供任何态度问卷,而好的形成性评价应该同时评估成就和态度。

　　表 11.4 是针对教学目标"引导致力于解决问题的团体讨论"的态度问卷。该问卷计划在第 10 节课"激发成员的合作行为"(表 6.7 中的目标 6.1.1 至 6.5.1)之后进行。它包含六个部分,其中四个部分与凯勒的 ARCS 模型的四个方面相关:注意、关联、信心和满意度。另一部分让学习者能够评价教学的清晰度。最后一部分要求学习者从他们的角度对教学的优势和不足发表评论。为了方便学习者回答,在问卷的左栏列出了教学的不同方面。最后两行为"其他",这样学习者就可以对表格中没有列出的教学的其他方面进行评论。

表 11.4　态度问卷(主要步骤 6:管理合作性团体互动,第 10 节课,目标 6.1.1 至 6.5.1)

第 10 节课:激发成员的合作行为	日期_____

说明:填写下面的问卷,对今天这节"激发成员的合作行为"课程的教学效果进行评价。请依照表格中包含的五个主要方面,对教学质量进行评分。针对左侧列出的每个教学内容,在右列圈出最能反映你看法的答案。在表格最后,请就今晚教学中的优势或不足谈谈你的看法。谢谢!

Ⅰ. 注意:以下教学活动在多大程度上引起了你的兴趣或注意?

教学内容	注意水平(每个内容只能选择一个水平)
A. 阅读和分析会议的对话文字中展示出的: 　1. 有助于合作性互动的成员行为 　2. 领导者用来鼓励团体合作的策略	没注意　1　2　3　4　5　非常注意 没注意　1　2　3　4　5　非常注意
B. 观看和分析会议视频中描绘的: 　3. 有助于合作性互动的积极成员行动 　4. 领导者激发成员合作的行为	没注意　1　2　3　4　5　非常注意 没注意　1　2　3　4　5　非常注意
C. 亲自担任团体领导者: 　5. 在我的团体内激发成员的合作行为	没注意　1　2　3　4　5　非常注意

Ⅱ. 关联:你认为以下技能在多大程度上有助于你在解决问题的会议中发挥有效领导力?

	关联性
6. 在会议过程中识别成员的合作行为 7. 在会议过程中激发成员的合作行为	不相关　1　2　3　4　5　非常相关 不相关　1　2　3　4　5　非常相关

Ⅲ. 信心:你有多大信心能够在解决问题的讨论中有效运用这些团体互动管理技能?

	信心
8. 在会议过程中识别成员的合作行为 9. 在会议过程中激发成员的合作行为	没信心　1　2　3　4　5　非常有信心 没信心　1　2　3　4　5　非常有信心

（续表）

Ⅳ. 清晰度：你认为以下教学材料和活动的清晰度如何？

	清晰度
10. 本节课的引言	不清楚　1　2　3　4　5　非常清楚
11. 本节课的教学目标	不清楚　1　2　3　4　5　非常清楚
12. 会议对话的书面文字	不清楚　1　2　3　4　5　非常清楚
13. 会议视频	不清楚　1　2　3　4　5　非常清楚
14. 亲自担任团体领导者	不清楚　1　2　3　4　5　非常清楚
15. 进行团体领导活动的指示说明	不清楚　1　2　3　4　5　非常清楚
16. 用于发现领导者积极行为的核查表	不清楚　1　2　3　4　5　非常清楚
17. 对成员和领导者积极行为练习的反馈	不清楚　1　2　3　4　5　非常清楚

Ⅴ. 满意度：总体而言，你对以下方面的满意度如何：

	满意度
18. 辅助设施	不满意　1　2　3　4　5　非常满意
19. 教师	不满意　1　2　3　4　5　非常满意
20. 教学进度	不满意　1　2　3　4　5　非常满意
21. 教学	不满意　1　2　3　4　5　非常满意
22. 你自己，针对你所提高/改进的新技能	不满意　1　2　3　4　5　非常满意

Ⅵ. 评论：请对本节课的优势和不足作出你自己的评论。

	优势	不足
引言：		
具体目标：		
对话文字：		
视频：		
互动性的领导活动环节：		
评估：		
其他：		
其他：		

　　在开展形成性评价的过程中，不仅要对教学本身进行评价，还需对收集信息的工具的清晰度与实用性加以考量。比如，若学习者对态度问卷的指导语或某些题目存在疑惑，或者频繁地忽略问卷中的部分题目或板块，这就意味着需要审视这些题目是否表述得足够

清晰明确，并据此进行相应的修改。同时，若评价工具的某个部分未能有效收集到能够反映教学优势与不足、助力教学改进的有价值的数据，那么该部分内容也应予以修改或删除。

如需更多的学习支持，可以参阅附录中的学校课程实例。

专业和历史观点

如果你在 20 世纪 60 年代初开发教学材料，那么你的初稿或者修改稿，很可能会被直接制作成最终产品并分发给目标群体。未经测试的教学材料初稿几乎一定会有问题，在那个时候，这些问题可能被归咎于教学不当或者学生缺乏积极性。但事实上，当时出版的材料可能本身就不足以支持教学工作。

在 20 世纪 60 年代和 70 年代，美国联邦政府逐渐开始资助大型的课程开发项目，在竞争激烈的教育市场中，众多出版商纷纷投身于教科书、视听产品以及分年级学习材料的开发，并将其广泛分发至全国，教学材料未经测试的问题愈发凸显。科莫斯基（Komoski，1974）描述并记录了当时教学材料呈现出的爆炸式增长态势，而当时对材料评价的定义，是将一种创新产品的有效性与现有产品的有效性进行比较。在开展此类研究时，研究者们常常发现，现有产品与新课程材料所导致的学生成绩差异相对较小。贝克和阿尔金（Baker & Alkin，1973）在 1963 年至 1967 年间进行的几项研究得出结论，仅仅通过一名评审者的试验和修改，就能提升教学材料的有效性。在审视这一情况后，斯克里文等人（Scriven et al.，1967）以及克隆巴赫（Cronbach，1975）得出结论，我们对评价的定义应当拓展，以涵盖现在所称的**形成性评价**，即在教学开发过程中收集数据和信息，从而提高教学的有效性。

在那个时期，教学材料形成性评价的概念从教学系统设计进入公众视野，被称为**学习者验证和修订**（learner verification and revision，LVR）。加利福尼亚州（1972 年）和佛罗里达州（1974 年）首先在立法上要求出版商证明教科书的有效性已经被学习者"验证"并进行了相应修订（Carey & Carey，1980）。经过深入调查，科莫斯基和列侬（Komoski & Lennon，1979）以及科莫斯基和伍德沃德（Komoski & Woodword，1985）指出，出版商提供的 LVR 报告是总结教师和管理人员就自己多么喜欢相关教科书的轶事性评论。而当出版商确实报告了有效性研究时，他们通常报告的是学生从学年开始到结束的成绩进步的大规模比较研究。典型的进步是采用规范化的方式测量大约一年的成绩进步，但这是学生的成熟和其他教育因素而预期会出现的，无论使用谁的教科书和材料都会如此。因此，科莫斯基（Komoski，1985）明确区分了当时在商业化教学材料市场中使用的 LVR 和教学设计领域中使用的形成性评价的不同内涵。

面对教科书选择委员会、州立法者的反对以及出版业的强烈游说,LVR 运动可预见地逐渐走向了衰落。现在,大多数对教科书和其他教学材料的评价都基于对给定材料的内容与相关州和/或全国学生学习基准之间的比较。然而,这些基准是学习目标,而教科书是内容,因此无法进行比较并得出材料有效性的结论。学生的学习才是我们在评价教师主导的教学中各种因素的产物。一项超越此类简单内容比较的倡议是"2061 计划"(Project 2061),该计划始于 1985 年,由美国科学促进会赞助。其首份报告《面向全体美国人的科学》阐述了 K - 12 阶段学生在科学、数学和技术等学校教育中应掌握的知识、技能和态度等基本学习目标。此后,"2061 计划"专注于制定学生成绩、教师教学支持和学生学习支持的明确基准。该计划已对代数、高中生物、初中数学和初中科学四个内容领域的流行教科书进行了基于基准的评价。在初中数学的评价报告中(Kulm et al.,1999),十二本被评价的教科书中仅有四本被认为可接受。报告中对学科专家和评审专家的评价方法及结果的描述颇具价值,而"2061 计划"主页可作为参考,以探索其在科学课程和方法上的广泛影响(American Association for the Advancement of Science,2000)。尽管形成性评价未在"2061 计划"的评价方法中发挥作用,但该计划确实考虑了基于研究的基准,这些基准与有效教学方法和改进学生学习成果相关。形成性评价最初被定义为在教学初稿开发完成后用于提升学习成果的过程。然而,所有经验丰富的设计者都认同,形成性评价并非单一事件,而是贯穿整个教学设计过程的持续改进过程。敏捷设计和基于研究的设计这两种经典 ISD 的现代变体,更是将形成性评价作为主要的质量控制方法。对于所有设计者而言,最好能尽早并经常性地质疑自己的决策和假设,从而避免许多可能要等到教学初稿完成才能发现的问题。

流程图:形成性评价

在设计形成性评价时,应该建立一个参考框架,以确保你的评价方法既不会太窄也不会太宽泛。图 11.1 到 11.4 描述了你与专家和学习者进行一对一、小组和现场试验时的形成性评价活动。

与**专家进行一对一形成性评价**，基于内容、学习、学习者特征和行为表现情境方面的专家视角，找出设计材料和教学的优势和不足，并对材料进行相应修改。

确定具有内容、学习者和情境专长的形成性评价者和专家参与者
1

形成性评价者应该：
- 让专家感到放松
- 不为材料辩护，也不在专家面前摆评价者的架子
- 与专家坐在一起观察、讨论、询问
- 将存在问题的地方记录下来
- 询问专家在他们看来可以用于替代不恰当的描述、展示和阐述的方法
- 询问关于教学排序、组块大小和教学进度的问题
- 在教学材料上记录专家的建议

2

专家参与者应使用评分细则来评价：
- 关于需求、情境和学习者的陈述（是否清晰、准确和时新）
- 总体教学目标、教学分析和具体教学目标
- 测验和评估的草稿（能否准确判断起点技能；材料是否清晰；复杂性、语言和格式是否适当）
- 教学草稿（包括学习者参与）：引言、有趣性、真实性、清晰性、复杂性、词汇、排序、组块大小、学习者参与和教学传输方法

3

在与学习者进行评价之前，总结专家的意见并修改设计文档和教学材料
4

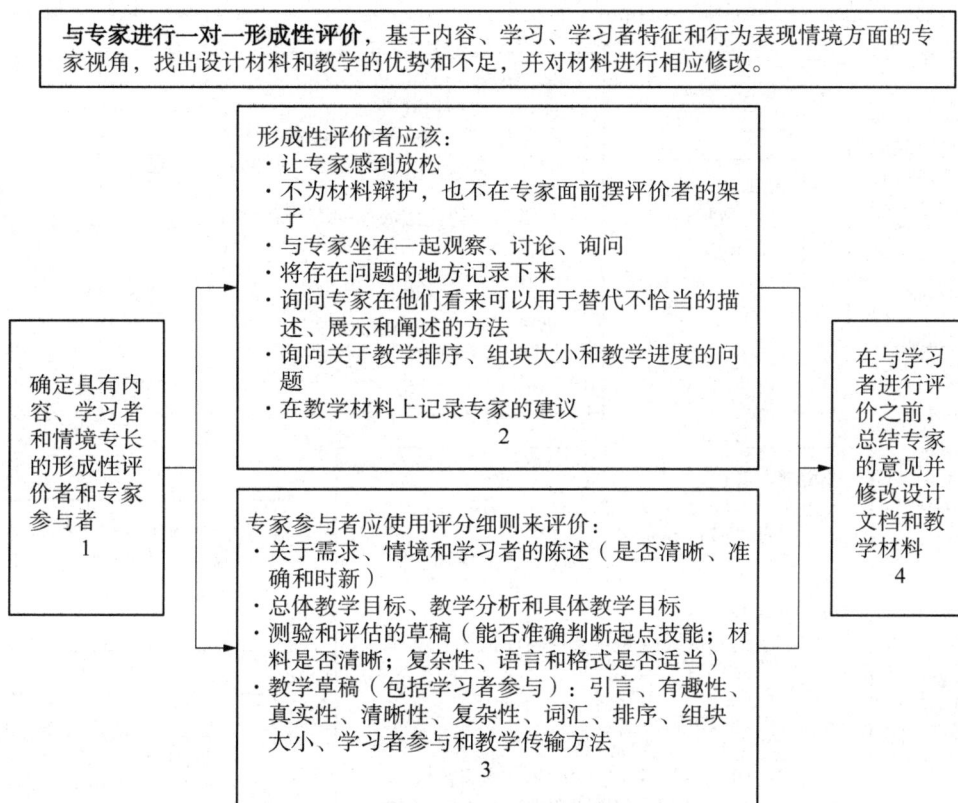

图 11.1 与专家进行一对一形成性评价

362

与学习者进行一对一形成性评价， 以找出指导语、测验和教学中的优势和不足，包括从不同能力和动机水平的学习者角度出发，考察所学技能在行为表现情境中的可迁移性。

在目标群体中选择具有不同能力和动机水平的学习者（通常为三人）
1

为评价者和学习者提供指导
2

指导评价者：
· 使学习者感到放松
· 不为材料辩护或摆出评价者的架子
· 与学习者一起工作，观察、提问并记录观察结果
· 与学习者讨论应该如何澄清和改进材料
· 观察学习者，并询问关于教学排序、组块大小和教学进度的问题
· 询问在学习者看来，可以用于替代不恰当的描述、展示和阐述的方法
· 记下学习者的修改建议
3

A

告知学习者：
· 正在评审的是材料，而不是学习者
· 学习者是材料方面的专家
· 应该标记所有不清楚的指导语、解释和示例，以及所有不熟悉的词汇

指导学习者：
· 对不清楚的指导语和问题发表评论
· 仔细研究材料
· 在不熟悉的词汇下划线
· 提出问题以进行澄清
· 标记不清楚的地方和示例
· 给出可用于替代不清楚的插图和例子的建议
· 标记不感兴趣或者不真实的地方，并提出替代方案
· 对教学排序、组块大小和教学进度进行评论
· 实际回答所有问题并执行所有技能
4

A

评价学习者的起点行为、前测、教学笔记、嵌入式测验、后测、态度问卷
5

· 在学习者试用间隙，修正材料中的错误
· 继续与其他学习者合作，直到没有多余的反馈
6

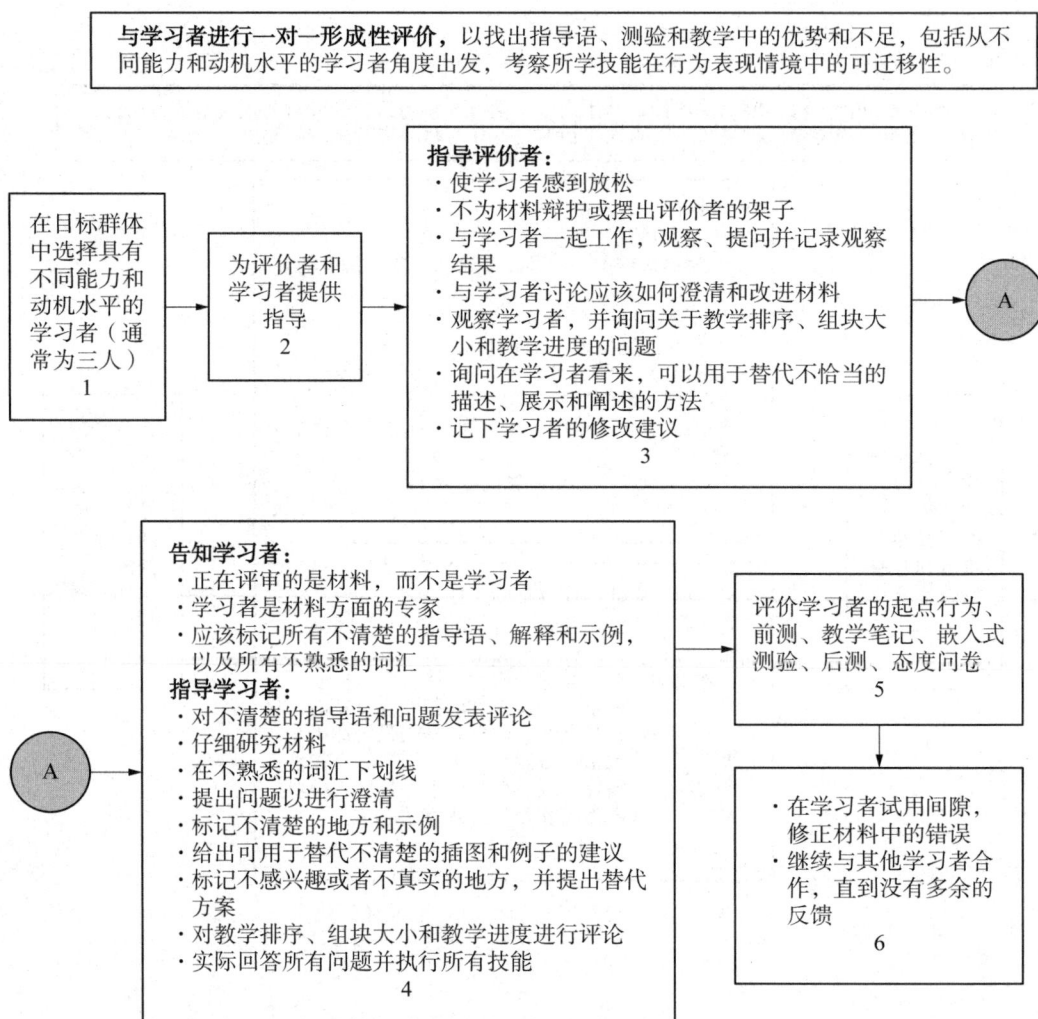

图 11.2　与学习者进行一对一形成性评价

363

进行小组形成性评价，以找出教材供学习者在典型学习情境下独立使用时的优势和不足，并适时记录教师的需求。

确定学习者：
· 八到二十人
· 能代表目标群体
· 每个主要能力和动机水平群体各挑几人
· 愿意参与试验

1

设定评价程序：
· 为提供评价指导、评估、教学和学习者参与活动预留时间
· 草稿材料应该以预期或者模拟的传输格式提供
· 评价尽可能在"真实"的情境中进行
· 学生在试验期间不应该被打断
· 在学生完成教学后，安排讨论的时间
· 评估在预期的环境中以预期形式进行教学的成本和可行性

2

A

A

为学习者提供指导，他们：
· 作为顾问，在帮助开发者为他们这样的学生开发材料
· 应该认真、独立地研究材料
· 应该在教学中标注不清楚的指导语、段落、词汇、示例等
· 应该回答问题，完成材料中要求的任务，并回答态度问卷中的问题

3

按照对最终教学的预期，进行起点行为测验和前测；注意所需时间

4

按照对最终教学的预期，观察学习者使用教材并记录观察结果；注意所需时间

5

B

B

按照对最终教学的预期，进行后测和态度调查；注意所需时间

6

观察并评估授课方式，记录信息以供后续教师参考；注意记录任何问题

7

与选定的学习者进行反馈讨论，以确定教学的优势和不足

8

总结收集的数据：测验分数、态度分数、时间要求、成本预测以及来自态度问卷、学生评论、教师评论和评价者注释的描述性信息

9

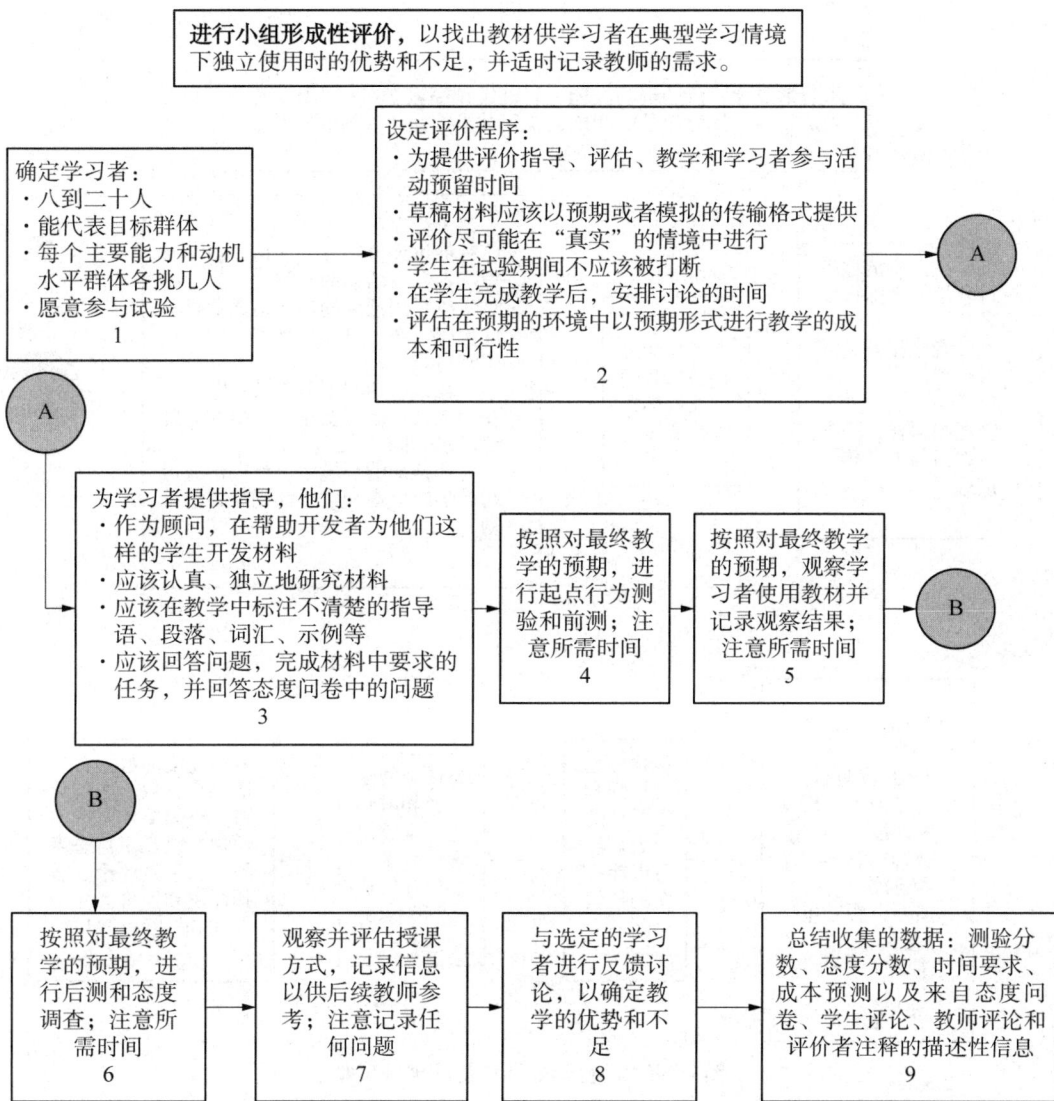

图 11.3　进行小组形成性评价

364

进行形成性评价的现场试验，以确定预期教学在预期环境中的可行性，评价教学的变化，找到并消除任何遗留的问题。

向预期在真实情境中进行教学的教师提供指导：
· 设计者是作为观察者出现的
· 就像在真实的教学管理中那样，为学习者提供教学相关信息

1

选择大约三十名在能力和动机上能代表目标群体的学习者

2

设置评价程序：
· 应有提供评价指导、评估、教学和学习者参与活动的时间
· 材料应采用预期的最终格式提供
· 评价应该在尽可能"真实"的情境中进行
· 学生在试验期间不应该被打断
· 在完成教学后，安排与学生和教师讨论的时间
· 针对在预期的环境中以预期形式进行教学的成本和可行性制定评估计划

3

A

A

审查标准和数据收集：
· 学习者起点行为、前测、后测和态度
· 教师的教学程序和态度
· 所需资源，包括时间、人员、成本、空间和设备

4

观察并记录教师和学习者的行为；注意可能存在的任何问题

5

与选定的学习者和教师进行反馈讨论，确定教学存在的优势和不足

6

总结收集的数据，包括测验分数、态度分数、时间要求、成本预测，以及来自态度问卷、学生评论、教师评论和评价者注释的描述性信息

7

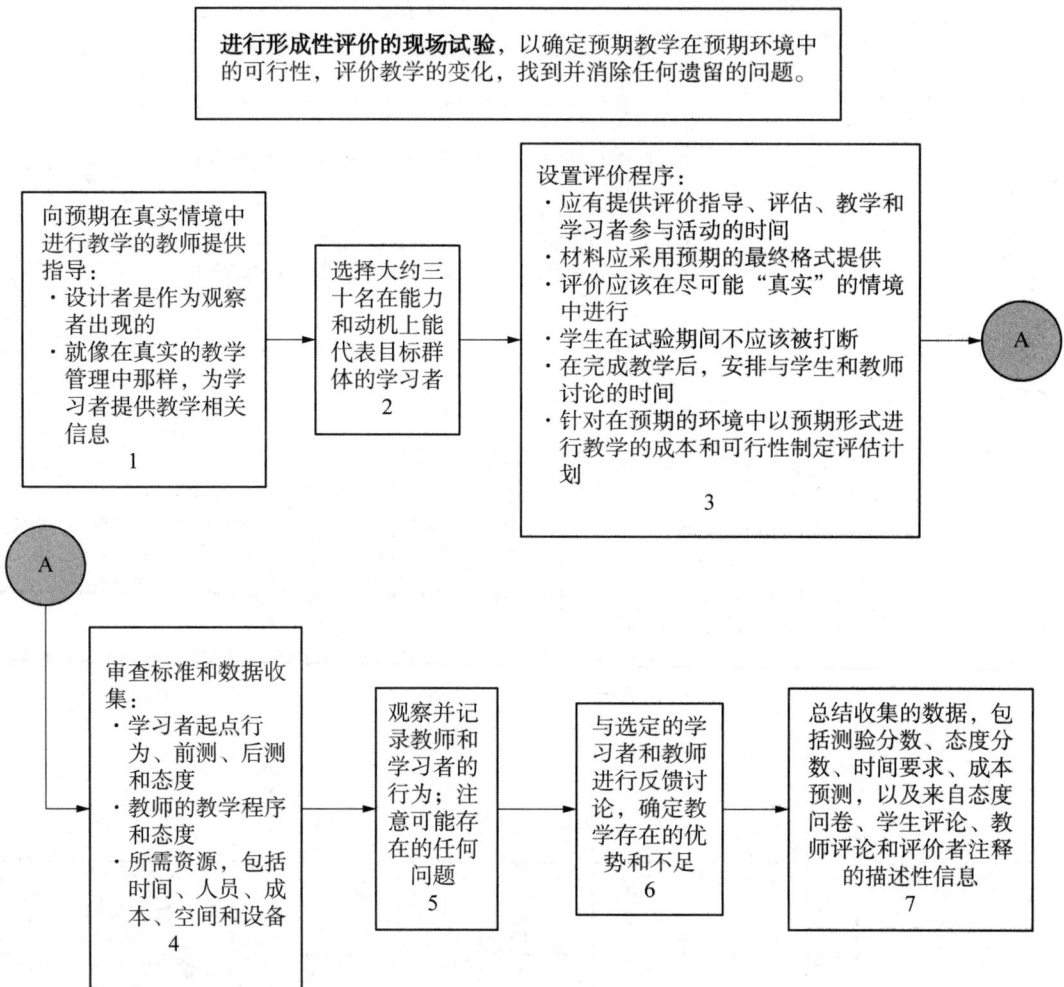

图 11.4   进行形成性评价的现场试验

以下练习是基于对主要步骤 5"选择传达语气或强调重点的句型""规定引入/展开每个主要观点的最佳句型"的教学分析和教学策略。这些内容详见附录 C、F 和 G。在此，我们假设教学的主要媒介是使用 Canvas 等教学传输系统的个别化的、基于网络的教学，目标群体是写作技能处于或高于平均水平的六年级学生。此外，教学以"为学校撰写简报文章"作为激励学习者的工具。对于现场试验形成性评价，请考虑以下问题，并根据评价目的、教学性质和目标人群，作出你的决定。

1. 为什么设计者会对"作文写作"教学材料的现场试验感兴趣？

2. 在这次教学的现场试验中，设计者应该收集哪些在小组评价阶段没有收集到的信息？

3. 描述适合评价教学材料的样本群体以及教学环境。

4. 设计者在现场试验中要用到哪些材料？

5. 若设计者对经过改编的材料或选定的材料进行现场试验，而非对一套原创材料进行现场试验，其评价程序会有哪些不同之处？

6. 阐述对选定材料的现场试验与对教师主导教学的现场试验在程序上存在哪些差异。

7. 为小组评价和现场试验制订一份可供学习者使用的态度问卷。确保该问卷适合所有参与作文写作材料形成性评价的六年级学生。

1. 对材料进行现场试验，是为了了解在特定条件下使用该材料时，材料对目标人群的有效性。现场试验要回答的问题是："在预定的学习情境中使用这些材料时，材料对特定的学习者是否有效？是否有可以改进的地方？"在没有教师指导的情况下，可以用现场试验来确定材料的教学效果。现场试验还有助于确定材料是否已经准备就绪，可以使用。在现场试验中，学习者和教师将使用的材料、测验和教学都要接受检验。材料是否已经做了充分的修改，还要不要再修改？此时所做的修改，既可以是针对材料本身的，也可以是针对材料使用的建议。

2. 设计者应该收集以下信息：

- 使用起点行为测验（起点技能 5.1 到 5.5）、前测、嵌入式测验和后测（下位技能 5.7 到 5.29 和主要步骤 5）获得的成绩数据；

- 学习者的动机态度（注意、关联、信心、满意）；

- 学习者对五个学习成分相关材料的看法；

- 材料的清晰度（拼写、标点、排序、进度）；

- 使用学习管理系统轻松访问教学、练习、反馈和评估的便利性。

这些信息与在小组评价期间获得的信息类型相同。其他信息可能包括学习者对以下内容的态度：

- 教学内容是否有趣？
- 教学是过于简单、过于困难还是恰到好处？
- 教学进度是过快、过慢还是恰到好处？
- 材料是简单易用还是复杂难用？

设计者还应该纳入教师的态度信息，包括他们认为材料是简单易用、过于复杂还是恰到好处，以及他们为什么这样认为。

3. 适合参与作文写作教学现场试验的人群，可能是学区内写作成绩不同质的一个或多个六年级班级(例如，既包括处于平均水平的学生，也包括高于平均水平的学生)。这些班级应该有对项目感兴趣且在课堂上拥有丰富网络教学经验的教师。此外，这些教师还应熟悉如何与使用电脑接受教学的学生合作，因为这种教学方式可能会给小组管理带来新的挑战(例如，学生可能会在上课时分心去与朋友交流或上网)。

4. 所有开发的材料都应该包括在现场试验中并进行评价，包括所有的印刷材料、基于网络的材料、设备、测验和教师指南。

5. 对选定材料和原创材料进行现场评价的主要区别在于，评价选定的现有材料时，教师必须在场。这为教师提供了观察材料使用情况并判断教学策略各个成分是否充分的契机。

6. 在对教师主导的教学开展现场试验时，教师需一边提供教学一边与学习者互动，掌控教学的练习和反馈环节；而在对选定材料进行现场试验时，教师的角色则更为被动。

7. 态度问卷(见附录L，第7部分)可供学习者在小组和现场试验期间填写。但是，在一对一试验中，你应该以访谈的形式使用问卷，并在表格上记录学习者的回答。一对一试验还可以帮助你对态度问卷进行形成性评价，以确定你提出的问题是否清楚。如果你多次得到"我不知道"的回答，那么请重新表述问题，直到学习者能够理解这个问题并表达自己的意见。在问卷上记录你必须做的修改，以清楚地表述你想要询问的内容。在反馈讨论中，态度问卷也可以用作访谈指南，帮助你把评价的重点放在材料中的重要成分上。

参考文献和推荐读物

American Association for the Advancement of Science. (2000). *Project 2061 home page*. https://www.aaas.org/programs/project-2061.

Baker, E. L., & Alkin, M. C. (1973). ERIC/AVCR annual review paper: Formative evaluation of instructional development. *AV Communication Review*, 21, 389 – 419.

Bernhardt, V. (2007). *Translating data into information to improve teaching and learning*. Routledge. 描述了在学校层面进行决策时汇总数据的程序。

Black, P., & William, D. (2009). Developing a theory of formative assessment. *Educational Assessment, Evaluation, and Accountability*, 21, 5 – 31. 描述了在课程和课堂层面的形成性评价。

Bodzin, A. M., Price, B., & Heyden, R. (2001). A formative evaluation approach to guide the development of a web-text biology curriculum. Paper presented at the National Association of Biology Teachers Annual Meeting, November 7 – 12, 2004, Montreal, Quebec, Canada. http://www.lehigh.edu/~inexlife/papers/nabt2001.pdf. 报告了在线生物学课程大规模现场试验的形成性评价方法。

Brandon, P. R., Young, D. B., Shavelson, R. J., Jones, R., Ayla, C. C., Ruiz-Primo, M. A., Yen, Y., Tomita, M. K., & Furtak, E. M. (2008). Lessons learned for the process of curriculum developers' and assessment developers' collaboration on the development of embedded formative assessments. *Applied Measurement in Education*, 21(4), 390 – 402. 侧重于课程和课堂层面的形成性评价。

Cambre, M. (1981). Historical overview of formative evaluation of instructional media products. *Educational Communications and Technology Journal*, 29(1), 1 – 25. 从历史视角呈现了形成性评价。这是一篇较早的文章,但是对那些对教学设计历史感兴趣的人来说很有用。

Carey, J. O., & Carey, L. M. (1980). Using formative evaluation for the selection of instructional materials. *Journal of Instructional Development*, 3, 12 – 18. https://doi.org/10.1007/BF02909013.

Carey, L. M. (2001). *Measuring and evaluating school learning*. Allyn & Bacon. 第 10 章,"评价团体表现";第 11 章,"分析项目、任务和测验";和第 12 章,"评价个人表现和教学"。如果设计者有兴趣了解如何综合和解释数据以评价学习和教学的话,以上内容会很有帮助。

Cronbach, L. J. (1975). Course improvement through evaluation. Reprinted in D. A. Payne & R. F. McMorris (Eds.), *Education and psychological measurement*. General Learning Press, 243 – 256. 描述了对教学材料进行形成性评价的必要性。

Dick, W., & Carey, L. M. (1991). Formative evaluation. In L. J. Briggs, K. L. Gustafson, & M. H. Tillman (Eds.), *Instructional design: Principles and applications*. Educational Technology Publications. 从教学设计者的角度描述了形成性评价。

Druin, A. (Ed.). (1999). *The design of children's technology*. Morgan Kaufmann Publishers. 包括对基于计算机的教学和教学支持的形成性评价和修改方法。

Dziuban, C. D., Picciano, A. G., Graham, C. R., & Moskal, P. D. (2015). *Conducting research in online and blended learning environments: New pedagogical frontiers*. Routledge. 重点是研究范式和方法，但包含了对形成性和总结性评价有价值的变量的讨论。

Flagg, B. N. (1990). *Formative evaluation for educational technologies*. Lawrence Erlbaum. 描述了对使用电子技术的培训项目进行形成性评价的程序。

Glaser, N. J., Schmidt, M., Wade, S. L., Smith, A., Turnier, L., & Modi, A. C. (2017). The formative design of epilepsy journey: A web-based executive functioning intervention for adolescents with epilepsy. *Journal of Formative Design in Learning*, 1 (2), 126 – 135. 案例研究，报告了小组形成性评价和修改的迭代周期。

Heritage, M. (2010). *Formative assessment: Making it happen in the classroom*. Corwin Press. 强调使用学习者的行为表现数据来改进教学和学习。

Hunsaker, E., & West, R. E. (2020). Designing computational thinking and coding badges for early childhood educators. *TechTrends*, 64, 7 – 16. https://doi.org/10.1007/s11528-019-00420-3. 一个案例研究，让读者了解媒体和教学材料的设计、开发、形成性评价和修改。

Johnson, R. B., & Dick, W. (2012). Evaluation in instructional design: A comparison of evaluation models. In R. A. Reiser & J. V. Dempsey (Eds.), *Trends and issues in instructional design and technology* (3rd ed.). Allyn & Bacon. 从教学设计者的角度描述形成性评价。

Kaufman, R., Guerra-Lopez, I., & Platt, W. A. (Eds.). (2005). *Practical evaluation for educators: Finding what works and what doesn't*. Corwin. 该书第 8 章是关于为了持续改进而进行的评价。

Kenny, R. (2017). Introducing Journal of Formative Design in Learning. *Journal of Formative Design in Learning*, 1, 1 – 2. https://doi.org/10.1007/s41686-017-0006-0. 这本新的 AECT 出版物的编辑在首期介绍了该期刊的目的和感兴趣的主题领域。概念基础是基于设计的研究(DBR)，但 DBR 过程中的形成性评价和修改的原则也适用于教学设计。

Kulm, G., Roseman, J., & Treistman, M.（1999）. *A benchmarks-based approach to textbook evaluation*. Science Books & Films, *35*, 4. http://www. project2061. org/ publications/textbook/articles/approach. htm.

Komoski, P. K.（1974）. An imbalance of product quantity and instructional quality: The imperative of empiricism. *AV Communication Review*, *22*(4),357 - 386. 面对教育市场上教学材料的爆炸式增长，关于学习者验证的早期争论。LVR 争论的逻辑在今天仍然可行。

Komoski, P. K., & Lennon, R. T.（1979）. Learner verification of instructional materials. *Educational Evaluation and Policy Analysis*, *1*(3),101 - 103. 明确区分了学习者验证与修订和材料验证研究。列侬从出版行业的角度写了一个对立的观点。

Komoski, P. K., & Woodward, A.（1985）. The continuing need for learner verification and revision of textual materials. In D. H. Jonassen（Ed.）, *The technology of text: Volume two*（pp. 396 - 417）. Educational Technology Publications.

Martin, F., & Dunsworth, Q.（2008）. A methodical formative evaluation of computer literacy course: What and how to teach. *Journal of Information Technology Education*, *6*,123 - 134. http://www. jite. org/documents/Vol6/JITEv6p123-134Martin217. pdf. 描述了在大学情境中进行形成性评价的一个案例研究。

Moseley, J. L., & Dessinger, J. C.（Eds.）.（2010）. *Handbook of improving performance in the workplace*. International Society of Performance and Instruction and Pfeiffer. 提供了关于绩效、理论和实践的观点总结，并包括了形成性评价的部分。

Nathenson, M. B., & Henderson, E. S.（1980）. *Using student feedback to improve learning materials*. Routledge. Describes the use of the formative evaluation process with Open University courses in England. 描述了英国开放大学课程中形成性评价过程的使用。

Performance and Instruction Journal, *22*（5）.（1983）. Special issue on formative evaluation. 形成性评价特刊。本期刊登了几篇设计者可能会感兴趣的文章。特别参见：Wager, One-to-One and Small Group Formative Evaluation; Komoski, Formative Evaluation; Lowe, Clinical Approach to Formative Evaluation; and Golas, Formative Evaluation Effectiveness and Cost.

Phillips, J., Klein, J. D., Dunne, E., & Siriwardena, M.（2019）. Using formative data to make evidence-based decisions during re-design. *Journal of Formative Design in Learning*, *3*,133 - 145. https://doi.org/10.1007/s41686-019-00036-z.

Reeves, T. C., & Hedberg, J. G. (2003). *Interactive learning systems evaluation*. Educational Technology Publications. 介绍了六个层次的评价，包括针对数字化学习过程和材料的形成性评价技术。

Royse, D. D. (2001). *Program evaluation: An introduction*. Brooks/Cole‑Wadsworth Thompson Learning. 本书有一章介绍了形成性评价和过程性评价，读者可以从中获得有关信息。

Russell, J. D., & Blake, B. L. (1988). Formative and summative evaluation of instructional products and learners. *Educational Technology*, *28*(9), 22‑28. 这篇文章区分了对教学的形成性评价和对学习者的形成性评价。

Scott, R. O., & Yelon, S. R. (1969). The student as a co-author—The first step in formative evaluation. *Educational Technology*, October, 76‑78. 描述了与学习者进行一对一形成性评价的程序。

Scriven, M., Tyler, R., & Gagné, R. (1967). *Perspectives of curriculum evaluation*. AERA Monograph Series on Curriculum Evaluation. Rand McNally. 首次在功能上区分了形成性评价和总结性评价。

Smith, P. L., & Ragan, T. J. (2020). *Instructional design* (4th ed.). Wiley. 包含了关于形成性评价和总结性评价的章节，其中带有数据演示和对修改的解释。

Spector, J. M. (2015). Evaluation of educational practice, programs, projects, products, and policies. In J. M. Spector, B. Lockee, & M. Childress (Eds.), *Learning, design, and technology*. Springer, Cham. https://doi.org/10.1007/978-3-319-17727-4_1-1. 尽管书中讨论了总结性评估，但形成性评价才是重点。作者强调了评价方法研究对于该领域发展的重要性。

Spector, J. M., & Yuen, A. H. K. (2016). *Educational technology program and project evaluation*. Routledge. 第 17 章主要关注持续的形成性评价。

Tessmer, M. (2005). *Planning and conducting formative evaluations*. Routledge reprint of the original 1993 book. 完整描述了形成性评价的主要阶段。

Weston, C. B., LeMaistre, C., McAlpine, L., & Bordonaro, T. (1997). The influence of participants in formative evaluation on the improvement of learning from written instructional materials. *Instructional Science*, *25*(5), 369‑386. 这项使用印刷材料的实证研究得出的结论是，结合学习者反馈的形成性评价和修改能最大程度地促进学生的学习。

Weston, C. B., McAlpine, L., & Bordonaro, T. (1995). A model for understanding formative evaluation in instructional design. *Educational Technology Research and Development*, 43(3),29 - 49. 本文提出了一个模型,描述了各个教学设计过程之间的反馈关系。

Williams, D. D., South, J. B., Yanchar, S. C., Wilson, B. G., & Allen, S. (2011). How do instructional designers evaluate? A qualitative study of evaluation in practice. *Educational Technology Research and Development*, 29(6),885 - 907. 第 7 章末尾的许多参考资料都是在形成性评价过程中进行数据综合、分析和解释的有用资源。

第 12 章

修改教学材料

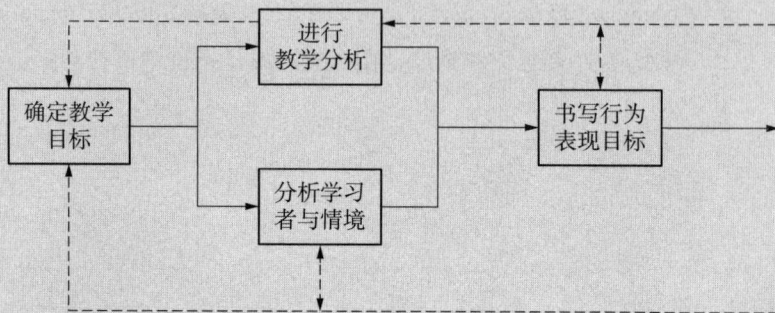

目标

▶ 描述对形成性评价中研究数据进行总结的各种方法。

▶ 总结从形成性评价中得到的数据。

▶ 利用形成性评价的汇总数据,确定教学材料和教师主导教学中存在的不足。

▶ 利用形成性评价数据,确定教学材料中存在的问题,并提出修改建议。

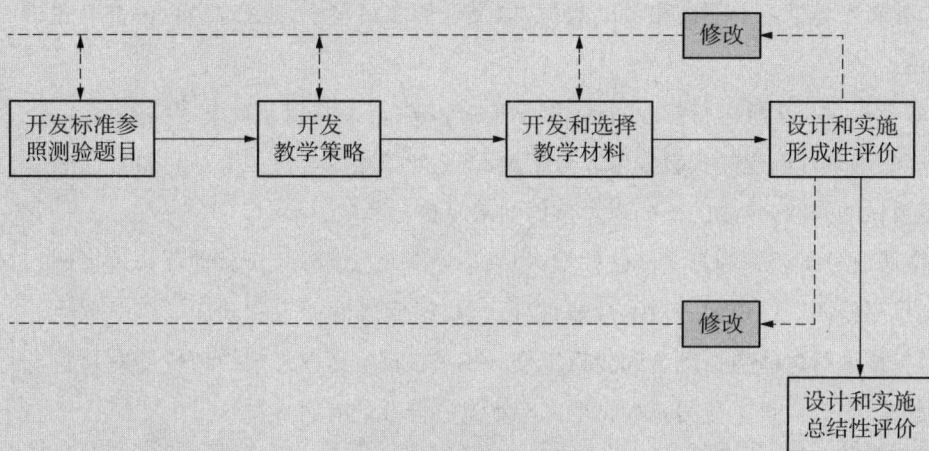

概述

　　为了识别教学材料中潜在的问题，必须对形成性评价过程中收集的数据进行综合分析。这一数据总结过程应涵盖从内容专家处获得的对教学材料的分析，学习者在材料上的标注、在前测和后测中的表现、在态度问卷上的回答、在反馈会议上的评论，以及从行为表现情境中收集的信息。汇总这些数据后，你将能够对教学的各个成分进行分析和评价。

　　首先对内容和学习专家、学习者专家以及行为表现情境专家的意见进行汇总，并据此对教学内容进行相应的调整。其次，对比学习者在教学前后的成绩，分析与起点技能相关的汇总数据，以推断目标群体学生的起点行为。审视前测和后测的汇总数据，包括总体成绩和每个目标上的成绩,将学习者在每个目标上的成绩与教学分析图中的下位技能相对照,从而推断出小组在每个测验题目和每个目标上的成绩。你也可以比较起点技能题目的数据与前测、后测数据。

370

找出学习者表现未达预期的目标领域,并检查其在目标设置、测验题目和教学策略方面可能存在的问题。在直接修改教学材料之前,仔细分析目标、测验题目、词汇、排序和教学策略,并考虑与学习者态度相关的数据,以及他们在材料中、观察期间、核查表和调查中的评论。

开始对教学材料和步骤进行修改,检查教学步骤和实施说明,以及教学所需的设备,以便进行可能的调整。创建一张**教学修改分析表**,将教学策略的学习成分与材料中已确定的问题、需要做的修改、修改的依据以及依据的来源整合起来。

根据教学修改分析表中的方案修改教学,如果某处修改可能依赖于其他课程现场试验的信息,则推迟修改。在每次一对一形成性评价、小组形成性评价和现场试验形成性评价之后,都应该进行这些数据综合和分析工作。如果在现场试验形成性评价后对材料进行了重大修改,那么应该进行另一项试验来验证这些修改的有效性。

概念

分析数据

在形成性评价中,有多种方法可以用来汇总数据,以揭示学习者的难点以及可能需要对教学进行的调整。这里介绍的方法仅供参考,因为当你开始处理自己的数据时,可能会发现其他技术能提供更多的洞见。你会发现,在教学设计过程的这一环节,无需考虑运用复杂的统计方法,因为简单的描述性总结通常就足够了。在形成性评价和教学修改的过程中,通常不需要进行精细的统计检验。接下来,我们将首先探讨如何分析专家评审的数据和信息,然后讨论如何分析一对一形成性评价数据,最后考虑小组和现场试验阶段数据的分析方法。

分析来自专家评审的数据

数据分析通常从组织有关内容、学习、学习者和行为表现情境方面的专家对材料的评审信息开始。可以汇总这些专家的数据,以分析和确认是否存在普遍问题。通过考察评审者对教学策略中教学材料的整体评价,设计者可以识别出特定问题,提出改进措施,并寻找证据来支持结论。设计者可以使用汇总表(如表12.1)来记录专家的评审意见,这样的汇总有助于明确常见问题,并在学习者试验之前进行必要的修改。

分析来自一对一试验的数据

在一对一形成性评价中,设计者能获取的数据量有限,通常只有三到五名学习者的信息。

由于这些学习者是基于他们的多样性被精心挑选的,他们提供的信息可能差异很大,因此不适合合并计算组内平均值。换句话说,设计者必须关注学习者反应中的相似和差异之处,并据此决定对教学内容做出最合适的调整。

表 12.1 汇总分析来自专家的数据并提出修改方案

371

A. 信息汇总模板

	材料与教学分析相符吗?	材料适合学习者特征吗?	材料适合学习情境吗?	材料适合行为表现情境吗?
Ⅰ. 内容专家	在此处总结＋/－评论			
Ⅱ. 学习专家	在此处总结＋/－评论	在此处总结＋/－评论	在此处总结＋/－评论	
Ⅲ. 学习者专家		在此处总结＋/－评论	在此处总结＋/－评论	在此处总结＋/－评论
Ⅳ. 行为表现情境专家				在此处总结＋/－评论

B. 提出修改方案的模板

教学策略的成分	确认的问题	教学修改建议	依据和来源
起点技能测验			
动机性导入材料			
前测			
信息呈现			
学习者参与			
后测			
态度问卷			

设计者可以利用五种基本信息来优化教学设计:(1)学习者特征和起点技能;(2)对包含练习活动的教学内容的直接反馈;(3)学习所需的时间;(4)后测的成绩;(5)对态度问卷的回答(如果进行了问卷调查)。

首先,设计者需要描述参与一对一评价的学习者,并对他们在起点技能测验中的表现进行简要分析。然后,应收集每名学习者在学习过程中对教学的所有评论和建议,使用不同颜色的笔在教学材料上标注每条评论和建议,以此将每名学习者与他们自身的特定问题联系起来。同时,也应记录来自学科专家(SME)的评论,以及在一对一评价阶段对学习者采用的其他教学方法。

随后,需要对后测数据进行汇总,通常从单个题目的成绩开始,然后合并每个目标下题目的分数,最终计算出总分。在这一步骤中,设计一个表格来展示每名学生的前测分数、后测分数和总学习时间是非常有帮助的。此外,也需要对后测中每名学生在每个目标上的成绩以及任何评论进行汇总和分析。如果教学中使用了态度问卷,那么这些数据也可以用类似的方法进行分析。针对每名学生,设计者都可以采用类似表12.2的格式总结这些信息,以便对材料进行修改。

372

表12.2　汇总面向学习者的一对一形成性评价的信息并提出修改方案

A. 创建数据汇总表					
学习者特征	起点技能测验	前测	练习性测验	后测	态度问卷
能力/经验不足	列出未掌握的题目和目标♯	列出未掌握的题目和目标♯	列出未掌握的题目和目标♯	列出未掌握的题目和目标♯	列出对教学的+/−评论
能力/经验居中	列出未掌握的题目和目标♯	列出未掌握的题目和目标♯	列出未掌握的题目和目标♯	列出未掌握的题目和目标♯	列出对教学的+/−评论
能力/经验高	列出未掌握的题目和目标♯	列出未掌握的题目和目标♯	列出未掌握的题目和目标♯	列出未掌握的题目和目标♯	列出对教学的+/−评论
总计	列出小组存在问题的所有题目和目标	列出小组存在问题的所有题目和目标	列出小组存在问题的所有题目和目标	列出小组存在问题的所有题目和目标	列出小组存在问题的所有题目和目标

B. 汇总教材中的信息

- 创建一份所有评估的"分析"副本,包括态度问卷和教学材料。

- 在材料中合适的地方直接总结所有学习者的注解,包括不清楚的词汇、信息和例子;完成时间;等等。

在掌握了所有这些信息之后,设计者就可以着手修改教学内容了。显然,一些明显需要修改的地方可能在一对一评价之前就已经进行了调整;现在,需要进行更困难的修改,应集中精力修改那些导致学习者成绩不佳和受到最多批评的部分。

首先,基于学习者的成绩,确定你的评分标准或测验题目是否存在问题。如果发现有缺陷,就需要进行调整,以确保它们更加明确,并且与教学目标和意图保持一致。如果测验题目本身没有问题,但学习者的表现不尽如人意,那么就需要对教学内容进行修改。在修改过程中,可以采用三方面的信息:学习者的建议、学习者的成绩,以及你自己对教学效果的评估。学习者往往能提出有价值的建议。同时,设计者应深入分析学习者的错误,以识别他们存在的误解类型,并据此调整教学。此外,不可忽视你自己对于如何提升教学效果的见解。你已经采用了系统化的设计流程,详细描述了学习内容并提供了示例;你还为学生提供了练习各项技能的机会,并给予了他们反馈。所有基本的构成成分都已齐备!在这个阶段,通常的修改包括澄清想法、调整内容、添加或删减例子和练习活动。这三方面的数据将指导你采取最合适的修改步骤。

有时,如何改进教学并不显而易见。在这种情况下,一个明智的做法是暂时保留现有教学内容,观察其在小组形成性评价中的表现。或者,设计者可以提出多种解决方案,并在小组评价中进行试验。

分析来自小组和现场试验的数据

小组形成性评价为设计者提供了一个有些不同的数据汇总情境。从八到二十名学习者那里收集的数据,相较于单个学习者的数据,具有更高的价值,因为它们能够揭示一组具有代表性的学习者所面临的问题和反应。可用的数据通常包括前测和后测的题目成绩、对态度问卷的回答、学习与测验的时间,以及直接在教学材料中所做的注解。

所有评估的基本分析单位是单道评估题目。在每道题上的表现都必须给予计分,判断正误。如果一道题包含多个部分,每个部分都需要单独评分和报告,以确保信息的完整性。需要单道题目信息的原因有三个:

1. 题目信息有助于确定题目是否存在特定的问题,或者是否有效地测量了其相应目标中所描述的行为表现(我们将在后续章节中讨论)。

2. 单道题目的信息可以用来确定学习者在教学中遇到的困难的性质。例如,发现一半的学习者漏做了某道特定题目固然重要,但同样重要的是发现大多数漏做该题的学生在多项选择题中选择了相同的错误选项,或者在解决问题的题目中犯了相似的推理错误。

3. 单道题目的数据可以合并,以显示学习者在某个目标上以及最终在整个测验中的表现。有时,一个目标的达成标准是用在一组题目中正确回答一定百分率的题目来表示的。汇总单道题目的数据,不仅可以显示某一目标的题目正确率,还可以显示达到掌握水平的学习者的人数和百分率。

在收集完题目数据并将其整合到一个基本的题目—目标表中后,可以编制更全面的数据表。

小组的题目—目标成绩　首先编制的数据汇总表是题目—目标分析表,如表 12.3 所示。假设我们用一个包含十道题的测验来测量四个目标,而形成性评价小组中有二十名学习者。

373

表 12.3　题目—目标分析表

目标 题目	1		2		3			4			题目 #	题目 %	目标 #	目标 %
	1	2	3	4	5	6	7	8	9	10	#	%	#	%
学生　1	1	1	1	1	1	1	1	1	1	1	8	100	4	100
2	1	1	1	1	1	1	1	1	1	1	8	100	4	100
3		1	1	1	1	1	1	1	1	1	7	88	3	75
4	1			1	1	1		1		1	4	50	0	0
//														
20	1	1			1	1	1	1			4	50	2	50
正确回答的人数	18	19	15	17	17	6	18	18	10	9				
正确回答的百分率	90	95	75	85	85	30	90	90	50	45				
掌握目标的百分率	90		75		85			45						

（题目汇总是在分析中删除两道可能存在错误的题目 6 和 8 后计算的。）

注:虽然在分析组中有二十名学生,但此处只列举了五名学生的数据。

　　尽管许多基于计算机的数据分析程序都可以用来创建学生成绩汇总,但我们推荐使用电子表格程序,因为它们易于获取且易于操作,只需在程序中设置分析表以反映测验的结构即可。请注意,在表 12.3 中,目标列位于表的顶部,题目插入到它们所测量目标的第二行中。学习者列位于表的左侧,他们的数据记录在题目和目标下面的行中。在题目下面每列中的数字 1 表示该名学习者的正确回答;空白表示错误回答。用数字 1 表示正确回答,使得计算正确回答总数和计算你需要的其他所有汇总数据变得非常容易。

　　通过这种方式展示原始数据,我们可以利用表格进行两类汇总分析:题目质量和学习者表现。你应该先分析题目质量,因为在分析学习者表现时不需要考虑错误的题目。底部几行是题目分析所需的累加数据。第一行显示了在二十名学生中正确回答每道题的人数。下一行是正确回答每道题的学习者的百分率,这是通过将正确回答的学生人数除以参与评价的学生总数得出的,如对于题目 1,18/20＝0.90,或 90％。最后一行是小组中掌握每个目标的百分率。这一数值是通过将掌握每个目标的学生人数除以分析中的学生总数得出的。在这个例子中,学习者必须正确回答每个目标下的所有问题,才算掌握了该目标。进行题目—目标分析有三重目的:(1)确定每道题目对该组学习者的难度;(2)确定每个目标对该组学习者的难度;(3)确定某一目标下的一系列题目在测量学习者在该目标上表现时的一致性程度。

　　题目难度指数反映了小组中正确回答某一题目的学生的百分率。如果题目难度值超过80％，这表明题目对这组学生来说相对容易；而较低的难度值则意味着题目较难。同样的，如果某一学习目标下的所有题目得分都高或都低，这反映了该目标对这组学生的难度。例如，在表 12.3 中，题目 1 和 2 的难度值（90％和 95％）表明几乎所有学生都掌握了与目标 1 相关的题目。如果这些数据来自后测，我们可以推断目标 1 的教学是有效的。反之，如果这些值都很低，就意味着要考虑调整教学内容。

　　一个目标中各题目的难度指数的一致性，通常可以反映题目的质量。如果题目旨在测量相同的技能，并且题目中没有容易忽视的难点或提示，那么学习者在一系列题目上的表现应该是相对一致的。在小组中，10％或 20％的差异可以视为较小，但 40％或更大的差异则应引起关注。请注意，在表 12.3 中，目标 1 和 2 的题目数据是一致的，而目标 3 和 4 的数据则不一致。对于目标 3，两道题目的难度指数相当一致（85％和 90％），而题目 6 的难度指数却非常低（30％）。这种模式可能表明题目中存在容易忽视的难点，或者测量的是不同的技能。目标 4 的模式显示了两道一致的题目（50％和 45％）和一个异常值（90％）。这种模式可能意味着题目 8 存在提示线索，或者测量的是不同的技能。如果发现一个目标下各题目的难度指数不一致，这表明在再次使用这些题目来测量学生表现之前，应该对这些题目进行审查和修改。如果题目是可靠的，那么这可能意味着需要重新考虑教学的某个方面。

　　学习者的题目—目标成绩　第二类分析是分析单个学习者的成绩。在实施这一分析之前，应该剔除在题目分析中被判定为错误的题目。表 12.3 的最后四列包含个体表现的数据，其中前两列显示了每名学习者正确回答的题目数量和百分率，最后两列显示了每名学习者掌握目标的数量和百分率。学习者只有正确回答了某一目标内的全部题目，才算掌握了这一目标。

　　表 12.3 中的假设学习者数据表明，该组学习者在测验中的表现存在很大差异。两名学习者掌握了所有四个目标，而其他三名学习者的得分则显示他们掌握的程度从 0 到 75％不等。如果这些数据代表的是起点行为或教学中要教授的技能，那么它们就表明了哪些学生已经准备好接受教学，以及哪些学生实际上并不需要这些教学。反之，如果这些数据反映的是后测成绩，那么设计者就能够据此推断出是否有必要调整教学。学习者在题目和在目标上的成绩数据，提供了不同的信息，而对于形成性评价者来说，已掌握目标的数据比原始得分更为重要。

　　学习者在不同测验上的成绩　学习者在不同测验上的成绩可以通过题目—目标分析表来总结。表 12.4 展示了如何通过实施和比较不同测验来说明学习者的目标掌握情况。该表显示了前测和后测数据；一些设计者可能也有来自嵌入式测验的数据，如果有的话，这些数据也可以包含在此类表格中。表 12.4 中数据仅呈现了被分析的二十名学生中的五名，表格底部显示了二十名学生的汇总成绩。表格的第一行标识了目标,第二行标识了测验,接下来的几行记录了学生每次测验的目标掌握情况。表格底部的两行汇总了二十名学生在每次测验中掌握每个目标的百分率,以及从前测到后测掌握每个目标的百分率的变化。理想情况下,掌握每个目标的学习者的百分率应该从前测到后测有所增加。表12.4中的四个目标就展示了这种模式。

表12.4　学生在不同目标的前测和后测中的成绩

目标测验		1		2		3		4	
		PR	PS	PR	PS	PR	PS	PR	PS
学生	1		1		1	1	1	1	1
	2		1		1		1		1
	3	1	1		1	1	1		
	4				1				1
	//								
	20		1		1	1	1		1
掌握目标的百分率		20	100	10	100	50	100	40	60
差异		80		90		50		20	

PR＝前测;PS＝后测;1＝已经掌握的。

注:表中只列出了参与评价的二十名学生中五名学生的数据,但汇总百分率反映了整组的数据。

你可能希望根据每次测验中掌握目标的百分率来总结学习者在不同测验中的表现,如表12.5所示。该表的首行标识了各个测验及其对应的目标数量,随后的行展示了每名学生在每次测验中掌握目标的百分率。表中的最底行则呈现了整个小组在每次测验中掌握目标的平均百分率。通过这些数据,设计者可以推断出:(1)所选择的小组适合此次评估;(2)教学内容涵盖了小组之前未掌握的技能;(3)教学对于提升学习者的技能是有效的。

表12.5　根据全部目标的掌握百分率汇总的起点技能、前测和后测数据

学生编号	3个 起点技能目标	9个 前测教学目标	9个 后测教学目标
1	100	11	89
2	100	22	89
3	100	22	89
4	100	11	100

（续表）

学生编号	3个 起点技能目标	9个 前测教学目标	9个 后测教学目标
//			
20	67	0	67
平均分	92	14	88

注：平均分是基于所有二十名学生的成绩计算得出的，尽管此处仅展示了其中五名学生的数据。

图示学习者的成绩　另一种呈现数据的方法是利用各种图示技术。例如，一幅图可以展示形成性评价研究中每个目标的前测和后测成绩。你还可以绘制图表来展示完成教学材料所需的时间量以及进行前测和后测所需的时间量。图 12.1 是一幅展示学习者前测/后测成绩的示例图。

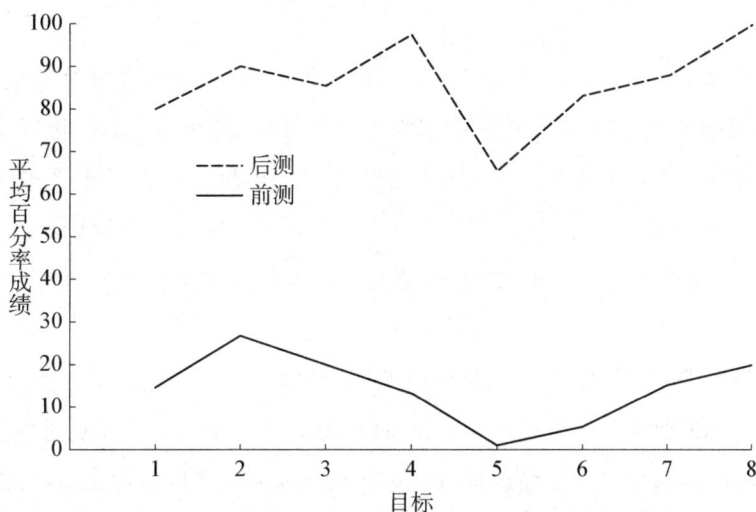

图 12.1　展示学习者成绩的前测/后测图

总结形成性评价数据的另一项图示技术是教学分析图。这一方法要求确定参与形成性评价的学习者在教学分析图上每项技能的平均前测和后测成绩。设计者所使用的教学分析图不需要标注技能。图 12.2 展示了使用该技术的一个示例。每个目标的前测和后测分数都被填入相应的方框中；方框顶部的数字代表该组的平均前测分数，底部的数字则是他们的平均后测分数。这种方法可以直观地呈现教学材料中各项技能分数之间的相互关系。当学习者接近层级结构的顶端时，他们的成绩是否有所下降将变得非常明显。你还可能发现，只有少数学习者掌握的某项技能，对后续掌握上位技能的影响似乎微乎其微。

377

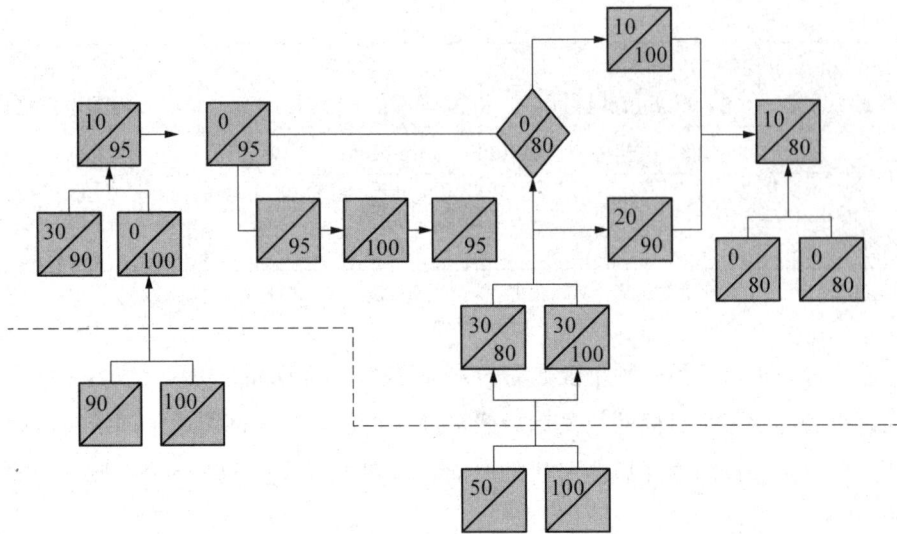

图 12.2　一个假设性教学分析图的前测、后测分数汇总

其他类型的数据　除了学习者在目标上的成绩外,还需要总结和分析其他类型的数据。研究发现,总结态度问卷数据的一个有效方法是,在一份空白问卷上标注选择每个问题选项的学习者的百分率。如果你还要求学习者提供开放式、概括性的回答,那么也应按照每个问题对这些回答进行总结。

其他重要的数据类型包括来自学习者、参与形成性评价的其他教师,以及参与教材编写的学科专家的评论。由于几乎不可能以表格或图示的形式总结这些评论,最好是尝试将每条评论与教学材料本身或它们所提及的材料中的教学目标相联系。这些评论可以直接记录在材料的副本上。你需要准备的最后一类数据总结,是针对你在小组评价或现场试验阶段可能采用的其他方法的测量结果。这些数据可能包括在具体测验题目上的成绩,对态度问卷的回答,甚至是有关总学习时间的指标。

考察数据的顺序

在准备总结数据时,为了迅速把握教学材料的总体效果及其可能需要修改的程度,首先应该对整体情况有一个大致的了解。请记住,在模型的各个步骤中,要对设计和材料的修改持开放态度。在对数据进行初步分析之后,我们建议按照以下顺序来使用数据。

教学分析和起点技能

378

在剔除了有缺陷题目的数据后,首先应该审视有关学习者起点技能的其余数据。在形成性评价中,学习者是否具备你预期的起点技能? 如果具备,他们是否成功地掌握了教学材料? 如果他们成功掌握了,但缺乏必要的技能,那么你需要质疑自己是否准确识别了关键的起点技能。

具体目标、前测和后测

其次,审查教学分析图中展示的前测和后测数据(参见图 12.2)。如果你合理地安排了教学材料的顺序,并确定了在层级上相互依赖的技能,那么学习者的前测成绩应该随着层级的提升而下降——也就是说,他们在最终目标上的成绩应该低于在先前技能上的成绩。当然,如果教学效果显著,学习者在完成教学分析图顶端的技能时,他们的成绩就不会下降。这些数据可以帮助你明确问题所在,甚至可能提示你调整某些技能的教学顺序。

第三,通过前测成绩,你可以确定单个学习者和整组学习者在多大程度上掌握了你教授的技能。如果他们已经掌握了大部分技能,那么关于教学效果或如何改进教学的信息就会相对有限。如果他们缺乏这些技能,你对接下来的分析就会更有信心。

通过将前测与后测分数按逐个目标进行比较——这通常是审查教学分析图时所采用的方法——你便能够评估学习者在每个具体目标上的表现,并进而开始聚焦于特定的目标,以及与之相关的可能需要调整的教学内容。你或许需要对目标中所规定的条件或标准进行修改。需牢记,条件是用来调控行为表现任务的复杂程度的,而标准对于目标群体来说可能存在过于宽松或过于严格的情况。

在确定了学习者表现不佳的目标后,检查该目标的表述和相应的测验题目,以及学生对这些题目的回答。在修改教学材料之前,参考你的题目分析表(参见表 12.3 中的例子),看看是不是测验题目而非教学材料导致了学习者表现不佳。可能需要修改的是测验题目,而不是大幅度修改教学材料。

教学策略和材料的学习成分

接下来,考察与学习者难以达成的目标相关的教学策略。规划的策略是否在教学材料中得到了实际应用?是否有替代策略可以使用?最后,检查材料本身,以评价是否需要采纳学习者、教学者和学科专家对各方面问题的建议。

学习时间

在任何形成性评价中,都需要关注学生完成教学材料所需的时间。你可能需要修改教材,以适应特定的时间段。这是一项极具挑战性的任务,但必须认真对待。对于个别化的材料,最慢的学习者比最快的学习者多花两到三倍的时间并不罕见。在不干扰学习的情况下,确定哪些材料需要删除或修改是非常困难的。通常,只有在与目标学习者进行反复试验和修改后,才能作出决定。

媒体、材料和教学程序

与教学材料实施相关的数据也必须进行审查。正如我们前面提到的,由于媒体设备的误操作或软件故障,你收集到的可能是误导性的数据。教室里也可能存在干扰因素,比如过长的午休时间,或者在各种教学情境中常见的其他各类活动。由于这些干扰无法控制,因此必须指出并加以说明。

然而,有一些与教学程序相关的因素是可以控制的。例如,学习者是否受到材料所要求传输条件的阻碍? 教学过程中从一个步骤过渡到下一个步骤是否存在疑问? 是否需要等待较长时间才能知晓测验成绩? 这类涉及实施程序的问题,通常能够在问卷调查和反馈讨论中被发现。必须找到解决这类问题的方法,并将其纳入教学或教师手册中,以确保教学活动能够更加顺畅地开展。

修改所选材料和教师主导教学

当教师开发原创性教学材料、使用各种选定材料或者根据教师指南操作时,前述的数据汇总和教学修改程序同样适用。所收集的数据类型、数据汇总的方式以及用于指导修改过程的方式都是相似的。但是,在使用选定材料,尤其是受版权保护的商业化生产材料时,很少有机会直接对它们进行修改。对于有版权的材料,教师在以后的试验中可以考虑作以下调整:(1)省略部分教学内容;(2)纳入其他可用材料;(3)只是开发补充性教学。使用材料的程序,也应该根据形成性评价数据重新考虑。

教师根据教师指南修改教学,与教学开发者修改教学具有同样的灵活性。一次前测和一次后测,结合一份态度问卷,就能为透彻地分析教学提供数据。教师还应准备一份总结表,展示学习者在每个目标上的成绩,审查学习者在测验题目和目标上的成绩,然后按照目标将学习者的成绩与教学分析示意图结合起来进行分析。

教师在指南上的笔记应该反映学习者提出的问题和对这些问题的回答。对学习者的问题应该进行核查,确定是否存在基本性的误解。对这些问题的回答是否足以让学习者在相关测验题目上有充分的成绩表现?

使用教师指南的教师,还可能会获得"分布"更广的测验分数和态度问卷反应。研究数据表明,在根据集体状况确定教学进度的互动式教学中,一些学生在给定的课堂时间内可能不如其他学生那么快地理解概念。由于在集体教学中通常没有嵌入补救策略,这些学习者在一系列课程中学得越来越少,分数也越来越差;他们的态度可能会反映出这种状况。在这种互动式的、集体步调的教学模式中,学习者最初的成绩可能类似于正态分布曲线(即,少数高分,少数低分,大多数平均分);然而,随着教学在层级内容上向前推进,成绩曲线将趋向于双峰。能力较差的学习者或由于各种原因无法快速掌握新内容的学习者,因为缺乏后续学习的先决技能,往往会聚集在曲线的底部。层级内容包括数学、外语、大多数科学、计算机编码、统计学等学科。

对于采用互动式教学方法的教师来说,确定表现不佳的学习者并插入适当的活动,是教学修改过程中的重要构成。与使用书面教学材料不同,这些教师可以在教学实施过程中修改教学呈现方式,并说明修改的原因。

最后一点:我们强调,你正在运用一套系统的方法建立教学系统,当你改变系统中的某一成分时,你也在改变整个系统。因此,你必须意识到,当你在修改过程中做出某些改变时,不能假设其余的未改变的教学一定会保持其最初的效果。你可以期望你的修改能产生更好的效果,但不能假设它们总能如愿。

评价和修改

评价与修改数据总结和解释

在着手修改过程时,我们建议你采取一种全局性的思考方式,考虑所有促成当前 ID 阶段的因素,而不仅仅是局限于眼前的教学材料。你在分析、设计和开发阶段所作的决策是否导致了形成性评价数据所揭示的问题?学科专家的评审是否提出了这样的问题:当学习者在实际行为表现情境中运用新技能时,达成目标是否能够解决最初的行为表现问题?学习者在教学过程中遇到的问题,是因为教学材料的问题,还是因为你对学习者的分析存在偏差?学习者是否认为目标不重要,不值得投入时间?我们相信你明白,在教学设计过程的这一阶段,需要全面审视以优化你的教学产品。评价细则中的 E 部分提醒你在准备修改教学时,要回顾已经发生的事情。

在按照本章建议的方式完成数据汇总分析后,你可以用表 12.6 来组织从不同来源收集到的信息。该表的左栏以教学策略的构成成分为框架,而其他栏目则用于总结:(1)确认的有关某一成分的问题;(2)基于问题提出的修改建议;(3)收集到的证明问题存在的依据。这些依据可能来源于材料、评估、数据总结、观察或访谈。这样的总结有助于设计者集中精力完成工作,并且在涉及设计团队时,可以就项目的后续步骤进行对话和协商。

表 12.6 总结形成性评价信息的教学修改分析表模板

教学策略 构成成分	确认的问题	教学修改建议	依据和来源
起点技能测验			
动机性导入材料			
前测			
信息呈现			

（续表）

教学策略 构成成分	确认的问题	教学修改建议	依据和来源
学习者参与			
后测			
态度问卷			
迁移到行为表现情境			

381　　　我们注意到，教学设计者的需求会根据他们所使用的教材类型而有所不同；然而，这里推荐的教学策略应该适用于几乎所有类型的教学设计工作。例如，如果你已经教授了某项心因动作技能，那么你得到的后测成绩应该按照某种评分细则进行记录，并汇总在教学分析图上。如果对这些技能的下位技能和知识也进行了纸笔测验，那么这些分数也应该结合它们相关的动作技能进行考察。对态度反应和学习时间的分析，在任何类型的教学修改中都是必要的。

　　　在收集完小组评价或现场试验的所有数据后，设计者需要决定如何修改教学。虽然问题所在通常一目了然，但如何进行修改却并不那么明显。如果形成性评价中包含了多种方法的比较，那么结果将指明教学应该从哪些方面进行修改。否则，就要根据一对一评价中收集到的建议来修改教学，亦即，依据这些数据、你的经验以及可靠的学习理论来进行修改。

　　　需要注意的是：避免对任何单一数据做出过快的反应。无论是学习者在某个目标上的成绩、某名学习者的反馈，还是学科专家的意见，这些信息都具有价值，但你应尝试用其他数据来验证这些信息。要仔细寻找能够揭示教学材料缺陷的学习者表现和观察数据。

　　　此外，还有一个建议：在汇总来自现场评价的数据时，务必以精确、明晰的方式进行总结。你会发现，这些数据不仅对你作为教学设计者非常有用，而且可以作为一种强有力的工具，向其他人展示学习者在你的教学下的表现。表格和图示既能提供学习者整体行为表现的概览，也能提供详细描述，它们可以成为向赞助机构、教学者和培训经理提交的一份有价值报告的一部分。

数据总结和解释的评价细则

　　　以下评分细则涵盖了评价数据总结和解释的标准，可用于规划项目的数据分析、评价分析材料，或与他人共享以评价你的材料。

382　　　**设计者须知**：若某一要素与你的项目无关，请在"否"一栏中标注"NA"，表示"不适用"。

否	有些	是	
			A. 专家　信息总结是否涵盖了以下数据来源：
___	___	___	1. 内容专家？
___	___	___	2. 经理和主管（绩效情境）？
___	___	___	3. 培训者/教师（学习情境）？
			B. 学习者　信息总结是否包括以下数据来源：
___	___	___	1. 教学的准备状况（起点技能）？
___	___	___	2. 前后测验中技能的提升？
___	___	___	3. 态度？
___	___	___	4. 材料中的注释（清晰度、排序、组块等）？
___	___	___	5. 每节课的总学习时长？
			C. 程序　信息总结是否包括以下方面的数据：
___	___	___	1. 媒体和设备？
___	___	___	2. 人员？
___	___	___	3. 设施？
___	___	___	4. 预算？
___	___	___	5. 进度表？
___	___	___	6. 通过教材管理学习者？
			D. 分析　问题和困难是否根据以下内容汇总并与之相关联：
___	___	___	1. 参与者（如专家、学习者）？
___	___	___	2. 教学导入活动？
___	___	___	3. 准备状况/前测？
___	___	___	4. 信息呈现？
___	___	___	5. 学习者参与情况？
___	___	___	6. 评估？
___	___	___	7. 学习迁移的跟踪？
			E. 修改策略　修改建议是否体现了系统的思考，即它们是否逻辑一致，并与以下确定的问题相关：
___	___	___	1. 设计决策（例如，需求分析、解决方案、教学目标、学习者、情境、教学策略）？
___	___	___	2. 教学材料？
___	___	___	3. 教学程序？
___	___	___	4. 媒体和传输系统？

___　___　___　　　　　　5. 资源(资金、人员、时间、设施、设备等)?

教材的最终修改应有效实现目标受众的预期学习成果。随后,你就可以准备复制、出版或创建电子教材以进行发布。

实例

本节内容以高尔夫教练主导的推杆课程为例。回顾第 11 章,我们知道有两种形式的形成性评价:一种改良的一对一评价和一种综合的小组/现场试验的评价。这两类评价中提出的问题是相似的;由于现场试验涉及更多学习者和可能出现的问题,我们仅以现场试验为例进行说明。

小组评价

本次评价的参与者包括评价者、教练以及十六名学习者。第 2 节课——推杆技巧,是在练习果岭上进行的互动式教学,并进行了视频记录。教学结束后,评价者和教练共同观看并讨论了视频。在讨论中,当对话出现停顿时,评价者会提出一些引导性问题。为了补充教学过程中可能遗漏的信息,评价者随后独立观看了视频,并以总结形式完成问卷。教练和学习者并未参与问卷填写。问卷结果完全基于评价者的观察和判断,这一点在解释结果时必须予以考虑。

表 12.7 是问卷的副本,其中包含了评价者对专业教练行为的总结评分。评价者在所有与动机相关的条目中都给予了最高评级,但在遵循目标框架的使能技能方面给出了最低评级。这一低分是因为教练跳过了推杆的规划部分,直接进入了与握杆相关的技能教学。

表 12.7　评价者对教练行为的总结评分

学习者的动机　　　　　教练是否:	没有①	很少②	经常③	总是④
1. 正面谈论俱乐部、会员资格和训练课程?	①	②	③	●
2. 表现得轻松、休闲、和蔼可亲?	①	②	③	●
3. 对所讲话题充满热情?	①	②	③	●
4. 对学习者感兴趣?	①	②	③	●
5. 在整节课中与学习者保持互动?	①	②	③	●
6. 根据目标分析,按逻辑顺序呈现信息和技能(内容呈现)?	●	②	③	④

表 12.8 展示了评价者对学习者态度和行为的评分。这些评分基于从动机到迁移的教学策略的要素。如果评价者的评分低于 3 分,则被认为是有问题的。除了 B.1 和 B.2 在推杆规

划方面的内容呈现负面评分外，其他评分都在可接受范围内。如果没有这些规划，可能会导致**心因动作**中缺少心因。

表12.8　评价者对学习者态度和行为的感知

A. 动机　　　　　　　　学习者是否：	没有①	很少②	经常③	总是④
1. 认为展示各个高尔夫球手及其球童的 YouTube 视频相关且有趣（动机激发）？	否①　是●			
2. 认为教学内容有趣且相关？	没有①	很少②	经常●	总是④
3. 有注意专业教练的讲解和示范？	没有①	很少②	经常●	总是④
4. 对自己的推杆技能执行显得自信？	没有①	很少②	经常●	总是④
5. 对自己的进步感到满意？	没有①	很少②	经常●	总是④

B. 内容呈现　　　　　　学习者是否：			
1. 理解为何他们从滚球而非推球开始学习（清晰度）？	否●　大多数②　是③ （这根本就没发生）		
2. 理解推杆果岭的物理条件、他们的心理规划（轨迹和力度）以及推杆时身体动作之间的相互作用（清晰度）？	否●　大多数②　是③ （这根本就没发生）		
3. 认为这些例子必要且清晰？	否①　是●		
4. 觉得解释有帮助？	太少①　太多②　有帮助●		
5. 认为示范有帮助？	太少①　太多②　有帮助●		
6. 认为每个部分（规划、握杆、站姿、实际推杆）的进度恰到好处？	太快①　太慢②　恰好●		

C. 学习者参与（实践与反馈）　　学习者是否：	没有①	很少②	经常③	总是④
1. 了解每项练习活动（规划、握杆、瞄球、击球）要做什么？	没有①	很少②	经常●	总是④
2. 认为每项活动的练习量正好？	太少①	太多②	恰好●	
3. 能为搭档的推杆提供有益的反馈？	没有①	很少②	经常●	总是④
4. 在排练时感到愉悦？	没有①	很少②	经常●	总是④

D. 评估和跟踪　　　　　学习者是否：	否①	有些②	是③	
1. 认为课程结束时的推杆比赛指导语清晰？	否①	有些②	是●	
2. 认为课程结束时的推杆比赛很精彩？	否①	有些②	是●	
3. 相信他们能够将教学中学到的技能迁移到比赛中？	否①	有些②	是●	
4. 相信他们通过本课程提升了推杆技能？	否①	有些②	是●	
5. 在比赛中准确地计分并记录他们的推杆（每杆计一分）？	否①	有些②	是●	
6. 因为这节课而更想打高尔夫球？	没有①	很少②	经常③	总是●

384

表 12.9 展示了评价者对管理和可行性的评分结果。评价者认为,除了一个标准外,其他所有标准均已满足,同时他们再次指出推杆果岭在坡度和力度方面的物理结构存在不足。值得注意的是,这些标准中有一半与高尔夫俱乐部的目标——通过增加会员数量来增加收入——相关。

385

表 12.9　评价者对管理与可行性的总结

管理与可行性　　　　学习者和教练:	
1. 认为日程安排(日期、时间、星期)是方便的吗?	否① 　　 是●
2. 认为在两小时的推杆教学中,有充足的时间学习推杆并练习技能吗?	否① 　　 是●
3. 认为推杆练习果岭在物理结构上足以练习轨迹和力度技能吗?	否① 　　 是●
4. 认为俱乐部会员和工作人员热情且乐于助人吗?	没有① 　很少② 　经常③ 　总是●
5. 对训练课程的宣传充分吗?	否① 　　 是●
6. 有足够多的人了解并报名参加课程吗?	否① 　　 是● (等候名单上有 10 人)
7. 都参加推杆训练课程了吗?	否① 　是● (16 人中有 15 人参加了)
8. 参加课程结束时的推杆比赛了吗?	否① 　是● (16 人中有 15 人参加了)
9. 参与者确实在合理的时间内加入了俱乐部吗?	否① 　是● (在推杆训练课后,16 人中有 3 人加入了)

表 12.10　第 2 节课　推杆教学的修改计划

教学策略来源	问题	教学修改建议	依据和来源
动机性导入材料	没有	没有	观察;学习者和教练的评论
前测和后测	未提供		
信息呈现	教练漏掉了在没有推杆的情况下规划推杆的技能	请教练在课程中加入这一部分;调查是否需要这一步骤	在呈现期间观察;教练评论说这不是必要的

（续表）

教学策略来源	问题	教学修改建议	依据和来源
学习者参与	练习果岭在物理结构上不足以练习轨迹和力度技能	调查一下球场其他果岭是否有更多的地形变化	教练和学员的评论；观察
迁移	没有	没有	学习者能够在推杆比赛中应用技能并计分
管理与可行性	推杆果岭在物理结构上存在不足	无：没有其他可用设施。向学习者指出球场上特定的洞，那里的斜坡和表面能够更好地应用这些技能	学习者和教练的评论；观察

俱乐部的目标是否已经达成？ 推杆训练课程没有问题，也不需要改变。依据如下：有 10 人在下次训练课程的等候名单上；在 16 名参加者中有 15 人参加了推杆课程；在推杆训练课后有 3 名参与者加入了俱乐部；专业教练和俱乐部会员主席的积极评价；评价者的观察。

在表 12.10 的教学修改计划中，评分量表的汇总数据显示，建议修改的领域仅限于信息呈现和学习者参与。设计者可能不会采纳这些建议，因为高尔夫球专业人员认为在没有推杆的情况下不需要规划推杆，而且球场也没有更合适的推杆练习果岭。在这种情况下，鉴于俱乐部已经成功实现了增加会员和提高娱乐性的目标，设计者需要权衡这些需要修改的地方是否真的是亟待解决的重要问题。教学设计者可能会立即思考两个问题：首先，我是否过度设计了教学？ 其次，我是否应该更早、更频繁地让高尔夫专业人士参与教学策略的规划？

386

案例研究：团体领导力培训

我们将利用从"引导团体讨论"这一教学目标中收集的数据，来阐释如何总结和分析在形成性评价活动中收集到的数据。本案例研究中的例子，旨在阐释在对教学材料和教学步骤进行小组评价或现场试验中，你可能会采用的评价程序。当然，你实际使用的图表类型和总结方法应根据你的教学材料、测验、教学情境和学习者的特点进行调整。这些例子仅展示了在团体领导力培训中汇总信息的几种方法。

小组或现场试验评价

如前所述，基于对实际绩效情境中领导者（包括学校校长、校园管理者、企业培训主管和市政府官员）的访谈，我们确定了测试这些成人学习者的方法。考虑到学习者的敏感性，我们决定不对他们进行言语信息或领导力表现目标的前测；前测仅评估学习者对他人在会议片段中所展示的领导技能进行识别的能力。我们还决定在前测或练习中不要求学习者标注姓名，但后测是可以识别特定学习者的，因为后测包括团体领导模拟活动中的实际表现。不区分学习者就无法追踪单个成员在不同测验中的表现，但整个小组的表现是可以监控的，这为评估教学效果提供了依据。

关于二十名学习者的形成性评价数据，是在教学现场试验中收集的。所收集的评估数据针对的是目标6.4.2和6.5.1中包含的十二项促进和阻碍团体合作的领导者行为。回想一下，这两个目标涵盖了相同的十二项行为。在前测中，学习者观看了一段模拟会议的视频，并在观察表上记录下领导者展示这十二项促进或阻碍行为之一的情况（目标6.4.2）。在学习者参与教学活动时，也会收集目标6.4.2的评估数据。后测数据仅收集了学习者在模拟会议中展示的团体领导行为（目标6.5.1）。关于态度的数据则是在第10节课结束时，通过问卷调查和反馈会议收集的。

分析跨测验的题目—目标数据

对任何测验中所得数据进行总结的第一步，是确定如何对学习者的回答进行评分。如果实施的是客观题测验，每个学习者的评分相对简单，只需计算正确回答的题目数即可。然而，对于现场表现的评估，则需要事先规划。

例如，请参阅表10.6中前测的以下摘录。

说明：团体会议持续了8分钟。请完整观看视频会议，然后再看一遍。在观看会议进程时，请使用表格记录你对埃洛伊丝在会议期间所展示的团体管理技能的评判。

适当行为记录 √√	埃洛伊丝鼓励合作的行为	埃洛伊丝阻碍合作的行为	不当行为记录 √√
√√√	1. 以提问的方式建议讨论要点	1. 规定团体要讨论的话题	√√
√√√	2. 使用探究、询问的语气	2. 使用权威的语气	√√
√√√	3. 使用开放性用语，如"也许"和"可能"	3. 使用命令性用语，如"必须"或"应该"	√√√
√√√	4. 在不同发言者之间留有思考时间和停顿	4. 在发言间隙表达个人观点或解决方案	√√
√√√	5. 愿意将发言权转交给插话的团体成员	5. 在有人插话时继续说话或打断其他成员	√√√

在对前测计分时，设计者作出了以下决定：对于每项促进和阻碍行为，领导者在模拟会议

中展示三次。学习者的记录误差在一次之内即可得分；因此，标记 2、3 或 4 次均能得分，并在总结表的学生—行为单元格中填入 1。

表 12.11 汇总了学习者对目标 6.4.2 的前测回答。目标中包含十二项活动，它们被总结为类似于一次客观题测验中某一目标下的题目。表的顶部列出了十二项促进和阻碍行为，左侧则列出了二十名学习者。此外，通过将十二项活动中的每一项促进和阻碍行为相加，得出了一个从 0 到 12 的总测验分数。学习者必须能够正确识别某项活动技能中的促进行为和阻碍行为，才能从该项活动中获得分数。例如，如果他们正确识别了活动 3 的促进行为，但未能正确识别活动 3 的阻碍行为，那么他们将无法获得活动 3 的分数。请注意，表格中每名学习者对应的阴影双格反映了他们得分的技能。

通过累加每位学习者阴影部分的成对行为，得到了行合计（最右列为每名学习者的得分）。表格底部有两个合计栏，第一栏反映了正确区分每项促进和阻碍行为的学习者百分比；第二栏，即表格的最后一行，显示了小组中能够正确区分十二对促进和阻碍行为的学习者百分率。

在以这种方式总结前测数据后，就开始作出分析和解释。首先，检查单个学习者的成绩（最右列）。参与者的团体领导技能是否如预期那样具有多样性？设计者得出结论，他们在前测中的成绩是多样化的，或者说差异很大。测验的满分为 12 分，他们的得分范围从 0 到 11 不等。三名学习者获得了 9 分（75%）或更高；四名学习者得分在 6 到 8 之间；四名学习者得分在 4 到 5 之间；九名学习者，即大约一半的小组成员，获得了 3 分（25%）或更低。

表 12.11　前测数据汇总：同一学习者的行为（横向）和不同学习者的行为（纵向）

388

学习者	领导者呈现的促进（＋）和阻碍（－）行为																								合计
	1		2		3		4		5		6		7		8		9		10		11		12		
	＋	－	＋	－	＋	－	＋	－	＋	－	＋	－	＋	－	＋	－	＋	－	＋	－	＋	－	＋	－	
1	1	1	1	1	1	1	1	1	1	1	1	1	1	1	1	1	1	1	1	1	1	1	1		11
2	1	1	1	1		1	1	1	1		1		1	1	1				1	1	1	1	1		7
3	1	1	1	1	1		1	1	1		1	1	1		1		1	1	1	1			1		8
4	1	1	1	1	1	1		1			1	1	1			1		1		1	1			1	6
5	1	1		1		1			1	1					1				1	1	1	1	1	1	5
6	1	1	1	1		1		1					1						1	1	1	1	1		5
7	1	1		1			1												1	1	1	1	1		6
8	1		1	1	1	1	1	1		1	1			1							1	1			4

（续表）

领导者呈现的促进（＋）和阻碍（－）行为

	1		2		3		4		5		6		7		8		9		10		11		12		
9	1			1									1	1						1	1	1			2
10		1	1	1	1	1	1	1	1		1	1	1		1	1	1	1	1	1	1	1	1	1	9
11									1					1					1		1				0
12	1	1	1	1										1						1					2
13			1	1	1			1	1	1	1	1	1		1						1	1	1	1	9
14	1	1	1										1	1							1	1			2
15													1	1	1	1	1			1		1			2
16	1		1	1	1	1					1	1	1		1						1			1	3
17	1		1	1	1	1	1												1	1		1	1		3
18									1				1	1							1				0
19	1			1	1	1				1							1		1						1
20		1			1	1					1	1	1	1	1			1	1	1	1	1	1		5
＊	7	5	7	6	8	5	4	3	3	5	5	5	8	6	5	3	4	2	7	5	8	6	5	1	
	0	0	0	0	5	5	0	0	0	0	0	0	5	0	0	0	5	5	5	0	0	0	5	5	
＊＊	45		55		55		25		25		40		50		25		25		40		55		10		

＊因正确区分每项促进（＋）和阻碍（－）行为而得分的学习者百分率。

＊＊因正确区分某项技能内促进和阻碍两种行为而得分的学习者百分率。

　　下一步是考察全组在每项行为上的表现（底行）。基于前测数据，可以回答的问题是："学习者需要这次教学吗？或者他们已经掌握这些技能了吗？"全组中10％到55％的学习者正确区分了每对技能。从这些数据中，设计者可以得出结论：除了学习者1之外，教学对于促进合作性团体互动是必要的。此外，还对比了他们在区分促进和阻碍行为上的表现（倒数第二行）。与阻碍行为相比，学习者更擅长识别所展示的促进行为。实际上，他们更擅长区分的阻碍行为只有一项，即技能5：愿意将发言权转交给插话的团体成员，而不是在有人插话时继续说话。

　　在本教学中，目标6.4.2没有包含在后测中，因为后测包括了在领导团体讨论时展示十二项促进行为并避免阻碍行为。设计者将学习者在目标6.4.2上的前测成绩与他们在教学中穿插的参与性练习成绩进行了对比。虽然这不是常规做法，但由于在教学之后没有其他数据可以用来与他们的前测成绩作比较，因此这种对比可以粗略地检验目标6.1.1至6.4.2的教学效果。学习者的参与性练习数据应被视为暂时的;但据此也可以看出自前测后的一些进步或改变。学习者在参与性练习中使用的观察表也应像前测那样计分,以便进行比较。

分析跨测验的数据

图 12.3 显示了学习者在目标 6.4.2 和 6.5.1 上的成绩。图的纵坐标显示的是百分率水平,用来表示二十名学生掌握每项行为的百分率。图的横坐标是十二项行为。通过图 12.3 中的数据,设计者就能够查看与促进行为相关的教学以及学习者的成绩。

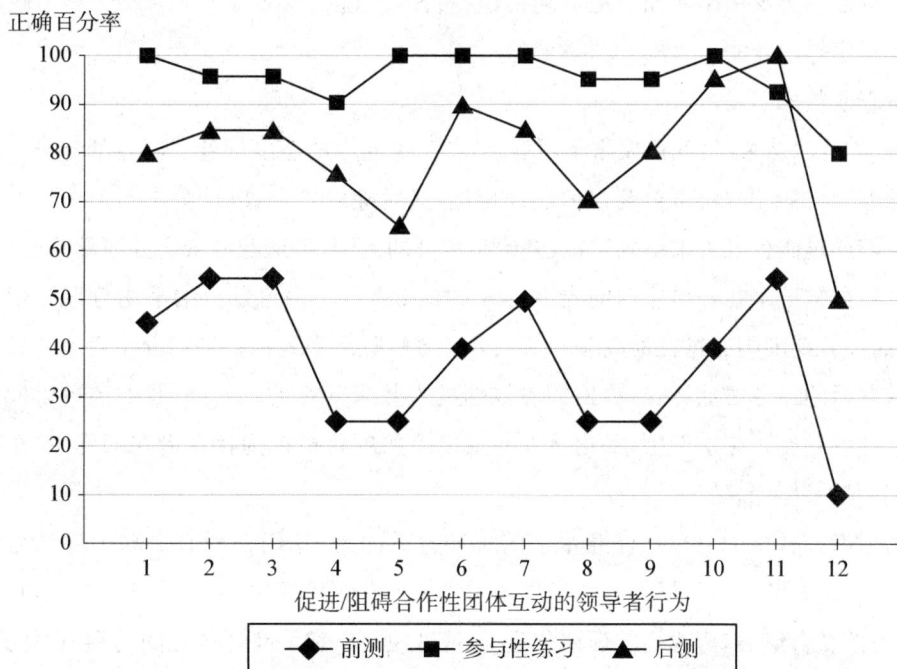

图 12.3　小组在前测和后测中(目标 6.4.2),辨识出十二项促进或阻碍合作性团体互动的领导者行为的百分率,以及在领导团体讨论时展示出促进行为的百分率(目标 6.5.1,仅后测)

图 12.3 中最下面的折线代表学习者在目标 6.4.2 上的前测成绩,这些数据直接取自表 12.11 的底行。最上面的折线图示了他们在随堂参与性练习中区分各项行为的技能水平。该练习是在学完目标 6.1.1 到 6.4.2 后进行的。请注意,在此教学点上,超过 80% 的小组成员正确地区分了所有十二项领导者行为。这种在十二项技能上的高水平表现,以及学习者在前测和练习活动之间的进步表明,教学有效地帮助学习者识别他人所展示出的这些促进和阻碍行为。

中间的折线图示了学习者在第 10 节课结束后进行的后测中所展示的十二项行为。将教学有效的标准设定为 80% 的组员成功地展示出每项技能,设计者得出结论:教学对十二项行为中的八项是适合的,但它对于帮助学习者始终如一地展示以下促进行为是无效的:

4. 在不同发言者之间留有思考时间和停顿,而不是在安静时段插入个人观点(75%)

5. 有人插话时愿意转交发言权,而不是继续说话或打断团体成员(65%)

8. 用点评维持以团体为中心的讨论,而不是按领导者的思路讨论(例如,评价发言者的观点)(70%)

12. 表扬团体的努力和成就,而不是单独挑出某个人来表扬(50%)

从这些数据中可以注意到,学习者更擅长识别其他领导者的十二项促进或阻碍行为,而不是他们自己在会议中始终如一地呈现出这些行为。这一差异与教学目标分析中这两项技能的层级排序是一致的。

分析态度数据

在第 10 节课结束时,我们要求学习者填写表 11.4 中的态度问卷。问卷的计分方法是将每名学习者(共二十人)对每道题目的评分相加,然后除以二十,以计算出每道题目的算术平均分。我们通过四舍五入来得到整数,并确定评分的范围(每道题的最高分和最低分)。

这些数据被记录在一份空白问卷上,如图 12.4 所示。每道题目的平均分用圆圈在问卷上标记,而评分范围则通过在最高分和最低分上方画竖线来表示。平均分是通过将所有学习者对某道题目的评分相加,然后除以回答该题的人数来计算的。此外,我们还可以标记出可能存在问题的题目。在本例中,平均分 3 分或以下的题目被视为存在潜在问题,并在这些题目的左侧用星号标记。

与学习者在教学中对自己注意水平的感知有关的是,他们在所有活动中注意力都很集中,并且认为所有涉及的目标都与他们作为团体领导者的目标相关(平均分 4 分或以上)。然而,当问题涉及自信心时,我们发现评分范围(或者说最低和最高评级之间的距离)扩大,且他们在实际应用这些技能时的自信心平均分降至 3 分。在"清晰度"一栏中,除了模拟会议的视频外,其他教学内容都得到了满意的评价。对于整体满意度,问题主要集中在教学进度和自我满意度上。

现在,我们需要对那些平均分等于或低于不满意评分标准的四个问题进行审查。可能存在问题的教学内容包括:

9. 对激发团体成员合作行为的信心

13. 会议视频

20. 教学进度

22. 对新技能水平的自我满意度

这四个问题有可能是相互关联的。例如,问题 9 和 22,自信心和自我满意度可能存在联系;它们也可能与报告的教学进度和视频问题有关。

391

教学内容	注意水平 （每个内容只能选择一个水平）
Ⅰ. 注意：以下教学活动在多大程度上引起了你的兴趣或注意？	
A. 阅读和分析会议的对话文字展示出：	
1. 有助于合作性互动的成员行为	没注意　1　2　3　④　5　非常注意
2. 领导者用来鼓励团体合作的策略	没注意　1　2　3　④　5　非常注意
B. 观看和分析会议视频中描绘的：	
3. 有助于合作性互动的积极成员行动	没注意　1　2　3　4　⑤　非常注意
4. 领导者激发成员合作的行为	没注意　1　2　3　4　⑤　非常注意
C. 亲自担任团体领导者：	
5. 在我的团体内激发成员的合作行为	没注意　1　2　3　4　⑤　非常注意

Ⅱ. 关联：你认为以下技能在多大程度上有助于你在解决问题的会议中发挥有效领导力？

	关联性
6. 在会议过程中识别成员的合作行为	不相关　1　2　3　4　⑤　非常相关
7. 在会议过程中激发成员的合作行为	不相关　1　2　3　4　⑤　非常相关

Ⅲ. 信心：你有多大信心能够在解决问题的讨论中有效运用这些团体互动管理技能？

	信心
8. 在会议过程中识别成员的合作行为	没信心　1　2　3　④　5　非常有信心
*9. 在会议过程中激发成员的合作行为	没信心　1　2　③　4　5　非常有信心

Ⅳ. 清晰度：你认为以下教学材料和活动的清晰度如何？

	清晰度
10. 本节课的引言	不清楚　1　2　3　④　5　非常清楚
11. 本节课的教学目标	不清楚　1　2　3　4　⑤　非常清楚
12. 会议对话的书面文字	不清楚　1　2　3　④　5　非常清楚
*13. 会议视频	不清楚　1　②　3　4　5　非常清楚
14. 亲自担任团体领导者	不清楚　1　2　3　4　⑤　非常清楚
15. 进行团体领导活动的指示说明	不清楚　1　2　3　④　5　非常清楚

图 12.4　现场试验组在态度问卷上的回答总结
针对主要步骤 6：管理合作性团体互动，
第 10 节课，目标 6.1.1 至 6.5.1

392

16. 用于发现领导者积极行为的核查表	不清楚 1 2 3 ④ 5 非常清楚	
17. 对成员和领导者积极行为练习的反馈	不清楚 1 2 3 ④ 5 非常清楚	
Ⅴ. 满意度:总体而言,你对以下方面的满意度如何:	**满意度**	
18. 辅助设施	不满意 1 2 3 4 ⑤ 非常满意	
19. 教师	不满意 1 2 3 ④ 5 非常满意	
* 20. 教学进度	不满意 1 2 ③ 4 5 非常满意	
21. 教学	不满意 1 2 3 ④ 5 非常满意	
* 22. 你自己,针对你所提高/改进的新技能	不满意 1 2 ③ 4 5 非常满意	

Ⅵ. 评论:请对本节课的优势和不足作出自己的评论。

	优势	不足
引言:	很好,有趣	需要食物
具体目标:	很好,清晰;令人喜欢的大纲格式;易于理解	
对话文字:	易于理解;容易找到行为;相关主题	
视频:	相关主题;有趣的新团体	速度太快;希望在填写观察表时暂停视频;需要帮助
互动性的领导活动环节:	令人喜欢的问题领域;与实际会议相关的主题	太匆忙——没有足够的时间进入领导角色;有些人不认真
评估:	像核查表;像测验形式——类似教学的一部分	视频太快,错过了一些细节;容易令人沮丧
其他:	能够在工作中运用技能,为高质量团队服务	某些阻碍行为与礼貌举止相冲突((例如,应该点评发言者的观点,以表明自己的注意和理解)

图 12.4 现场试验组在态度问卷上的回答总结
针对主要步骤 6:管理合作性团体互动,
第 10 节课,目标 6.1.1 至 6.5.1(续)

393 　　学习者的开放性评论为这些议题提供了更多的见解。我们对每名学习者的评论进行了内容分析,将相似的评论归类,并在问卷中总结了他们讨论的问题。关于视频会议的问题,学习者们反映视频会议的速度快到他们无法细致观看,也无法在观看会议过程的同时在观察表上做标记。他们还报告说,在互动会议中没有足够的时间来练习他们的领导技能。最后,一些学习者对某些阻碍合作的行为感到困惑，认为这些行为与礼貌交谈的礼节存在直接的冲突。在随后的访谈中，设计者发现，学习者认为在他人提出新观点时发表评论是一种礼貌的行为，因为它向发言者表明其他人正在倾听并理解了他们的观点。礼貌交谈的礼节与阻碍合作互动的领导行为之间存在认知差异，这可能解释了学习者为何在行为 4、5、8 和 12 的后测中表现不佳。通常认为不礼貌的行为包括：在对话中出现长时间的、明显的沉默（4）；允许他人打断（5）；对别人的观点不加评论（8）；不表扬他人特别好的观点和贡献（12）。设计者得出结论，应该在教学中直接指出团体内激发合作行为与礼貌交谈礼节之间的差异。设计者还决定重新审视团体沟通领域的权威参考资源，并就社交礼节与有效的团体管理行为咨询其他学科的专家。

修改教学的计划

　　在领导力培训的形成性评价阶段，对整个教学单元中某一特定部分的教材进行最终修改还为时尚早。在进行任何实质性的修改之前，应当先对其他课时的教学内容进行现场测试和分析。虽然修改应基于该单元的整体效果，但可以利用第 10 节课收集的数据来创建一张教学修改分析表，如表 12.12 所示。该表分为四个部分：左栏列出了待评价的成分，中间两栏分别描述了已确定的问题和可能的修改方案，而最右侧一栏则是修改的依据及其来源。数据来源包括：(1) 对使用材料的学生进行的观察和他们的测验结果；(2) 学生在材料上的笔记和注释；(3) 从态度问卷中收集的信息。材料的修改方案直接源自之前对每个题目分析表的言语描述。

表 12.12　教学修改分析表

394

教学策略来源	问题	教学修改建议	依据和来源
动机性导入材料	无	无	学习者报告他们的注意力水平良好，目标清晰，教学内容相关性高（态度问卷和反馈会议）
前测	视频会议播放速度过快；学习者很难在观看会议视频的同时填写观察表	添加指令：在学习者填写观察表时暂停视频	来自态度问卷、教学者的评论和反馈会议
信息呈现	技能 4、5、8 和 12 的表现水平不高 报告在阻碍行为和礼貌交谈礼节之间存在冲突	在呈现这些行为时增加更多的信息和例子 直接指出激发团体合作的领导行为与礼貌交谈礼节之间的差异，并解释这些差异的目的	信息来源如下： ● 这些技能的后测成绩 ● 态度问卷 ● 反馈会议 ● 在互动会议中的观察

（续表）

教学策略来源	问题	教学修改建议	依据和来源
学习者参与	(6.4.2)视频会议播放速度过快；学习者很难在观看会议视频的同时填写观察表	添加指令：在学习者填写观察表时暂停视频	态度问卷
后测	每名学习者的表现时间不足	在学习者完成个别化活动后，将他们分组，但要注意，这样做可能会将所有表现优秀者和新手分别聚集在同一组	态度问卷
态度问卷	无	无	问卷调查确实揭示了教学中的薄弱环节，并提供了解释，这些信息与后测数据、反馈会议和教学者的评论相一致

　　设计者完成形成性评价过程后，就会发现对材料的修改可能会带来一些意想不到的结果。如果进行了大规模的修改，例如增加了原先被认为是领导者的先决技能的教学，并为那些已经接受过正规相关培训或具有领导经验的学习者免除了部分课程，那么随着这些变化，就需要实施另一次现场试验，以验证教学是否达到了预期的效果。

395

专业和历史观点

　　几乎所有的教学设计模型都会强调**形成性评价**的概念，即通过收集数据来识别问题并修改教学材料。在修改过程中，设计者必须保持对工作的系统性视角，并随时准备在设计过程的任何阶段进行必要的修改。请注意本章开篇模型图中的虚线反馈线，它从形成性评价开始回溯，表明在设计的各个阶段都可能需要进行修改。模型通常表明，在收集和总结数据后，应该"适当地"修改材料。在我们的方法中，我们总结收集到的数据，然后基于数据以及我们对教学目标、学习者、教学和行为表现情境以及所选教学策略的理解，做出必要的修改。上一章关于形成性评价的专业和历史观点同样适用于本章关于教学材料的修改。

流程图：修改教学材料

　　本节中的图 12.5—12.8 可以帮助你规划形成性评价的文档。这些图涵盖了(a)考察形成性评价数据的顺序；(b)汇总专家评审数据并提出修改方案；(c)分析一对一形成性评价数据并提出修改方案;(d)分析小组和现场试验的形成性评价数据。

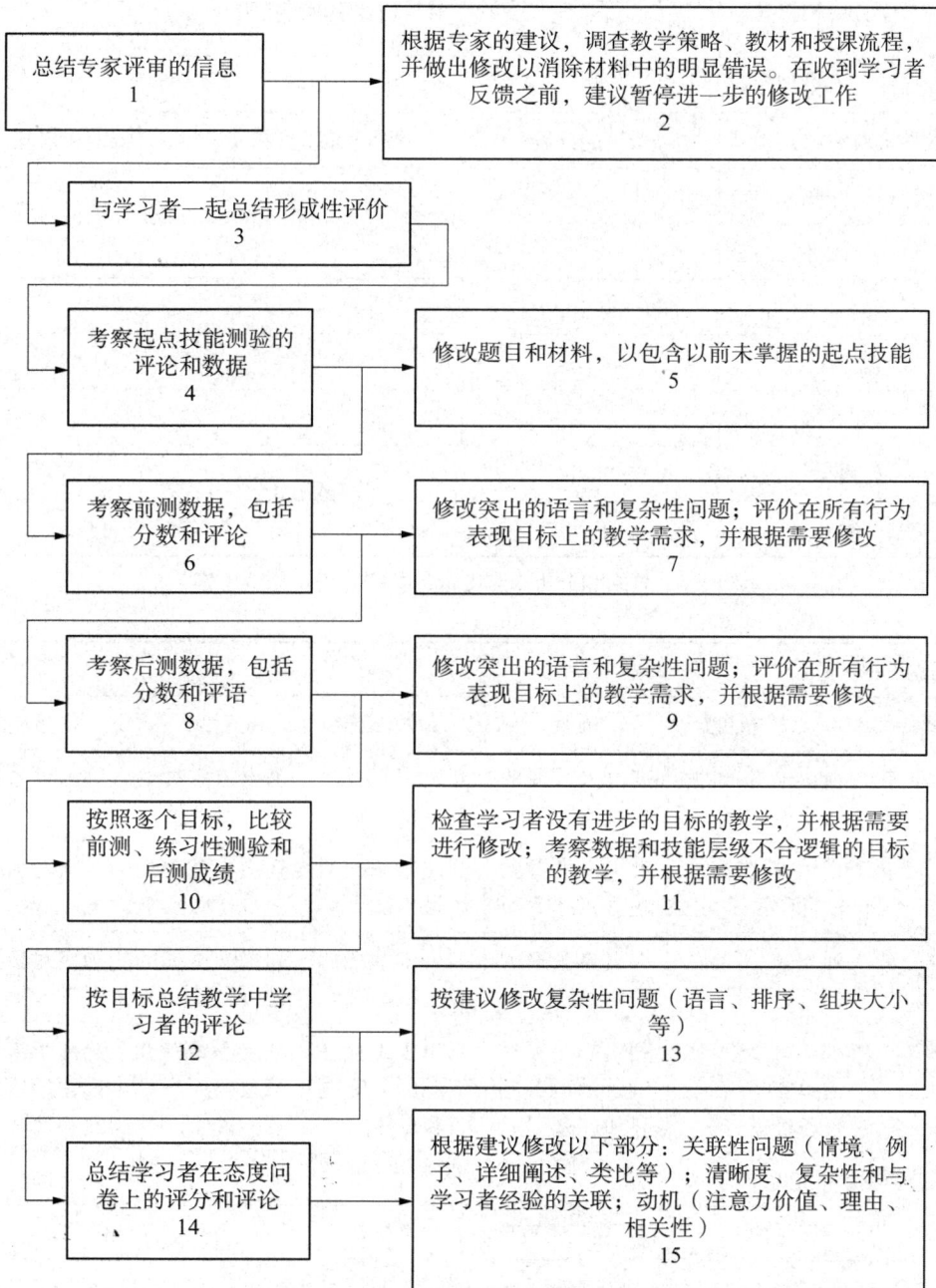

396

总结专家评审的信息 1	根据专家的建议，调查教学策略、教材和授课流程，并做出修改以消除材料中的明显错误。在收到学习者反馈之前，建议暂停进一步的修改工作 2
与学习者一起总结形成性评价 3	
考察起点技能测验的评论和数据 4	修改题目和材料，以包含以前未掌握的起点技能 5
考察前测数据，包括分数和评论 6	修改突出的语言和复杂性问题；评价在所有行为表现目标上的教学需求，并根据需要修改 7
考察后测数据，包括分数和评语 8	修改突出的语言和复杂性问题；评价在所有行为表现目标上的教学需求，并根据需要修改 9
按照逐个目标，比较前测、练习性测验和后测成绩 10	检查学习者没有进步的目标的教学，并根据需要进行修改；考察数据和技能层级不合逻辑的目标的教学，并根据需要修改 11
按目标总结教学中学习者的评论 12	按建议修改复杂性问题（语言、排序、组块大小等） 13
总结学习者在态度问卷上的评分和评论 14	根据建议修改以下部分：关联性问题（情境、例子、详细阐述、类比等）；清晰度、复杂性和与学习者经验的关联；动机（注意力价值、理由、相关性） 15

图 12.5　规划形成性评价数据的考察顺序

397

A. 信息汇总模板

材料与教学分析相符吗?	材料适合学习者特征吗?	材料适合学习情境吗?	材料适合行为表现情境吗?

B. 提出修改方案的模板

教学策略的成分	确认的问题	教学修改建议	依据和来源
起点技能测验			
动机性导入材料			
前测			
信息呈现			
学习者参与			
后测			
态度问卷			

图 12.6   总结和分析来自专家的数据并提出修改方案

A. 创建数据汇总表

学习者特征	起点技能测验	前测	练习性测验	后测	态度问卷
能力/经验不足	列出未掌握的题目和目标#	列出未掌握的题目和目标#	列出未掌握的题目和目标#	列出未掌握的题目和目标#	列出对教学的+/—评论
能力/经验居中	列出未掌握的题目和目标#	列出未掌握的题目和目标#	列出未掌握的题目和目标#	列出未掌握的题目和目标#	列出对教学的+/—评论
能力/经验高	列出未掌握的题目和目标#	列出未掌握的题目和目标#	列出未掌握的题目和目标#	列出未掌握的题目和目标#	列出对教学的+/—评论
总计	列出小组存在问题的所有题目和目标	列出小组存在问题的所有题目和目标	列出小组存在问题的所有题目和目标	列出小组存在问题的所有题目和目标	列出小组存在问题的所有题目和目标

B. 汇总教材中的信息

- 创建一份所有评估的"分析"副本,包括态度问卷和教学材料。

- 在材料中合适的地方直接总结所有学习者的注解,包括不清楚的词汇、信息和例子;完成时间;等等。

图 12.7   总结和分析面向学习者的一对一形成性评价的数据并提出修改方案

C. 创建教学修改分析表

教学策略的成分	确认的问题	教学修改建议	依据和来源
起点技能测验			
动机性导入材料			
前测			
信息呈现			
学习者参与			
后测			
态度问卷			

图 12.7　总结并分析面向学习者的一对一形成性评价的数据并提出修改方案（续）

A. 创建学习者前测、练习性测验和后测成绩的示例图，以供分析（数据反映掌握每个目标的学生百分率）。

1. 创建柱状图（以假设数据为例）

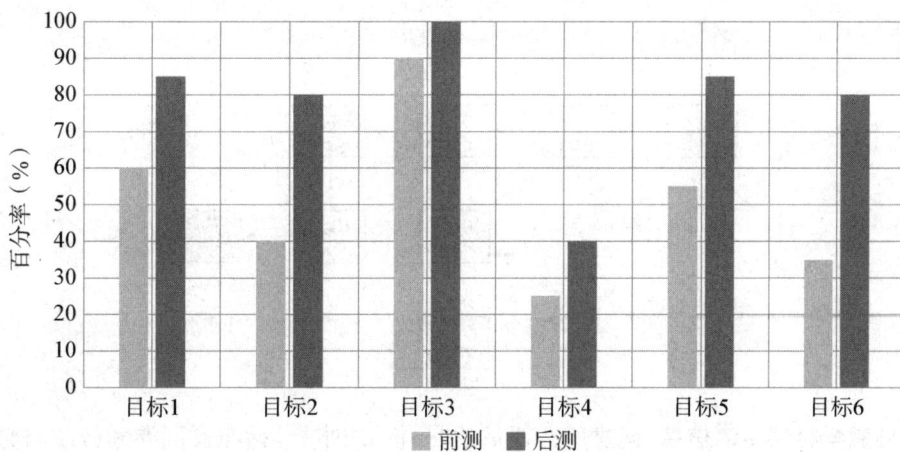

数据分析示例：

- 从前测到后测寻找有效学习的证据：目标 1、2、3、5、6
- 寻找问题存在的证据：目标 4

图 12.8　总结并分析小组和现场试验形成性评价的数据

399

2. 创建折线图（以假设数据为例）

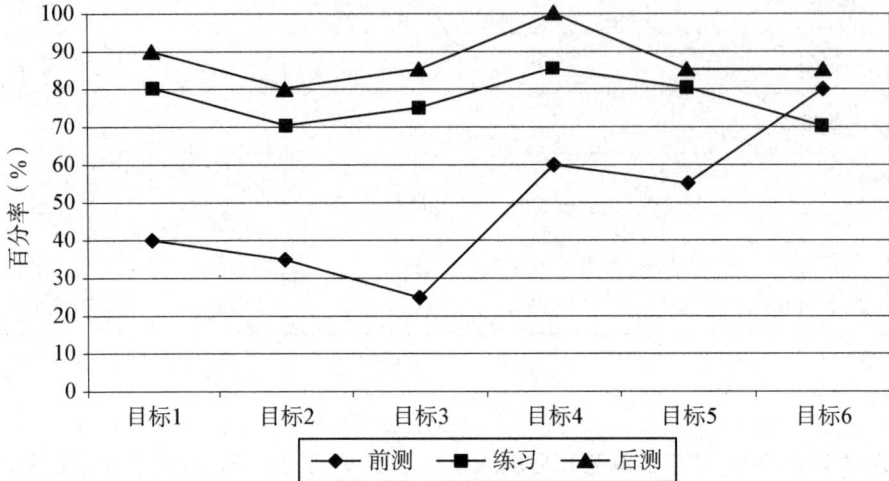

3. 创建流程图（以假设数据为例）

教学分析框架，包括在前测和后测中掌握每项技能的学生百分率（阴影部分表示存在问题的技能）

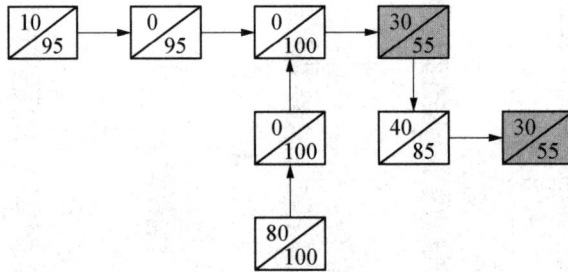

B. 总结教学材料中的信息：创建所有评估的"分析"副本，包括态度问卷和教学材料。在材料中合适的地方直接总结所有学习者的注解，包括不清楚的词汇、信息和例子；完成时间；等等。

图 12.8　总结并分析小组和现场试验形成性评价的数据（续）

C. 总结态度问卷中的信息。

1. 柱状图,以假设的组均值、各评分内容中的题目为例

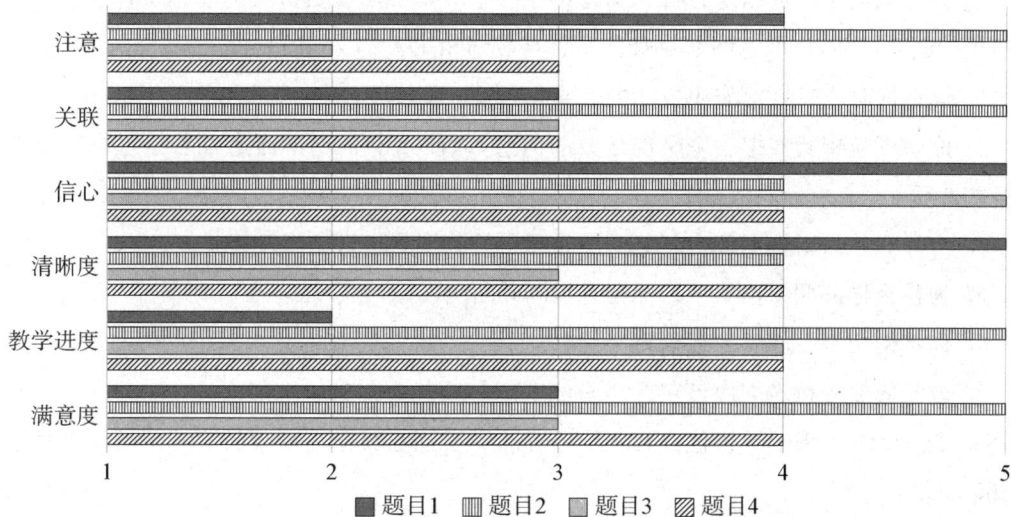

2. 学习者评论汇总表

教学	优势	问题	修改建议
引言	*在此处总结评论*	*在此处总结评论*	*在此处总结评论*
前测	*在此处总结评论*	*在此处总结评论*	*在此处总结评论*
信息呈现	*在此处总结评论*	*在此处总结评论*	*在此处总结评论*
示例	*在此处总结评论*	*在此处总结评论*	*在此处总结评论*
教学进度	*在此处总结评论*	*在此处总结评论*	*在此处总结评论*
练习活动	*在此处总结评论*	*在此处总结评论*	*在此处总结评论*
后测	*在此处总结评论*	*在此处总结评论*	*在此处总结评论*

D. 创建教学修改分析表

教学策略的成分	确认的问题	教学修改建议	依据和来源
起点技能测验			
动机性导入材料			
前测			
信息呈现			
学习者参与			
后测			
态度问卷			

图 12.8　总结和分析小组和现场试验形成性评价的数据(续)

401

练习

1. 你将依据哪些数据来分析和确定目标群体中的学习者是否真的掌握了你在教学分析中确定的起点技能，以及这些起点技能是否与教学相关？

2. 你将何时开发针对先决技能的教学？

3. 你将创建哪类数据表来呈现必要的信息，以便准确判断学习者在教学过程中遇到的问题的性质？

4. 为什么你需要根据每次测验所发现问题的数据表进行叙事性解释？

5. 为什么你需要根据教学目标汇总前测和后测的成绩？

6. 你将使用态度问卷来评价哪些材料？

7. 教学修改分析表中应该包括哪些信息？

8. 表 12.13 呈现了一张包含五名学习者的不完整题目—目标分析表。请使用原始数据计算以下值：

表 12.13　题目—目标分析表

目标		1			2			3			4		原始分数	正确百分率	目标通过数	目标通过率
题目	1	2	3	4	5	6	7	8	9	10	11	12				
学生　1	1	1	1		1	1				1	1					
2	1	1	1	1	1	1	1	1	1	1	1					
3				1	1	1				1	1					
4	1			1	1	1	1	1	1	1	1					
5	1	1	1	1	1	1	1	1	1	1	1					
正确回答的人数																
正确回答的百分率																
通过目标的学生百分率																

1＝正确回答。错误回答留白。

要通过一个目标，目标中的所有题目都必须正确回答，因为每道题目测验了目标的不同方面。

- 每名学习者的原始分数

- 每名学习者正确答题的百分率

- 每名学习者通过的目标数。假设只有正确回答一个目标中的所有三道题目才算通过该目标。

- 正确回答每道题目的学习者人数

- 正确回答每道题目的学习者百分率

- 通过每个目标的学习者百分率

你可能希望将数据导入电子表格以完成这些计算。

参加写作作文材料现场试验的四名学生的起点技能测验成绩表明，他们并未掌握起点技能。他们被纳入现场试验是为了确定被确认为起点技能的下位技能是否被正确地归类到教学目标中。图 12.9 展示了这四名学生在前测、嵌入式测验以及后测的陈述句部分掌握陈述句下位技能的百分率。请根据他们在表中的成绩数据回答以下问题。

9. 学生是否需要所有技能的教学？

10. 基于前测和后测数据，哪些技能看起来学生可以从教学中受益？

11. 除了那些在教学前学生已经掌握的技能外，对哪些技能的教学没有效果？

12. 基于这些学生在教学单元中的成绩，你建议他们接下来应该采取什么行动？

402

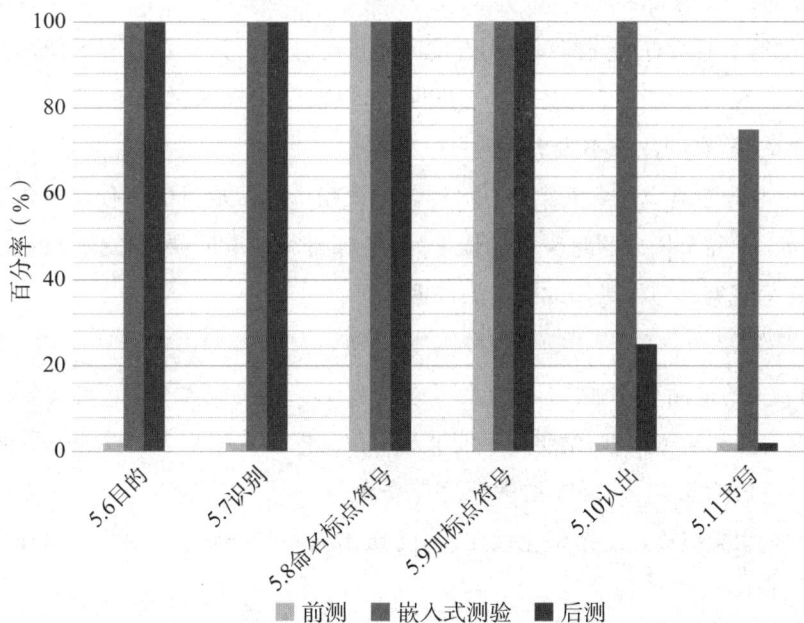

图 12.9　四名不具备所需起点技能的学生在前测、嵌入式测验和后测中对每个目标的掌握情况

参考答案

1. 利用从前测和后测题目中得到的题目—目标分析数据。起点技能的前测数据揭示学生是否掌握了起点技能,而教学材料的测验数据则显示你是否真正明确了相关的起点技能。如果学生在起点技能题目上表现不佳,但在随后的测验中却取得成功,那么你需要重新审视你所确定的起点技能。

2. 至少在对材料进行一对一评价之前,不要开发先决技能的教学。正如案例研究部分所展示的,现场测试的数据将告诉你是否需要这些材料,以及需要这些材料的具体目标是什么。

3. 编制一张题目/目标分析表。其构建形式应该使得你能够分析正确答案和错误答案。正确答案的分析告诉你教学是否有效;错误答案的分析则揭示了问题所在,并帮助你注意到可能需要修改的地方。

4. 当信息在你头脑中清晰时,根据每次测验的数据进行叙事性分析,因为这些信息是教学修改分析表的基础。如果不这样做,当你面对多个测验的原始数据表时,就难以集中注意力并查明出现的问题。

5. 总结表突出了成绩的变化趋势。例如,学习者在前测中未掌握的一个目标,在后测中是否已经被掌握?

6. 教学材料中的所有成分都可以用态度问卷进行评价。建议在学习者使用材料的同时发放态度问卷。我们建议在课堂上发放态度问卷,以便学生在对材料还有印象时进行评价。如果采用这种方法,必须注意不要干扰学习过程。

7. 教学修改分析表应包含五类信息:(1)教学策略中学习成分的名称;(2)各成分中确定的问题;(3)教学中需要做出的修改;(4)依据,包括来自测验或问卷的数据、材料中的标注以及对程序运作的观察;(5)作为修改理由的依据来源。

8. 参见表12.14。

9. 根据表中的前测/后测数据,学生似乎不需要下位技能5.8和5.9的教学。

10. 根据前测和后测数据,学生似乎能够从下位技能5.6和5.7的教学中受益。

11. 对下位技能5.10和5.11的教学没有效果。

12. 这四名学生应该接受个别化教学,涵盖认出完整句子成分,以及认出和书写陈述句的额外教学。

表 12.14　题目—目标分析表

目标		1			2			3			4			原始分数	正确百分率	目标通过数	目标通过率
题目		1	2	3	4	5	6	7	8	9	10	11	12				
学生	1	1	1	1		1	1				1	1		7	58	1	25
	2	1	1	1	1	1	1	1	1	1	1	1		11	92	3	75
	3				1	1	1				1	1		5	42	1	25
	4	1			1	1	1	1	1	1	1	1		9	75	2	50
	5	1	1	1	1	1	1	1	1	1	1	1		11	92	3	75
正确回答的人数		4	3	3	4	5	5	3	3	3	5	5	0				
正确回答的百分率		80	60	60	80	100	100	60	60	60	100	100	0				
通过目标的学生百分率			60			80			60				0				

1＝正确回答。错误回答留白。
要通过一个目标，目标中的所有题目都必须正确回答，因为每道题目测验了目标的不同方面。

参考文献和推荐读物

请注意：第 11 章（设计和实施形成性评价）末尾列出的参考文献同样适合于本章修改教学材料。

Ainsworth, L. B., & Viegut, D. J. (Eds.). (2006). *Common formative assessments: How to connect standards-based instruction and assessment*. Corwin Press. 着重介绍如何创建形成性评价的评估以确定学生的学习需求。

Ayala, C. C., Shavelson, R. J., Ruiz-Primo, M. A., Yin, Y., Furtak, E. M., Young, D. B., & Tomita, M. (2008). From formal embedded assessments to reflective lessons: The development of formative assessment studies. *Applied Measurement in Education*, 21(4), 315-334. 重点关注形成性评估对课程、学习者和学生动机的影响。

Bodzin, A., Price, B., Cates, W., Williamson, B., & Campbell, N. (2002). *Formative evaluation of the design and development of a web-based biology curriculum: Y1 findings*. Paper presented at the National Association for Research in Science Teaching

Annual Meeting in New Orleans, LA., April 7 - 10, 2002. http://www.phschool.com/usingexploringlife/downloads/narst2002.pdf. 该报告描述了所采用的迭代形成性评价流程,其中第 30 到 31 页上的表格呈现了发现的问题、反馈来源以及由此引发的产品更改。

Cifuentes, L., Mercer, R., Alverez, O., & Bettati, R. (2010). An architecture for case-based learning. *TechTrends*, 54, 44 - 50. https://doi.org/10.1007/s11528-010-0453-9. 描述了一个测验、评价和修改周期。

Gagné, R. M., Wager, W. W., Golas, K. C., & Keller, J. M. (2004). *Principles of instructional design* (5th ed.). Wadsworth/Thomson Learning. 包含一章专门讨论评估学生表现的方法,这些方法不仅用于开发目标参照评估,还用于"掌握"概念和常模参照测验。

Hattie, J., & Temperley, H. (2007). The power of feedback. *Review of Educational Research*, 77(1), 81 - 112.

Le Maistre, K., & Weston, C. (1996). The priorities established among data sources when instructional designers revise written materials. *Educational Technology Research and Development*, 44(1), 61 - 70. 这项研究的结果表明,设计者在修改教学材料时,往往更倾向于依赖自己的专业知识,而非反馈数据。

Luo, H., Koszalka, T. A., Arnone, M. P., & Choi, I. (2018). Applying case-based method in designing self-directed online instruction: A formative research study. *Education Technology Research & Development*, 66, 515 - 544. https://doi.org/10.1007/s11423-018-9572-3. 该案例研究描述了预测试、基于预测试结果进行修改的两个周期。

Mordacq, J. C., Drane, D. L., Swarat, S. L., & Lo, S. M. (2017). Development of course-based undergraduate research experiences using a design-based approach. *Journal of College Science Teaching*, 46(4), 64 - 75.

Park, S. (2019). A developmental study on a SPAT design model for mobile learning. *Education Technology Research & Development*, 67, 123 - 159. https://doi.org/10.1007/s11423-018-9630-x. 本研究报告了一个包含审查和修改的迭代开发过程。

Phillips, J., Klein, J. D., Dunne, E., & Siriwardena, M. (2019). Using formative data to make evidence-based decisions during re-design. *Journal of Formative Design in Learning*, 3, 133 - 145. https://doi.org/10.1007/s41686-019-00036-z.

Rusman, E., Ternier, S., & Specht, M. (2018). Early second language learning and adult involvement in a real-world context: Design and evaluation of the "ELENA Goes

404

Shopping" mobile game. *Journal of Educational Technology & Society*, *21*(3), 90 – 103. 通过对评价和修改周期的细致描述来追踪产品开发的过程。

Sahrir, M. (2012). Formative evaluation of an Arabic online vocabulary learning game prototype: Lessons from a Malaysian institute of higher learning experience. In N. Alias & S. Haashim (Eds.), *Instructional technology research, design, and development: Lessons from the field* (pp. 357 – 368). IGI Global. 详细分析了 ID 模型的形成性评价和修改阶段。

Tessmer, M. (1994). Formative evaluation alternatives. *Performance Improvement Quarterly*, *7*(1), 3 – 18.

Tessmer, M. (2005). *Planning and conducting formative evaluations*. Routledge reprint. 本书详尽地阐述了形成性评价的各个主要阶段。

Vanderhoven, E., Schellens, T., Vanderlinde, R., et al. (2016). Developing educational materials about risks on social network sites: A design-based research approach. *Educational Technology Research & Development*, *64*, 459 – 480. https://doi.org/10.1007/s11423-015-9415-4. 描述了互动式教学、课堂式教学和居家式教学中的四个试验和修改周期,并详细阐述了每个周期后基于理论作出修改的理由。

Weston, C., Le Maistre, C., McAlpine, L., & Bordonaro, T. (1997). The influence of the participants in formative evaluation on the improvement of learning from instructional materials. *Instructional Science*, *25*, 369 – 386. 这项基于印刷材料的实证研究得出结论,将学习者反馈纳入形成性修改中,对于提升学生的学习成效具有最大的影响。

405

第 13 章

设计和实施总结性评价

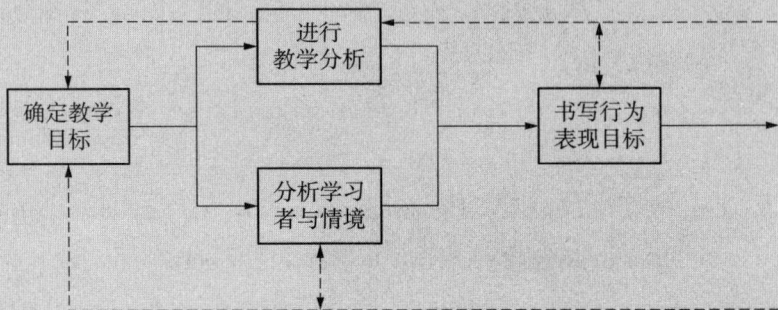

目标

▶ 从目的和设计两方面对比形成性评价和总结性评价。

▶ 描述总结性评价的目的。

▶ 描述总结性评价的两个阶段，以及在每个阶段中作出的决策。

▶ 设计总结性评价的专家评定阶段。

▶ 设计总结性评价的影响阶段。

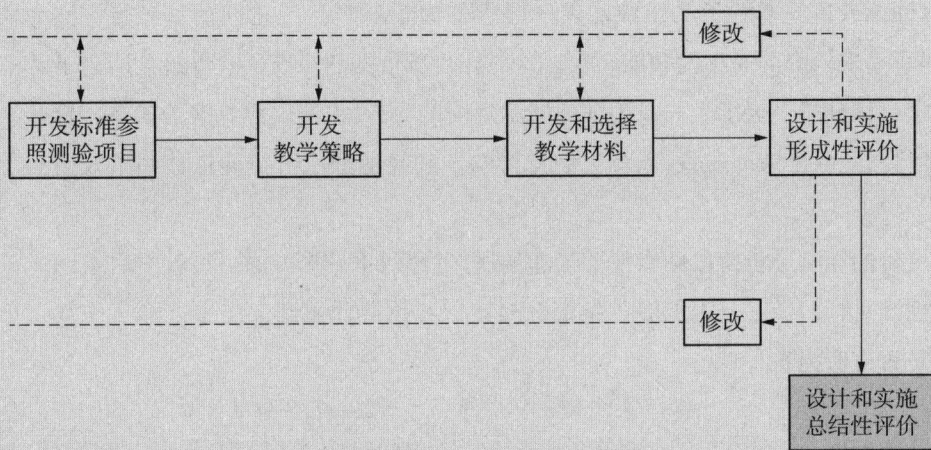

概述

　　形成性评价和总结性评价在目的和设计上存在明显差异。形成性评价旨在识别新开发教学内容的优势与不足,而总结性评价则旨在决定是否保留、采纳或修改现有的教学内容。在形成性评价中,主要的评价者通常是教学的设计者或开发者。而在总结性评价中,主要的评价者往往对教材、要求评价的组织或教材背景不熟悉。这些评价者被称为"外部评价者";他们之所以被选为总结性评价者,是因为他们没有亲自参与教学,因此能够以更客观的视角来评价教学的优缺点。

　　某一特定教学的设计者若能超越自身角色,以客观的视角审视自己的设计工作,便能成为出色的总结性评价者。他们对教学设计流程的深刻理解、对精心设计教学应具备的特征的洞察,以及对评价教学的标准的掌握,赋予了他们专业的知识。这些知识可用于设计和实施总结性评价的专家评定以及影响分析阶段。在职业和技术培训情境中,绩效改进专家或团队常常需要负责从确定教学目标到评估培训在实际工作中最终效果的全部流程。

　　　总结性评价的专家评定阶段应基于系统化教学设计模型来设计。与最初的教学设计相似,材料评价者首先需要评判组织的教学需求与教学材料目标之间的一致性。然后,评价材料所呈现内容的完整性和准确性。这一评价所依据的标准是一份包含所需下位技能的教学目标分析。为了生成或验证技能示意图的质量,需要内容专家的参与。接着,评价教学材料的教学策略质量,以及它们支持知识和技能从学习情境迁移到绩效情境的潜力。

　　　总结性评价的影响分析阶段则专注于工作场所,考察以下三个方面:(1)教学后组织需求是否得到满足;(2)员工是否能够将新获得的知识和技能迁移到工作中;(3)工作绩效或生产力是否有所提升。

概念

形成性评价与总结性评价的比较

　　本章开篇,我们首先对形成性评价与总结性评价进行对比,并在此过程中澄清一些术语。应该作出的一个区分是,"形成性"(formative)和"总结性"(summative)这两个术语通常与"评估"(assessment)而非"评价"(evaluation)相搭配。在本讨论中,评估的对象指的是学生的成绩,因此形成性评估旨在测量学生的成绩,以指导和促进学生学习;而总结性评估则旨在确定学生是否达到了既定的学习目标或标准。例如,随堂测验和提供反馈的练习属于形成性评估,而期末考试和学期项目则属于总结性评估。在我们的 ID 情境中,评估聚焦于学生,评价则关注教学材料和过程,但我们相信你能理解,在进行评价时,评估是非常有用的。

　　你刚刚学习了形成性评价,并且非常熟悉它的特征,你对形成性评价的理解将有助于你更好地理解总结性评价。尽管形成性评价和总结性评价有许多相似之处,但它们在多个方面存在差异,这些差异在表 13.1 中有所总结。首要差异在于实施这两种评价的目的。形成性评价的实施是为了识别教学中的缺陷和问题,以便进行调整。相比之下,总结性评价在教学活动结束后进行,其目的是确定教学对学习者、他们的工作以及组织的影响。总结性评价的目的不在于修改教学,而在于向决策者阐明结果,以便他们决定是否获取或保留这些教学材料。

　　第二个差异体现在评价的不同阶段。形成性评价涵盖了三个阶段:一对一评价、小组评价和现场试验,这些阶段都需要直接在目标学习者中进行。在每个阶段,都要花大量时间来观察和访谈学习者,以便了解他们在教学中遇到的问题的性质。与此相反,总结性评价仅包含两个阶段:专家评定和影响分析。**专家评定阶段**类似于设计者、情境专家和内容专家在材料的设计和开发过程中所作的评价性决策。在这一阶段的总结性评价中,目标学习者并不参与。**影响评价阶段**则是在目标学习者返回工作岗位后实施的,主要关注工作现场,考察三件事:(1)教学后组织需求是否得到满足;(2)员工能否将新获得的知识和技能迁移到工作中;(3)工作绩效或生产力是否有所提升。结果数据通常通过非侵入式的观察、问卷调查、文档分析和绩效情境中的工作绩效评估来获取。

表 13.1 形成性评价与总结性评价的比较

	形成性评价	总结性评价
目的	找出教学中的不足之处,以便进行修改	阐明教学中所学技能迁移到工作现场的程度
阶段或步骤	一对一评价、小组评价、现场试验	专家评定、影响分析
教学开发史	经过系统化设计,并根据组织内训需求量身定制	内部或其他地方开发的,不一定按照系统方法设计
材料	一套材料	一套材料
评价者的职位	教学设计和开发团队的成员	通常是外部评价者
结果	提出教学修改方案	提交一份报告,阐明教学的合理性以及教学对员工、工作和组织的影响

　　形成性评价与总结性评价的材料在开发历程上存在差异。通常,经历形成性评价的教学内容会经过系统设计和开发,以确保其对目标学习者的有效性。而用于总结性评价的材料可能经过系统化设计程序开发,也可能没有。总结性评价中的专家评定阶段能够提供材料开发的历史证据,如果专家认为材料存在缺陷,那么可能进行也可能不进行影响评价。另一个区别在于评价者与材料的关系。形成性评价者往往参与材料的制作,他们追求对材料的准确评判,以期创造出最佳的材料。这些参与材料制作的评价者被称为"**内部评价者**"。总结性评价者的明智做法是不参与对所评价材料的制作,因为这种独立性有助于他们在设计评价和分析材料优缺点时保持客观性。这些独立评价者通常被称为"**外部评价者**"。

　　形成性评价与总结性评价在结果上也有所不同。形成性评价的结果不仅包括提出教学修改方案,还包括在评价的三个阶段之间对材料做出的实际修改。总结性评价的结果可能会导致材料的修改,但它不是教学修改方案,而是一份提交给决策者的报告,阐明了在教学中习得的技能如何迁移到工作现场,以及使用新技能对员工生产力和组织的影响。

410

伯克和哈钦斯(Burke & Hutchins，2008)以及哈钦森(Hutchinson，2009)描述了总结性评价应考虑的三个部分：教学特征、受训者/员工特征以及工作现场特征。表 13.2 呈现了这些部分以及需要考虑的因素。请仔细查看表中的信息。假设你是一名被邀请参与总结性评价专家评定阶段的教学设计者。作为一名设计者/评价者，你很高兴地意识到自己已经具备了评价所需的概念性知识，因为你将运用在教学设计中积累的技能和策略来进行总结性评价。你认出，表中第一栏列出的教学特征就是你在设计中使用的五个主要学习成分，它们的基础是加涅关于促进学习的九个教学事件。这一评价是在总结性评价的专家评定阶段进行的。

在第二栏的个体特征部分，你认出了在分析学习者时需要考虑的因素，包括动机的 ARCS 模型。同样，在第三栏中，你发现大部分因素是在分析绩效情境时需要考虑的内容。学习者/员工和工作现场环境的因素通常在总结性评价的影响阶段进行调查。

表 13.2　总结性评价中技能迁移到工作现场需要考虑的因素

教学特征	个体特征	工作环境特征
教学导入 　动机 　对工作所需的知识和技能有清晰的理解 　适合能力的难度水平 　与先前知识和工作需求的关联 **内容呈现** 　与工作/职业需求相关 　学习者指南 　详尽阐述 **学习者参与** 　充足的练习机会 　与工作表现相一致的练习 　相关且有针对性的反馈 **评估** **适当的迁移策略** 　心理演练、交谈、目标设定、工作辅助工具	**认知能力** **特殊需求** **自我效能** **动机** 　对于即时需求的相关性觉察、信心以及对学习和表现的个人满意度 **期望** **对公司的喜欢或承诺**	**主管** 　对员工的积极反馈 　参与培训 　与员工讨论技能 　正确使用的结果 　错误使用的补救措施 　相关培训后的提升 **积极的迁移氛围** 　组织承诺 　督促主管和员工对与培训相关的绩效改进负责 　与同事讨论新技能 　使用技能的机会 　技能实施过程中的支持 　提示使用新技能的线索 　作为激励和反馈的社会支持

设计者/评价者还整合了起点—终点分析的考虑因素，特别是当它们与组织目标相关，并且这些组织目标与特定教学的目标一致时。这些信息在总结性评价的专家评定阶段和影响分析阶段均可使用。总结性评价者将教学设计过程中的所有这些步骤纳入他们的评估中，以确定现有教学材料的质量以及信息和技能在多大程度上能够迁移到工作现场。此外，他们还

411

必须考虑组织或教学特有的其他因素。

总结性评价的专家评定阶段

总结性评价的专家评定阶段包括五类分析：

- 一致性分析
- 内容分析
- 设计分析
- 迁移可能性分析
- 现有材料分析

一致性分析

一致性分析旨在考察组织需求与教学材料之间，以及组织资源与实施教学所需资源之间的一致性。

组织的需求 我们仍然假设你是一位评价者。为了进行一致性分析，你首先要获取组织的战略规划、其当前的总体目标和具体目标以及其对培训的需求。基于这些信息，你可以推断培训目标与组织目标和需求的一致性。培训与组织战略规划和总体目标的一致性越高，管理者和员工在推动新的培训项目以提升工作技能时获得的支持就越充分。

接下来，你需要收集任何可用的工作分析文件和组织希望通过教学解决的问题描述，并将其与教学的总体目标和具体目标进行对比。工作分析中的任务描述、组织当前的需求与教学目标的匹配度越高，学习者获得技能并将其迁移到工作中的可能性就越大。这些教学信息通常可从教材设计团队处获得。

评价者还应准确描述组织员工/学习者的特征，包括他们的学习特征（如态度、动机、能力、特殊需求、经验、目标），并与预期接受教学的学习者进行比较。选择参与培训的组织员工和目标学习者应在经验、能力和动机方面具有相似性。

资源 分析组织可用于教学的资源与获取和实施教学的成本之间的一致性。无论材料多么有效，过于昂贵的材料往往会超出组织的维护预算。同时，应比较组织现有的辅助设施和设备与实施教学所需的设施和设备。

在收集足够的描述后，需要比较：(1)组织需求与材料所针对的需求；(2)组织目标群体与材料目标群体；(3)组织资源与教学实施要求。一致性分析的结果应与相关决策者共享。尽管你可能需要提出建议，但在不同的组织间，最终决定在总结性评价中包括哪些内容或是否继续评价的人差异很大。任何总结性评价都应解决与高质量材料设计相关的三个问题。这些问题包括：

1. 材料和相应的评估是否准确和完整？

2. 教学策略是否足以实现预期的学习结果类型?

3. 培训中获得的知识和技能迁移到工作中的可能性有多大?

内容分析

由于你可能不是所评价材料的内容专家,因此可能需要聘请一位内容专家作为顾问。你需要考虑如何高效地利用这位专家。一种方法是向专家提供所有材料,并请他们根据组织既定的目标评定材料的准确性、时效性和完整性;另一种方法是从教学制作团队处获得设计文件,并请专家以此为基准来评价教学材料的准确性和完整性。如何利用教学目标框架来评价材料?可以将框架中包含的技能转化为核查表或等级量表。评价者可以利用这些工具来评判材料及其相应测验的质量。

设计分析

评价者应判断材料中包含的教学策略成分是否合适。作为外部评价者,你可能不了解材料是否满足特定学习者的需求,但你应采取措施了解学习者的特征,以便作出这些决策。设计者的教学策略,包括教学导入信息、内容呈现、学习者参与、评估和跟踪,应作为评审材料的模板。

尽管教学策略的基本成分保持不变,但可能需要根据材料涉及的学习结果类型以及学习者的动机和能力,采用与每个成分相关的标准。例如,对经验丰富、积极主动的员工进行高级培训可能对学习成分的要求较低,而对新员工进行初始培训则恰恰相反。可能还需要从传输和管理的角度评估材料。这些策略成分,而非学习基础,可能是教学中发现的一些问题的成因。

如果部分或全部的教学材料在这些重要方面被评定是有缺陷的,那么继续进行总结性评价可能是无益的。你应该向主管报告你对教学内容和策略的评定,并再次询问他们是否希望继续评价。

迁移可能性分析

关于教学材料的第四个问题涉及它们将知识和技能从学习情境迁移到工作现场的潜力。当学习者弥合教学和工作之间的差距时,可以将这些因素作为学习者指南和支持。学习者指南和支持包括以下问题:

- 他们是否被允许将任何教学材料带到工作现场?
- 是否有学习者指南、核查表或大纲可供参考?
- 是否有针对他们的智能手机应用程序或获取支持的简便方法?
- 他们的平板电脑或工作现场是否有电子绩效支持系统?
- 是否有任何可用于支持迁移过程的即时材料?
- 所需的软件和教学编程是否具有平台中立性,以适配尽可能多的工作环境?
- 在学习情境中,工作的关键成分是否得到了充分的模拟?
- 主管的能力、设备或环境是否与组织目标以及学习者新获得的技能相适应?

● 是否存在可能增强或限制材料对组织效用的因素?

● 员工在培训期间真的习得了知识和技能吗?

如果没有习得知识和技能,那么迁移就不太可能发生。

有人可能知道,一些团体和个人将"在职培训"视为证书上的分数,还可以远离工作一天,与同事共进午餐,并早点回家。在这种文化中,迁移的潜力很小。在这种情况下,设计者/评价者如何评估迁移的潜力? 评价者可以向提供培训的组织要求后测数据,以确定是否真的习得了技能。关于个人的信息不是必需的,但团体成就数据可能会有所帮助。考察后测数据也有助于确定是否测验了技能,或者是否只是进行了"微笑"调查。然而,通过采访培训提供者,当然还有学习者自己,也可以获得其他证据;他们很清楚学习是否已经发生。

现有材料分析

此类评价不需要新的总结性评价模型,因为总结性评价的专家评定阶段在所有阶段都运行得很好。对于这些评价,人们并不假设所有阶段都将进行;相反,在每次分析之后,会决定是否继续评价。对现有材料的分析过程遵循与新设计和开发材料相同的分析步骤。首先是一致性分析,然后是内容分析、设计分析和迁移可行性分析。

图 13.1 总结了在评价材料能否满足组织需求的专家评定阶段所涉及的任务排序。显然,首先要实施一致性分析。不管所评审材料的质量如何,如果它与组织需求不一致,就意味

414

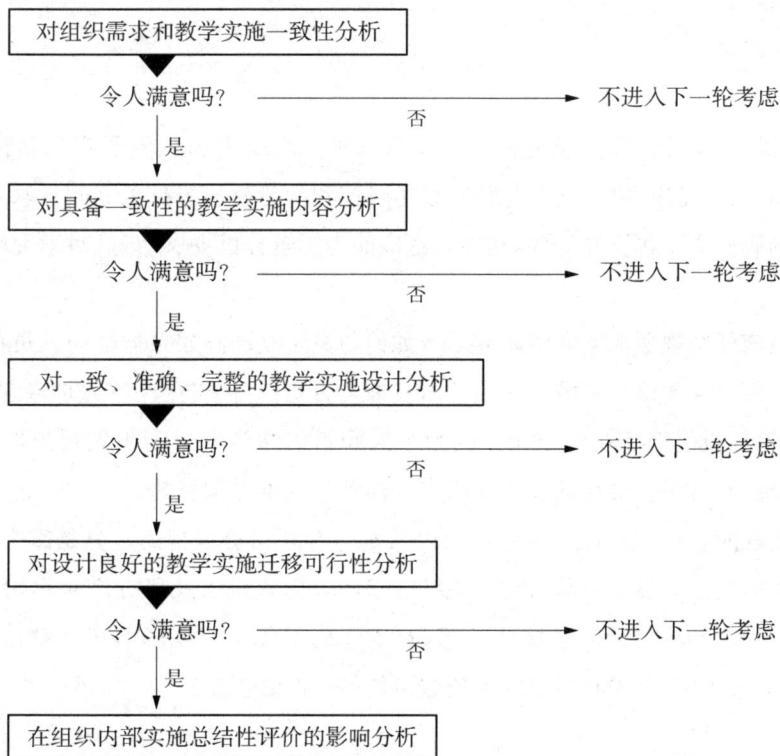

图 13.1 在总结性评价的专家评定阶段所做的各种分析的排序

着它是不合适的，不应进一步考虑。如果材料与组织需求一致，那么就进入内容分析环节。同样，如果内容被评定为不完整、不时新和不准确，就应该不再进一步考虑。逐步减少专家评定过程有助于确保评价尽可能经济。

至此，你已经完成了总结性评价的专家评定阶段。用于实施这部分评价的评价设计和程序，应该与你的建议和理由一起，记录在你的评价报告中。如果材料在这些重要方面被评判为存在缺陷，那么继续进行总结性评价将是无益的。在总结性评价的这一阶段后，应将你的评定结果告知主管，并再次询问他们是否希望继续对工作场所进行评价。

总结性评价的影响分析阶段

总结性评价的第二阶段是**影响分析**，在组织内部实施，有时被称为**结果分析**。影响分析通常包括以下活动：

- 聚焦影响研究；
- 建立标准和数据需求；
- 选择受访者；
- 规划研究程序；
- 总结和分析数据；
- 报告结果；
- 协调资源。

聚焦影响研究

第一个规划活动是将你的研究聚焦于工作场所。评价者需从教学视角转向组织视角。审视组织目标、既定需求，以及它们与特定教学目标和参与教学的员工之间的联系。基于此，清晰界定现场研究中需解答的问题，这些问题应能为影响分析提供信息（对学习者、工作和组织的影响）。

415

你始终应该仔细规划如何介绍研究以及如何与员工互动。如果与公司人员接触不当，从初次接触开始便会导致研究失败。必须让所有参与者明白，你正在评价的是特定的培训和教学材料，而非他们或他们所在的公司。因为个人和组织通常会对陌生人提出的问题保持警惕，这是很合理的。因此，要明确地告知所有人你评价的重点和目的。

在初次接触时，应介绍自己、研究目的以及参与者如何提供帮助。只是露个面或发送未经预告的调查问卷绝非良策。你需要让参与者对你、你的组织及研究产生尽可能积极的感觉。建立信任并对参与者的需求保持敏感，有助于确保你了解现场状况并获取数据。实际上，在整个研究过程中，将参与者视为**评价者**可能是一个好主意。

建立标准和数据需求

同样,绩效现场中的标准和数据因具体情境而异,因此必须根据现场的特定情况制定合适的评价方法。评价的标准或问题应包括:

- 现场工作人员是否相信学习者已经将教学中学到的技能迁移到工作现场?
- 学习技能是否能够满足组织的既定需求,或者在满足这些需求上取得进展?
- 在工作现场是否有物理或态度证据表明新技能被运用或者存在影响?

回答这些问题所需的数据包括:

- 对学习者工作绩效和态度的评分;
- 主管、同事和客户的态度;
- 主管对员工绩效的评级;
- 经理对主管绩效的评级;
- 产品、绩效或服务的物理改进。

数据收集方法应根据研究可用资源来确定。如果资源充足,理想的方式是进行现场考察,包括人员访谈和观察。如果资源有限,调查和问卷可能就足够了。

选择受访者

你所需的信息和特定问题的性质将帮助你规划研究中应该包含哪类人员及其数量。这通常涉及目标学习者、同事、主管、经理,有时还有客户。可能还需要采访那些要求进行评价的组织成员。通过与他们讨论,可以确保明确他们的需求、资源和限制。他们还可能指出你未曾考虑的问题,并帮助你接触到组织内部人员及你可能需要的记录。确定这些人员后,你可以安排在未来的某个日期访问现场,并与合适的人员进行互动。

学习者/员工对于他们是否运用新技能(如果没有,原因是什么?)以及如何运用这些技能有着深刻的见解。所选学习者的同事和下属也能提供关于教学有效性的洞见。他们是否观察到学习者运用这些技能?学习者是否运用得当?他们如何能表现得更好?学习者是否因为尝试新技能而受到关注或其他类型的奖励?他们是否与学习者讨论新技能?他们还可能揭示环境中存在的阻碍新技能应用的因素。

所选学习者的经理或主管也应该被纳入研究范围,因为他们对教学效用以及技能在工作场所应用的看法可能与学习者相同或截然不同。他们还能深入了解自己在规划或提供培训方面的角色(如果有的话),以及为在工作场所尝试新技能的员工提供个人支持的情况。他们还掌握有关培训导致的组织变化以及所学技能与组织既定需求之间契合度的信息。主管可能还可以获取公司在工作场所应用新技能的相关记录和员工绩效评级。

规划研究程序

在选择最适合的程序以收集培训影响的证据时,需要考虑数据收集的时间、地点和方式。

416

数据收集的时间　数据收集的时间最好根据教学的性质、工作现场的性质以及组织的需求来确定。例如,你是否需要培训组织的最新后测数据?如果目标群体无法将所学技能迁移到工作现场,可能是因为他们在培训结束时缺乏执行技能的能力。如果知道这一点很重要,那么就应该收集这些数据以进行评价。组织需求还决定了你是在培训后的 30 天、6 个月或一年后进行影响研究,还是需要多次跟踪并检查数据随时间的变化。评价人员可能希望在培训结束后的不同时间点进行观察,因为某些技能需要比其他技能更长的时间才能融入日常工作。

数据收集的地点　数据收集的地点同样取决于组织的需求。在某些情况下,研究可能由组织的培训团队在特定工作场所的一个部门进行。然而,培训也可能由公司的培训团队在多个工作场所提供。一些组织在不同现场有相似的任务和员工,他们可能希望探究技能从单一培训项目迁移到各个场所的情况。在这种情况下,每个场所的调查重点可能相同,但由于不同的经理、主管、员工、同事以及社会环境,结果可能会有显著差异。这种研究的一个优势是,你可能会发现某些团队比其他团队更擅长在工作场所学习新技能,而成功的策略可以在各团队之间共享。你还可以识别出各团队共同的实施和迁移问题。这些发现无疑将推动教学的改进,以寻找促进技能迁移的更佳方法。它们还可能解答一个令人困惑的问题:观察到的问题是与教学和嵌入式迁移策略有关,还是与特定工作场所的情况有关。如果几个团队成功地掌握了技能和程序,而其他团队没有,那么教学可能是有效的。然而,如果只有少数场所成功,而大多数场所没有成功,评价人员应该调查和阐明那些成功场所提供的策略和支持。

如何收集影响数据　如何收集影响数据的决定涉及抽样、数据收集和数据分析问题,所有这些都必须根据组织的期望和需求来考虑。在抽样方面,你必须决定是否可以研究完成教学的整个目标群体以及那些在迁移中支持他们的人。如果这个群体太大,那么你必须考虑如何确定该目标群体的一个具有代表性的子群体。你可能希望选择一个子群体,它能够代表不同的能力水平、教学后测验成绩、工作经验、职业目标、在公司的工作年限、自我效能感和学习动机等态度(如注意力水平、相关性认知、能力认知和个人满意度),也许还有主管对员工工作绩效的评级。一旦你选择了你的学习者/员工样本,他们的主管和同事也应该被包括在内,因为你正在寻找可能影响所选员工在工作场所实施新技能的社会和工作环境信息。

数据收集的程序　这取决于你决定收集的数据类型。例如,你需要调查、问卷、观察表、访谈协议、等级量表还是公司记录?审视每个要回答的问题,并问自己需要什么信息来回答它。内部问题的锚点应该是总结性评价的总体问题,在教学中学到的技能,工作技能,工作环境的各个方面,以及学习和变革理论等理论基础。

总结和分析数据　数据分析程序应该简单明了,具有描述性。为了便于解释,数据应该基于研究问题进行总结。总结可以包括题目频率统计或对受访者评论的内容分析。这里不需要花哨的统计数据,除非你有花哨的问题和复杂的设计,如测量表现或态度随着时间的变化。请记住,令人眼花缭乱的结果很可能会让那些要求进行研究的人感到困惑,所以要让结果准确、直接,易于阅读和解释。

　　报告结果　总结性评价报告的性质取决于你的设计。如果你同时包括专家评定和影响分析阶段,那么两者都应该记录在报告中。对于每一个阶段,你都应该描述总体目的、具体问题、设计和程序、结果以及你的建议和理由。你的建议的理由应该基于结果部分呈现的数据。

　　在设计和撰写报告时,你应该始终考虑到读者。在分析了几个项目评价报告后,菲茨帕特里克等人(Fitzpatrick et al. ,2004)得出结论,尽管这些报告提供了信息,但它们对读者而言问题很大! 你可以考虑遵循他们的格式建议来解决这个问题:以执行总结或摘要开始报告,突出你的最终建议和理由。读者可以选择阅读技术文档的其余部分,以验证程序的质量或结论的有效性(技术报告的形成性评价可参照教学的形成性评价的方式进行)。

　　协调资源　现在是时候初步规划实施研究所需的资源了。你应该已经确定了你需要的信息,需要联系的人数,需要访问的现场数量,所需的数据收集工具和方法,以及实施研究所需的专家;因此,是时候仔细估算需要的资源了。组织希望用非常小的预算进行一流的研究,这并不罕见。如果在资源有限的情况下无法进行理想的研究,那么就需要调整规划,并明确可以做什么以及如何分析和交付结果。

评价和修改

评价和修改总结性评价

418

　　表 13.3 汇总了总结性评价的专家评定和影响阶段,以便对照分析。需要指出的是,如果在专家评定阶段就发现教学材料不足,那么几乎没有理由继续进行影响研究。因此,若未进行专家评定分析,影响分析研究可能没有意义甚至产生误导。

表 13.3　总结性评价的专家评定与影响阶段

总结性评价	
专家评定阶段	**影响阶段**
总体决策	
这些材料是否遵循最佳实践并满足该组织的需求?	这些材料是否能够有效地将技能迁移到既定的情境(工作,下一个课程)中?

（续表）

具体决策	
一致性分析：组织的需求和目标与教学所针对的需求和目标是否一致？ **内容分析**：材料是否完整、准确、时新？ **设计分析**：学习、教学和动机激发的原理在材料中是否清晰明了？	**结果分析**： **对学习者的影响**：教学后，学习者的成绩和动机水平是否令人满意？被选中参加培训的员工是否与培训相契合（例如，起点技能、复杂性、动机、个人目标）？ **对工作的影响**：学习者能否将所学知识、技能和态度从教学情境迁移到工作情境或后续相关的教学单元中？ **对组织的影响**：学习者的行为（绩效、态度）改变是否对组织使命和目标的实现产生了积极影响（例如，减少辍学和辞职；提高出勤率和成绩；提升生产力和成绩）？ **管理分析**： 1. 组织是否营造了积极的迁移氛围？ 2. 主管的态度和行为是否支持迁移？ 3. 管理层是否支持实施程序？ 4. 考虑到这些结果，与时间、人员、设备和资源等相关的成本是否合理？

总结性评价的评价细则

以下是可供设计人员审查总结性评价程序的评分细则。评价应涵盖专家评定阶段（如果有实施）、影响阶段，以及对提交给组织的最终评价报告的考察。

419

设计者请注意：如果某一要素与你的项目无关，请在"否"一栏中标记"**NA**"，代表"**不适用**"。

否	有些	是	
			A. 专家评定阶段　是否包括以下分析：
___	___	___	1. 一致性分析（教学目标、组织需求和资源）？
___	___	___	2. 内容分析（完整、准确、时新）？
___	___	___	3. 设计分析（教学策略和动机）？
___	___	___	4. 影响可行性分析（学习者在教学结束时的胜任力，提供的工作辅助工具，将技能作为组织的优先事项，不使用技能的后果等）？
___	___	___	5. 在给组织的报告中清晰总结和分析数据？
			B. 影响分析阶段（结果分析）　是否考察了以下方面对组织的影响：
___	___	___	1. 学习者的成绩和态度？
___	___	___	2. 将技能迁移到绩效情境？
___	___	___	3. 技能应用的频率（实际的/理想的）？
___	___	___	4. 技能应用的情境？
___	___	___	5. 学习者在技能、工作或态度上与教学相关的积极变化？

___ ___ ___ 6. 在工作中运用技能的障碍？

___ ___ ___ 7. 管理层对技能迁移及其对工作环境和生产力影响的态度？

___ ___ ___ 8. 组织内部最初的问题得到解决的证据？

___ ___ ___ 9. 更好地满足组织使命和目标？

C. 给组织的报告 是否包含清晰的：

___ ___ ___ 1. 执行总结？

___ ___ ___ 2. 对所用评价程序的描述？

___ ___ ___ 3. 数据总结和描述？

___ ___ ___ 4. 结论？

D. 其他

___ ___ ___ 1.

___ ___ ___ 2.

实例

本节提供了总结性评价中专家评定和影响阶段所使用的评价工具实例。基本上，专家评定阶段所需的工具包括信息汇总图以及评价者填写的产品评价核查表或等级量表。

一致性分析评级表

表 13.4 是一个用于进行一致性分析的信息汇总表。该表第一栏是组织的教学需求、组织中目标群体的起点技能和特征，以及组织获取和实施教学的资源。第二栏包含了教学中的相关信息。第三栏包含了一个从 1 到 4 的等级量表，供评审者评定组织文件和教材之间的一致性程度。最后一栏则用于记录评审者在准备总结报告时可能想要查看的注释。通过这种方式汇总信息，你可以和决策者共同评判材料是否符合组织的需求。

表 13.4 一致性分析信息汇总表 〔420〕

评审的教学 _____

评审者 _____

圈出观察到的一致性程度：

1＝不一致， 2＝有些一致， 3＝大部分一致， 4＝完全一致

对组织特征的陈述	教学材料	一致性程度	评审者意见
组织的教学需求（总体目标和主要具体目标）	材料中陈述的总体目标和具体目标	1 2 3 4	

（续表）

对组织特征的陈述	教学材料	一致性程度	评审者意见
组织的目标群体的起点技能	为学习者设定的起点技能	1 2 3 4	
组织的目标群体的特征 绩效情境的特征	陈述的学习者和情境特征	1 2 3 4	
组织的可用于实施教学的资源	预算范围内的成本和其他资源	1 2 3 4	

内容分析评级表：评价材料的完整性和准确性

图 13.2 展示了一个假设的目标框架和材料评级表。目标分析位于表格顶部，而评级表则位于底部。你可以创建任意数量的反应形式来记录你的判断。在这个例子中，五个反应栏用于评价准确性、完整性、与工作分析的关联性、后测的包含情况以及总结性意见。一个简单的三点量表用于比较下位技能和材料：未包含、包含和一致。

在评价材料的准确性之后，你可以在表格的底行计算每栏的正确得分。回想之前在专家评定阶段对内容分析的讨论，这些标准应逐一评定。如果材料被评定为不准确，则无需继续下一步。被评定为准确的材料可以进一步评价。在假设的例子中，教学是符合预期的，因为它包含了内容专家确定的所有五个主要步骤及其下位技能。图 13.2 的底行显示，教学中描述技能的准确度为 100%，但评价者认为教学内容的完整度只有 79%，与工作分析的相关度也只有 79%。后测栏特别有趣，因为只有 64% 的技能被包含在后测中。这可能意味着迁移分析存在问题。在教学结束时，员工在目标框架中有近 40% 的技能未能被评估。如果后测只包括主要步骤技能，这是可以接受的；然而，如果未测试的技能包括主要步骤和下位技能，这种情况就需要被标记出来。在图 13.2 的例子中，主要步骤 2 和它的下位技能没有包含在后测中，评审者在意见栏中指出了这一点。

在数据分析之后，你可能希望利用这些数据从系统化教学设计的角度回答有关教学的一些问题。可能需要回答的问题包括：

1. 教学的总体目标和主要具体目标的清晰度如何？

2. 教学中所包含信息的准确性和时效性如何？

3. 教学中信息的排序是否合乎逻辑？

4. 教学对于目标学习者的起点技能和特征（例如，技能、情境、理解力、性别、种族、文化偏差）是否合适？

5. 对绩效的测量（纸笔测验和评分细则）是否适合教学的总体目标、具体目标和目标学习者的特征？

目标陈述……

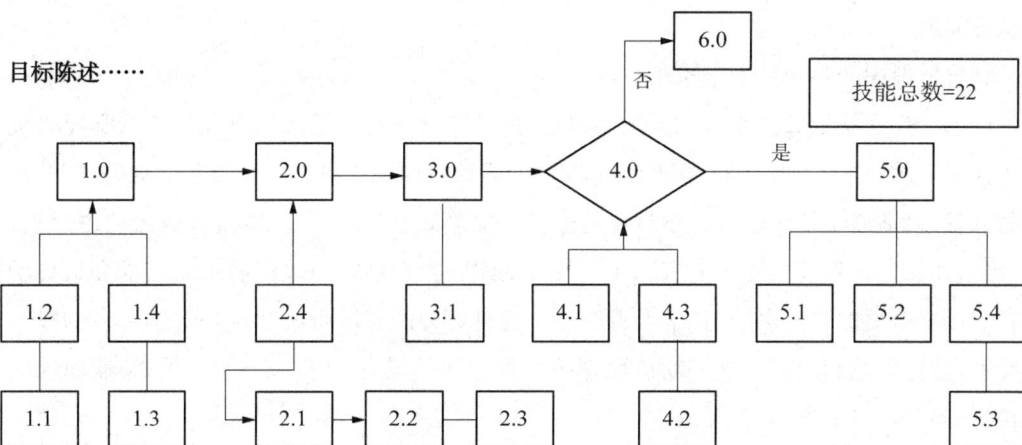

（技能层级图：6.0；技能总数=22；1.0 → 2.0 → 3.0 → 4.0（否→6.0，是→5.0）；1.2、1.4、1.1、1.3 归于1.0；2.4、2.1、2.2、2.3 归于2.0；3.1 归于3.0；4.1、4.3、4.2 归于4.0；5.1、5.2、5.4、5.3 归于5.0）

评审的教学材料 _____实验室安全规程_____

评审者 _____Abigail Beck_____

圈出教学中的每项下位技能的评级：

1＝未包含,2＝包含,3＝一致

下位技能陈述	内容准确	内容完整	与工作分析的关联性	包含在后测中	评审者意见
1.0	1 2 ③	1 2 ③	1 2 ③	1 2 ③	
1.1	1 2 ③	1 2 ③	1 2 ③	1 2 ③	
1.2	1 2 ③	1 2 ③	1 2 ③	1 2 ③	
1.3	1 2 ③	1 ② 3	1 2 ③	1 2 ③	
1.4	1 2 ③	1 2 ③	1 2 ③	1 2 ③	
2.0	1 2 ③	1 2 ③	1 ② 3	① 2 3	没有证据表明
2.1	1 2 ③	1 2 ③	1 ② 3	① 2 3	学习者
2.2	1 2 ③	1 2 ③	1 ② 3	① 2 3	已获得
等等	1 2 3	1 2 3	1 2 3	1 2 3	这些技能
合计	100％	79％	79％	64％	

图 13.2　评价教材准确性和完整性以及配套测验的内容效度的框架

设计分析评级表

422

在进行教学材料的总结性评价时,设计者需敏锐地识别出材料中蕴含的学习和教学的基本原理。对于那些未参与材料开发的独立评价者来说,他们需要判断教学设计过程是否运用了这些原理。

评价材料中的学习和教学策略

动机　你应特别关注教学在激励学习者、提升学习者对所呈现信息和技能的学习兴趣方面可能发挥的潜能。ARCS模型(Keller，2010)为动机原理提供了一个有益的框架，既适用于教材开发，也适用于评价现有教学材料的质量。如第8章所述，ARCS模型提出的原理包括：(1)吸引并保持学习者的**注意力**；(2)让学习者认识到教学内容与他们的个人需求和目标的**关联**；(3)设置合适的难度水平，让学习者有**信心**通过努力能够取得成功；(4)对学习者的投入给予奖励，使他们感到**满意**。这一动机原理中的概念可以转化为表13.5中所示的辅助性的总结性评价问题。

表13.5　来自动机(注意、关联、信心和满意)原理的总结性评价问题

材料＿＿＿

评审者＿＿＿＿＿＿＿＿＿＿＿＿＿＿＿＿＿＿＿＿＿＿＿＿＿＿＿＿＿＿＿＿＿＿＿＿＿＿＿

1＝不存在，2＝部分解决，3＝充分解决　圈出对材料中每一标准的评级：

ARCS动机模型	总结性评价的问题范围	评级	评审者意见
注意	1. 是否采取了一些策略来吸引并保持学习者的注意力(例如，情感或个人诉求、提问、思维挑战、与人类利益相关的例子)？	1 2 3	
关联	2. 教学内容是否与既定目标群体相关？	1 2 3	
	3. 学习者是否了解相关信息并确信其关联性(例如，与毕业新要求、认证、就业、晋升、自我实现相关的信息)？	1 2 3	
信心	4. 学习者是否可能在教学开始和整个过程中都保持自信，从而取得成功？ ● 了解目标意图 ● 可能具备必要的先决条件 ● 教学内容从熟悉到陌生 ● 从具体到抽象 ● 使用适当的词汇、情境和范围 ● 提供当前但现实的挑战	1 2 3	
满意	5. 学习者是否会对学习经历感到满意？ ● 相关的外部奖励，如空闲时间、就业、晋升、认可 ● 实际的内部奖励(例如，成功的体验、成就感、好奇心的满足、智力上的乐趣)	1 2 3	

学习的类型　不同类型学习的教学原理可以作为总结性评价专家评定阶段的锚点。表13.6是一份基于智力技能、言语信息、态度和动作技能教学原理的教学特征核查表。核查表

中的问题旨在展示这些原理在总结性评价设计中的应用,而非穷尽所有可能提出的基于学习原理的问题。如果你希望深入了解这些原理、探索其来源和教学应用,建议参考第 8 章中关于不同学习成果的学习成分部分。

表 13.6 基于智力技能、言语信息、态度和动作技能教学原理的教学特征考查评级表

评审的材料_____

评审者_____

1=未包含,2=部分解决,3=明确解决　请圈出评分:

Ⅰ. 智力技能	评级	意见
1. 是否提示了学习者储存在记忆中的先决知识?	1 2 3	
2. 是否在教学中建立了储存在记忆中的先决技能和新技能之间的联系?	1 2 3	
3. 是否提供了组织新技能的方法,以促进其回忆?	1 2 3	
4. 是否清晰描述并阐明了概念的物理、功能和关系特征?	1 2 3	
5. 是否清晰描述并阐明了规则和原理的应用步骤?	1 2 3	
6. 是否直接解决并阐明了判断回答、产品、行为表现等正确与错误结果的质量标准(特征)?	1 2 3	
7. 是否直接解决并阐明了明显但不相关的物理、关系和质量特征,以及初学者常犯的错误?	1 2 3	
8. 是否清晰描述了概念或步骤的正例和反例?	1 2 3	
9. 是否使用了学习者熟悉的实例和情境来介绍和解释概念、步骤?	1 2 3	
10. 是否按照从简单到复杂、从熟悉到不熟悉、从具体到抽象的顺序呈现实例、情境和应用?	1 2 3	
11. 练习和演练活动是反映了智力技能的应用,还是仅仅回忆了关于技能的行为表现信息?	1 2 3	
12. 对学习者的反馈是提供了纠正性信息和实例,还是仅仅呈现了正确答案?	1 2 3	
13. 在适当时机,是否呈现并合乎逻辑地安排了提升、补习和扩充等跟踪活动(例如,解决先决条件,注重提升动机,提供另外一些实例和情境)?	1 2 3	
Ⅱ. 言语信息		
1. 新信息是否在相关情境中呈现?	1 2 3	
2. 是否提供了将新信息与当前存储于记忆中的相关信息联系起来的策略(例如,呈现熟悉的类比,要求学习者想象某事物,或从个人经历中找出实例)?	1 2 3	

（续表）

3. 是否将信息归入子集,并解释了在子集内和子集间的要素的关系?	1 2 3	
4. 是否提供了列表、大纲、表格或其他结构化工具,以组织和归纳信息?	1 2 3	
5. 当新信息无法与记忆中存储的任何信息联系时,是否提供了逻辑记忆技巧?	1 2 3	
6. 演练(练习)是否包含了强化精加工和线索的活动(例如,生成新实例,形成提示回忆的图像,提炼组织结构)?	1 2 3	
7. 反馈是否提供了关于回答正确与否的信息,以及为何某个给定的回答被视为不正确的原因?	1 2 3	
8. 补救措施是否包括额外的激励策略和更多的回忆线索演练?	1 2 3	

Ⅲ. 态度

1. 是否已经明确描述或可以推断出期望的情感?	1 2 3	
2. 是否已经明确描述或可以推断出期望的行为?	1 2 3	
3. 是否已经明确建立了期望情感和行为之间的联系(因果关系),以及它们与随后积极结果之间的联系?	1 2 3	
4. 是否已经明确建立了不希望的情感和行为之间的联系,以及它们与随后消极结果之间的联系?	1 2 3	
5. 从学习者的角度来看,所呈现的积极和消极结果是否真实可信?	1 2 3	
6. 所呈现的积极和消极结果是否可能被目标学习者视为重要?	1 2 3	
7. 如果涉及替代学习,目标学习者能否在激发诸如钦佩、轻蔑、共情、怜悯等情感的人物身上和情境中体验到这些情感?	1 2 3	
8. 如果涉及替代学习,所展示的情境和状况是否对目标学习者来说是熟悉和相关的?	1 2 3	
9. 在反馈中,学习者是否直接或替代性地体验到与特定行为相应的积极和消极结果?	1 2 3	

Ⅳ. 动作技能

425

1. 教学中是否涉及学习者已经掌握的类似技能?	1 2 3	
2. 教学中是否包含了动作技能的视觉展示,以阐明其顺序和所需时间?	1 2 3	
3. 是否将复杂技能分解为逻辑相关的组成部分,以便学习者分析、尝试和演练?	1 2 3	
4. 是否有计划将逻辑相关的组成部分整合到完整技能的表现中?	1 2 3	
5. 是否直接指出了常见的错误及其预防策略?	1 2 3	
6. 是否提供了反复练习,以使学习者能够熟练地执行技能并达到技能的自动化?	1 2 3	
7. 是否提供了即时反馈,以帮助学习者避免不准确的练习?	1 2 3	

教学策略 根据教育心理学家和教学理论家的研究，无论是言语信息、智力技能、态度还是动作技能的学习，有效的教学都具有一定的特征。高质量的教学能够吸引学习者的注意力并激发他们的动机，还应帮助学习者集中注意力于学习内容的相关方面，有逻辑地将信息储存于记忆中，并在未来有效地回忆这些信息和技能。总结性评价者应了解当前设计有效教学的原理，并将这些设计原理用于材料的评价标准。在设计总结性评价时，应使用的教学原理至少包括动机、学习类型（即智力技能、言语信息、态度和动作技能）和教学策略。

表 13.7 是一个用于评价材料中所包含教学策略的评级表。左栏列出了教学策略的各个学习成分，不包括前测和后测。第二栏用于评判教学策略中每个要素的充分性。另外两栏用于简要说明策略各成分的优点或问题。这些评级和简要注释有助于你撰写最终文档。

表 13.7 教材中所含教学策略的评级表

教学材料 _____

评审者 _____

1＝材料中缺失，2＝材料中有呈现，3＝良好，4＝优秀 请圈出你的评判：

学习成分	评级	优点	问题
Ⅰ. 教学导入			
A. 初始动机	1 2 3 4		
B. 具体目标	1 2 3 4		
C. 起点技能			
1. 经过描述的	1 2 3 4		
2. 样题	1 2 3 4		
Ⅱ. 信息呈现			
A. 组织结构			
1. 标题	1 2 3 4		
2. 表格和图示	1 2 3 4		
B. 精加工			
1. 类比/同义词	1 2 3 4		
2. 提示想象/思考	1 2 3 4		
3. 正例和反例	1 2 3 4		
4. 实例的相关特征	1 2 3 4		
5. 总结/回顾	1 2 3 4		
Ⅲ. 学习者参与			
A. 相关练习	1 2 3 4		
B. 反馈			
1. 答案	1 2 3 4		
2. 示例解决方案	1 2 3 4		

（续表）

学习成分	评级	优点	问题
3. 常见错误和失误	1 2 3 4		
Ⅳ. 跟踪活动			
A. 记忆辅助	1 2 3 4		
B. 迁移策略	1 2 3 4		

通过这种方法评判教学材料(表 13.4—13.7)，你能够清楚地了解该教学在满足组织需求方面所具有的潜力。从以上评审中得到的信息能够有效帮助你规划影响评价的重点。

影响分析评级表

外部评价者通常可以根据教学的特点、工作场所的特征和评价预算，通过问卷调查或现场考察来收集来自工作场所的个人反馈。图 13.3 提供了一个模板，评价者可以利用它在指定的跟踪日期收集目标学习者观点的调查数据。该模板包含以下内容：

- 介绍部分；
- 教学成果的清单；
- 询问参与者对教学中所教授技能运用水平的问题；
- 探讨特定技能与工作相关性的问题；
- 询问任何技能所需额外支持的问题；
- 询问未使用特定技能的原因的开放式问题；
- 询问参与者观察到的教学给他们自身或组织所带来的积极变化的开放式回答表格。

可以添加其他问题，以便根据组织的特定教学需求调整表格。

427

对(此处标明教学/工作坊名称)影响的反思

在(日期)期间，你被选中参加(**工作坊、培训、课程名称**)，该课程预期达成以下结果：(**在此处插入你的总体目标和具体目标**)

1. 第一个总体目标/具体目标

2. 第二个总体目标/具体目标

3. 第三个总体目标/具体目标

4. 等等。

(**名称,时间**)已经过去，(**教学**)结束后的这段时间，应该为你提供将新知识和技能应用到工作中，并反思自己和工作是如何受到(**工作坊**)经历影响的机会。我们希望你可以分享对以上内容的反思。

你的评论将保持匿名，所有收集的信息将仅用于评估(**工作坊**)的有效性。提前感谢你的宝贵时间。

（续）

A. 你在工作中运用这些技能的程度如何？

结果	没有使用	计划使用	开始使用	例行使用	以前使用
1. 在此处插入结果 1	○	○	○	○	○
2. 在此处插入结果 2	○	○	○	○	○
3. ……	○	○	○	○	○

B. 如果你对任何预期结果的回答是"没有使用"，请说明原因。对于任何结果，请选择尽可能多的原因。设计者请注意：在下面添加与组织和技能相关的你自己的原因。

结果	与我的工作无关	需要更多培训	需要更多的主管支持	需要更多资源	需要更多帮助
1. 在此处插入结果 1	○	○	○	○	○
2. 在此处插入结果 2	○	○	○	○	○
3. ……	○	○	○	○	○

请在此处注释为何你目前没有运用教学中所学技能的其他原因。

C. 作为工作坊的直接结果，你是否注意到你的知识、技能和态度/观点中与这些结果相关的积极改变？

1＝没有，2＝有些，3＝很多

结果	知识	技能	态度
1. 在此处插入结果 1	① ② ③	① ② ③	① ② ③
2. 在此处插入结果 2	① ② ③	① ② ③	① ② ③
3. ……	① ② ③	① ② ③	① ② ③

D. 对于每个结果，请评论课程的优点和改进建议。

结果	优点	改进建议
1. 在此处插入结果 1		
2. 在此处插入结果 2		
3. ……		

图 13.3　评估学习者对绩效情境中教学影响的看法的模板

表 13.8 可作为设计现场考察问卷和步骤的模板。表中第一栏标识了你可能想要询问现场员工的问题。第二栏指定了你可能希望包括在评价中的人员小组。你可以根据特定受访者的工作重新调整问题，也可以添加针对特定教学和工作的其他问题。第三栏列出了你可能需要考虑的数据收集方法。研究可用的资源无疑会影响数据的收集方式。预算非常有限时，你将更多地依赖调查和远程访谈。如果资源和时间充足，你肯定希望包括现场考察、个人访谈、焦点小组以及对学习者在工作中表现的直接观察。

428

表 13.8 工作现场影响总结性评价的问题、数据来源和数据收集方法

样例问题	数据来源	数据收集方法
1. 所学知识和技能是否(全部、部分、没有)迁移到工作中？		
2. 技能的实际运用情况如何(频率、应用情境)？		
3. 哪些物理、社会和管理因素促进了技能的运用？		
4. 哪些物理、社会和管理因素限制了技能的运用？		
5. 你是否能够尝试将新技能适应到工作中？		
6. 这些技能是否有助于解决初始需求？它们是如何解决的？有哪些证据支持？		
7. 所学的知识和技能 • 是否优于你之前使用的知识和技能？ • 是否直接与工作任务相关？ • 是否符合你的预期？ • 是否相对容易学习和应用？ • 你是否与同事讨论过？ • 你是否与主管讨论过？ • 你是否与组织外的同行讨论过？	学习者 主管 客户 公司记录 学习者的同事/同行 学习者的下属 培训者	采访 问卷调查 观察结果 记录分析 产品/表现评价 对工作表现或行为的评级
8. 你是否参与了教学规划的制定？是如何参与的？		
9. 你是否尊重提供培训/教学的团队？		
10. 你是否愿意再次参加供应商提供的培训/教学？		
11. 你是否曾向他人推荐过这项培训/教学？		
12. 你是否有物理/社会性的证据来证明工作绩效有所提升(例如，时间、利润、资源、员工满意度、客户满意度、主管满意度)？		
13. 获得和运用这些技能是否对你的职业发展有所帮助？如何助益？		

案例研究：团体领导力培训

下面的示例基于第 8 章和第 9 章中呈现的主要步骤 6"管理合作性团体互动"的教学分析和策略。回顾一下，我们的目标人群是参与校园领导力课程的硕士生，他们拥有不同的知识和技能水平、先前专业领域以及兴趣和职业目标。

回想一下，在耗时两学期的团体领导力课程开发和完善周期内，我们的目标学习者作为一对一、小组或现场试验评价的参与者，完成了一学期的课程。对所有 30 名学习者进行了影响评价，以确定他们在课程结束后一年内是否能够应用所学的团体领导技能。这项研究的资金可能非常有限，并且将作为一部分职责被分配给研究生助理。

429

目标学习者态度评级表

课程结束后一年，我们向校友发送了一份调查问卷，询问他们如何将教学中学到的团体领导技能有效地应用到学院、大学和社区的工作中。图 13.4 包含了调查参与者将通过电子邮件收到的邀请和一个在线调查程序的链接，如 SurveyMonkey、Zoho Survey、SoGoSurvey 或 Qualtrics（推荐给高级用户）。在实际发送的表格中，需要包含所有技能；不过在图 13.4 中，我们仅使用两项技能来说明这个过程。

对团体领导力培训影响的反思

去年，你参加了为学校、企业和社区领导者开设的团体领导力课程。该课程有明确的预期结果，即你将运用有效的团体领导技能来主持问题解决的会议，包括如下内容：

1. 准备会议和讨论
2. 设定会议议程
3. 召集团体
4. 介绍任务
5. 引导思路
6. 管理合作性团体互动
7. 总结和结束讨论

自你成功完成这门课程，已经过去了一年时间。希望这为你提供了足够的时间，将所学的技能迁移到大学和社区团体的工作中。我们期待了解你对于自己和自己的工作是如何受到领导力课程影响的反思。调查仅需几分钟时间，你的评论将保持匿名。收集的所有信息将用于评价我们学生课程的效果。提前感谢你花费宝贵的时间参与调查。

A. 作为团体领导者，你在工作中运用这些技能的程度如何？

图 13.4 评估学习者对绩效情境中教学影响观点的调查

结果	没有使用	计划使用	开始使用	例行使用	以前使用
1. 引导思路	○	○	○	○	○
2. 管理合作性团体互动	○	○	○	○	○
3. ……	○	○	○	○	○

B. 如果你对任何一项技能的回答是"没有使用",请说明原因。对于任何结果,请选择尽可能多的原因。

结果	与我的工作无关	需要更多培训	需要更多主管支持	需要更多资源	需要更多帮助
1. 引导思路	○	○	○	○	○
2. 管理合作性团体互动	○	○	○	○	○
3. ……	○	○	○	○	○

请在这里评论你目前没有使用在教学中所学技能的其他原因。

C. 作为课程的直接结果,你是否注意到你的知识、技能和态度/观点中与这些结果相关的积极改变?

1=没有,2=一些,3=很多

结果	知识	技能	态度
1. 引导思路	① ② ③	① ② ③	① ② ③
2. 管理合作性团体互动	① ② ③	① ② ③	① ② ③
3. ……	① ② ③	① ② ③	① ② ③

请评论一下你在大学和社区的工作受到了怎样的影响。

D. 对于每个结果,请评论课程的优点和改进建议。

结果	优点	改进建议
1. 准备会议和讨论 2. 设定会议议程 3. ……		

图 13.4　评估学习者对绩效情境中教学影响观点的调查(续)

专业和历史观点

自 20 世纪 70 年代初起,对总结性评价的需求日益凸显。当时,每推出一种新的公立学校课程或媒体传输系统,其支持者都声称其优越于竞争对手。为了决出"胜者",人们快速展开了研究工作。通常,这些创新教学方法的效果并不如传统教学方法。对经验丰富的评价者而言,这一结果并不意外,因为他们明白,创新教学实际上还处于草案形式或初版阶段,而传统教学方法可能已经被使用、评审和修订多年。

有说服力的论据表明,在对创新教学方法进行形成性评价、修改直至消除所有主要问题,并适合常规使用之前,不应对其进行比较。因为只有在那时,才适合准确评价该创新教学在学习者表现、态度、教师反应、成本和持久性方面的效果。在第 11 章的"专业和历史观点"中,我们讨论了短暂的学习者验证和修订运动,发现它几乎不会影响出版商和技术生产者产品的有效性。因此,最初被认为旨在基于数据比较两种或多种竞争产品的总结性评价,实际上并未在教育材料市场上出现。然而,这种总结性评价的经典应用,过去和现在在所有公共和私人场合中,在征集提案或对高价产品和服务进行招标时,都被普遍采用。

在 20 世纪 70 年代末和 80 年代初进行的总结性评价,被称为学习者验证研究,它们跟踪学生在一个学年中的学业进步。当需要一项公正的研究来验证创新性传输系统或创新性课程(或两者)的有效性时,大多数决策者不希望由开发者或产品倡导者来实施研究;因此,经常聘请外部或第三方评价者来实施此类总结性评价。在许多情况下,需要对某物的价值进行公正判断时,也会用到外部评价者。

总结性评价的主旨多年来已经发生了变化。问题不再是"哪一个更优",而是"包括教学在内的干预措施是否解决了最初导致教学需求的问题"。换句话说,教学被视为问题的解决方案。因此,最终的总结性评价问题变成了"它解决问题了吗?"或"它是否达到了教学开发的既定目标"。现在用来回答这些问题的评价有多种名称和细微差别,但本质上都是总结性的。这些评价包括实施保真度研究、质量评估、结果评估、产品评价、设计验证、质量控制研究、影响评价、验证研究和培训迁移研究。

在过去的 25 年里,随着数字化学习的兴起,许多组织都在争相为这种授课形式寻找高质量的软件和学习材料。公立学校、大学、继续职业教育以及商业、政府和军事培训团体都认识到了远程教育的经济和便利性,他们正在寻找高质量的教学材料。只需看看 2020 年的疫情,就能明白一场公共卫生紧急事件如何引发了对远程访问教育材料和课程的巨大需求。现在,大多数政策制定者认为,紧急情况带来的数字化学习应对措施将持续到未来,即使疫苗和治疗方法减轻了病毒的影响,社交互动也(在某种程度上)恢复了正常。随着数字化学习成为公众对教育思考的前沿,公立和私立教育部门将越来越多地寻求能够引领教学材料、教学流程和教学系统的设计、开发与评价的专家。回顾凯尔·派克(Kyle Peck)2015 年在 *TechTrends* 上发表的一篇文章,他的思考似乎具有先见之明:

> 在过去四十年里,我一直倡导和努力改变教学和学习,我知道教育是稳定的,但我相信,教育内外力量的"完美风暴"将加速学习和学习设计的进化,增加对准备充分的学习设计师、学习相关工具的构建者和学习相关的研究人员的需求。

他预见了教学设计师和教育技术专家的光明前景。

432

流程图:总结性评价

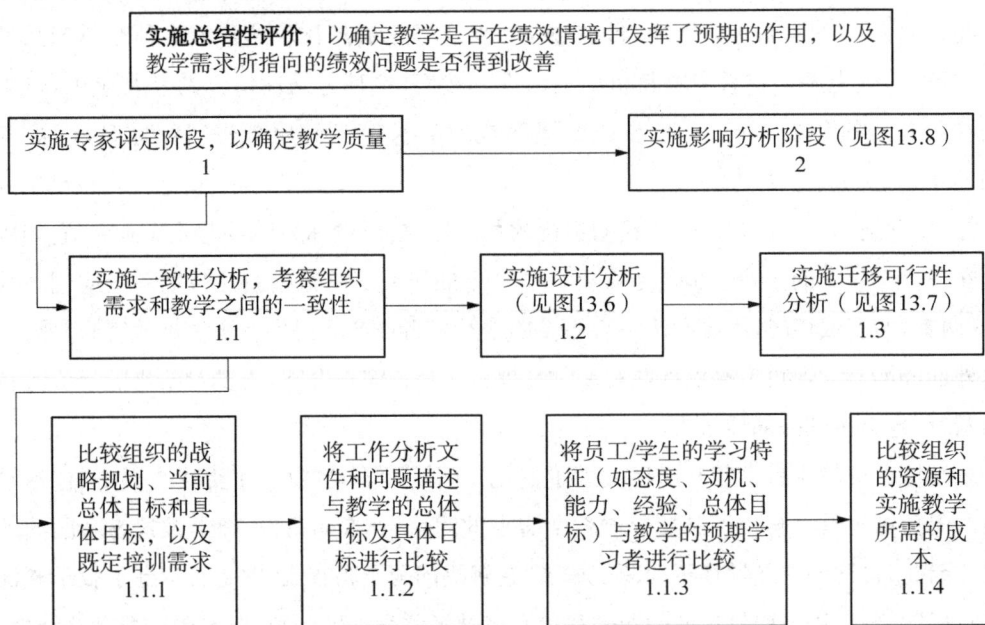

图 13.5　实施总结性评价

433

实施设计分析，检查材料、传输和管理的各个方面
1.2

评价教学内容：准确、完整、时新（内容专家）
1.2.1

评价教学导入、内容呈现、学习者参与、反馈和
迁移的教学策略（学习专家）
1.2.2

评价教学的传输和管理（ID专家）
1.2.3

评价材料的可管理性（例如，学习者指南、教师
指南）（ID专家）
1.2.4

?

质量好

继续评价和
记录质量
1.2.6

?

质量不好

停止评价并
记录问题
1.2.5

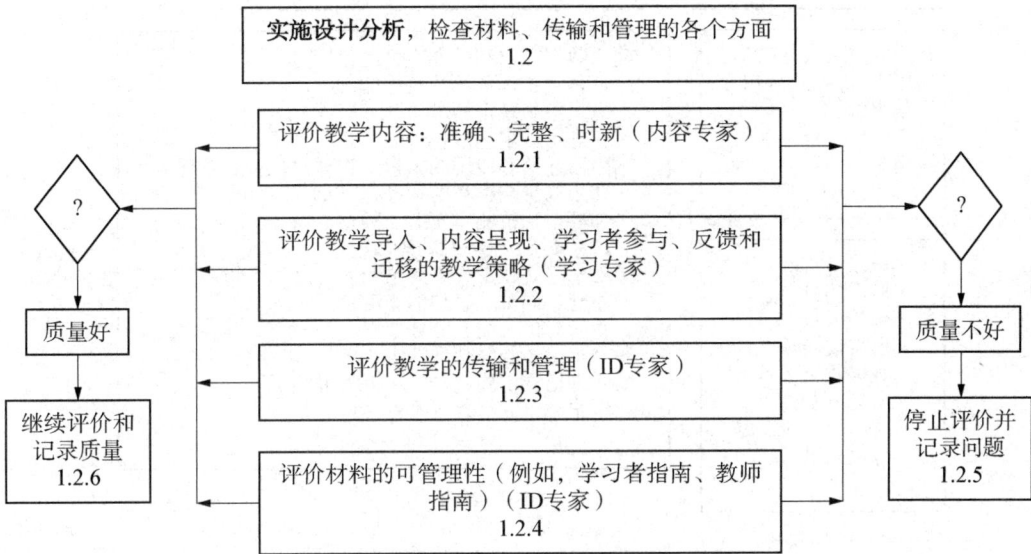

图 13.6 实施总结性评价的设计分析

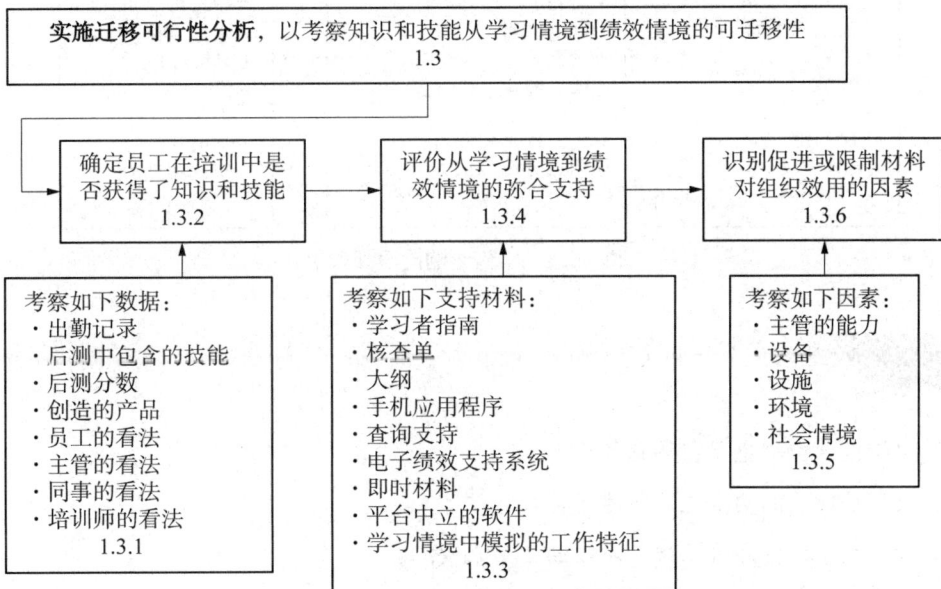

实施迁移可行性分析，以考察知识和技能从学习情境到绩效情境的可迁移性
1.3

确定员工在培训中是
否获得了知识和技能
1.3.2

评价从学习情境到绩
效情境的弥合支持
1.3.4

识别促进或限制材料
对组织效用的因素
1.3.6

考察如下数据：
·出勤记录
·后测中包含的技能
·后测分数
·创造的产品
·员工的看法
·主管的看法
·同事的看法
·培训师的看法
1.3.1

考察如下支持材料：
·学习者指南
·核查单
·大纲
·手机应用程序
·查询支持
·电子绩效支持系统
·即时材料
·平台中立的软件
·学习情境中模拟的工作特征
1.3.3

考察如下因素：
·主管的能力
·设备
·设施
·环境
·社会情境
1.3.5

图 13.7 实施迁移可行性分析

434

实施影响阶段评价，确定（a）所教授的技能是否被保留并用于绩效情境中；（b）技能的运用对组织是否有预期的效果；（c）迁移是否可以得到增强。

2

将研究重点放在教学对以下方面的影响上：
· 学习者
· 工作
· 组织

2.1

建立数据需求和标准，可能包括：
· 迁移到工作现场的技能/态度
· 满足组织既定需求
· 在满足需求上取得进展
· 阻碍迁移和使用的因素（物理、社会、管理）
· 使用或影响存在的物理/态度证据
· 如何使用技能（何时、频率、情境）
· 产品/绩效/服务的物理改进
· 对学习者在工作中的绩效和态度的评级
· 主管、同事、客户的态度
· 主管对员工绩效的评级
· 经理对主管绩效的评级
· 管理层在实施新技能/程序中的作用
· 给定结果的合理成本

2.2

A

协调以下资源：
· 所需信息
· 包括人数
· 所需现场数
· 数据收集工具
· 所需方法
· 实施研究所需的专业人员

2.3

A

选择受访者（数据来源），包括：
· 员工
· 员工的同事
· 员工的下属
· 主管
· 经理
· 客户
· 培训师
· 组织的记录

2.4

规划数据收集程序，包括：
· 抽样程序
· 现场考察
· 数据收集方法
· 调查
· 问卷调查
· 观察表
· 访谈协议
· 等级量表
· 记录评审协议
· 数据分析方法

2.5

总结、分析数据并撰写报告，包括
· 描述总体目的
· 具体问题
· 设计
· 程序
· 结果
· 建议和理由

2.6

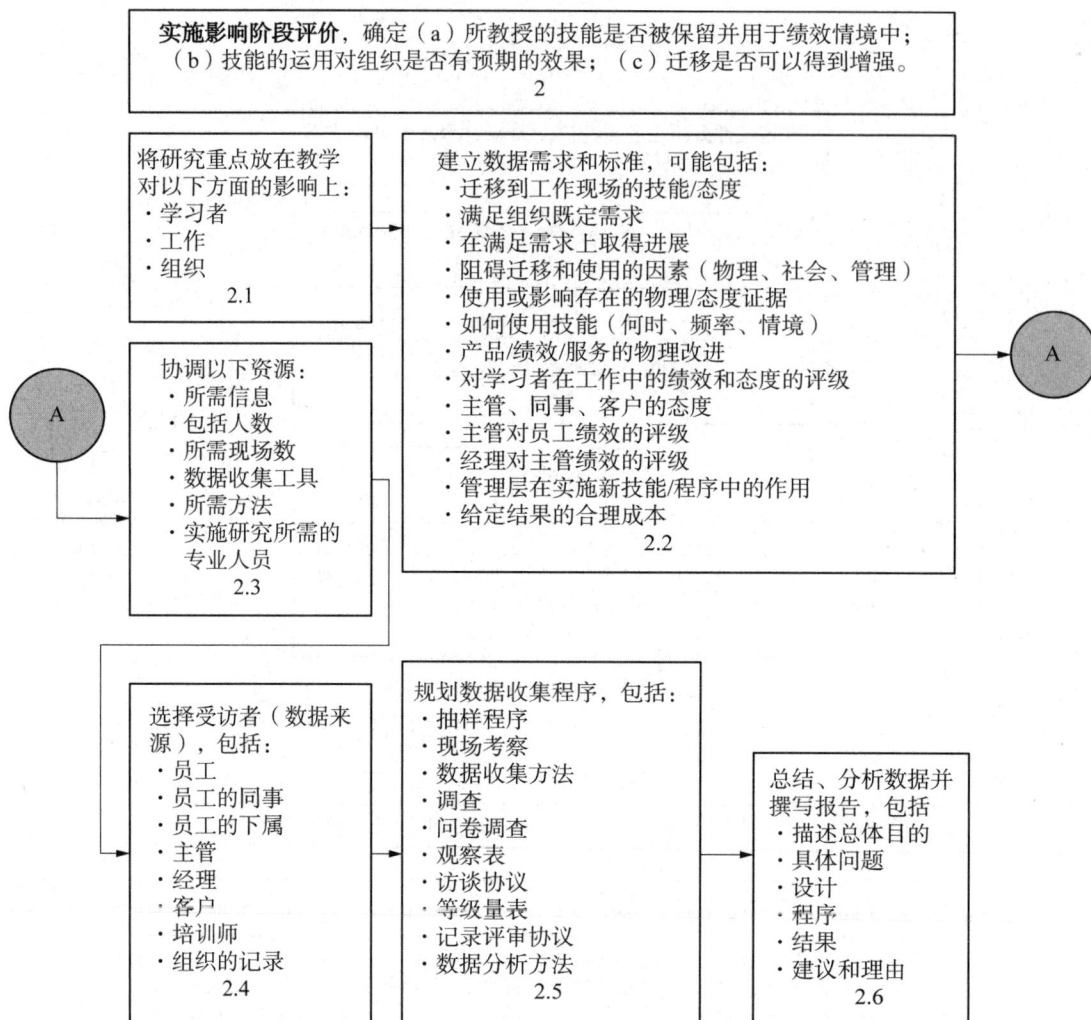

图 13.8　实施影响阶段评价

435

练习

1. 总结性评价的主要目的是什么？

2. 总结性评价的两个主要阶段是什么？

3. 为什么总结性评价的第一阶段通常是必要的？

4. 请列出总结性评价第一阶段实施的四种不同类型的分析以及用于收集信息的工具类型。

5. 在总结性评价第二阶段后作出的主要决定是什么？

6. 总结性评价第二阶段的参与者有哪些人？使用什么步骤来收集信息？

7. 对比形成性评价和总结性评价的目的。

8. 对比形成性评价和总结性评价中评价者的立场。

9. 对比形成性评价和总结性评价的最终产物。

参考答案

1. 目的：记录教学的影响。

2. 阶段：专家评定和影响分析。

3. 专家评定：确定教学材料满足组织需求的潜力。

4. 专家评定阶段进行的分析类型：
   - 一致性分析——信息汇总表
   - 内容分析——产品核查表或等级量表
   - 设计分析——产品核查表或等级量表
   - 迁移分析——产品核查表或等级量表

5. 影响评价：阐明知识和技能迁移到工作现场（绩效情境）的程度。

6. 参与者：外部评价者和组织员工，包括已完成培训的个体及其同事、主管和经理；那些发现问题并安排教学的人；可能还有客户。数据收集方法包括调查、态度问卷、访谈、观察、工作绩效评级和公司记录。

7. 目的
   - 形成性评价：收集数据以便修改教学。
   - 总结性评价：收集数据以确定在教学中习得的知识和技能是否迁移到工作场所，并满足组织的需求。

8. 评价者立场
   - 形成性评价：评价者通常是设计者，他们个人参与对教学的改进。
   - 总结性评价：理想的评价者是外部人员，他们可以客观地评价他人的教学质量及其对组织的影响。

9. 最终产物
   - 形成性评价：对材料的修改方案和修改后的材料。
   - 总结性评价：为决策者准备的评价报告，阐明研究的目的、程序、结果和建议。

参考文献和推荐读物

436 Alexander, M. E., & Christoffersen, J. (2006). The total evaluation process: Shifting the mental model. *Performance Improvement*, 45(7), 23 - 28. 作者主张在初步绩效分析工作中确立投资回报考虑因素,然后在设计、开发和实施的整个过程中解决相关的考虑因素。

Broad, M. L. (2005). *Beyond transfer of training: Engaging systems to improve performance*. Pfeiffer. 将培训结果与最初的绩效改进需求联系起来。

Brown, S. M., & Seidner, C. J. (Eds.). (2012). *Evaluating corporate training: Models and issues*. Springer (reprint). 该书介绍了源自商业和教育领域的评价模型及标准,涵盖了投资回报、影响评价和形成性评价等多个章节。

Budd, M. L., & Hannum, W. H. (2016). A new vision for HRD to improve organizational results. *Educational Technology*, 56(4), 21 - 25.

Burke, L. A., & Hutchins, H. M. (2007). Training transfer: An integrative literature review. *Human Resource Development Review*, 6, 263 - 269. 总结了与培训成功迁移相关的调查研究,揭示了这些因素对迁移过程的诸多影响。

Burke, L. A., & Hutchins, H. M. (2008). A study of the best practices in training transfer and proposed model of transfer. *Human Resource Development Quarterly*, 19(2), 107 - 128. 该文提出了一个在教学中构建迁移策略的模型。

Carey, L. M., & Dick, W. (1991). Summative evaluation. In L. J. Briggs, K. L. Gustafson, & M. H. Tillman (Eds.), *Instructional design: Principles and applications*. Educational Technology Publications. 概述了总结性评价的程序。

Chyung, S. Y. Y. (2015). Foundational concepts for conducting program evaluations. *Performance Improvement Quarterly*, 27(4), 77 - 97. 介绍了在商业情境中实施项目和产品评价的理论与实践。

Cronbach, L., & Associates. (1980). *Toward reform of program evaluation*. Jossey-Bass. 主张评价者在教学设计过程中发挥支持作用。

Dessinger, J. C., & Moseley, J. L. (2011). *Confirmative evaluation: Practical strategies for valuing continuous improvement*. Wiley. 该书介绍了在实施教学几个月后评价培训影响的技术。

Dick, W., & King, D. (1994). Formative evaluation in the performance context. *Performance and Instruction*, 33(9), 3 - 10. 讨论了在工作情境中的跟踪评价。

Draper, S. W. (1997). The prospects for summative evaluation of CAL in HE. *Association of Learning Technology Journal*，5(1)，33 - 39. 作者阐述了总结性评价的功用，并为计算机辅助学习教学软件提供了一些评价策略。他的文章可以在 http://www. psy. gla. ac. uk/～steve/summ. html♯CAL 上访问。

Ensmann, S. , Ward, A. , Fonseca, A. , & Petersen, E. (2020). A case study for the 10-step approach to program evaluation. *TechTrends*, 64, 329 - 342. https://doi. org/10.1007/s11528-019-00473-4. 呈现了一个总结性评价的案例研究，其结论后来被重新审视。

Farrington, J. (2011). Training transfer: Not the 10% solution. *Performance Improvement Quarterly*，24(1)，117 - 121. 提醒读者，引入 10% 的解决方案旨在吸引读者的注意力，并非基于现实。

Ford, J. K. , Bhatia, S. , & Yelon, S. L. (2019). Beyond direct application as an indicator of transfer: A demonstration of five types of use. *Performance Improvement Quarterly*，32(2). 主张扩展培训迁移措施，以涵盖随着时间推移应用新知识和新技能的更广阔视角。

Gagné, R. M. , Wager, W. W. , Golas, K. C. , & Keller, J. M. (2004). *Principles of instructional design* (5th ed.). Wadsworth/Thomson Learning. 包括从教学设计者的角度对总结性评价过程的简要描述。

Giberson, T. R. , Tracey, M. W. , & Harris, M. T. (2006). Confirmative evaluation of training outcomes: Using self-report measures to track change at the individual and organizational level. *Performance Improvement Quarterly*，19(4)，43 - 61. 提出了一个涵盖形成性和总结性两方面的评价模型。

Guerra-Lopez, I. , & Leigh, H. N. (2009). Are performance improvement professionals measurably improving performance? What PIJ and PIQ have to say about the current use of evaluation and measurement in the field of performance improvement. *Performance Improvement Quarterly*，22(2)，97 - 110. 提供了对《绩效改进》和《绩效改进季刊》十年间刊载文章的内容分析。

Performance Improvement Quarterly，22(1)，69 - 93. Published online in Wiley InterScience (http://www. interscience. wiley. com). 报告了一项定性研究，该研究探讨了培训者对于促进学习迁移至工作情境的最佳实践的看法。

Kalman, H. K. (2016). Integrating evaluation and needs assessment: A case study of an ergonomics program. *Performance Improvement Quarterly*，29(1)，51 - 69. 该案例研究介绍了如何将对 10 年课程的验证性(总结性)评价与课程调整的需求评估相结合。

Keller, J. M. (2010). *Motivational design for learning and performance: The ARCS model approach*. Springer. 完整的 ARCS 模型,包含一个将动机设计与教学设计相结合的过程,包括用于获取受众信息和分析受众的工作表和工具。

Kirkpatrick, D. L. (2006). *Evaluating training programs: The four levels* (3rd ed.). Berrett-Koehler. In Kirkpatrick's model, evaluation is the tenth of ten steps that resemble the Dick and Carey ID process. 他们提出了四个评价层次:反应、学习、行为和结果。这些层次涵盖了数字化学习以及学习迁移的注意事项,并围绕一个假想的模型案例展开讨论,同时提供了多个成功案例研究以供参考。

Kirkpatrick, J. D., & Kirkpatrick, W. K. (2016). *Kirkpatrick's four levels of training evaluation*. ATD Press. 第 8 章探讨了柯克帕特里克(Kirkpatrick)模型的第四层次:结果评价。

Marshall, J., & Rossett, A. (2014). Perceptions of barriers to the evaluation of workplace learning programs. *Performance Improvement Quarterly*, *27*(3), 7-26.

O'Neill, J. L. (2016). Weeding with ADDIE. *Reference & User Services Quarterly*, *56*(2), 108-115. 本案例研究着眼于为大学图书馆员开发的馆藏清理培训计划。阐述了培训计划开发过程中所进行的形成性评价和修改,以及在培训实施一年后的跟踪研究中进行的总结性评价。

Meeker, D., Cerully, J. L., Johnson, M. D., Iyer, N., Kurz, J. R., & Scharf, D. M. (2015). Summative evaluation. In *SimCoach evaluation: A virtual human intervention to encourage service-member help seeking for posttraumatic stress disorder and depression*(Chapter 3, pp.19-32). Rand Corporation. 一份全面的评价报告,对一项旨在鼓励男女军人因创伤后应激障碍(PTSD)和抑郁症而寻求帮助的干预措施进行了总结性评价。

Peck, K. (2015). The future of learning design: "The future's so bright I gotta wear shades." *TechTrends*, *59*(1), 24-29.

Phillips, J. J. (2016). *Handbook of training evaluation and measurement methods* (4th ed.). Routledge. 该书涉及数据管理的程序,其中有几章是关于培训投资回报的分析。

Rogers, E. M. (2003). *Diffusion of innovations* (5th ed.). The Free Press.

Sloan, V., Haacker, R., Barnes, T., & Brinkworth, C. (2017). Long-term impacts of a career development workshop for undergraduates. *Bulletin of the American Meteorological Society*, *98*(9), 1961-1968. 该项目采用了两阶段的总结性评价计划,但第一阶段在使用结果方面是形成性的,而为期一年的跟踪则是总结性的。

437

Saettler, P. （1990）. *The evolution of American educational technology*. Libraries Unlimited. 塞特勒(Saettler)在其著作中，针对儿童电视工作坊设计和开发《芝麻街》与《电力公司》等项目的工作情境，很好地定义了形成性与总结性评价。

Spector, J. M. (2015). Evaluations of educational practice, programs, projects, products, and policies. In M. Spector, B. Lockee, & M. Childress (Eds.), *Learning, design, and technology*. Springer. 对总结性评价和执行保真度评价进行了很好的讨论。

Stolovitch, H. D. （Ed.）. （1997）. Special issue on transfer of training-transfer of learning. *Performance Improvement Quarterly*，10(2). 对三十年来的创新扩散研究作了一个总结。

Stufflebeam, D. L. (2007). *CIPP evaluation model checklist: A tool for applying the CIPP model to assess long-term enterprises* (2nd ed.). https://kwschochconsulting. com/wp-content/uploads/2017/04/cippchecklist_mar07. pdf. 这是一份记录和报告项目评价的核查表，而不是 CIPP 评价的"如何做"。斯塔弗尔比姆(Stufflebeam)的 CIPP 首字母缩略词中的最后一个字母代表结果评价，在此核查表中，它被分为影响、成效、可持续性和可应用性评价，所有这些都是总结性评价考虑的因素。

Stufflebeam, D. L., & Coryn, C. L. S. （2014）. *Evaluation theory, models, and applications* (2nd ed.). Jossey-Bass. 一本社会科学方面的关于评价理论、模型和方法的完整教科书，其中一些模型同时包含形成性评价和总结性评价。

Stufflebeam, D. L., & Zhang, G. (2017). *The CIPP evaluation model: How to evaluate for improvement and accountability*. Guilford Press. 总结性评价的极好资源，与这本书(Stufflebeam，2007)中引用的 CIPP 核查表相得益彰。

Thiagarajan, S. （1991）. Formative evaluation in performance technology. *Performance Improvement Quarterly*，4(2),22-34. 讨论了培训实施 6 个月后的跟踪评价。它是一份宝贵的参考资料。

Vishwanath, A., & Barnett, G. A.(Eds.). (2011). *The diffusion of innovations*. Peter Lang Publishing. 涵盖当前关于创新扩散研究的论文。

Yang, M., Lowell, V. L., Talafha, A. M., & Harbor, J. (2020). Transfer of training, trainee attitudes, and best practices in training design: A multiple-case study. *TechTrends*，64,280-301.

Yelon, S. L., Kevin Ford, J., & Bhatia, S. (2014). How trainees transfer what they have learned: Toward a taxonomy of use. *Performance Improvement Quarterly*，27(3),27-52.

439 　　本教材的许多读者是教育工作者。本部分的示例与学校课程相关,旨在帮助读者将迪克-凯瑞模型应用于学校教学。你们中的许多人正将本教材作为开发自身教学资源的工具。我们认为,将设计模型中每个步骤的简化示例整合在一起,会对你们有所帮助,尤其是那些需要为课程项目开发材料并记录设计过程的读者。以下列表将帮助你在附录中找到相关材料。

　　　　注:案例研究从这里开始,仅以直接教学为例来说明材料的创建,而非教师主导的教学或互动式师生学习方案。后两者在这种媒介中难以充分说明。我们建议设计者从直接教学入手,这要求他们对所创建教学的各个方面负全责。

6. 具备所需起点技能的十名学生(学生 6—15),在前测、嵌入式测验和后测中掌握每个目标的百分率

7. 学生对教材和课程评价的态度调查及总结

附录 M　材料修改矩阵分析

附录 A

作文写作的起点—终点分析和教学目标的设计决策

441

起点—终点 分析	设计决策
Ⅰ. 需求评估	在一次关于学生写作问题的中学教师会议上,教师们决定开展一次需求评估研究。每位教师都布置了一篇常见主题的短文作业,随后一个由全学区教师新成立的评价团队对这些短文进行了审查,以确定学生存在的共性问题。他们发现,学生在写作中通常只使用一种句子类型——陈述性简单句,而未能根据句子的目的或复杂程度调整句子结构。此外,学生的作文中除了句号和逗号外,几乎不使用其他标点符号,甚至连逗号的使用也较为罕见。
Ⅱ. 教学目标及其与需求的关系	教师们决定设计专项教学,重点关注以下三个方面: ● 根据句子的目的写出不同类型的句子; ● 使用不同复杂程度的句子结构进行写作; ● 使用与句子类型和复杂程度相匹配的各种标点符号。 他们希望通过直接针对需求评估中发现的问题进行教学,改变学生作文目前过于简单相似的状况。
Ⅲ. 澄清教学目标	教师们计划创建两个教学单元,目标如下: 在写作中,学生将: 1. 根据句子的**目的和语气**,使用不同的句型及相应的标点符号。 2. 根据句子的**复杂程度或结构**,使用不同的句型及相应的标点符号。
Ⅳ. 目标学习者的一般描述	特别强调句子多样性的作文单元被认为是最适合六年级班级,这些班级包括目前语言表达处于平均水平和高于平均水平的学生。由于这些学生在写作技能上存在较大差异,因此关于写作句型以及如何在作文中运用句型的教学内容需要纳入教学材料中。
Ⅴ. 行为表现情境的一般描述	行为表现情境包括学校(无论学科领域如何)、任何可能需要学生完成书面作品的社区团体或组织,以及他们可能从事的需要写作的工作。

（续表）

起点—终点 分析	设计决策
Ⅵ. 学习情境的一般描述（如有不同）	学习情境则包括学校教室和基于网络的教学环境，学生可以在教室、学校媒体中心/图书馆以及家中进行学习。
Ⅶ. 对学习者达成目标所需的任何工具的描述	学生需要一台具备文字处理功能的个人电脑来练习写作技能，并需要一个教学系统（如 Canvas）来传输和管理教学以及评估。今年年初，该学区的所有六年级学生都借到了个人电脑。学区内大部分学校的高年级教室、学习中心/图书馆和教师办公室都已接入无线互联网。此外，该学区还引入了 Canvas，以提升校内教学并支持学生在家学习。

附录 B

442

作文写作教学目标的目标分析

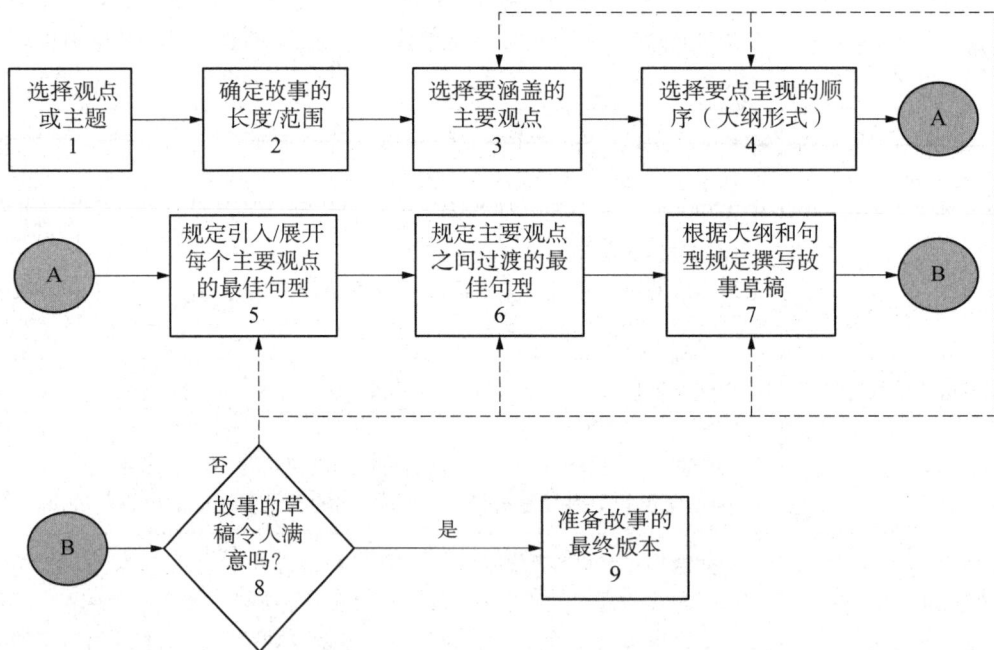

附录 C

标有起点技能线的作文写作目标中陈述句部分的层级分析

443

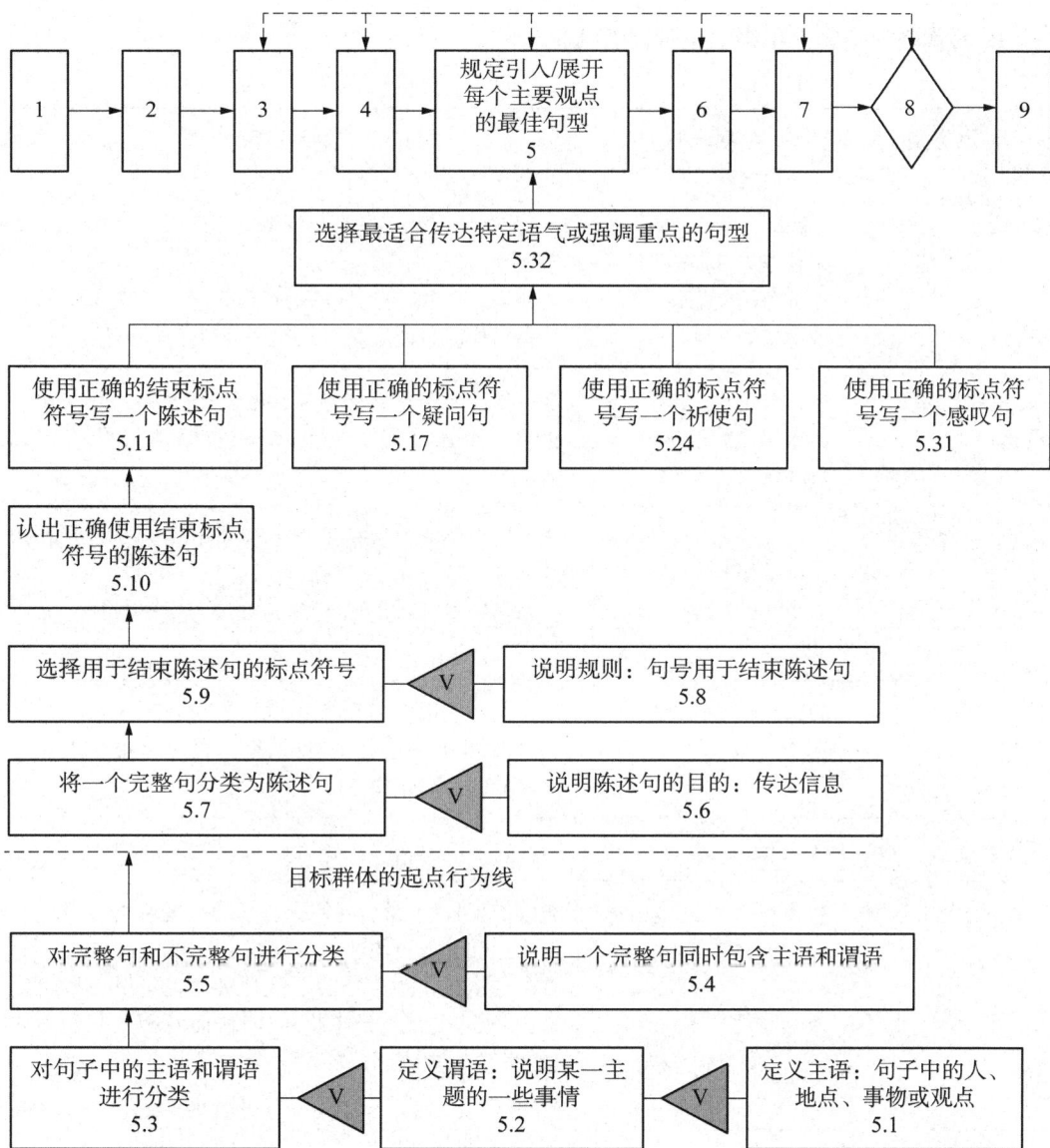

附录 D

学习者特征、行为表现情境和学习情境分析

1. 写作教学中的六年级学生学习者特征

信息类别	数据来源	学习者特征
Ⅰ. 能力		
A. 起点技能	来自学生写作测验的需求评估数据；教师访谈	学生倾向于： ● 使用简单的、陈述性的句子写作； ● 在写作时只使用句号和逗号两种标点符号。
B. 主题领域的先前知识	来自学生写作测验的需求评估数据；教师访谈	这些学生已经在学校完成了五年级的学习，并在常规教学中接触过句子类型、结构和标点符号的相关知识。
C. 受教育和能力水平	永久记录；教师访谈	该组学生的能力水平处于中等到中等以上（例如，标准九分位得分在 4—9 分，百分位得分在 27—99 分）。教师们指出，该组学生在学习和练习写作技能方面表现出色。
D. 一般性的学习偏好	教师和学生访谈	学生们对使用电脑和参与学习活动表现出浓厚的兴趣，他们更倾向于在课堂上学习，而不是被要求完成大量的课后写作作业。
Ⅱ. 态度		
Ⅱ A. 对内容的态度	教师和试教学生访谈	教师们报告说，学生对写作教学的接受程度以及他们在日记和其他写作任务中练习写作的意愿存在差异。参与访谈的学生也证实了这种多样性。对一些学生来说，写作是他们最喜欢的科目；而对另一些学生来说，写作则是他们最不喜欢的科目，甚至是一种负担。
B. 对潜在传输系统的态度	教师和试教学生访谈	教师们认为，基于网络的教学以及学生用于完成写作任务的笔记本电脑可能会成为很好的激励因素，但他们也指出，可能还需要一个额外的激励因素或"诱饵"来激发所有学生的学习积极性。 学生们希望被选中参加新的写作项目，以便使用教室里的电脑。

（续表）

信息类别	数据来源	学习者特征
C. 对教学的动机（ARCS）	教师和学生访谈	学生们希望能够专注于电脑的使用。 大多数学生希望能够写得更好（有些人提到写得更快）。 他们认为自己能够掌握不同句型的使用。 部分学生认为，通过学习写得更好，他们可能会获得他人更多的尊重。 教师们再次强调了这个群体的多样性，其中一些学生表现出极高的积极性，而另一些学生则缺乏积极性。
D. 对培训组织的态度	教师和学生访谈	学生对教师和学校有效性的看法存在差异。大多数学生持有积极态度，而少数学生则表现出消极态度以及对学校和教师的不满。
Ⅲ. 群体的一般特征	整体印象	小组成员在学业成绩和学习动机方面存在显著差异。 小组中的所有人都有潜力学习和提高写作技能。 学生需要一种能够激发积极性的写作工具（例如通过故事创作），使他们能够在较短时间而非长时间的写作任务中学习和练习技能。

2. 作文写作的行为表现情境和学习情境

445

读者请注意：在这所学校，学习和行为表现情境是相同的，因此不需要单独分析行为表现情境。

信息类别	数据来源	行为表现场所的特征
1. 管理/监督性支持	访谈对象： 校长； 教师； 家长。	• 对于在提高学生写作技能的整体计划中使用基于计算机的个别化教学和文字处理器，所有人都感到满意。 • 校长建议创办一份六年级简报作为一项激励工具和学生作文的发布渠道，只要是六年级学生都可以参与。她还建议通过学区的 Canvas 学习管理系统分发"简报"，该系统用于组织和实施教学活动，从而节省印刷和分发的成本，并为学校发起一项"绿色"活动。家长们对于学校重视写作感到高兴，愿意支持孩子和学校的努力。 • 家长教师协会同意资助一份六年级报纸，文章必须由六年级学生撰写，但对学校所有年级的学生均开放（支持阅读和写作）。 领导层可以说非常肯定和支持计划中的写作倡议。

（续表）

信息类别	数据来源	行为表现场所的特征
2. 场所的物理特征	**访谈对象：** 学生； 教师； 媒体/图书馆中心主任； 家长； 学区主任； 学习支持中心。	所有六年级学生在年初都借用了个人电脑。大约 90％ 的电脑随时都在工作。 学区内的学校，包括教室和学习中心，都装有无线网络。学区学习支持中心为全区的教师和学生提供 Canvas 教学/学习系统，并定期为教师提供如何**使用**该系统以及通过该系统**管理**学生接受教学的培训。教师们应该教他们的学生如何使用电脑，如何访问教学系统，以及如何使用该系统。他们还应该在必要时支持学生，并提供详细说明。
3. 场所的社会和学习特征	**访谈对象：** 学生； 教师； 媒体/图书馆中心主任。	学生可以通过笔记本电脑独立使用 Canvas 获取直接教学。他们可以在教室、媒体/图书馆中心，甚至在家里，只要有电脑和互联网连接，都可以获取教学。直接教学提供： ● 教学导入信息，包括动机激发材料、行为表现目标和先决条件信息； ● 带有示例和非示例的讲解； ● 带反馈的练习； ● 评估，用以考察学生是否至少掌握了基本技能。
4. 对学习者达成目标所需的任何工具的描述		笔记本电脑（个人的或从学校借用的）

446

附录 E

设计包含下位技能、行为表现目标和平行测验题的评价表

　　教学目标　在写作中，学生将(1)根据句子的目的和语气，使用不同的句型及相应的标点符号；(2)根据句子的**复杂程度或结构**，使用不同的句型及相应的标点符号。

　　终点目标　在写作中，根据句子的**目的、语气和复杂程度**，使用不同的句型及相应的标点符号。句子的评判将依据句型格式、标点符号的使用、根据句子目的选择的句型，以及段落内句型的变化。

　　平行测验题　写一页描述或故事，运用不同类型的句子以吸引读者的兴趣。在你的故事中，请注意以下几点：

　　1. 使用以下每种类型的句子至少两个：陈述句、疑问句、祈使句和感叹句。

　　2. 只写完整的句子。

　　3. 根据句子的类型和语气，正确使用标点符号。

4. 选择最适合传达你想法的句型。

下位技能	行为表现目标	平行测验题
5.1　定义主语。	5.1　给定"主语"这一术语,根据其目的定义该术语。	1. 定义句子的主语部分。 2. 句子的**主语**部分有什么作用? 主语_____ 　○ 表示句子的开始 　○ 是大写的 　○ 表示动作 　○ 指出主题
5.2　定义谓语。	5.2　给定"谓语"这一术语,定义该术语。定义应包括谓语对主语或主题的说明。	1. 定义句子的谓语部分。 2. 句子的**谓语**部分有什么作用? 谓语告诉我们关于_____的一些事情。 　○ 主语　○ 动词　○ 形容词　○ 介词
5.3　对完整句中的主语和谓语进行分类。	5.3　给定几个完整的陈述性简单句,找出其中所有的主语和谓语。	下面这些句子中,下划线是划在主语还是谓语下面? 如果两者都没有划线,选择"都不是"。 1. 狂欢节是一个巨大的成功。 　○ 主语　○ 谓语　○ 都不是 2. 这支足球队本赛季获胜了。 　○ 主语　○ 谓语　○ 都不是 3. 苏珊得到了一份为花坛除草的课后工作。 　○ 主语　○ 谓语　○ 都不是
5.4　说明完整的陈述句包括主语和谓语。	5.4　给定"完整句"这一术语,定义该概念。定义应同时包含主语和谓语。	1. 一个完整句同时包含一个_____和一个_____。 2. 什么是一个完整句? 一个完整句_____。 　○ 包含一个主语 　○ 包含一个谓语 　○ 既不包含主语也不包含谓语 　○ 同时包含一个主语和一个谓语
5.5　对完整句和不完整句进行分类。	5.5.1　给定几个完整和不完整的陈述句,找出所有完整的句子。	以下这些句子是完整的还是不完整的? 1. 约翰严格按照指示操作。 　○ 完整　○ 不完整 2. 最兴奋的团队。 　○ 完整　○ 不完整 3. 狗拉雪橇在冰冻的土地上颠簸。 　○ 完整　○ 不完整 4. 发现失散的朋友看到她很高兴。 　○ 完整　○ 不完整

447

(续表)

下位技能	行为表现目标	平行测验题
	5.5.2 给定几个完整和不完整的陈述句,找出所有缺失主语和所有缺失谓语的句子。	这些句子缺少主语还是谓语?如果它们既有主语又有谓语,请标记"两者都有"。 1. 约翰严格按照指示操作。 　○主语　○谓语　○两者都有 2. 最兴奋的团队。 　○主语　○谓语　○两者都有 3. 狗拉雪橇在冰冻的土地上颠簸。 　○主语　○谓语　○两者都有 4. 发现失散的朋友看到她很高兴。 　○主语　○谓语　○两者都有
5.6 说明陈述句的目的。	5.6 给定"陈述句"和"目的"这两个术语,说明陈述句的目的。目的应包括传达/告知信息。	1. 陈述句的目的是_____。 2. 陈述句的目的是什么?一个陈述句_____某事。 ○告知　○询问　○命令　○惊叹
5.7 将一个完整的句子分类为陈述句。	5.7 给定几个完整的简单句,包括陈述句、疑问句和感叹句,这些句子可能正确或错误地使用了句号,找出其中所有的陈述句。	忽略缺少的标点符号,并指出下列句子哪些是陈述句。 1. 你饿了吗　○陈述句　○非陈述句 2. 请放下你的铅笔 　○陈述句　○非陈述句 3. 树林看起来安静而祥和 　○陈述句　○非陈述句 4. 哇,看那场大火 　○陈述句　○非陈述句
5.8 说明句号用于结束陈述句。	5.8 给定"陈述句"和"结束标点符号"这两个术语,将句号称为结束标点符号。	1. 与陈述句一起使用的结束标点符号叫作_____。 2. 陈述句用什么标点符号结束? ○引号　○感叹号　○问号　○句号
5.9 选择用于结束陈述句的标点符号。	5.9 给出句号、逗号、感叹号和问号的解释,以及"陈述句"和"结束标点符号"这两个术语,选择句号作为陈述句的结束标点符号。	1. 圈出用于结束陈述句的结束标点符号。 　,　!　。　?　" 2. 下列哪个标点符号用于结束陈述句? ○,　○!　○。　○?　○"

（续表）

下位技能	行为表现目标	平行测验题
5.10 认出正确使用结束标点符号的陈述句。	5.10 给定几个标点符号使用正确和错误的陈述性简单句，选择所有正确使用标点符号的陈述句。	下面哪个句子的结束标点符号是**正确的**？ 1. 约翰喜欢读太空故事？ 　○ 正确　○ 错误 2. 我坐公交车去学校，路程有两英里。 　○ 正确　○ 错误 3. 有时候我去玩滑板！ 　○ 正确　○ 错误
5.11 使用正确的结束标点符号写陈述句。	5.11 写陈述句：(1)关于指定的话题；(2)关于学生自选的话题。句子必须完整，并以句号结束。	1. 指导语：写五个陈述句，描述今天的学校集会。 2. 指导语：选择过去两周内发生在我们班上的一件事。写五个可以用在"新闻"故事中的关于这件事的陈述句。

附录 F

认知教学的教学策略：目标排序和归类，教学导入活动，以及评估、跟踪活动　449

成分	设　计
目标排序和归类	六课时（每列如下），目标按课时进行归类，并在课时内和跨课时进行排序。每课时安排一小时。 1 2 3 4 5 6 5.6 5.12 5.18 5.25 5.11 5.32 5.7 5.13 5.19 5.26 5.17 5.8 5.14 5.20 5.27 5.24 5.9 5.15 5.21 5.28 5.31 5.10 5.16 5.22 5.29 5.11 5.17 5.23 5.30

教学导入活动	**动机**
	    1. 学习环境：该班将着手制作一份学校简报，并通过学区的 Canvas 组织网站向全校乃至整个学区发行。六年级学生将负责策划、管理和撰写这份简报。
	    2. 撰写不同类型的句子：一篇简报文章将作为介绍使用。它将围绕六年级学生高度

（续表）

成分	设　计
	感兴趣的主题展开,并涵盖所有四种句型,以展示观点的多样性和通过变化句型来增强文章的趣味性。 **目标**　示例故事中的四种句型将在引言部分重点介绍,并明确本单元的目的,即学习撰写包含多种句型的故事。 **起点技能** 　　1. 简报:学生将回顾在以往作业中应用的课堂问题解决步骤,并运用这些步骤来策划和发展简报(澄清问题,寻找解决方案,试验并改进解决方案,以及监测效果)。 　　2. 写作:由于教学分析中提到了几项起点技能,因此将开发和实施一项包括这些起点技能的测验,以确定学生是否具备所需的先决技能。
评估	**起点技能**　测验时间较短,涵盖技能 5.1、5.2、5.3、5.4 和 5.5。如果一些学习者尚未具备这些先决条件,他们将被引导至第一节课(通过 Canvas 进行个别化教学)。评估将通过 Canvas 进行开发和实施。 **前测**　前测将分为两个部分。学生将被要求使用这四种句型撰写一篇简短的简报文章,其文章将根据评分细则进行评估。在每节课(例如,陈述句)之前,也将在 Canvas 中进行一次客观测验,测验内容仅包含该课的子技能。这种评估最终可以作为一种分层机制,适用于那些已经掌握相关技能的学生。在给学生的指导语中,这种测验将被称作"复习"或"回顾"。 **嵌入式测验**　每节课结束后将立即进行一次嵌入式测验,测验内容涵盖课程中的下位技能。这些测验将用于诊断学生在这些下位技能方面可能存在的问题,并最终成为带有反馈的练习或演练。在与学生讨论时,这些评估将被称作"复习"或"回顾",以引导学生。
跟踪 活动	**后测**　学生将接受两种形式的后测。一种将在本单元的教学结束后进行,它将采用客观题形式,用以检查学生是否掌握了基本技能。第二种将是一种以简报文章形式出现的替代性评估格式(监测解决问题策略的有效性步骤)。教师、年轻的作者和年轻的同事将共同审查文章,并为每个学生提供(1)肯定的赞扬和(2)改进建议。这种特定审查将集中在四种句型的使用上。在一年中将多次进行文章评估,并集中于各种写作技巧(例如,段落、复杂句、过渡、顺序、详尽阐述、叙述、各种句子结构)。这些文章和评论将成为学生写作档案的一部分。这些档案可以帮助教师、学生和家长监测一年中的写作进展。 **记忆辅助**　学生将制定一份判断句型和文章的标准核查表,以便评价他们的故事和文章。教师将根据课程提供第一个简单的评分细则,学生将根据自己的工作对其进行修改。学生将被提醒在审查和编辑他们的故事以及协助同学时使用核查表。 **迁移策略**　这里使用了两种迁移策略:(1)将他们在前一单元中解决问题的方法应用到新的简报环境中;(2)加强写作,而不是仅仅因为"老师布置了它"。

附录 G

内容呈现和学生参与的教学策略，以及基于该策略的课时分配

451

学习成分	设　　计
目标 5.6 说明陈述句的目的	**内容呈现** 内容：陈述句用于传达信息，告诉读者一些事情。 示例：根据学生在简报兴趣目录中列出的兴趣话题，使用陈述性的简单句。确保所有关于同一话题的例句都遵循开头、中间和结尾的顺序。例如：(1)汤姆非常喜欢太空故事。(2)他订阅了一本科幻杂志。(3)他每个月都迫不及待地等待每一期杂志寄来。(4)他会在做其他任何事情之前，从头到尾读完杂志。
	学生参与 练习题：引导学生说出陈述句的作用，以及所给的每个句子告诉了他们什么。例如：陈述句的作用是什么？汤姆喜欢读什么？他从哪里获取信息？ 反馈：再次强调陈述句用于传达信息，并指出每个句子告诉读者的**具体内容**。
目标 5.7 将一个完整的句子分类为陈述句	**内容呈现** 内容：陈述句用于传达信息，告诉读者一些事情。 示例：根据学生在简报兴趣目录中列出的兴趣话题，使用陈述性的简单句。确保所有关于同一话题的例句都遵循开头、中间和结尾的顺序。(参见 5.6 中的示例。) 非示例：使用疑问句、祈使句和感叹句作为非示例，并指出为什么这些句子不是陈述句，但不进行详细讲解，专注于陈述句。例如：(1)汤姆喜欢读什么？(2)他从哪里获取他的故事？(3)他在邮件里得到了什么？(4)汤姆现在不再阅读了。
	学生参与 练习题：给学生一组相同主题的句子，并让他们将陈述句分类。句子中包含疑问句、祈使句和陈述句，但去掉标点符号，让学生仅根据信息内容进行分类。 反馈：重申陈述句的定义，并解释为什么某些句子是陈述句，而某些不是。
目标 5.8 说明句号用于结束陈述句	**内容呈现** 内容：句号用于结束陈述句。 示例：根据学生在简报兴趣清单中列出的兴趣主题，使用三到五个陈述性的简单句，并突出显示其句号(例如，用粗体或颜色标出)。确保所有关于同一话题的例句都遵循开头、中间和结尾的顺序。(参见 5.6 中的示例。)
	学生参与 练习题：让学生写出"句号"的名称，或从标点符号名称列表中选择"句号"。例如：(1)什么标点符号用于结束陈述句？(2)句号、逗号或感叹号用于结束陈述句吗？ 反馈：重申句号用于结束陈述句。

（续表）

学习成分	设　　计
目标 5.9 **选择标点符** **号来结束句** **子**	**内容呈现** **内容:**句号用于结束陈述句。 **示例:**格式与下位技能 5.8 相同,但示例不同。 **非示例:**重复例句,但用其他句型的标点符号替换句号,并指出句子内容和错误标点符号之间的不匹配。
	学生参与 **练习题:**就感兴趣的话题写出三到五个简单的陈述句,省略句号。确保所有关于同一话题的例句都遵循开头、中间和结尾的顺序。(参见 5.6 中的示例。)让学生选择适当的标点符号(如句号"。"、问号"?"和感叹号"!")来结束句子。 **反馈:**明确指出所有陈述句都应该用句号结束。为示例的句子展示正确的标点符号。
目标 5.10 **认出正确使** **用标点符号** **的陈述句**	**内容呈现** **内容:**只有句号用于结束陈述句。 **示例:**根据学生在简报兴趣清单中列出的兴趣主题,使用三到五个陈述性简单句,并突出显示其句号(例如,用粗体或颜色标出)。确保所有关于同一话题的例句都遵循开头、中间和结尾的顺序。(参见 5.6 中的示例。) **非示例:**呈现另一组关于同一主题的陈述性简单句,并带有正确和不正确的结束标点符号。解释为什么每个句子的标点符号使用是正确的或不正确的。
	学生参与 **练习题:**提供另一组关于某一主题的陈述性简单句,句末标点符号的使用有对有错。让学生选择标点符号使用正确的陈述句。 **反馈:**指出标点符号错误的陈述句**为什么**是错误的。
目标 5.11 **使用正确的** **标点符号写** **一个陈述句**	**内容呈现** 此技能的内容已在其下位技能中涵盖。此时,应鼓励学生就他们了解的主题进行写作。弄清楚要写什么与识别正确书写的陈述句是截然不同的技能。内容是关于"做什么"的指导。
	学生参与 **练习1:**让学生将其他类型的句子转换为陈述句。在转换过程中,保持主题不变,但需要扩展意思并添加内容以改变格式。示例包括以下内容: 　　给学生的指导语:将以下句子转换为陈述句。请保持主题不变,但需要扩展或改变句子中的信息,以便将句子转换为陈述句。 　　a.(他们在电影或文学作品中认识的人)看起来怎么样? 　　b.(他们在镇上、班里、故事或文学作品中认识的人)去了哪里? 　　c. 当心闪电! 　　d. 在你出去之前完成你的家务。 **反馈:**展示如何将示例句子改写为陈述句。提醒学生有很多方法可以正确地转换句子。 **练习2:**让学生就自己选择的一个主题写出三到五个陈述句。他们为简报专栏选择的主题可以组成一个很好的选择范围。另一种写作思路是描述教室或学校周围的事件或地方。

452

（续表）

学习成分	设　　计
	反馈:提供给学生一个简短的标准列表,他们可以在写句子时用它来评价自己的句子。 例如:你的句子 _____ 有主语吗? _____ 有谓语吗? _____ 告诉读者一些事情了吗? _____ 在结束处有一个句号吗? _____ 都描述同一主题吗?

基于教学策略的课时分配	活动	计划用时(分)
第1节	1. 介绍性、动机激发性材料 2. 起点技能评估	55
第2节	简报文章写作前测	55
第3节	目标5.6—5.11的前测和教学,陈述句	55
第4节	目标5.12—5.17的前测和教学,疑问句	55
第5节	目标5.18—5.24的前测和教学,祈使句	55
第6节	目标5.25—5.31的前测和教学,感叹句	55
第7节	复习目标5.11、5.17、5.24和5.31,涵盖所有四种句型	55
第8节	目标5.32的教学,为特定目的或语气选择最适合的句型	55
第9节	针对目标5.6—5.32的客观性后测	60
学生分组	学生将使用笔记本电脑独立学习,他们可能会与老师或小组合作进行问答、额外练习和个性化反馈。	
为主要步骤整合媒体选择并选择传输系统	主要的教学媒介将是个别化的、基于网络的教学,但是教师将准备额外的示例、非示例和练习,以支持小组工作。	

附录 H

454　规划建构主义学习环境

1. 规划建构主义学习环境(Constructivist Learning Environment, CLE)

需求规划	规划活动
规划学习环境	**启动 CLE 所需的设计和材料** ● 实现目标:通过使用各种句型来提升作文写作。 ● 具体学习目标:主要步骤5:规定引入/展开每个主要观点的最佳句型。 理由:在一次讨论学生写作问题的中学教师会议上,教师们决定开展一次需求评估研究。每位教师都布置了一篇常见主题的短文作业,随后一个由全学区教师新成立的评价团队对这些短文进行了审查,以确定学生存在的共性问题。他们发现,学生在写作中通常只使用一种句子类型——即陈述性的简单句——来表达他们的想法,而未能根据句子的目的或复杂程度调整句子结构。此外,学生的作文中除了句号和逗号外,几乎不使用其他标点符号,甚至连逗号的使用也较为罕见。教师们决定设计专项教学,重点关注以下三个方面:(1)根据句子的目的写出不同类型的句子;(2)使用不同复杂程度的句子结构进行写作;(3)使用与句子类型和复杂程度相匹配的各种标点符号。他们希望通过直接针对需求评估中发现的问题进行教学,改变学生作文目前过于简单相似的状况。 ● 建构主义关注点:推理、批判性思维、问题解决、记忆、理解和使用。 ● 教学模式:基于项目的学习。 ● 情景。(由需求评估团队和校长早些时候提议的)简报将被用来创建理想的学习环境。学生将以团队合作的形式工作,为整个学校甚至整个学区的同学规划和制作他们的简报。简报将为以下方面提供机会: 　　ᴄꙅ练习写作技能的自然动机或原因。 　　ᴄꙅ以学生为中心的学习,学生规划和管理他们的简报,以及规划写什么和如何写文章(例如,体育、自然、学校活动、社区活动、学生英雄、健康)。 　　ᴄꙅ在真实的行为表现情境中练习、应用和评估句子和段落的构建技能。 　　ᴄꙅ应用之前教学单元中的问题解决策略(即先决技能:澄清问题、寻求解决方案、尝试想法、完善以及监测效果)。 　　ᴄꙅ与同学和导师合作。 　　ᴄꙅ运用多个角度的标准来评判他们的写作(即,格式、内容、趣味性、审美、价值或适当性以及法律考虑)。 ● 学习资源材料: 　　ᴄꙅ管理简报的学生活动结构(见后面第2节的框架)。 　　ᴄꙅ学生选择的简报栏目(主题)列表。 　　ᴄꙅ个别化的、基于网络的关于写作各种类型的句子(简单句、复杂句和复合句)、段落和文章的教学。

（续表）

需求规划	规划活动
	❸由学区法律人员、管理人员和家长咨询团队制定的关于使用网站传播信息的政策，包括： ◇ 学区提供网站的法律考虑； ◇ 获得网站访问权限的个人/团体（例如，班上的学生、跨校的学生、跨学区的学生；教师、家长、管理人员）； ◇ 团体/个人访问权限的类型（即作者身份；加载、编辑和删除提交材料的网站负责人，仅限读者）； ◇ 学区传播材料中允许的内容（例如，适合学生年龄、无偏见、符合社区和学校价值观）。 ❸工作辅助： ◇ 中学生水平的简报样例和学生所选主题的简报文章； ◇ 在制作简报过程中确定的其他产品。 ● 学习者分组：将有两种不同类别的工作团队：简报管理团队（例如，内容、平面设计、编辑、制作）和专栏内容（创意）团队（例如，体育、科学、学校活动）。所有学生都可以根据自己的兴趣选择在一个或多个管理团队中服务，并且他们可以更换管理团队以获得新的经验或与不同的同事合作。班里的所有学生将作为一个或多个专栏内容（创意）团队的作者。学生将监督每月简报的进展，以查看他们是否拥有完成不断发展的任务所需的团队。 ● 传输系统、媒体和人员： ❸Canvas组织网站，用于传播学区学习支持中心创建的简报。 ❸网络学习门户，提供基于各种类型的句子和作文的个别化网络教学。 ❸学生笔记本电脑，用于文章内容研究。 ❸图书馆/媒体专家，协助主题研究。 ❸六年级语言艺术教师。 ❸学区教学设计人员和教学技术人员。 ❸教师和学生将确定其他希望参与的学校人员（例如，美术教师负责平面设计，体育教师负责体育栏目，社会研究教师负责历史组，科学教师负责空间组，音乐/戏剧/语言艺术教师负责艺术栏目，图书馆/媒体专家负责内容研究和技术）。
规划学习者参与	**学习者参与期间预期的程序和活动** ● 激发兴趣与参与：参与将从班级讨论一个中学小组去年创建并出版简报的案例开始。教师将引导学生讨论现有简报的优势，并询问班级是否愿意在今年开展自己的简报项目。通过与教师的讨论，当小组决定进一步了解出版简报的信息时，每个班级将选出一位六年级学生代表前往县办公室实地考察以获取更多信息。在学区办公室，代表们将与学习和技术主任会面，申请允许六年级学生制作和出版自己的简报。代表们将向同学们汇报会议内容，全班将等待一周（此前已安排）以获取主任对简报项目的支持决定。主任将正式致信学生代表，学生代表将向同学们宣读信件内容。

455

（续表）

需求规划	规则活动
	• 探索：学生们将寻找有关管理团队类型的信息，这些团队是制作和出版简报以及满足六年级学生阅读兴趣（专栏和文章）所必需的。他们还将研究其他学生简报的外观（图形、发行格式）和所发行文章的类型（例如，主题、长度、风格）。此外，学生们将探索他们自己感兴趣的写作领域（例如，体育、科学、艺术、学校活动、城镇历史）。 • 解释：工作团队中的学生将规划并解释需要完成的任务，以及他们对彼此、对家长、对教师和辅导员的文章构思。他们将与教师探讨是否需要独立撰写文章，还是可以两人一组或三人一组合作完成。 • 拓展：学生的解决问题能力、团队合作能力和写作技能将不仅在学校的其他课程中得到应用，还会在家庭生活中发挥作用，而对其中一些人来说，这些技能甚至会在工作中派上用场。 • 评价：见表格后面部分的真实评估。
规划学习指导	**预期用于适应性学习指导的材料和活动** • 支架。 • 样例： 　ↂ简报。 　ↂ文章。 • 教师和内容顾问的辅导、提问。 • 团队成员和编辑委员会的同辈辅导。 • 在 Canvas 上针对句子、段落和文章类型的个别化教学。
规划真实评估	**预期用于真实评估的材料和程序** • 开发过程中的个人文章：学生将对教师建议的评分细则进行反思，并添加他们认为应该包含的标准。他们将从写作格式、内容趣味性、法律和政策标准等方面，独立组织和评判自己的文章。他们还将与导师（如艺术、体育、媒体专家）合作，以反思和改进他们的文章。 • 单期简报出版前：在编辑团队中工作的学习者将与作者合作，在制作前评论简报的每个问题，并提出修改和改进建议。 • 出版后：学生将从兄弟姐妹、父母、学校的其他学生和其他教师那里得到关于他们文章的"自然"反馈。 • 作品集：个别学生的文章将在一年内被收集到一个写作作品集中。学生和教师将在每个评分期审查作品集，以检查整体写作进度和学期中涉及的特定课程的进展（如陈述句、过渡句）。

2. 简报管理的程序分析(建构主义学习环境)

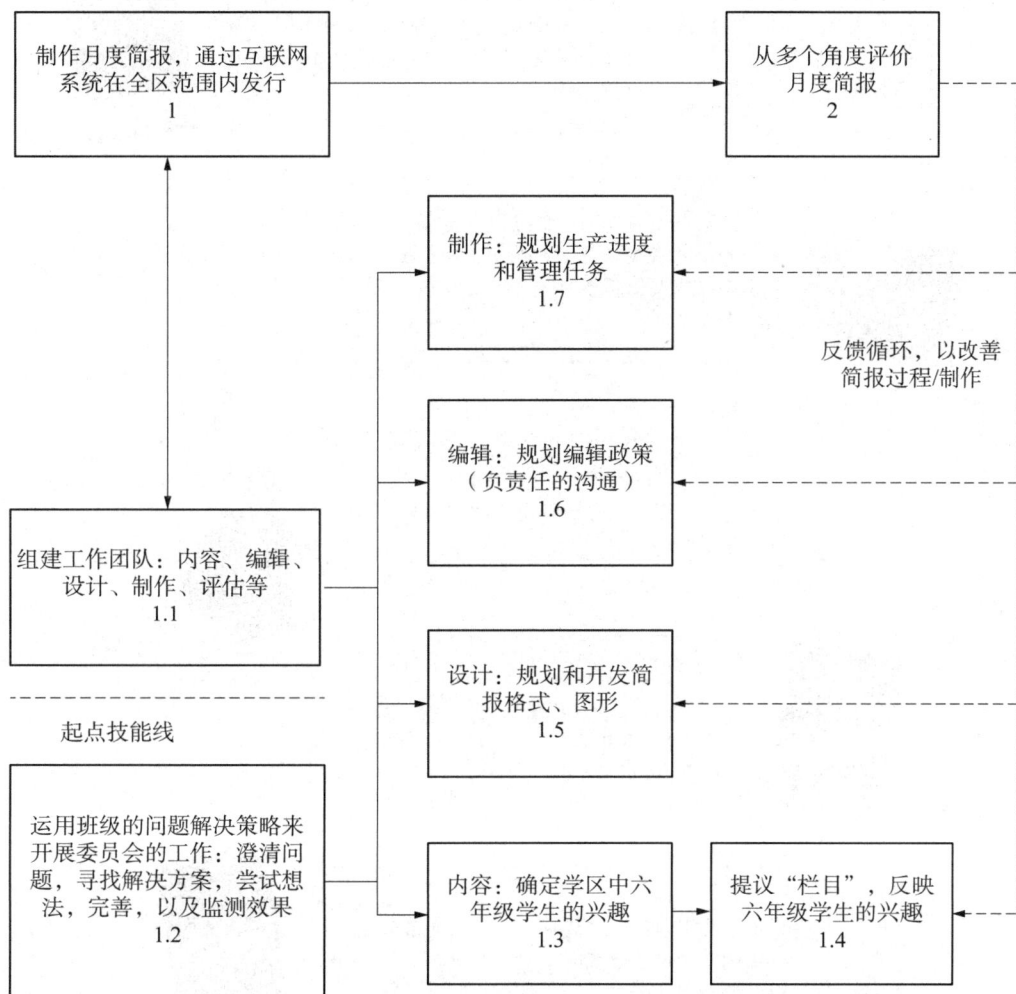

附录 I

第 1 节：动机激发材料、单元目标和起点技能评估

设计者请注意：这些材料将通过空间和颜色友好的 Canvas 进行传输。

成分	子技能	文本
动机激发		

既然工作团队正在忙于规划我们的简报，我们可以开始考虑为它写有趣的文章。为了让我们的文章更有吸引力，我们将使用多种不同的写作风格和句型。你是否在思考如何让你的文章对其他六年级学生来说最有趣呢？

让文章更有趣的一个方法就是在写作时使用**不同类型**的句子。使用不同类型的句子并不会改变信息本身，它只是改变了我们讲述的方式。

不同类型的句子能够帮助读者理解我们想表达的内容，以及我们对这些内容的感受。它们能够让读者更好地参与阅读，因为它们使文章变得更加生动。

为了向你展示如何通过使用几种不同类型的句子来让简报文章更有趣，下一期"科学专栏"我用两种方式写了同一主题的文章。

左边的故事只使用了陈述句，而右边的故事则运用了四种不同的句子类型。
请阅读这两篇故事，并进行比较。

458

月球没有阴暗面
劳伦·豪泽

月球没有阴暗面！
劳伦·豪泽

他们说月球没有阴暗的一面。接下来他们会告诉我们没有恶魔或牙仙子。关于月球阴暗面的说法，它的起源需要一些解释。这个想法背后一定有某种依据。摇滚乐队唱着它，它一直出现在太空故事中。

解释其实很简单。地球绕地轴自转。当它自转时，它每天都会向任何从月球上观察地球的人展示它的各个侧面。与地球不同，月球不自转，因此人们从地球上看到的月球总是同一面。当我们去月球时，我们会看到那里的白天和黑夜，因为地球和月球都绕太阳公转。

歌曲和故事中提到的月球阴暗面，实际上是指它的远面。月球背对着我们的一面被称为远面，而从太空面向我们的一面被称为近面。这周找个晚上出去看看满月的近面吧。

什么？月球没有阴暗的一面？接下来他们会告诉我们没有恶魔或牙仙子！如果月球没有阴暗的一面，这个想法是从哪里来的？这个想法背后一定有什么东西！摇滚乐队唱着它，它一直出现在太空故事中。

解释其实很简单。地球绕地轴自转。当它自转时，它每天都会向任何从月球上观察地球的人展示它的各个侧面！与地球不同，月球不自转，因此人们从地球上看到的月球总是同一面。当我们去月球时，我们会在那里看到白天和黑夜吗？是的，因为地球和月球都绕太阳公转。

歌曲和故事中提到的月球阴暗面，实际上是指它的远面。月球背对着我们的一面叫作远面。你认为我们经常看到的一面叫什么？从太空面向着我们的一面叫近面。这周找个晚上出去看看满月的近面吧。

你不认为第二篇文章讲的是完全相同的信息吗？只是它读起来更有趣。这让我好奇我是否能从月球上看到地球。它也让我好奇我看不到的远面有什么。我希望劳伦在她的下一个专栏中写到这一点。

当写自己的简报文章时，我们要记住，使用几种不同类型的句子会让它们对全镇的学生来说更有趣。

459

成分	子技能	文本
单元目标		

学习撰写简报文章时，涉及不同类型的句子，这是一件有趣的事情。现在，让我们专注于以下几种句型，并挑选出最适合表达我们内容的句型。

当然，撰写一篇包含所有四种句型的文章需要一定的练习。我想向你展示每种句型，并帮助你进行写作练习。

在写完所有四种句型后，我们将使用它们来为我们的第一期简报创作有趣的文章。

让我们从陈述句开始。

四种句子类型

- 陈述句用于向读者**传达**信息。

- 疑问句用于**提出**问题。

- 祈使句用于**发出命令**、**指示**或**提出请求**。

- 感叹句用于**表达情感**或兴奋。

成分	子技能	文本
起点技能	5.1—5.5	

首先，让我们回顾一下**完整句**的概念，因为无论我们写哪种类型的句子，我们都需要使用它们。

请点击下面的"**复习**"按钮，检查你对完整句的记忆。完成复习后，请点击"**提交**"，然后点击"**确定**"以核对你的答案。

460   复习

设计者请注意：左栏中的技能代码不会出现在学生的起点技能测验中；它们出现在这里是为了帮助你将起点技能与题目联系起来。此外，所选的题目是从设计表中挑选的，以适应Canvas"快速"测验管理和反馈格式。

技能	项目
起点技能测验	

5.1.1. 句子的主语有什么作用？主语_____。

　　○ 表示句子的开始

　　○ 是大写的

　　○ 表示动作

　　○ 指出主题

5.2.2. 句子的谓语部分有什么作用？谓语告诉我们关于_____的一些事情。

　　○ 主语　　○ 动词　　○ 形容词　　○ 介词

5.3. **下面这些句子中,下划线是划在主语还是谓语下面？如果两者都没有划线,请选择"都不是"。**

　　3. 美国的学生乘坐美国铁路列车。　　　　○ 主语　　○ 谓语　　○ 都不是

　　4. 欧洲的学生乘坐欧洲铁路列车。　　　　○ 主语　　○ 谓语　　○ 都不是

　　5. 日本的学生乘坐白色子弹头列车。　　　○ 主语　　○ 谓语　　○ 都不是

5.4.6. 什么是一个完整句？一个完整句_____。

　　○ 包含一个主语　　　　　　○ 包含一个谓语

　　○ 既不包含主语也不包含谓语　　○ 同时包含一个主语和一个谓语

5.5. **这些句子是完整的还是不完整的？**

　　7. 艾迪塔罗德狗拉雪橇比赛。　　　　　　　○ 完整　　○ 不完整

　　8. 干燥、崎岖、寒冷、黑暗和风吹。　　　　　○ 完整　　○ 不完整

　　9. 获胜者花了大约九天漫长而黑暗的时间才完成。○ 完整　　○ 不完整

　　这些句子缺少主语还是谓语？如果它们既有主语又有谓语,请选择"两者都有"。

　　10. 艾迪塔罗德狗拉雪橇比赛。　　　　　○ 主语　　○ 谓语　　○ 两者都有

　　11. 干燥、崎岖、寒冷、黑暗和风吹。　　　○ 主语　　○ 谓语　　○ 两者都有

附录 J

第 2 节:前测:撰写简报文章并使用评分细则评价文章　　461

　　设计者请注意:由于本书的篇幅原因,我们无法继续采用同辈导师通过照片和文字"标注"进行直接教学的动机激发。如需查看相关教学内容,请访问 Canvas 课程管理网站上的相关材料。在此,我们将继续使用直接文本,并通过符号 📷 表示同辈导师照片的插入位置,同

时结合对话标注使用。

1. 给学生的前测指导语

成分	子技能	文本
替代性评估前测及其评分细则	教学目标	

现在是时候为简报撰写第一篇文章了,因为内容团队已经统计了兴趣调查的结果,并为专栏选择了主题。请从以下专栏主题中选择一个,为你的第一篇文章定下方向。如果你有更好的专栏主题想法,请自行命名并围绕该主题撰写文章。

简报专栏

a. 东边西边(关于小镇)

b. 娱乐

c. 环境

d. 历史上的小镇

e. 太空

f. 体育

g. 新闻中的科技

h. 即将举行的学校活动

请使用笔记本电脑和 Word 软件写两到三段简报文章。文章应包含不同类型的句子,以吸引读者的兴趣。在你的故事中,请注意以下几点:

文章特点

1. 包含以下每种类型的句子,每种至少有两个:陈述句、疑问句、祈使句和感叹句。

2. 只写完整的句子。

3. 根据句子的类型和语气,正确使用标点符号。

4. 选择最适合传达你想法的句型。

5. 使用正确的拼写。请仔细检查拼写,将拼写错误的单词(非打字错误)记录在拼写列表中。

完成草稿后,请仔细审阅文章。你能找到让它对读者来说更有趣的方法吗？如有需要,请进行修改。

请在今天上午结束前将文章通过 Canvas 发给布朗先生。

📷你可以使用以下评分细则来帮助你审查文章。

2. 学生前测作文评分细则样例

标准	句子类型			
	陈述句	疑问句	祈使句	感叹句
1. 总句数				
2. 完整的句子数 a. 缺少主语的句子数 b. 缺少谓语的句子数				
3. 正确使用结束标点符号的句子数				
4. 适合表达想法的句子数				
5. 适合表达语气的句子数				

设计者请注意：本单元未涉及的标准在评分细则中已特意省略。

附录 K

第 3 节：下位技能 5.6 至 5.11 的前测和教学

设计者请注意：回想一下，符号📷用来表示同辈导师照片的插入位置，并结合对话"标注"使用，以输入文本。

成分	子技能	文本
客观性前测和教学	5.6—5.11	

📷现在，让我们将注意力转向陈述句。首先，你需要更新对它们的理解，因为陈述句构成了所有写作的骨架。

请点击下方的**"复习"**按钮，检查你对陈述句的记忆。完成复习后，请点击**"提交"**，然后点击**"确定"**，以核对你的答案。

下位技能前测

5.6.1. 陈述句的作用是什么？陈述句_____一些事情。

    ○告诉　○提问　○命令　○惊呼

5.7. **忽略缺少的标点符号，并指出以下句子中哪些是陈述句。**

2. 上周六和女童子军一起露营很有趣	○陈述句　○非陈述句
3. 我们应该把帐篷搭成一个圆圈吗	○陈述句　○非陈述句
4. 在篝火开始之前，总是要清理干净盘子	○陈述句　○非陈述句
5. 我们在篝火旁听到了关于熊的可怕故事	○陈述句　○非陈述句
6. 哦不，帐篷外面有一只熊	○陈述句　○非陈述句

5.8.7. 陈述句以一个_____结束。

    ○引号　○感叹号　○问号　○句号

5.9.8. 以下标点符号中哪个用于结束陈述句？

    ○，○！○。○？○"

9. 以下标点符号中哪个用于结束陈述句？

    ○。○！○；○？○：

5.10. **以下陈述句中哪些以正确的标点符号结束？**

10. 艾迪塔罗德狗拉雪橇比赛的选手叫雪橇手？	○正确　○错误
11. 去年最后一名选手的雪橇队有 16 只狗。	○正确　○错误
12. 输的那名雪橇手花了 16 天才完成比赛。	○正确　○错误
13. 这场比赛太难了，以至于最后一名也得到了奖杯？	○正确　○错误
14. 最后一名雪橇手的奖杯叫做红灯笼奖！	○正确　○错误

5.11. **指导语：**选择过去两周内发生在我们班上的任何事件，在下面的空白处写四个陈述句，这些陈述句可能会用在"新闻"故事中。

提交

学生管理

请转到教学部分并点击标题：第一部分　陈述句。

设计者请注意：教师应根据前测的掌握程度分数来决定后续是否对学生进行分组教学。

成分	子技能	文本
内容呈现	5.6	陈述句

📷陈述句用于**向读者传达信息或描述事物**。当你需要直接陈述事实或描述某件事情时,你就可以使用陈述句。

以下是一些陈述句,用于陈述事实。

示例:

1. 奇尼夸在自家后门廊旁开辟了一片香料园。

2. 她在花园里种了五种不同的香料,包括薄荷和罗勒。

3. 她必须先完成作业才能去花园。

4. 全家人都喜欢用她种的香料做的饭菜。

📷陈述句用于向我们传达信息。例如,句子1告诉我们奇尼夸拥有**什么**,她有一个花园。句子2告诉我们她的花园里有**什么**。句子3告诉我们她**何时**在花园里工作,而句子4则告诉我们她的家人对她的花园的感受。所有这些句子都在**向我们传达信息**。

📷陈述句也可以用来**描述事物**。下面的句子是描述信息。

示例:

1. 学校野餐那天下了一场大雨。

2. 天空很黑,公园里的路灯都亮了。

3. 我们都湿透了,热狗也是。

📷句子1**描述**了下雨的天气,句子2**描述**了野餐当天的黑暗环境,句子3**描述**了学生和食物的状态。

成分	子技能	文本
内容呈现	5.7	

📷看下面两个句子,一个是陈述句,另一个则不是。你能分辨出它们的区别吗?哪一个是陈述句?

非示例:

1. 乔治娅非常喜欢这个湿漉漉的野餐。

2. 乔治娅喜欢什么?

📷句子1是陈述句,因为它告诉我们乔治娅喜欢**什么**。句子2则不是陈述句。读完这句话后,我们不清楚乔治娅喜欢什么。因为句子2没有向读者提供信息,所以它不是陈述句。

465

成分	子技能	文本
练习与反馈	5.6—5.7	

📷 让我们练习一下。阅读下面成对的句子。哪些句子是陈述句,为什么?

A.1   赛格威 PT 是什么?

A.2   赛格威 PT 是电动个人运输工具。

B.1   赛格威 PT 可以静止不动,原地转弯,并以步行者的速度行驶。

B.2   你可以用赛格威 PT 做什么?

📷 在第一对句子中,句子 A.1 没有告诉我们赛格威 PT 是什么,所以它不是陈述句。句子 A.2 描述了赛格威 PT,所以它是陈述句。它向我们提供了关于赛格威 PT 的信息。

📷 在第二对句子中,句子 B.1 是陈述句,因为它告诉我们赛格威 PT 能做什么。但句子 B.2 没有提供任何关于我们可以用它做什么的线索,因此不是陈述句。

成分	子技能	文本
内容呈现	5.8—5.9	陈述句的标点符号

📷 标点符号用于结束完整的句子。**句号**(。)是一种标点符号,**总是**用来结束一个陈述句。当你看到一个句子以句号结束时,表明这个句子很可能是陈述句。

📷 其他类型的句子也可以使用句号,但包含以下部分的句子总是陈述句:

- **提供信息;**
- **并以句号结束。**

📷 以下是一些句末以句号正确标点的陈述句。

示例:

1. 我们的太阳系由太阳和八大行星组成,它们通过重力与太阳相连。

2. 这八大行星共有超过 166 颗卫星。

3. 还有三大矮行星:谷神星、冥王星和阋神星。

4. 太阳系有数十亿个小天体,包括小行星、流星体、彗星和行星际尘埃。

📷 我们知道这四个句子是陈述句,因为它们**描述**了我们的太阳系及其包含的内容,并且它们都**以句号结束**。

　　如果一个句子看起来是陈述性的,因为它讲述了某事或描述了某事,但句末的标点符号不是句号,那么这个句子就不是陈述句。

　　有些句子会向读者提供信息,这是一个线索,表明它们**可能**是陈述句。**但是**,如果没有用句号结束句子,那么它就不是陈述句。请看这些来自科幻小说的句子。

非示例:

1. 流星可能会撞击地球!

2. 如果它撞击地球,人类将被毁灭!

　　这两个句子都不是陈述句,因为它们没有用句号结束。请记住,陈述句必须:

- 告诉读者一些事情,并且;

- 以句号结束。

成分	子技能	文本
练习与反馈	5.8—5.9	

　　让我们来练习一下! 看下列句子,哪些是陈述句?

1. 欢迎来探索美国夏令营!

2. 欢迎来探索美国夏令营。

3. 今年你们打算去哪里参加夏令营?

　　第一句话不是陈述句。虽然它欢迎我们来到一个新的营地,但它没有以句号结束。第二句话是陈述句。它欢迎我们来到新的营地,并且以句号结束。第三句话不是陈述句,因为它没有传达信息,也没有以句号结束。

成分	子技能	文本
嵌入式测验项目	5.6—5.11	

　　让我们复习一下陈述句。请点击下面的"复习"按钮获取复习题。在回答完所有问题后,记得"提交"你的答案并仔细核查每个问题的参考答案。请注意你看到的任何错误并试图找出原因。如果你愿意,可以在复习后再回顾一下你刚刚读到的关于陈述句的信息。

466

下位技能

5.6.1. 为什么我们在写作中要使用陈述句？我们用陈述句_____。

○ 询问某事　○ 命令某事　○ 惊叹某事　○ 告诉某事

5.7. 忽略缺失的标点符号,并指出这些句子哪些是陈述句。

2. 在 15 世纪,印第安人就住在我们镇上　　○ 陈述句　○ 非陈述句

3. 他们是什么样的印第安人　　○ 陈述句　○ 非陈述句

4. 他们住在学校附近吗　　○ 陈述句　○ 非陈述句

5. 哇,我真希望我认识他们中的一些人　　○ 陈述句　○ 非陈述句

6. 先阅读关于印第安人的书　　○ 陈述句　○ 非陈述句

5.8.7. 陈述句以_____结束。

○ 问号　○ 句号　○ 感叹号　○ 引号

467　　5.9.8. 下列哪个标点符号用于结束陈述句?

○ ;　○ !　○ 。　○ ?　○ :

5.10. 下面哪一个陈述句以正确的标点符号结束?

9. 每颗行星与太阳的距离决定了它的一年有多长?　○ 正确　○ 错误

10. 地球上的一年大约持续 365 个地球日!　○ 正确　○ 错误

11. 水星上的一年只持续大约 88 个地球日。　○ 正确　○ 错误

12. 海王星的一年持续近 165 个地球年?　○ 正确　○ 错误

5.11.13. **指导语:** 为我们的简报选择任何一个主题专栏,并在下面的空白处写下可用于专栏的四个相关的陈述句。请记住,这些专栏是:

a. 东边西边(关于小镇)

b. 娱乐

c. 环境

d. 历史上的小镇

e. 太空

f. 体育

g. 新闻中的科技

h. 学校活动

提交

设计者请注意: 假设客观性后测中包含陈述句的部分将使用教学策略中的方案编制,并采用与前测和嵌入式测验相同的形式。后测中的所有测验项目都将包含不同的例句。

附录 L

小组和个人的目标达成情况以及对教学的态度

468

1. 起点技能的学生—题目—目标数据阵列

目标	5.1	5.2	5.3			5.4	5.5							
题目	1	2	3	4	5	6	7	8	9	10	X	%	Obj	%
学生														
1							1		1		2	20	0	0
2			1	1	1		1		1		5	50	1	20
3			1	1	1		1		1		5	50	1	20
4	1		1	1	1		1		1		6	60	2	40
5	1	1	1	1	1		1	1	1	1	9	90	4	80
6	1	1	1	1	1	1	1	1	1	1	10	100	5	100
7	1	1	1	1	1	1	1	1	1	1	10	100	5	100
8	1	1	1	1	1	1	1	1	1	1	10	100	5	100
9	1	1	1	1	1	1	1	1	1	1	10	100	5	100
10	1	1	1	1	1	1	1	1	1	1	10	100	5	100
11	1	1	1	1	1	1	1	1	1	1	10	100	5	100
12	1	1	1	1	1	1	1	1	1	1	10	100	5	100
13	1	1	1	1	1	1	1	1	1	1	10	100	5	100
14	1	1	1	1	1	1	1	1	1	1	10	100	5	100
15	1	1	1	1	1	1	1	1	1	1	10	100	5	100
正确的学生数	12	11	14	14	14	10	15	11	15	11				
正确学生的百分比(%)	80	73	93	93	93	66	100	73	100	73				
目标的达成率(%)	80	73	93			66	73							

注:1＝正确回答;空白＝错误回答;Obj＝目标

2. 后测陈述句部分的学生—题目—目标数据阵列

目标	5.6	5.7				5.8	5.9	5.10				5.11						
题目	1	2	3	4	5	6	7	8	9	10	11	12	13	14	15	X	%	Obj
学生																		
1	1	1	1	1	1	1	1	1		1	1		1		1	12	80	4
2	1	1	1	1	1	1	1	1	1	1	1	1	1	1	1	15	100	6
3	1	1	1	1	1	1	1	1	1	1	1	1	1	1	1	15	100	6
4	1	1	1	1	1	1	1	1	1	1	1	1	1	1	1	15	100	6
5	1	1	1	1	1	1	1	1	1	1	1	1	1	1	1	15	100	6
6	1	1	1	1	1	1	1	1	1	1	1	1	1	1	1	15	100	6
7	1	1	1	1	1	1	1	1	1	1	1	1	1	1	1	15	100	6
8	1	1	1	1	1	1	1	1	1	1	1	1	1	1	1	15	100	6
9	1	1	1	1	1	1	1	1	1	1	1	1	1	1	1	15	100	6
10	1	1	1	1	1	1	1	1	1	1	1	1	1	1	1	15	100	6
11	1	1	1	1	1	1	1	1	1	1	1	1	1	1	1	15	100	6
12	1	1	1	1	1	1	1	1	1	1	1	1	1	1	1	15	100	6
13	1	1	1	1	1	1	1	1	1	1	1	1	1	1	1	15	100	6
14	1	1	1	1	1	1	1	1	1	1	1	1	1	1	1	15	100	6
15	1	1	1	1	1	1	1	1	1	1	1	1	1	1	1	15	100	6
正确的学生数	15	15	15	15	15	15	15	15	14	15	15	14	15	14	15			
正确学生的百分比（%）	100	100	100	100	100	100	100	100	93	100	100	93	100	93	100			
目标的达成率（%）	100	100				100		93				93						

注:1＝正确回答;空白＝错误回答;Obj＝目标

469

3. 对照目标,学生在前测、嵌入式测验和后测上的表现

目标	5.6			5.7			5.8			5.9			5.10			5.11		
	目的			识别			命名标点符号			加标点符号			认出			书写		
测验	Pr	Em	Po	Pr	Em	Po	Pr	Em	Po	Pr	Em	Po	Pr	Em	Po	Pr	Em	Po
1		1	1		1	1	1	1	1	1	1	1		1				
2		1	1		1	1	1	1	1	1	1	1		1			1	
3		1	1		1	1	1	1	1	1	1	1		1			1	
4		1	1		1	1	1	1	1	1	1	1		1	1		1	
5		1	1		1	1	1	1	1	1	1	1		1	1		1	
6		1	1		1	1	1	1	1	1	1	1		1	1		1	1
7		1	1		1	1	1	1	1	1	1	1		1	1		1	1
8		1	1		1	1	1	1	1	1	1	1		1			1	
9		1	1		1	1	1	1	1	1	1	1		1	1		1	
10	1	1	1		1	1	1	1	1	1	1	1		1	1		1	1
11	1	1	1	1	1	1	1	1	1	1	1	1	1	1	1	1	1	1
12	1	1	1	1	1	1	1	1	1	1	1	1	1	1	1	1	1	1
13	1	1	1	1	1	1	1	1	1	1	1	1	1	1	1	1	1	1
14	1	1	1	1	1	1	1	1	1	1	1	1	1	1	1	1	1	1
15	1	1	1	1	1	1	1	1	1	1	1	1	1	1	1	1	1	1
通过题数	6	15	15	4	15	15	15	15	15	15	15	15	5	15	12	5	14	10
通过率(%)	40	100	100	27	100	100	100	100	100	100	100	100	33	100	80	33	93	66
差异	+60		0	+73		0	0		0	0		0	+67		−20	+60		−27

注:1=掌握的目标,空白=未掌握的目标;Pr=前测,Em=嵌入式测验或演练,Po=后测;差异=学生在教学目标中陈述句部分的前测后测通过率差异;学生1—5 在开始教学前未掌握起点技能。

470

4. 所有 15 名学生在前测、嵌入式测验和后测中掌握每个目标的百分率

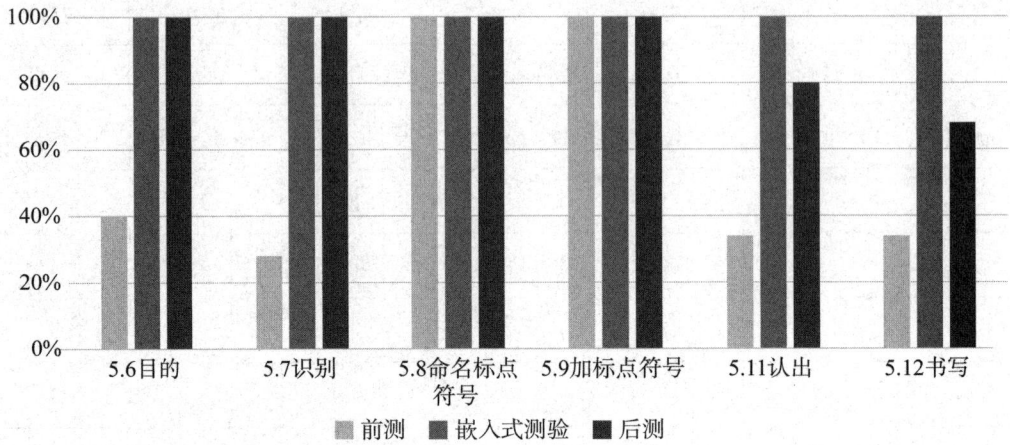

前测　嵌入式测验　后测

5. 不具备所需起点技能的四名学生（学生 1—4），在前测、嵌入式测验和后测中掌握每个目标的百分率

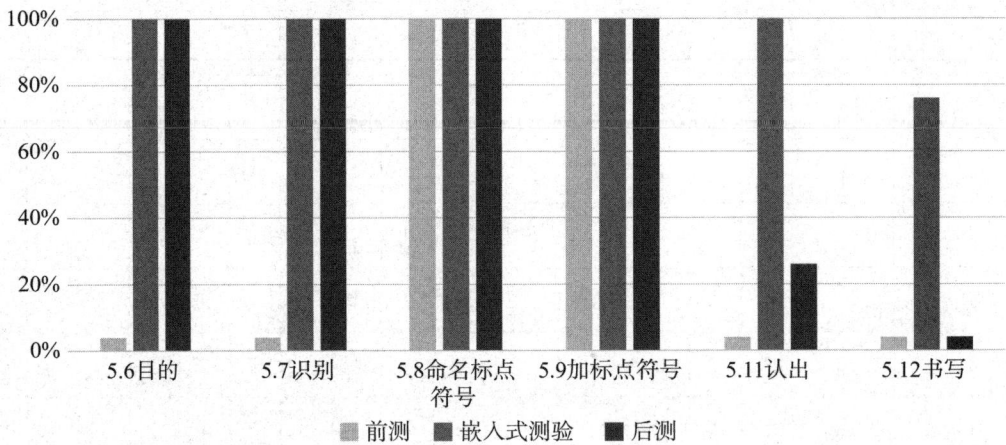

前测　嵌入式测验　后测

6. 具备所需起点技能的十名学生(学生 6—15)，在前测、嵌入式测验和后测中掌握每个目标的百分率

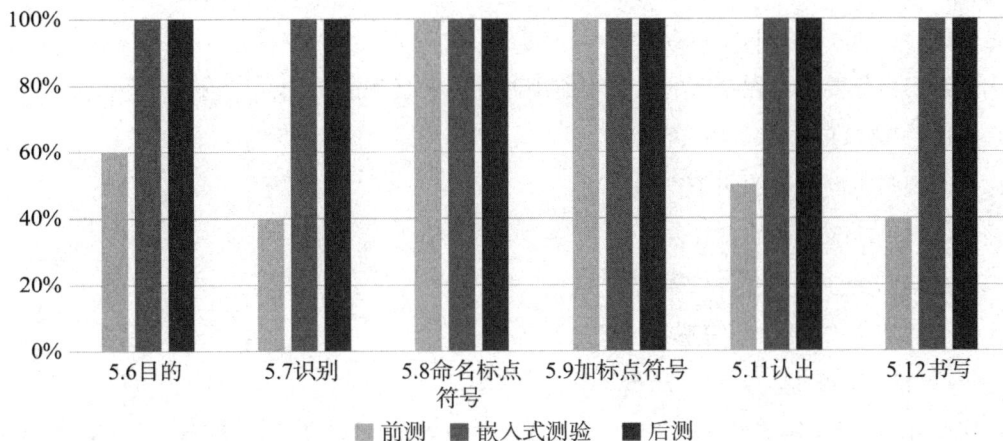

7. 学生对教材和课程评价的态度调查及总结

帮助我们把课程做得更好。

请回答以下问题，以帮助我们了解你对这节关于不同类型句子写作课程的看法。你的反馈将帮助我们为你设计更优质的课程。谢谢。

姓名 <u>Summary</u>　日期 <u>1 月 6 日</u>　班级 <u>小组</u>

A. 动机

1. 你是否愿意制作一份供六年级学生阅读的简报？　　　　　　□是　□否

　　是＝11111 11111 111 13；否＝11 2

2. 你是否喜欢这节课上的六年级学生？　　　　　　　　　　　□是　□否

　　是＝11111 11111 11111 15；否＝0

3. 你是否喜欢在 Canvas 中按照自己的节奏进行学习？　　　　□是　□否

　　是＝11111 11111 11111 15；否＝0

4. 你是否喜欢关于月球阴暗面的文章？　　　　　　　　　　　□是　□否

　　是＝11111 11111 11111 15；否＝0

5. 你是否认为包含所有句型的故事更具趣味性？　　　　　　　□是　□否

　　是＝11111 11111 11111 15；否＝0

6. 你是否想写更多有趣的故事？　　　　　　　　　　　　　　□是　□否

　　是＝11111 11111 111 13；否＝11 2

7. 你最喜欢阅读什么类型的故事？

471

马,宠物,太空,运动,自然,汽车,神秘事件

B. 具体目标

1. 你是否明白你要学习写有趣的简报文章?   □是   □否

   是＝11111 11111 11111 15;否＝0

2. 你是否明白你要学习在自己的故事中使用四种不同类型的句子?   □是   □否

   是＝11111 11111 11111 15;否＝0

3. 你是否想写不同类型的句子?   □是   □否

   是＝11111 11111 11111 15;否＝0

C. 起点行为

1. 你是否清楚主语、谓语和完整句的概念?   □是   □否

   是＝11111 11111 11111 15;否＝0

2. 在课程开始之前,你是否已经了解主语、谓语和完整句的概念?   □是   □否

   是＝11111 11111 1111 14;否＝1

472

3. 你是否希望这节课包含关于主语、谓语和完整句的信息?   □是   □否

   是＝0;否＝11111 11111 11111 15

D. 测验

1. 前测的问题清楚吗?   □是   □否

   是＝11111 111 8;否＝11111 11 7   不知道答案,但清楚词汇的含义

2. 你知道前测的大部分答案吗?   □是   □否

   是＝11111 1111 9;否＝11111 1 6

3. 课上的问题清楚吗?   □是   □否

   是＝11111 11111 11111 15;否＝0

4. 后测的问题清楚吗?   □是   □否

   是＝11111 11111 11111 15;否＝0

E. 教学

1. 有关陈述句的课有趣吗?   □是   □否

   是＝11111 11111 11111 15;否＝0

2. 你清楚这节课的内容吗?   □是   □否

   是＝11111 11111 11111 15;否＝0

   如果不清楚,是哪些部分让你感到困惑?

   简报文章在哪里?

3. 这些例题有帮助吗?   □是   □否

是＝11111 11111 10；否＝11111 5

4. 示例太多了吗？　　　　　　　　　　　　　　□是　□否

是＝11111 5；否＝11111 11111 10

5. 示例太少了吗？　　　　　　　　　　　　　　□是　□否

是＝11111 11111 10；否＝11111 5

6. 课上的练习题对你有帮助吗？　　　　　　　□是　□否

是＝11111 11111 10；否＝11111 5

如果没有帮助，为什么没有？

7. 课上的问题反馈对你有帮助吗？　　　　　　□是　□否

是＝11111 11111 10；否＝11111 5

如果没有帮助，为什么没有？

F. 总体评价

1. 总的来说，你喜欢这节课吗？　　　　　　　□是　□否

是＝11111 11111 11111 15；否＝0

2. 你学会做以前做不到的事情了吗？　　　　　□是　□否

是＝11111 11111 10；否＝11111 5

3. 你认为是什么使这堂课最有效？

有更多的范例文章。这节课不是关于写文章的，我们之前学过这个。

附录 M

材料修改矩阵分析

473

教学策略	确认的问题	教学修改建议	依据和来源
教学导入动机	可以	无	问卷访谈
起点技能	四名学生尚未掌握所需的起点技能（1、2、3 和 4）；学生 5 未掌握技能 5.4，能够对句子进行分类（技能 5.5），但在用正确标点写句子方面存在问题（5.11）。缺乏起点技能的学生在嵌入式测验中表现良好，	确保所有参加教学的学生都具备起点技能。为有需要的学生开设起点技能课程。	起点技能测验嵌入式测验后测观察

（续表）

教学策略	确认的问题	教学修改建议	依据和来源
	但在后测中表现不佳。 缺乏起点技能的学生不愿意制作简报。		
内容呈现	小组似乎不需要技能 5.8 和 5.9 的教学。 小组中有 5 名学生（11—15）不需要教学，另外 5 名学生（6—10）只需要复习。 有几名学生说他们已经知道如何写陈述句。 高能力学生对课程的满意度较低。	将技能 5.8 和 5.9 移至单元的起点技能部分，并从教学和评估中移除。 根据前测数据对学生进行分层；教学是个别化的。	前测 嵌入式测验 后测 问卷调查
学生参与 （练习并反馈）		学生希望获得关于简报的更多信息。建议将客观性题目和/或示例/非示例重新聚焦于简报的具体内容。 建议从当前的评估中删除作为干扰项的祈使句，因为它们目前对学生来说过于难以区分。在后续课程中，可以在教授陈述句和祈使句的内容差异之后，再重新引入这些内容。	嵌入式测验 后测 问卷调查 访谈
评估	无	无	前测在客观性和替代性评估中成功地区分了熟练和不熟练的学生。 词汇量和课程时间安排均符合要求。 Canvas 的计分系统运行良好。 学生更倾向于使用"复习"而非"测验"这一名称，并且他们喜欢能够即时检查自己答案的反馈机制。

（续表）

教学策略	确认的问题	教学修改建议	依据和来源
迁移	不具备起点技能的学生认为制作简报不是一个好主意；而具备起点技能的学生则非常喜欢这一任务。		问卷调查 访谈
一般策略	大多数学生能够在客观性后测中掌握相关项目，但许多学生仍然在提出自己的想法和撰写个人内容方面存在困难。建议通过练习使用简报，并在写作团队中合作，以帮助学生提升这些能力。此外，可以与图书馆/媒体专家合作，在图书馆/媒体中心开展文章研究活动。在写作过程中，需要密切监控，以确保所有学生都能积极参与，而不是让其他人为他们代劳。		

474

475   **替代性评估（Alternative assessment）**   描述了客观性测验以外的评价工具和程序；包括对现场行为表现、产品和态度的评价；形式包括对学习者的指导语和评分准则。

敏捷设计（Agile design）   一种通用的设计过程，运用迭代循环进行产品开发。最初用于软件开发过程，现已应用于 ID 项目管理、ID 产品设计和开发。

ARCS 模型（ARCS model）   凯勒的动机理论：注意（Attention）、关联（Relevance）、信心（Confidence）和满意（Satisfaction）。

以评估为中心的标准（Assessment-centered criteria）   用于评判项目书写质量的测验或项目标准，如语法、拼写、标点、清晰度、简洁性以及是否使用了推荐的项目格式规则等。

评估工具（Assessment instruments）   所开发的用于评估学习者在成就和态度方面的状态和进展的材料。成就评估包括客观测验、产品开发活动和现场行为表现；态度评估包括观察和自我报告技术。

态度（Attitude）   影响个体在特定情境中所作选择或决策的内部状态。态度代表以特定方式做出反应的倾向。

真实性评估（Authentic assessment）   在最终运用新习得技能的、有意义的现实生活情境（或其模拟）中进行评估。

行为（Behavior）   外显的、可以观察和测量的行动表现。

行为目标（Behavioral objective）   参阅微观目标、具体目标。

混合学习（Blended learning）   从本质上讲，是任意两个或多个学习环境的组合。在一般的实践中，它通常是在同一课程或培训项目中结合基于网络的教学和课堂教学。

备选媒体（Candidate media）   在不考虑哪种媒体最为有效时可以用于呈现所需信息的媒体，与**非备选媒体**相对。例如，书本不能发出声音，因此对于传输旨在实现某些特定目标的教学，书本就不是一个合适的媒体。

教学组块（Chunk of instruction）   教授单个目标或多个目标组合所需的所有教学。

聚类分析（Cluster analysis）   适用于言语信息领域目标的技术，旨在确定实现目标所需的特定信息以及组织或归类这些信息的最佳方式。

认知灵活性（Cognitive flexibility）   个体面对新颖的、出乎意料的问题时，调整和改变自己的知识组织方式和解决策略的能力。

认知负荷（Cognitive load）   个体在参与学习活动时能够在工作（短时）记忆中管理的信息量。该理论预测，教学内容太多或太复杂都会损害学习和记忆的效果。

认知地图(Cognitive maps)　概念性知识结构的图示(例如,流程图、层级图、圆形图、蛛网图)。

认知策略(Cognitive strategy)　个体为了确保学习的发生而使用的旨在调控其思维方式的元认知过程。

认知任务分析(Cognitive task analysis)　确认完成复杂任务所需信息和技能的方法;使用严密的观察和访谈提纲从专家那里获取所需信息。

认知主义(Cognitivism)　一种学习理论,认为学习是将新知识储存在记忆中并从记忆中提取知识的积极心理过程。认知主义强调知识的结构和支持内在心理过程的外在条件。

复杂目标(Complex goal)　包含两个或两个以上学习领域的目标。

概念(Concept)　根据一个或多个共同特征将各种事物、事件、符号、情境等归类,并给予一个共同的名称或符号,从而构成的集合。**概念学习**是指获得从概念范畴中识别例证的能力。

条件(Conditions)　行为表现目标的一个主要构成成分,指明了评估学习者目标掌握程度所需的情境和材料。

一致性分析(Congruence analysis)　分析(1)组织既定需求和目标与备选教学中所解决的需求和目标之间的一致性;(2)组织选定的学习者的起点技能和特征与备选材料所针对的学习者的起点技能和特征之间的一致性;(3)组织的资源与获取和实施备选教学所需资源之间的一致性。一致性分析在总结性评价的专家评定阶段实施。

建构主义(Constructivism)　一种后现代主义哲学,否认现实的客观存在性,主张现实是由每个人在头脑中建构而成的。也是一种推论的教学或学习理论,其中学习被视为将通过社会、文化和物质世界的经验获得的新知识与现有知识相结合从而建构意义的内在过程。建构主义强调学生参与学习的过程和社交互动。

建构主义学习环境(Constructivist learning environment,CLE)　学习者在协作小组中与同伴和教师共同寻找资源以解决问题。协作可以是面对面的,也可以是通过媒体进行远程管理的;可以是真实的,也可以是在虚拟学习空间中进行模拟的。

内容的稳定性(Content stability)　要学习的信息能够保持时新的程度。

以情境为中心的标准(Context-centered criteria)　用于评判评估时所用情境与学习和行为表现情境之间一致性的测验或项目标准。重点关注样例和模拟情境的真实性。

标准(Criterion)　测量行为表现(绩效)或产品所依据的准则。

标准参照测验项目(Criterion-referenced test items)　设计的用于测量一组外显行为表现目标的项目;又称目标—参照测验项目。

传输系统(Delivery system)　向学习者提供教学的方式。包括教师主导的教学、远程教育、计算机辅助教学和自学材料。

基于设计的研究(Design-based research，DBR)　一种跨学科的研究方法，通过迭代开发和循环分析，既能够改进教育实践，又能够加深对学习理论的理解；也被称为教育设计研究，与学习科学和建构主义哲学相关。

教学设计评价表(Design evaluation chart)　用于组织教学设计信息以促进教学设计评价的方法。该表格把技能、目标与有关测验项目联系起来，使得教学设计各成分之间变得易于比较。

差异分析(Discrepancy analysis)　对组织既定(宏观)目标的当前状态和理想状态之间的差距进行调查。

辨别(Discrimination)　把一种刺激与另一种刺激相区分，并对不同刺激做出不同的反应。

学习领域(Domain of learning)　一种主要的学习结果类型，可以通过所需习得的行为表现类型、所需的心理过程类型以及相关的学习条件与其他领域区分开来。

电子绩效支持系统(Electronic performance support system，EPSS)　嵌入在软件系统中的应用程序，可以提供算法、专家系统、教程、超链接信息等。需要工作绩效支持时可以进行访问。

477

隐含态度的问题(Embedded attitude question)　在学习者第一次接触教学内容时向他们提出的关于教学的问题。

起点技能(Entry skills)　学习者在开始参与特定教学活动前必须具备的特定能力或技能；也称为**先决技能**。

起点技能测验项目(Entry-skill test item)　为了测量所确定的在学习特定教学课程前必备的先决技能而设计的标准参照测验项目；通常包含在前测中。

评价(Evaluation)　为了获取在特定时间、特定地点对特定问题的特定答案所实施的调查；涉及质量水平的评判。

专家评定性评价(Expert judgment evaluation)　由学科内容专家、学习者研究专家或教学设计专家对教学材料质量所作的评判；总结性评价的第一阶段。

反馈(Feedback)　提供给学习者的关于他们在教学中对练习题的解答是否正确的信息。

现场试验(Field trial)　形成性评价的第三阶段，是指在拟使用的情境中对项目或产品进行评价；也是总结性评价的第二阶段。

形成性评价(Formative evaluation)　旨在收集数据信息以改进项目或产品的评价；在项目的开发过程中实施。

起点—终点分析(Front-end analysis)　用于评价教学需求、确定满足这些需求所需方法的过程；它包含一系列活动，包括（但不限于）绩效分析、需求评估、工作分析、培训传输系统的选择和可行性分析等。

学习者的一般特征（General learner characteristics）　描述某一目标人群中学习者的一般且相对稳定的（不受教学影响的）特质。

宏观目标、总体目标（Goal）　对教学意图的宽泛且概括的陈述，以学习者能够做什么来表述。

目标分析（Goal analysis）　用于分析教学目标以确定达成该目标所需的操作顺序和决策的技术。

以目标为中心的标准（Goal-centered criteria）　测验或项目的标准，用于评定教学目标、行为表现（绩效）目标以及用于监控学习的任何形式的测验项目之间的一致性。

分组教学（Group-based instruction）　在一组学习者中，以集体方式安排学习活动和使用学习材料；是一种互动式的、小组同步的教学。

层级分析（Hierarchical analysis）　一种用于智力技能领域目标的技术，目的在于澄清达成目标所需的关键下位技能及其相互关系。在分析过程中，每一项下位技能都涉及以下问题："为了学习这些特定的子技能，学生必须能够做什么？"

人力绩效技术（Human performance technology）　根据组织内部的问题或机遇设定教学目标。

影响分析（Impact analysis）　特定培训或教学对需要该教学的组织的影响。它探讨在学习情境中涵盖的信息、技能和态度是否迁移到了工作场景，以及是否因此而解决了所发现的问题并满足了所确定的需求。

影响评价阶段（Impact evaluation stage）　聚焦于工作场景，考察（1）开展的教学是否满足了组织需求，（2）员工是否能够将新习得的知识和技能迁移到工作中去，以及（3）工作绩效或生产率是否得到提升。

个别化教学（Individualized instruction）　学生的学习活动和材料是根据他们的个人兴趣、能力和经验专门挑选并经过系统设计的；这类教学通常是自定进度的。

教学（Instruction）　为了让学习者达到预定的行为要求，借助一种或多种媒体，以结构性或有规划的方式呈现的一系列事件或活动。

教学分析（Instructional analysis）　为了确定学生达成目标所需的相关技能、下位技能和其他信息而用于教学目标的分析程序。

教学材料（Instructional materials）　学生为达成某一教学目标而使用的印刷或其他媒介形式的材料。

教学策略（Instructional strategy）　对旨在达成教学目标的所有活动的总体规划。涉及

478

的内容包括:对间接的具体教学目标的排序,指向教学目标的学习活动,以及对学生分组、媒体使用和传输系统的具体要求等。教学活动通常包括教学导入活动、内容呈现、学习者参与、评估和跟踪活动。

教师手册(Instructor's manual)　给教师编制的书面材料集,旨在帮助他们更好地使用教学材料。该手册应该包括对教材的概述、附有答案的测验,以及任何对教师有帮助的补充性信息资料。

智力技能(Intellectual skill)　需要某一独特认知活动的技能;与单纯从记忆中提取先前习得的信息不同,它涉及认知符号的操作。

项目分析表(Item analysis table)　呈现评价数据的一种方式,显示在测验中正确回答每个项目的学习者的百分比。

项目难度值(Item difficulty value)　正确回答某一测验项目或完成某项任务的学习者的百分比。

工作辅助(Job aid)　用于减轻学习者在执行复杂任务时对记忆依赖程度的一种工具,通常以纸质或计算机的形式出现。

工作分析(Job analysis)　收集、分析和综合关于人们在工作中做什么、应该做什么方面的描述性信息的过程。

学习者分析(Learner analysis)　对目标人群成员相关特征的分析和确认。所分析的内容通常包括先行知识、对要学习内容的态度,以及对组织和工作环境的态度等。

以学习者为中心的标准(Learner-centered criteria)　用于评判教学材料中所呈现的成就水平、语言、情境和经验对目标学习者是否合适的标准。

以学习者为中心的设计(Learner-centered design)　一种注重学习者本身而非学习结果的教学创建方法;其特点是随学习者需求发展而对学习环境进行高度灵活的调整;又称以用户为中心的设计,与建构主义学习设计相关联。

学习者的行为表现(绩效)数据(Learner performance data)　关于学习者在完成一个教学单元后目标达成程度的信息。

学习者研究专家(Learner specialist)　非常了解特定学习者群体的人。

学习者验证与修订(Learner verification and revision,LVR)　出版商使用的一种旨在改进教材质量的形成性评价和修改过程。

学习情境(Learning context)　正在开发的教学将被使用的(一个或多个)实际物理场景。

学习管理系统(Learning management system,LMS)　用于存储和管理教学/学习材料、活动和过程的通常基于网络的数字平台。

学习对象(Learning objects)　任何可以导入、导出、访问和再使用的数字资源;通常存放在学习管理系统中。

学习科学（Learning sciences） 一门跨学科的、基于研究的学科，旨在理解学习以及学习环境的建构；与建构主义哲学和基于设计的研究方法论相关联。

学习工具互操作性（Learning tools interoperability，LTI） 学习管理系统和学习材料开发人员为确保系统和学习材料（学习对象）之间的兼容性而采用的技术标准。

掌握水平（Mastery level） 一种预先确定的最低任务表现水平，界定了令人满意的目标达成情况。

媒体（Media） 传输教学内容的物理手段（例如，图画、幻灯片、音频、计算机、人、模型等）。

正念反思（Mindful reflection） 在建构主义学习中，它是学习者思考自己过去和当前学习过程的内在心理过程。其目的是确认或调整学习过程，以应对未来的学习情境。

移动学习（Mobile learning） 利用移动设备为学习提供内容、策略和管理支持。

模型（Model） 系统的简化表征形式，通常以图片或流程图的形式呈现经过选择的系统特性。

模块（Module） 以单一整合主题为基础的教学包。作为整体课程或总课程的一个成分，提供掌握特定知识和技能所需的信息。

需求（Need） 某一情境理想状态和现实状态之间的差距。

需求评估（Needs assessment） 确定组织当前状态与理想状态之间差距的正式过程。

非教学性解决方案（Noninstructional solution） 除了知识传授之外的可以减少绩效差距的方法；包括对动机、环境和设备等因素的改善。

微观目标、具体目标（Objective） 关于学习者完成某一特定教学活动后预期能够做什么的陈述，以可观察的行为表现来表述；也称**行为表现目标**、**行为目标**和**教学目标**。

一对一评价（One-to-one evaluation） 形成性评价的第一阶段，指教学设计者与参与试教的单个学生之间的直接互动。

结果分析（Outcomes analysis） 参阅影响分析。

行为表现（绩效）分析（Performance analysis） 用于定位、分析和纠正工作绩效或产品性能问题的分析过程。

基于行为表现（绩效）的教学（Performance-based instruction） 基于实际测量或估计的工作绩效进行培训设计和学习评估。

行为表现（绩效）情境（Performance context） 期望学习者成功运用所学技能的情境；既包括物理情境，也包括社会情境。

行为表现（绩效）目标（Performance objective） 参阅微观目标、具体目标。

479

绩效支持工具（Performance support tool，PST）　被设计用于支持有限范围内工作任务的小型电子绩效支持系统，通常是独立系统。

绩效技术（Performance technology）　应用人类学习和行为的相关理论来提高工作场景的人力绩效；与**人力绩效技术**同义。绩效技术人员从事相关实践活动。

人物角色（Personas）　代表目标学习者主要特征的虚构人物。这些角色个人画像的创建往往依赖于大量的目标学习者样例，还需要对其教育水平、职业兴趣和动机因素等个人信息进行概括总结。

档案袋评估（Portfolio assessment）　对所收集的作品样本或评估材料进行元评价的过程，旨在确定技能水平和/或态度在一段时间内可观察到的变化。可使用所有测验形式，包括客观测验、产品分析和现场行为表现等。

后测（Posttest）　测量学生在一个教学单元中学习目标实现情况的标准参照测验；在教学后呈现，通常不包含检测起点行为的项目。

练习性测验（Practice test）　通常用于检测某项技能或某节课内容掌握水平的标准参照测验，使学习者可以积极参与和练习，使教学设计者可以监控学习者的进步。

教学导入活动（Preinstructional activities）　在传输教学内容前用于促成以下三个结果的技术：(1)吸引学习者的注意；(2)告知他们学习本单元内容应具备的先决技能；(3)告知他们在教学结束后能够做什么。

先决技能（Prerequisite skills）　也称**起点技能**。

前测（Pretest）　用于测量某一单元教学目标和/或起点技能表现水平的标准参照测验；通常在教学开始前实施。

结构不良的问题（Problem，ill-structured）　在该情境的问题陈述中，要运用的具体规则和解决方案的性质都没有明确说明，可能有多种解决方案。

结构良好的问题（Problem，well-structured）　在该情境中，解决方案的性质易于理解，且通常有一系列在确定解决方案时可供参考的首选规则。

程序方法（用于宏观目标分析）[Procedural approach (for goal analysis)]　按时间顺序逐步列出完成教学目标所需的所有子步骤的过程。

心因动作技能（Psychomotor skill）　执行一系列主要或细微的身体动作以达成某一特定目标的能力。所有技能都需要某种类型的身体动作；在心因动作技能中，身体动作是新学习的焦点，而不仅仅是表现智力技能的载体。

快速定型法（Rapid prototyping）　在软件开发中也被称为**快速应用设计**（Rapid application design，RAD），是指为了测验应用程序是否符合设计规范而对软件进行大致合乎要求的定型设计过程。在教学设计中是指用形成性评价和修改的迭代循环来代替耗时的起点一终点分析。

信度（Reliability）　测量的一致性或可靠性。

研究（Research）　为确定普遍适用的知识而进行的调查。

投资回报率（Return on investment，ROI）　在培训和开发中是指培训成本与培训收益之比。

修改（Revision）　对一系列教学材料进行修正、改进或产生新版本的过程。

草稿性的教材（Rough-draft materials）　为了形成性的试教而使用快捷、经济的媒体格式开发的教学材料。

支架（Scaffolding）　当学生的进步需要支持时，为他们提供的教师、同伴或媒体指导；在学生熟练掌握后可以撤走。

可共享内容对象参照模型（Sharable Content Object Reference Model，SCORM）　是指一系列关于数字化学习的标准，旨在确保课程对象在符合 SCORM 标准的课程管理系统中具备可交换性。

情境学习（Situated learning）　该概念认为，学习者在与自身及所要获取知识相关的情境中参与相应的过程和活动，是学习的最佳方式。

技能（Skill）　执行某一动作或一组动作的能力；涉及外显的行为表现。

小组评价（Small-group evaluation）　形成性评价的第二阶段，是指让少量试教学生在没有教学设计者干预的情况下学习教学项目并进行测验，以评估教学的效果。

步骤（Step）　在教学目标分析中确认的某项技能。描述了当某人执行教学目标时必须完成的某一完整任务、行为或决策。大多数（宏观）目标包含 5 个或 5 个以上的步骤。**参阅**子步骤。

战略规划（Strategic planning）　一个规划过程，用于确定和描述组织未来的发展方向和目标、如何实现既定目标、如何测量是否达到目标等；包含各种模型和过程。

481

学科专家（Subject-matter expert，SME）　精通某一特定内容领域的人。也称**内容专家**；**还可以参阅**学科内容专家。

学科内容专家（Subject-matter specialist）　精通某一特定内容领域的人。也称**内容专家**或**学科专家（SME）**。

下位目标（Subordinate objective）　为了达成终点目标而必须实现的具体目标；又称**使能目标**或**中间目标**。

下位技能（Subordinate skill）　为了学习一项高阶技能而必须掌握的技能；又称**子技能**或**使能技能**。

子步骤（Substep）　宏观教学目标中主要步骤的构成成分。必须有两个或两个以上的子步骤才能进行子步骤分析。按顺序执行每个子步骤等同于执行派生它们的步骤。

总结性评价（Summative evaluation）　在实施教学项目后设计和使用的评价。其目的是确定教学是否在绩效情境中达到了预期效果，以及在改善激发教学设计和开发工作的绩效问题方面是否取得了进展。总结性评价包括两个阶段：专家评定和影响分析。专家评定阶段包括一致性分析、内容分析、设计分析和迁移可行性分析；影响分析阶段包括对学习者、工作和组织的教学效果分析。

上位技能（Superordinate skill）　由下位技能构成并通过学习下位技能而获得的高阶能力。

系统（System）　一系列相互关联、共同运作以实现一个既定目标的部分。

系统方法（Systems approach）　教学设计者用于创建教学的程序。每一步都需要从前一步获得输入，并为下一步提供输入。其中的评价环节为修改教学提供反馈，直至教学能满足最初的需求或具体要求为止。

教学的系统方法与模型（Systems approach and models for instruction）　一个逻辑严谨且迭代的过程，确定所有可能影响教学质量的变量（包括教学传输），并在教学的设计、开发、评估和修改中整合每个变量的有关信息。

测验说明表（Table of test specifications）　测验的详细说明，包括学习水平、任务、绩效目标、测验项目格式和每个任务的项目数量等信息。

目标人群（Target population）　某一教学项目可能面向的全部用户群体。

终点目标（Terminal objective）　学习者在完成一门教学课程后预期要达到的目标，由若干下位目标构成；通常是对宏观教学目标更具体的陈述。

培训（Training）　预先设定和规划的活动，使一个人能够做一些自己以前不能做的事情。

学习的迁移（Transfer of learning）　学习者把在一种情境中习得的技能应用到另一种相似情境中的过程；也称**培训的迁移**。

试教的学生（Tryout students）　目标人群的抽样代表；在最终实施教学前，可用于检验教学项目的可行性。

效度（Validity）　测量工具实际测量到的所要测量内容的程度。

言语信息（Verbal information）　要求对相对特定的刺激做出特定的反应；包括回忆信息。

xAPI　一种有关学习对象互操作性的标准，正在慢慢取代可共享内容对象参照模型（SCORM）。

4C/ID　由乔雷恩·范·梅里恩伯尔（Joreon J. G. van Merriënboer）提出的四成分 ID 模型，用于开发复杂学习的教学；在 10 个步骤的设计过程中进行了详细阐述。

索 引

---

① 索引中出现的页码为英文版的页码,即本书边码。——译者注